本书为广东外语外贸大学校内项目 2023RC006 成果；获得广东省重点学科建设专项经费资助。

中华文化的价值认同研究

曹胜高 著

人民出版社

目 录

绪 论

价值是人类在发展过程中所形成的对个体与群体、主观与客观、自我与外在等统一性的认识。[①] 价值认同是人类在文明发展过程中所形成的情感共识、道德共识、伦理共识、民族共识、历史共识、社会共识、价值共识和国家共识等观念和行为的集合。其作为判断道德、行为与秩序的依据，用于衡量个人或者群体的公共行为。[②] 价值认同是长期形成并得到社会成员普遍认同的群体共识，是个体道德伦理认知的根源，也是社会秩序运行的准则。从文明史的进程来看，人类整体的价值观是遵循文明的方向逐渐趋同。[③] 由于文明发展的独特性或不均衡性，在不同的历史阶段、不同的文明形态、不同的区域文化，会形成独特的道德认知、社会秩序和政治制度，其价值观念便呈现出多元化和多样性的特征。

我们有必要从中华文化主体性的角度，来观察中华文明在五千年的发展过程中，逐渐形成的契合中华民族内在要求、符合中华文化演生规律的特质，从道德伦理、群体秩序、社会观念、国家认知等视角来分析中华文化中价值认同的形成过程、内在逻辑和实践特征，更为深刻地理解并阐明中华文化独特的价值认同，着力于讲清楚中华优秀传统文化的历史渊源、发展脉络、基本走向。本研究成果侧重从制度、观念、思想、精神、社会形态等角度分析中华民族达成价值认同的历史动力和基本策略，从国家治理的高度全面审视价值认同何以形成、为何形成，对历史经验进行学术概括，对中华文化最深层的文化基因进行系统的描述。

---

① 汪信砚:《全球化中的价值认同与价值观冲突》,《哲学研究》2002 年第 11 期。

② 刘芳:《全球化时代的价值认同》,《甘肃理论学刊》2004 年第 5 期。

③ 贾英健:《认同的哲学意蕴与价值认同的本质》,《山东师范大学学报（人文社会科学版）》2006 年第 1 期。

一、价值认同的研究路径

社会认同形成的基石，是人类最为基础的情感共识。情感作为人类普遍具有的感性认知，产生于日常生活的诸多细节，并由此成为人与人之间的交往方式、成为家庭成员的亲情认知、成为社会交往的基本法则。

将情感体验凝聚为最为普遍的社会共识，得益于早期中国盛行的祭祀活动。无论是对天地万物的敬畏，还是对先祖业绩的敬重，抑或是对自然秩序的敬意，通过祭祀获得情感的依赖，借助祭祀活动中的共同期待、共同愿望、共同体验来形成情感认同，形成了早期中国最为深厚的社会共识。早期中国通过"礼仪三百，威仪三千"[①] 的礼制建构，不仅规范了祭祀的礼仪，而且赋予了礼仪、礼器、礼制深刻的含义，形成了作为社会基本认同的礼义，并且通过礼义阐释，维持了社会成员的相互认同，也维系着社会运行的共同秩序，承载着社会发展的共同理想。

以情感认同来观察早期中国所形成的社会认同，可以发现其足以孕育并滋生早期中国的家庭、家族和社会认同。依赖天然情感维持的家庭观念、依靠共同情感巩固的家族意识、依托责任感维持的社会秩序，使得早期中国社会的建构充满了人文关怀，使得社会共识不是依赖于外在的约束和强制，而是来自内在的认同和共鸣。

祭祀制度和礼义观念中最为基础的情感要求和行为方式，在夏、商、周的祭祀实践和礼制建构中，成为社会成员日渐明确的道德认同。周代所推崇的对神灵的敬、忠、信等情感体验，被作为人的内在要求，在社会行为中被不断强化，成为个体情感体验的表现规范，也成为社会评骘道德的外在规范。在中华文化由神文观念向人文理性的转化中，早期情感共识所形成的文化认知，被作为道德伦理建构的内在尺度，从群体认知内化为个体要求，再从个体要求发展为社会共识，使得早期的情感体验越来越具有社会共识的意味，成为衡量个人心性修为、

---

① 朱熹撰：《四书章句集注·中庸章句》，中华书局 1983 年版，第 35 页。

行为方式和社会秩序的标准。这些准则先是约束自我，进而约束他人，最后成为社会的相互约束，具有了公共准则的意味，由此所形成的道德认同，成为维系古代中国运行的社会共识。

社会共识转化为社会秩序，是古代中国形成稳定的公共秩序所必不可少的历史进程。这一过程的漫长而复杂，恰恰使得中华民族得以不断吐故纳新，充分吸收农耕文明、游牧文明分别积累而成的历史经验、生活方式和思想观念，超乎其上而形成更具吸纳力的文明形态和文化样式。秦汉在国家制度上的建构和社会秩序上的调整，将早期中国自发的文化形态转化为统一的文化认同，通过因俗为制，使得不同地域、不同样式的文化得以成长，形成区域文化。《史记》《汉书》中记载的不同地区在生产生活方式和文化形态上的差异，表明了秦汉时期的文化多样性和社会多元性。汉代在礼乐教化的实践中不断移风易俗，使得国家在核心区域的文化形态不断趋同，将原本自发的自然秩序转化为日渐趋同的社会秩序，并依靠国家的力量和行政的干预，形成了东汉特有的风俗之美，促进了公共秩序的持续完善。

魏晋乃至隋唐的制度建构，是将早期中国的自然约定逐渐转化为社会约定，并通过礼乐刑政等综合手段，将道德伦理转化为律令。借助国家强制的力量，综合运用多种力量来维持道德共识，巩固道德伦理在公共秩序中的基础性地位。在这个过程中，道德判断作为观念意义，被作为社会秩序建构的基石；公共秩序作为目标导向，被用为社会运行的尺度；价值判断作为评价标准，被视为衡量一切行为合宜与否的判断尺度。

总之，商周时期通过祭祀形成情感认同，借助礼乐观念将之转化为文化认同，使得中华民族成为文化共同体。秦汉借助国家秩序的建构，推行教化，将道德认同转化为社会风俗，使得中华民族成为秩序共同体。魏晋时期，推动了家庭伦理向社会伦理的转型，使得亲亲秩序与尊尊秩序得以统一，并通过礼制建构和司法实践，实现了礼法合治，促成了家国同构，使得国家成为伦理共同体。

伦理共同体基于道德共识而存在，以价值判断作为方式，以社会秩序的有效运行作为策略，以法律的保障作为基石。魏晋所形成的伦理共同体，使得所有生活于其中的皇族、官吏和百姓，都清楚社会底线何在，也知道共同理想在何方。这样，在国家秩序紊乱时，人们不去毁坏和放弃社会底线，全力维护社会基本秩序；在社会稳定时，则可以坚持的共同理想，实现国家的繁荣富强。通过共同理想所形成的礼，与维持社会秩序所必需的法，在礼法合治的弹性空间内，最大程度地整齐风俗，形成教化，扩大认同，实现古代中国的家国同构，促成民族的融合与国家的认同。

唐代借助整理魏晋南北朝的历史，总结魏晋以来的历史经验，梳理历史线索，评骘历史过程中的善恶，凝聚成了中国最为深厚的历史认同。与此同时，国家治理经验以《贞观政要》的方式流传下来，以《通典》的方式固定下来，成为中国稳定社会秩序的基本共识，为唐代的长治久安，提供了深广的历史经验。

宋明的思想融通是在隋唐历史认同的基础上持续发展而成的，在学术上实现了从重知识到重义理的转化。其标志性的事件，是四书替代了五经成为科举考试的指定教材。五经是知识文本、经验累积，侧重传承先秦所建构的知识系统，以《五经正义》为集大成的文本。四书则更重视规律性、义理性的阐释，关注人的心性修为和道德行为，以朱熹的《四书集注》为范本。知识向义理的转化，在宋代并没有完成。宋代进行知识探讨，沿着《中庸》的尊德性和道问学两条路径展开，更强调道问学。道问学主张通过后天的学习改进，提升人的道德修为；尊德性更强调把自己先天的善性发挥出来。宋朝推崇二程、朱熹的说法，更强调道问学。明朝的王阳明把陆九渊所提倡的尊德性发展到了顶峰。宋明思想的融通，可以视为从唐中叶到明中叶一直延续的思想启蒙运动。儒生不再将儒家学说的知识体系和文本阐释作为行事的依据，而是重视蕴含在知识体系中的义理体系和历史经验，并在新的历史语境中进行了再诠释。再诠释之后所形成的宋明理学，完成了中国人格、心性和道德修养的再造。汉唐时期不管是达官贵人还是普通的读书人，他们的头顶都笼罩着神圣的经学光环。宋明儒学则从经学中解脱出来，以经典的内在精神结合时代命题重新思考，形成基于经学而不同于经学的义理阐释，更多闪耀着人性的光芒。

宋儒不仅重视自身的心性改良和人格塑造，而且重视利用儒家学说对家人、弟子以及百姓进行持续不断的道德引导和行为示范，形成了自上而下的社会教化体系。将人文传统、道德伦理和社会秩序相结合，强化社会基层的道德认知和行为认同，促成了古代中国最为广泛的社会认同。明清通过国家行政体系所进行的圣谕宣讲，将传统的教化、劝谕、乡约等形式结合起来，形成了自上而下、卓有成效的价值传承体系，全面引导社会形成最大程度的价值认同。

由此来看，价值认同的形成，既是历时累积与观念强化的过程，又是不同时段持续建构和发展的过程。其作为观念认知，制约着社会舆论的导向，将群体认同转化为社会评骘的标准，进而演化为公共判断的尺度。其作为社会准则，约束着个人行为，衡量着道德伦理，并以此作为实现个人价值的基石。其作为公共责任，不仅确定了个人的公共义务，而且决定着一个国家、一个民族共同的价值导向。

因此，我们可以从情感认同、道德认同、秩序认同、历史认同、社会认同以及民族认同、国家认同等不同维度，分析中华文化形成价值认同的过程，观察其在不同历史阶段发生发展的状态，历时性地观察中华民族价值认同的形成机制，从历史与文化的纵深来理解价值认同的建构方式和内在结构。

二、价值认同的研究逻辑

描述中华民族价值认同的形成过程，实际是探寻并总结中华民族在形成过程中如何凝聚社会共识、道德共识和国家共识，并将之作为中华民族发展的最大公约数。观察不同地域、不同民族、不同文化形态在共同的历史进程中所形成的最为普遍的观念认同、秩序共识，理解其何以在历史的顺境中茁壮成长，何以在历史的逆境中不屈不挠，这就需要我们对中华文化滋生、成长、发展、壮大的内在逻辑进行分析，理解中华民族价值认同的形成逻辑，方能更好地描述中华文化的价值认同何以如此。

首先，可以从文明的逻辑来观察中华民族发展的历史过程，其要点在于观察中华民族如何不断实现民族认同、如何强化族群认同、如何建构社会认同。

在中国传统的观念中，民族间的区别是由不同地理条件、生产条件、生活方式和社会观念而形成的文化差异，因而民族认同常常表现为文化的认同。无论是商周时期的华夷之别，还是秦汉时期的华夷并存，乃至隋唐之后的华夷一体的观念，中华文化的主流都是在推动民族的认同，鼓励不同的民族朝着文明的方向发展，彼此借鉴，取长补短，实现民族的融合。在这一过程中，中华文化尊重不同民族的文化多样性。加之中华民族的语言相近、血统同源、文化同源，便以族群的形态，形成了统一的多民族国家。

从西周制礼作乐开始，中华文化就借助祭祀制度、行政制度和选官制度，在不同社会层面推动社会认同。通过"神道设教"的方式，引导百姓形成情感认同和道德认同；通过乡举里选，按照"德行第一"的原则选用官员，形成与道德共识同向的行政风尚；通过礼乐教化，要求士大夫形成"文质彬彬"的君子人格，足以担负起导民向善的行政责任。从西周的制礼作乐，到汉魏晋的察举推举，再到宋明儒生推行乡约，早期中国在士大夫中被强化的道德认同，不仅作为士大夫的德性涵养，而且成为普遍的社会观念，促使中华民族自上而下地成为道德共同体。

其次，可以从文化的逻辑来观察中华文化共同体的形成，其核心在于思考中华文化经历了五千年的历时发展，如何更新观念、如何调适差异、如何深化认同。

观念更新是文化发展的内在动力，也是文化能否守正出新的关键所在。中华文化的每一次内在突破，皆得力于对传统观念的更新、超越或再造。颛顼时代的"绝地天通"，使得中国从神文传统中解放出来，经过夏、商、周的持续更新，最终形成了以人文理性为原则的道德伦理。神文传统中的诸多观念被作为自身心性修为、社会责任担当的内在要求，成为中华文化的基本观念。民族观念上的华夷认知，也在民族融合的观念超越中得以升华，从"非我族类，其心必异"的华夷之防,①到"裔不谋夏,夷不乱华"②的华夷共存,再到"华夷一体"③的华夷并重的观念,中华民族兼容并包,不断融合壮大。从早期中国的"皇天授命"④,汉魏时期的"天下共治"⑤,到唐宋时期的"载舟覆舟"⑥论,再到明清的"民主君客"⑦说,传统的国家治理观念不断被颠覆、被突破,这些观念在积淀中得到历史认同,在历史认同中成为时代共识,显示出中华文化在文明进程中不断寻求思想突破的能力。

中华文化的自我调适,得益于新观念的滋生、新思想的累积,这就使得中华文化的深层始终充满着勃勃生机,能够因应环境变化,响应时代要求,引领社会观念持续变化,推动社会制度的变革。中华民族之所以能够不断发展壮大,并在屡次危机中凝聚共识而更加团结,正得益于中华文化共同体的稳固。

再次,可以从历史的逻辑来观察中华文化形成的基本经验,厘清其阶段性特征,对其中制度调整、经验总结和传统再造的过程进行梳理。观察价值认同形成的历史现场,作为当前乃至未来深化价值认同的参考。

中华文化价值认同的形成,有一以贯之、久久为功的稳定期,也有不断超越传统的变动期。我们观察特定的历史阶段所形成的群体认同,就能更为清晰地观察道德认同、秩序认同、伦理认同、民族认同、历史认同、社会认同、国家认同的形成逻辑。两周将情感共识转化为

---

① 左丘明传,杜预注,孔颖达等正义:《春秋左传正义》卷二十六《成公四年》,北京大学出版社 1999 年版,第 717 页。

② 左丘明传,杜预注,孔颖达等正义:《春秋左传正义》卷五十六《定公十年》,北京大学出版社 1999 年版,第 1587 页。

③ 司马光编著,胡三省音注:《资治通鉴》卷一百九十八《唐纪十四·太宗文武大圣大广孝皇帝》,中华书局 1956 年版,第 6247 页。

④ 左丘明传,杜预注,孔颖达等正义:《春秋左传正义》卷二十一《宣公三年》,北京大学出版社 1999 年版,第 602-604 页。

⑤ 陈寿撰,裴松之注,陈乃乾校点:《三国志》卷一《魏书一·武帝纪第一》,中华书局 1982 年版,第 32 页。

⑥ 吴兢撰,谢保成集校:《贞观政要集校》卷一《君道》,中华书局 2009 年版,第 18 页。

⑦ 黄宗羲撰,何朝晖点校:《明夷待访录·原君》,凤凰出版社 2017 年版,第 4 页。

道德认同，魏晋对家族伦理的强化，宋明在社会基层推行道德伦理的尝试，以及儒生和官方合力对社会基层秩序的系统化改造，既是中华文化绵绵不绝的发展，也是特定历史阶段的全息投影。同样，秦汉对社会秩序的整合、南北朝民族融合对秩序的重构、明清对天下体系的调整以及近代国家观念的变化，既是在寻求制度调整的可能，更是在对传统观念进行改造。因此，可以概括历史阶段性形成的群体共识，在此基础上关注中华文化的整体发展，更有针对性地梳理其中诸多深层的观念、制度、学理和线索；可以既有侧重、又有重点地分析中华民族形成道德共同体、价值共同体的历史进程。

最后，可以从学术的逻辑来分析学术思潮对价值认同的文本记载、学理阐释和学术认同，更为清晰地观察学术理性对历史经验的总结、概括和阐发，可以阐明对群体认同的理解、反思和超越，理解中华民族价值认同的表达方式。

早期中国所形成的群体共识，是通过神话、歌舞、祭祀、文本等形态相传的，其核心的学说在周秦之间持续得以写定，形成了以"六经"为核心的文本形态。其所承载的政治观念、社会思想、礼乐制度等，作为前两三千年的经验总结和社会认同，经过日积月累的选择，又经过众口铄金的锤炼，成为士大夫阶层普遍认同的共识性文本。这些文本在传承中被不断赋义，其中既有对历史经验的阐发，也有对道德认同的强调，还有对共同理想的描述。这就使其不仅成为承载道德伦理的经典，更成为改造社会的范本。自汉代以后，五经、四书先后作为科举考试的基础文本，其中的道德观念、社会秩序、制度设计和共同理想成为士大夫理解社会运行、建构理想社会的经验参照和学说来源，是推动社会变革的学理支撑。

经典的稳定，使得学术的发展更多通过对经典的阐释来实现。这就使得中国学术史的发展，实际是以经典的阐释史作为文本形态的。汉代今文经学与古文经学的差别，正是立足于经典阐释的不同而形成的方法之别，由此形成的学术结论也大相径庭。汉学与宋学的差异，与其说是观念的不同，毋宁言之为学术路径的不同。原本固守经典本义的古文经学，以立足于经文的注疏为要求，在隋唐时期步入守正泥古的泥沼而不能自拔。宋学以颠覆出新的勇气阐释经典，更注重学说更新，以应对极富变化的时代需求，由此所形成的宋明理学，侧重关注世道人心，用经典的义理来改良社会。清儒则试图对宋明儒学的流弊进行纠补，打通经史子集的界限，回归经典本身，期望寻求治世的良方和治学的秘方，调和汉学与宋学的偏执，却在无形之中，为近代中国的救亡思潮提供了学说来源，也提供了新的研究范式。

从文明的逻辑，可以观察中华文明寻求自我突破、不断超越的学术路径，理解中华文明内生性的发展进程。从文化的逻辑，可以理解中华文化吐故纳新、守正出新的实现形态，理解中华文化共同体形成的思想动因。从历史的逻辑，可以分析中华民族在主动调整、自觉变革中改善制度、调整秩序的过程，总结民族共同体和国家共同体的历史契机和历史经验。从学术的逻辑，可以理解学术形态和理路的变动，观察思想界、知识界对历史经验的概括、对研究方法的省思，更为理性、更为自觉地总结价值认同的形成路径和表述方式。

三、价值认同的研究方法

研究中华文化的价值认同，有必要从观念与思想、学术与学说、制度与秩序、建构与实践四个维度进行思考，方才有可能对中华文化的价值认同进行较为清晰而相切的分析。

一是从观念与思想的角度来分析价值认同的形成路径。价值认同的主体是个人。个人生活并实践于特定的现实语境和生活场景之中，在成长过程中接受着多种观念的熏陶、引导或教化，甚至有时被强制接受特定的观念。其中既有小传统中的神道观念、民间信仰，也有大传统中的道德伦理和群体共识，这就需要从观念史的角度观察诸多观念融汇而成的思想体系，如何支配或归纳诸多观念，使之成为社会共识，凝聚为道德伦理，沉淀为价值导向，演变为文化思潮，转化为社会风尚。早期中国所形成的敬、忠、孝等观念，经过诸子学说辨析，汇聚为道、德、仁、义、礼、智、信、法等思想观念，成为道家、儒学、法家的基本学理。这些思想观念又经过阐释，成为社会各阶层普遍认同的道德准则，成为评骘个体行为、道德体验和社会秩序的原则。

从观念史的角度观察中国思想共识的形成，能够更为翔实地考察早期中国的原始信仰、祭祀文化和礼仪制度；通过情感认同达成道德认同的过程，也能看出社会观念经过归纳、概括、提炼之后如何形成群体思想观念。作为群体共识的思想观念一旦形成，深植于社会观念之中，成为涵养个人情志、引导社会舆论、制约社会秩序的准则。特别是秦汉、魏晋，士大夫有意识地借助行政力量，将早期中国所形成的道德伦理作为制度、法律的建构基准，推动中华文明沿着人文理性的轨道前行。即便中古时期道教流行、佛教盛行，也未能从根本上改变中华民族最为基础的思想共识，保证了中华文明的主体性。

二是从学术与学说的角度来观察价值认同的影响方式。价值认同是在长期的历史进程中逐渐形成，并经过社会成员共同体认与验证而形成的群体共识，因而，价值认同既是逻辑自洽的思想认同，更是能付诸实践的行为准则。作为逻辑自洽的表述，早期中国所形成的经典文本，经过历史的选择与淘汰之后，承载着此前数千年的群体共识。古代中国借助这些经典文本的传承，引导主流社会形成深刻的历史认同、文化认同，用为判断社会秩序运行的准则。从汉代开始，持续从熟悉经典文本、认同其思想观念、并能以此判断行政事务、社会事务的士大夫中选拔官吏，这就使得经典文本及其释义，不仅深化着学术史的发展，而且也推动了政治史和制度史的变迁。

从学术与学说的角度研究价值认同，能够较为清晰地观察学术思想与学说体系如何深刻地影响到国家秩序的建构。汉儒对春秋学的推崇，不仅影响到汉代大一统的政治理念，而且也推动了司马迁的历史道义观的形成，使得《春秋》中所蕴含的微言大义，成为《史记》评骘人物与事件的准则。更为重要的是，以《春秋》决狱的行政实践，正是以道德立场和群体共识来纠补秦律的苛刻，推动了汉律的变革、魏晋律令的制定，并在唐代形成以经释律的传统，使得早期经典所承载的道德伦理、后世学者所阐释的经说经释，成为维系社会秩序运行的基本准则。

经学在价值认同中发挥的基础作用，体现在其所承载的历史道义、社会道义、行政道义等，借助士大夫的普遍接受被确定为国家主流的政治理念，也成为制度调整、行政决策的学理依据。这样，道教、佛教以及民间信仰所形成的诸多观念，只能在个体的精神生活中发挥作用，而不能改变中华文化的主流形态，也无法影响传统社会的基本结构。由此观察古代中国的史学、子学、文学、艺术学等学术观念，可以发现其皆是强调有补于世、有益教化的价值导向，形成了强大的思想合力，共同推动社会的深层认同。

三是从制度与秩序的维度来研究价值认同的实现方式。中华文明的形成，是大传统与小传统交互作用的过程。大传统的形成，是在不断吸收小传统的观念、思想、学说、方法的基础上，聚沙成塔地形成更为完善的学理体系、更为完备的学说体系，反过来影响并支配不同形态的小传统进行改造、改良和改革，使之合乎大传统的要求。从文明史的角度来看，大传统代表着文明发展的进程，也成为文明形成的标识。因此，经典的阐释、学说的形成延续着大传统的核心学理，推动着文明主流的从容发展。

文明的进程离不开实践的发展。大传统对社会的改造，是以学说的完善来建构社会秩序的运行形态。周初的制礼作乐，是将周人所推崇的道德观念，体现于祭天、祀地、享祖以及军征、嘉庆、宾客、哀伤等具体礼仪制度中，借助仪式化的行为表现出来，依托情感共识培养道德共识，由此形成社会秩序和社会舆论，确立了早期中国的礼乐制度。秦汉将道德伦理作为先天秩序，用于帝制建构之中。以经术缘饰政事的方式，确定了经学对政治行为、行政秩序的决定性作用。深受儒家经典、礼乐教化观念影响的诸多官吏，自觉在其职权范围内推行社会教化，改造小传统，改善社会治理，改良社会风俗。宋明的儒生，有意识地借助乡约、家礼和教谕，将大传统的道德伦理、价值观念推行到社会基层，改良普通民众的道德认知，改善基层社会的风俗习惯。这一实践在明清时期形成圣谕宣讲体系，借助行政的力量进行道德宣示和行为纠正，促成了更深层面、更大范围的社会认同，使得中华民族成为社会共同体。

四是从建构与实践的维度来思考价值认同的历史经验和未来走向。价值认同的意义在于促成古代中国形成更为稳固的社会共同体。中华民族的价值认同是在长期的历史进程中逐渐形成的，其中包括道德认同、秩序认同、伦理认同、民族认同、历史认同、社会认同和国家认同，是中华民族最为深广的社会认同，也是中华文明最为深厚的文化积淀。

价值认同的形成过程，就像历史之河的奔流不息，在不同的阶段有着独特的文化特征，也有特定的历史命题。但就其整体而言，却有一以贯之的价值认同，由价值认知、价值导向、价值判断组成。价值认知，是作为主体的人，对道德伦理的体认、对群体共识的认可、对社会秩序的认同、对外部约束的遵守，构成了基本的道德观念和行为方式。价值导向，是指社会群体在实践过程中，能够自觉遵守道德伦理、维持群体共识、遵守社会秩序、尊重外部约束，在个体与社会、群体与秩序的交互中，形成同向的共同期待。价值判断，是通过行政的、司法的、舆论的、内省的力量来维护群体共识，以此衡量所有社会成员和社会团体的道德原则、伦理要求、行为方式，用以评判一切行为的是与非。

价值认同，是价值认知、价值导向、价值判断综合作用而形成的社会认同。体现在社会事务的所有领域，也见诸社会成员的所有事务。依托价值认知，一个社会可以形成道德共同体，形成最为深厚的群体认同；借助价值导向，所有成员便可以集合为文化共同体，有了最大范围的社会认同；凭借价值判断，便能形成最为稳定的秩序共同体，拥有持续稳定的公共秩序。价值认同，是道德共同体、文化共同体和秩序共同体的历史积淀，更是中华民族持续发展壮大的历史依据和现实支撑。

这样，我们以文化史、政治史、社会史的视角观察中华民族在历史进程中凝聚价值共识的方法与策略。避开一般著述或文化阐释的面面俱到，对中国历史的关键细节、主要脉络和重大转向进行深入分析，更为精微地勾勒出隐藏在历史纵深处的诸多细节。作为新的历史研究维度和文化形态分析方式，还原中华文化基因的构建机制，总结中华民族形成命运共同体的内在需求与外部机遇。

在这一研究过程中，我们侧重于总结中华民族在历史进程中形成的行之有效的行政经验、社会管理、秩序建构、文化措施等，是如何多方位、多角度、多层面地凝聚社会共识，促成价值认同。使得中华民族形成了高度的凝聚力，蕴含着极大的向心力，对中华文化的价值形成进行历时性的总结，概括出中华民族最基本的文化基因，使之与当代中国相适应、与未来发展相协调。

第一章　周秦情感体验与道德认同的生成

王国维曾言周的制度建构，"其旨则在纳上下于道德，而合天子、诸侯、卿大夫、士、庶民，以成一道德之团体。周公制作之本意实在于此"[①]。认为西周最为关键的历史贡献，是确立了早期中国的道德共识，借助礼乐教化凝聚群体共识，形成了普遍的道德认同。周公如何通过制礼作乐，将神文时代在祭祀过程中的情绪体验转化为道德认知，将情感共识转化为群体共识，可以作为观察早期中国道德认同形成的一个视角。日渐强化的道德认同，经过人文理性的深化，凝聚为价值认同，成为评判公共秩序与个体行为的依据。我们可以通过梳理从神文观念到人文观念转化过程中如何确立道德认同，观察早期中国公共秩序的建构过程。

秩序认知对道德认同的影响，既是结果也是原因。称之为结果，是因为在秩序认知过程中所形成的公共舆论会约束人的行为自觉，促成人在认知上的趋同；称之为原因，是因为外部形成的规则、礼法、观念等约束，又在维护道德认知的规范化。因此，两周所形成的道德认同，确定了早期中国最为基础的价值走向，凝聚为六经的内在学理，也成为诸子学说关注的核心问题。这些观念在经典阐释中得以凝聚，成为中国学术的基本命题，深刻决定了古代中国的历史走向。

第一节　神文时代的情感体验与道德认知

情感体验是在公共场合或公共秩序中的情感呈现方式。在特定礼仪活动中的每一个参与者，通常表现出同欢乐、同悲伤、同喜悦、同

---

① 王国维：《殷周制度论》，《观堂集林》卷十，中华书局 1959 年版，第 454 页。

愤怒的情感认同。情感是人对外部事物的感性反映，情感认同是人在公共生活、公共场合或者公共活动中所呈现出来的共通性的情感体验与情感表达。神文时代的祭祀活动，主要通过喜悦、恐惧、敬畏、感激等情感体验，来沟通人与神、人与自然或者人与其他异己力量，并期望获得相应的护佑。也就是说，神文活动中的祭祀，是通过仪式化的程序如祷告、献祭、呼号、拜谢、歌舞等，形成群体情感体验，表达参与者的共同愿望，凝聚为情感共识。观察祭祀活动中情感认同的形成方式，我们可以理解早期中国道德认同的形成路径。

一、祭祀活动对情感认同的促成

早期公共情感的形成，可以从宗教仪式或者民俗活动中进行考察。流传至今的清明节、端午节、春节中所形成的祭祀传统与风俗禁忌，蕴含着诸多特定情感体验。其作为社会普遍行为法则，对个人行为起到深刻的约束作用。《国语·楚语下》载观射父与楚昭王的对话，可以看出神文时代社会观念的作用方式：

> 古者民神不杂。民之精爽不携贰者，而又能齐肃衷正，其智能上下比义，其圣能光远宣朗，其明能光照之，其聪能听彻之，如是则明神降之，在男曰觋，在女曰巫。是使制神之处位次主，而为之牲器时服，而后使先圣之后之有光烈，而能知山川之号、高祖之主、宗庙之事、昭穆之世、齐敬之勤、礼节之宜、威仪之则、容貌之崇、忠信之质、禋洁之服，而敬恭明神者，以为之祝。使名姓之后，能知四时之生、牺牲之物、玉帛之类、采服之宜、彝器之量、次主之度、屏摄之位、坛场之所、上下之神祇、氏姓之出，而心率旧典者为之宗。于是乎有天地神民类物之官，是谓五官，各司其序，不相乱也。民是以能有忠信，神是以能有明德，民神异业，敬而不渎，故神降之嘉生，民以物享，祸灾不至，求用不匮。[①]

---

① 徐元诰撰，王树民、沈长云点校：《国语集解·楚语下》，中华书局2002年版，第512-514页。

其中谈到早期祭祀方式中如何培养人的忠、信观念。通过巫、觋建构起复杂的祭祀系统，形成细致的流程安排和制度设计，引导参与祭祀的百姓形成普遍的情感体验（敬而不渎），进而强化道德认知（忠信），并借助鬼、神等神秘力量的监督，将情感共识凝聚为道德共识，形成普遍认同的社会观念。

对神的忠信，在春秋时期仍被视为祭祀活动的情感体验与道德体认。鲁庄公在与曹刿讨论是否对齐作战时，鲁庄公言："牺牲玉帛，弗敢加也，必以信。"曹刿的评价是："小信未孚，神弗福也。"鲁庄公认为祭祀所用的祭品，在祝祷时应如实汇报，不敢虚夸，并以之为信。可见，信作为神文观念中的道德标准，被视为评判祭祀行为是否合理的依据。但在曹刿看来，这只是小信。鲁庄公又言："小大之狱，虽不能察，必以情。"则被曹刿视为"忠之属也"，并由此确认"可以一战"。[1]鲁庄公所言的忠与信，秉持的是神文观念，认为祭祀中的忠信，足以获得鬼神护佑。曹刿认为应该将忠信观念转化为对百姓的忠信，才可以作为判断的依据。由此来看，祭祀观念中所形成的道德，在人文理性中被不断强化，转化为普遍的道德观念。

观射父所言，概括了神文时代如何形成道德认知，鲁庄公的观念则体现了神文观念在大传统中的根深蒂固。曹刿的看法，意味着神文消退而人文强化的春秋时期，士大夫阶层对忠、信观念形成了更理性的认知。在这种看法中，对神灵祭祀的道德认知被视为小信，对行政责任的维持则被视为更有意义的"大忠"，并作为决定鲁国是否可以对齐国开战的判断依据。以此为视角，来观察早期中国道德认同的形成路径，可以看到早期中国诸多的道德观念，源自神文时代祭祀活动的情感体验。

通过祭祀活动形成共通的情感体验，转化为道德认知，是早期中国确立道德观念的基本方式。《礼记·礼运》也有更为详细的表述：

　　夫礼之初，始诸饮食，其燔黍捭豚，污尊而抔饮，蒉桴而土

---

① 左丘明传，杜预注，孔颖达等正义：《春秋左传正义》卷八《庄公十年》，北京大学出版社 1999 年版，第 240 页。

鼓，犹若可以致其敬于鬼神。及其死也，升屋而号，告曰："皋某复！"然后饭腥而苴孰，……故玄酒在室，醴盏在户，粢醍在堂，澄酒在下。陈其牺牲，备其鼎俎，列其琴、瑟、管、磬、钟、鼓，修其祝嘏，以降上神与其先祖，以正君臣，以笃父子，以睦兄弟，以齐上下，夫妇有所，是谓承天之祜。[①]

这段文字借助孔子答偃复问时所言进行阐释，当源自儒学内部的学说传承。尽管该文本是秦汉儒家对祭祀制度的追述，却保留着早期中国借助祭祀仪式形成情感体验，借此凝聚道德认知的基本模式。在祭祀活动中，以祭品、祭乐、祭仪，表达人对神灵、先祖的敬畏。其中所言的"犹若可以致其敬于鬼神"，便是认为生活的诸多礼节，源于早期祭祀程序，是仿效或取法于致敬鬼神的仪式而形成的。尤其是意识到"降上神与其先祖"的祭祀活动，目的却在于"以正君臣，以笃父子，以睦兄弟，以齐上下，夫妇有所"，形成面向社会生活的道德认知，意在维持社会公共秩序的运行。

观射父所言的通过祭祀活动形成情感体验，以此凝聚社会共识，在观射父所言的楚国流传更广；鲁庄公与曹刿的对话，表明原本形成于祭祀活动的道德观念，已经转化为社会道德观念，在春秋时期成为评骘社会事务的依据。这是神文时代向人文时代转型过程中道德观念的自觉的顺向发展。与之相辅相成的则是通过"神道设教"的方式，借助祭祀活动强化百姓的道德共识。前文所引观射父所言的"民是以能有忠信，神是以能有明德"，便表明了明德是源自神对人的眷顾与恩惠，也由此在诸多祭祀活动中成为情感的引导与道德的养成。《国语·楚语下》记载观射父进一步解释"明德"的生成方式：

夫神以精明临民者也，故求备物，不求丰大。是以先王之祀也，以一纯、二精、三牲、四时、五色、六律、七事、八种、九祭、十日、十二辰以致之，百姓、千品、万官、亿丑、兆民经入、

---

① 郑玄注，孔颖达等正义：《礼记正义》卷二十一《礼运》，北京大学出版社 1999 年版，第 666–670 页。

畟数以奉之，明德以昭之，和声以听之，以告遍至，则无不受休。①

观射父言明了祭祀的要义，在于过程而不在于结果，在于合礼而不在于丰盛。其所言的"先王之祀"，是已经规范化的祭祀仪式，可以长期稳定地维持特定的情感体验和道德认知。这些祭祀活动的长期延续，促成了人对神始终如一的敬畏。在祭祀活动中所形成的道德认知，既维持了人对神灵的敬畏，又要求祭祀者必须时刻保持着特定的道德水准，才能获得相应的福佑，从而将祭祀时所应具有的道德体验转化为祭祀者必须时刻具备的道德要求。

宫之奇曾对晋献公言："神所冯依，将在德矣。若晋取虞，而明德以荐馨香，神其吐之乎?"②认为神灵对人是否护佑，取决于祭祀者的德行。其所谓的明德，是祭祀者依照神灵期待而保持相应的道德高度，借助祭祀行为获得神灵的确认。在宫之奇看来，祭祀之前或者祭祀之后，若没有形成与神灵要求相应的德行，即便隆祀，也没有意义，无法获得神灵护佑。这样，我们就能更为清晰地理解观射父所言的"明德以昭之"的含义，是在通过祭祀活动来彰明道德，将祭祀时的道德要求转化为祭祀者始终如一的道德认同。从祭祀活动来看，复杂的祭祀仪式和严格的祭品要求，可以培养祭祀者深刻而认真的情感体验，形成基本的道德要求，以期望获得神灵的护佑。从道德形成来看，借助祭祀活动本身，可以引导参与者形成情感认同，确认基本的道德共识，凝聚为道德认同。这些道德认同经过两周持续的祭祀活动强化，固定为基本的道德原则与行为方式，便成为稳定持久的价值判断，作为评骘公共社会道德行为的依据。

---

① 徐元诰撰，王树民、沈长云点校:《国语集解·楚语下》，中华书局 2002 年版，第 516-517 页。

② 左丘明传，杜预注，孔颖达等正义:《春秋左传正义》卷十二《僖公五年》，北京大学出版社 1999 年版，第 344 页。

二、从祭祀体验到道德认同的"敬"

为便于观察早期宗教或者祭祀体验中的情感转化为道德认知，我们可以选择"敬"作为个案，来分析其作为情感体验，如何转化为道德认知。早期中国的祭祀活动，主要出于对异己力量的顶礼膜拜。在这一过程中所形成的敬重、恭敬，在持续的情感认同中转化为基本的道德认知，落实到宗教事务中、体现在现实职务中、转化入日常生活中，逐渐形成了道德共识。

《尚书·尧典》叙述尧、舜治理天下时，"敬授人时""敬敷五教""敬修其可愿"，[①] 便体现着从自然秩序到社会秩序、从社会教化到道德认同的生成路径。敬授人时，是根据自然规则确定历法，体现了人对自然的敬畏。敬敷五教，是将自然秩序转化为社会秩序，用以教化百姓，体现了人对职务的敬重。"敬修其可愿"，孔颖达疏："道德人之可愿，知可愿者，是道德之美也。"[②] 即按照百姓期待来修养道德，作为榜样，形成道德自觉与行为自觉。敬，作为情感体验，原本用于事天，源自对神的恭敬，在国家治理中，逐渐被作为部落领袖的道德自觉，并在治国理政的实践中，凝聚为普遍的道德认同。

神文观念中的敬，首先体现为人对祭祀活动的诚敬。《尚书·汤征》言"汤征诸侯，葛伯不祀，汤始征之，作《汤征》"。其文不存，其事载于《孟子·滕文公下》：

> 汤居亳，与葛为邻。葛伯放而不祀，汤使人问之，曰："何为不祀？"曰："无以供牺牲也。"汤使遗之牛羊。葛伯食之，又不以祀。汤又使人问之曰："何为不祀？"曰："无以供粢盛也。"汤使亳众往为之耕，老弱馈食。葛伯率其民，要其有酒食黍稻者夺之，不授者杀之。有童子以黍肉饷，杀而夺之。《书》曰："葛伯仇饷。"此之谓也。为其杀是童子而征之，四海之内皆曰："非富天下也，为

---

① 孔安国传，孔颖达等正义：《尚书正义》卷二《尧典》、卷三《舜典》、卷四《大禹谟》，北京大学出版社 1999 年版，第 28、75、93 页。

② 孔安国传，孔颖达等正义：《尚书正义》卷四《大禹谟》，北京大学出版社 1999 年版，第 95 页。

匹夫匹妇复雠也。"汤始征，自葛载，十一征而无敌于天下。^①

孟子所言，是对汤征故事进行了文本重述，其中或有增擎之处，其事当合乎彼时尚未失传的《尚书·汤征》。其中言及商汤之所以得到百姓支持，在于"桀不率先王之明德，乃荒耽于酒，淫泆于乐，德昏政乱"。祭祀秩序的废弛，引发了百姓不满。葛伯作为诸侯，在得到商汤救助之后，仍不维持祭祀秩序，最终为商汤所征伐。在祭祀权标识统治权的神文时代，葛伯不祭祀，意味着对神灵不敬，标志着其失去管理百姓的合法性。商汤以此为借口征葛伯，征伐其他诸侯，得到了百姓拥护，最终亡夏而立商。《商颂·长发》是商人祭祀成汤的祭歌，其中热烈赞颂商汤以祭祀天帝的恭敬、秉承天帝意志的坚决，才得到授命而有天下："帝命不违，至于汤齐。汤降不迟，圣敬日跻。昭假迟迟，上帝是祗。帝命式于九围。"^②以此表明，商汤在起兵之初，是通过维持祭祀权而获得统治权，才有了攻伐夏桀的合法性。此后，商朝借助祭祀天帝百神，借助祭祀权强化统治权，作为控制天下的方式。

《尚书》中保存了诸多商王、周王祭祀时的情感体验，敬被作为对天帝百神最为基础的情感认同：

> 先王惟时懋敬厥德，克配上帝。(《太甲》)
> 永敬大恤，无胥绝远。……朕及笃敬，恭承民命，用永地于新邑。(《盘庚》)
> 王司敬民，罔非天胤，典祀无丰于昵。(《高宗肜日》)
> 今商王受，弗敬上天，降灾下民。……今商王受，狎侮五常，荒怠弗敬。自绝于天，结怨于民。(《泰誓》)^③

---

① 赵岐注，孙奭疏：《孟子注疏》卷六《滕文公章句下》，北京大学出版社 1999 年版，第 168—169 页。

② 毛亨传，郑玄笺，孔颖达等正义：《毛诗正义》卷二十《长发》，北京大学出版社 1999 年版，第 1455 页。

③ 孔安国传，孔颖达等正义：《尚书正义》卷八《太甲下》、卷九《盘庚中》《盘庚下》、卷十《高宗肜日》、卷十一《泰誓》，北京大学出版社 1999 年版，第 213、241—244、257、271—279 页。

王乃命三公九卿及百姓之人，曰："恭敬齐洁，咸格而祀于上帝。"①

如果说"明德"作为天帝赋予人间先天道德总括，强调人间道德来源于天帝、神灵制定的规则，那么"敬畏"则代表了人在祭祀活动中的情感体验，概括了人对天帝、神灵的基本态度。其中，人对天地的敬畏是第一位的，因其承载着天命；由对天地的敬畏转化为对祭祀的敬重，意味着人对自身道德与行为的重视。在这样的祭祀活动中，敬是祭祀情感体验与祭祀者道德认知相重合，并得到持续强化。

《诗经·周颂·敬之》为周人宗庙祭祀所用歌辞，保留着周人在祭祀时的情感体验：

敬之敬之，天维显思，命不易哉！无曰高高在上，陟降厥士，日监在兹。维予小子，不聪敬止。日就月将，学有缉熙于光明。佛时仔肩，示我显德行。②

《诗小序》言此诗为"群臣进戒嗣王也"③，当为新王即位时在宗庙祭祀先祖所用。其中的"敬之敬之"，延续着文王、武王所形成的对天帝的敬畏，在周的宗庙祭祀中始终作为基本的情感认同，通过乐歌反复咏叹，以强化新王对天命的敬畏感，并引导所有祭祀者敬重先祖的德行。在歌辞中，反复告诫新王不要因为天命在己而恣意妄为，要知道天帝时时刻刻在监视自己的行为，新王只有将德行时时刻刻彰明出来，才能得到护佑。《周颂·闵予小子》亦言："维予小子，夙夜敬止。于乎皇王，继序思不忘！"告诫继位的周王要保持敬慎态度。《周颂·臣工》又言："嗟嗟臣工，敬尔在公。"勉励参与祭祀的公卿以恭敬态度对待职事。《鲁颂·泮水》也言："穆穆鲁侯，敬明其德，敬慎威仪，维

---

① 黄怀信著：《逸周书校补注译·酆保解》，三秦出版社 2006 年版，第 89 页。

② 毛亨传，郑玄笺，孔颖达等正义：《毛诗正义》卷十九《敬之》，北京大学出版社 1999 年版，第 1348–1349 页。

③ 毛亨传，郑玄笺，孔颖达等正义：《毛诗正义》卷十九《敬之》，北京大学出版社 1999 年版，第 1348 页。

民之则。"① 赞美鲁僖公敬重德行、敬慎礼仪。可见，在两周的宗庙祭祀中，敬不仅是祭祀活动的情感认知，而且被强化为周王本身的道德观念。

对天帝的敬畏，作为祭祀的情感体验，在凶礼中体现得更为深刻。《诗经·大雅》中保留了一组天降灾异时周王向天祈祷以禳除灾祸的乐歌，哀求天帝消灾禳凶。其通过言"六事"来反思行政的得失，表达了周王对天帝的敬畏之情，② 最能看出周王在无助时的情感体验：

> 敬天之怒，无敢戏豫。敬天之渝，无敢驰驱。昊天曰明，及尔出王。昊天曰旦，及尔游衍。(《板》)
>
> 敬恭明神，宜无悔怒。旱既太甚，散无友纪。(《云汉》)
>
> 凡百君子，各敬尔身。胡不相畏，不畏于天？(《雨无正》)
>
> 无纵诡随，以谨罔极。式遏寇虐，无俾作慝。敬慎威仪，以近有德。(《民劳》)
>
> 讦谟定命，远犹辰告。敬慎威仪，维民之则。(《抑》)③

诸诗中反复提到了对天帝之"敬"，以表明周王敬天之怒、敬恭神明，反复陈说周王及其臣僚对天帝、神灵的敬畏，并深刻反思自身的行为。其所言的"各敬尔身""敬慎威仪"等，并非仅指在祭祀时的心性与仪态，而是言君臣反思是否合乎天命要求的道德认知，反思是否谨守职责、是否合乎道德要求，以此祈祷上天禳除灾祸。

《诗经》反复强化的"敬"，显然已被作为周人最为深厚的道德共识，在周王朝的重大礼仪活动中反复宣示。《逸周书》同样记载了敬从祭祀体验转化为道德认同的过程，可以与《诗经》的记述相呼应。《逸周书·小开武解》载：

---

① 毛亨传，郑玄笺，孔颖达等正义：《毛诗正义》卷十九《闵孙子》《臣工》、卷二十《泮水》，北京大学出版社1999年版，第1312、1400页。

② 曹胜高：《歌哭之辞的形成语境及其理论阐释》，《乐府学》2017年第2期。

③ 毛亨传，郑玄笺，孔颖达等正义：《毛诗正义》卷十七《板》、卷十八《云汉》《抑》、卷十二《雨无正》、卷十七《民劳》，北京大学出版社1999年版，第1152-1153、1201-1202、1163-1164、732、1142页。

> 维王二祀一月既生魄，王召周公旦曰："鸣呼，余夙夜忌商，不知道极，敬听以勤天下。"周公拜手稽首曰："在我文考，顺明三极，躬是四察，循用五行，戒视七顺，顺道九纪。"①

武王言自己"敬听以勤天命"，表明了其对天命有自觉敬畏，时时刻刻自我警戒。周公立刻将周文王如何体认天命并养成道德认知作了阐释，认为只要能处理好天、地、人的秩序，反思自己的容色、声音、语言、意念是否合乎天命要求；只要处理好水、火、木、金、土的五行运行，实现顺天得时、顺地得助、顺年得和、顺利财足、顺得助明、顺仁无失、顺道有功，就能长治久安；只要按照日、月、德、刑、生、长、杀、藏、终等自然规律来行事，就能实现"敬听天命"的要求。在这一认知中，天被视为统治合法性的来源，作为自然秩序的来源，决定了人世间的一切秩序，国君只有顺承天道，便能稳定社会秩序。在周公的阐释中，顺天时、用地利的生产生活秩序，被转化为顺德、顺仁、顺道的道德认知，作为建构社会秩序的原则，成为社会道德观念的来源。

《逸周书·宝典解》还记载周成王向周公请教治国理念时，如何将对天敬畏的情感认知转化为对民敬重的道德认知：

> 维王三祀二月丙辰朔，王在鄗，召周公旦曰："鸣呼，敬哉！朕闻曰：何修非躬？躬有四位、九德。何择非人？人有十奸。何有非谋？谋有十散，不圉我哉！何慎非言？言有三信。信以生宝，宝以贵物，物周为器。"②

周成王所言的"鸣呼，敬哉"，是文王、武王所强化的情感体验，成王由此言及四位、九德、十奸、十散、三信等道德观念。其中的四位，是定、正、安、敬的心性修为，九德则是孝、悌、慈惠、忠恕、中正、恭逊、宽宏、温直、兼符等道德认知；与四位、九德相反的则是十奸、十散等不良的心性道德。可见成王即位之初，西周已经形成系

---

① 黄怀信著：《逸周书校补注译·小开武解》，三秦出版社2006年版，第132页。
② 黄怀信著：《逸周书校补注译·宝典解》，三秦出版社2006年版，第137页。

统的道德认知，成为周王室稳定的道德认同，作为心性修养，用于判断德行。

其中，"敬"始终被周王朝作为最基础的道德认同，并在不同场合反复强化。如《五权解》言"汝维敬哉！先后小子，勤在维政之失"①，将敬作为勤政的道德来源。《成开解》言"敬人畏天"②，将神灵与百姓同等敬畏。《小开解》载文王之言："呜呼，敬之哉，后之人。……佚而无穷、贵而不傲、富而不骄、两而不争、闻而不遥、远而不绝、穷而不匮者，鲜矣。"③ 以"敬"概括所有的道德认知，惟此才能避免不良习气。《常训解》又言："政维今，法维古。顽贪以疑，疑意以两。平两以参，参伍以权，权数以多。多难以允，允德以慎，慎微以始而敬终，乃不因。"④ 认为所有的行政措施，只有以"慎始敬终"为原则，才能落实。

在周王室的道德认知中，敬，被作为祭祀活动所涵养的最为基础的情感认同，转化为王与公卿、大夫、士、庶人共通的道德认知，作为判断行政措施的依据、作为评骘人事的标准，成为周人深广的道德认同。《逸周书·谥法解》作了详尽的解释："夙夜警戒曰敬，夙夜恭事曰敬，象方益平曰敬，合善法典曰敬。"⑤ 如果说夙夜警戒是情感体验的话，夙夜恭事则是行为自觉，象方益平便是道德自觉，善合法典则是行政自觉。这样，原本作为情感认知的"敬"，越来越倾向于道德认知，最终被作为判断周王的道德修养与行政方式的依据。

祭祀是夏、商、周维持国家秩序运行的核心体系。王祭祀最高的神灵，并通过分封土地使诸侯立社稷，形成天地、社稷、山川、七祀以及宗庙祭祀体系，建立起一套遍布全国的祭祀制度。用礼乐规范其行为，引导其情感，通过严格而普遍的祭祀，形成公共情感体验，将之作为道德规范，转化为普遍的道德认同，可以视为早期中国道德生

---

① 黄怀信著：《逸周书校补注译·五权解》，三秦出版社 2006 年版，第 223 页。
② 黄怀信著：《逸周书校补注译·成开解》，三秦出版社 2006 年版，第 227 页。
③ 黄怀信著：《逸周书校补注译·小开解》，三秦出版社 2006 年版，第 104 页。
④ 黄怀信著：《逸周书校补注译·常训解》，三秦出版社 2006 年版，第 20 页。
⑤ 黄怀信著：《逸周书校补注译·谥法解》，三秦出版社 2006 年版，第 275–276 页。

成的基本路径。

三、"明德"观念的人文理性化

讨论早期中国道德认同形成最为清晰的路径，可以观察"明德"观念如何通过转化，从祭祀的情感体验转化为道德的认同方式，成为中华文化的核心思想。

《左传·昭公元年》记载周景王时刘定公与赵武的对话，其中提及禹的"明德"之功：

> 天王使刘定公劳赵孟于颍，馆于雒汭。刘子曰："美哉禹功，明德远矣！微禹，吾其鱼乎！吾与子弁冕端委，以治民临诸侯，禹之力也。子盍亦远绩禹功，而大庇民乎？"对曰："老夫罪戾是惧，焉能恤远？吾侪偷食，朝不谋夕，何其长也？"刘子归以语王曰："谚所谓老将知而耄及之者，其赵孟之谓乎！为晋正卿，以主诸侯，而侪于隶人；朝不谋夕，弃神人矣。神怒民叛，何以能久？赵孟不复年矣。神怒，不歆其祀；民叛，不即其事。祀事不从，又何以年？"①

刘定公所言"美哉禹功，明德远矣"，杜预注："言今得共服冠冕有国家者，皆由禹之力。"②认为大禹形成的服制泽被后世，为其文本义；实则言大禹治水成功之后，形成了祭祀制度，建构了早期中国的祭祀秩序。其中的弁冕为祭服之代称。《穀梁传·僖公八年》："朝服虽敝，必加于上；弁冕虽旧，必加于首；周室虽衰，必先诸侯。"言及朝服、弁冕、周室，分别作为朝廷、祭祀、王权的象征，是国家秩序运行的体现。周景王时，晋为盟主，刘定公言大禹明德，实则是提醒赵武辅佐晋平公来引导中原诸侯维持秩序，恢复朝廷制度、祭祀秩序和王室尊严。赵武明白了刘定公所言"大禹明德"的含义，感慨自己无能为力。

---

① 左丘明传，杜预注，孔颖达等正义：《春秋左传正义》卷四十一《昭公元年》，北京大学出版社 1999 年版，第 1150–1151 页。

② 左丘明传，杜预注，孔颖达等正义：《春秋左传正义》卷四十一《昭公元年》，北京大学出版社 1999 年版，第 1151 页。

刘定公由此判断赵武"弃神人"而不能善终。由此来看，其中所言的大禹明德，是言大禹确定了神人秩序，形成了祭祀制度；借助祭祀制度所形成的情感共识与道德共识，凝聚百姓，形成国家治理秩序。

我们可以从《史记》所载上古帝王的事迹，来观察"明德"的演变过程。《史记·历书》言：

> 盖黄帝考定星历，建立五行，起消息，正闰馀，于是有天地神祇物类之官，是谓五官。各司其序，不相乱也。民是以能有信，神是以能有明德。民神异业，敬而不渎，故神降之嘉生，民以物享，灾祸不生，所求不匮。①

这段话与《国语》中观射父所言极为相似，言"明德"最初用于神人的沟通。按时祭祀神灵，以培养老百姓的忠信，神灵由此领会祭祀者的敬畏而给予护佑。司马迁所谓的"有明德"，既指以祭祀明德，又指人间由此获得先天道德感，作为维持社会秩序的基石。《史记·五帝本纪》又言：

> 天下明德皆自虞帝始。……自黄帝至舜、禹，皆同姓而异其国号，以章明德。②

司马迁认为将明德作为道德认知，始自舜帝，并明确早期帝王治理天下最为重要的贡献，在于"以章明德"，不断将早期祭祀活动中形成的情感共识应用于社会生活，转化为道德共识，进而形成群体认同。在这个过程中，明德被作为古代帝王获得天命的必备条件，也成为判断其行为合法与否的依据。《史记·周本纪》载武王在商太社即位时的祷辞：

> 尹佚筴祝曰："殷之末孙季纣，殄废先王明德，侮蔑神祇不祀，

---

① 司马迁撰，裴骃集解，司马贞索隐，张守节正义：《史记》卷二十六《历书》，中华书局2014年版，第1500—1501页。

② 司马迁撰，裴骃集解，司马贞索隐，张守节正义：《史记》卷一《五帝本纪》，中华书局2014年版，第51—53页。

昏暴商邑百姓，其章显闻于天皇上帝。"于是武王再拜稽首，曰："膺受大命，革殷，受天明命。"武王又再拜稽首，乃出。[1]

周武王直言殷纣王"殄废先王明德"，指责其将自黄帝、尧、舜、禹以至商汤流传下来的"明德"传统毁弃，辜负了帝王对上天的责任，直接后果便是天帝不再授殷纣王天命，使其亡身亡国。这样来看，明德作为早期中国理解神人关系的基本认知，强化了人对神、人对天的责任，被作为早期道德观念的来源。

《诗经·大雅·皇矣》言文王受命在于明德：

> 帝迁明德，串夷载路。天立厥配，受命既固。
> 帝谓文王：予怀明德，不大声以色，不长夏以革。不识不知，顺帝之则。[2]

作为祭祀的乐歌，《皇矣》保留着周人祭祀传统的"明德"观念。其中的"帝迁明德"，确定了明德是天帝对人间的根本责任，并以之作为托付给人间帝王的道德要求和行为原则。周文王允公允能，得到天帝认同，方才受命于天。在这首周民族史诗中，天帝所言的"予怀明德"，表明在周人观念中道德源于天命，具有与天命相契合的道德高度，才能获得天命。这样来理解"皇天无亲，惟德是辅"，正是明德观念的展开。帝王必须将祭祀天帝所获得的道德认知推广到全部的社会事务中，才能天命永续。

《尚书》也是通过强调明德来阐述制度的合法性与行政的合理性。《多士》言："自成汤至于帝乙，罔不明德恤祀。亦惟天丕建保乂有殷，殷王亦罔敢失帝，罔不配天其泽。"[3]认为商王坚持"明德恤祀"的传统而得到上天保佑。明德是人神同德，恤祀是强化祭祀，罔敢失帝则言

---

[1] 司马迁撰，裴骃集解，司马贞索隐，张守节正义：《史记》卷四《周本纪》，中华书局2014年版，第162页。

[2] 毛亨传，郑玄笺，孔颖达等正义：《毛诗正义》卷十六《皇矣》，北京大学出版社1999年版，第1022-1032页。

[3] 孔安国传，孔颖达等正义：《尚书正义》卷十六《多士》，北京大学出版社1999年版，第424页。

通过隆重的祭祀来形成道德共识，作为群体认同。《多方》亦言："乃惟成汤，……以至于帝乙，罔不明德慎罚，亦克用劝。要囚，殄戮多罪，亦克用劝。开释无辜，亦克用劝。"[①]明德要见诸行事，可以形成慎罚、教化等行政策略。

周王室认为文王德行合乎天帝要求而被授命，武王合乎天地之义才能伐商成功。周族之所以奄有天下，正在于文王、武王能够明德。《尚书·文侯之命》言："丕显文武，克慎明德，昭升于上，敷闻在下，惟时上帝集厥命于文王。"[②]认为文武二王所倡导的"克慎明德"，是周王室与姬姓诸侯共同的道德来源。《逸周书·程典解》言：

> 文王弗忍，乃作《程典》，以命三忠。曰："助余体民，无小不敬！如毛在躬，拔之痛，无不省！政失患作，作而无备，死，亡不诚！诚在往事，备必慎备。思地思地，慎制思制，慎人思人。慎德德开，开乃无患。慎德必躬恕，恕以明德。德当天而慎下。"[③]

这段后世追述的文字，记载了周义王将"帝迁明德"的祭祀体验转化为道德认知，并将之细化为行政措施的过程。其中强化的"慎"，既包括对天命的敬畏与负责，更包括在行政上的谨慎与恭敬。所言之"德"，是充分体认"天生万民"的好生之德，按照明德的原则，将之落实为宽恕、慎罚等行政措施。《逸周书·祭公解》赞叹说："呜呼，公！朕皇祖文王、烈祖武王，度下国，作陈周。维皇皇上帝度其心，置之明德，付俾于四方，用应受天命，敷文在下。"[④]正是言周文王将"天德"转化为社会道德，为周王室的行政原则，贯穿于所有的行政措施中。

《尚书·君陈》言周公辅政时，开始将明德从道德认知转化为行政评判：

---

① 孔安国传，孔颖达等正义：《尚书正义》卷十七《多方》，北京大学出版社 1999 年版，第 459 页。

② 孔安国传，孔颖达等正义：《尚书正义》卷二十《文侯之命》，北京大学出版社 1999 年版，第 556 页。

③ 黄怀信著：《逸周书校补注译·程典解》，三秦出版社 2006 年版，第 74–76 页。

④ 黄怀信著：《逸周书校补注译·祭公解》，三秦出版社 2006 年版，第 338 页。

昔周公师保万民，民怀其德。往慎乃司，兹率厥常。懋昭周公之训，惟民其义。我闻曰："至治馨香，感于神明。黍稷非馨，明德惟馨。"尔尚式时周公之猷训，惟日孜孜，无敢逸豫。①

其中言及祭祀的意义在于感通神明，却明确说神灵关注的不是祭品的丰大物备，而是在祭祀过程中的道德体验。可以看出，周公制礼作乐的精神，是将原本用于神人关系的道德认知转化为用于人人关系的道德认同，将殷商祭祀重视祭品祭仪转化为重视祭祀活动中的道德认知，更强调祭祀者自身的道德水准。周公所言的"师保万民""往慎乃司""无敢逸豫"等，正是从"明德惟馨"的认知中生发出来的道德观念。

当"帝迁明德"被作为皇天授命于周的充分条件，周王室便可以根据时世的发展，不断获得新的道德认知，通过祭祀文王、武王来确定这些道德认知的合理性。如《康诰》言："惟乃丕显考文王，克明德慎罚；不敢侮鳏寡，庸庸，祗祗，威威，显民。用肇造我区夏，越我一二邦以修。"②言文王将明德转化为慎罚，扩充为尊重鳏寡，不断彰明道德，形成范围越来越大的道德认同，作为评判执政行为的标准。

选建明德的原则，要求诸侯在其封国内创造性地借助行政措施来明德。《左传·定公四年》载子鱼之言："昔武王克商，成王定之，选建明德，以蕃屏周。"言及周分封诸侯的目的，是将基于天命所形成的先天道德在诸侯封地弘扬光大。其中的明德，包括分封的诸侯有较高的道德认知，也包括其所采用的行政措施要合乎文王之德。《左传·宣公十五年》载晋景公赏桓子狄臣千室、赏士伯以瓜衍之县时，羊舌职言：

《周书》所谓"庸庸祗祗"者，谓此物也夫！士伯庸中行伯，君信之，亦庸士伯，此之谓明德矣。文王所以造周，不是过也。

---

① 孔安国传，孔颖达等正义：《尚书正义》卷十八《君陈》，北京大学出版社1999年版，第491—492页。

② 孔安国传，孔颖达等正义：《尚书正义》卷十四《康诰》，北京大学出版社1999年版，第359—360页。

故《诗》曰"陈锡哉周。"能施也。率是道也,其何不济! ①

羊舌职强调分封土地、任命职官,要义在于明德。在周人的观念中,天子受命于天,能迁帝德,故具有"天子建德"的合法性,根据宗室、诸侯、公卿的德行进行分封,便是明德以彰显天命。被分封者要依据明德的要求,建立职官、确定制度,形成行政秩序。《国语·晋语四》中载:

> 元年春,公及夫人嬴氏至自王城。秦伯纳卫三千人,实纪纲之仆。公属百官,赋职任功。弃责薄敛,施舍分寡。救乏振滞,匡困资无。轻关易道,通商宽农。懋穑劝分,省用足财。利器明德,以厚民性。②

从中可以看出,明德作为道德认同,已经被周王室、诸侯公室贯穿到具体的行政措施中,成为诸侯、大夫治理地方的价值判断:轻关易道、通商宽农是治理的策略,省用足财、利器明德、以厚民性则是执政的依据。在这样的语境中,明德是通过治理理念的调整、行政措施的变革,给予民众更多宽容,已经从道德认知转化为价值判断。

《左传·成公二年》载春秋后期对"明德慎罚"的解读,可以看出其从道德判断转化为价值判断的过程:

> 楚之讨陈夏氏也,庄王欲纳夏姬,申公巫臣曰:"不可!君召诸侯,以讨罪也。今纳夏姬,贪其色也。贪色为淫,淫为大罚。《周书》曰:'明德慎罚。'文王所以造周也。明德,务崇之之谓也。慎罚,务去之之谓也。若兴诸侯,以取大罚,非慎之也。君其图之!"王乃止。③

---

① 左丘明传,杜预注,孔颖达等正义:《春秋左传正义》卷二十四《宣公十五年》,北京大学出版社 1999 年版,第 672 页。

② 徐元诰撰,王树民、沈长云点校:《国语集解·晋语四》,中华书局 2002 年版,第 349-350 页。

③ 左丘明传,杜预注,孔颖达等正义:《春秋左传正义》卷二十五《成公二年》,北京大学出版社 1999 年版,第 703-704 页。

　　针对楚庄王欲纳夏姬的欲望，申公巫臣引"明德慎罚"的道德认同，来判断楚庄王行为的得失。明德被作为道德判断的依据，在于其得到了两周持续的强化，得到了楚人的认同，成为公共道德行为准则，可以用于衡量人的道德认知，用于判断行为得失。

　　这一认知，在秦汉时期仍被作为观察早期政权更替的学理依据。《大戴礼记·少闲》中言及夏、商、周的兴亡：

　　　　桀不率先王之明德，乃荒耽于酒，淫泆于乐，德昏政乱，作宫室高台，污池土察，以民为虐，粒食之民，惛焉几亡。

　　　　乃有商履代兴。……成汤卒受天命，不忍天下粒食之民刈戮，不得以疾死，故乃放。

　　　　移夏桀，散亡其佐。乃迁姒姓于杞。发厥明德，顺民天心嗇地，作物配天，制典慈民。咸合诸侯，作八政，命于总章。

　　　　……武丁年崩，殷德大破，九世，乃有末孙纣即位。纣不率先王之明德，乃上祖夏桀行，荒耽于酒，淫泆于乐，德昏政乱，作宫室高台，污池土察，以为民虐，粒食之民，忽然几亡。[1]

　　儒家用"明德"与否来观察天下兴亡，认为得天命者在于能够明德，亡天下者在于不能明德。桀耽于玩乐废弃了先王明德传统，放弃了由祭祀所形成的道德认同；商之所以代夏，在于成汤能够发厥明德，继承了前代帝王所维持的道德认同，以之凝聚社会共识，实现了天下认同。

　　王国维先生所言的殷周之际的制度变革，在于周将国家凝聚成一个道德群体，意识到殷周之际最大的变化，在于殷商以神文传统凝聚共识，通过祭祀来培养公共情感，形成情感共识，凝聚社会各阶层。两周则在祭祀中将情感认同转化为道德认同，通过人文理性，借助道德认同确立价值判断，将之作为政治理念落实到礼乐制度中，并在历史实践中凝固为价值判断，确立了中华民族最为深厚的价值认同。

第二节　人文意识与道德共识的形成

神文观念的本质，是更多地强调神对人的决定力量，认同人依附于神，由此对神进行顶礼膜拜。人类认知水平的提高，使得人越来越关注自身，立足于人本身来观察、理解外部世界，并主动去改造、征服外部世界。中华文化在颛顼时期通过绝地天通，将最高祭祀权收归于部落领袖，强化人对外部世界的支配作用。随着人文理性的觉醒，人的主体性不断强化，西周时期将神文观念大规模、系统化地转化为人文观念，人对自身命运的把握和对人世间规则运行的理解越来越清晰，人也更多关注于自身能力的提升，更愿意对知识进行更新，持续提升不依赖于神灵而能独立面对世界的能力。两周时期，人对未知世界采取更具理性的方式来处理，早期祭祀体验所形成的道德认同，作为衡量社会行为的基础，形成了初步的道德认同。我们可以通过观察早期中国人文意识的形成，来分析群体共识如何从神文时期的道德观念中萌发出来，日渐发展为具有人文理性精神的道德共识。

一、神人分职与人文意识的形成

神人分职是以绝地天通为历史契机的。《国语·楚语下》载观射父言及其过程：

> 及少皞之衰也，九黎乱德，民神杂糅，不可方物。夫人作享，家为巫史，无有要质。民匮于祀，而不知其福。烝享无度，民神同位。民渎齐盟，无有严威。神狎民则，不蠲其为。嘉生不降，无物以享。祸灾荐臻，莫尽其气。颛顼受之，乃命南正重司天以属神，命火正黎司地以属民，使复旧常，无相侵渎，是谓绝地天通。[①]

---

① 徐元诰撰，王树民、沈长云点校：《国语集解·楚语下》，中华书局 2002 年版，第 514—515 页。

《尚书·吕刑》也有相应的解释。从观射父所言来看，绝地天通所形成的神人分职，实际是重新整理早期的知识系统。"重"代表天，是众神的象征；"黎"代表地，是民众的集合。表面来看，绝地天通是由两人完成，实际二人代表部族或属官完成了神文与人文的知识分野，使之开始按照各自的路径来观察并理解外部世界。绝地天通之后，中华文化沿着两个路径前行：一是大传统中建立人文理性，借助概念、逻辑、验证来思考天人关系；二是在小传统中延续着民神杂糅的传统，以祭祀、神灵、报应来理解人神关系。

从人类文明发展史来看，神文观念在不断淡去，但尚未彻底离开；人文理性在不断增长，对神文却没有彻底否定。我们所言的人文意识的生成，主要是在大传统中如何摆脱神文影响的过程中促成人文理性，重点考察在早期神文观念淡化的过程中，通过增强人文理性精神，来促成更为广泛的道德共识。

《左传·僖公五年》载虞公与宫之奇的对谈，与当年鲁庄公、曹刿对谈有相类似的认知：

> 公曰："吾享祀丰絜，神必据我。"对曰："臣闻之，鬼神非人实亲，惟德是依。故《周书》曰：'皇天无亲，惟德是辅。'又曰：'黍稷非馨，明德惟馨。'又曰：'民不易物，惟德繄物。'如是，则非德，民不和，神不享矣。神所冯依，将在德矣。若晋取虞而明德以荐馨香，神其吐之乎？"弗听，许晋使。①

虞公认为自己祭祀神灵，虔诚恭敬，神就一定站在自己一方，显然是依照神文观念来看待国家兴亡。宫之奇则从人文角度分析神的护佑不仅体现于祭祀，更体现于其所蕴含的明德能否落实到百姓身上。从中可以看出，从神文到人文的转化路径有二：一是神文中蕴含着基本的道德认知，已经成为社会道德形成的基础，成为基于公共情感而形成的道德观念；二是相对诸侯而言，士大夫阶层更愿意相信"德"要落

---

① 左丘明传，杜预注，孔颖达等正义：《春秋左传正义》卷十二《僖公五年》，北京大学出版社 1999 年版，第 344 页。

实在世俗中才有意义，而不是基于神文传统去盲目固守。

曹刿曾对鲁庄公所言的"小信未孚，神弗福也"，表明了春秋时期具有人文理性精神的士大夫对神的基本态度：一方面相信神可以赐福于人，另一方面又觉得人在社会事务中具有更大决定作用。鲁庄公谈自己得到神佑时，实际也是在强调自身能够明德。曹刿却认为最好的明德，是在基于天命、天德基础上获得百姓的广泛支持。由此可见，在春秋时期，以诸侯为代表的贵族更相信神文，而一般士大夫则更注重人文。东周贵族基本是周王室后裔或姻亲，在他们看来其爵位及身份来自天命、天德的赐予，来自周王的分封与赏赐。因而他们宁愿固守天命，以此维持统治的合法性。社会基层只有怀疑、否定天命，才有可能走上历史舞台，因而一般士大夫更相信通过人自身的努力来改变自身处境、改造社会秩序。大传统形成于精英阶层的共识，精英阶层又分为接受天命的贵族与被天命所弃或受天命影响不明显的士大夫。①这样，士大夫便将传统的天命观转化为对性命的讨论、对道德的坚守上，更关注自身的心性修养与道德修为。

《礼记·表记》中言及夏、商、周三代文化形态的变迁，也叙述了神文传统向人文理性转化的诸多细节：

> 子曰：夏道尊命，事鬼敬神而远之，近人而忠焉，先禄而后威，先赏而后罚，亲而不尊。其民之敝，惷而愚，乔而野，朴而不文。殷人尊神，率民以事神，先鬼而后礼，先罚而后赏，尊而不亲，其民之敝。荡而不静，胜而无耻。周人尊礼尚施，事鬼敬神而远之，近人而忠焉，其赏罚用爵列，亲而不尊，其民之敝，利而巧，文而不惭，贼而蔽。②

《礼记》虽成书于秦汉之际，一般认为其中的观念或内容形成更早，

---

① 如葵丘之会时便约定士阶层不能再像之前一样生来有爵位有职务，这是最早被天命所抛弃的阶层，因此士阶层并不是很相信天命。这里的天命指由贵族身份和前辈功德所积累的继承权，而不是后来经过儒家化以后的天命，这是谈及人文意识时必须明白的。

② 郑玄注，孔颖达等正义：《礼记正义》卷五十四《表记》，北京大学出版社 1999 年版，第 1484–1486 页。

体现着儒家知识系统对早期文化传统的理解。其中所言的"忠"，便是将祭祀的情感体验转化为普遍的道德认知。夏朝虽然建立了国家制度，其呈现方式却是"朴而不文"，社会事务仍沉浸在神文的祭祀之中，并没有形成人文传统，且通过祭祀秩序来维系小范围情感认同，形成部族林立的方国。商朝则"先鬼而后礼"，注重祭祀天地百神、先王先公，借助祭祀情感来形成公共秩序，以建立方国秩序。在这其中，礼依托祭祀秩序形成公共秩序，形成在祭祀之外的社会运行体系。周朝则尊礼而远鬼神，更加注重社会秩序的建构，逐渐远离或者淡化祭祀秩序对人的约束，形成了独自运行的公共秩序。

刘向在《说苑》中谈到三代文化的变迁，看到了从神文走向人文的过程：

> 故夏后氏教以忠，而君子忠矣，小人之失野。救野莫如敬，故殷人教以敬，而君子敬矣，小人之失鬼。救鬼莫如文，故周人教以文，而君子文矣，小人之失薄。救薄莫如忠。故圣人之与圣也，如矩之三杂，规之三杂。周则又始，穷则反本也。[1]

夏后氏教以忠、殷人教以敬、周人教以文，其中涉及忠、敬、文三个概念，分别体现了公共情感、道德认知与人文理性三个阶段性的属性。"敬"是情感体验，后转化为职业态度，落实到行为方式上；"忠"被视为祭祀情感，落实到道德认知上；"文"则进一步整合到礼乐秩序上，被视为人文理性精神的总概念。其中言及礼乐教化的形成，标志着人不再通过敬神、礼神、娱神获得约束或福佑，而更加重视对人世间秩序、对人的道德引导。

文，在中华文化中主要用来描述文明发展的程度，体现为人类在发展过程中形成的那些与"质"不同的外在形式。"质"指人的本性，即人的自然属性，孟子言之为食与色；而"文"是人在发展过程中对本性的约束方式，即人的社会属性，体现为具有广泛共识的社会秩序、行为规则和群体认同。人不仅形成了区别于动物的社会属性，而且形

---

[1]　刘向撰，向宗鲁校证：《说苑校证》卷十九《修文》，中华书局 1987 年版，第 477 页。

成了维系人类社会运行的道德认同、群体共识和秩序准则。因此，孔子将文与质作为观察人全面发展的两个维度，一方面认为"质胜文则野"，如果过分重视人的本性而超越人性，人就显得粗鄙；另一方面认为"文胜质则史"，人的社会属性是人类发展过程中不断凝聚而形成的区别于动物的特征，是人性的体现，如果过分强调人性而忽略本性，便显得有些虚伪浮夸。只有立足于本性的人性，或者体现人性的本性才是人之常性，在此基础上形成的君子人格，体现了人类发展的全部文明成果和基本共识。

以《礼记》《说苑》观察夏、商、周三代的文化进程，可以看出祭祀体验的公共情感、祭祀活动的道德共识、由道德共识所形成的礼乐秩序，是三代一脉相承的文明进程，也是三代阶段性的文化特征。可以看出，神文观念滋生出人文意识，并通过礼乐教化凝聚为道德共识和行为方式，正是催生早期道德认同的历史进程。

二、文的认知与人文理性的形成

在早期经典中，文被视为人类对天地秩序理解过程中所形成的自觉认知。《礼·含文嘉》保留着儒家对文、质形成的传统理解："殷授天而王，周据地而王。"[1]观察汉儒理解早期政治秩序与天人秩序的知识系统，会发现其将文与质和天地运行系统结合起来。其中的质，是人受天而来的本性，具有绝对的合法性。而文，作为人类发展过程中不断增加的人性，具有必然的合理性。殷人敬天，认为天决定并主导着人间事务，仍处于神文时代。周人认为天命之外，更应注重人的生存、发展，注意力落在对人文秩序的完善中，推崇道德观念与礼乐制度。纬书残缺较多，虽难看到更多详细阐释，却可以看出儒家试图用天人秩序来观察文与质的分野，对殷、周的文化发展进程作出解释。如果与儒家经典文本相参照，也能看出人文理性增强的历史进程。

《尚书》对早期文明的描述中，"文"被作为尧、舜、禹不断强化的文明路径：

---

[1] 赵在翰辑，钟肇鹏、萧文郁点校：《七纬》卷十七，中华书局2012年版，第270页。

日若稽古，帝尧，曰放勋，钦明文思安安，允恭克让，光被四表，格于上下。

曰若稽古帝舜，曰重华协于帝。濬哲文明，温恭允塞，玄德升闻，乃命以位。慎徽五典，五典克从。纳于百揆，百揆时叙。宾于四门，四门穆穆。纳于大麓，烈风雷雨弗迷。

曰若稽古，大禹曰："文命敷于四海，祗承于帝。"曰："后克艰厥后，臣克艰厥臣，政乃乂，黎民敏德。"①

其中言及尧德行中有"文"，舜时代的特征为"文明"，大禹则为"文命敷于四海"。尽管古代的训诂对"文"有诸多解释，但"文"却可以抽象并进行形而上的概括："文"是人类在发展过程中所形成的区别于动物属性而呈现出人类文明发展的独特表征。文，体现于历史进程中，是文明，可以用来描述人类朝着更自觉、更完善、更全面、更自由的方向发展。文化，则是在文明发展过程中所形成的阶段性特征及其表现方式。夏、商、周各有其文化，同一时期的文化只有合适不合适之分，并没有对错之分。而文明是人类超越自然属性走向自觉的过程，又是人类告别蒙昧走向更加开明的状态，更是由必然王国走向自由王国的进步。由此观察，儒家在中国早期经典中所讲的"文"，落实到文明上，是用来明确尧、舜、禹时期，中华民族不断提升文明自觉，朝着社会更文明、道德更完善、秩序更稳定的方向发展。因此，《尚书》用"文"来评价尧、舜、禹时期的治理，是在总结他们对中华民族告别蒙昧走向文明过程中作出的历史性贡献。

我们所言的人文理性，是指在人类发展的过程中，按照人性要求所形成的区别于动物的特征，是按照人之为人、人之能群、人之能分、人之能断、人之能成所形成的道德认同对人进行衡量，其中体现着在人类摆脱对异己力量的顶礼膜拜之外所形成的理性认知。

《诗经·周颂·思文》高度评价后稷的贡献："思文后稷，克配彼

---

① 孔安国传，孔颖达等正义：《尚书正义》卷二《尧典》、卷三《舜典》、卷四《大禹谟》，北京大学出版社 1999 年版，第 25、50—52、86 页。

天。"① 郑笺："周公思先祖有文德者，后稷之功能配天。昔尧遭洪水，黎民阻饥，后稷播殖百谷，烝民乃粒，万邦作乂，天下之人无不于女时得其中者。言反其性。"认为后稷的贡献在于有文德。在《大雅·生民》中，周人追述后稷的诸多神异之处，历述他在农业生产方面的贡献：

> 实覃实讦，厥声载路。诞实匍匐，克岐克嶷。以就口食。蓺之荏菽，荏菽旆旆，禾役穟穟，麻麦幪幪，瓜瓞唪唪。

> 诞后稷之穑，有相之道。茀厥丰草，种之黄茂。实方实苞，实种实褏。实发实秀，实坚实好。实颖实栗，即有邰家室。

后稷的文德，在于将农业文明提升到前所未有的高度，使得包括周部族在内的早期中国深受其益。因此《思文》所言的文德，正是赞美后稷对早期中国的贡献：不再简单依靠自然条件来耕作，而能通过选种、耕作来提高农业生产水平。

周人以"文王"谥姬昌，称赞周武王能够"允文文王，克开厥后"②，继承周文王的文德文治："所以能致此业，而得为强者，由于信有文德者之文王，以圣德受命，能开其后世子孙之基绪。"③显示出周人自觉将"文"作为最高的道德要求。《逸周书·谥法解》中对"文"的解释是："经纬天地曰文，道德博厚曰文，学勤好问曰文，慈惠爱民曰文，愍民惠礼曰文，锡民爵位曰文。"④"文"被赋予了深广的社会属性，前三者正体现着人类文明的发展成果，是人文理性的自觉；后三者包括对百姓的关爱、对秩序的坚守、对制度的完善。因此，文，包括对天文地文（文明）的理解、对人类道德（文德）的认同、对人类知识（文化）的掌握。文王去世后，或许并没有如此系统的谥法阐释，但正因为文王拥有这

---

① 毛亨传，郑玄笺，孔颖达等正义：《毛诗正义》卷十九《思文》，北京大学出版社 1999 年版，第 1309 页。

② 毛亨传，郑玄笺，孔颖达等正义：《毛诗正义》卷十九《武》，北京大学出版社 1999 年版，第 1342 页。

③ 毛亨传，郑玄笺，孔颖达等正义：《毛诗正义》卷十九《武》，北京大学出版社 1999 年版，第 1342 页。

④ 黄怀信著：《逸周书校补注译·谥法解》，三秦出版社 2006 年版，第 265 页。

些知识、美德和规范，才被周族谥为文王。由此来看，谥法中的"文"，已经不强化神文观念，更注重按照人文理性的倾向，将之转化为人类所特有的道德品行。

人文意识的形成来源于神文观念，但在周朝已经开始摒弃了神文时代的附益，转而强调人文自身的属性。人文理性的体现，是"文"被作为独立的视角，成为人类发展内在的支配力量，成为社会运行的内在动力。《国语·周语下》中记载了单襄公对其子单顷公的告诫，便是用"文"来指代人全部的社会属性：

> 襄公有疾，召顷公而告之，曰："必善晋周，周将得晋国。其行也文，能文则得天地，天地所祚，小而后国。夫敬，文之恭也。忠，文之实也。信，文之孚也。仁，文之爱也。义，文之制也。智，文之舆也。勇，文之帅也。教，文之施也。孝，文之本也。惠，文之慈也。让，文之材也。象天能敬，帅意能忠，思身能信，爱人能仁，利制能义，事建能智，帅义能勇，施辩能教，昭神能孝，慈和能惠，推敌能让。此十一者，夫子皆有焉。"①

其中言及的姬周为晋悼公，年轻时跟着单襄公学习，十四岁晋厉公亡后，晋悼公回国继位。其对周王室的匡扶、对天下秩序的维护，已超过晋文公和齐桓公，成为周灵王时代中原诸侯的新盟主。单襄公言姬周"其行也文，能文则得天地"，是说他的言谈举止符合"文"的内在要求，敬、忠、信、仁、义、智、勇、教、孝、惠、让等德性全部被作为"文"的具体内容，可以落实到象天、帅意、思身、爱人、利制、事建、帅义、施辩、昭神、慈和、推敌等所有的行为中。由此来看，孔子所概括的"郁郁乎文哉，吾从周"，正是看到了西周通过人文精神的倡导，形成了基于人性发展而建构的道德共识，作为判断人的知识、品德、行为的依据。至东周时，这一观念被细化为基本的道德判断，成为衡量个人、社会和历史的标准，凝结为道德原则。

---

① 徐元诰撰，王树民、沈长云点校：《国语集解·周语下》，中华书局 2002 年版，第 88-89 页。

早期中国的人文意识经过官学的总结，形成了基本的道德认知。再经过诸子进一步阐释，建构了系统的学理体系，支配着早期中国的社会认同。从文明史的角度来看，西周的人文理性形成所具有的开创意义，在于引导早期中国告别了漫长的神文时代，进入人文时代。其在秩序建构、观念阐释中强化的人文意识，是人类基于早期祭祀情感和社会规范而形成的道德共识，决定了中华文化的基本走向，是以人性为基石、以人的全面发展为内在要求的文明进程。

在周礼中，"文"被视为"礼"的来源，道德共识通过礼的规范转化为行为方式，落实到社会运行的秩序中。《礼记·礼器》言："先王之立礼也，有本有文。忠信，礼之本也。义理，礼之文也。无本不立，无文不行。礼也者，合于天时，设于地财，顺于鬼神，合于人心，理万物者也。"①在这其中，忠信被作为道德共识，是建立礼制的根本，蕴含在道德要求中的义理，则是礼的表现形式。早期信仰对自然的膜拜所催生出来的公共情感，包括"敬"与"忠"之类的情感体验，作为礼的内在要求（礼义），规范、约束、增加并完善着这些情感体验。因此，礼，作为基于道德共识的行为方式，便成为两周体现道德原则和行为要求的程序性活动。作为行为方式的礼仪成为外部程序，体现道德认知的礼义成为内在原则，二者相互支撑所组成的礼，成为社会运行基本法则。这就使得早期中国所形成的道德观念转化为行为方式，从天人秩序落实到人人秩序，建构了维系社会运行的道德共识和行为规范，让早期中国不再依附于神灵或宗教，较早启动了人文启蒙，并推动社会秩序的独立运行。

三、忠、信观念的人文理性化

为了理解祭祀活动中情感体验如何通过人文理性化的过程，转化为道德共识，并经过人文理性化的阐释，成为社会的群体共识，我们可以借助"忠信"观念的变动，来观察从神文观念转化为人文理性的

---

① 郑玄注，孔颖达等正义：《礼记正义》卷二十三《礼器》，北京大学出版社1999年版，第717页。

思想演生。《国语·周语上》曾载祭公谋父之言：

> 昔我先王世后稷，以服事虞、夏。及夏之衰也，弃稷不务，我先王不窋用失其官，而自窜于戎狄之间，不敢怠业，时序其德，纂修其绪，修其训典，朝夕恪勤，守以敦笃，奉以忠信，亦世载德，不忝前人。至于文王、武王，昭前之光明，而加之以慈和，事神保民，莫弗欣喜。[①]

这段话概括了不窋之后，周先公先王一以贯之的行为方式。其中的"奉以忠信"，被视为周族持续发展并得以强大的道德共识。祭公谋父认为武王之所以灭商，是将前代先祖所累积的道德共识发挥到极致，通过"事神保民"两个基本策略实现了周人翦商的计划。其中"事神"体现于人神关系，"保民"体现于社会关系，二者并重，可以视为周人将祭祀体验转化为道德共识来推动周族的发展。

《逸周书·文传解》又载文王受命九年，在鄗召见太子发时的训导："吾语汝所保所守，守之哉！厚德广惠，忠信爱人，君子之行。"[②]文王以"厚德广惠，忠信爱人"的修为要求武王。其中的厚德，是按照明德的原则，将来自天命的道德认知，施用于百姓；其中的广惠，是将这一道德认知给予诸侯、给予百姓，将对天命的忠信转化为对百姓的忠信。在周人看来，正是不窋"奉以忠信"，使得周族兴旺；文王以"忠信爱人"训导武王，将之作为事神保民的原则，确立了周代代相传的忠信观念。《逸周书·常训解》中列周人所推崇的"九德"为忠、信、敬、刚、柔、和、固、贞、顺，忠、信被列为前两位进行强调。可以说，周在将神文观念中的道德共识转化为人文观念时，把忠信视为最具标志性的概念。

这样再来看《左传》中诸侯与士大夫对"忠信"的理解，就能理解忠信作为周人最为重视的道德观念，体现于两个维度。一是在神文

---

① 徐元诰撰，王树民、沈长云点校：《国语集解·周语上》，中华书局 2002 年版，第 3–5 页。

② 黄怀信著：《逸周书校补注译·文传解》，三秦出版社 2006 年版，第 112–113 页。

传统中确认忠信，作为"事神"的道德要求。如庄公十年（前684）鲁庄公所言："牺牲玉帛，弗敢加也，必以信。"① 强调人对神的守信忠诚。桓公六年（前706）季梁则言："所谓道，忠于民而信于神也。上思利民，忠也；祝史正辞，信也。"② 将"忠于民""信于神"结合起来，认为忠于民是信于神的必要条件，这样的祷辞才有意义，使得忠信既有神文的意味，又有人文的倾向。二是在人文观念中强化忠信的社会属性，作为基本的道德原则。《左传·隐公三年》载君子评价周郑交恶时的观念，对忠信的含义进行了辨析，可以看作春秋史官的基本认知：

> 君子曰："信不由中，质无益也。明恕而行，要之以礼，虽无有质，谁能间之？苟有明信，涧溪沼沚之毛，蘋蘩蕴藻之菜，筐筥锜釜之器，潢污行潦之水，可荐于鬼神，可羞于王公。而况君子结二国之信，行之以礼，又焉用质？《风》有《采蘩》《采蘋》，《雅》有《行苇》《泂酌》，昭忠信也。"③

这一阐释，可以视为"忠信"如何从神文道德转化到人文观念，如何从礼乐体验转化为道德认知的例证。其中所谓"可荐于鬼神，可羞于王公"，是言通过祭品、祭仪向神祷告来表达彼此之间的忠诚和信用，在祭祀过程中所使用的歌诗，意在"昭忠信"，作为宣示、表达祭祀过程中的忠信观念。

从人文理性的视角来观察《诗》义的转化，可以更为深刻地理解作为乐歌的诗，如何通过歌唱来阐发、宣示祭祀活动中的深刻含义。一是诗阐发各种祭祀的礼义，这些礼义实际是借助祭祀行为来强化道德体验，凝聚为道德共识，承载人文观念，实现社会认同。在史官看来，《采蘩》《采蘋》《行苇》《泂酌》等乐歌，正是要阐明"忠信"的用意。

---

① 左丘明传，杜预注，孔颖达等正义：《春秋左传正义》卷八《庄公十年》，北京大学出版社1999年版，第240页。

② 左丘明传，杜预注，孔颖达等正义：《春秋左传正义》卷六《桓公六年》，北京大学出版社1999年版，第174页。

③ 左丘明传，杜预注，孔颖达等正义：《春秋左传正义》卷三《隐公三年》，北京大学出版社1999年版，第74–76页。

也就是说，这些祭祀活动的礼义是"昭忠信"，所用的乐歌也是阐发、宣示这些礼义。二是由此观察诸多诗篇的细节，可以看出其如何在利用神文观念中养成人文意识，培养道德体验，约束群体行为，形成群体共识。这些歌诗的礼义、乐义，不仅是对祭祀活动的赋义，也是对群体认同的强化。在这其中，"昭忠信"的"忠"，既是参与祭祀所有人员能借助神文观念忠于职事，也是在祭祀时用恰当的祭品、仪礼和态度，完成祭祀活动，实现对神的礼敬，对人的教化。

在《诗经》的阐释中，这些"昭忠信"的礼义，从神文观念转化为人文意识，作为人的道德共识和伦理要求，日渐被后世学者所体认。如毛传言《采蘩》之义："夫人不失职也。夫人可以奉祭祀，则不失职矣。"① 言《采苹》之义："大夫妻能循法度也。能循法度，则可以承先祖，共祭祀矣。"② 所谓的不失职，是能按规定准备祭祀；所谓的循法度，是继承祭祀传统，二者已经从祭祀本身的忠信转化为对职事职责的忠信。在《行苇》《泂酌》的阐释中，毛传直接言及其中所体现的人文观念："《行苇》，忠厚也。周家忠厚，仁及草木，故能内睦九族，外尊事黄耇，养老乞言，以成其福禄焉。"③《泂酌》，召康公戒成王也。言皇天亲有德、飨有道也。"④ 春秋史官立足于祭祀活动来讨论如何形成"忠信"观念，尚停留于祭祀所形成的情感认同和道德认知；汉儒进一步细化了其中的道德赋义，将之作为人文观念进行阐释，使得《诗经》中原本用于表述神文观念的歌咏，转化为阐释人文观念的篇章。刘向在《列女传·晋弓工妻》中言："君闻昔者公刘之行乎，羊牛践葭苇，恻然为

---

① 毛亨传，郑玄笺，孔颖达等正义：《毛诗正义》卷一《采蘩》，北京大学出版社 1999 年版，第 65 页。

② 毛亨传，郑玄笺，孔颖达等正义：《毛诗正义》卷一《采苹》，北京大学出版社 1999 年版，第 71 页。

③ 毛亨传，郑玄笺，孔颖达等正义：《毛诗正义》卷十七《行苇》，北京大学出版社 1999 年版，第 1079 页。

④ 毛亨传，郑玄笺，孔颖达等正义：《毛诗正义》卷十七《泂酌》，北京大学出版社 1999 年版，第 1123 页。

民痛之。恩及草木,岂欲杀不辜者乎?"①将《行苇》中蕴含的历史故事和道德认知,转化为"仁"的道德示范。扬雄在《博士箴》中也说:"公刘挹行潦而浊乱斯清,官操其业,士执其经。"将《采苹》中的行潦之礼升华为政治伦理,提倡官员任用时要扬清激浊,使用时要各司其职,各负其责。

神文祭祀中礼乐活动所培养的公共情感,作为最初形成情感认同的方式,凝聚而成的神文观念,被固定、被强化后,作为评价个人行为的尺度,施用于社会秩序,就形成了一个社会最为基础的人文观念。这些观念在阐释过程中不断附加道德含义,通过观念强化、制度维持和文本阐释而不断细化,便成为早期中国最为基础、最为广泛的道德共识。

我们继续观察《左传》中对"忠信"的理解,可以更为清晰地理解其作为人文观念,如何深刻地植入社会生活中,成为最基础的道德认同。《左传·襄公四年》载叔孙穆子聘晋之言:

> 君教使臣曰:"必咨于周。"臣闻之:"访问于善为咨,咨亲为询,咨礼为度,咨事为诹,咨难为谋。"臣获五善,敢不重拜?

《左传》将咨、询、度、诹、谋列为五善,五善作为评价标准,其确立的依据在于"必咨于周"。即按照周所通行的道德原则判断社会事务,这一原则体现于所有的外交礼仪之中,也体现于所用的礼乐之中。《国语·鲁语下》载其言为:

> 君教使臣曰:"每怀靡及",诹、谋、度、询,必咨于周,敢不拜教?臣闻之曰:"怀和为每怀,咨才为诹,咨事为谋,咨义为度,咨亲为询,忠信为周。"君贶使臣以大礼,重之以六德,敢不重拜!②

---

① 王照圆撰,虞思征点校:《列女传补注》卷六《辩通传》,华东师范大学出版社 2012 年版,第 235–236 页。

② 徐元诰撰,王树民、沈长云点校:《国语集解·鲁语下》,中华书局 2002 年版,第 179–180 页。

叔孙穆子所引的诗句出自《皇皇者华》，其五章末句分别为"每怀靡及""周爰咨诹""周爰咨谋""周爰咨度""周爰咨询"，韦昭注认为每怀靡及、诹、谋、度、询、必咨于周为六德。其中的"每怀靡及"，是由情感体验而形成的道德认知；"必咨于周"则言诸侯的道德共识，是周人在长期发展过程中形成的道德准则，这些道德准则的基石便是忠信。这样一来，忠信，不仅作为道德的内在要求，而且作为社会行为的评判依据。

宣公二年（前607）鉏麑触槐而死前，也是依据忠信作为道德要求来评判自己的行为：

> 宣子骤谏，公患之，使鉏麑贼之。晨往，寝门辟矣，盛服将朝。尚早，坐而假寐。麑退，叹而言曰："不忘恭敬，民之主也。贼民之主，不忠；弃君之命，不信。有一于此，不如死也。"触槐而死。①

鉏麑在决定要不要刺杀赵宣子时，分别用"忠""信"来评价赵宣子，认为赵宣子忠于职事。若刺杀正人君子为不忠，背弃晋君之命为不信，人无忠信，不如死去。可见，忠信不仅被作为道德判断的依据，还作为行为的标准，形成了鉏麑的价值判断。文公元年（前626），穆伯始聘于齐，史官的评价是：

> 凡君即位，卿出并聘，践修旧好，要结外援，好事邻国，以卫社稷，忠信卑让之道也。忠，德之正也；信，德之固也；卑让，德之基也。②

《左传》作者以"忠信"来评价穆伯的行为，认为"忠信"是诸侯交往时应秉承的道德原则。忠被视为德之正，信被视为德之固，二者用于评价外交行为，已经成为史官评判是非的依据。其中提到的卑让，

---

① 左丘明传，杜预注，孔颖达等正义：《春秋左传正义》卷二十一《宣公二年》，北京大学出版社1999年版，第595–596页。

② 左丘明传，杜预注，孔颖达等正义：《春秋左传正义》卷十八《文公元年》，北京大学出版社1999年版，第488页。

最初作为人对神的敬仰方式，也转化为交往原则，用于评判道德行为。

《国语·晋语二》中载宫之奇谏假道时，不仅解读了忠信的含义，而且将之作为判断国家行为的依据：

> 除暗以应外谓之忠，定身以行谓之信。今君施其所害于人，暗不除矣；以贿灭亲，身不定矣。夫国非忠不立，非信不固。既不忠信，而留外寇，寇知其衅而归图焉。已自拔其本矣，何以能久？①

依照韦昭的理解，去己暗昧之心以应外为忠，坚持人格来行事为信。显然，忠与信已经被内化为个人的道德自觉，用于衡量个人行为、国家事务。宫之奇以此观察虞公的允许晋君假道的行为，已经背弃了忠、信传统，并以之为理据，判断虞、虢必亡。可见，春秋时期的忠信观念，已经成为价值判断，用于评价人事得失。《国语·晋语八》亦载叔向论忠信：

> 忠不可暴，信不可犯，忠自中，而信自身，其为德也深矣，其为本也固矣，故不可拥也。今我以忠谋诸侯，而以信覆之。荆之逆诸侯也亦云，是以在此。若袭我，是自背其信而塞其忠也，信反必毙，忠塞无用，安能害我？且夫合诸侯以为不信，诸侯何望焉？②

他认为赵武若守忠、信之德，就能获得中原诸侯的拥护。楚国若北进，就是弃忠背信，不守道德原则，就不会得到诸侯的认同，楚国就难以为害。实际上，楚国在与中原诸侯交往的过程中，也接受了忠信的道德原则，并将之作为楚国的道德共识，用于贵族教育。《国语·楚语上》载申叔时答楚庄王问时言：

---

① 徐元诰撰，王树民、沈长云点校：《国语集解·晋语二》，中华书局 2002 年版，第284—285 页。

② 徐元诰撰，王树民、沈长云点校：《国语集解·晋语八》，中华书局 2002 年版，第429 页。

摄而不彻，则明施舍以导之忠，明久长以导之信，明度量以导之义，明等级以导之礼，明恭俭以导之孝，明敬戒以导之事，明慈爱以导之仁，明昭利以导之文，明除害以导之武，明精意以导之罚，明正德以导之赏，明齐肃以耀之临。若是而不济，不可为也。且夫诵诗以辅相之，威仪以先后之，体貌以左右之，明行以宣翼之，制节义以动行之，恭敬以临监之，勤勉以劝之，孝顺以纳之，忠信以发之，德音以扬之，教备而不从者，非人也。其可兴乎？①

申叔时对"忠信"观念进行了全面阐释，将之作为君子修养最为重要的两条准则，与仁、义、礼、孝等道德观念并列，与事、文、武、赏、罚、临等行为并举，作为涵养道德的基准，作为评价行为的尺度。

忠信作为周人基本的道德共识和行为规范，在春秋时期作为士人的基本修为，成为社会普遍接受的人文观念。《仪礼·士相见礼》就言："与众言，言忠信慈祥。与居官者言，言忠信。"②与他人交流，要判断语言是否符合"忠信"的要求，将忠信作为道德标准和行为法则。曾子每日反省的"为人谋而不忠乎？与朋友交而不信乎"③，是以"忠信"作为为人处世的标准，反思每日的行为是否合乎这一要求。孔子四教"文，行，忠，信"④，以人文作为知识立场，以礼义作为行为方式，以忠、信作为道德准则。子张问崇德辨惑时，孔子回以"主忠信"⑤；子张问行时，孔子还是回以"言忠信"⑥。可见在孔子所处的时代，忠信已经从早期的神文观念转化为政治伦理、社会道德、行为规范，成为衡量行政得失、是非成败和言谈举止的标准。

---

① 徐元诰撰，王树民、沈长云点校：《国语集解·楚语上》，中华书局 2002 年版，第 486 页。

② 郑玄注，贾公彦疏：《仪礼注疏》卷七《士相见礼》，北京大学出版社 1999 年版，第 119 页。

③ 何晏注，邢昺疏：《论语注疏》卷一《学而》，北京大学出版社 1999 年版，第 4 页。

④ 何晏注，邢昺疏：《论语注疏》卷七《述而》，北京大学出版社 1999 年版，第 93 页。

⑤ 何晏注，邢昺疏：《论语注疏》卷十二《颜渊》，北京大学出版社 1999 年版，第 162 页。

⑥ 何晏注，邢昺疏：《论语注疏》卷十五《卫灵公》，北京大学出版社 1999 年版，第 208 页。

　　由此来看，早期中国道德认同的形成，源自神文观念，其中所形成的道德认知，逐渐凝聚为道德认同。在西周至春秋时期，这些道德认同逐渐远离神文，转化为越来越广泛的群体共识，用于评判道德的高下和行为的得失。最初可能借助于神文观念中的内心崇拜或自我省思，其后越来越多地转化为道德的内在自觉，作为行为自觉的基础。当道德自觉与行为自觉合而为一，便是道德认知与行为方式的双向自觉，这便是为德行合一。如果说德是个人情感认同、道德共识，那么行就是社会规则的约束、是社会共识的外化。个体理解的道德认知与群体要求的行为准则相辅相成，道德共识便得以确立，个体行为也就有了外在约束。以此作为评判行政、行为的依据，就可以确立其价值判断，支配、鼓励并引导着社会向着文明、理性的方向发展。因此，人文意识的觉醒，是以神文观念中的情感体验和道德认知作为文化积淀，以人的自觉与自省作为发展方向。文化积淀促成道德共识，人文理性促成道德自觉。道德共识作为判断行为的方式，道德自觉作为判断人文理性的方式，从而推动人告别蒙昧时期直觉的情感体验，转化为日渐理性的道德认同，形成日渐强化的价值判断。

第三节　秩序建构与道德认同的强化

　　周朝所形成的道德共识最初来自神文时代的思考，随着人文理性增加，神文时代的祭祀体验和情感认同如何逐步转化为道德认同？道德认同如何通过秩序建构转化为价值判断？从黄帝到颛顼，再到尧、舜、禹、商汤、文、武，早期文本对他们的历史贡献一以贯之的描述是，他们持续建构越来越具体的公共秩序。由此来概括从黄帝到秦汉时期，中华民族在秩序建构中所寻求的治道，正是按照早期中国所形成的情感体验、道德共识，促成越来越明确的道德认同，形成日渐清晰的公共秩序，强化道德认同，维持价值判断。

一、早期中国公共秩序的形成

早期文献追述黄帝、颛顼、尧、舜、禹、商汤、文王的贡献，常常关注于他们对中华文明的历史性创造，意识到他们不断建构人与自然的秩序，更为自觉、更加主动地理解自然、顺应自然、改造自然。我们以司马迁在《史记》中叙述的文明进程，来观察早期中国的秩序建构。

黄帝时期秩序建构的重点，是理解天地、阴阳、生死与成败："顺天地之纪、幽明之占、死生之说、存亡之难。时播百谷草木，淳化鸟兽虫蛾，旁罗日月星辰水波土石金玉，劳勤心力耳目，节用水火材物。"[①] 黄帝时期，人类对外部自然秩序和宇宙运行并没有形成清晰认知，只是朦胧意识到天地运行、幽冥变化、生死存亡有其内在规律，按照季节变化观察万物，建构起初步的生产秩序。

颛顼时期进一步建构了天地、鬼神、教化和祭祀秩序。司马迁概括为："养材以任地，载时以象天，依鬼神以制义，治气以教化，洁诚以祭祀。……取地之财而节用之，抚教万民而利诲之，历日月而迎送之，明鬼神而敬事之。"[②] 其中最为重大的进展，是形成了稳定的农业生产秩序。神农尝百草为选育农作物，黄帝的"时播百谷草木"则更加重视农作物生长规律，颛顼时期的"养材以任地"，则理解了土地的属性，形成了稳定的农业生产。农业生产按照春生、夏长、秋收、冬藏的时令进行，这就需要"载时以象天"，通过观察天象而形成早期历法系统，能够采用春、夏、秋、冬等时令记录时间，人便不再依附于对神灵的盲目膜拜，而借助自然规律来改善生产。在中华文化中，鬼神被理解为外部的异己力量，神是帮助自身的力量，鬼是制约自身的力量。颛顼"依鬼神以制义"的实质，是意识到自然界有增强或者削弱、推动或者阻止自身发展的力量，人类要按照自然界是有助于人类和影

---

① 司马迁撰，裴骃集解，司马贞索隐，张守节正义：《史记》卷一《五帝本纪》，中华书局2014年版，第7页。

② 司马迁撰，裴骃集解，司马贞索隐，张守节正义：《史记》卷一《五帝本纪》，中华书局2014年版，第14—16页。

响人类的外部力量来确定合适的法则。从《尚书·吕刑》《国语·楚语下》所载颛顼时期"绝地天通"之事来看，颛顼时期建构了相对完善的祭祀秩序，理顺了人与神的关系，教导百姓按照一年气候的变化来观察草木，形成了稳定的生产、生活、祭祀秩序，强化了"洁诚以祭祀"的祭祀体验，不再盲目崇信鬼神之道。

尧时确立了宗族秩序和部族关系。《尚书·尧典》言尧"克明俊德，以亲九族"①，司马迁解释为："能明驯德，以亲九族。九族既睦，便章百姓。百姓昭明，合和万国。"②九族是以家庭、家族为基础建构的宗族秩序，尧时通过宗族联合、部族整合，形成了早期国家的雏形。《尧典》所言的"万邦"，《史记》所言的"万国"，正是注意到尧在处理好宗族关系基础上整合部族，组合无数部族建构了早期国家的治理秩序。

舜时建构了更为完善的行政秩序："于是舜乃至于文祖，谋于四岳，辟四门，明通四方耳目，命十二牧论帝德，行厚德，远佞人，则蛮夷率服。"③尧率领部落领袖，可能尚未形成分职，没有形成稳定的职务，也没有建立职责明确的行政体系。舜时则通过谋于四岳，命十二牧的方式，建构了分区、分职管理的行政系统。对于统辖区域之外者，采用文征武伐，使得"蛮夷率服"。由此来看，舜所建构的行政秩序使得早期国家结合得更紧密，形成了早期国家的概念，有了领地与区域的认知，行政体系能够对统治核心区域之外施加文化影响。在此基础上，舜借助祭祀权来巩固强化自身的统治权，《尚书·舜典》言其"肆类于上帝，禋于六宗，望于山川，遍于群神"④，继承颛顼时所形成的祭祀秩序，以之作为维护国家秩序的手段。

---

① 孔安国传，孔颖达等正义：《尚书正义》卷二《尧典》，北京大学出版社 1999 年版，第27 页。

② 司马迁撰，裴骃集解，司马贞索隐，张守节正义：《史记》卷一《五帝本纪》，中华书局2014 年版，第 18 页。

③ 司马迁撰，裴骃集解，司马贞索隐，张守节正义：《史记》卷一《五帝本纪》，中华书局2014 年版，第 45 页。

④ 孔安国传，孔颖达等正义：《尚书正义》卷三《舜典》，北京大学出版社 1999 年版，第54—55 页。

《尚书·大禹谟》言大禹时期的秩序建构，在于建构了稳定的社会秩序："德惟善政，政在养民。水火金木土谷，惟修，正德、利用、厚生，惟和，九功惟叙，九叙惟歌。戒之用休，董之用威，劝之以九歌，俾勿坏。"[①] 大禹关注焦点在于百姓生产生活的基本要素，如水、火、金、木、土、谷，将之作为百姓生活必备的条件，将国家治理的重心落实到"正德、利用、厚生"，形成了基于生产生活的国家治理理念，开始关注于社会生活秩序和治理原则。

大禹时期所形成的以"九功""九叙"为基础的社会秩序，成为夏朝行政、礼乐和生活秩序的基础。商汤时在伐夏成功之后所颁布的《仲虺之诰》，既宣布了夏朝失德而导致九族、万邦的离散，又宣明了商朝着力建构的秩序蓝图：

> 民之戴商，厥惟旧哉！佑贤辅德，显忠遂良。兼弱攻昧，取乱侮亡。推亡固存，邦乃其昌。德日新，万邦惟怀。志自满，九族乃离。王懋昭大德，建中于民，以义制事，以礼制心，垂裕后昆。[②]

这是商汤伐夏桀成功后在大坰之野时，由仲虺起草的诰命。其中谈到百姓拥护商汤的原因，在于商朝坚守了从夏朝形成的祭祀秩序。从《史记·殷本纪》所载来看，土地狭小的商之所以能得到周边百姓拥护，正是因为夏桀时祭祀秩序紊乱。上行下效，周边小国不敬祭祀，商汤征葛伯而赢得百姓支持。商汤正是通过维护旧的祭祀秩序来征伐废弃祭祀的夏朝邦国，最后得以亡夏。其中所谓"民之戴商，厥惟旧哉"，是言百姓拥戴商汤，在于他维护了自大禹形成的祭祀秩序，维持了生产秩序。随后其颁布的"王懋昭大德，建中于民，以义制心，垂裕后昆"，体现了商朝治国理政的基本思路。商汤宣称将发扬上天所赐天命而赋予的德行，在祭祀秩序之外更加注重道德秩序的建

---

① 孔安国传，孔颖达等正义:《尚书正义》卷四《大禹谟》，北京大学出版社 1999 年版，第 89 页。

② 孔安国传，孔颖达等正义:《尚书正义》卷八《仲虺之诰》，北京大学出版社 1999 年版，第 197–198 页。

构，凝聚天下百姓的共识，确定出判断事务的依据，建立规则以约束人心。其所采用的方式，是将传统的祭祀秩序与借助祭祀形成道德共识的方式结合起来，用于形成外在制度与内在德行相统一的治理模式。

商代在道德共识方面的建构，依附于祭祀秩序而形成，这就使得其所形成的道德观念，更多被作为祭祀体验，在不断深化中，可以凝聚为道德认知。但由于殷人重鬼神祭祀，尚未形成独立于祭祀秩序之外的道德自觉。周文王在此基础上建构道德秩序，将之转化为立足于社会运行的道德共识。《逸周书·和寤解》言："王乃厉翼于尹氏八士，唯固允让，德降为则，振于四方，行有令问，成和不逆，加用祷巫，神人允顺。"[1]德降为则，是将因天命而来的德，细化为可以在民间实行的道德观念，通过行政系统教化百姓，形成道德共识。振于四方，行有令问，是意识到作为行为规则的道德认知，不仅悬浮于观念认知之中，还要落实到社会秩序之中，使得百姓能够将外部约束与内在自觉结合起来，借助于祭祀活动，以实现"神人允顺"，把神文观念转化为人义意识。相对于商朝先建立祭祀秩序再明确国家治理的原则，周文王时期则直接将"人神之德"转化为"人人之德"，通过行政体制推行道德共识，祭祀系统只是道德推广的辅助手段而不是必要手段，因此周朝的祭祀系统更有"神道设教"的意味，而不再是夏、商时期以祭祀为唯一目的的淫祀。

天地秩序、生产秩序、行政秩序、生活秩序和社会秩序，体现了早期中国在不同历史阶段秩序建构的重点。周朝所形成的道德秩序，使得中华民族得以凝聚成道德共识，形成人文自觉。人不再依附于外部的秩序运行，而是按照人之为人、人之能群、人之能分的期待实现社会自运行，并有了资以判断其得失成败的标准。《逸周书·文政解》中记载了基于道德要求所确定的社会秩序为一忠、二慈、三禄、四赏、五民之利、六商工受资、七祗民之死、八无夺农、九足民之财，[2]便是完全立足社会秩序而确立的道德共识。前四条是对人的品行要求，其

---

[1] 黄怀信著：《逸周书校补注译·和寤解》，三秦出版社2006年版，第161页。

[2] 黄怀信著：《逸周书校补注译·文政解》，三秦出版社2006年版，第179页。

或来自祭祀体验，但已经转化为道德认知。后五条是治理国家的法则，作为治民措施，明显有"降德为则"的意味。可见西周时期已经建立起稳定的社会治理模式，确立了明确的道德共识，作为国家治理的原则，作为行政措施的评判依据。在这样的语境中，德，已经进入到周代的政治话语阐释体系，被确立为最为深厚的群体共识。

从《逸周书·本典解》所载的观念来看，中华文化最为核心的道德共识，在西周时期不仅被讨论，而且已经作为社会秩序的内在要求，被细化到具体行政措施之中：

> 臣闻之文考，能求士□者，智也；与民利者，仁也；能收民狱者，义也；能督民过者，德也；为民犯难者，武也。智能亲智，仁能亲仁，义能亲义，德能亲德，武能亲武。……至德照天，百姓不惊；□惊备有好丑，民无不戒。显父登德，德降则信，信则民宁。为畏为极。①

其中提到"智""仁""义""德"等概念，已经按照"降德为则"的方式，落实为政治伦理，转化为行政准则。如"与民利者，仁也"，是言仁者爱民，让百姓有利才是仁爱之人，与孔子所言的"仁者爱人"的观念一脉相承。而"能收民狱者，义也"，上承商汤的"以义制事"的原则，被视为官府对百姓主体责任，下启孟子的"惟义所在"的判断标准。其以"能督民过者，德也"，明确了政府导民以德的教化使命，确定了官府建构道德秩序的义务。

周人将道德秩序的建构作为自觉要求，通过教民、化民改良风俗，形成各司其职、各用所长的社会自运行秩序。相对于夏借助于鬼神、商借助于祭祀，周人直接建构社会秩序，来推行道德共识。《逸周书·程典解》言："思地思地，慎制思制，慎人思人，慎德德开，开乃无患。慎德必躬恕，恕以明德。德当天而慎下。"②治理天下要依赖于制度，制度运行要依赖于人，用人的关键在于是否有德。有德之人在位，

---

① 黄怀信著：《逸周书校补注译·本典解》，三秦出版社 2006 年版，第 301–302 页。

② 黄怀信著：《逸周书校补注译·程典解》，三秦出版社 2006 年版，第 75–76 页。

就能够治理好天下，因此对道德自律、道德自觉要慎之又慎。在这一观念的影响下，周人确立了以德作为衡量全部社会秩序的准则，持续强化德在社会事务中的基础性地位。《逸周书·大聚解》列出了五德：一为德教，二为和德，三为仁德，四为正德，五为归德。[①] 德教是生活之教、祭祀之教，见诸教民生产生活。和德是让百姓能各用所长，不误农时，有稳定收益、安全保障、充分发展与生活自足，形成稳定的生产秩序。[②] 仁德是尊重自然规律，不过多损伤外部生产条件；正德是引导百姓按照时间工作，不伤民；归德是拿回一年四季的收成，让百姓在生产中得利。这样，周朝将"明德"落实到社会生产生活秩序之中，形成了自上而下的道德秩序。

周人对道德秩序的建构，一是将德抽象为最高理念，用于衡量所有的秩序、规则和行为，成为国家秩序建构的内在要求。二是将德落实到具体的秩序建构、规则制定和行为方式中，以之引导生产、生活秩序。如《逸周书·谥法解》根据人的行为确定谥法，以明确其德行；《逸周书·官人解》列出任用官员的标准，以评骘其德性。《国语·晋语九》言："有孝德以出在公族，有恭德以升在位，有武德以羞为正卿，有温德以成其名誉。"[③] 由此所形成的道德共识，成为西周国家治理的判断依据，也成为选拔官员的标准与执政参考。这就使得社会秩序的运行，不仅依靠制度保障，更依赖于道德认同。这样，由夏商时期所形成的情感认同，转化为周代的道德共识，落实到各种行政措施中，成为社会认同。在抽象化和具体化的双向互动中，周朝所建立的道德共识，不仅成为社会秩序运行的内在要求，而且成为社会秩序评判的外在尺度，成为社会普遍的道德认同。

二、西周道德秩序的建构

尽管《周礼》有一定的想象成分，但其中所设计的秩序建构方式，

---

① 黄怀信著：《逸周书校补注译·大聚解》，三秦出版社 2006 年版，第 188—192 页。

② 黄怀信著：《逸周书校补注译·文传解》，三秦出版社 2006 年版，第 115 页。

③ 徐元诰撰，王树民、沈长云点校：《国语集解·晋语九》，中华书局 2002 年版，第449 页。

是早期中国社会秩序运行的缩影与投射。我们不妨将其作为观察早期中国秩序运行的参考文本。其在官吏选拔、社会教化方面的诸多做法，与《逸周书》的诸多做法遥相呼应。在《周礼》中所建构的社会秩序，是以道德教化作为内在要求的，通过行政秩序的运作和社会秩序的运行，进入到百姓的日常生活之中。

在周王室及诸侯宗室中，九嫔"以教九御妇德、妇言、妇容、妇功"①，宫正"辨外内而时禁，稽其功绪，纠其德行"②。周王室在自身管理中，不仅教以道德，而且还对道德行为进行评骘。在民间，州长"各属其州之民而读法，以考其德行道艺而劝之，以纠其过恶而戒之"③，通过引导与惩处，督促辖区形成道德认同。乡大夫"受教法于司徒，退而颁之于其乡吏，使各以教其所治，以考其德行，察其道艺。……三年则大比，考其德行道艺，而兴贤者能者。乡老及乡大夫帅其吏兴其众寡，以礼礼宾之"④，也在民间教化百姓，推广道德。党正则"属民读法而书其德行道艺"⑤，在社会基层进行道德引导。由此建构了自上而下的道德教化体系，作为稳定社会秩序的手段。

在对王室子弟和诸侯宗子的教育中，周王室强调道德为本。如师氏"以三德教国子：一曰至德，以为道本；二曰敏德，以为行本；三曰孝德，以知逆恶。教三行：一曰孝行，以亲父母；二曰友行，以尊贤良；三曰顺行，以事师长"⑥，至德是德的最高标准，是先王践行并推崇的最高的道德要求。敏德衡量能否将道德要求落实到日常行为中，是德行的合一。孝德用于观察对待长辈的态度与继承前辈的德行。诸子之官结合国子的学习、射箭等活动考察其道德发展和技能成长："凡国之政事，国子存游倅，使之修德学道，春合诸学，秋合诸射，以考其

---

① 郑玄注，贾公彦疏：《周礼注疏》卷七《九嫔》，北京大学出版社 1999 年版，第 192 页。
② 郑玄注，贾公彦疏：《周礼注疏》卷三《宫正》，北京大学出版社 1999 年版，第 73 页。
③ 郑玄注，贾公彦疏：《周礼注疏》卷十二《州长》，北京大学出版社 1999 年版，第 301 页。
④ 郑玄注，贾公彦疏：《周礼注疏》卷十二《乡大夫》，北京大学出版社 1999 年版，第 295-296 页。
⑤ 郑玄注，贾公彦疏：《周礼注疏》卷十二《党正》，北京大学出版社 1999 年版，第 306 页。
⑥ 郑玄注，贾公彦疏：《周礼注疏》卷十四《师氏》，北京大学出版社 1999 年版，第 348 页。

艺而进退之。"①修德是按照三德的要求不断形成道德认知，学道则按照三行的要求不断提升技能。三德与三行结合起来，实际是内在道德认知与外在行为方式的统一，这样才能培养出德行合一的君子人格。

《周礼》所设计的道德教化体系，贯穿在社会的各个层面，从嫔妃到宫正、从州长到乡大夫、从师氏到诸子，皆担负着教化职能。其借助行政秩序建立起道德秩序，形成了德行的监督监察机制，将国子、嫔妃、官吏、百姓纳入道德秩序中教化、观察、考核。由此建构了超越于行政体制、教育体制之上的道德评价体系，有效维持道德共识，使之成为具有超验性、独立性的道德认同，任何人都可以成为道德共识的执行者、观察者、评判者。当道德认同作为唯一的评价标准，便能超越朝代、区域用于判断，这就是价值判断。《礼记·王制》言："天子无事，与诸侯相见曰朝，考礼、正刑、一德，以尊于天子。"②诸侯所在的邦国风土、礼法不同，但诸侯、大夫、士、庶人所坚守的道德标准，则是统一的。其所谓的"一德"，正是以道德认同为公认的准则，观察国家运转、制度建构、社会运行和百姓生活。这样，道德认同就成为周代公共秩序建构的最高理念。

道德认同可以外化为各种行政措施，也可以细化为个人行为方式。《左传·桓公二年》记载臧哀伯所言，讨论了周人如何依照德的要求建构礼制：

> 君人者，将昭德塞违以临照百官，犹惧或失之，故昭令德以示子孙。是以清庙茅屋，大路越席，大羹不致，粢食不凿，昭其俭也。衮、冕、黻、珽，带、裳、幅、舄，衡、紞、纮、綖，昭其度也。藻、率、鞞、鞛，鞶、厉、游、缨，昭其数也。火、龙、黼、黻，昭其文也。五色比象，昭其物也。钖、鸾、和、铃，昭其声也。三辰旂旗，昭其明也。夫德，俭而有度，登降有数。文

---

① 郑玄注，贾公彦疏：《周礼注疏》卷三十一《诸子》，北京大学出版社1999年版，第822页。

② 郑玄注，孔颖达等正义：《礼记正义》卷十二《王制》，北京大学出版社1999年版，第369页。

物以纪之，声明以发之，以临照百官。百官于是乎戒惧，而不敢
易纪律。①

臧哀伯认为治理国家的关键，是将道德贯穿于制度之中，将美德
传给子孙。其言及周人制礼作乐，用意不在于建立一套制度，而是通
过制度凝聚周人的道德共识，形成最大程度的道德认同，继承周文王、
周武王所形成的明德要求和昭德传统。其言祭祀制度，意在"昭其俭
也"，认为俭是礼的内在精神、德的基本要求。②章服的级别，意在"昭
其度也"，即通过冠冕、服饰等纹饰，确定人的身份，确定其责任义
务。形制规定以"昭其数"，纹饰规定以"昭其文"，俭、度、数、文
所体现的礼义，落实到具体的行为中，就形成了千差万别的制度，其
用意不在于形制、纹饰，而在于以此体现礼制中蕴含的美德。德是礼
的内在约束，礼是德的呈现方式，因此，礼制建构的目的，是让百姓、
百官有戒惧之心，不敢越制，不能越礼，以此维持公共秩序的良性
运转。

可以说，周朝的制礼作乐，是将西周初期，甚至三代以上所形成
的道德认同转化为制度形态，建构起国家治理体系，落实到国家秩序
运行中。依照道德共识所形成的伦理观念，成为西周制礼作乐的思想
来源，也作为衡量礼义乐义的价值判断。《国语·周语上》记载内史过
论晋文公必霸时言：

敬王命，顺之道也。成礼义，德之则也。则德以导诸侯，诸
侯必归之。且礼所以观忠、信、仁、义也。忠所以分也，仁所以
行也，信所以守也，义所以节也。忠分则均，仁行则报，信守则
固，义节则度。分均无怨，行报无匮，守固不偷，节度不携。③

---

① 左丘明传，杜预注，孔颖达等正义：《春秋左传正义》卷五《桓公二年》，北京大学出版
社 1999 年版，第 138–148 页。

② 何晏注，邢昺疏：《论语注疏》卷三《八佾》，北京大学出版社 1999 年版，第 30 页。

③ 徐元诰撰，王树民、沈长云点校：《国语集解·周语上》，中华书局 2002 年版，第
36–37 页。

礼义是礼的精神，是观察礼制、礼仪、礼度的标准。内史过认为礼义源自道德要求，只不过是道德要求的细化。礼义体现着道德认同，在诸侯中推广礼义，实际是在建构道德秩序。其进一步明确观礼，不是观其形式，而是观其中蕴含的德义，即是否体现忠、信、仁、义等道德认同。

单襄公在评价晋悼公的言谈举止时，将德落实到人的修养行为之中，认为通过观察人的行为，可以判断一个人的道德水准：

> 夫正，德之道也。端，德之信也。成，德之终也。慎，德之守也。守终纯固，道正事信，明令德矣。慎成端正，德之相也。①

他认为姬周言谈举止中体现出来正、端、诚、慎，既是德的内在要求，也是德的外在表现，由此推断出晋悼公不仅能够匡扶王室，而且能够主盟诸侯。这样，无论在政治伦理还是个人品行上，德已经贯穿到周代所有的社会领域之中，作为衡量政治措施、社会生活、个人行为的标准。王国维先生曾言周人所建构的立子立嫡之制、庙数之制、同姓不婚之制，"皆周之所以纲纪天下，其旨则在纳上下于道德，而合天子、诸侯、卿、大夫、士、庶民以成一道德之团体。周公制作之本意，实在于此"②，认为周人的制度建构凝聚了道德共识，点明了周代制度建构的内在逻辑。若从历史的纵深来看，周人是在继承前代秩序的基础上，完成了早期中国的道德秩序建构。

西周之前，祭祀秩序形成道德共识；西周之后，道德共识支配祭祀秩序、社会秩序，之前在祭祀秩序中所养成的道德认知被纳入西周重新确立的礼制系统中，并成为礼的内在要求，支配着礼的运行，判断着礼的得失。这样，之前所形成的天地鬼神秩序被延续下来，被作为体认道德认知的方式，以神道设教的传统仍在祭祀系统中运行，进一步巩固祭祀礼乐，用于衡量人与自然、人与鬼神的关系。与此同时，

---

① 徐元诰撰，王树民、沈长云点校：《国语集解·周语下》，中华书局 2002 年版，第 90 页。

② 傅杰编校：《王国维论学集·殷周制度论》，云南人民出版社 2008 年版，第 2 页。

夏、商祭祀体验中所形成道德认知，在周朝时转化为道德共识，进入西周的制度架构中，建立起行政秩序、生产秩序与社会秩序。贯穿于这些秩序中的道德认同，经过制度的强化之后，既落实于日常生活中，作为判断万事万物的依据，成为无所不在的"道德"条目；又被制度拱卫而形成作为至高的抽象理念，作为判断一切行为的标准，是为形而上的"德"。内史过、单襄公、公孙穆子等正是以此评判人物、制度等。

有了德的注入，礼便不再作为固定的制度，而成为可以根据道德认同进行调整的社会规范。在德义尚存的历史阶段，可以根据礼乐制度判断道德。倘若只知道礼乐的细节而不知其中蕴含的德义，礼就成为形式化的举止，乐也只有铿锵之声，而不知礼中的德义。西周能够制礼作乐，是将道德认同转化为情感体验和道德体验，作为约束行为引导人性的方式。春秋时期的礼崩乐坏，并非时人不知礼乐的形式，而是不再固守礼乐中蕴含的道德原则，礼乐也就失去了价值判断的作用，表面毁坏的是礼乐，实则抛弃了礼乐中蕴含的道德秩序。春秋时期对礼乐秩序的重建，正体现着当时学者试图恢复道德认同、维持价值判断的努力。

三、礼乐秩序对道德认同的强化

春秋时期所强调的德，与西周一脉相承。不同之处在于，西周认为德源自天命，是天子、诸侯、大夫、士、庶人体系自上而下的教化。春秋时期由于秩序紊乱，德的阐释不再为周王室所垄断，而是通过制度解释、文本阐释转移到王室成员、贵族乃至老子、孔子、孟子等士大夫手中，成为其观察礼乐秩序运行的依据。诸子可以根据其所掌握的文本、知识和传统，按照德义的要求观察礼乐，对社会秩序重新进行解释，由此形成了《仪礼》《周礼》《礼记》等阐释礼乐制度的文本集成。从《左传》《国语》等典籍的记载中，常常可看到春秋时期士大夫对礼乐的焦虑。他们意识到蕴含在礼中的德义逐渐被侵蚀、被损毁，礼不再作为德义的体现，而是用来粉饰背弃德义的行为。他们站在人文理性的维度，继承、总结、凝练与发展礼乐秩序，甚至重新阐释礼义乐义，既是在维护道德认同，也是在维持礼乐秩序。

《左传·定公十年》载孔子陪鲁定公参加夹谷之会时所言：

> 两君合好，而裔夷之俘以兵乱之，非齐君所以命诸侯也。裔不谋夏，夷不乱华，俘不干盟，兵不逼好，于神为不祥，于德为愆义，于人为失礼，君必不然。[①]

其中提及的德义，是齐景公与鲁定公所承认的道德认同。他们虽然按照诸侯之会举行礼仪，却没能体现两君相见的德义。孔子重新阐释了他对夹谷之会的理解，认为齐鲁两国应该友好，就不应该兵戎相见。两国国君能够接受孔子的观点并表示认同，一方面说明礼乐秩序所维系的道德共识，是礼乐制度的内在要求。即便有时会有所忽略，但当这些道德共识被提出来，作为判断行为的依据，便会得到彼此的认同。另一方面说明当道德认同被作为判断行为的依据时，就具有了道德判断的意味，能够被社会广泛接受并一以贯之，表明其已转化为价值判断来衡量一切社会行为。

从整体上说，春秋无义战，但在国与国交往、人与人交际的过程中，却已经形成了一个更高层面的价值共识。当其行为不合乎传统秩序时，价值共识会被作为更高的准则，用来维系社会秩序的稳定。如果说道德是基于自觉而形成的社会认知，价值则是基于群体共识而形成的社会认同。价值是对道德意识的巩固和升华，是维系社会秩序的最高理念。因此，观察春秋时期诸侯、公卿之间的讨论，常常以道德共识作为标准。双方的矛盾冲突最终寻求到价值认同时便能达成共识，这正是周朝借助礼乐制度凝聚成的道德认同所起的基础性作用。

春秋时期的礼崩乐坏，并非礼乐秩序的毁坏，而是借助礼乐秩序所凝聚下来的道德秩序被弑君、逐臣、兼并、争夺所毁坏。礼乐成为徒具形式的存在，不再能约束社会秩序，维持道德认同和价值共识。孔子发出了"人而不仁，如礼何？人而不仁，如乐何？"[②]"不能以礼让

---

① 左丘明传，杜预注，孔颖达等正义：《春秋左传正义》卷五十六《定公十年》，北京大学出版社 1999 年版，第 1587 页。

② 何晏注，邢昺疏：《论语注疏》卷三《八佾》，北京大学出版社 1999 年版，第 30 页。

为国，如礼何?"①之类的感叹，正是对礼乐制度维持的道德秩序紊乱的感慨。因此，孔子及其后学更关注礼乐的德义，而不再对礼乐的形式孜孜以求，他们详细阐释蕴含在礼乐制度中的诸多细节，以揭明其中蕴含的礼义。如《礼记·乡饮酒义》言:

> 天地严凝之气，始于西南。而盛于西北，此天地之尊严气也，此天地之义气也。天地温厚之气，始于东北。而盛于东南，此天地之盛德气也，此天地之仁气也。主人者尊宾，故坐宾于西北，而坐介于西南以辅宾。宾者，接人以义者也，故坐于西北。主人者，接人以德厚者也，故坐于东南。而坐僎于东北，以辅主人也。仁义接，宾主有事，俎豆有数，曰圣。圣立而将之以敬曰礼，礼以体长幼曰德。德也者，得于身也。②

从《仪礼》所载的乡饮酒礼来看，其中有诸多复杂而细致的物品摆放、礼仪程序，作为礼乐秩序的形式化存在。随着时间的推移，人但知其形式而不知其德义。《礼记·乡饮酒义》对其中诸多礼节所体现的德义进行阐释，以明确乡饮酒礼的意义，并非为了形成一场带有演出性质的礼乐活动，而是借助礼乐的诸多细节，形成稳定而持久的道德认同。相对于礼乐形式而言，其中蕴含的道德认知才是举行乡饮酒礼的关键。饮酒礼中的宾居西北、主在东南，正是为了应和天地的义气、仁气，体现仁义之德。在礼仪过程中，所使用的俎豆有数，正在于其中对应着主宾的身份，体现着长幼之序。俎豆有数，不是双方临时的约定，而是礼仪制度本身的传统。按照彼此的礼乐秩序认知和道德秩序认同，宾主双方就能够领会、体察彼此的敬重，体会到礼中蕴含的德义。其中所谓的"圣立而将之以敬曰礼，礼以体长幼曰德"，正是强调礼是德的形式，德是礼的内容，既包括人伦之德，也包括天地之德，是礼仪活动的内在规定性。

---

① 何晏注，邢昺疏:《论语注疏》卷四《里仁》，北京大学出版社1999年版，第51页。
② 郑玄注，孔颖达等正义:《礼记正义》卷六十一《乡饮酒义》，北京大学出版社1999年版，第1630页。

《礼记·射义》亦言：

> 故射者，进退周还必中礼。内志正，外体直，然后持弓矢审固。持弓矢审固，然后可以言中。此可以观德行矣。……是故天子以备官为节，诸侯以时会天子为节，卿大夫以循法为节，士以不失职，为节。故明乎其节之志，以不失其事，则功成而德行立。德行立则无暴乱之祸矣，功成则国安。故曰："射者，所以观盛德也。"……是故古者天子以射选诸侯、卿、大夫、士。射者，男子之事也，因而饰之以礼乐也。故事之尽礼乐，而可数为以立德行者，莫若射。故圣王务焉。①

射箭过程中每一个细节，都被赋予了道德蕴含，观察这些行为的得当与否，可以明确其德行。对射者而言，是其德行的展示；对观者而言，是对道德的体认。射礼，不在于射的结果，而在于射的过程，是对节度、秩序、礼义、职事的体认程度。经过这样的解释，礼乐成为维系道德共识的形式，可以依照道德认同将礼细化，重新制礼作乐。

从现有文献来看，西周的制礼作乐，从周文王时期开始形成，在周公时完成了国家层面的制礼，建构了西周最为关键的嫡子继承制度、宗庙制度和朝廷礼仪制度，确立了基本的国家治理秩序。成王、康王以至宣王继续制礼作乐，形成了分封、郊社和朝聘制度，完善了天人之礼、人人之礼，进一步将国家变成一个道德共同体。

这一道德共同体的建构，是将道德认同细化到具体的礼乐秩序中，约束人的行为，体认其中的道德共识，稳固社会道德原则。《礼记·曲礼》谈及礼的意义时说："夫礼者，所以定亲疏，决嫌疑，别同异，明是非也。"②礼被作为明确亲疏关系、判断行为得失、区别社会伦理、确定是非对错的依据。其所采用的各种礼仪、礼数、礼器，正是为了体

---

① 郑玄注，孔颖达等正义：《礼记正义》卷六十二《射义》，北京大学出版社1999年版，第1641-1643页。

② 郑玄注，孔颖达等正义：《礼记正义》卷一《曲礼上》，北京大学出版社1999年版，第13页。

现道德认同。《礼记·礼器》言："礼器，是故大备。大备，盛德也。"①
礼的本质在于通过秩序建构展现道德之美、体现道德要求、完成道德
体认、凝聚道德共识，有效支配道德秩序。

　　从《士冠礼》的贺词中可以看出，每一个环节都要对加冠者进行
道德引导。始加的祝辞言："弃尔幼志，顺尔成德。"再加的祝辞言："敬
尔威仪，淑慎尔德。"三加祝辞言："兄弟具在，以成厥德。"②加冠礼的
三加祝辞皆强调道德养成的重要性，并以之作为加冠礼的全部要义。
与之相应的是，《士昏礼》中父亲、母亲、庶母送女出嫁时的叮咛，分
别以"戒之敬之，夙夜毋违命！""勉之敬之，夙夜无违宫事！""敬恭听，
宗尔父母之言。夙夜无愆，视诸衿鞶！"作为道德要求。③其中的"戒
之""敬之""勉之""敬恭听"作为关键的道德原则，是体现在礼仪
之中的核心德义。加冠礼和婚仪中的诸多约定性的祝辞、告诫，当为
父母、长辈对晚辈的道德教育，其固定于礼节之中，作为秩序化、程
式化的形式，意在借助礼仪程序凝聚道德共识，成为代代相传的道德
认同。

　　乐的作用，是将道德认同转化为人的情感认同，引导人通过情感
共鸣形成道德体验、接受道德共识、维护道德认同。礼通过礼仪、礼
节体现道德原则，乐则通过情感共鸣形成道德体验。《国语·周语下》
载伶州鸠言及作乐的内在规范："于是乎道之以中德，咏之以中音，德
音不愆，以合神人，神是以宁，民是以听。"④祭祀之乐在于协调神人关
系，使人形成神圣之感，使得人、神皆能在乐声中达成和谐。《晋语八》
载师旷论乐之言："夫乐以开山川之风也，以耀德于广远也。风德以广
之，风山川以远之，风物以听之，修诗以咏之，修礼以节之。夫德广

---

　　①　郑玄注，孔颖达等正义：《礼记正义》卷二十三《礼器》，北京大学出版社1999年版，
第716页。

　　②　郑玄注，贾公彦疏：《仪礼注疏》卷三《士冠礼》，北京大学出版社1999年版，第
49—50页。

　　③　郑玄注，贾公彦疏：《仪礼注疏》卷六《士昏礼》，北京大学出版社1999年版，第105页。

　　④　徐元诰撰，王树民、沈长云点校：《国语集解·周语下》，中华书局2002年版，第
112页。

远而有时节，是以远服而迩不迁。"①风土之音既可以调节人与自然的关系，更能引导百姓形成情感共鸣，凝聚为道德认同。

礼乐教化的实质，是借助于礼乐秩序来形成道德共识，建构起基于道德认同而形成的道德秩序，作为维系社会良性运行的外部规则，形成培养个人自觉的内在体验。《周礼》所建构的礼乐教化体系，正是通过形式化的程序和制度化设计，对生产生活进行道德附加。如大司乐选择有道者、有德者来教国子，有道者能够理解天地运行秩序，使得乐和天地。有德者能够将中、和、祇、庸、孝、友等乐德教给国子，通过音乐体验，转化为情感共鸣和道德共识。大乐师在乐教时，亦"以六德为之本，以六律为之音"②，按照德的要求制作设计乐舞，使得歌、乐、舞不是简单的形式展现，而是拥有深刻的道德体验。瞽蒙"掌《九德》《六诗》之歌，以役大师"③，将前代生产生活中所形成的道德认知，借助于风、雅、颂、赋、比、兴的方式进行演唱，完成道德教化。

这些乐歌按照道德赋义的方式进行创作、演奏和流传，特定的曲目就凝聚着特定的道德体验。《礼记·郊特牲》中言："宾入大门而奏《肆夏》，示易以敬也；卒爵而乐阕，孔子屡叹之。奠酬而工升歌，发德也。……束帛加璧，往德也。"④礼仪只是形式，其中蕴含的"易以敬"则是道德体验，"发德""往德"则是道德共识。作乐时的道德附加、用乐时的道德体认和观乐时的道德认知，成为乐教的基本模式。《左传·襄公二十九年》载季札在鲁国观乐，在听闻乐工歌诗、乐官乐舞之后，分别对国风、小雅、大雅和周颂中蕴含的乐德进行评价。史官载之入《左传》，高度褒扬首次观周乐的季札能够从乐歌、乐舞、乐声

---

① 徐元诰撰，王树民、沈长云点校：《国语集解·晋语八》，中华书局 2002 年版，第 427 页。

② 郑玄注，贾公彦疏：《周礼注疏》卷二十三《大师》，北京大学出版社 1999 年版，第 611 页。

③ 郑玄注，贾公彦疏：《周礼注疏》卷二十三《瞽矇》，北京大学出版社 1999 年版，第 617 页。

④ 郑玄注，孔颖达等正义：《礼记正义》卷二十五《郊特牲》，北京大学出版社 1999 年版，第 775–778 页。

中观察到乐的德义，并能够对诸侯的道德行为进行判断。

周朝通过礼乐将早期情感体验、道德体验与道德共识转化为道德教化体系，通过制礼作乐形成道德教化模式，贯穿于生产秩序、行政秩序、家族管理、礼仪制度和教育系统中。由此建立反馈机制，用来维持、观察和思考社会运行秩序是否合乎道德认同。这些制度在维持道德共识中则不断被完善、被细化，成为古代中国特有的礼乐教化模式。尽管这些礼乐制度一度有所消散和紊乱，但礼的精神及其所维持的道德认同却成为中华民族最为基本的价值认同，能在天下大乱时重新建构行政秩序，在生产遭到破坏时重建生产秩序，甚至在人口迁移时维持社会秩序。可以说，周朝所建构的公共秩序，经过长时间的实践、坚守和完善，不仅维持着中华民族基本的道德认同，也成为秩序重建的经验参照和学理依据。

第四节 道德认同对经典文本的赋义

经典文本的形成，从来不是文本体系的自流传，而是社会需求与历史经验的共同造就。早期文本记录着社会共识，社会共识又造就着经典文本。一方面，西周政教、文教的经验在早期文本中得到充分的追述；另一方面，两汉建构社会秩序时，以前代经验为实践参照，对早期文本进行持续阐释，不仅将之作为历史经验，而且视为学理来源。早期文本的价值在不断阐释中被强化，其中的道德认同被作为判断历史进程、衡量行政措施、评骘个人行为的经验参照时，又被不断赋义，不仅成为道德认同的学理阐述，也成为凝聚价值共识的经典文本体系。

陈来先生曾讨论过《周易》《尚书》中的诸多观点，作为政治主张、价值导向与道德要求，是如何形成的。[①]孔子在整理《春秋》时，重新

---

① 陈来：《古代宗教与伦理：儒家思想的根源》，生活·读书·新知三联书店 1996 年版，第 1—60 页。

确定了这些认同，以之评判春秋历史进程，形成了历史道义观。① 由此来看六经的形成，汇集、凝聚并升华了早期中国最为基础的道德认同，建构了中华文明凝聚共识、表述共识、阐明共识的文本体系，并深刻影响着早期经典的价值导向。两汉通过对经典的赋义，进一步将这些认同经验化、实践化和观念化，形成了充分凝聚社会认同的阐释体系。我们可以通过政教系统、文教体系和文本系统的道德赋义，来观察早期经典如何被道德赋义，并建构起中华文明的价值共识，以此来观察经典文本的再生形态。

一、政教系统对经典文本的赋义

政教系统是早期中国借助行政体系所形成的制度体系，主要用来引导百姓养成道德认同，形成良好行为，维系社会秩序。《国语·周语上》载内史过之言："古者，先王既有天下，又崇立上帝、明神而敬事之，于是乎有朝日、夕月，以教民事君。"② 国家为协调天人关系，建构起人对天、地、自然、鬼神的祭祀体系，借助祭祀形成教化体系，通过祭祀中的情感认同来教化百姓。《大禹谟》又言："皋陶，……汝作士，明于五刑，以弼五教，期于予治。刑期于无刑，民协于中，时乃功，懋哉！"③ 国家建立刑赏机制是为了教化百姓，形成公共秩序。《吕刑》亦言："士制百姓于刑之中，以教祗德。"④ 国家治理，首先要以德行进行教育。政教在于正面引导，法律在于反面惩戒，引导百姓形成公共秩序。因此，在早期中国的政治学说中，天子与国君都承担着教民责任，通过道德教化，形成良好的生产秩序、政治秩序、社会秩序和家庭秩序，全力维持道德认同。

---

① 曹胜高：《西汉道义观的学理形成》，《古代文明》2015 年第 3 期。

② 徐元诰撰，王树民、沈长云点校：《国语集解·周语上》，中华书局 2002 年版，第33 页。

③ 孔安国传，孔颖达等正义：《尚书正义》卷四《大禹谟》，北京大学出版社 1999 年版，第 91 页。

④ 孔安国传，孔颖达等正义：《尚书正义》卷十九《吕刑》，北京大学出版社 1999 年版，第 540 页。

　　《左传·桓公六年》曾载季梁之言:"故务其三时,修其五教,亲其九族,以致其禋祀,于是乎民和而神降之福,故动则有成。"①言国君使命有四:一是颁布历法,引导百姓按时生产,形成有序的生活秩序;二是调整社会关系,让百姓养成良好品行,建立稳定的社会秩序;三是处理好家庭关系,促进最小生产单元的协作;四是协调人神关系,获得天地自然的福佑。其所谓的"五教",《左传·文公十八年》进行了解释:"父义、母慈、兄友、弟共、子孝,内平外成。"②五教,作为家庭伦理的原则,被视为社会道德的共识。《左传》所言的"五教",既是国君的道德认知,也是官员的行为方式,更是社会的道德认同。由上而下形成的政教体系,由国家行政体系主导的社会教化,是早期中国建构社会认同的基本策略,也是古代中国凝聚社会共识、推动道德体系建构的基本方式。

　　从《周礼》所言的国家治理体系来看,治典与教典列于最重要的位置:"大宰之职,掌建邦之六典,以佐王治邦国:一曰治典,以经邦国,以治官府,以纪万民;二曰教典,以安邦国,以教官府,以扰万民。"郑玄注:"典,常也,经也,法也。王谓之礼经,常所秉以治天下也;邦国官府谓之礼法,常所守以为法式也。常者,其上下通名。"③治典确定国家治理策略,如周代分封在卫"启以夏政"、在唐"启以商政"④。教典阐释教化百姓的理念、方式、策略。《周礼·地官司徒》记载了教典的基本框架:

　　　　而施十有二教焉:一曰以祀礼教敬,则民不苟。二曰以阳礼教让,则民不争。三曰以阴礼教亲,则民不怨。四曰以乐礼教和,则民不乖。五曰以仪辨等,则民不越。六曰以俗教安,则民不愉。

---

　　① 左丘明传,杜预注,孔颖达等正义:《春秋左传正义》卷六《桓公六年》,北京大学出版社 1999 年版,第 176 页。

　　② 左丘明传,杜预注,孔颖达等正义:《春秋左传正义》卷二十《文公十八年》,北京大学出版社 1999 年版,第 580 页。

　　③ 郑玄注,贾公彦疏:《周礼注疏》卷二《大宰》,北京大学出版社 1999 年版,第 24 页。

　　④ 曹胜高:《降丘宅土、敷下土方与九丘观念的形成》,《山西师范大学学报》2019 年第 5 期。

七曰以刑教中，则民不虣。八曰以誓教恤，则民不怠。九曰以度教节，则民知足。十曰以世事教能，则民不失职。十有一曰以贤制爵，则民慎德。十有二曰以庸制禄，则民兴功。①

司徒负责管理的政教系统，既包括祀礼、阳礼、阴礼、乐礼等以祭祀为基本框架的礼乐教化，又包括民俗、刑罚、盟誓、节度、行为、爵位、功德等评判机制。可见早期中国的教典，是一个系统的社会教化体系，借助行政体系进行教化，以建构基本的公共秩序。

《周礼》又言司徒："以乡三物教万民而宾兴之：一曰六德，知、仁、圣、义、忠、和；二曰六行：孝、友、睦、姻、任、恤；三曰六艺：礼、乐、射、御、书、数。"②知，是知晓是非对错，有了判断就能形成社会共识；仁，与人为善，利他利物，成为儒家道德建构的核心概念；圣能养成敬重的心性，义能承担社会责任，做事得当得体，忠是做好人做成事，和是能与他人和谐相处。与"六德"相配的"六行"，将道德认知转化为行为方式，将道德认同转化为社会秩序。六艺是道德行为涵盖的生活技能，体现为个人修为。早期中国确定了评价人、事的标准为"德行第一"，在孔门四科"德行、言语、政事、文学"的排序中被强化，由此形成了基于德行的技能技艺观。孔门"弟子入则孝，出则悌，谨而信，泛爱众，而亲仁，行有余力，则以学文"的要求，正体现了德行优先的传统。

儒家认为教典重于政典。《论语·为政》曾载孔子之言："道之以政，齐之以刑，民免而无耻。道之以德，齐之以礼，有耻且格。"③《礼记·缁衣》亦有类似表述："夫民，教之以德，齐之以礼，则民有格心；教之以政，齐之以刑，则民有遁心。"④教民之法有二，一是"教之以德，齐之以礼"，是借助教典教化百姓，使之能自我约束其行为。二是"教

① 郑玄注，贾公彦疏：《周礼注疏》卷十《大司徒》，北京大学出版社1999年版，第246页。
② 郑玄注，贾公彦疏：《周礼注疏》卷十《大司徒》，北京大学出版社1999年版，第266页。
③ 何晏注，邢昺疏：《论语注疏》卷二《为政》，北京大学出版社1999年版，第15页。
④ 郑玄注，孔颖达等正义：《礼记正义》卷五十五《缁衣》，北京大学出版社1999年版，第1502页。

之以政，齐之以刑"，是通过政典治理百姓。其中所谓的"格心"，是以涵养德性的方式，让百姓形成道德自律，以判断行为得失、衡量心性修为。所谓的"遁心"，是尽量逃避刑罚，而不能注重道德修为。

无论教典还是政典，皆需借助行政体系推行开来。孔子曾言："不教而杀谓之虐，不戒视成谓之暴，慢令致期谓之贼，犹之与人也，出纳之吝谓之有司。"强调国家担负着教化百姓的责任。又言："善人教民七年，亦可以即戎矣。"①认为借助行政体系教化百姓最有成效，也能最大程度地形成道德认同，凝聚社会共识。通过政教系统所形成的生产秩序、社会秩序、礼乐秩序和伦理秩序，使得早期中国能够迅速借助祭祀体系和人文理性两种相辅相成的方式，促成道德认同的形成。

我们可以"孝"的道德认同来观察政教的作用方式。孔子言："夫孝，德之本也，教之所由生也。"②认为孝道是形成道德的基石，也是建构社会伦理的基础。《孝经》言以孝治国的具体路径："教民亲爱，莫善于孝。教民礼顺，莫善于悌。移风易俗，莫善于乐。安上治民，莫善于礼。礼者，敬而已矣。"③其中提到的"教民"，是通过行政体系建立起教化系统，让百姓形成亲近、友爱的道德认同，借助人人能体验的"孝亲"的情感体验来推行社会认同。人人将感恩父母的孝与兄弟和睦相处的悌等情感体验转化为道德认知，要借助于礼（外部的秩序）的约束，借助于乐（内在的体验）的感发，形成内外合一的道德认同。

孝的道德认同形成之后，作为社会舆论可以评判个人行为，成为人人自觉遵守的道德自觉。原本作为祭祀情感体验的"孝"，被抽取出来作为道德认同，在政教体系中得以强化，形成社会通用的价值判断。《孝经》对这一道德认同如何形成、如何传承、如何教育、如何强化，进行了系统总结。通过《孝经》可以直接理解"孝"之德义，而且可

① 何晏注，邢昺疏：《论语注疏》卷十三《子路》、卷二十《尧曰》，北京大学出版社 1999 年版，第 181、269 页。

② 李隆基注，邢昺疏：《孝经注疏》卷一《开宗明义章》，北京大学出版社 1999 年版，第 3 页。

③ 李隆基注，邢昺疏：《孝经注疏》卷六《广要道章》，北京大学出版社 1999 年版，第 42–44 页。

以掌握孝的实现方式、培养目标和社会作用。也就是说,《孝经》是早期中国所形成的一个德育经验总结,经过儒家阐释后,成为后世孝道教育的经典文本。

治典与教典的实践经验,付诸于文本,凝聚成早期的经典。行政系统教民的实践,保留在《尚书》《仪礼》等文本中,运行体制则保存在《周礼》《逸周书》的记载中,从中可以看出早期政典、教典的大致形态及其运行方式。在此基础上形成的《礼记》,阐释了西周诸多制度背后所蕴含的教化作用,强调了蕴含在复杂礼仪中的德义,阐明了通过礼仪制度促成道德认同的方式方法。其中言及吉、嘉、军、宾、凶礼的礼器、礼仪、礼制时,既言怎么做,又言为何如此做,充分体察了诸多制度的德义。如《礼记·坊记》言:"修宗庙,敬祀事,教民追孝也。"宗庙祭祀的目的在于培养孝德孝行,并落实到礼仪细则中。如在祭祀时遇尸要"过之者趋走,以教敬也";祭祀之后"因其酒肉,聚其宗族,以教民睦也";接待来宾要"升自客阶,受吊于宾位,教民追孝也"。① 正是借助祭祀制度、礼仪、礼容来体认孝的情感体验与道德认同。孝成为早期中国的价值认同,成为衡量社会行为的基准。

早期中国经典文本的形成,经历了两个必要的阶段。一是将实践经验写定为文本,建构了基础文本体系。如《尚书》中训、命、誓、诰,从口传系统转化为写定文本;《诗经》也是由歌唱系统写定为文本系统,累积为经典文本。二是文本写定之后,被不断赋予新的含义,成为早期国家治理观念的经典阐释,作为评判社会行为的依据。由经验而概括为理论,由实践而凝聚为共识,二者相辅相成,持续强化了早期文本的经典性。

早期中国形成的文本,并没有全部成为经典,大多数在流传过程中失传,只有少数成为经典。这表明,文本能否成为经典,与其说有赖于文本本身,毋宁说更依赖于社会需求。从人类文明进程来看,社会的运行,需要自然法、成文法两个系统来维持。一个部族有其自身

---

① 郑玄注,孔颖达等正义:《礼记正义》卷五十一《坊记》,北京大学出版社 1999 年版,第 1410–1413 页。

的规则，部族之外的人可以不承认这些规则。这就要寻找不同部族所公认的一些最低要求，作为部族之间的基础共识，这便是自然法。自然法是人类历史发展中所形成的最为基础的群体共识。自然法可以约定、可以口传，但落实到文本系统中，则形成成文法，作为行为规则的为法律，作为群体共识的为道德。早期中国在秩序建构中所形成的明德观念，是通过道德建构形成自然法，随着文本写定而成为成文法。《尚书》《周易》《诗经》《仪礼》《春秋》乃至《逸周书》《左传》等文本系统，记载了早期中国的社会秩序、自然秩序、礼乐秩序、历史秩序运行中形成的基本经验，不是作为单纯的资料文本，而是融合着道德认同，是早期中国治典、教典、礼典、政典、刑典、事典的写定，且皆是通过行政系统来形成道德认同，促成公共秩序。

政教体系所蕴含的道德赋义，在传承与阐释中被系统强化，形成了早期中国道德建构的主要模式。无论是春秋时期的礼崩乐坏，或是东晋南北朝的动荡与战乱，皆注重从早期文本的阐释中，寻求建立新的社会秩序。其既在于早期文本已经被经典化，作为可以支配、支持、支撑新的制度建构的学理系统；又在于在新的制度建构中，能补充、解读、完善其所承载的道德赋义，使其以开放的文本形态，可以与时俱进、与时俱化地完善学理。

二、文教体系对经典文本的重诂

政教体系是通过行政体系对百姓进行教化，文教体系则是通过家庭、学校对特定成员进行文化教育。其中既包括"五方六甲书记之事"的知识传授，又包括"室家长幼之节""朝廷君臣之礼"的礼乐教育，[①]更包括在此过程中不断强化的道德共识。文教体系是早期经典形成的基石，一是阐释了经典中蕴含的道德认同，二是强化了道德认同在人格形成、行为方式和社会运行中的核心作用。

早期中国文教体系注重通过礼乐教化养成健全人格，使其能够体认道德认同、养成得体行为。文教体系所倡导的礼教、乐教、诗教等，

---

① 班固著，颜师古注：《汉书》卷二十四上《食货志》，中华书局 1962 年版，第 1122 页。

写定为《仪礼》《乐经》《诗经》等文本后，被不断赋义，承担着更多的社会功能。文教体系的价值，在于为行政系统培养出能作为社会表率、承担教化责任的官员。儒家认为经过文教体系培养出来的天子，可以成为政教系统中官员的至高表率：

> 天子者，与天地参，故德配天地，兼利万物，与日月并明，明照四海而不遗微小。其在朝廷则道仁圣礼义之序，燕处则听《雅》《颂》之音，行步则有环佩之声，升车则有鸾和之音。居处有礼，进退有度，百官得其宜，万事得其序。①

在周人的观念中，天子继承先王之德。先王之德无上广大，才能获得皇天授命。周天子本身要德配天地，才能保证天命永续。天子通过祭祀天地来强化天命在己，以祭祀体系明德，以选建封国的方式，将周所受的天德再分配给诸侯。天子、诸侯以明德的方式，将道德认同落实到国家治理中，形成德政措施。这样，教育世子、宗子，足以为周王室、诸侯公室培养出合格的国君、公卿、大夫。《礼记·文王世子》谈到文教教育的核心，在于养德：

> 教世子。凡三王教世子必以礼乐。乐，所以修内也。礼，所以修外也。礼乐交错于中，发形于外，是故其成也怿，恭敬而温文。……君子曰德，德成而教尊，教尊而官正，官正而国治，君之谓也。……庶子之正于公族者，教之以孝弟、睦友、子爱，明父子之义、长幼之序。②

乐的作用是通过情感体验，形成合乎群体要求的道德认知，培养广博易良的心性修为；礼的实施是通过行为方式维持合乎公共秩序的道德认同，养成恭俭庄敬的行为习惯。由内而外的乐教，由外而内的礼教，相辅相成培养出来的君子人格，能够自觉体认道德认同、维持道

---

① 郑玄注，孔颖达等正义：《礼记正义》卷五十《经解》，北京大学出版社1999年版，第1370页。

② 郑玄注，孔颖达等正义：《礼记正义》卷二十《文王世子》，北京大学出版社1999年版，第634—638页。

德秩序，担负起国家治理的责任。

文教体系主要采用礼仪实践与行为引导的方式形成道德认同。《礼记·祭统》言："君子之教也，外则教之以尊其君长，内则教之以孝于其亲。是故明君在上，则诸臣服从。崇事宗庙社稷，则子孙顺孝。尽其道，端其义，而教生焉。"①文教体系中所倡导的每一个行为，背后富有深刻的道德赋义，引导礼乐的学习者、参与者最大程度地体认到礼义和乐义。《学记》又言："大学始教，皮弁祭菜，示敬道也。宵雅肄三，官其始也。入学鼓箧，孙其业也。夏楚二物，收其威也。未卜禘不视学，游其志也。时观而弗语，存其心也。幼者听而弗问，学不躐等也。"②通过皮弁、祭菜之类的细节来培养参与者的恭敬之德，通过演习诗乐促成和厚之德，通过击鼓、发箧养成谦逊之德，通过扑挞、训诫养成内敛之德，通过祭祀观察意志以存养心性。这些做法，正是以文教涵养德性，使得学习者能够深刻体认道德，养成得体的行为方式。

在这种理解中，礼、乐中所蕴含的道德认同，足以通过《仪礼》《诗经》等经典文本的传承得到强化，并在实践经验中不断转化成学理阐释。其记载为文本，并随着文本的使用传承，成为促成道德认同的主要手段。《礼记·乐记》言：

> 故天子之为乐也，以赏诸侯之有德者也。德盛而教尊，五谷时熟，然后赏之以乐。故其治民劳者，其舞行缀远。其治民逸者，其舞行缀短。故观其舞，知其德，闻其谥，知其行也。③

天子通过音乐教育，一是形成了辨风知政、观风知俗的能力，借助乐官系统的收集、整理、制作、颁行音乐于诸侯，使周乐承担起教化诸侯、卿大夫的功能。由此观察各邦国所行音乐中蕴含的德义，对

---

① 郑玄注，孔颖达等正义：《礼记正义》卷四十九《祭统》，北京大学出版社 1999 年版，第 1353 页。

② 郑玄注，孔颖达等正义：《礼记正义》卷三十六《学记》，北京大学出版社 1999 年版，第 1055 页。

③ 郑玄注，孔颖达等正义：《礼记正义》卷三十八《乐记》，北京大学出版社 1999 年版，第 1099–1100 页。

其政教体系进行评骘。二是借助乐教，培养天子诸侯的仁爱之心、对百姓的责任之心、对天下的忧惧之心，将文教体系养成的道德认知，作为判断政教系统运行的依据："天下大定，然后正六律，和五声，弦歌诗颂，此之谓德音，德音之谓乐。"① 文教体系教育的结果，通过政教体系的运行，又促成百姓形成道德认同，建构了道德养成与推广的闭环。

文教体系教育的特点，是借助于间接经验的传承，让学习者能够理解国家治理的基本理念，掌握行政体系的运行方式。早期文本所承载的历史经验和治理策略，被作为文教体系的知识来源。赵衰曾对晋文公言："夫先王之法志，德义之府也。夫德义，生民之本也。"又言："《诗》《书》，义之府也；礼、乐，德之则也。德、义，利之本也。"② 认为先王所流传下来的典籍，承载着历史进程中形成的德义，是维持生产秩序、行政秩序和社会秩序的道德认同。这些道德认同存于两个系统中，一是民间始终坚持的运行法则，没有经过文本化处理，却可以作为社会行为的约束和道德秩序的认同，如先王之言、先王之乐等，作为评骘政治行为的尺度。③ 二是经过写定成为文本，代代相传，如《诗》《书》等文本系统，作为间接经验被持续强化并得以传承。二者之所以流传，与其说是知识性的传承，毋宁理解为德义的凝聚，能够最大程度地汇聚社会共识，作为礼、乐、刑、政的内在约束。

早期文本被赋予的德义，承担起越来越重要的道德教育功能。《国语·楚语上》载申叔时曾对楚庄王言及太子教育：

> 教之《春秋》，而为之耸善而抑恶焉，以戒劝其心；教之世，而为之昭明德而废幽昏焉，以休惧其动；教之诗，而为之导广显德，以耀明其志；教之礼，使之上下之则；教之乐，以疏其秽而镇

---

① 郑玄注，孔颖达等正义：《礼记正义》卷三十九《乐记》，北京大学出版社 1999 年版，第 1123 页。

② 徐元诰撰，王树民、沈长云点校：《国语集解·晋语四》，中华书局 2002 年版，第 357 页；左丘明传、杜预注、孔颖达等正义：《春秋左氏传》，北京大学出版社 1999 年版，第 436 页。

③ 徐元诰撰，王树民、沈长云点校：《国语集解·周语中》，中华书局 2002 年版，第 65–66 页。

其浮；教之令，使访物官；教之语，使明其德，而知先王之务用明德于民也；教之故志，使知废兴者而戒惧焉；教之训典，使知族类，行比义焉。①

其中提及的《春秋》《诗》见诸后世，乐近《乐经》，《语》当为《国语》之类的文本，世、处、令、故志、训典皆为当时流行的记载先王之法的文本。在申叔时看来，这些文本不仅是故事、经验或者论述，而且承担着道德教化作用，已经作为纠正、引导、成就太子道德行为的经典文本。

从晋文公到楚庄王，从北方之晋到南方之楚，早期文本被广泛作为德教的经典，并在诸侯王室中得到全面使用，作为涵养德性、修养行为的核心文本体系。随着私学普及，这些经典文本被用为士大夫修身的教材，孔子就以《诗经》《尚书》《仪礼》教育弟子。《大戴礼记·卫将军文子》载文子问子贡："吾闻夫子之施教也，先以诗世；道者孝悌，说之以义，而观诸体，成之以文德；盖受教者七十有余人。"言及孔子以《诗》《世》教育弟子时，引申发挥其中的孝悌、德义，引导学生学习经典，提升道德修为。

早期文本所凝聚的道德认同，经过文教体系的传承与阐释，作为历史经验被植入学生的道德认知中。经过共同学习和群体认同，形成了内在的道德要求和外在的行为规范。不仅担负着道德养成的功能，而且成为衡量个人心性修为与行政得失的依据，具有了价值判断的功能。阅读经典，不仅可以获取知识，而且能够进行德性涵养、人格养成，并据此对现实事务进行评判，这就使得早期经典成为价值认同的承载体系。贾谊在《新书·傅职》中，对前代经典的道德赋义和价值承载进行了阐释：

或称《春秋》，而为之耸善而抑恶，以革劝其心。教之《礼》，使知上下之则宜。或称《诗》，而为之广道显德，以驯明其志。教

① 徐元诰撰，王树民、沈长云点校：《国语集解·楚语上》，中华书局 2002 年版，第 485—486 页。

之《乐》，以疏其秽，而填其浮气。教之语，使明于上世而知先王
之务明德于民也。教之故志，使知废兴者，而戒惧焉。教之任术，
使能纪万官之职任，而知治化之仪。教之训典，使知族类疏戚，
而隐比训焉。此所谓学太子以圣人之德者也。[①]

贾谊进一步强化经典文本的道德赋义和价值认同。这一认知在春
秋时期已经形成，经过申叔时阐释，在汉初已经形成了公共认知。尽
管随着时代变化对经典的目录有所调整，次序也有升降，如世、处、
令，在汉初已经不再作为太子教育的经典，《礼》超越《诗经》而位列《春
秋》之后，但借助经典进行道德教育的方式却更被强化。

在申叔时看来，这些经典是"先王训典"；在孔子看来，这些经典
是"成之以文德"；在贾谊看来，这些经典则体现了"圣人之德"。可以
说，早期文本的形态及其所承载的知识体系是客观存在的，在不同时
代对其认知，体现了因时世所需而不断增挈的道德赋义。在这一过程
中，道德教化的权重越来越多，显示出借助经典文本寄寓的道德认同
在不断倍增。这样，以五经为代表的早期文本便成为文教体系的经典，
被视为道德教育的核心文本。汉武帝时期被作为察举官员的学术来源、
甲乙科考的学理体系，作为评骘历史进程、衡量行政措施和判定行为
方式的依据，成为承载早期中国的价值共识的经典文本。

三、经典文本的道德赋义

六经文本的形成，得益于口传系统的写定。这一写定的意义在于，
融汇了政教、文教两个体系的实践经验和学理阐释，使得原本依附于
制度或礼乐的经验能够以文本形态呈现，成为足以间接传承的文本系
统。如《诗经》中的《商颂》，是正考甫"校商之名颂十二篇于周大师"[②]，
由周太师审定之后，颁行五篇而形成了写定文本。《鲁颂》也是在僖公
时期得以编纂而形成文本体系。在《商颂》《鲁颂》的乐歌写定过程中，

---

① 贾谊撰，阎振益、钟夏校注：《新书校注》卷五《傅职》，中华书局 2000 年版，第 172 页。
② 徐元诰撰，王树民、沈长云点校：《国语集解·鲁语下》，中华书局 2002 年版，第
205 页。

先王之德被赋于歌辞之中，其中寄寓的礼义、乐义，借助诗义沉淀下来，并在经解中不断深化。

从《礼记·祭统》所言来看，借助铭文、乐歌赞美先王之德，为早期文本得以写定并流传的主要用意：

> 铭者，论撰其先祖之有德善，功烈勋劳庆赏声名，列于天下，而酌之祭器，自成其名焉，以祀其先祖者也。显扬先祖，所以崇孝也。身比焉，顺也，明示后世，教也。夫铭者，一称，而上下皆得焉耳矣。是故君子之观于铭也，既美其所称，又美其所为。[①]

其中言及铭文的功能有二，一是颂其先祖之功，以显其世族；二是赞美先祖之德，以教育后世。铭文文本的写定，实际承担着"明示后世"的道德教育功能。祭祀乐歌为口传形态，同样承担着颂扬先祖功德的教育功能，其在写定时，这些功能不仅被传承，而且得以强化。如《祭统》所言：

> 夫大尝禘，升歌《清庙》，下而管《象》，朱干玉戚，以舞《大武》，八佾，以舞《大夏》，此天子之乐也。康周公，故以赐鲁也。子孙纂之，至于今不废，所以明周公之德而又以重其国也。[②]

鲁国宗庙祭祀用天子礼乐，为周王所赐，以纪念周公之德。鲁公室继承并使用之、纂为《鲁颂》的用意，一是强化其中"明周公之德"，二是借此提升鲁国的地位，赢得诸侯尊重。

《诗经》的文本，承载着西周的礼乐制度，故而文本中蕴含的礼义、乐义为"德之则"，是德义的凝聚与展现。在文本写定中对"明德"的赋义，强化了乐歌文本的道德蕴涵，使得《诗》本成为"德义之府"，寄寓着广泛的道德认同。其中所展现的情感认同、道德共识与价值判断，在后世的解读中被充分阐释，从礼义到乐义、从诗义再到经义转

---

① 郑玄注，孔颖达等正义:《礼记正义》卷四十九《祭统》，北京大学出版社 1999 年版，第 1362 页。

② 郑玄注，孔颖达等正义:《礼记正义》卷四十九《祭统》，北京大学出版社 1999 年版，第 1366–1367 页。

化，其道德赋义越来越深广。

在礼义、乐义、诗义、经义的深化中，原本依附于文本中的道德赋义经过多次阐释，成了可以无限解读的开放文本。《国语·周语下》载叔向重述单靖公对《昊天有成命》的阐释：

> 且其语说《昊天有成命》，颂之盛德也，其诗曰："昊天有成命，二后受之，成王不敢康。夙夜基命宥密，於缉熙，亶厥心，肆其靖之。"是道成王之德也。成王能明文昭，能定武烈者也。夫道成命，而称昊天，翼其上也。二后受之，让于德也。成王不敢康，敬百姓也。夙夜，恭也；基，始也。命，信也。宥，宽也。密，宁也。缉，明也。熙，广也。亶，厚也。肆，固也。靖，和也。其始也，翼上德让而敬百姓。其中也，恭俭信宽，帅归于宁。其终也，广厚其心以固和之。始于德让，中于信宽，终于固和，故曰成。①

单靖公在对叔向阐释《昊天有成命》时，分别从礼义、乐义、诗义三个维度阐释了其中蕴含的德义。就礼义而言，其为祭祀成王的乐歌；就其乐义言，在于美成王之德，能延续文王、武王的制度，使得"天下安宁，刑错四十余年不用"②；其解释该诗文本中字句，是对其蕴含的德义进行阐释，如昊天成命言其恭敬天命，成王不敢康言其敬重百姓，夙夜赞美其恭敬之德，基命言其诚信之德，宥密言其宽宁之德，缉熙言其明广之德等。作为周王室成员对《昊天有成命》的权威解读，这段文字概括了《周颂》乐歌形成的机制，在于其文本系统在创作之初，被赋予了深厚的道德赋义。与文本相配的乐歌，也蕴含着相应的乐义，如《昊天有成命》的演奏，在乐之始的"翼上德让"，乐之中的"恭俭信宽"，乐之终的"广厚其心"，分别展现了成王德让、信宽、固和的美德。其与文本相合，使得乐歌的演奏与祭礼的程序，成为道德教化

---

① 徐元诰撰，王树民、沈长云点校：《国语集解·周语下》，中华书局2002年版，第103-104页。

② 司马迁撰，裴骃集解，司马贞索隐，张守节正义：《史记》卷四《周本纪》，中华书局2014年版，第171页。

的经典。

经典能够巩固道德认知，周王室祭祀成王时演奏《昊天有成命》，天子、诸侯、大夫、公卿、士都会产生相应的情感体验，对成王之德感同身受而形成群体认同，固定为道德认同。在诗乐分离时，《昊天有成命》作为单纯的文本，不能依赖于视听感知而只能依赖于文本阐释，才能将其中蕴含的道德附加传承下去，体会到蕴含在礼义、乐义中的德义。这些阐释，最初是源自对诗义的直接解读，关注原本附着在诗乐创造中的道德蕴涵。从《国语》所载来看，在春秋时期，大多数诸侯以及公卿大夫已经不能理解歌诗中的道德赋义，以至于单靖公对叔向阐释之后，叔向仍津津乐道，并被晋史官记录下来。以此来观察《诗经》所蕴含的礼义、乐义、诗义，在春秋时百年间已大多湮没不闻，其中部分说解间或流传于后世，但在后学的多向度阐释中或散佚、或附益，未能固守最初的德义。

如果说从礼义、乐义到诗义的转变，是选择性地强化了早期乐歌的德义，那么从诗义到经义的转变，则是按照时世需求，不断增挚、附会甚至添加诸多新的道德赋义，甚至遮蔽了原先的诗义，以求形成新的道德阐释系统。在这一过程中，早期文本被作为建构道德阐释的文献依据，成为建构新学说的文本来源。如孔子与子夏对谈三王之德便引诗义建构阐释系统：

> 子夏曰："三王之德，参于天地，敢问：何如斯可谓'参于天地'矣？"孔子曰："奉三无私，以劳天下。"子夏曰："敢问何谓三无私？"孔子曰："天无私覆，地无私载，日月无私照。奉斯三者以劳天下，此之谓三无私，其在《诗》，曰：'帝命不违，至于汤齐。汤降不迟，圣敬日齐。昭假迟迟，上帝是祇。帝命式于九围。'是汤之德也。天有四时，春秋冬夏，风雨霜露，无非教也。地载神气，神气风霆，风霆流形，庶物露生，无非教也。清明在躬，气志如神，嗜欲将至，有开必先。天降时雨，山川出云。其在诗曰：'嵩高唯岳，峻极于天。惟岳降神，生甫及申。惟申及甫，惟周之翰。四国于蕃，四方于宣。'此文、武之德也。三代之王也，必先

令闻,《诗》云:'明明天子,令闻不已。'三代之德也。'弛其文德,协此四国',大王之德也。"子夏蹶然而起,负墙而立,曰:"弟子敢不承乎?"①

孔子借助诗义讨论三王之德,是对《诗经》相关篇章重新赋义。如以《长发》赞美商先公先王的贡献,言及商汤之德在于无私于天地,则并非诗之本义,而是孔子借助诗义来言道德的宽广。《嵩高》原本讲宣王封申伯,尹吉甫作诗以美,但在孔子的重新赋义中,却被作为对文王、武王德行的褒扬。《江汉》中召虎拜谢并对扬宣王之德所言的"明明天子,令闻不已。矢其文德,洽此四国"②,也被孔子借用为赞美三代之德、太王之德。

这种语境下的阐释,不再依托于诗的本义、诗篇的原义进行追本溯源的理解,而是借助诗义形成新的学术阐释。孔子引用《诗经》的句子作为理据,脱离礼义和乐义来阐释其中蕴含的道德认知。这些道德认知并非早期文本的本义,而是孔子对其进行重新赋义,使其成为"六经注我"类型的经典解读,这便促成了经义的形成。《论语·八佾》又载:

> 子夏问曰:"'巧笑倩兮,美目盼兮,素以为绚兮'何谓也?"子曰:"绘事后素。"曰:"礼后乎?"子曰:"起予者商也,始可与言《诗》已矣。"③

从中可以看出孔子与子夏言风诗,并非探求《硕人》诗句的诗义,而是借助诗义探求道德认知。孔颖达疏:"凡绘画先布众色,然后以素分布其间,以成其文,喻美女虽有倩盼美质,亦须礼以成之也。"④子夏更不再固守《硕人》的礼义、乐义,直接由此阐释自己对德义的理解,

① 郑玄注,孔颖达等正义:《礼记正义》卷五十一《孔子闲居》,北京大学出版社1999年版,第1395–1398页。

② 毛亨传,郑玄笺,孔颖达等正义:《毛诗正义》卷十八《江汉》,北京大学出版社1999年版,第1247页

③ 何晏注,邢昺疏:《论语注疏》卷三《八佾》,北京大学出版社1999年版,第32–33页。

④ 何晏注,邢昺疏:《论语注疏》卷三《八佾》,北京大学出版社1999年版,第32–33页。

认为各种礼器、礼容、礼物、礼数之美，皆在于维持礼义。子夏这种遗貌取神地对礼的理解，得到了孔子的高度赞扬，认为子夏能发明己意，可与共言《诗》①。孔子认为阅读经典文本的目的，是提升自己的道德修为，而不必探寻诗中蕴含的原义。

儒家的这一阐释方式，使得早期经典文本被不断赋义，形成了开放的文本解读系统，也使得早期文本成为开阔的德义阐释系统。汉代《诗经》在齐、鲁、韩、毛四家阐释系统中的差异，正是由于杂取历史传说、附益时世语境而不断进行道德赋义。这些赋义经过儒家传承、官方认同后，被作为经义固定下来，使得《诗》成为《诗经》，成为道德教化的文本。《礼记·经解》载孔子所言，记述了儒家传承中对六经道德教化作用的理解：

> 入其国，其教可知也。其为人也温柔敦厚，《诗》教也。疏通知远，《书》教也。广博易良，《乐》教也。絜静精微，《易》教也。恭俭庄敬，《礼》教也。属辞比事，《春秋》教也。故《诗》之失愚；《书》之失诬；《乐》之失奢；《易》之失贼；《礼》之失烦；《春秋》之失乱。其为人也，温柔敦厚而不愚，则深于《诗》者也。疏通知远而不诬，则深于《书》者也。广博易良而不奢，则深于《乐》者也。絜静精微而不贼，则深于《易》者也。恭俭庄敬而不烦，则深于《礼》者也。属辞比事而不乱，则深于《春秋》者也。②

经典文本中的内容，作为早期生活经验、道德认同和知识体系的历史集合，形成了复合的知识体系。春秋时期借助这些知识体系，建构起文教体系，将之作为个人心性修为养成和社会道德秩序形成的学理来源。这些文本经过儒家多向度阐释之后，既构建了完善的知识系统，又作为社会运行的参照，更成为评骘道德行为的原则，凝聚着早期中国所形成的价值共识。

---

① 何晏注，邢昺疏：《论语注疏》卷三《八佾》，北京大学出版社 1999 年版，第 33 页。

② 郑玄注，孔颖达等正义：《礼记正义》卷五十《经解》，北京大学出版社 1999 年版，第 1368 页。

《庄子·天下》站在更为客观的角度来观察儒家学说对经典的改造，承认其传承早期经典并对其赋义的过程，有助于概括天下运行秩序：

> 古之人其备乎！配神明，醇天地，育万物，和天下，泽及百姓，明于本数，系于末度，六通四辟，小大精粗，其运无乎不在。其明而在数度者，旧法世传之史尚多有之。其在于《诗》、《书》、《礼》、《乐》者，邹、鲁之士、搢绅先生多能明之。《诗》以道志，《书》以道事，《礼》以道行，《乐》以道和，《易》以道阴阳，《春秋》以道名分。其数散于天下而设于中国者，百家之学时或称而道之。①

在庄子看来，儒家所传授的六经，不仅传承知识，而且关注于社会经验、国家秩序和生产生活中的基本原理。其之所以得到认同，在于其中凝聚着最为基础的社会共识、行为法则和道德认同。借助对早期经典的赋义，儒家、道家乃至墨家、法家、阴阳家能继承早期中国的生产生活实践，形成最为深刻的群体共识，作为国家建构、社会运行和个人行为的最大公约数。

荀子时，早期经典被赋予了更广泛的德教含义，被作为总括天地之理的文本系统，被视为具有形而上性质的经典文本。《荀子·劝学》言：

> 故《书》者，政事之纪也；《诗》者，中声之所止也；《礼》者，法之大分，类之纲纪也，故学至乎《礼》而止矣。夫是之谓道德之极。《礼》之敬文也，《乐》之中和也，《诗》、《书》之博也，《春秋》之微也，在天地之间者毕矣。②

荀子认为学者必须从《诗》《书》《礼》等经典文本入手，理解政教、文教、德教，形成道德认同。在此基础上阅读《乐》《春秋》等书，理解天地运行的大道。其在《儒效》中又言："天下之道管是矣，百王之

---

① 王先谦撰，沈啸寰点校：《庄子集解》卷八《天下》，中华书局1987年版，第287-288页。

② 王先谦撰，沈啸寰、王星贤点校：《荀子集解》卷一《劝学》，中华书局1988年版，第11-12页。

道一是矣，故《诗》、《书》、《礼》、《乐》之归是矣。"① 如果说孔子对六经的道德赋义，使早期经典成为凝聚道德认同的文本系统，形成道德认同，那么荀子对六经的经典赋义，使得这些经典可以囊括前代历史秩序、可以支配社会秩序，甚至可以理解天地秩序，成为公共秩序的学理来源和阐释体系。这一赋义，促成了六经在秦汉时被确立为国家治理范式、社会管理模式和道德教化传统的经典来源。

陆贾在《新语·道基》中，认同五经、六艺的作成，确定了礼义秩序，稳定了天下纲纪："礼义不行，纲纪不立，后世衰废，于是后圣乃定五经，明六艺，承天统地，穷事察微，原情立本，以绪人伦，宗诸天地，纂修篇章，垂诸来世，被诸鸟兽，以匡衰乱。"② 言及六经的制作，本为拯救时弊，故而足以涵盖世道人心。《韩诗外传》卷五也强调："千举万变，其道不穷，六经是也。"认为六经囊括天下大道，足以成为社会秩序建构的学理来源。贾谊《新书·六术》言："是以先王为天下设教，因人所有，以之为训；道人之情，以之为真。是故内法六法，外体六行，以兴《书》《诗》《易》《春秋》《礼》《乐》六者之术以为大义，谓之六艺。"③ 认为"六艺"承载着道德原则，足以养成合乎群体要求的公共秩序。后世借助六经可以延续道德认同，涵养"有道、有仁、有义、有忠、有信、有密"的六德之美，④ 重建公共秩序。

这些认知，虽是周秦学者对六经不断赋义的延续，却契合着汉初秩序重建的现实需求，为汉代建立帝制体系与公共秩序提供了理论支撑。这样，阅读并接受经典文本进行政教、文教与德教，成为西汉学者的普遍共识。《淮南子·泰族训》也承认："温惠柔良者，《诗》之风也；淳庞敦厚者，《书》之教也；清明条达者，《易》之义也；恭俭尊让者，

---

① 王先谦撰，沈啸寰、王星贤点校：《荀子集解》卷四《儒效》，中华书局 1988 年版，第 133 页。

② 陆贾著，王利器撰：《新语校注·道基》，中华书局 2012 年版，第 18 页。

③ 贾谊撰，阎振益、钟夏校注：《新书校注》卷八《六术》，中华书局 2000 年版，第 316 页。

④ 贾谊撰，阎振益、钟夏校注：《新书校注》卷八《道德说》，中华书局 2000 年版，第 325 页。

《礼》之为也；宽裕简易者，《乐》之化也；刺几辩义者，《春秋》之靡也。"①认为借助六经可以维护社会道德，重建公共秩序。

周代所形成的人文理性的大传统和神道设教的小传统，在战国与秦朝期间有所消解。西汉立国后，一方面重建祭祀体系以恢复小传统，另一方面借助经典传承重建大传统。大传统所建构的道德认同，是经过黄帝、颛顼、尧、舜、禹、商汤、文王的实践而形成的，并在两周以政教、文教体系成为最为广泛的道德认同。汉代在此基础上重建公共秩序，强化道德认同，借助于早期经典中的理论阐释，并对经典文本不断赋义，使之能够担负起新的历史使命。董仲舒曾言："诗书序其志，礼乐纯其美，易、春秋明其知，六学皆大，而各有所长。诗道志，故长于质；礼制节，故长于文；乐咏德，故长于风；书着功，故长于事；易本天地，故长于数；春秋正是非，故长于治人；能兼得其所长，而不能遍举其详也。"②六经不仅承载着早期中国的道德认同，并且在汉代凝聚道德认同的过程中被持续解读，成为承载社会道德期许并被持续赋义的学理体系，用于评判社会行为、维系社会共识和衡量行政得失。

以《春秋》决狱、以《禹贡》治河、以《诗经》作谏书等，是借助历史经验作为执政的参考。将六经用于衡量仁、义、礼、智、信等道德认同，使经典成为价值判断的基准。班固曾言："六艺之文，《乐》以和神，仁之表也；《诗》以正言，义之用也；《礼》以明体，明者著见，故无训也；《书》以广听，知之术也；《春秋》以断事，信之符也。"③《白虎通》亦说："经，常也。有五常之道，故曰《五经》。《乐》仁，《书》义，《礼》礼，《易》智，《诗》信也。人情有五性，怀五常，不能自成，是以圣人象天五常之道而明之，以教人成其德也。"④如果《汉书·艺文志》

---

① 刘安编，刘文典撰，冯逸、乔华点校：《淮南鸿烈集解》卷二十《泰族训》，中华书局2013年版，第674页。

② 董仲舒撰，朱方舟整理，朱维铮审阅：《春秋繁露》卷一《玉杯》，中华书局1992年版，第35–37页。

③ 班固著，颜师古注：《汉书》卷三十《艺文志》，中华书局1962年版，第1723页。

④ 班固撰集，陈立疏证，吴则虞点校：《白虎通疏证》卷九《论五经象五常》，中华书局1994年版，第447页。

代表着班固作为史官的看法,《白虎通》则体现了东汉官方的学术共识。其将五经与五德相配,成为承载道德认同的价值体系,不仅维持道德认同,而且可以作为价值判断。

由此来看,以六经为核心的经典文本记载了早期中国的社会经验、政治秩序、道德认同。随着周秦社会秩序的失范,儒家立足于经典文本所承载的道德认同,不断深化其学理,使得经典文本不再固守经验与传统,而成为可以面向时世需求的学理阐释系统。秦汉重建社会秩序的现实需求,使得早期经典再次被重新选择、重新赋义。在选择的过程中,有一部分文本被历史淘汰,也有一部分文本得到强化;在赋义的过程中,这些文本被赋予新的阐释,作为早期经验与知识的总结,用于公共秩序的建构。汉武帝时期需要建构的国家大一统,需要道德认同,需要价值共识,这就使得早期经典文本所传承的历史经验、所凝聚的道德认同,成为建构国家体系的学说来源。早期经典在此过程中被不断赋义,不仅为汉代提供了建构政治秩序、社会秩序、道德秩序的学理体系,而且为政治秩序、社会运行和个人行为提供了评判依据,凝聚成早期中国最为基础的价值认同。

第二章　秦汉国家建构与秩序认同的形成

秦汉之际的制度焦虑，主要表现为如何寻求到更为适宜、恰当的制度，以稳定政治秩序、行政秩序和社会秩序。西周分封建国的制度框架中采用不同的治典、教典、礼典、政典、刑典、事典，[①] 允许诸侯分别寻求有效的国家治理体制，因地制宜地建构公共秩序。战国诸侯的变法，正是出于制度焦虑而探求新的行政秩序，以应对诸侯之间的相互兼并。在这其中，儒家的王道、法家的霸道以及道家的帝道，越来越清晰地汇聚成路径不同的国家治理策略。在现实中形成的霸王之道、帝王之道，证明了某一学派基于单纯政治理念而设计的制度模式不足以严丝合缝地适应现实，必然要兼容其他学说，才能成为解决现实问题的有效方案。这些方案经过秦行霸道、汉初行黄老之政的尝试，最终整合入儒家王道学说和王制体系，以帝王之道的新形态成为汉代秩序建构的总策略。

其中，关注社会秩序的霸道、王道，与关注天人秩序的帝道，作为思想资源和治理模式，为汉代国家治理提供了学理支撑。帝道学说确定了天子行政的合法性，王道学说论证了国家形成的合理性，霸道学说明确了社会秩序运行的方式。由此建构而成的帝制，确定了以天子为代表的行政体系对天下负有全部责任。其既有协调自然秩序的义务，又有维持行政秩序的职责，更有自上而下地教化社会、改良风俗的责任。汉代由此而建构的政治观念、行政秩序和社会管理体系，通过官僚系统不断推行，最大程度地凝聚了社会共识。这些社会共识，不仅有效维持着行政秩序的运行，而且作为评骘社会秩序的手段，担负着舆论监督和道德评判的功能，彼此相互作用，支撑着汉代公共秩序的运行。

---

① 郑玄注，贾公彦疏：《周礼注疏》卷二《大宰》，北京大学出版社 1999 年版，第 24 页。

相对于秦"以吏为师"而形成的强制秩序，汉代采用"以经为师"的教化模式，有效地避免了行政体系的单向作用，在行政引导与百姓需求之间寻找到了相对稳定的平衡。借助早期中国的历史经验和道德认同，来确立一个君臣、官民皆能接受的最大公约数，作为秩序建构的内在要求，作为评骘彼此行为的外在尺度。以经典解读、经说阐释为方式寻求社会认同，是古代中国凝聚价值共识并建构公共秩序的基本方式。汉代在此探寻过程中，建构起了经学阐释体系，支配着古代中国的制度共识；形成了秩序维持方式，成为帝制建构的社会基础；还通过以经为师的方式，推行教化，改良风俗，促使中华民族成为秩序共同体。

第一节　霸王之道的学理整合和秩序形态

王道和霸道的分野，与其说是两种政治理念的不同，不如说是不同历史阶段对治道的必然选择。王道政治的标本是西周，其决策机制采用贵族共和制，由王、公与诸侯协商处理行政事务，如在周王年幼、缺位时仍能通过共和的方式维系王朝运行。地方行政采用封建领主制，周王通过分封建国将土地封于诸侯，诸侯全面管理所封土地及其百姓。在周王、诸侯甚至公、卿、大夫的选用上，采用世袭制度。霸道，形成于春秋时期，最初是具有军事统领权的方伯实行霸业，如齐桓公、晋文公、秦穆公的霸业，将诸侯国内的行政权、军事权收归国君手里，直接任命官员，形成了日渐强势的君主专制。李悝变法、商鞅变法、吴起变法的核心，正是打破传统贵族的特权，把土地收归国有，国家财力、物力、军队集中于国君手中。因此，从其区别而言，王、霸代表着春秋战国间的行政体系，从分封制转化为君主专制。在这一过程中，从王道转向霸道，成为周秦之际诸侯得以自立的现实需求。

一、霸王之业的实践及其阐释

倘若仔细辨析早期中国的文献资料，会发现王、霸并非截然对立、水火不容的两种思路，其在春秋战国时开始融通。这一融通的过程，在学理层面的总结远落后于历史的具体实践。最清晰的一个节点，是孟子游说时梁惠王问及齐桓、晋文之事，孟子的回答是："仲尼之徒，无道桓、文之事者，是以后世无传焉，臣未之闻也。无以，则王乎？"① 认为儒家学说不言霸道之事，只言王道。梁惠王询问的言外之意，是他更羡慕齐桓公、晋文公所行的霸业。但在孟子看来，与自己的主张不合，便苦口婆心地引导梁惠王行王道。稍后，商鞅也以王道、霸道、帝道三种学说游说秦孝公，② 可见这三种学说，在战国中期已独自成说，形成了分野明确的学理阐释。

齐桓公与管仲实行霸业时，并不是基于学说阐释来推行制度，而是因地制宜地实行有助于齐国富国强兵的行政策略。《管子·大匡》言：

> 桓公二年，践位召管仲。管仲至，公问曰："社稷可定乎？"管仲对曰："君霸王，社稷定。君不霸王，社稷不定。"公曰："吾不敢至于此其大也，定社稷而已。"管仲又请，君曰："不能。"……乃走出。至门，公召管仲。管仲反，公汗出曰："勿已，其勉霸乎！"管仲再拜稽首而起，曰："今日君成霸，臣贪承命。"趋立于相位，乃令五官行事。③

在管仲看来，齐国作为方伯之国，国力雄厚。如果不实行霸王之道，就无法聚集人力物力。只有推行霸王之道，齐国才能稳定发展。其所谓的"霸王"，显然不是霸道、王道的融合，而有着特定的内涵。

周分封诸侯，设方伯以控制天下。齐作为方伯之国，可以征五侯九伯，以夹辅周室，控制着"东至于海，西至于河，南至于穆陵，北

---

① 赵岐注，孙奭疏：《孟子注疏》卷一下《梁惠王章句上》，北京大学出版社 1999 年版，第 18-19 页。

② 司马迁撰，裴骃集解，司马贞索隐，张守节正义：《史记》卷六十八《商君列传》，中华书局 2014 年版，第 2708 页。

③ 黎翔凤撰，梁运华整理：《管子校注》卷七《大匡》，中华书局 2004 年版，第 348-349 页。

至于无棣"区域内的诸侯。① 管仲认为齐国应该担负起方伯的责任，在诸侯纷争的局面下当以伯霸之业尊王攘夷，重整天下秩序。在这次战略选择中，齐国选择的霸王之业，是要建构君民一体的国家治理体系。《管子·霸形》又载管仲论霸王之业的根本：

> 齐国百姓，公之本也。人甚忧饥，而税敛重。人甚惧死，而刑政险。人甚伤劳，而上举事不时。公轻其税敛，则人不忧饥。缓其刑政，则人不惧死。举事以时，则人不伤劳。②

在管仲看来，百姓是富国强兵的基础，是齐国所能依靠的根本力量。齐国推行的所有改革，要以减赋税、缓刑伐、明时务为目标，百姓安居乐业、暖衣饱食，就会全力支持国君。

这三个着眼点在《管子》中得到了全面阐释。《小匡》言通过编户齐民使百姓能够服从国家利益："于是乎五属大夫退而修属，属退而修连，连退而修乡，乡退而修卒，卒退而修邑，邑退而修家。是故匹夫有善，可得而举。匹夫有不善，可得而诛。政成国安，以守则固，以战则强。封内治，百姓亲，可以出征四方，立一霸王矣。"③ 其中的"百姓亲"，概括了编户齐民的目的，是削弱百姓对卿、大夫的依附，让百姓直接依附于国，接受国家统一管理，建立国君主导的行政体系，能够将富国、理政、附民有效统一，最大可能地减少传统贵族对变法的干预。《五辅》又言："明王之务，在于强本事，去无用，然后民可使富。论贤人，用有能，而民可使治。薄税敛，毋苟于民，待以忠爱，而民可使亲。三者，霸王之事也。"④ 国君通过重农富国，通过选贤理民，通过减税亲民，由此确立的国家治理体系，已经取代了传统的贵族共和制，转向国君直接控制国家的君主制。

国君建构行之有效的行政体系直接管理百姓，与此后法家的思路

---

① 左丘明传，杜预注，孔颖达等正义：《春秋左传正义》卷十二《僖公四年》，北京大学出版社 1999 年版，第 330 页。

② 黎翔凤撰，梁运华整理：《管子校注》卷九《霸形》，中华书局 2004 年版，第 453–454 页。

③ 黎翔凤撰，梁运华整理：《管子校注》卷八《小匡》，中华书局 2004 年版，第 418 页。

④ 黎翔凤撰，梁运华整理：《管子校注》卷三《五辅》，中华书局 2004 年版，第 201 页。

遥相呼应。《韩非子·六反》言:"圣人之治也,审于法禁,法禁明著则官法;必于赏罚,赏罚不阿则民用。"行政系统依法运行,官员各执其职:"官官治,则国富,国富则兵强,而霸王之业成矣。"国君通过选拔官吏、刑赏必信管理国家:"人主挟大利以听治,故其任官者当能,其赏罚无私。使士民明焉尽力致死,则功伐可立而爵禄可致,爵禄致而富贵之业成矣。"① 行政作为社会运行的控制系统,借助法令来分配资源,形成君臣一心、上下同欲的社会秩序。《管子·问》便言:"凡立朝廷,问有本纪。爵授有德,则大臣兴义。禄予有功,则士轻死节。上帅士以人之所戴,则上下和。授事以能,则人上功。审刑当罪,则人不易讼。无乱社稷宗庙,则人有所宗。毋遗老忘亲,则大臣不怨。举知人急,则众不乱。行此道也,国有常经,人知终始,此霸王之术也。"② 以富民强兵为目的,改良君臣关系,就能内修行政,外制诸侯。

由此来看,齐国的霸道,既继承了周的德政传统,遵守着礼乐秩序的框架,又建构出新的国家治理模式,基于王道而建立霸业,因而得到了周王室及诸侯的高度评价。《管子·重令》言:"若夫地虽大,而不并兼,不攘夺;人虽众,不缓怠,不傲下;国虽富,不侈泰,不纵欲;兵虽强,不轻侮诸侯,动众用兵,必为天下政理。此正天下之本,而霸王之主也。"③ 其强调富国强兵的目的,不是兼并、侵夺诸侯土地,也不是傲慢、欺侮其他国君,而是调停诸侯纷争,尊王攘夷,稳定公共秩序。

晏婴曾追述齐桓公时期的"霸王之业":

> 昔吾先君桓公能任用贤,国有什伍,治遍细民,贵不凌贱,富不傲贫,功不遗罢,佞不吐愚,举事不私,听狱不阿,内妾无美食,外臣无美禄,鳏寡无饥色,不以饮食之辟害民之财。不以宫室之侈劳人之力。节取于民而普施之。府无藏,仓无粟,上无骄行,下无谄德,是以管子能以齐国免于难,而以吾先君

---

① 王先慎撰,钟哲点校:《韩非子集解》卷十八《六反》,中华书局1998年版,第417页。
② 黎翔凤撰,梁运华整理:《管子校注》卷九《问》,中华书局2004年版,第484页。
③ 黎翔凤撰,梁运华整理:《管子校注》卷五《重令》,中华书局2004年版,第289页。

参乎天子。^①

由此观察齐桓公所实行的霸王之道，是基于选贤任能重构国家行政体系，通过官民一体重建社会秩序，通过国家调节实现社会公平，通过行政治理稳定社会秩序，通过教化改良社会风俗。小而言之，霸王之道实现齐国的富强自立；大而言之，霸王之道维持天下秩序的稳定。正因为如此，齐桓公与管仲是以霸业行王道，九会诸侯，尊王攘夷，得到了包括孔子在内的儒家的赞同："管仲相桓公，霸诸侯，一匡天下，民到于今受其赐。微管仲，吾其被发左衽矣。岂若匹夫匹妇之为谅也，自经于沟渎而莫之知也？"^②

稷下学派整理的《管子》，其中虽不乏战国学者的附加与改造，却仍保留着齐桓公、管仲对霸王之业的认知。其中的《霸言》，直接阐释了霸王之业的基本学理：

> 霸王之形，象天则地，化人易代，创制天下，等列诸侯，宾属四海，时匡天下。大国小之，曲国正之，强国弱之，重国轻之，乱国并之，暴王残之。儇其罪，卑其列，维其民，然后王之。夫丰国之谓霸，兼正之国之谓王。……霸王之形，德义胜之，智谋胜之，兵战胜之，地形胜之，动作胜之，故王之。夫善用国者，因其大国之重，以其势小之。因强国之权，以其势弱之。因重国之形，以其势轻之。弱国众，合强以攻弱，以图霸。强国少，合小以攻大，以图王。……^③

稷下学派对霸、王的分判，在于二者并非策略上的区别，而是对国际形势判断的差异。霸、王皆要调节诸侯纷争，重新建立有序的国际关系。其中，能够实现国家自立于诸侯，是为霸；能够借助军事、外交等手段维护天下秩序，是为王。二者都需要以道德认同为根本，借

---

① 张纯一校注，梁运华点校：《晏子春秋校注》卷三《内篇问上》，中华书局 2014 年版，第 138—139 页。

② 何晏注，邢昺疏：《论语注疏》卷十四《宪问》，北京大学出版社 1999 年版，第 192 页。

③ 黎翔凤撰，梁运华整理：《管子校注》卷九《霸言》，中华书局 2004 年版，第 463—472 页。

助智谋、兵力、地缘政治、外交策略来稳定天下秩序，若诸侯归附则为王；如果难以为诸侯认同，则可以图霸自立。

春秋诸子所言的霸王之业、霸王之术，更多是试图打破传统的政治经济秩序，通过富国强兵建立国家治理的新模式，以应对"天下征伐自诸侯出"的纷争局面。《墨子·辞过》认为："府库实满，足以待不然。兵革不顿，士民不劳，足以征不服，故霸王之业可行于天下矣。"①将富国强兵作为霸王之业的必要条件。在此基础上，霸王仰仗国力、武力重塑国家、天下秩序。《孙子兵法·九地》言及霸王之兵作战："夫霸王之兵，伐大国，则其众不得聚；威加于敌，则其交不得合。是故不争天下之交，不养天下之权，信己之私，威加于敌，故其城可拔，其国可隳。施无法之赏，悬无政之令，犯三军之众，若使一人。"②一是国力强大，不战而屈人之兵；二是上下同心，君民一体，同心协力，能够所向披靡。其中提到的不争、不养，体现出霸王之道，在于以道义、国力、武力共同维护天下秩序。

因此，春秋语境中的"霸王"，是民本与武力合一、德政与刑政合一的国家治理模式，在战国成为诸侯变法图强的目标。齐、赵、楚、魏皆以"霸王"为执政目标，孟子弟子公孙丑就曾问孟子："夫子加齐之卿相，得行道焉，虽由此霸王，不异矣。如此，则动心否乎？"③苏秦游说赵王时也说："六国从亲以宾秦，则秦甲必不敢出于函谷以害山东矣。如此，则霸王之业成矣。"④毛遂自荐于楚王言："今楚地方五千里，持戟百万，此霸王之资也。"⑤季梁言于魏王："今王动欲成霸王，举欲

---

① 吴毓江撰，孙启治点校：《墨子校注》卷一《辞过》，中华书局 2006 年版，第 46 页。

② 孙武撰，曹操等注，杨丙安校理：《十一家注孙子校理》卷下《九地》，中华书局 1999 年版，第 259—261 页。

③ 赵岐注，孙奭疏：《孟子注疏》卷三上《公孙丑章句上》，北京大学出版社 1999 年版，第 73 页。

④ 司马迁撰，裴骃集解，司马贞索隐，张守节正义：《史记》卷六十九《苏秦列传》，中华书局 2014 年版，第 2732 页。

⑤ 司马迁撰，裴骃集解，司马贞索隐，张守节正义：《史记》卷七十六《平原君虞卿列传》，中华书局 2014 年版，第 2877 页。

信于天下。"①春秋战国所言的"霸王"，是以富国、强兵为指向进行改革，实际是调整两周的传统制度，建构更适应列国纷争局面的国家治理体系。

二、周秦霸王之道的学理分途

战国诸子皆意识到国家防务与国家治理不能偏废，文、武二途皆不可或缺。但对二者孰先孰后却有着认知的分歧。儒家认为道德为先，百姓为上，固守着礼乐教化的传统；法家则认为军政为先，国家为上，把刑政作为制度变革的首要条件。

以王道成就霸业的传统认知，在荀子学说中得到全面阐释，深化了管仲治齐所形成的道义为先的霸王之道。《荀子·王霸》明确说："故用国者，义立而王，信立而霸，权谋立而亡。……故与积礼义之君子为之则王，与端诚信全之士为之则霸，与权谋倾覆之人为之则亡。"②主张以道义为王道基石，以信用为霸道基础。二者在道德实现程度上有差别，在坚守道德立场上却是并肩而立的。荀子认为基于道德共识而建立的富国强兵之业，既可以霸，也可以王："仁眇天下，故天下莫不亲也；义眇天下，故天下莫不贵也；威眇天下，故天下莫敢敌也。以不敌之威，辅服人之道，故不战而胜，不攻而得，甲兵不劳而天下服。是知王道者也。知此三具者，欲王而王，欲霸而霸，欲强而强矣。"③《荀子》立足于王道立场而借助霸道，与《管子·霸言》中所言的何时成王、何时成霸的认知一脉相承。《荀子·强国》又言："故善日者王，善时者霸，补漏者危，大荒者亡。故王者敬日，霸者敬时……霸者之善著焉，可以时托也，王者之功名不可胜日志也。"④以日、时来言王道、霸

---

① 何建章注释：《战国策注释》卷二十五《魏策四》，中华书局1990年版，第944页。

② 王先谦撰，沈啸寰、王星贤点校：《荀子集解》卷七《王霸篇》，中华书局1988年版，第202—209页。

③ 王先谦撰，沈啸寰、王星贤点校：《荀子集解》卷五《王制篇》，中华书局1988年版，第158页。

④ 王先谦撰，沈啸寰、王星贤点校：《荀子集解》卷十一《强国篇》，中华书局1988年版，第304—305页。

道，认为王道在于积累，霸道得乎时势。《君子》又言："故尊圣者王，贵贤者霸，敬贤者存，慢贤者亡，古今一也。"① 实现王道要坚持理想，成就霸道要敬重贤良。《大略》又言："君人者，隆礼尊贤而王，重法爱民而霸，好利多诈而危。"② 相比较而言，荀子学说中推崇的王道，接近于儒家的理想，霸道则是屈从时势而不得不采用的等而下之的策略。

儒家学说对王、霸的兼容，是在理想与现实之间的无奈妥协。这种妥协，一方面在于学说建构必须面向现实政治才能设计出更为合理的方案；另一方面表明儒家仍在固守着周代传统的道德认同，使得霸道只能成为王道的补充，而不能替代王道的核心意义。

《国语·晋语八》载宋盟时楚人固请先歃，叔向谓赵文子曰："霸王之势，在德不在先歃，子若能以忠信赞君，而裨诸侯之阙，歃虽后，诸侯将载之，何争于先？若违于德而以贿成事，今虽先歃，诸侯将弃之，何欲于先？……今将与狎主诸侯之盟，唯有德也，子务德无争先，务德所以服楚也。"③ 在宋盟诸侯时，晋大夫坚守着先德后兵的原则，按照礼制确定歃血的次序，将之作为有史以来的惯例，表明春秋后期外交场合的盟会，仍以德义、礼义为重。

成书于战国后期的《司马法·仁本》，言及"王霸之所以治诸侯者六"时说："以土地形诸侯，以政令平诸侯，以礼信亲诸侯，以材力说诸侯，以谋人维诸侯，以兵革服诸侯。"④ 此与《孙子兵法》所论的霸王之兵说法相呼应，认为道德、国力、秩序、谋略、行政与国防相辅相成，才能成王成霸。

东方六国对王霸之业或霸王之道的理解，皆未放弃道义、德义原则。即便在兵家著述中，依然强调仁、义、信等道德认同对军事行动

① 王先谦撰，沈啸寰、王星贤点校：《荀子集解》卷十七《君子篇》，中华书局 1988 年版，第 453 页。

② 王先谦撰，沈啸寰、王星贤点校：《荀子集解》卷十九《大略篇》，中华书局 1988 年版，第 485 页。

③ 左丘明撰，徐元诰集解，王树民、沈长云点校：《国语集解·晋语八》，中华书局 2002 年版，第 429–431 页。

④ 王震撰：《司马法集释》卷上《仁本》，中华书局 2018 年版，第 36 页。

的决定性作用。这表明，即便到了战国，西周所确立的道德认同和价值共识对政治行为、军事行动和行政措施仍然起着支配作用，被作为外交与国防的准则。

但在秦国的发展中，霸与王开始分离。最早对这一倾向进行清晰表述的是周太史儋，他在见秦献公时曾言："始周与秦国合而别，别五百载复合，合十七岁而霸王者出焉。"①认为秦与西周的"合而别"，一在于"陪臣执国命"的现实在东方诸侯中已经形成；二在于周制所倡导的礼乐制度，是以道德认同为基石的。秦立国时，关中已被戎狄所占领，礼坏乐崩。秦在伐戎狄中所建立的君民一体的秩序形态，更便于形成农战合一的制度体系。秦杂戎狄之礼为制，并未恢复基于道德认同的礼乐制度，这既使得秦少了贵族既得利益者的掣肘，也使得秦少了道义德义的约束。太史儋用周制、秦制来概括两种不同的制度形态，看到了王、霸之间的不同，并确定了秦必然要推行与周制不同的制度。他认为二者各有利弊，惟其融通，方能富国强兵，长治久安。

问题在于：当列国纷争的现实摆在面前时，首先要考虑的是国家如何强大以自立，然后才是如何长治久安并繁荣富强。因此，当商鞅见秦孝公时，分别以王道、帝道和霸道游说，秦孝公很现实地选择了霸道。商鞅说："吾说君以帝王之道比三代，而君曰：'久远，吾不能待。且贤君者，各及其身显名天下，安能邑邑待数十百年以成帝王乎？'故吾以强国之术说君，君大说之耳。然亦难以比德于殷周矣。"②秦孝公即位之初，国力疲惫，刚刚向魏国割地求和，而东方六国则兵强马壮，秦不得不采用强国之术图强自保，借用霸道建构起不同于东方六国的治理体系。

这样来看，商鞅变法时所采用的霸王之道，如果要在十余年内促成秦国富强，便只能放弃重视德义的王道，强化国家集权。《商君书·慎法》载其教令："民之欲利者非耕不得，避害者非战不免，境内

---

① 司马迁撰，裴骃集解，司马贞索隐，张守节正义：《史记》卷四《周本纪》，中华书局2014年版，第199页。

② 司马迁撰，裴骃集解，司马贞索隐，张守节正义：《史记》卷六十八《商君列传》，中华书局2014年版，第2708—2709页。

之民莫不先务耕战而后得其所乐。故地少粟多，民少兵强。能行二者于境内，则霸王之道毕矣。"①单从农战的角度来看，这一做法与管仲早年推行的编户齐民并无区别。但管仲以"礼义廉耻"作为国之四维，坚守西周以来的道德共识。商鞅变法中，则以"苟可以强国，不法其故；苟可以利民，不循其礼"为原则，②依照现实需求确定是非标准，因此秦国没有继承传统的礼乐制度，彻底抛弃了传统社会的道德认同。商鞅说："圣人之为国也，壹赏，壹刑，壹教。壹赏则兵无敌，壹刑则令行，壹教则下听上。"③在壹教时，他强调"博闻、辩慧、信廉、礼乐、修行、群党、任誉、清浊不可以富贵，不可以评刑，不可独立私议以陈其上"④，放弃了道德共识和礼乐传统，以功利性为社会导向。

商鞅将岁、食、美、好、志、行视为六虱，认为百姓有余粮、商人有美物、官员有操守就会影响国家强大，影响政令统一。他将礼乐、《诗》《书》、修善、孝悌、诚信、贞廉、仁义、非兵、羞战等视为国家的危害："国有十二者，上无使农战，必贫至削。十二者成群，此谓君之治不胜其臣，官之治不胜其民，此谓六虱胜其政也。"⑤认为这些早期经典和道德共识会毁坏秦国的农战合一，这就使得秦所谓的强国之术，是弱民而富国，弱人而强兵。放弃了道义约束的政治行为、放弃了礼义规范的制度建构，商鞅所推行的强国之术，只能滑向单纯的霸道。

《韩非子》的学说强化了商鞅以来秦国行之有效的做法，使其继续坚持"官官治，则国富，国富则兵强，而霸王之业成矣"的农战合一制度，⑥强化君权，借助行政体制，要求全国百姓听命于君。与此同时，秦彻底放弃了道德认同在公共秩序中的作用。《韩非子·奸劫弑臣》言："今世主皆轻释重罚严诛，行爱惠，而欲霸王之功，亦不可几也。……

---

①　蒋礼鸿撰：《商君书锥指·慎法》，中华书局 1986 年版，第 139 页。
②　蒋礼鸿撰：《商君书锥指·更法》，中华书局 1986 年版，第 3 页。
③　蒋礼鸿撰：《商君书锥指·赏刑》，中华书局 1986 年版，第 96 页。
④　蒋礼鸿撰：《商君书锥指·赏刑》，中华书局 1986 年版，第 104 页。
⑤　蒋礼鸿撰：《商君书锥指·靳令》，中华书局 1986 年版，第 80 页。
⑥　王先慎撰，钟哲点校：《韩非子集解》卷十八《六反》，中华书局 2003 年版，第 417 页。

操法术之数，行重罚严诛，则可以致霸王之功。"①将法作为唯一的社会准则，放弃了仁爱、恩惠等社会伦理，以国家法令作为衡量是非的唯一标准。韩非子继承了商鞅六虱之说而立五蠹之论，将学者、言谈者、带剑者、患御者与商工之民列为五蠹，认为"人主不除此五蠹之民，不养耿介之士，则海内虽有破亡之国，削灭之朝，亦勿怪矣"②，体现了法家对霸道的期待，是彻底抛弃历史传统、道德认同和价值共识，建立起"一决于法"的功利性社会。

　　吕不韦主撰的《吕氏春秋》为秦探讨未来治道时，试图在霸道的基础上杂采诸子学说，融通道义、德义，来弥补秦所行霸道的先天不足。一是因人性论治道，并不纠缠于性恶、性善的讨论，吸收了道家的天性论和杨朱的生性论，认为性乃天成，治国要因人之性，人有趋利避害之本能。与其对人性进行缘木求鱼的改造，莫不如以刑惩戒其恶、以奖赏励其善，引导行为合乎社会要求，强化义先而刑后，建构起一个有序的社会。将义作为公共秩序的起点，从行为上要求社会形成相互负责，在刑赏之上增加一层道德约束，减弱了一统于法、过于峻刻的社会治理。二是以道德建秩序，认为王道贵民，以得民、得天下为追求。吕不韦强化了君主的道德责任，主张以家国责任审视自身修为，不再将君王看成是独立于法律之上的专制者，而将其视为接受社会公共价值监督的管理者。认为其必须尊重社会基本的道德认同，才能担负起治国理政的责任。三是以民本论国家。其所言的治道，是以民为本而建立起来的新秩序。这一秩序以天下的视角来审视国家，形成了"天下非一人之天下也，天下之天下也"的认知。③吕不韦对儒家学说的接受，并不是认同儒家立场，而是在法家立场上借助诸子学说的合理性，对法家学说进行纠补。

　　秦统一六国之后，推行"天下敢有藏诗、书、百家语者，悉诣守、尉杂烧之。有敢偶语诗书者弃市，以古非今者族。吏见知不举者与同

　　① 王先慎撰，钟哲点校：《韩非子集解》卷四《奸劫弑臣》，中华书局2003年版，第105页。
　　② 王先慎撰，钟哲点校：《韩非子集解》卷十九《五蠹》，中华书局2003年版，第456页。
　　③ 吕不韦编，许维遹集释，梁运华整理：《吕氏春秋集释》卷一《贵公》，中华书局2009年版，第25页。

罪"的政策，① 彻底断绝了秦行王道的可能性。这样来看，秦始皇时期《泰山刻石》所言的"训经宣达，远近毕理，咸承圣志。贵贱分明，男女体顺，慎遵职事"②，只是昭告天下的美化之辞。《琅琊台刻石》所言的"远迩辟隐，专务肃庄。端直敦忠，事业有常"③，也是在霸道基础上建立君臣各司其职的行政体系，加强社会控制，而不是通过道德共识来强化价值认同，促成社会认同。这一制度设计的必然结果，是国家建立强有力的控制体系来全面支配社会，一旦这一体系的某一环节出现纰漏，带来的是体系的彻底崩溃。

三、西汉霸王道的学说走向

霸王道成为秦汉间通用之说，皆着眼于如何控制天下而成就大业，差异处在于其所采用的具体措施不同。儒家和法家学说的意图，是期望通过确立一种公共认知，来保证尊尊、亲亲秩序得以有序，稳定国家秩序。只不过由于二者学理逻辑不同，结论自然大相径庭。王道学说中的秩序建构，立足于个体，由修身至于治国，期望实现个体价值和群体要求的合一。霸道的国家想象立足于国家，重群体轻个体，削弱个性而强调共性，认为人人皆为国家机器的一部分，要求个人绝对服从国家。学说的起点决定了结论的走向。《吕氏春秋》对王道论的吸收，是期望以王道补全霸道的不足，为秦的行政实践提供更为合理的理论支撑。不幸的是，吕不韦为秦建构的学理体系，没有来得及实践。随着吕不韦的去职自杀，只能作为思想史上的一个观念阐释，而不是作为行政实践。因而吕不韦及其门客的努力，未能纠补秦政的弊端。

秦以严刑峻法为行政措施，仁义不施，导致秦二世而亡。汉人反思秦制，认为其弊端在于放弃王道而单纯依靠霸道。贾谊在《过秦论》

---

① 司马迁撰，裴骃集解，司马贞索隐，张守节正义：《史记》卷六《秦始皇本纪》，中华书局 2014 年版，第 326 页。

② 严可均辑，许少峰、苑育新审定：《全上古三代文·全秦文》卷一《泰山刻石》，商务印书馆 1999 年版，第 229 页。

③ 严可均辑，许少峰、苑育新审定：《全上古三代文·全秦文》卷一《琅琊台刻石》，商务印书馆 1999 年版，第 229 页。

中所作的结论，代表了汉代学者对秦的普遍看法：

> 秦王怀贪鄙之心，行自奋之智，不信功臣，不亲士民，废王道而立私爱，焚文书而酷刑法，先诈力而后仁义，以暴虐为天下始。夫并兼者高诈力，安危者贵顺权，以此言之，取与、攻守不同术也。①

过秦思潮中所得出的结论，既为汉立国的合法性寻找到了道义的解释，也为汉代的国家治理提供了学理依据。《淮南子》对汉初行之有效的休养生息政策进行总结时，也是从反对秦的严刑峻法的视角展开："体道者逸而不穷，任数者劳而无功。夫峭法刻诛者，非霸王之业也；棰策繁用者，非致远之术也。"②认为清静无为可以成就霸王之业，关键在于是否得到百姓拥护。得到百姓拥护不在于官有多强，而在于能否以柔弱胜刚强，以不胜而大胜。儒家、法家之外，黄老学者也曾将霸王之道作为治国模式。《淮南子》以清静无为的视角，肯定了民本、仁义对教民的重要性，认为欲成就霸王之业，既要行王道，也要得天时。汤、武之德若不遭逢桀、纣之恶，无法成就革故鼎新的大业，实际是以历史经验来纠正儒家认为王道无所不能的偏执。

法家、道家对"霸王之业"的理解，经过了秦、汉初的实践，得到了基本修正，都意识到彼此的天然不足。经过《吕氏春秋》《淮南子》的阐释，霸王之业在学理上得到系统修订。儒家在此过程中也重新审视其王道学说，与时俱进进行调整。其中对刑罚的理解，比《荀子》的理解又往前走了一大步。《大戴礼记·盛德》就言：

> 刑罚之源，生于嗜欲好恶不节。故明堂，天法也，礼度，德法也，所以御民之嗜欲好恶，以慎天法，以成德法也。刑法者，所以威不行德法者也。……是故古者天子孟春论吏德行，能理功、能德法者为有德，能行德法者为有行，能理德法者为有能，能成

---

① 贾谊撰，阎振益、钟夏校注：《新书校注》卷一《过秦下》，中华书局2000年版，第14页。

② 刘安编，何宁撰：《淮南子集释》卷一《原道训》，中华书局1998年版，第32页。

德法者为有功。①

不仅肯定了刑罚有助于抑制本性之恶，而且肯定其是天道运行的法则，并认同刑罚是维持德治的必要条件。汉初的儒家主张以德用法、以德行法、以德理法、以德成法，将法作为与德并行的治理手段，调整了孔子、孟子的明德慎罚的观点，也修订了荀子先礼后法的认知。

董仲舒借助天道运行完成了人道秩序的建构，用以阐释皇帝的合法性。他从天道运行的角度来观察社会秩序，借助阴阳观念系统阐释了刑德的秩序来源、运行特点和实现方式。《春秋繁露·阳尊阴卑》言：

> 阳为德，阴为刑。刑反德而顺于德，亦权之类也。……是故天以阴为权，以阳为经。阳出而南，阴出而北。经用于盛，权用于末。以此见天之显经隐权，前德而后刑也。故曰：阳天之德，阴天之刑也。阳气暖而阴气寒，阳气予而阴气夺，阳气仁而阴气戾，阳气宽而阴气急，阳气爱而阴气恶，阳气生而阴气杀。是故阳常居实位而行于盛，阴常居空位而行于末。天之好仁而近，恶戾之变而远，大德而小刑之意也。先经而后权，贵阳而贱阴也。故阴，夏入居下，不得任岁事，冬出居上，置之空处也。养长之时伏于下，远去之，弗使得为阳也。无事之时起之空处，使之备次陈，守闭塞也。此皆天之近阳而远阴，大德而小刑也。是故人主近天之所近，远天之所远；大天之所大，小天之所小。是故天数右阳而不右阴，务德而不务刑。刑之不可任以成世也，犹阴之不可任以成岁也。为政而任刑，谓之逆天，非王道也。②

阴阳五行作为古代中国观察自然秩序的学理，决定了秦对治道的选择，也影响了汉代社会秩序的建构。董仲舒按照阴阳运行规律，讨论了德主刑辅、先德后刑、德大刑小的合理性，纠正了秦制先刑后德、

---

① 王聘珍撰，王文锦点校：《大戴礼记解诂》卷八《盛德》，中华书局 1983 年版，第 144-145 页。

② 董仲舒著，苏舆撰，钟哲点校：《春秋繁露义证》卷十一《阳尊阴卑》，中华书局 1992 年版，第 326-328 页。

有刑无德的弊端，反思了汉初因循秦制积弊的司法传统。

尽管汉初过秦思潮中对秦制有着系统否定，但在休养生息、因循旧制的行政传统中，汉朝并未彻底废除秦法。刘邦与关中父老约法三章，惠帝、文帝任用长者，虽然刑罚用稀，秦所制定的法令在汉承秦制的历史语境中仍延续着相当的法律效力。在景帝、武帝时，这些律令继续得到使用。《汉书·刑法志》言："死刑既重，而生刑又轻，民易犯之。及至孝武即位，……律令凡三百五十九章，大辟四百九条，千八百八十二事，死罪决事比万三千四百七十二事。文书盈于几阁，典者不能遍睹。"[1]由严刑峻法和烦苛律令所构成的刑罚系统，仍在维系着汉帝国的秩序运行。《盐铁论·刑德》记载了盐铁辩论时儒生对时政的评论：

> 昔秦法繁于秋荼，而网密于凝脂。然而上下相遁，奸伪萌生，有司治之，若救烂扑焦，而不能禁；非网疏而罪漏，礼义废而刑罚任也。方今律令百有余篇，文章繁，罪名重，郡国用之疑惑，或浅或深，自吏明习者，不知所处，而况愚民！律令尘蠹于栈阁，吏不能遍睹，而况于愚民乎！此断狱所以滋众，而民犯禁滋多也。……故德教废而诈伪行，礼义坏而奸邪兴，言无仁义也。仁者，爱之效也；义者，事之宜也。故君子爱仁以及物，治近以及远。……法者，缘人情而制，非设罪以陷人也。故《春秋》之治狱，论心定罪。志善而违于法者免，志恶而合于法者诛。[2]

在儒生看来，景帝、武帝时逐渐恢复严刑峻法，尽管引入了《春秋》决狱观念，但在司法实践中，仍沿用烦苛法令。儒生建议应该采用道德认同和礼乐观念进行纠补。汉宣帝时多次颁布赦免、恩赐的命令，却并未对司法体系进行修补，其"所用多文法吏，以刑名绳下"[3]，维持景帝、武帝时的司法传统。荀悦就言："孝宣任法审刑，综核名实，

---

① 班固著，颜师古注：《汉书》卷二十三《刑法志》，中华书局1962年版，第1100—1101页。
② 桓宽撰集，王利器校注：《盐铁论校注》卷十《刑德》，中华书局1992年版，第565—567页。
③ 班固著，颜师古注：《汉书》卷九《元帝纪》，中华书局1962年版，第277页。

听断精明，事业修理，下无隐情，是以功光前世，号为中宗，然不甚用儒术，是以德化不能纯备。"①认为宣帝不能用德政，是其行政的最大弊端。

汉宣帝的国家治理模式，在与太子刘奭的讨论中表述得很清楚：

> （刘奭）尝侍燕从容言："陛下持刑太深，宜用儒生。"宣帝作色曰："汉家自有制度，本以霸王道杂之，奈何纯任德教，用周政乎！且俗儒不达时宜，好是古非今，使人眩于名实，不知所守，何足委任？"乃叹曰："乱我家者，太子也！"②

其中提到的"霸王道杂之"，不宜简单理解为霸道与王道的融合。一是霸道、王道所形成的学理系统，在荀子、吕不韦及其门客、淮南王及其门客、董仲舒的阐释中已经充分融通为霸王之业、霸王之道，不再是泾渭分明的霸道与王道。二是经过春秋、战国、秦及汉初的行政实践，德政、刑罚的综合运用，已经成为行政的基本手段，不再是势同水火的观念冲突。

汉宣帝严厉批评刘奭"宜用儒生"之说，有两点值得注意。一是强调治国不能"纯任德教"，转而将之界定为"周政"，是与"秦制"相对而言。在汉承秦制的传统中，宣帝不可能改弦更辙，彻底摒弃刑罚而纯任德教。尤其是经过了学说融合之后的霸王道，完成了学理的重构，也建立了行之有效的行政秩序。二是宣帝对儒生"不达时宜，好是古非今"的认知，与秦始皇、汉武帝的看法一脉相承，既可以看出汉儒在学理建构方面的天然不足，那就是未能与时俱进地为行政提供可资操作的策略。从儒家视角来看，这正是其坐而论道坚守道统的价值所在；从现实需求来看，这些带有逻辑自洽与理想设计的理论体系，并不足以落实到具体的行政细节中，极易干扰现实行政的实际操作。令汉宣帝无能为力的是，自汉武帝独尊儒术后，博士弟子、如弟子已

---

① 欧阳询撰，汪绍盈点校：《艺文类聚》卷十二《汉宣帝》，上海古籍出版社1965年版，第234页。

② 班固撰，颜师古注：《汉书》卷九《元帝纪》，中华书局1962年版，第277页。

经通过甲乙科考成为汉代官吏最为重要的组成部分，在数十年中已经成为西汉最有影响力的官员群体。他们以经术入仕，在《春秋》决狱、《禹贡》治河、《诗经》为谏书的行政传统中掌握了越来越重要的话语权，成为西汉行政的主导力量。儒生孜孜以求的便是恢复周政、按照王道理想建构王制，从下而上地建立起合乎经学精神的理想社会。汉宣帝对刘奭的批评，与其说是对太子言论的不满，不如说是对武、昭、宣时儒生恢复周政、建构王制呼声的本能抵触，认为这种做法会彻底毁掉有汉以来所形成的德刑并重的行政手段。

依靠道德维系社会秩序的周制解体，根源不在于道德的完善与否，而在于制度是否合理。因为道德的立意在于维护人性的完备，维系道德共识的机制强制有力，才能保证社会秩序在合乎道德共识的向度内运行。战国基于强权而建立的公共秩序维持系统，有效纠补了周制注重内在约束的传统，形成了依赖外在强制的秩序维护系统，使得社会被强行维持在相对有序的状态中。尽管难免矫枉过正，却最低限度地保证了社会秩序的运行。汉初在对周制、秦制的继承中，切身体会到单靠道德认同甚至无法维持王室内部的继承秩序，单靠严刑峻法也无法赢得百姓的全力支持，自然而然地两合其长，采用刑德并重的策略。在继承秦制的基础上寻求改制，不断注入王道学说，修订纠补秦弊，不断推动从秦制向王制的转化，使得周秦以来的霸王之道得以融通而成为尽可能合理的秩序建构。

从更长的历史时段来观察霸王道的学理形成及其实践过程，能看出先秦诸子基于学理建构而形成的诸多观念，在秦汉之际已经得到了全面融通，诸多学说在实践中也得到了相应修订。因此，霸王道的学理表述，本身已兼容有儒家、法家、道家、墨家、兵家等诸多学说，在实践中也成为富国强兵、建立有序社会的综合手段。不仅在西汉帝制中得以延续，并且随着经学的阐释，补全了秦制的弊端和黄老之学的不足，成为汉代基本的行政手段，维持着两汉社会秩序的运行。

第二节　帝王之道的学理阐释与秩序建构

王、霸之道立足于社会秩序来建构学说，其学理困境有二：一是周制确定了天子的神圣身份，在楚、吴、越、齐、秦、魏、韩、赵皆称王时，需要建构一个高于诸王的共主身份，用于节制诸王并解释其合法性；二是秦、汉帝制的形成，需要阐明皇帝及其行政秩序的合法性来源，这是法家、儒家的学理盲区。因而需要借助道家、阴阳家所阐释的天道、地道等学理，借助天人秩序来阐释社会秩序运行的合理性，形成一个超越儒家、法家、道家的学说系统，以解释皇权的合法性和行政的合理性。于是，借助道家所言的天道、阴阳家所言的阴阳五行、法家所言的刑德说以及儒家的德治说而形成的帝王之道，成为秦汉之际解决王、霸之道学理困境的理论来源，理顺了天人秩序、人人秩序，成为古代中国帝制建构的学理体系。

一、帝道学说的学理及其应用

司马迁所言的"究天人之际"[1]，是在响应汉武帝时最大的理论需求和现实关切，着力阐释汉何以灭秦，如何理解刘邦以布衣而为天子的新现象。在过秦思潮中对秦不行仁义的批判、对方士奇异之说的采信，均不能逻辑自洽地解释秦汉的革故鼎新。在这一理论需求中，长于理解天人秩序的道家学说被引入到法家和儒家的固有领地，为"究天人之际"提供了学理支撑。

孔子尽管"罕言利与命与仁"[2]，子贡也说"子之言性与天道，不可得而闻也已矣"[3]，但思孟学派已经借助天命、天道来阐释社会秩序。如《中庸》以"天命之谓性，率性之谓道，修道之谓教"[4]，作为立说的前

---

① 班固著，颜师古注：《汉书》卷六十二《司马迁传》，中华书局1962年版，第2735页。
② 何晏注，邢昺疏：《论语注疏》卷九《子罕》，北京大学出版社1999年版，第111页。
③ 何晏注，邢昺疏：《论语注疏》卷五《公冶长》，北京大学出版社1999年版，第61页。
④ 朱熹撰：《四书章句集注·中庸章句》，中华书局1983年版，第17页。

提；孟子以"天将降大任于是人也，必先苦其心志"言心性修为与历史责任。① 此后，郭店竹简《太一生水》以太一作为天地秩序、道德观念的来源，《礼记·礼运》言"礼必本于太一"等说法，② 正是借助天人学说来完善儒家学说的理论架构。与之路径相似的是《韩非子》阐释治国之道时，作《解老》《喻老》来论述法家学说的合理性，借鉴道家学说清静无为的学理阐释君主控制天下的策略。

在儒家、法家借助天人秩序来完善其学说架构的同时，道家也直面现实需求，关注社会秩序的运行。《庄子·天道》主张依照天地之道治理国家，将人法地、地法天、天法道的自然运行秩序，推演到国家治理策略之中：

> 天道运而无所积，故万物成；帝道运而无所积，故天下归；圣道运而无所积，故海内服。明于天，通于圣，六通四辟于帝王之德者，其自为也，昧然无不静者矣。③

认为天道创造万物，帝道运行天下，圣道治理人间，三者形成自运行体系，体现了道法自然的完满性。而帝道运行的秩序形态，《天道》进行了初步的概括：

> 夫帝王之德，以天地为宗，以道德为主，以无为为常。无为也，则用天下而有余；有为也，则为天下用而不足。……天不产而万物化，地不长而万物育，帝王无为而天下功。故曰：莫神于天，莫富于地，莫大于帝王。故曰：帝王之德配天地。此乘天地，驰万物，而用人群之道也。④

庄子按照天地为人间立法的原则，认为帝王要顺应天地秩序的运

---

① 赵岐注，孙奭疏：《孟子注疏》卷十二《告子章句下》，北京大学出版社 1999 年版，第 346 页。

② 郑玄注，孔颖达等正义：《礼记正义》卷二十二《礼运》，北京大学出版社 1999 年版，第 706 页。

③ 王先谦撰，沈啸寰点校：《庄子集解》卷四《天道》，中华书局 1987 年版，第 113 页。

④ 王先谦撰，沈啸寰点校：《庄子集解》卷四《天道》，中华书局 1987 年版，第 115 页。

行，自然无为地治理天下。这一原则的应用，便形成了帝道秩序："天有六极五常，帝王顺之则治，逆之则凶。九洛之事，治成德备，监照下土，天下戴之，此谓上皇。"[①]帝王顺应天地之道，按照天地之德行政，依照自然无为建构社会秩序。其不同于儒家之处，在于不强调礼乐教化，不干预百姓生活。其不同于法家之处，在于顺应天地自然运行规律，不强求令行禁止。

这一学说在秦汉之际被视为理想的国家治理模式，在汉初借助黄帝、老子的学说得以推广。《吕氏春秋·应同》曾借黄帝之言讨论帝、王、霸的学理差异："帝者同气，王者同义，霸者同力，勤者同居则薄矣，亡者同名则粗矣。"[②]其中言"帝体气"，是言帝道要体察天地运行规律，建立行政秩序。《文子·微明》辨析了帝王之道与霸王之道的根本区别，在于"帝王富其民，霸王富其地"[③]，认为帝王之道以道家"损有余补不足"为内在要求，重视富民，而霸王之道则重视国富民强。《文子·上仁》进一步作了阐释：

> 同气者帝，同义者王，同功者霸，无一焉者亡。故不言而信，不施而仁，不怒而威，是以天心动化者也。施而仁，言而信，怒而威，是以精诚为之者也。施而不仁，言而不信，怒而不威，是以外貌为之者也。故有道以理之，法虽少，足以为治；无道以理之，法虽众，足以乱。[④]

其中所言的帝要同气，是指帝要按照阴阳五行的运行来做事，以自然秩序为基本法则；王要同义，是指王按照社会共识来治理国家，是为王道；按照功利原则来治理国家，就形成了霸道。帝道是将人法地、地法天、天法道所形成的自然秩序转化为社会秩序，是将天地秩序在人世间进行延伸，形成自然无为的社会秩序。其与儒家的分野在于言

---

① 王先谦撰，沈啸寰点校：《庄子集解》卷四《天运》，中华书局 1987 年版，第 122 页。

② 吕不韦编，许维遹集释，梁运华整理：《吕氏春秋集释》卷十三《应同》，中华书局 2009 年版，第 287 页。

③ 王利器撰：《文子疏义》卷七《微明》，中华书局 2009 年版，第 336 页。

④ 王利器撰：《文子疏义》卷十《上仁》，中华书局 2009 年版，第 438 页。

道不言德，与法家的分野在于少法而任道。

西汉初年推行的黄老之治，在很大程度上是对帝道学说的实践。帝道学说以黄帝为体气的典范，以老子清静无为为治理原则，在《淮南子·本经》中进行了学理概括：

> 帝者体太一，王者法阴阳，霸者则四时，君者用六律。……是故体太一者，明于天地之情，通于道德之伦，聪明耀于日月，精神通于万物，动静调于阴阳，喜怒和于四时，德泽施于方外，名声传于后世。……帝者体阴阳则侵，王者法四时则削，霸者节六律则辱，君者失准绳则废。[①]

在淮南君臣的眼中，天地秩序来源于太一。秦汉视太一为最高神，是由哲学观念演化出来的神灵。郭店竹简《太一生水》言："太一生水，水反辅太一，是以成天。天反辅太一，是以成地。天地复相辅也，是以成神明。神明复相辅也，是以成阴阳。阴阳复相辅也，是以成四时。"[②]认为太一生成了天地阴阳四时。《礼记·礼运》也言"礼必本于太一"[③]，《九歌》以"东皇太一"为最高神进行祭祀。太一的哲学意义，是将"道生一"视为万物初始，其以自然形态存在，帝之"体太一"，是从最高程度体认自然之道。在这样的理解中，帝道是从天道的高度实现天下治理，王道是站在人间治理国家，霸道只是用具体的手段来建构行政秩序。

由此观察秦的制度选择，正是依照五德终始的知识推演行政措施，采用皇、帝作为最高执政者的称呼，并依照天地秩序确定秦朝的德运为水，并因此采用严刑峻法。《史记·秦始皇本纪》载：

> 始皇推终始五德之传，以为周得火德，秦代周德，从所不胜。方今水德之始，改年始，朝贺皆自十月朔。衣服旄旌节旗皆上黑。

---

① 刘安编，何宁撰：《淮南子集释》卷八《本经训》，中华书局1998年版，第582–587页。

② 李零著：《郭店楚简校读记》，中国人民大学出版社2007年版，第41页。

③ 郑玄注，孔颖达等正义：《礼记正义》卷二十二《礼运》，北京大学出版社1999年版，第706页。

数以六为纪，符、法冠皆六寸，而舆六尺，六尺为步，乘六马。更名河曰德水，以为水德之始。刚毅戾深，事皆决于法，刻削毋仁恩和义，然后合五德之数。①

五德终始学说的德，是五行运行所体现的特征与规律，以此确定国家行政秩序为水。水为阴，阴主刑，秦取法自然秩序选择了严刑峻法的制度。从司马迁的叙述来看，秦在确定行政合理性时，是借助自然秩序为社会秩序立法，延续其严刑峻法的传统，并形成了合理的学理阐释。

汉承秦制，仍以德运确定国家治理体系。《史记·张丞相列传》载："以高祖十月始至霸上，因故秦时本以十月为岁首，弗革。推五德之运，以为汉当水德之时，尚黑如故。吹律调乐，人之音声，及以比定律令。"②汉初以五德推演国家治理模式，选取水运，这就使得汉初尽管反思秦的过失，却没有对秦制进行大规模修订，而是进一步完善水德的制度建构，因循旧制地延续秦之律令。

帝道、王道、霸道学说的核心差异，在于帝道采用自然秩序为人间立法，王道采用道德认同作为秩序原则，霸道为社会行为设计了底线。就其异而言，三者各有侧重。就其同而言，秦汉学者并非截然选取某种制度来作为唯一来源，而是杂采诸说，形成兼容诸长的治理体系。汉初行因循旧制、清静无为的黄老之政，是对帝道学说在行政秩序中的验证。因此，当汉武帝决心采用儒家学说来建构新的政治秩序时，长于探究"天人之际"的帝道学说顺其自然地与王道学说结合，成为汉代建构新制度的理论来源。

太初改制，证明了帝道学说在秦汉之际的影响力，更显示出其作为治理学说，已经内嵌入国家决策体制之中。《汉书·郊祀志》言：

孝武之世，文章为盛，太初改制，而兒宽、司马迁等犹从臣、

---

① 司马迁撰，裴骃集解，司马贞索隐，张守节正义：《史记》卷六《秦始皇本纪》，中华书局 2014 年版，第 306 页。

② 司马迁撰，裴骃集解，司马贞索隐，张守节正义：《史记》卷九十六《张丞相列传》，中华书局 2014 年版，第 3249 页。

谊之言，服色数度，遂顺黄德。彼以五德之传从所不胜，秦在水德，故谓汉据土而克之。①

太初改制的用意，在于明确汉与秦的制度不同。汉从秦的苛政中解脱出来而行仁政，就要重新建构与秦行霸道不同的社会秩序。汉与秦一样采用了五德终始的推演，确定了汉行土德，也是借着自然秩序来确定社会秩序的合理性。可以看出，法家、儒家阐释其学说合法性来源，自身学说存在着天然的盲区，皆不得不借助帝道学说来为各自的学理寻找合理性阐释。五德终始说作为秦汉天人关系的基本阐释，是帝道学说的核心，其以自然秩序为社会秩序立法的路径，却为王道、霸道提供了合理性阐释的学理框架。

在这一框架中，帝道学说所推崇的帝道体气、体太一的说法，将帝道推崇到至高无上的地位，使之成为自然秩序、社会秩序的总来源，成为可以囊括王道、霸道的理想秩序模式。这样，当汉武帝选用儒家所推崇的王道作为改制方向时，汉儒习惯性地借用帝道学说来阐释汉天子执政的权力来源、汉家制度建构的合理性。可以说，帝道学说重新建构了人间秩序源自天地秩序的学理，为帝制的形成提供了一个基本的阐释框架，使其补全了儒家王道学说长于人伦秩序而忽略天人秩序的不足。将皇、帝视为天地运行之道、万物流行之气和阴阳运行法则的实现者，赋予了皇、帝神圣性和神秘性，强化了皇、帝统治人间的合法性。这样来看，皇、帝、王、霸的秩序建构，是早期中国学术的合流，也是秦汉对宇宙秩序、人伦秩序和自然秩序的重新建构。

二、帝道的神化与帝王之道的阐释

帝道学说的形成，是西汉"究天人之际"的产物，试图探寻天下秩序的决定力量如何深刻影响了历史进程，决定着人间祸福成败兴亡之事。帝道学说将传说系统中的五帝，作为国家治理的典范，由此形成全新的古史阐释、经学解释和历史想象，使得帝道从学术领域转而

① 班固撰，颜师古注：《汉书》卷二十五下《郊祀志》，中华书局1962年版，第1270页。

进入国家秩序，成为两汉帝制建构的学理基础。

帝道的学理建构，不断为帝王之道的形成提供着学术滋养，也为帝制秩序的建构提供着理论依据，成为支配帝制秩序运行的核心学说。《晏子春秋·内篇谏上》载晏子之言："古之王者，德厚足以安世，行广足以容众。诸侯戴之，以为君长。百姓归之，以为父母。是故天地四时和而不失，星辰日月顺而不乱，德厚行广，配天象时，然后为帝王之君，神明之主。"①强调王不仅要有德，还要理顺天地自然秩序，让百姓受到恩惠，顺利地生产生活。《吕氏春秋·先己》将能够顺应天地自然秩序者称为帝："五帝先道而后德，故德莫盛焉。三王先教而后杀，故事莫功焉。五伯先事而后兵，故兵莫强焉。"②认为五帝、三王、五霸分别采用帝道、王道和霸道治理国家。以这样的视角审视历史进程，五帝由传说中的古帝王，转化为帝道的体现者。

贾谊在《新书·立后义》言："夫帝王者莫不相时而立仪，度务而制事，以驯其时也。"③要求帝王遵循时令行政，顺应自然秩序运行行政秩序。汉文帝曾问周勃："天下一岁决狱几何？""天下一岁钱谷出入几何？"周勃不能对，陈平则回答："宰相者，上佐天子理阴阳，顺四时，下育万物之宜，外镇抚四夷诸侯，内亲附百姓，使卿大夫各得任其职焉。"④陈平认为丞相职责，是辅佐帝王理顺天人关系，社会管理则交由相应部门各司其职。也就是说，在武帝改制之前，西汉已经建立了帝王事天、丞相燮理天人、卿大夫治民的行政体系。武帝改制后，儒家借助天人感应学说阐释自然秩序与社会秩序的互动，并将之纳入经典中演绎、附加，建构了以谶纬义本为框架的天人学说。

① 张纯一校注，梁运华点校，《晏子春秋校注》卷一《内篇谏上》，中华书局2014年版，第37页。

② 吕不韦编，许维遹集释，梁运华整理：《吕氏春秋集释》卷三《先己》，中华书局2009年版，第71—72页。

③ 贾谊撰，阎振益、钟夏校注：《新书校注》卷十《立后义》，中华书局2000年版，第409页。

④ 司马迁撰，裴骃集解，司马贞索隐，张守节正义：《史记》卷五十六《陈丞相世家》，中华书局2014年版，第2504页。

　　周代所形成的前代帝王配祀天帝的观念，在周秦之际得以体系化。《礼记·月令》将太皞、炎帝、黄帝、少皞、颛顼配祀五方，将原本用于管理天下土地之主的五方帝与五帝传说相结合，作为帝道的杰出代表。在谶纬系统中，天帝是自然秩序的支配者，天下分五方，设五帝分管。《尚书帝命验》言："帝者承天，立五府以尊天重象。五府，五帝之庙，苍曰灵府，赤曰文祖，黄曰神斗，白曰显纪，黑曰玄矩。"[1]尊天是以天道为最高准则，立象是依据金木水火土五行、青赤红白黑五色形成五方表象，将天道运行法则转化为人间秩序准则。《孝经援神契》言："帝者谛也。象上可承五精之神。"[2]视金木水火土五精之神，为五行形象化的神灵，作为天下土地掌管者的具象化，配属赤帝、黄帝、白帝、黑帝、苍帝，分别居于南、中、西、北、东。其在祭祀系统中被作为五方帝，在传说中则是体道的古帝王。

　　谶纬系统所建构的古史、所阐释的德政，常常借助神化五帝来宣扬帝王之道，以之探寻帝王与天地的偕行之法，建构其天人感应的阐释系统，用于解读经典、服务现实。《礼斗威仪》言："帝者得其根核，王者得其英华，霸者得其附枝，故帝道不行不能王，王道不行不能霸，霸道不行不能守其身。"[3]将帝道作为最高执政的典范，由此确定了帝的崇高性，在于其能够事天而教民。《尚书刑德放》言："帝者，天号也。王者，人称也。天有五帝以立名，人有三王以正度。"[4]帝王之道对帝、王的神化，在于强调其合于天地之道、天下之德，既能得到天地的眷顾，更能体认自然秩序。《白虎通·号》言："或称天子，或称帝王何？以为接上称天子者，明以爵事天也。接下称帝王者，明位号天下至尊之称，以号令臣下也。"[5]这一说法不仅赋予了帝王崇高地位，也使得帝制秩序充满了诸多神秘性。

　　在这样的认知中，郊天祀地作为帝王对天地秩序的礼敬，居于国

① 赵在翰辑，钟肇鹏、萧文郁校：《七纬》，中华书局 2012 年版，第 221 页。

② 赵在翰辑，钟肇鹏、萧文郁校：《七纬》，中华书局 2012 年版，第 681 页。

③ 马骕撰，王利器整理：《绎史》卷二《太古第二皇王异说》，中华书局 2002 年版，第 10 页。

④ 赵在翰辑，钟肇鹏、萧文郁校：《七纬》，中华书局 2012 年版，第 216 页。

⑤ 班固撰集，陈立疏证，吴则虞点校：《白虎通疏证》，中华书局 1994 年版，第 47 页。

家礼制最为神圣最为隆重的地位。匡衡在《奏徙南北郊》中言:"帝王之事莫大乎承天之序,承天之序莫重于郊祀,故圣王尽心极虑以建其制。祭天于南郊,就阳之义也;瘗地于北郊,即阴之象也。天之于天子也,因其所都而各飨焉。"①其所谓的承天之序,是通过祭祀确认天地秩序为自然秩序的核心,夏至南郊、冬至北郊被视为天子确认其帝王神圣性的方式。由此而形成的南北郊,作为帝制秩序中最庄严的祭祀礼仪,强化着天子地位的至高无上。

这样,帝王被视为帝制秩序运行的核心,成为王朝秩序运行的中枢。应劭《汉官仪》言:"帝者,德象天地,言其能行天道,举措审谛,父天母地,为天下主。"②认为帝是天地秩序、社会秩序运行的枢纽,能将天下秩序系于一身。《风俗通义·皇霸》引《易》《尚书大传》言:"天立五帝以为相,四时施生,法度明察,春夏庆赏,秋冬刑罚,帝者任德设刑,以则象之。言其能行天道,举错审谛。"③按照自然秩序管理社会秩序,被视为帝王执政、帝制运行的内在要求。

帝王承天之序的认知,一方面为天子地位的尊崇提供了学理的保障:"帝王之法,天地设位,四时代序。王者奉顺,则风雨时至,嘉禾繁植。"④天子能够享受到天地秩序的必然眷顾,另一方面也为帝制行政的合理性提供了评骘依据:如果天子顺应自然秩序,天地降以祥瑞;天地若出现灾异,意味着帝王悖逆天人秩序。《吕氏春秋·应同》曾言:"凡帝王者之将兴也,天必先见祥乎下民。"⑤以自然相类的视角阐释了天人感应的学理。《新语·明戒》也说:"恶政生恶气,恶气生灾异。螟虫之类,随气而生;虹蜺之属,因政而见。治道失于下,则天文变于

---

① 班固著,颜师古注:《汉书》卷二十五《郊祀志》,中华书局 1962 年版,第 1153-1154 页。

② 孙星衍等辑,周天游点校:《汉官六种·汉官仪》,中华书局 1990 年版,第 174 页。

③ 应劭撰,王利器校注:《风俗通义校注》,中华书局 1981 年版,第 10 页。

④ 袁宏撰,张烈点校:《后汉纪·孝顺皇帝纪上》,中华书局 2002 年版,第 355 页。

⑤ 吕不韦编,许维遹集释,梁运华整理:《吕氏春秋集释》卷十三《应同》,中华书局 2009 年版,第 284 页。

上；恶政流于民，则螟虫生于野。"①认为自然出现的反常现象，在于治道缺失和行政失误。董仲舒由此建构的天人感应学说，明确了自然现象与社会秩序的对应关系。《春秋繁露·同类相动》曾言："帝王之将兴也，其美祥亦先见；其将亡也，妖孽亦先见。物故以类相召也，故以龙致雨，以扇逐暑，军之所处以棘楚。美恶皆有从来，以为命，莫知其处。"②将自然秩序与行政秩序对应起来，以行政秩序观察自然秩序中的风调雨顺，将其视为祥瑞，反常现象则被视为灾异。这就使得帝王不得不关注自然秩序的细微变动，作为行政的参考；士大夫和儒生也得以利用自然反常现象进行颂美或讽谏，干预帝王行政。

秦汉是帝制的形成期，帝制稳固的关键问题有三。一是天子身份的合法性来源。借助于帝道学说的学理，董仲舒阐释了天子"受命于天"的合法性。二是帝王行为的合理性。按照自然秩序为社会秩序立法的原则，确定了帝王作为天人秩序运行枢纽，在尊天、重民、德政的框架内行使社会管理权。三是帝制的运行秩序要合乎天人之际的相互作用。其认为自然秩序决定了社会秩序，合理与否可以通过自然秩序的细微变动进行反馈。这样，帝道所提供的天人秩序运行、王道所推崇的道德认同与霸道所形成的制度律令相互支撑，为帝制建构提供了超稳定结构，使之能够游刃有余地调和自然、道德和社会秩序的运行。

三、帝王之道对天子行为的约束

帝道学说以天地之气的运行神化天子，在确定其合理性和合法性的同时，也为其神圣性的强化提供了客观评骘标准。《文子·精诚》中言："天地之道，大以小为本，多以少为始。天子以天地为品，以万物为资，功德至大，势名至贵，二德之美，与天地配。"③认为天子既然与

---

① 魏征等撰，沈锡麟整理：《群书治要》子部卷十四《新语》，中华书局 2021 年版，第496 页。

② 董仲舒著，苏舆撰，钟哲点校：《春秋繁露义证》卷十三《同类相动》，中华书局 1992年版，第 358 页。

③ 王利器撰：《文子疏义》卷二《精诚》，中华书局 2009 年版，第 91—92 页。

天地相配，就要能够体现出与天地并行的格局，在道义上要合乎天地，与天地秩序相配，按照天地运行规则确定治道："所谓天子者，有天道以立天下也。立天下之道，执一以为保。反本无为，虚静无有，忽恍无际，远无所止。视之无形，听之无声，是谓大道之经。"①天子是道德标准和秩序法则的体现者，百姓理解的天道有多高，天子的道德尺度就有多高。

在理论阐释上，天子按照天地运行秩序治理天下。天地秩序既然完美无缺，百姓对天地秩序如何向往，天子就要达到相应的高度。这样，帝王之道在赋予天子至高无上地位的同时，也赋予了天子无边的道德要求和社会责任。《鹖冠子·王铁》设想天子依照帝道治理天下的模式：

> 天用四时，地用五行，天子执一以居中央，调以五音，正以六律，纪以度数，宰以刑德。从本至末，第以甲乙。天始于元，地始于朔，四时始于历。故家、里用提，扁长用旬，乡师用节，县啬夫用月，郡大夫用气、分所至，柱国用六律。里五日报扁，扁十日报乡，乡十五日报县，县三十日报郡，郡四十五日报柱国，柱国六十日以闻天子，天子七十二日遗使，勉有功，罚不如，此所以与天地总。②

其中体现着天子响应天地秩序以治理国家的复杂图式：天子是天地秩序与人间秩序同构的枢纽，既要遵循天地秩序去生活，又要依据天地秩序去管理，将天地秩序作为指导社会秩序的准则。在这一想象图式中，天子被视为天地秩序的体现者、社会秩序的组织者。《礼记·经解》又言：

> 天子者，与天地参，故德配天地，兼利万物，与日月并明，明照四海而不遗微小。其在朝廷则道仁圣礼义之序，燕处则听雅颂之音，行步则有环佩之声，升车则有鸾和之音。居处有礼，进

---

① 王利器撰：《文子疏义》卷八《自然》，中华书局 2009 年版，第 374 页。
② 黄怀信撰：《鹖冠子校注》卷中《王铁》，中华书局 2014 年版，第 180–185 页。

退有度，百官得其宜，万事得其序。……发号出令而民说，谓之和。上下相亲，谓之仁。民不求其所欲而得之，谓之信。除去天地之害，谓之义。义与信，和与仁，霸王之器也。有治民之意而无其器，则不成。[①]

在儒家的设想中，与天地相参的天子，天然具备与天地相应的完美道德，是人间秩序的来源，也是天下道德的典范。其言谈举止、行为方式，完全合乎人间对道德的完美想象。《春秋繁露·顺命》强调说："故德侔天地者，皇天右而子之，号称天子。"[②]《逸周书·月令》《礼记·月令》《淮南子·时则训》皆言天子协天时而行，实现天地秩序、行政秩序、社会秩序的同构。

这一观念在汉初得到充分体认，成为推演天子行为方式的范式。刘邦时论及天子所服曾有如下讨论：

> 大谒者臣章受诏长乐宫，曰："令群臣议天子所服，以安治天下。"相国臣何、御史大夫臣昌谨与将军臣陵、太子太傅臣通等议："春夏秋冬天子所服，当法天地之数，中得人和。故自天子王侯有土之君，下及兆民，能法天地，顺四时，以治国家，身亡祸殃，年寿永究，是奉宗庙安天下之大礼也。"[③]

君臣皆认为天子应遵循春、夏、秋、冬时令运行之道，取法天地、顺应四时，才能治理好国家。也就是说，即便天子拥有对天下事务的决断之权，但天子行事还有一个外在约束，必须遵循天地秩序，顺应四时变化。武帝在讨论是否举行封禅时，兒宽认为："唯天子建中和之

---

① 郑玄注，孔颖达等正义：《礼记正义》卷五十《经解》，北京大学出版社 1999 年版，第 1370 页。

② 董仲舒著，苏舆撰，钟哲点校：《春秋繁露义证》卷十五《顺命》，中华书局 1992 年版，第 410 页。

③ 班固著，颜师古注：《汉书》卷七十四《魏相丙吉传》，中华书局 1962 年版，第 3139-3140 页。

极，兼总条贯，金声而玉振之，以顺成天庆，垂万世之基。"①强调天子既要处理好天人秩序，也要处理好人人秩序，才能举行封禅之礼。

董仲舒阐释天人秩序时强化了帝王的行事方式。《春秋繁露·三代改制质文》言："故王者有不易者，有再而复者，有三而复者，有四而复者，有五而复者，有九而复者，明此通天地、阴阳、四时、日月、星辰、山川、人伦，德侔天地者称皇帝，天佑而子之，号称天子。"②天子之称，不仅是最高的爵位，更是最大的责任与义务，必须协调所有的秩序，使之顺畅运行。董仲舒在《深察名号》中又言：

> 故号为天子者，宜视天如父，事天以孝道也。号为诸侯者，宜谨视所候奉之天子也。号为大夫者，宜厚其忠信，敦其礼义，使善大于匹夫之义，足以化也。士者，事也；民者，瞑也。士不及化，可使守事从上而已。③

他将天子解释为天之子，强化了天子的社会责任，更强调了天子对天道的伦理责任，要求天子按照子事父的原则对待天地的祥瑞、灾异，调整行政秩序。只有天子以天地秩序为要求，才能引导诸侯、大夫、士遵循自上而下的秩序结构，形成"唯天子受命于天，天下受命于天子，一国则受命于君"的国家运行机制。④董仲舒对帝王合法性的阐释中，强化了皇帝对天地秩序的遵循，西汉学者在此基础上继续推演，把百姓对完美秩序的期待，转移到对天子德行的完满想象中。

《白虎通义·爵》继续强化天子合法性来源于受命于天："王者父天母地，为天之子也。……帝王之德有优劣，所以俱称天子者何？以

---

① 班固著，颜师古注：《汉书》卷五十八《公孙弘卜式儿宽传》，中华书局 1962 年版，第 2631 页。

② 董仲舒著，苏舆撰，钟哲点校：《春秋繁露义证》卷七《三代改制质文》，中华书局 1992 年版，第 200—201 页。

③ 董仲舒著，苏舆撰，钟哲点校：《春秋繁露义证》卷十《深察名号》，中华书局 1992 年版，第 286 页。

④ 董仲舒著，苏舆撰，钟哲点校：《春秋繁露义证》卷十一《为人者天》，中华书局 1992 年版，第 319 页。

其俱命于天，而王治五千里内也。"①受命于天，便承担了天下的全部责任。天下太平，功在天子；天下动荡，过也在天子。从天人关系来看，天子要服从天；从社会关系来看，天子为天下秩序的来源，被视为天下道德的楷模，也作为人间秩序的总体现，更是天下文明的表率。《尚书·汤诰》载商汤之言："罪当朕躬，弗敢自赦，惟简在上帝之心。"②《论语·尧曰》追述商汤自勉之辞："帝臣不蔽，简在帝心。朕躬有罪，无以万方；万方有罪，罪在朕躬。"③言及帝王受命于天，君临天下，代表天下百姓对天命负责，使得帝王既是人间秩序的负责人，也是天命的承担者。如果天人秩序和社会秩序出现问题，天子要担负全部责任。

在汉赋作者眼中，天子常常通过自我反思来解决制度的不足和行政的不当。汉赋所采用的劝百讽一的结尾，正是借助天子自省来调整行政秩序。如《上林赋》言：

> 于是酒中乐酣，天子芒然而思，似若有亡。曰："嗟乎，此泰奢侈！朕以览听余间，无事弃日，顺天道以杀伐，时休息于此，恐后世靡丽，遂往而不反，非所以为继嗣创业垂统也。"于是乃解酒罢猎，而命有司曰："地可以垦辟，悉为农郊，以赡萌隶；隤墙填堑，使山泽之民得至焉。实陂池而勿禁，虚宫观而勿仞。发仓廪以振贫穷，补不足，恤鳏寡，存孤独。出德号，省刑罚，改制度，易服色，更正朔，与天下为始。"④

天子被视为人间完美秩序的执行者和决定者，他在游猎之后的自我反思，由此改弦更张进行改制。天子的心性、行为、操守、言论，被作为天下的表率、士人的楷模，天子具有高度的自我反思能力和省

---

① 班固撰集，陈立疏证，吴则虞点校：《白虎通疏证》卷一《爵》，中华书局1994年版，第2-3页。

② 孔安国传，孔颖达等正义：《尚书正义》卷八《汤诰》，北京大学出版社1999年版，第201页。

③ 何晏注，邢昺疏：《论语注疏》卷二十《尧曰》，北京大学出版社1999年版，第265页。

④ 司马迁撰，裴骃集解，司马贞索隐，张守节正义：《史记》卷一百一十七《司马相如列传》，中华书局2014年版，第3686页。

察能力。自司马相如《上林赋》以天子自省的方式来改制，"劝百讽一"的模式成为汉大赋结尾通用的模式，表明了汉代赋家对天子身份的习惯性认定。

道家经典《太平经》，也将天子视为全部秩序的体现者和所有美德的拥有者：

> 天子者，天之心也；……夫心者，主持正也。天乃无不覆，无不生，无大无小，皆受命生焉，故为天。天者，至道之真也，不欺人也，万物所当亲爱，其用心意，当积诚且信，但常欲利不害，不负一物，故为天也。夫帝王者，天之子，人之长，其为行当象此。……古者帝王将行，先仰视天心，中受教，乃可行也。[1]

将天作为完美自然秩序的体现，将天子作为完美人间秩序的体现者，要求天子心性、行为合乎自然秩序、人间秩序，在赋予帝王神圣性的同时，也赋予了完善的美德、高度的责任。这样就形成了一个理论的困境：天子既然是天帝选出来的，就要合乎天地的法则，还要合乎人间的要求。天帝将先天的道德赋予了天子，天子把道德体现于民间，形成了人间的道德秩序和伦理秩序。在这种完美形态之外，如果天人秩序出现灾异，很容易被附会到天子身上，成为民间舆论评骘帝王的契机。

汉代学者借助自然秩序阐释人间秩序的合理性，将祥瑞、灾异作为观察秩序运行的窗口，要求帝王调整官员、修订制度，借助行政秩序的调整来适应、应对或者迎合自然秩序。如果出现连绵不断的灾异，儒生则主张采用更加激进的方式来调整行政秩序，如以改元来应和祥瑞，以改德应对灾异。如若不然，则进一步采用再受命来应和天地秩序，以避免天人秩序的失措。如果仍无法避免灾异与动荡，则主张采用禅让的方式来重整人间秩序，实现天人秩序与社会秩序的协畅。

从思想史的进程来看，帝道学说的形成，为皇帝寻找到了执政合

---

[1] 王明编：《太平经合校》卷五十六至六十四《阙题》，中华书局 2014 年版，第 227–228 页。

法性的依据，也为其行为方式设计了外在尺度，保证帝制秩序能够顺应自然秩序、合乎人间要求。汉代学者借助天人学说、阴阳五行原理和儒家社会理想，建构起对皇帝天子身份的阐释系统、对皇帝行为的约束系统和对天下秩序的评骘系统，形成了一个具有超验性的学理体系，阐释了帝制建构的内在依据和外在尺度，确立了古代中国帝制运行的基本框架。

第三节　帝制秩序与道德伦理的互根互用

古代中国帝制建构了与政治制度相适应的社会秩序，形成了超稳定的社会结构，维系了两千年左右的历史运行。颛顼时期通过绝地天通的宗教改革，调整了神人秩序，确定了神权归王。西周初期又通过宗法秩序的建构，确定了祭祀权归于天子，形成了家国一体的制度设计。此后，儒家明确了人人秩序的基石为伦理法关系，确定了德胜于位，建构了道德秩序；道家建构的天人秩序，明确了天地秩序是人间秩序的合法性来源；此后形成的帝王之道，试图将神人、宗法、人伦、自然秩序融合为一。两汉通过祭祀秩序的重建、行政秩序的推进和社会秩序的形成，强化了霸王之道、帝王之道所推崇的道德观念，作为建构社会秩序的基础。观察帝制秩序建构中如何强化道德认同，并将之作为秩序认同的基石，有助于更为深入地理解古代中国制度运行与道德认同的互根互用。

一、帝制秩序建构中"敬"的观念伦理化

汉朝将此前中国的祭祀秩序进行完善，通过祭祀形成了公共情感，由公共情感凝聚为道德认同，作为国家秩序运行的基础观念。祭祀秩序的核心是天人秩序，借助对天地的礼敬，培养参与者对待自然百神的恭敬态度，从而形成情感共识，作为人间日常生活中的基本法则。尤其是在封禅、郊祀、明堂、百神祭祀中对"敬"的情感强化，被作为汉代建构政治伦理的基础。

先秦学者利用人文理性来看待祭祀活动，尽量使之从神文崇拜转向人文伦理。孔子的"不语怪、力、乱、神"①，是在对学生进行知识传授时不去讨论难以言明的事物，在大传统中坚守人文理性精神。但在小传统中，孔子依然尊重祭祀活动中的神灵崇拜，他采用比较务实的态度对待祭祀，"祭如在，祭神如神在"②，是在人文理性与神文传统间采取灵活态度。"祭如在"，是在祭祀时，按照祭祀规则来对待神灵。孔子又言："吾不与祭，如不祭。"③在非祭祀的场合，他不再固守神灵崇拜，保持着独立的人文理性。

在小传统中，人文理性无法满足普通百姓的精神需求，只能采用神道设教的方式引导百姓。《周易·观卦》象传言："观天之神道，而四时不忒。圣人以神道设教，而天下服矣。"④神道设教，是采用神化自然规律、自然秩序的方式，教化老百姓形成敬畏之心。通过向神灵祈祷，向神灵求助，培养百姓对天地、自然、百神的敬重。比如，对山川的敬畏之情，促成了山川神灵的神格形成。百姓对诸神的膜拜，既养成了敬畏之心，也形成了神灵护佑的心理暗示，缓解了精神的压力。延陵季子曾言："圣人知其若此，祭犹斋戒畏敬，若有鬼神，修兴弗绝，若有祸福。重恩尊功，殷勤厚恩，未必有鬼而享之者。何以明之？以饮食祭地也。人将饮食，谦退，示当有所先。"⑤认为祭祀的目的，在于培养人的道德体验，祭祀仪式中的若有鬼神，若有祸福，实际用于培养人的感恩、恭敬之心，使之能够勤劳感恩，对异己力量敬畏。

王充在《论衡·祀义》中也认为：

> 宗庙，己之先也。生存之时，谨敬供养，死不敢不信，故修祭祀，缘生事死，示不忘先。五帝三王郊宗黄帝、帝喾之属，报

---

① 何晏注，邢昺疏：《论语注疏》卷七《述而》，北京大学出版社1999年版，第92页。
② 何晏注，邢昺疏：《论语注疏》卷三《八佾》，北京大学出版社1999年版，第35页。
③ 何晏注，邢昺疏：《论语注疏》卷三《八佾》，北京大学出版社1999年版，第35页。
④ 王弼、韩康伯注，孔颖达等正义：《周易正义》卷三《观》，北京大学出版社1999年版，第97页。
⑤ 王充著，黄晖撰：《论衡校释》卷二十五《祭意》，中华书局1990年版，第1067页。

功坚力，不敢忘德，未必有鬼神审能歆享之也。夫不能歆享，则
不能神；不能神，则不能为福，亦不能为祸。祸福之起，由于喜
怒；喜怒之发，由于腹肠。有腹肠者辄能饮食，不能饮食则无腹
肠，无腹肠则无用喜怒，无用喜怒则无用为祸福矣。①

　　他以人文理性的视角思考祭祀之义：生前孝敬，逝后用祭祀表敬
重，目的是"报功坚力，不敢忘德"，不敢忘记先祖的美德及其对宗
族、对社会的贡献，效法先辈行正道，持之有恒。因此，祭祀的用意，
并非让鬼神来享受祭品，而是对老百姓进行道德培养和精神引导。其
又言："纣杀牛祭，不致其礼；文王礿祭，竭尽其敬。夫礼不至，则人
非之；礼敬尽，则人是之。是之，则举事多助；非之，则言行见畔。见
畔，若祭不见享之祸；多助，若祭见歆之福：非鬼为祭祀之故有喜怒
也。"②认为殷纣王祭祀牺牲丰厚，但不按照礼义行事，上天不保佑他。
文王祭祀俭约，更注重对天地的敬畏态度，最终获得了天命。由此来
看，祭祀的用意不在祭品之数量，更在于共同情感的培养。其中所强
调的"敬"，是让道德体认的情感合乎规则，形成理性态度，实际上是
借助神道设教场合中的"敬"来培养百姓的情感体验，将之转化为道
德认知，以形成良好的社会秩序。

　　西汉建立祭祀系统，目的便是通过神道设教的方式让老百姓心生
敬畏，一方面在小传统中传承周朝所形成的"敬"的观念，另一方面
通过祭祀活动将"敬"转化为老百姓内在的心性修养，使之始终保持
着尊重、敬重、畏惧的态度，促进良好社会风气的形成。

　　刘邦在立国后，便重视建立祭祀系统，意在通过情感体验，培养老
百姓的敬畏之心。他在高祖二年（前205）的《重祠诏》中言："吾甚重
祠而敬祭。今上帝之祭及山川诸神当祠者，各以其时礼祠之如故。"③汉
文帝十三年（前167）的《增神祠制》言："而祝釐者归福于朕，百姓不

① 王充著，黄晖撰：《论衡校释》卷二十五《祀义》，中华书局1990年版，第1050-1051页。
② 王充著，黄晖撰：《论衡校释》卷二十五《祀义》，中华书局1990年版，第1054页。
③ 班固著，颜师古注：《汉书》卷二十五上《郊祀志》，中华书局1962年版，第1210页。

与焉。自今祝致敬，毋有所祈。"① 下诏使百姓直接向神致敬祈福。十四年（前166）的《增祀无祈诏》又强调百姓要以致敬的方式为自身祈福：

> 朕获执牺牲珪币以事上帝宗庙，十四年于今。历日弥长，以不敏不明而久抚临天下，朕甚自愧。其广增诸祀坛场珪币。昔先王远施不求其报，望祀不祈其福，右贤左戚，先民后己，至明之极也。今吾闻祠官祝釐，皆归福于朕躬，不为百姓，朕甚愧之。夫以朕之不德，而专乡独美其福，百姓不与焉，是重吾不德也。其令祠官致敬，无有所祈。②

百姓以致敬的方式祈福，是把对鬼神的敬重之情转化为个体情感体验，将祭祀所形成的敬畏，转化为道德认同，这正是在汉朝建立祭祀秩序的用意。刘邦可能是无意的，但却有效地引导了参与祭祀者培养起致敬的情感体验，使之成为汉代社会的道德认同。这种借助对天地鬼神的祭祀活动形成道德体验的方式，经过长期强化，形成伦理共识，施用于社会秩序之中。

汉初学者在建构国家秩序的阐释中，注意到祭祀秩序引导社会秩序的实践。陆贾在《新语·无为》中推崇的行为准则便是谨慎敬重："道莫大于无为，行莫大于谨敬。何以言之？昔舜治天下也，弹五弦之琴，歌南风之诗，寂若无治国之意，漠若无忧天下之心，然而天下大治。周公制作礼乐，郊天地，望山川，师旅不设，刑格法悬，而四海之内，奉供来臻，越裳之君，重译来朝。故无为者乃有为也。"③ 无为是汉初因循自然的治国经验总结，谨敬则是汉代所倡导的道德共识。贾谊《新书·保傅》言："三代之礼：天子春朝朝日，秋暮夕月，所以明有敬也；（春秋）入学，坐国老，执酱而亲馈之，所以明有孝也。"④ 认为三代之

---

① 司马迁撰，裴骃集解，司马贞索隐，张守节正义：《史记》卷二十八《封禅书》，中华书局2014年版，第1660页。

② 班固著，颜师古注：《汉书》卷四《文帝纪》，中华书局1962年版，第126页。

③ 陆贾著，王利器撰：《新语校注·无为》，中华书局2012年版，第59页。

④ 陆贾撰，阎振益、钟夏校注：《新书校注》卷五《保傅》，中华书局2000年版，第184-185页。

礼的各种仪式，正是为了培养人的道德共识，引导人的行为方式，将
祭祀秩序所形成的敬、孝等情感体验，转化为社会秩序中的伦理观念，
形成恭敬、忠信的道德伦理。

恭敬、忠信被不断强化，成为汉代所推崇的道德伦理。《新书·大
政上》言："道者，圣王之行也；文者，圣王之辞也；恭敬者，圣王之容
也；忠信者，圣王之教也。圣人也者，贤智之师也。仁义者，明君之
性也。"①贾谊认为王要处处体现着恭敬，圣王教化的最高标准也是恭敬
忠信，上行下教。这可以形成有效的道德伦理。贾谊甚至将之作为尧
舜行政的历史经验，他引帝舜之言："吾尽吾敬以事吾上，故见谓忠焉；
吾尽吾敬以接吾敌，故见谓信焉；吾尽吾敬以使吾下，故见谓仁焉。是
以见爱亲于天下之人，而归乐于天下之民，而见贵信于天下之君。故
吾取之以敬也，吾得之以敬也。"将"故欲明道而谕教，唯以敬者为忠
必服之"②，作为道德教化的法则。由此认为道德体验决定了人的行为
方式，忠、信、仁皆出于敬，帝王因为有敬，天下的人都爱戴他、信
任他、敬重他。他强调明道设教，便要恭敬、忠信地对待万民、万事、
万物，如此天下才能归服。在这样的阐释中，忠与敬，由先秦的道德
伦理转化为汉朝的社会认同，不仅被作为祭祀之礼的要求，而且贯穿
到政治伦理之中。

儒家在《礼记》和《大戴礼记》中对礼仪制度的设计与阐释，不
再纠缠于制度本身，更注重强调制度中所蕴含的道德含义，促成祭祀
者、观礼者形成道德认同和秩序认同。将这些认同贯穿在国家秩序的
建构中，转化为官员基本的行为认知，通过制度化的设计形成公共秩
序。通过礼仪活动形成道德认同，通过道德认同形成秩序认同，久而
久之，便将之内化成政治伦理和行政观念，作为社会普遍认同的观念。

董仲舒在《春秋繁露·郊语》中言敬畏之心的培养：

---

① 陆贾撰，阎振益、钟夏校注:《新书校注》卷九《大政上》，中华书局 2000 年版，第
341 页。

② 陆贾撰，阎振益、钟夏校注:《新书校注》卷九《修政语上》，中华书局 2000 年版，第
360–361 页。

孔子曰:"君子有三畏:畏天命,畏大人,畏圣人之言。"彼岂无伤害于人,如孔子徒畏之哉!以此见天之不可不畏敬,犹主上之不可不谨事。不谨事主,其祸来至显;不畏敬天,其殃来至暗。暗者不见其端,若自然也。故曰:堂堂如天,殃言不必立校,默而无声,潜而无形也。①

他认为孔子这样的圣人也要敬畏天命、大人和圣人之言,皇帝、官员更要敬畏之,要以谨慎恭敬的态度对待天地自然、万事万物。他在《春秋繁露·祭义》中又言:"故君子未尝不食新,新天赐至,必先荐之,乃敢食之,尊天、敬宗庙之心也。尊天,美义也;敬宗庙,大礼也。圣人之所谨也。不多而欲洁清,不贪数而欲恭敬。君子之祭也,躬亲之,致其中心之诚,尽敬洁之道,以接至尊,故鬼享之。享之如此,乃可谓之能祭。祭者,察也,以善逮鬼神之谓也。善乃逮不可闻见者,故谓之察。吾以名之所享,故祭之不虚,安所可察哉!"②也强调祭祀的用意,不在于祭品的丰富,而在于祭品的干净;不在于数量有多少,而在于祭祀的恭敬。君子进行祭祀,必然要亲躬亲为,尽诚、尽敬、尽洁,才能得到鬼神护佑,才能体现祭祀的本义。

先秦时借助祭祀去培养道德认同,汉朝有意识地借助祭祀活动去培养共同道德伦理。这些道德伦理逐渐转化为道德自觉和行为准则,不断强化而形成社会共识。《春秋繁露·立元神》言郊祀目的在于培养恭敬之心、昌明教化:"明主贤君必于其信,是故肃慎三本。郊祀致敬,共事祖祢,举显孝悌,表异孝行,所以奉天本也。秉耒躬耕,采桑亲蚕,垦草殖谷,开辟以足衣食,所以奉地本也。立辟雍庠序,修孝悌敬让,明以教化,感以礼乐,所以奉人本也。"③董仲舒认为郊祀不仅仅礼敬天地神灵,更重要的是采用致敬方式,将敬重转化为伦理观念。

① 董仲舒著,苏舆撰,钟哲点校:《春秋繁露义证》卷十四《郊语》,中华书局1992年版,第396–397页。
② 董仲舒著,苏舆撰,钟哲点校:《春秋繁露义证》卷十六《祭义》,中华书局1992年版,第441页。
③ 董仲舒著,苏舆撰,钟哲点校:《春秋繁露义证》卷六《立元神》,中华书局1992年版,第169页。

"敬"的伦理观念，被强化为官员的行为准则。董仲舒认为："故为君虚心静处，聪听其响，明视其影，以行赏罚之象。其行赏罚也，响清则生清者荣，响浊则生浊者辱，影正则生正者进，影枉则生枉者绌。擎名考质，以参其实。赏不空施，罚不虚出。是以群臣分职而治，各敬而事，争进其功，显广其名，而人君得载其中，此自然致力之术也。圣人由之，故功出于臣，名归于君也。"①将原先对神的礼敬，转化为在行政中时时刻刻保持着恭敬态度，落实在日常行为和行政中，则各司其职，各尽其功，国君依之来治理天下。

经过道德共识而强化的"莅官而敬"，被视为汉代官员最基本的道德伦理。汉武帝分封诸王时，在诏书中所强调的"敬慎职事"，是汉天子对诸侯基本的政治要求。在册封齐王、燕王、广陵王的诏令中，要求诸侯王要恭敬对待侯国：

> 《策封齐王闳》（元狩六年）："悉尔心，允执其中，天禄永终。厥有愆不臧，乃凶于而国，害于尔躬。于戏，保国艾民，可不敬与！王其戒之。"
>
> 《策封燕王旦》（元狩六年）："悉尔心，毋作怨，毋俷德，毋乃废备。非教士不得从征。于戏，保国艾民，可不敬与？王其戒之。"
>
> 《策封广陵王胥》（元狩六年）："悉尔心，战战兢兢，乃惠乃顺，毋侗好轶，毋迩宵人，维法维则。《书》云：'臣不作威，不作福，靡有后羞。'于戏，保国艾民，可不敬与！"②

其中要求诸侯王用敬畏之心治理侯国，表明"敬"已经从宗教伦理转化为政治伦理，成为汉代官员必须遵守的行为准则。东汉封赏公卿，也将忠、敬作为道德伦理，如建武元年（25）七月辛未，光武帝在《拜邓禹为大司徒策》中令邓禹谨敬地对待职位，又在《制诏前将

---

① 董仲舒著，苏舆撰，钟哲点校：《春秋繁露义证》卷六《保位权》，中华书局1992年版，第175—176页。

② 司马迁撰，裴骃集解，司马贞索隐，张守节正义：《史记》卷六十《三王世家》，中华书局2014年版，第2567—2570页。

军邓禹》中言："深执忠孝，与朕谋谟帷幄，决胜千里。……今遣奉车都尉授印绶，封为酂侯，食邑万户。敬之哉！"① 建武二年（26）正月庚辰，他在《封功臣策》中告诫功臣要有恭敬之心："在上不骄，高而不危；制节谨度，满而不溢。敬之戒之，传尔子孙，长为汉藩。"② 即便在光武帝大赦天下的《下宽大诏》中，也再次要求官员要谨慎对待："方春东作，敬始慎微，动作从之。罪非殊死，且勿案验，皆须麦秋。退贪残，进柔良，下当用者，如故事。"③ 可见，谨敬，作为汉朝的基本政治伦理，被作为行政官员的行为准则。

当敬重、谨敬被作为政治伦理时，诸侯王、大臣便常因"不敬"获重罪。鲍永在《奏劾赵王良》文中，弹劾赵王刘良在京城随意指使、侮骂朝廷命官，未尽藩臣之礼，犯了"大不敬"之罪。范升在《奏毁周党等》中，弹劾周党等用浮夸之词沽求高官，也是"大不敬"的死罪。吴汉奏劾朱祐不听从皇帝诏令，擅自接受秦丰投降；吴良弹劾信阳侯倚仗外戚不守人臣之礼，皆为"大不敬"。官员以"不敬"获罪，表明汉朝用刑法来维护基本的政治伦理，将之作为判断个人道德立场和行为方式的依据。

先秦由情感体验形成的道德认同，通过两汉长期倡导而成为政治伦理，通过制度、法律来维护这一原则所形成的秩序，使得这些道德伦理具有了价值判断的意味，共同维护着社会秩序、行政秩序和国家秩序。

二、帝制秩序建构中"忠"的观念秩序化

周秦所形成的"忠"的观念，在两汉时期，被作为公共秩序中基本的伦理要求进行强化。陆贾在《新语·道基》中，言及君臣责任时说："阳气以仁生，阴节以义降，鹿鸣以仁求其群，关雎以义鸣其雄，《春秋》以仁义贬绝，诗以仁义存亡，乾、坤以仁和合，八卦以义相承，

---

① 范晔撰，李贤等注：《后汉书》卷十六《邓寇列传》，中华书局 1965 年版，第 601—602 页。
② 范晔撰，李贤等注：《后汉书》卷一《光武帝纪上》，中华书局 1965 年版，第 26 页。
③ 范晔撰，李贤等注：《后汉书·礼仪上》，中华书局 1965 年版，第 3102 页。

书以仁叙九族，君臣以义制忠，礼以仁尽节，乐以礼升降。"①将仁义视为天然道义，作为君臣关系中的双向责任。董仲舒在《春秋繁露·深察名号》中，亦借助天地秩序的运行，来阐释忠、信如何作为君臣秩序的准则："故号为天子者，宜视天如父，事天以孝道也。号为诸侯者，宜谨视所候奉之天子也。号为大夫者，宜厚其忠信，敦其礼义，使善大于匹夫之义，足以化也。士者，事也；民者，瞑也。士不及化，可使守事从上而已。"②天子对待天命要以"孝"为原则，诸侯侍奉国君要以谨敬为要求，大夫、官员效力于国家，必须以忠信、礼义为准则。这是天地秩序的体认，也是社会伦理的要求。在上位者先践行伦理要求，才能教化百姓，安定民众。

董仲舒认为忠、信源自天地秩序，是天经地义的伦理要求：

> 地卑其位而上其气，暴其形而著其情，受其死而献其生，成其事而归其功。卑其位所以事天也，上其气所以养阳也，暴其形所以为忠也，著其情所以为信也，受其死所以藏终也，献其生所以助明也，成其事所以助化也，归其功所以致义也。为人臣者，其法取象于地。故朝夕进退。奉职应对，所以事贵也；供设饮食，候视疢疾，所以致养也；委身致命，事无专制，所以为忠也；竭愚写情，不饰其过，所以为信也；伏节死难，不惜其命，所以救穷也；推进光荣，褒扬其善，所以助明也；受命宣恩，辅成君子，所以助化也；功成事就，归德于上，所以致义也。是故地明其理为万物母，臣明其职为一国宰。母不可以不信，宰不可以不忠。母不信则草木伤其根，宰不忠则奸臣危其君。根伤则亡其枝叶，君危则亡其国。故为地者务暴其形，为臣者务著其情。③

董仲舒所理解的忠信，是由天地的品性延伸到君臣的关系。如能

---

① 陆贾著，王利器撰：《新语校注·道基》，中华书局 2012 年版，第 30 页。
② 董仲舒著，苏舆撰，钟哲点校：《春秋繁露义证》卷十《深察名号》，中华书局 1992 年版，第 286 页。
③ 董仲舒著，苏舆撰，钟哲点校：《春秋繁露义证》卷十七《天地之行》，中华书局 1992 年版，第 459—460 页。

诚实不欺地展示自己的形貌和情感，朝夕奉上，尽职尽责，不文饰过错，便是忠信，人间伦理因此便合于天地秩序。《春秋繁露·五行对》言孝的天经地义，来自天地运行秩序。天地为社会立法，臣下侍奉国君就像大地配合上天："地出云为雨，起气为风。风雨者，地之所为。地不敢有其功名，必上之于天。命若从天气者，故曰天风天雨也，莫曰地风地雨也。勤劳在地，名一归于天，非至有义，其孰能行此？故下事上，如地事天也，可谓大忠矣。"①在这样的视角中，忠便是尽责做好自己的事。他在《阳尊阴卑》中强调孝子尽忠，也是效法天地："是故孝子之行，忠臣之义，皆法于地也。地事天也，犹下之事上也。地，天之合也，物无合会之义。"②在《天道无二》中具体阐释了"忠"的含义："是故古之人物而书文，心止于一中者，谓之忠；持二中者，谓之患。患，人之中不一者也。不一者，故患之所由生也。是故君子贱二而贵一。"③天道不二，忠就是一心一意做好本职工作。

司马迁对屈原忠信而被疑抱有愤慨："屈平正道直行，竭忠尽智以事其君，谗人间之，可谓穷矣。信而见疑，忠而被谤，能无怨乎？"④他理解的"忠"，是周秦以来最为关键的道德伦理，认为怀王怀疑屈原的忠信，是对屈原最大的侮辱。这是因为，汉代学者认为建立在天地秩序基础上的"忠"，并不是臣子无条件地服从国君。国君的道德行为要合乎天地秩序和人伦秩序，才有权力要求大臣尽忠。双方遵循道义要求，各司其职。扬雄在《法言》中也讨论了"忠"的伦理原则：

> "惠以厚下，民忘其死；忠以卫上，君念其赏。自后者，人先

---

① 董仲舒著，苏舆撰，钟哲点校：《春秋繁露义证》卷十《五行对》，中华书局1992年版，第316页。

② 董仲舒著，苏舆撰，钟哲点校：《春秋繁露义证》卷十一《阳尊阴卑》，中华书局1992年版，第326页。

③ 董仲舒著，苏舆撰，钟哲点校：《春秋繁露义证》卷十二《天道无二》，中华书局1992年版，第346—347页。

④ 司马迁撰，裴骃集解，司马贞索隐，张守节正义：《史记》卷八十四《屈原贾生列传》，中华书局2014年版，第3010页。

之；自下者，人高之。诚哉，是言也！"①

或问："李斯尽忠，胡亥极刑，忠乎？"曰："斯以留客，至作相，用狂人之言，从浮大海，立赵高之邪说，废沙丘之正，阿意督责，焉用忠？""霍？"曰："始元之初，拥少帝之微，摧燕、上官之锋，处废兴之分，堂堂乎忠，难矣哉！至显，不终矣。"②

扬雄认为"忠"是以君对下的责任为前提条件的，国君厚爱臣下，臣下才能置生死于度外以效忠。李斯只会一味地阿谀奉承，恶意督责，既不忠于秦国，也不忠于职责，更不忠于道德，是为不忠。他评价霍光一开始衷心拥护少帝，平定了燕和上官的叛乱，做事尽职尽责，合乎忠的伦理要求。但在昭帝、宣帝时期专权，未能尽"忠"到底，背弃职责所在，便是不忠。由此来看，在传统的政治伦理中，忠并不是盲目的崇上，而是以道义为基础，以历史评判作为标准。

《白虎通》把"忠"的原则性讲得更透彻："臣所以有谏君之义何？尽忠纳诚也。"君臣意见不一致时，臣下讽谏君主以尽职责。但劝谏不是盲目的、无条件的，而是有着双向的约定："必三谏者何？以为得君臣之义，必待放于郊者，忠厚之至也，冀君觉悟能用之。"③孔子也曾说："谏有五，吾从讽之谏。事君进思尽忠，退思补过，去而不讪，谏而不露。"④其含义有三：第一，臣下对国君的忠，先决条件是国君尽到职责；第二，大臣对国家尽忠，而不一定要对国君尽忠，为国尽忠，大臣才会用尽全力劝诫国君，劝谏三次，如果国君不采纳谏言，臣便待于郊以期国君自省，可见"忠"是有制度约束的；⑤第三，君臣要将彼

———————

①　扬雄撰，汪荣宝注疏，陈仲夫点校：《法言义疏》卷十《寡见》，中华书局1987年版，第241页。

②　扬雄撰，汪荣宝注疏，陈仲夫点校：《法言义疏》十五《重黎》，中华书局1987年版，第382页。

③　班固撰集，陈立疏证，吴则虞点校：《白虎通疏证》卷五《谏净》，中华书局1994年版，第226、229页。

④　班固撰集，陈立疏证，吴则虞点校：《白虎通疏证》卷五《谏净》，中华书局1994年版，第236页。

⑤　曹胜高：《去君、去国之礼与〈诗经〉相关歌辞的作成》，《广东社会科学》2020年第2期。

此行为维持于伦理原则之上，如果三谏国君不悟或不接受，君臣之义已尽。

王符在《潜夫论·明忠》中，把"忠"作为人臣最高的伦理要求，认为忠不是单方面的付出，而是取决于君臣双方："人君之称，莫大于明；人臣之誉，莫美于忠。此二德者，古来君臣所共愿也。……是故圣人显诸仁，藏诸用，神而化之，使民宜之，然后致其治而成其功。功业效于民，美誉传于世，然后君乃得称明，臣乃得称忠。此所谓明据下作，忠依上成，二人同心，其利断金也。"① 王符强调忠的伦理原则，要内化为心性修养、行为方式，成为官员的道德自觉；又要求国君要做明君，方能要求臣下之忠，双方共同努力，以形成君仁臣忠的伦理秩序。

两汉时期，"忠"作为伦理观念不断深化，成为对个人全部责任的概括。《潜夫论·交际》言："凡品则不然，内慢易于妻子，外轻侮于知友；聪明不别真伪，心思不别善丑；愚而喜傲贤，少而好陵长；恩意不相答，礼敬不相报；睹贤不相推，会同不能让；动欲择其佚，居欲处其安，养欲擅其厚，位欲争其尊；见人谦让，因而嗤之，见人恭敬，因而傲之，如是而自谓贤能智慧。为行如此，难以称忠矣。"② 王符认为，忠作为道德体认，不仅体现在对国君、国家的义务上，更体现于全部社会秩序中，成为见诸君臣、家庭、兄弟、朋友等社会美德的全部概括。

这样来看，汉朝所建构的帝制秩序，对中国的政治观念、道德伦理和行为影响深远，并通过四百年不断强化的伦理秩序，形成了中国基本的伦理观念。将之作为要求，经过汉儒的阐释和倡导，成为社会观念；作为制度，见诸政治秩序和社会秩序，凝聚成为社会共识。

---

① 王符撰，汪继培笺，彭铎校正：《潜夫论笺校正》卷八《明忠》，中华书局 1985 年版，第 356–365 页。

② 王符撰，汪继培笺，彭铎校正：《潜夫论笺校正》卷八《交际》，中华书局 1985 年版，第 349 页。

三、社会秩序对伦理观念的强化

祭祀所形成的道德共识，行政秩序所维持的伦理观念，有力地推动了汉代道德伦理的形成。行政秩序可以通过强制手段维持，而社会秩序要通过社会自运行体系日积月累地发生作用，循序渐进地获得社会成员的认同，方能发挥自适应、自调适的功能。汉代把儒家学说阐释、总结和倡导的道德观念，转化为社会基本的伦理认同，并通过社会自运行体系维持这些认同，引导不同文化背景、不同社会习俗的百姓共同维持伦理认同所形成的社会秩序，使之成为中华民族的伦理共识。

孔子对仁、义、礼的解说，多针对道德行为而言。孟子将仁、义、礼、智进行了学理阐释，认为四者是基于内心自觉而形成的道德认知，分别来自人的恻隐之心、羞恶之心、辞让之心和是非之心，是社会道德的本源。在郭店竹简《五行》里，认为体认并践行仁、义、礼、智四端可以成就大"圣"，落实到行为中，便是"仁、义、礼、智、圣"五行，[①] 从而将仁、义、礼、智作为形成理想人格的伦理原则。

诸子阐释道德的合法性来源，把伦理观念与自然法则对应起来，用自然秩序来讨论人类秩序。如《庄子·天运》言："天有六极五常，帝王顺之则治，逆之则凶。"[②] 五常为自然秩序中的五行运转。《韩非子·解老》中，言日月、四时，将五常理解为五行："天得之以高，地得之以藏，维斗得之以成其威，日月得之以恒其光，五常得之以常其位，列星得之以端其行，四时得之以御其变气，轩辕得之以擅四方，赤松得之与天地统，圣人得之以成文章。"[③] 汉初五行进入道德伦理范畴。陆贾言："立事者不离道德，调弦者不失宫商，天道调四时，人道治五常，周公与尧、舜合符瑞，二世与桀、纣同祸殃。"[④] 其所言的五常，不再是金木水火土五行，而是五种基本伦理。贾谊在《新书·六术》中，将五行概括为"仁、义、礼、智、信"，强调这五种道德观念

---

① 李零著:《郭店楚简校读记》，中国人民大学出版社 2007 年版，第 100 页。

② 王先谦撰，沈啸寰点校:《庄子集解》卷四《天运》，中华书局 1987 年版，第 122 页。

③ 王先慎撰，钟哲点校:《韩非子集解》卷六《解老》，中华书局 1998 年版，第 147 页。

④ 陆贾著，王利器撰:《新语校注·术事》，中华书局 2012 年版，第 41 页。

更容易在现实中践行：

> 德有六理，何谓六理？道、德、性、神、明、命，此六者德之理也。六理无不生也，已生而六理存乎所生之内。是以阴阳、天地、人尽以六理为内度，内度成业，故谓之六法。六法藏内，变流而外遂，外遂六术，故谓之六行。是以阴阳各有六月之节，而天地有六合之事，人有仁、义、礼、智、信之行，行和则乐与，乐兴与则六，此之谓六行。阴阳、天地之动也，不失六律，故能合六法；人谨修六行，则亦可以合六法矣。①
>
> 德有六美。何谓六美？有道、有仁、有义、有忠、有信、有密，此六者德之美也。道者，德之本也；仁者，德之出也；义者，德之理也；忠者，德之厚也；信者，德之固也；密者，德之高也。②

贾谊明确人伦有六德六美，与天地秩序的"六合"协和运行，与人间的仁、义、礼、智、信对应，将道德伦理与自然秩序相配，形成了后世通用的"五伦"观念。

董仲舒对五行进行了系统化阐释，明确为"仁、义、礼、智、信"。他在《春秋繁露·五行相生》中言："天地之气，合而为一，分为阴阳，判为四时，列为五行。行者行也，其行不同，故谓之五行。五行者，五官也，比相生而间相胜也。故为治，逆之则乱，顺之则治。"③按照五行相生的方式来推演人世间的秩序。把五行解释为五官，认为五官是相生相克的金木水火土。帝王顺应五行变化，就能够治理好国家。如果逆于五行生克，天下就会大乱。他又言："中央者上，君官也。司营尚信，卑身贱体，夙兴夜寐，称述往古，以厉主意。明见成败，微谏纳善，防灭其恶，绝源塞隙，执绳而制四方，至忠厚信，以事其君，据义割恩，太公是也。应天因时之化，威武强御以成。大理者，司徒

---

① 陆贾撰，阎振益、钟夏校注：《新书校注》卷八《六术》，中华书局2000年版，第316页。
② 陆贾撰，阎振益、钟夏校注：《新书校注卷八《道德说》，中华书局2000年版，第325页。
③ 董仲舒著，苏舆撰，钟哲点校：《春秋繁露义证》卷十三《五行相生》，中华书局1992年版，第362页。

也。司徒者金也，故曰土生金。"①用土的品格阐释信的特点，让"信"
与"仁、义、礼、智"配合起来，成为中国古代的伦理原则。

这样，用诚实如一、诚恳无二的"信"，取代理想人格的"圣"，
更符合一般士大夫的理解，更便于作为社会伦理进行要求，由此形成
了五行配五常的伦理体系。这一体系很快就被儒家所接受，得到了全
面的认同。《大戴礼记·礼察》言："若夫庆赏以劝善，刑罚以惩恶，
先王执此之正，坚如金石，行此之信，顺如四时，处此之功，无私如
天地，尔岂顾不用哉！"②信，被作为评价德行的尺度、衡量行为的依
据。《大戴礼记·卫将军文子》言："畏天而敬人，服义而行信，孝乎
父而恭于兄，好从善而教往，盖赵文子之行也。"③又言："德恭而行信，
终日言，不在尤之内，在尤之外，贫而乐也，盖老莱子之行也。"④用
信来评价赵文子、老莱子，表明信被纳入道德判断中，与仁、义、礼、
智并行，成为观察人的品性、衡量人的行为的价值尺度。

扬雄在《法言》中，将仁、义、礼、智、信作为君子行为标准。
他解释说："仁，宅也。义，路也。礼，服也。智，烛也。信，符也。
处宅，由路，正服，明烛，执符，君子不动，动斯得矣。"⑤以仁立身，
以义做事，以礼为行，以智明断，以信成事。王充强调仁、义、礼、
智、信为五常之道："五常之道，仁、义、礼、智、信也。五者各别，
不相须而成。"⑥将仁、义、礼、智、信作为体系自洽的道德伦理。《白
虎通·性情》对其作了全面的阐释："五性者何谓？仁义礼智信也。仁
者，不忍也，施生爱人也。义者，宜也，断决得中也。礼者，履也，

① 董仲舒著，苏舆撰，钟哲点校：《春秋繁露义证》卷十三《五行相生》，中华书局1992年版，第364页。
② 王聘珍撰，王文锦点校：《大戴礼记解诂》卷二《礼察》，中华书局1983年版，第22页。
③ 王聘珍撰，王文锦点校：《大戴礼记解诂》卷六《卫将军文子》，中华书局1983年版，第114页。
④ 王聘珍撰，王文锦点校：《大戴礼记解诂》卷六《卫将军文子》，中华书局1983年版，第115页。
⑤ 扬雄撰，汪荣宝注疏，陈仲夫点校：《法言义疏》卷五《修身》，中华书局1987年版，第92页。
⑥ 王充著，黄晖撰：《论衡校释》卷九《问孔篇》，中华书局1990年版，第408页。

履道成文也。智者，知也。独见前闻，不惑于事，见微知著也。信者，诚也，专一不移也。故人生而应八卦之体，得五气以为常，仁义礼智信也。"[1]认为作为五常的伦理，落实到个人性情、心性、修为上，就变成了人之五性。

经过这样的阐释，仁、义、礼、智、信被作为五种基本的道德伦理，起源于人的性情，表现为道德要求和伦理原则，应合于自然秩序："故人生而应八卦之体，得五气以为常，仁、义、礼、智、信是也。"既具有自然合法性，也具有社会合理性。基于自然秩序所形成的五行作为基本的学理框架，延展到社会的伦理中就成了与之对应的仁、义、礼、智、信的伦理法则，作为社会的基本运行准则和道德要求。汉儒将孟子主张的道德情感源自心性的学说进一步阐释为情志学说，由五行配五伦，五伦配五脏，使得仁、义、礼、智、信从内到外，从客观到主观，成为人人必须遵守的法则，依靠教化系统和秩序系统不断强化，形成了古代中国最基本的价值共识。

我们从祭祀秩序、行政秩序和社会秩序来观察汉代伦理秩序的形成。经过四百年的实践，汉代形成了具有最大公约数性质的社会共识。社会共识是从情感认同、道德认同凝聚为伦理共识，转化为社会秩序，成为社会的观念认知和行为准则，形成了稳定的社会共同体。社会共同体不是靠外在的强加，而是基于民间自运行体系形成，沉淀在社会基层，稳固在百姓的认知中，成为古代中国最为恒久的道德伦理，作为判断一切行为的基准。

第四节　以经为师与社会秩序的形成

基于道德认同而形成的社会秩序维系了两汉的大一统，凝聚成不同地区、不同民族、不同文化共同的道德伦理，通过经典的传承和阐

---

[1] 班固撰集，陈立疏证，吴则虞点校：《白虎通疏证》卷八《性情》，中华书局1994年版，第381—382页。

释，建立起了超越于祭祀系统、行政系统和社会系统之上的行为准则。早期经典特别是儒家经典，经过孔子整理及儒家弟子传承之后，在汉代形成了庞大的学说系统，把历史经验和道德认同转化为现实可资凭借的依据。这些经典中所倡导的道德认同和伦理观念，被视为超越于现实行政运作、社会秩序之上的客观标准，逐渐成为衡量一切政治行为、社会秩序和道德认知的依据，具有了价值判断的意味。两汉借助对经典、对现实政治进行改造，对社会风俗进行整合，形成了覆盖政治、行政和社会的学说阐释体系，使得祭祀体系、行政系统和社会运行的秩序，都遵照经典提供的方向在不断调整、改进和完善。经典的原则性和阐释的理想性，促成了公共秩序向更完美、更理想的方向发展。

一、以吏为师与以经为师

秦朝推行以吏为师的管理系统，用法律手段强制约束百姓日常行为，放弃了早期中国长期积累的以道德认同引导社会秩序的历史经验。李斯在上书中言及具体做法：

> "臣请史官非秦记皆烧之。非博士官所职，天下敢有藏诗、书、百家语者，悉诣守、尉杂烧之。有敢偶语诗书者弃市，以古非今者族。吏见知不举者与同罪。令下三十日不烧，黥为城旦。所不去者，医药卜筮种树之书。若有欲学法令，以吏为师。"[1]
>
> 始皇可其议，收去诗书百家之语以愚百姓，使天下无以古非今。明法度，定律令，皆以始皇起。同文书。[2]

以吏为师，实际是要求百姓学习法令，直接接受行政管理，不再借助历史经验和道德认同去判断是非得失。从知识传承的角度来看，以吏为师的做法，让秦朝国民只知道国家法令，无法知道评判这些法

---

[1]　司马迁撰，裴骃集解，司马贞索隐，张守节正义：《史记》卷六《秦始皇本纪》，中华书局 2014 年版，第 325–326 页。

[2]　司马迁撰，裴骃集解，司马贞索隐，张守节正义：《史记》卷八十七《李斯列传》，中华书局 2014 年版，第 3091 页。

律的依据。这种管理手段，存在着天然的制度困境。无论官员还是百姓，只学习法律而不学习法律之外的东西，只需按照国家制定的标准去做自己该做的事情。李斯所提出的禁止以古非今，是杜绝百姓用五帝三王治理天下的法则和经验来讨论当下的行政措施。从文化传承的角度来看，秦国实际抛弃了历史经验，抛弃了此前的社会共识，建构起一个全新的治理系统。放弃了历史经验的明法度、定律令，虽然能够用暴力使百姓屈从，迅速集中国家力量。但是致命之处在于，没有任何历史依据和道德认同的制度运行，其合理性、合法性便缺少参照与借鉴，使得秦只能在自行设计的轨道上前行。

秦所建立的司法体系存在的最大问题，从作为其学理支撑的法家学说中便可看出端倪。商鞅变法时，将对富国强兵无用之人称之为"六虱"，韩非子又用"五蠹"来称之。从商鞅到韩非子的观念中，完全抛弃了与耕战无关的其他知识系统，选择性地放弃了早期中国的礼乐传统与教化体系。如《韩非子·五蠹》言：

> 今修文学，习言谈，则无耕之劳而有富之实，无战之危而有贵之尊，则人孰不为也！是以百人事智而一人用力。事智者众则法败，用力者寡则国贫，此世之所以乱也。故明主之国，无书简之文，以法为教；无先王之语，以吏为师；无私剑之捍，以斩首为勇。是境内之民，其言谈者必轨于法，动作者归之于功，为勇者尽之于军。是故无事则国富，有事则兵强，此之谓王资。既畜王资而承敌国之衅，超五帝侔三王者，必此法也。[1]

在这样的视角下，百姓只是作为国家机器的组成部分，没有个人存在的价值和意义。只有符合农战要求的人，才被行政体系所承认。普通百姓不需历史经验，也不需要道德共识，只要参与到国家机器中，就能获得承认，才能生活下去。

章学诚曾认为以吏为师是三代古制，关键在于教化；秦所采用的

---

[1] 王先慎撰，钟哲点校：《韩非子集解》卷十九《五蠹》，中华书局1998年版，第452页。

"以吏为师"只是用其形式而放弃了内容：

> 以吏为师，三代之旧法也。秦人之悖于古者，禁《诗》《书》而仅以法律为师耳。三代盛时，天下之学，无不以吏为师。《周官》三百六十，天人之学备矣。其守官举职，而不坠天工者，皆天下之师资也。东周以还，君师政教不合于一，于是人之学术，不尽出于官司之典守。秦人以吏为师，始复古制。而人乃狃于所习，转以秦人为非耳。秦之悖于古者多矣，犹有合于古者，以吏为师也。①

三代的"以吏为师"，是因为学在官府，官吏自然担负起教化百姓的使命。夏、商、周政教一统，官员掌握着最核心的知识。此时的以吏为师，是由官学系统对百姓授时劝农、改良生活、教化风俗。东周以后政教分离，学在民间，诸子承担了文化传承、礼乐教化的责任。而秦所推行的以吏为师，是由单一的行政系统按照法律条文管理百姓。在具体实践中，秦朝官员并不掌握早期中国所积累的学术传统、知识系统、文化系统，也不掌握早期学术传统积累下来的经典，更不能够理解在此过程中形成的诸多学说，实际上彻底抛弃了早期积累的所有的共同经验。不立足于共同经验建立起来的制度，就不能凝聚社会共识。当秦的行政体系能够维持国家秩序时，秩序尚存。一旦秦的行政体系崩溃，国家秩序便会土崩瓦解。

汉承秦制，继承了秦以吏为师的传统，但汉初却有意识地采用长者治国，来纠正秦制的弊端；并采用除却苛令的方式，减缓秦律的严酷。汉惠帝时，废除挟书令，开始收集典籍。汉文帝开始选用经学之士担任太子太傅，不断提高执政团队的文化素养。汉武帝时则大收典籍，设置太学，建立经典传授体系和社会教化系统，在太学置博士及其弟子教习经典，对其弟子进行甲乙科考，从中选择郎官、文学、掌故，负责公卿、郡守的文书。这使得经学不只作为文化传承系统，而是成为官员的基本素养，作为行政决策的依据，由此形成了"以经为

---

① 章学诚著，叶瑛校注：《文史通义校注》卷三《史释》，中华书局1985年版，第232页。

师"的制度。

"以经为师"的含义有二。一是置经学博士，备皇帝顾问，作为朝廷决策的依据。每有大事，便引经据典进行讨论，借助历史经验来作为决策的参考，借助历史共识作为衡量是非的标准，保证了朝廷决策能有历史参照，能够基于前代道德认同、社会共识，最大可能地维持公共秩序的合理。二是借助经学典籍来教育、培养和选拔低级官吏，保证了朝廷官员能够自上而下形成共同的政治理念，维持价值观念的一致，实现行政系统能够认同并执行朝廷的决策。

从汉武帝置太学并推行甲乙科考开始，不断选拔饱学之士进入官僚体系中，使得西汉初期朝廷中多文法吏的局面逐渐转变成多经术之士。这些经术之士作为汉代行政体系的核心，愿意借鉴历史经验和道德认同来解决现实问题。皮锡瑞在《经学历史》中言："武、宣之间，经学大昌，家数未分，纯正不杂，故其学极精而有用。以《禹贡》治河，以《洪范》察变，以《春秋》决狱，以三百五篇当谏书，治一经得一经之益也。"① 西汉中期后，经书被作为国家治理的经验来源和学理依据。汉朝建立的经学体系，被作为行政秩序、社会运行和国家治理的基石。

以经为师，使得官吏在行政秩序之外，寻求到了更超验、更客观的依据来观察行政的得失，将秦无知无畏、无所不能的官僚体系，转化为有所敬畏、有不敢为的、如履薄冰的行政决策系统。以经为师的做法，使得汉朝的行政系统和行政决策有了深厚的学理阐释和丰富的经验借鉴。学理和经验依赖于早期经典，这就赋予了早期经典日渐神圣的地位。早期经典被视为早期国家治理经验的总结，成为汉代行政决策的依据。有了两三千年的经验可资参考，汉代的政治决策和行政决策更加稳重合理。早期的经典、经书所推崇的道德认同、价值认同，使汉朝在早期历史的基础之上不断总结并形成更高层面的政治理念，

---

① 皮锡瑞撰，吴仰湘编：《经学历史·经学昌明时代》，中华书局 2015 年版，第 31 页。

这些理念借助经典阐释被不断升华，形成了中国的道统。①

　　基于实践而形成的秦朝制度，管理秦国行之有效，东方六国却很难接受秦的政治理念和烦苛律令，所以秦统一天下后，便被东方六国视为"天下苦秦久矣"。汉朝采用以经为师的做法，一是确定了经学的尊崇地位。经学不在于经书本身，而是借助阐释体系和经验概括，作为汉朝国家建构的学理支撑和历史参照，使行政决策服从于历史经验、服从于道德认同，保证了汉代道德认同和秩序认同。二是形成了政统服从于道统的传统。道统靠经书维持，经书由经师阐释，两汉士大夫由此掌握了评骘行政的权力。使得汉高祖刘邦所宣扬的"与贤大夫共治天下"的理念变成了日趋合理的秩序运行机制，使得汉朝在建构包括匈奴、巴蜀、百越等民族在内的公共秩序时，能够通过经学阐释系统凝聚道德共识、形成秩序认同。

二、两汉对六经的道德赋义

　　两汉以经为师的做法，是通过对六经的道德赋义，以确立经典的教化功能，并将之作为凝聚道德共识和秩序共识的文本，使之逐渐从历史经验的记录者转化为道德秩序的阐释者。贾谊在《新书·道德说》中，对六经的道德观念进行了学理阐释，将之作为解决生活问题、社会问题、行政问题的学理来源：

　　　　德有六理。何谓六理？曰：道、德、性、神、明、命，此六者德之理也。……德有六美，何谓六美？有道、有仁、有义、有忠、有信、有密，此六者德之美也。……六理、六美，德之所以生阴阳、天地、人与万物也。固为所生者法也。故曰：道此之谓道，德此之谓德，行此之谓行。

　　　　所谓行此者，德也。是故，著此竹帛谓之《书》。《书》者，此之著者也；《诗》者，此之志者也；《易》者，此之占者也；《春秋》

---

　　① 道统是在凝聚道德共识、凝聚社会共识基础上形成的形而上的阐释系统，可以作为判断包括行政秩序、祭祀秩序和社会秩序在内的一切行为得失的依据。可以说，汉朝的经学阐释，实际上不仅为中华民族的发展提供了形而上的学理阐释，而且也提供了可资参照的经验总结。

者，此之纪者也；《礼》者，此之体者也；《乐》者，此之乐者也。祭祀鬼神，为此福者也；博学辩议，为此辞者也。

《书》者，著德之理于竹帛而陈之令人观焉，以著所从事，故曰"《书》者，此之著者也"。《诗》者，志德之理而明其指，令人缘之以自成也，故曰"《诗》者，此之志者也"。《易》者，察人之循德之理与弗循而占其吉凶，故曰"《易》者，此之占者也"。《春秋》者，守往事之合德之理与不合而纪其成败，以为来事师法，故曰"《春秋》者，此之纪者也"。《礼》者，体德理而为之节文，成人事，故曰"《礼》者，此之体者也"。《乐》者，《书》《诗》《易》《春秋》《礼》五者之道备，则合于德矣。合则骧然大乐矣，故曰"《乐》者，此之乐者也"。①

贾谊将道、仁、义、忠、信、密作为六德之美，认为六美体现在六经之中，从而将经典理解为道德共识和秩序共识的载体。在他看来，《书》《诗》《易》《春秋》《礼》《乐》是用来维持道德认同、约束个人行为、形成社会秩序、凝聚社会共识的经典文本。六经不仅具有道德教化功能，而且可以作为建构社会秩序的参照。《礼记·经解》曾载孔子提出诗教、礼教、乐教等教化功能，贾谊将之概括为"以经为教"，主张采用经典教化百姓。

贾谊阐释了六经的教化意义，认为《书》之事蕴含了道德理念，《诗》可以感发人心体会道德秩序，《易》用占卜来判断行为是否遵循社会秩序，《春秋》寄褒贬于史事以便后人吸取历史经验，《礼》让人体认道德而加强自我节制，五经之德都做到了便能内外合一，体会到《乐》之大和。在这样的阐释中，六经不仅是历史经验累积的文本，而且成为稳定道德秩序、进行道德教化的学理体系。无论是经验积累还是学理阐释，六经足以为寻求统治合法性和行政合理性的汉王室提供资政参考。

六经应用到实践中，可以成为评骘事物的标准；作为行为法则，足

---

① 陆贾撰，阎振益、钟夏校注：《新书校注》卷八《道德说》，中华书局 2000 年版，第 324–328 页。

以服务于国家治理体系的建构。我们可以通过《春秋》决狱、以《诗》当谏书来观察汉代如何运用经典的道德赋义来进行行政决策的。

孔子在整理鲁国《春秋》时，将历史评判的标准融入文本之中，形成了微言大义，作为评骘历史事件的外在尺度。汉承秦律，但在判案中却常借助《春秋》义理，对两汉司法实践进行干预，以历史经验、历史道义来调整、补正汉律的不足。其中的经典案例，便是汉武帝时以《春秋》之义处理徐偃矫制事件：

> 元鼎中，博士徐偃使行风俗。偃矫制，使胶东、鲁国鼓铸盐铁。还，奏事，徙为太常丞。御史大夫张汤劾偃矫制大害，法至死。偃以为《春秋》之义，大夫出疆，有可以安社稷、存万民，颛之可也。汤以致其法，不能诎其义。

> 有诏下军问状，军诘偃曰："古者诸侯国异俗分，百里不通，时有聘会之事，安危之势，呼吸成变，故有不受辞造命颛己之宜；今天下为一，万里同风，故《春秋》'王者无外'。偃巡封域之中，称以出疆何也？且盐铁，郡有余臧，正二国废，国家不足以为利害，而以安社稷存万民为辞，何也？"又诘偃："胶东南近琅邪，北接北海，鲁国西枕泰山，东有东海，受其盐铁。偃度四郡口数田地，率其用器食盐，不足以并给二郡邪？将势宜有余，而吏不能也？何以言之？偃矫制而鼓铸者，俗及春耕种赡民器也。今鲁国之鼓，当先具其备，至秋乃能举火。此言与实反者非？偃已前三奏，无诏，不惟所为不许，而直矫作威福，以从民望，干名采誉，此明圣所必加诛也。'枉尺直寻'，孟子称其不可；今所犯罪重，所就者小，偃自予必死而为之邪？将幸诛不加，欲以采名也？"偃穷诎，服罪当死。军奏"偃矫制颛行，非奉使体，请下御史征偃即罪。"奏可。上善其诘，有诏示御史大夫。[①]

徐偃出使胶东和鲁国，假托汉武帝之令，使之铸造盐铁。其以《春

---

① 班固著，颜师古注：《汉书》卷六十四下《严朱吾丘主父徐严终王贾传》，中华书局1962年版，第2817–2818页。

秋》中所载的大夫出疆之义来解释自己行为的合法性，认为自己矫命无罪。张汤却找了专门治《春秋》的官员质问徐偃，现在国家一统，大夫皆在疆域之内，其不具备"安生死、存社稷"历史依据，依律当罪。徐偃的做法，本来应该直接处以死刑，徐偃和张汤分别根据《春秋》的义理进行辩驳、处置。

以经义解释司法，让历史道义观衡量律令并判断司法实践，意味着在两汉司法实践中，对于某些法律的解释并不是基于律令本身，而是基于律令在历史实践中所形成的认知及其所采用的阐释。法理决定着司法实践的方向，影响着司法审判的结果。

春秋决狱，常采用"守往事之合德之理与不合而纪其成败，以为来事师法"作为判例，不断缓解律令的严苛。汉武帝正是借助经典的道德赋义来推动司法改革，对汉律进行调整。一是用儒家学说审视重大司法疑难案件，借助经义解释司法。《汉书·董仲舒传》记载："仲舒在家，朝廷如有大议，使使者及廷尉张汤就其家而问之，其对皆有明法。"①二是由此形成的判例，成为汉代司法实践的参照。《后汉书·应劭传》言："故胶西相董仲舒老病致仕，朝廷每有政议，数遣廷尉张汤亲至陋巷，问其得失。于是作《春秋决狱》二百三十二事，动以经对，言之详矣。"董仲舒的《春秋决狱》，是以春秋大义对司法实践进行学理指导，以缓解汉承秦制带来的律法严苛。皮锡瑞曾言："张汤用法尝询仲舒，《汉·艺文志》'董仲舒治狱十六篇久亡'，《通典》《六帖》《御览》共载六事，引《春秋》义以断当时之狱，多以为某人罪不当坐。盖以汉法严酷，持议多归仁恕，与弘、汤之惨刻异趣。"②实际是用儒家德主刑辅的原则进行系统的司法改革。

两汉经学建立的阐释系统，在汉武帝时期便开始在制约律令的施用。朝廷官员越来越多地凭借经典阐释作为司法解释，不断削弱秦法的严苛，改变了秦汉之际律令中只维护社会秩序而不维持道德共识的

---

① 班固著，颜师古注：《汉书》卷五十六《董仲舒传》，中华书局 1962 年版，第 2525 页。

② 皮锡瑞撰，吴仰湘编：《经学通论·春秋》五十五《论俞正燮说〈春秋〉最谬，乃不通经义、不合史事、疑误后学之妄言》，中华书局 2015 年版，第 620 页。

弊端，借助历史共识凝聚了社会共识，借助道德认同形成秩序认同。特别是盐铁辩论时，赋予了士大夫评骘朝廷重大决策的权力，使得两汉国家治理走出了汉承秦制的阴影，呈现出礼法合治的倾向；使得法律能够维系道德共识和社会共识，成为建构公共秩序的保障。

以《诗》为谏书，是借用《诗经》委婉讽谏的做法和温柔敦厚的风格，来涵泳性情，修身养性，更多作用于社会教化。原本承载周代礼乐教化经验的《诗经》，被作为维持道德秩序的范本，担负着重要的教化职能。《汉书·儒林传·王式传》载：

> 式为昌邑王师。昭帝崩，昌邑王嗣立，以行淫乱废，昌邑群臣皆下狱诛，唯中尉王吉、郎中令龚遂以数谏减死论。式系狱当死，治事使者责问曰："师何以亡谏书？"式对曰："臣以《诗》三百五篇朝夕授王，至于忠臣孝子之篇，未尝不为王反复诵之也；至于危亡失道之君，未尝不流涕为王深陈之也。臣以三百五篇谏，是以亡谏书。"①

王式原本是昌邑王刘贺师傅，刘贺被推举为皇帝，因行事张狂，旋即被废。狱吏以王式不劝谏刘贺而问罪。王式却认为自己教刘贺《诗经》，三百篇皆可当谏书，自己实际上在天天劝谏刘贺。这一解释得到司法官员的认同，王式因此免罪。这表明在当时的习惯认知中，《诗经》已经成为礼乐教化的范本。

《汉书·王吉传》记载王吉曾引诗劝谏刘贺少去游猎，便是借用《诗经》之义：

> 臣闻古者师日行三十里，吉行五十里。《诗》云："匪风发兮，匪车揭兮，顾瞻周道，中心怛兮。"说曰：是非古之风也，发发者；是非古之车也，揭揭者。盖伤之也。今者大王幸方与，曾不半日而驰二百里，百姓颇废耕桑，治道牵马，臣愚以为民不可数变也。昔召公述职，当民事时，舍于棠下而听断焉。是时人皆得其所，后世思其仁恩，至虖不伐甘棠，《甘棠》之诗是也。大王不好书术

---

① 班固著，颜师古注：《汉书》卷八十八《儒林传》，中华书局1962年版，第3610页。

而乐逸游，冯式撙衔，驰骋不止，口倦乎叱咤，手苦于棰辔，身劳痡车舆；朝则冒雾露，昼则被尘埃，夏则为大暑之所暴炙，冬则为风寒之所匽薄。数以奥脆之玉体犯勤劳之烦毒，非所以全寿命之宗也，又非所以进仁义之隆也。①

王吉引《诗经·桧风·匪风》中的诗句，来解释行车要顾念百姓，又引《甘棠》之事来言召公爱民，劝谏刘贺飙车时要抱着爱民的心态，行仁义之事。《汉书·匡衡传》载匡衡上书，亦引《诗经》之义进行劝谏：

臣窃考《国风》之诗，《周南》《召南》被贤圣之化深，故笃于行而廉于色。郑伯好勇，而国人暴虎；秦穆贵信，而士多从死；陈夫人好巫，而民淫祀；晋侯好俭，而民畜聚；大王躬仁，邻国贵恕。由此观之，治天下者审所上而已。今之伪薄忮害，不让极矣。臣闻教化之流，非家至而人说之也。贤者在位，能者布职，朝廷崇礼，百僚敬让。道德之行，由内及外，自近者始，然后民知所法，迁善日进而不自知。是以百姓安，阴阳和，神灵应，而嘉祥见。《诗》曰："商邑翼翼，四方之极；寿考且宁，以保我后生。"此成汤所以建至治，保子孙，化异俗而怀鬼方也。今长安天子之都，亲承圣化，然其习俗无以异于远方，郡国来者无所法则，或见侈靡而放效之。此教化之原本，风俗之枢机，宜先正者也。……臣又闻室家之道修，则天下之理得，故《诗》始《国风》，《礼》本《冠》《婚》。始乎《国风》，原情性而明人伦也；本乎《冠》《婚》，正基兆而防未然也。②

汉元帝时日食地震，元帝询问得失。匡衡从《诗经》所言家国治理之义论证，认为治理天下，应省察上位者的行为，由内及外、由近至远进行反思。他引用商汤先治理都城再治理天下的经验，认为教化

① 班固著，颜师古注：《汉书》卷七十二《王贡两龚鲍传》，中华书局1962年版，第3058—3059页。
② 班固著，颜师古注：《汉书》卷八十一《匡张孔马传》，中华书局1962年版，第3335—3340页。

应该从都城长安做起，都城要治理好，天子要作为表率。

以三百五篇当谏书，是将《诗经》的经义，作为行政秩序、国家治理的经验来源和学说范本。匡衡言家风影响国风，正人先要正己，并用《关雎》中蕴含的后妃之德，劝谏汉元帝要管好后宫嫔妃，使其行为合乎天地秩序，上应神灵，下服万物，才能示范百官，教化天下。在这样的视角下，《诗经》所蕴含的诗事、诗义、礼义和乐义，被作为劝谏、论证的理据。利用《诗经》的阐释对皇帝、后宫进行引导，形成了以《诗》为谏的传统。

汉儒借助《诗经》的文本、诗事和经义，来建构起合乎道德认同的阐释系统，引导读者按照《诗经》中所蕴含的德义来涵养道德、约束行为，使得《诗经》成为衡量社会行为的依据，成为判断道德水准的尺度。《汉书·武五子传》亦记载龚遂曾以《诗经》经义来衡量刘贺的所作所为："大王诵《诗》三百五篇，人事浃，王道备，王之所行中《诗》一篇何等也？大王位为诸侯王，行污于庶人，以存难，以亡易，宜深察之。"①从中可以看出，昭宣之际，《诗经》不仅作为诸侯王的通用读本，用以引导其道德行为，而且作为道德判断依据，用以衡量其行为举止。可见，汉儒对早期经典的道德赋义，使得《诗》从乐本和诗本中抽离出来，成为寄寓道德教化的经本。因此，《诗大序》在解释"风"时说："上以风化下，下以风刺上，主文而谲谏，言之者无罪，闻之者足以戒，故曰风。"②强调"风"的意义，不再体现风土之音，而是蕴含着劝谏与教化功能。郑玄笺："风化、风刺，皆谓譬喻不斥言也。主文，主与乐之宫商相应也。谲谏，咏歌依违不直谏。"③从而将《诗经》改造成道德教化的文本。

从汉儒对《诗》的阐释来看，两汉以《诗》为谏书的观念被不断强化，影响到对《诗》本义的理解：

---

① 班固著，颜师古注：《汉书》卷六十三《武五子传》，中华书局 1962 年版，第 2766 页。

② 毛亨传，郑玄笺，孔颖达等正义：《毛诗正义》卷一《周南关雎诂训传》，北京大学出版社 1999 年版，第 13 页。

③ 毛亨传，郑玄笺，孔颖达等正义：《毛诗正义》卷一《周南关雎诂训传》，北京大学出版社 1999 年版，第 13 页。

《史记·周本纪》：懿王之时，王室遂衰，诗人作刺。①

《汉书·匈奴传》：至穆王之孙懿王时，王室遂衰，戎狄交侵，暴虐中国。中国被其苦，诗人始作，疾而歌之。②

《汉书·礼乐志》：周道始缺，怨刺之诗起。③

《论衡·谢短》：周衰而诗作，盖康王时也。康王德缺于房，大臣刺晏，故诗作也。④

司马迁认为谏诗在懿王之时大量出现，班固继承之，将之分为刺诗和怨诗。其实，司马迁和班固都通过历史叙事，维持了儒生对于《诗经》的推理，有意无意重建诗事系统，对其进行说解。他们的做法，是汉代《诗经》阐释学说的投影，无意之中为后世的《诗经》解读提供了历史依据，成为汉儒对《诗经》进行道德赋义的历史依据。王充在《论衡》中认为在周康王之时已经开始创作谏诗，甚至言及《关雎》正是大臣劝谏康王晏起的作品。⑤

汉代以《诗经》为谏书，是借助《诗经》建立起礼乐教化系统，其首要目标是对帝王、后妃进行劝谏。大臣和儒生作为帝王后妃行为的监督者、旁观者、劝谏者，借助《诗经》及其他经义对其进行劝谏，不仅有了学理依据，而且有了历史参照。以这样的视角，将《诗经》纳入道德涵养体系和社会教化系统中重新进行诠释，对其经义进行了学理重构，完成了对《诗经》的道德赋义。经过重构之后的《诗经》，便从乐本、诗本，转化为"上以风化下，下以风刺上"的经本，成为两汉政治劝谏与社会教化的范本。

由此来看，《春秋》和《诗经》作为早期经典被充分重构，成为汉

---

① 司马迁撰，裴骃集解，司马贞索隐，张守节正义：《史记》卷四《周本纪》，中华书局2014年版，第178页。

② 班固著，颜师古注：《汉书》卷九十四上《匈奴列传》，中华书局1962年版，第3744页。

③ 班固著，颜师古注：《汉书》卷二十二《礼乐志》，中华书局1962年版，第1042页。

④ 王充著，黄晖撰：《论衡校释》卷十二《谢短》，中华书局1990年版，第562页。

⑤ 《诗经》在周代就是周天子的乐歌，定为谏书性质，对解释周王以之为乐歌的做法并不合理，实际上汉朝士人已经把自己所处的君臣关系植入周朝的制度体系里，用它来解释周朝、解释《诗经》的创作本身完成了经学的建构，而不是追寻原始诗义。

代道德教化的经典文本。《春秋》所承载的历史道义，《诗经》所强化的道德伦理，不仅用于约束行政秩序，而且用于道德教化，在不断赋义的过程中，凝固为记载历史经验、蕴含道德伦理的经典文本。

三、两汉社会教化系统的运行

按照司马谈的理解，儒家学说继承了司徒之职的教化传统："儒家者流，盖出于司徒之官，助人君顺阴阳明教化者也。游文于六经之中，留意于仁义之际，祖述尧舜，宪章文武，宗师仲尼，以重其言，于道最为高。"[①]儒家以教化百姓为旨归。其所借助的六经，是前代道德伦理的总结，更是成为社会教化的学理来源。

周秦之际的儒生越来越重视教化对改良社会的作用。《荀子·正论》言："圣王之生民也，皆使当厚优犹不知足，而不得以有余过度。故盗不窃，贼不刺，狗豕吐菽粟，而农贾皆能以货财让，风俗之美，男女自不取于涂而百姓羞拾遗。"[②]认为国家治理的关键，在于百姓能否形成礼让之德，养成路不拾遗的风俗之美。贾谊也认为汉初之所以能在秦弊的基础上发展起来，关键是对百姓进行了教化：

> 汉承秦之败俗，废礼义，捐廉耻。今其甚者杀父兄，盗者取庙器，而大臣特以簿书不报期会为故，至于风俗流溢，恬而不怪，以为是适然耳。夫移风易俗，使天下回心而乡道，类非俗吏之所能为也。夫立君臣，等上下，使纲纪有序，六亲和睦，此非天之所为，人之所设也。人之所设，不为不立，不修则坏。汉兴至今二十余年，宜定制度，兴礼乐，然后诸侯轨道，百姓素朴，狱讼衰息。[③]

贾谊认为秦朝的弊端，在于废除礼乐、捐弃廉耻，导致民风恶坏，缺少道德约束。要长治久安，必须改变秦朝不重教化的旧俗，教化万

---

① 班固著，颜师古注：《汉书》卷三十《艺文志》，中华书局 1962 年版，第 1728 页。

② 王先谦撰，沈啸寰、王星贤点校：《荀子集解》卷十二《正论篇》，中华书局 1988 年版，第 338 页。

③ 班固著，颜师古注：《汉书》卷二十二《礼乐志》，中华书局 1962 年版，第 1030 页。

民，使其能体察内心的善念，按照人间的正道行事。然后制定制度，推行教化，形成醇厚素朴的社会风气。班固也认为孝文帝采用贾谊的治策改良社会，"追观孝文玄默躬行以移风俗，谊之所陈略施行矣"[①]，少用苛刑，修行礼乐，移风易俗，百姓相安无事，实现了社会风气的转变。

景帝时，文翁在蜀郡做太守，为改变当地不讲礼义廉耻的社会风气，选拔聪敏的孩童到京师学经修律。他又在成都设立学官，减免赋税、选作县吏或者以"孝悌力田"进行奖掖，鼓励蜀人学习。数年之后，蜀地子弟争相成为学官弟子，百姓已经养成了读书风气，出现了一批饱学之士，可以与有礼乐之美的齐鲁儒士相媲美。

汉武帝时，董仲舒结合历史经验阐释了自上而下的教化体系，可以彻底改变社会风俗，形成良好的公共秩序：

> 是故教化立而奸邪皆止者，其堤防完也；教化废而奸邪并出，刑罚不能胜者，其堤防坏也。古之王者明于此，是故南面而治天下，莫不以教化为大务。立太学以教于国，设庠序以化于邑，渐民以仁，摩民以谊，节民以礼，故其刑罚甚轻而禁不犯者，教化行而习俗美也。[②]

> 天地之数，不能独以寒暑成岁，必有春夏秋冬。圣人之道，不能独以威势成政，必有教化。故曰：先之以博爱，教以仁也；难得者，君子不贵，教以义也；虽天子必有尊也，教以孝也；必有先也，教以弟也。此威势之不足独恃，而教化之功不大乎？

> 传曰：天生之，地载之，圣人教之。君者，民之心也；民者，君之体也。心之所好，体必安之；君之所好，民必从之。故君民者，贵孝弟而好礼义，重仁廉而轻财利，躬亲职此于上，而万民

---

① 贾谊撰，阎振益、钟夏校注：《新书校注》附录二《贾谊传》，中华书局 2000 年版，第 474 页。

② 班固著，颜师古注：《汉书》卷五十六《董仲舒传》，中华书局 1962 年版，第 2503 页。

听，生善于下矣。故曰：先王见教之可以化民也。此之谓也。①

董仲舒认为教化行而奸邪废、刑罚稀，治理国家不能只依赖司法体系的强制手段，必须建立教化体系，以国君、官吏为表率，以学校为依托，形成遍布全国的教化系统。国中设太学，乡邑建庠序，以仁义孝悌的道德伦理教育士大夫、百姓，让其形成道德认同，明礼知耻，自我约束，就能形成风俗之美。

董仲舒设想的道德教化与社会秩序建构相统一的理念，得到了丞相公孙弘的认可。公孙弘认为要推行教化，必须先中央而后地方，先君臣而后百姓，建立起以官府为主导、以行政为支撑的教化系统："其劝善也，显之朝廷；其惩恶也，加之刑罚。故教化之行也，建首善自京师始，由内及外。今陛下昭至德，开大明，配天地，本人伦，劝学脩礼，崇化厉贤，以风四方，太平之原也。"②他与太常孔臧提议建立太学，推行儒家经典，按照经义培养博士弟子，选拔基层官员，自上而下建立教化体系。

汉武帝的武功，是通过通西域、伐匈奴确立的；而文治则是完善了礼乐制度，建立了社会教化体系。他在元朔元年（前128年）冬十一月下诏曰："公卿大夫，所使总方略，壹统类，广教化，美风俗也。夫本仁祖义，褒德禄贤，劝善刑暴，五帝、三王所由昌也。朕夙兴夜寐，嘉与宇内之士臻于斯路。故旅耆老，复孝敬，选豪俊，讲文学，稽参政事，祈进民心，深诏执事，兴廉举孝，庶几成风，绍休圣绪。"③强调推行教化，改善风俗，对百姓进行劝善，以建立良好的社会秩序。

当汉王室成员、官僚系统认同的行为准则，与士大夫、普通百姓的道德期待合二为一时，就凝聚成了自上而下的道德认知和行为共识。国家所推行的道德伦理，能很快被百姓所接受，通过教化的方式，形

① 董仲舒撰，朱方舟整理，朱维铮审阅：《春秋繁露义证》卷十一《为人者天》，上海书店出版社2012年版，第319-320页。

② 司马迁撰，裴骃集解，司马贞索隐，张守节正义：《史记》卷一百二十一《儒林列传》，中华书局2014年版，第3789页。

③ 班固著，颜师古注：《汉书》卷六《武帝纪》，中华书局1962年版，第166页。

成公共秩序。《汉书》载汉宣帝时韩延寿、黄霸先后在颍川推行教化：

> 延寿为吏，上礼义，好古教化，所至必聘其贤士，以礼待用，广谋议，纳谏争；举行丧让财，表孝弟有行；修治学官，春秋乡射，陈钟鼓管弦，盛升降揖让，及都试讲武，设斧钺旌旗，习射御之事。治城郭，收赋租，先明布告其日，以期会为大事，吏民敬畏趋乡之。又置正、五长，相率以孝弟，不得舍奸人。闾里仟佰有非常，吏辄闻知，奸人莫敢入界。其始若烦，后吏无追捕之苦，民无棰楚之忧，皆便安之。接待下吏，恩施甚厚而约誓明。①

首先聘用贤良人士，共同商量以凝聚起社会共识。然后举行各种礼乐活动，引导百姓养成崇尚孝悌、讲求礼让、注重仁义等风尚，作为倡导。任用法吏惩处作奸犯科者，作为惩处。礼法合治以辅助教化，逐渐改善了颍川的社会风尚。黄霸做颍川太守时，"使邮亭乡官皆畜鸡豚，以赡鳏寡贫穷者。然后为条教，置父老师帅伍长，班行之于民间，劝以为善防奸之意，及务耕桑，节用殖财，种树畜养，去食谷马"②。积极宣传汉宣帝的诏令，访贫问苦，鼓励农桑，奖励勤劳，制定行为规范，引导百姓向善。两人先后通过"力行教化而后诛罚"的治理方式，实现了颍川大治，被视为宣帝时期太守的楷模。

为了推行教化，宣帝时期推行"行风俗"以考察教化的制度。朝廷选派官员在全国考察社会风俗，据此对官员进行褒贬，以督促、勉励官员重视社会教化。汉宣帝"以宽饶为太中大夫，使行风俗，多所称举贬黜，奉使称意"③，督促郡守改良社会风俗，将经典中所倡导的道德认同，通过行政手段，付诸百姓日常认知之中。汉元帝之后，朝廷常遣光禄大夫、谏议大夫循行天下，以观察社会教化的施行。如初元元年（前48）夏四月，"临遣光禄大夫褒等十二人循行天下，存问耆老

---

① 班固著，颜师古注：《汉书》卷七十六《赵尹韩张两王传》，中华书局1962年版，第3211页。

② 班固著，颜师古注：《汉书》卷八十九《循吏传》，中华书局1962年版，第3629页。

③ 班固著，颜师古注：《汉书》卷七十七《盖诸葛刘郑孙毋将何传》，中华书局1962年版，第3244页。

鳏寡孤独困乏失职之民，延登贤俊，招显侧陋，因览风俗之化"①。建昭四年（前 35）四月，"临遣谏大夫博士赏等二十一人循行天下，存问耆老鳏寡孤独乏困失职之人，举茂材特立之士。相将九卿，其帅意毋怠，使朕获观教化之流焉"②；临时选派官员循行各郡，以观察社会风尚。元始四年（4 年），"遣太仆王恽等八人置副，假节，分行天下，览观风俗"③；元始五年（5 年），"太仆王恽等八人使行风俗，宣明德化，万国齐同"④ 等，形成了观察教化、巡视风尚的习惯。

皇帝派遣官员巡行天下，一是考察风俗，慰问老弱、鳏寡、孤独、困乏、失职者，以推行仁义孝悌的道德伦理；二是对地方推行教化的效果进行褒贬，督促官员推行教化，改善风俗；三是强化百姓对朝廷的认同，促成更加稳定的公共秩序；四是考核、发现并举荐良吏。可以说，循行风俗，是汉代完善教化的制度性设计，在全国范围内推行道德认同和社会共识。

汉儒理解的教化，是自上而下的道德示范，要以帝王为表率、以官员为榜样。东方朔便言风化百姓，责任在国君："深念远虑，引义以正其身，推恩以广其下，本仁祖义，褒有德，禄贤能，诛恶乱，总远方，一统类，美风俗，此帝王所由昌也。"⑤ 要求君主以身作则，成为四方万民的表率，作为道德的化身。王嘉在《上疏请养材》亦言："臣闻圣王之功在于得人。……故继世立诸侯，象贤也。虽不能尽贤，天子为择臣，立命卿以辅之。居是国也，累世尊重，然后士民之众附焉，是以教化行而治功立。"⑥ 选贤任能以教化百姓，为国君的根本责任，国君必须选用贤良来推行教化，才能实现国家的长治久安。扬雄在《法言·先知》中又言君子参与国家治理，要以教化作为责任："君子为国，

---

① 班固著，颜师古注：《汉书》卷九《元帝纪》，中华书局 1962 年版，第 279 页。
② 班固著，颜师古注：《汉书》卷九《元帝纪》，中华书局 1962 年版，第 295 页。
③ 班固著，颜师古注：《汉书》卷十二《平帝纪》，中华书局 1962 年版，第 357 页。
④ 班固著，颜师古注：《汉书》卷十二《平帝纪》，中华书局 1962 年版，第 395 页。
⑤ 班固著，颜师古注：《汉书》卷六十五《东方朔传》，中华书局 1962 年版，第 2871 页。
⑥ 班固著，颜师古注：《汉书》卷八十六《何武王嘉师丹传》，中华书局 1962 年版，第 3489 页。

张其纲纪，谨其教化。导之以仁，则下不相贼；莅之以廉，则下不相盗；临之以正，则下不相诈；修之以礼义，则下多德让。此君子所当学也。"①认为道德教化是国君、官吏的社会责任和历史使命，是形成公共秩序的关键。

刘向比较了教化与刑法的关系："夫教化之比于刑法，刑法轻，是舍所重而急所轻也。且教化，所恃以为治也，刑法所以助治也。今废所恃而独立其所助，非所以致太平也。自京师有悖逆不顺之子孙，至于陷大辟受刑戮者不绝，繇不习五常之道也。"②认为教化是治理天下的根本，刑法只能协助国家治理。其言外之意是，当时尚没有建成理想的教化体系，国家仍未进入太平之世，希望汉成帝进一步重视教化，达到儒生所期待的理想状态。

两汉儒生的理想，是通过国家推行教化，彻底改变天下风俗，形成良好的社会秩序，凝结为最为广泛的道德认同，彻底达到儒家所提倡的理想社会。儒生将建设理想制度和完美秩序的愿望寄托在教化策略上，只能对教化充满越来越高的期待。他们将都城视为推行教化的首善之区，把天子作为倡导教化的表率。当社会风气并没有实现根本好转时，他们不是检讨教化学说和教化体系的问题，而是认为天子和大臣的表率作用起得不好，以致教化策略失效。于是，面对哀帝、平帝时期社会乱象，儒生本能地将罪责推到皇帝身上，试图通过改元、改德、受命和禅让，寻求更为理想的道德化身，选择能承担起人格楷模和教化表率者，使之能够实现社会理想。这便促成了王莽的出现，促成了以复古改制的方式对汉朝进行再造。

西汉所建立的教化体系和推行教化的努力，在东汉收到了明显的成效。一是以道德教民的观念不断深入，社会风气持续好转。二是教化成为郡守、县令的行政自觉。王符在《潜夫论·德化》中说：

> 导之以德，齐之以礼，务厚其情而明则务义，民亲爱则无相

---

① 扬雄撰，汪荣宝注疏，陈仲夫点校：《法言义疏》十二《先知》，中华书局1987年版，第295页。

② 班固著，颜师古注：《汉书》卷二十二《礼乐志》，中华书局1962年版，第1034页。

害伤之意，动思义则无奸邪之心。夫若此者，非法律之所使也，非威刑之所强也，此乃教化之所致。①

仲长统在《昌言》中也说：

德教者，人君之常任也，而刑罚为之佐助焉。……时势不同，所用之数亦宜异也。教化以礼义为宗，礼义以典籍为本，常道行于百世，权宜用于一时。……教有道，禁不义，而身以先之，令德者也。身不能先，而总略能行之，严明者也。忠仁为上，勤以守之，其成虽迟，君子之德也。谲诈以御其下，欺其民而取其心，虽有立成之功，至德之所不贵也。②

他们强调教化的道德要求，在于以仁义引导百姓向善、以礼义建构社会秩序，涵养君子德行，使百姓能够相亲相爱，不生奸邪之念。相对西汉更多强调用道德理念推行教化，东汉学者更注重将教化落实到日常生活中，通过改善百姓的生产生活条件，在"仓廪实而知礼节"的基础上，引导百姓形成良好的民风民俗。

由生产而生活、由礼义而风俗，正是东汉郡守们循序渐进的教化策略。如卫飒任桂阳太守时，创办学校，推行婚姻礼教，数年内使得社会风气得以改变："郡与交州接境，颇染其俗，不知礼则。飒下车，修庠序之教，设婚姻之礼。期年间，邦俗从化。"③王景任庐江太守，帮助当地开垦耕种，教习蚕桑："先是百姓不知牛耕，致地力有余而食常不足。……景乃驱率吏民，修起芜废，教用犁耕，由是垦辟倍多，境内丰给。遂铭石刻誓，令民知常禁。又训令蚕织，为作法制，皆著于乡亭，庐江传其文辞。"④让百姓丰衣足食之后，教化百姓懂法守礼，形成良好风俗。秦袁担任山阳太守时，制定亲亲长幼之礼，表彰遵循礼

①　王符撰，汪继培笺，彭铎校正：《潜夫论笺校正》卷八《德化》，中华书局 1985 年版，第 376 页。

②　仲长统撰，孙启治校注：《昌言校注·阙题一》，中华书局 2012 年版，第 321–327 页。

③　范晔撰，李贤等注：《后汉书》卷七十六《循吏列传》，中华书局 1965 年版，第 2459 页。

④　范晔撰，李贤等注：《后汉书》卷七十六《循吏列传》，中华书局 1965 年版，第 2466 页。

度者，让百姓有规矩可依循："以礼训人，不任刑罚。崇好儒雅，敦明庠序。每春秋飨射，辄修升降揖让之仪。乃为人设四诫，以定六亲长幼之礼。有遵奉教化者，擢为乡三老，常以八月致酒肉以劝勉之。"①周举任并州太守，为改变当地长达一个月的寒食，公布条书解释寒食的弊端，"言盛冬去火，残损民命，非贤者之意，以宣示愚民，使还温食。于是众惑稍解，风俗颇革"②，改良了并州冷食一月而损害身体的旧俗。许荆任桂阳太守时，设计婚丧制度，让百姓知道礼俗禁忌，其在任十二年，彻底改良桂阳风气，得到百姓称颂。张奂任武威太守时，用义理教化武威人民，用法律加以赏罚，改变了当地杀子的不良习俗。刘矩任雍丘令，用仁礼孝悌感化百姓，教化、教育诉讼者，使其自省，形成了道不拾遗的风气。

《后汉书》所载的循吏，多通过教化改变社会风气。表明东汉的郡守、县令，有意识地以改良社会风俗为职责，以形成公共秩序为要求。这就使得秦汉之际不断被道德赋义的经典，成为宣扬道德共识的文本，其中所蕴含的义理，得到了两汉官员的高度认同，并在其行政策略中得到充分体认。通过社会教化、改良风俗，形成了最为广泛的社会认同，建构起稳定的生产生活秩序。顾炎武注意到了两汉风俗的巨大变化：

> 汉自孝武表章六经之后，师儒虽盛，而大义未明，故新莽居摄，颂德献符者遍于天下。光武有鉴于此，故尊崇节义，敦厉名实，所举用者莫非经明行修之人，而风俗为之一变。至其末造，朝政昏浊，国事日非，而党锢之流，独行之辈，依仁蹈义，舍命不渝，"风雨如晦，鸡鸣不已"，三代以下风俗之美，无尚于东京者。故范晔之论，以为"桓、灵之间，君道秕僻，朝纲日陵，国隙屡启，自中智以下，靡不审其崩离。而权强之臣息其窥盗之谋，豪俊之夫屈于鄙生之议"。"所以倾而未颠、决而未溃，皆仁人君子心力之为。"可谓知言者矣。……以故东汉之世，虽人才之倜傥

---

① 范晔撰，李贤等注：《后汉书》卷七十六《循吏列传》，中华书局 1965 年版，第 2467 页。
② 范晔撰，李贤等注：《后汉书》卷六十一《左周黄列传》，中华书局 1965 年版，第 2024 页。

不及西京，而士风家法似有过于前代。①

顾炎武认为，汉武帝确立六经为教化经典，在官员系统建立起以儒家为主导的教化系统，儒生虽多，但西汉教化尚未能全面推行。东汉光武帝推崇义理，能够考察教化推行的实际，所任用的官吏皆为研究儒经、修行礼义之人，通过士大夫引导风气、推行教化，使得东汉风气为之一变。这种社会风气所凝聚起来的道德认同、社会共识，深远地支配着社会的价值判断。即使东汉出现宦官专政、外戚专政，但士大夫的道义观和百姓的社会风尚并没有受到影响，仍能在朝政废弛时保持着基层秩序的稳定。顾炎武认为三代以下风俗之美莫过于东京，正是看到了行政秩序紊乱时，还能靠道德认同维持士大夫的共识，靠社会共识维持公共秩序。

范晔高度评价东汉教化所形成的价值共识，认为其维系了天下纷错时的公共秩序："汉自中世以下，阉竖擅恣，故俗遂以遁身矫洁放言为高。士有不谈此者，则芸夫牧竖已叫呼之矣。故时政弥惛，而其风愈往。唯陈先生进退之节，必可度也。据于德故物不犯，安于仁故不离群，行成乎身而道训天下，故凶邪不能以权夺，王公不能以贵骄，所以声教废于上，而风俗清乎下也。"②东汉所建立的教化系统，确立了道德认同和社会共识，保证了行政秩序、政治秩序紊乱时，甚至君臣都不再践行礼义廉耻时，依靠社会舆论的自运行系统，依然能使社会保持良好的道德认同和秩序运行。

从西周开始推行的礼乐教化，至两汉形成了自上而下的教化系统，将早期中国所形成的道德认同、伦理认知和社会共识，通过礼乐制度、行政体系和教育体系，转化为最大程度的社会共识，在国家层面推动了文化认同，在社会层面形成了秩序认同。其中，依照经义而形成的教化观念，一是改变了边远地区的文明进程，稳定了汉帝国边缘地区

---

① 顾炎武著，黄汝成集释，栾保群、吕宗力校点：《日知录集释》卷十三《两汉风俗》，上海古籍出版社 2014 年版，第 296–297 页。

② 范晔撰，李贤等注：《后汉书》卷六十二《荀韩钟陈列传》，中华书局 1965 年版，第 2069 页。

的社会秩序；二是推动了小传统对大传统的认同，拓展了经典文本的影响力，实现了更大范围的文化认同；三是教化所形成的礼俗、风俗和道德认知，促成了社会基层的秩序运行，并能在政治秩序紊乱和政治伦理失范时自下而上地进行纠错。

可以说，秦汉完成了古代中国最为稳定的秩序建构。由对霸王之道的体认形成了基本的政治理念，对帝王之道的理解理顺了从天人到人人的秩序形态。由此所强化的道德认同和秩序认同，通过对儒家经典的不断赋义，成为全社会的价值判断。在以经为师的实践中形成了道德认同，在推行教化的过程中形成了秩序认同，共同促成了公共秩序的建构，初步形成了秩序共同体。

第三章　魏晋家族观念与伦理认同的形成

　　魏晋通过制度建构巩固了早期中国形成的家族伦理，使之成为社会认同的基石。早期中国所形成的文化认同，凝聚了华夏的道德共识。秦汉国家建构所建立的运行顺畅的行政体系，借助经典赋义和社会教化，形成了基本的公共秩序。公共秩序通过约定俗成的共同行为又不断强化道德认同，推动了社会的自运行。魏晋时期将汉代所强化的道德认同，进一步浓缩到家族管理中，使之能够应对行政秩序的紊乱状态，实现社会基础单元的自运行，将道德共识、价值共识和伦理观念沉淀到家庭内部，在社会最为基本的单元形成了伦理认同。

　　观察早期中国伦理观念的形成，可以从四个维度进行思考。一是家族形态的宗法化。西周宗法制度主要关注天子和诸侯等大宗，对普通老百姓如何建构家族制度，并没有深刻描述或者细致阐释，但汉儒对此有过理论概括，经过魏晋的实践而形成了稳定的宗法秩序。二是宗法制度所促成的宗族伦理，作为价值观念进入每一户家庭，影响着每一个家庭成员。魏晋由家族认同而促成社会认同的过程中，伦理观念起到了基础性的支撑作用。三是孝道观念的形成，在汉朝以孝治天下的观念中，孝被作为最基本的价值判断，越来越多地用于衡量一个人的品行，并在魏晋得到充分强化，被用于判断人之品行的第一要义。四是伦理观念的持续强化，并成为社会共识，使得中华民族形成了伦理共同体。

　　伦理的意义在于约束人的道德底线，确定社会行为最基本的法则。伦理共同体维系着中华民族的价值基准和道德底线。有了维持公共秩序的外部条件，有了维持家族伦理的内在要求，行政秩序无论如何调整，家庭伦理只要维持正常，社会基本单元便有再聚合起来建构国家的可能。并且能够保证由此建立的国家，仍能坚守道德认同，维持价值共识。

从这些维度来观察，魏晋所形成的伦理观念，是以家庭、家族秩序来建构社会秩序的。由宗法制度所形成的伦理观念，决定了社会秩序的底色，成为价值判断的基石。观察家族形态对宗法的促成，宗法观念对伦理认知的推动，以及在此过程中被强化的孝道观念如何确定为社会准则，有助于观察伦理共同体如何形成，进而理解古代中国凝聚伦理认同的方式。

第一节　早期中国家族形态的演化

《孟子·离娄上》言："天下之本在国，国之本在家，家之本在身。"[1] 社会秩序的形成，取决于每一个个体如何通过家庭的组织关系得以成长并组织起来。家庭的存在方式，又决定了社会组织方式和国家建构方式。在这其中，父子、夫妇、长幼等由家庭关系而形成的伦理关系，确立了社会的基本规范。可以说，一个人在公共社会所形成的行为、所具有的价值判断，源自从小其家庭所给予的道德引导和行为要求。早期中国所形成的农业生产方式，使得聚族而居成为主要的生产单位和生活方式。由此形成的稳定的人际关系和简单的生活逻辑，促成了家庭、家族成为生产组织结构和生活的基本单元。并在此过程中，逐渐确定了固定的伦理观念和特定的行为规范，维系了早期中国的公共秩序。

一、从部族到宗族的观念转化

早期中国的公共观念来自部族。部族是由相同或相似的文化形成的生产生活共同体，早期中国文献中称之为氏族。氏族是由血缘关系组成社会集合体，部族常常是由若干氏族组成的更大的社会集合体。

早期中国的治理方式，是以氏族分工负责的方式形成秩序共同体。

---

[1]　赵岐注，孙奭疏:《孟子注疏》卷七《离娄章句上》，北京大学出版社1999年版，第192—193页。

鲁太史克曾言：

> 昔高阳氏有才子八人，苍舒、隤敳、梼戭、大临、尨降、庭坚、仲容、叔达，齐、圣、广、渊、明、允、笃、诚，天下之民谓之八恺。高辛氏有才子八人，伯奋、仲堪、叔献、季仲、伯虎、仲熊、叔豹、季狸，忠、肃、共、懿、宣、慈、惠、和，天下之民谓之八元。此十六族也，世济其美，不陨其名。以至于尧，尧不能举。舜臣尧，举八恺，使主后土，以揆百事，莫不时序，地平天成。举八元，使布五教于四方，父义、母慈、兄友、弟共、子孝，内平外成。……舜臣尧，宾于四门，流四凶族，浑敦、穷奇、梼杌、饕餮，投诸四裔，以御魑魅。是以尧崩而天下如一，同心戴舜，以为天子，以其举十六相，去四凶也。①

其中提到的高阳氏、高辛氏，正是由血缘关系组成的氏族。其后人继承了某些技能，具备了某些德行，被合称为八恺或八元。舜将八恺、八元组合起来，扩大了尧时所形成的部落联合体，将之整合为新的部族共同体，实行统一管理，并将不遵从秩序的四凶族流放到边远地区。在这其中，八恺、八元作为氏族，在内部实行自治，每一个氏族推举出氏族领袖，到更大的部族中担任特定职务，由更大的部族推举出共同的领袖作为部族联盟的首领。由此形成不断扩大的秩序共同体，负责社会治理。

因此，早期文献所称的有巢氏、燧人氏、伏羲氏、神农氏、轩辕氏、共工氏等，最初都是由血缘关系形成的生产生活集合体。这些氏族之间相互联姻、相互认同组成了更大的部族。能够担任部族首领的，常常出自生产技术、文化水平较高的氏族。各部族内部有独特的文化传承，但居于主导地位的部族，常常是在特定历史时期代表着生产技术发展的方向，或者能够解决当时生产生活中面对的困难，因而在部族联盟中起到主导作用。如鲧、禹部族在治水的过程中，不断壮大势

---

① 左丘明传，杜预注，孔颖达等正义：《春秋左传正义》卷二十《文公十八年》，北京大学出版社1999年版，第577–583页。

力，便是因应了当时重大的自然灾害，能够领导众多部族抵御水患。大禹在治水过程中不断提高权威，扩大权力，并诛杀不服从命令者。孔子曾言："昔禹致群神于会稽之山，防风后至，禹杀而戮之。"① 最终，大禹"合诸侯于涂山，执玉帛者万国"②，由此建立了夏朝，形成了由无数部族组成的秩序共同体。

《尚书·甘誓》为夏启伐有扈氏的誓辞，其中言："有扈氏威侮五行，怠弃三正，天用剿绝其命，今予惟恭行天之罚。"③ 夏启率领的便是由部族联合体组成的军队，攻伐其中的一个部族有扈氏。殆至夏末，商汤率商族，联合不满夏族统治的部族攻伐夏桀。《尚书·汤誓》载商汤的誓师之辞："予惟闻汝众言，夏氏有罪，予畏上帝，不敢不正。"④ 商汤率部族攻伐夏桀时所言的夏氏，不再泛指夏朝统率的部族共同体，而是专指以夏桀为代表的夏王室，从而使得商汤伐夏，不再是对夏王朝的作战，而是对夏部族的攻击，由此使得商族成为新的部族共同体的领袖，方才最终战胜了夏桀。

由此来看，夏朝是由包括有扈氏在内的无数部族组成的秩序共同体，夏氏能够整合并统领众多部族而居于统治地位。灭夏之后而建立的商朝，也是商族居于统辖地位，联合众多部族组成新的秩序共同体。

早期文献对有虞氏、夏后氏的称呼，表明尧、舜、夏时的国家形态依然是部族联合体，起主导作用的部族便成为一个时代的代名词。商、周时期更注重文化上的统一，使得社会风俗和生活风尚更加趋同，方才形成更具有凝聚力和认同感的文化共同体。早期文献由此称其为殷人、周人。如《周礼》言："有虞氏上陶，夏后氏上匠，殷人上梓，

① 左丘明撰，徐元诰集解，王树民、沈长云点校：《国语集解·鲁语下》，中华书局 2002 年版，第 202 页。

② 刘安编，何宁撰：《淮南子集释》卷一《原道训》，中华书局 1998 年版，第 30 页。

③ 孔安国传，孔颖达等正义：《尚书正义》卷七《甘誓》，北京大学出版社 1999 年版，第 173 页。

④ 孔安国传，孔颖达等正义：《尚书正义》卷八《汤誓》，北京大学出版社 1999 年版，第 190–191 页。

周人上舆。"①《礼记·内则》也说："凡养老，有虞氏以燕礼，夏后氏以飨礼，殷人以食礼，周人修而兼用之。"②有虞氏、夏后氏的称呼，依然保留着早期中国的部族文化特征，而殷人、周人的称呼，表明商周文化风俗更大程度上的统一。

周族早期居于豳地时，采用戎狄习俗。《诗经·大雅·绵》说："古公亶父，陶复陶穴。"③周人从豳迁到岐下，放弃戎狄习俗，改用商人习俗，表明商人已经在更大范围形成了文化传统，超越于部族差异而存在，具有了文化共同体的意味。考古发掘也证明，从宝鸡到周原一带，原是商朝的边缘地区，原先属于戎狄。随着殷人势力范围的扩大，开始统一这些区域，区域内所居住的部族也开始采用殷文化。周人迁岐之后，文化迅速与殷文化趋同，特别是与殷王室通婚后，周人采用殷人的祭祀之礼，全部接受并融入殷的国家共同体中。

周立国之后，通过制礼作乐，强化了周文化的特征，并在更大的范围内推行周文化。虽然周王室允许各诸侯国保留自己的传统，如齐国因俗为制、陈国巫风盛行、鲁国移风易俗等，但在朝聘、庆吊等国家典礼中，却形成了一套通行的礼乐制度，以保证周王室的尊崇地位。在西周时期，邦国之间的文化差异，不再如有虞氏、夏后氏时期各部落之间存有根本的文化差别，而是在国家共同体的同一种文化之下保留不同区域的文化风尚。

但西周的国家治理，仍然是以部族联合为基石的。周族与联姻部族构成同盟，通过相互联姻而形成国家共同体。在周族内部，为了更清晰地区分彼此的血缘关系，则强化了宗族观念。周部族祭祀共同的祖先后稷，每一个家庭依照祭祀相应的先祖，建构起细密的宗族祭祀结构。周王作为周部族的大宗，率领各宗族"禘喾而郊稷，祖文王而

---

① 郑玄注，贾公彦疏：《周礼注疏》卷三十九《冬官考工记》，北京大学出版社 1999 年版，第 1065 页。

② 郑玄注，孔颖达等正义：《礼记正义》卷二十八《内则》，北京大学出版社 1999 年版，第 853 页。

③ 毛亨传，郑玄笺，孔颖达等正义：《毛诗正义》卷十六《绵》，北京大学出版社 1999 年版，第 980 页。

宗武王"①。各诸侯分别建立宗庙祭祀其先祖，如鲁所祭祀的先祖为周公，祭祀的远祖为后稷。晋国的狐突曾言："臣闻之：'神不歆非类，民不祀非族。'"②卫国的宁武子也说："鬼神非其族类，不歆其祀。"③宗族祭祀是稳固宗族血缘关系的基石，也是凝聚宗族成员并培养其道德共识的方式。由于小宗的不断分化，周部族形成了越来越多的宗族，每个宗族不断增加宗族成员，以保证本宗族的势力。《诗经·周南·麟之趾》的祝辞中由己推至家族、宗族："麟之趾。振振公子，于嗟麟兮！麟之定。振振公姓，于嗟麟兮！麟之角。振振公族，于嗟麟兮！"④认为每一个家庭成员都是家庭（公姓）、宗族（公族）的组成部分。

周武王、成王时的分封建国，不仅把兄弟、子侄分封到全国各地，还封了诸多同姓、异姓的诸侯。如召公，虽出于姬姓，却非文王一支，与周王室有血缘却关系较远，成为周王室坚定的战略同盟。齐国、陈国，是与周王室联姻而形成政治同盟。这些散布在全国的诸侯，形成了新的家族、宗族。周王室及其公族普遍采用嫡长子继承制为主的宗法管理方式。《吕氏春秋·慎势》言："故先王之法，立天子不使诸侯疑焉，立诸侯不使大夫疑焉，立适子不使庶孽疑焉。疑生争，争生乱。是故诸侯失位则天下乱，大夫无等则朝廷乱，妻妾不分则家室乱，适孽无别则宗族乱。"⑤通过区分嫡庶尊卑，让继承权公正透明，让庶子不对王位继承产生觊觎之心，以稳定宗族关系。

周朝依托于宗族关系建构起国家秩序，由此所形成的秩序共同体，是以宗族为核心的国家共同体，采用宗族共同治理的模式，形成国家

---

① 郑玄注，孔颖达等正义：《礼记正义》卷四十六《祭法》，北京大学出版社1999年版，第1292页。

② 左丘明传，杜预注，孔颖达等正义：《春秋左传正义》卷十三《僖公十年》，北京大学出版社1999年版，第363页。

③ 左丘明传，杜预注，孔颖达等正义：《春秋左传正义》卷十七《僖公三十一年》，北京大学出版社1999年版，第468页。

④ 毛亨传，郑玄笺，孔颖达等正义：《毛诗正义》卷一《麟之趾》，北京大学出版社1999年版，第60-61页。

⑤ 吕不韦编，许维遹集释，梁运华整理：《吕氏春秋集释》卷十七《慎势》，中华书局2009年版，第464页。

治理结构。《左传·成公四年》亦载史佚之《志》所言的"非我族类，其心必异"。^①认为宗族认同是维持周王室统治秩序的基石。周大夫富辰在解释《诗经·小雅·常棣》时，强调了周人对宗族关系的重视：

> 昔周公吊二叔之不咸，故封建亲戚以蕃屏周。管、蔡、郕、霍、鲁、卫、毛、聃、郜、雍、曹、滕、毕、原、酆、郇，文之昭也。邘、晋、应、韩，武之穆也。凡、蒋、邢、茅、胙、祭，周公之胤也。召穆公思周德之不类，故纠合宗族于成周而作诗，曰："常棣之华，鄂不韡韡，凡今之人，莫如兄弟。"其四章曰："兄弟阋于墙，外御其侮。"如是，则兄弟虽有小忿，不废懿亲。今天子不忍小忿以弃郑亲，其若之何？庸勋，亲亲，昵近，尊贤，德之大者也。即聋，从昧，与顽，用嚚，奸之大者也。弃德崇奸，祸之大者也。郑有平、惠之勋，又有厉、宣之亲，弃嬖宠而用三良，于诸姬为近，四德具矣。^②

回顾周朝的家族形态宗法化的过程。周公意识到管叔和蔡叔的分裂行为，扩大了周王室的分封范围，将更多血缘关系、婚姻关系者封为诸侯，以拱卫周王室，控制天下。在诸侯分封中，突出了周王室作为国家共同体的核心地位，并通过礼乐制度，加强诸侯之间的宗族认同。富辰认为《常棣》一诗的意义，在于表明宗族内部即便有不满与怨恨，也不影响宗族成员之间的协作，由此形成了内外有别的国家治理秩序。在宗族为核心的国家治理结构中，周王室采用了"庸勋，亲亲，昵近，尊贤"^③的策略治理国家。"庸勋亲亲"，是按照亲情关系去建构管理体系，周王室以此控制天下。在此基础上所强调的"昵近尊贤"，是选贤任能，来作为宗族关系的补充。相比较而言，西周宗法制

---

① 左丘明传，杜预注，孔颖达等正义：《春秋左传正义》卷二十六《成公四年》，北京大学出版社1999年版，第717页。

② 左丘明传，杜预注，孔颖达等正义：《春秋左传正义》卷十五《僖公二十四年》，北京大学出版社1999年版，第418—421页。

③ 左丘明传，杜预注，孔颖达等正义：《春秋左传正义》卷十五《僖公二十四年》，北京大学出版社1999年版，第421页。

更强调嫡长子继承，东周则逐渐重视贤者在位。因此，富辰强调郑国在平王、惠王时期对王室的支持，而且郑国先祖为周厉王之子、周宣王之弟，与周王室有着较近的亲缘关系，建议周襄王不要轻易伐郑。

西周所形成的宗法制度，完成了对早期部族观念的改造。其通过嫡长子继承制而形成的宗族关系，使得原先的部族因代际分化而成为一个个小宗，部族关系日渐淡化。而周则通过大量分封同宗诸侯和联姻诸侯，使得这些诸侯结合成更紧密的政治联盟，共同拱卫周王室。鲁襄公十二年（前561），吴王寿梦卒而临于周庙事，最能看出周通过宗族关系来凝固文化认同："临于周庙，礼也。凡诸侯之丧，异姓临于外，同姓于宗庙，同宗于祖庙，同族于祢庙。是故鲁为诸姬，临于周庙。为邢、凡、蒋、茅、胙、祭，临于周公之庙。"[①]吴国是古公亶父长子太伯建立的，与周王室属于同一个血缘系统。在西周时期，吴国并没有和周王室发生密切关系，虽然有血缘，却并没有形成秩序共同体。鲁襄公时期，吴人与中原交好，周朝也接受了吴国的"认祖归宗"，标志着吴国与中原诸侯重新认同而形成文化共同体。

部族是早期中国秩序建构的基础，部族之间的联合、整合和融合，使得华夏族不断壮大，形成了共同的人文始祖。周代所形成的宗法制度，是对部族秩序的细化，其按照血缘关系所形成的更为明晰的组织结构，促成了部族向宗族的演化。宗族祭祀中所共同供奉的先祖，被视为部族的渊源，其通过祧与不祧制度建立的祖宗祭祀制度，细化了部族内部的世系与支系，将所有的家族成员固定在特定的血缘网络之中，按照宗族关系来管理事务，形成了血缘共同体。

夏更接近于以部族形态来建构国家，商则更注重通过联姻来维系统辖秩序，周朝在此基础上，直接通过血缘关系来整合部族关系。周王的子弟分封建国出任诸侯，女儿则嫁到不同的诸侯国成为后妃，周王迎娶异姓诸侯以及戎狄之女为后，将其所统辖的部族纳入血缘秩序之中，完成了部族关系向宗族关系的转型。这样，周朝是以血缘关系

---

① 左丘明传，杜预注，孔颖达等正义：《春秋左传正义》卷三十一《襄公十二年》，北京大学出版社1999年版，第905页。

建构起治理秩序，强化了宗族关系在国家运行过程中的核心地位。夏朝、商朝时期相对松散的部族联合体，到周朝借助宗法制度，变成了结合更加紧密的文化共同体。其优点在于能够在短时间内迅速实现秩序认同，但弊端在于宗族的持续分化，使得周王室与诸侯、诸侯与诸侯之间、诸侯内部的血缘关系越来越远。即便周王室通过奠世系在名义上仍能维持着彼此的宗亲关系，但在血缘上却越来越远，宗族认同上也越走越疏。

二、从宗族到家族的秩序形成

氏族是由血缘关系组成的生活共同体。《尚书·尧典》载尧统率天下，正是依靠九族的支持："克明俊德，以亲九族。九族既睦，平章百姓。百姓昭明，协和万邦。"① 伪孔传："九族，上自高祖，下至玄孙，凡九族。"② 九族是尧所在的氏族，其对尧的支持，使其成为氏族首领，进而统辖无数部族。《尚书·仲虺之诰》亦载商汤之言："德日新，万邦惟怀。志自满，九族乃离。"③ 万邦是为天下不同的部族，九族则是其所在的氏族。春秋时季梁亦言："故务其三时，修其五教，亲其九族，以致其禋祀。"④ 亲其九族，便是把自己所在的氏族治理好，方能够以氏族的力量团结并统率其他氏族，从而形成部族。

宗族的形成，既有氏族分化后而形成的祭祀同一先祖的血缘共同体，也有祭祀同一先祖而整合起来的氏族。如楚国的王族本出于颛顼之后，后分为屈、昭、景三姓，每一个姓氏代表了一个家族，楚王族是由这三个姓氏成员为主组成的大宗族。前文所言吴王梦寿卒后临于

---

① 孔安国传，孔颖达等正义：《尚书正义》卷二《尧典》，北京大学出版社 1999 年版，第 27 页。

② 孔安国传，孔颖达等正义：《尚书正义》卷二《尧典》，北京大学出版社 1999 年版，第 27 页。

③ 孔安国传，孔颖达等正义：《尚书正义》卷八《仲虺之诰》，北京大学出版社 1999 年版，第 198 页。

④ 左丘明传，杜预注，孔颖达等正义：《春秋左传正义》卷六《桓公六年》，北京大学出版社 1999 年版，第 176 页。

周庙，标志着原先分化出去的吴王室又重新归于周族，并得到周族的承认。因此，宗族是通过特定形式进行确认的社会关系。《左传·宣公二年》载："及成公即位，乃宦卿之适子而为之田，以为公族。又宦其余子，亦为余子；其庶子为公行。晋于是有公族、余子、公行。"[①] 骊姬之乱后，晋公族殆尽。晋成公继位后，重新认定公族，将卿的嫡长子认定为公族，并授予田地。宗族通过特定制度确认后方才形成。相对于部族而言，宗族有血缘关系；相对于家族而言，宗族却不一定有直系血缘关系。晋成公需要建立支持自己的宗族，便将卿之嫡子皆列入公族，使得晋的公族迅速扩大，成为晋公室的支持力量。鲁襄公十六年（前557），晋平公继位以后，起用祁奚、韩襄、栾盈、士鞅等人，为了获得他们的支持，将之皆列为公族大夫。其实，他们中很多人已从姬姓中分化出去。晋平公仍可以重新将之确定为公族成员，可见，同一个宗族可能来自同一先祖，却不一定同姓，也不一定同氏，而是借助宗族观念团结特定利益关系者。这就使得春秋时期的宗族，不是有着密切血缘关系者，而成为政治集合体。

在这种背景下，家族则更着重强调同宗同姓同氏，有着直接血缘关系，使得家族成为具有更高黏合度的社会单元。《白虎通·宗族》解释其含义："族者，凑也，聚也。谓恩爱相流凑也。……生相亲爱，死相哀痛，有会聚之道，故谓之族。"[②] 家族以血缘为基石，成员之间承担着相互责任，同甘共苦，相亲相爱，相互哀痛。后世所理解的九族，常指"父族四，母族三，妻族二"，是血缘界定明显的宗族关系。从《左传》所言来看，春秋时期所谓的族，不包括母族和妻族，多指血缘关系清晰的家族：

> 《左传·庄公二十三年》：晋桓、庄之族逼，献公患之。

> 《左传·庄公二十五年》：晋士蒍使群公子尽杀游氏之族，乃

---

① 左丘明传，杜预注，孔颖达等正义：《春秋左传正义》卷二十一《宣公二年》，北京大学出版社1999年版，第599—600页。

② 班固撰集，陈立疏证，吴则虞点校：《白虎通疏证》卷八《宗族》，中华书局1994年版，第397—398页。

城聚而处之。

《左传·僖公五年》：且虞能亲于桓、庄乎，其爱之也？桓、
庄之族何罪，而以为戮，不唯逼乎？

《左传·宣公十三年》：冬，晋人讨邲之败，与清之师，归罪
于先縠而杀之，尽灭其族。

《左传·襄公二十三年》：晋人克栾盈于曲沃，尽杀栾氏之族
党。[①]

晋之公族皆为姬姓，晋桓叔、庄伯的子孙强盛，引起了晋献公的
警觉。桓、庄之族是晋公族的小宗，与晋献公有血缘关系，但其已经
分化为不同的家族，直接威胁到晋献公的统治。献公用士蒍之谋，让儿
子们把游氏之族（桓、庄之族的分支）全部诛杀。此后，晋王室诛灭
的先縠之族、栾氏之族党，皆出于姬姓，却分化成不同的宗族。晋的
灭族，是将某一家族成员及其附庸全部诛杀。

可以说，春秋时期的家族，特指按照血缘关系形成的某一支系的
小家族，其休戚与共、同甘共苦，组成了一个个社会单元。鲁庄公十
二年（前682），"十月，萧叔大心及戴、武、宣、穆、庄之族，以曹师
伐之"[②]，其中所言的戴、武、宣、穆、庄之族，便是以聚族而战的方式
出征。庄公十八年（前676），"阎敖游涌而逸。楚子杀之。其族为乱"[③]，
楚文王杀掉了阎敖，其宗族继续为乱，导致巴人乘机攻楚。

家族是任何人无法选择的血缘系统。在家族观念中，处于其中的
每一个人都要承担无法回避的责任。宋桓公的孙子公孙寿，在父亲去
世之后，不想继承其职务，主动辞去司城之职，让儿子意诸担任。其
言及自己的考量："君无道，吾官近，惧及焉。弃官，则族无所庇。子，

---

① 左丘明传，杜预注，孔颖达等正义：《春秋左传正义》卷十《庄公二十三年》、卷十《庄
公二十五年》、卷十二《僖公五年》、卷二十四《宣公十三年》、卷三十五《襄公二十三年》，北
京大学出版社1999年版，第277、284、343、659、998页。

② 左丘明传，杜预注，孔颖达等正义：《春秋左传正义》卷九《庄公十二年》，北京大学出
版社1999年版，第248页。

③ 左丘明传，杜预注，孔颖达等正义：《春秋左传正义》卷九《庄公十八年》，北京大学出
版社1999年版，第260页。

身之贰也，姑纾死焉。虽亡子，犹不亡族。"①他担心自己做官受咎会殃及家族，又担心自己不做官而使家族失去保护。最终他决定自己担任族长，让儿子去做司城，觉得即便儿子有罪被诛，也不会祸及宗族。

秦汉时期的灭族，也是按照家族进行株连。秦始皇游会稽，项籍观看时言"彼可取而代也"，项梁掩其口而言"毋妄言，族矣"②，言诽谤为灭族之罪。刘邦与关中父老约法三章时又言："父老苦秦苛法久矣，诽谤者族，偶语者弃市。"③可见秦的司法实践中，诽谤皇帝要被灭族。汉武帝时，中尉汲黯言及汉武帝之非，公孙弘则言："黯诽谤圣制，当族。"④汉承秦制，可见武帝时仍有"诽谤者族"的规定。秦汉时期的族刑，常为收三族："秦之法，任人而所任不善者，各以其罪罪之。于是应侯罪当收三族。"⑤嫪毐与太后私通而生两个孩子，秦始皇对其处以"夷三族"的惩罚。李斯、赵高也分别被"夷三族"。刘邦虽与秦地父老约法三章，"然其大辟尚有夷三族之令"⑥，仍然保持着族刑的传统："当三族者，皆先黥劓，斩左右趾，笞杀之。枭其首，菹其骨肉于市。其诽谤詈诅者，又先断舌。"⑦刘邦正是利用诛三族的刑罚，惩治了彭越、韩信、贯高等人，杀戮其父族、母族和妻族成员，使其家族无力复仇。高后元年（前187）除三族罪，但汉文帝因新垣平谋为逆，复行三族之诛，以镇服谋逆之事。汉武帝时贰师将军李广利、公孙贺皆因巫蛊之事，亦被灭族。巫蛊之祸的始作俑者江充，也被灭三族，表明族刑并

---

① 左丘明传，杜预注，孔颖达等正义：《春秋左传正义》卷二十《文公十六年》，北京大学出版社1999年版，第567页。

② 司马迁撰，裴骃集解，司马贞索隐，张守节正义：《史记》卷七《项羽本纪》，中华书局2014年版，第380页。

③ 司马迁撰，裴骃集解，司马贞索隐，张守节正义：《史记》卷八《高祖本纪》，中华书局2014年版，第459页。

④ 司马迁撰，裴骃集解，司马贞索隐，张守节正义：《史记》卷二十四《乐书》，中华书局2014年版，第1401页。

⑤ 司马迁撰，裴骃集解，司马贞索隐，张守节正义：《史记》卷七十九《范雎蔡泽列传》，中华书局2014年版，第2932页。

⑥ 班固著，颜师古注：《汉书》卷三十三《刑法志》，中华书局1962年版，第1104页。

⑦ 王叔岷撰：《史记斠证》卷八十七《李斯列传》，中华书局2007年版，第2646页。

未被放弃，只不过适用范围有所收缩。汉昭帝时霍光诛上官桀、上官安、桑弘羊、丁外人宗族，亦诛灭家族所有成员。宣帝时霍光家族谋反，亦以族刑处理谋逆之罪。

周秦时期，原本基于血缘关系而形成的宗族，随着支系的不断增挚，逐渐演化为具有政治色彩的集合体，不再强调血缘的远近，而重视社会关系的亲疏。家族则是由直接血缘关系而形成的社会单元，随着宗族的分化，血缘关系明晰，能够承担相互责任的家族日渐成为更具有凝聚力的社会单元。

三、从家族到世族的制度形成

世族的形成，源自早期中国世守其职的文化传承。在早期的社会分工中，相当多的专门知识与技能，采用口耳相传的方式传承。最利于口耳相传的是父子相承，孩子掌握职务所要求的知识与技能，继承父亲的职守，子子孙孙地传承，这便是世守其职。鲁成公九年（前582），晋景公见钟仪，问其家族职守，钟仪回答是"伶人"，晋景公就问："能乐乎？"钟仪对曰："先父之职官也，敢有二事？"[1]言父亲为乐官，自己不敢去从事其他职业。襄公三十一年（前542），北宫文子说："臣有臣之威仪，其下畏而爱之，故能守其官职，保族宜家。"[2]子承父业，守其官职，是早期中国知识和技能传承的主要方式。

职务被授予一个家族，家族便世代相守，获得相应的知识和技能，继承官职。东周之后，世守其职逐渐难以延续。一是家族成员越来越多，朝廷和官府设置不了那么多的士职。葵丘之会便约定"士无世官"，意味着大量掌握了知识和技能的士人不再能获得父辈的职守。二是东周王室衰微，不再能吸纳或者养活那么多的士人。昭公十三年

---

① 左丘明传，杜预注，孔颖达等正义：《春秋左传正义》卷二十六《成公九年》，北京大学出版社1999年版，第738页。

② 左丘明传，杜预注，孔颖达等正义：《春秋左传正义》卷四十《襄公三十一年》，北京大学出版社1999年版，第1135页。

（前530），楚国便发生了"群丧职之族"的动乱，[1]正是一些家族失去了传统职守，无以为生，便乘机作乱。昭公二十二年（前520），王子朝叛乱所凭借的力量，也是"旧官、百工之丧职秩者"[2]。可见，这些失去职守者无以为生，便支持王子朝叛乱，试图建立功劳而重新上岗。由此可见，早期中国所形成的世守其职的家族，在朝政中具有相当的影响力。

世守其职是世族形成的基础，长期积累的知识和技能，以及由此而形成的政治势力和社会关系，维系着特定家族的礼义。汉朝所实行的任子制度，为高官提供了荫子的机会。《汉仪注》言："汉仪注吏二千石以上。视事满三岁，得任同产若子一人为郎。"[3]官至二千石以上，满三年可以任用一子为郎。汉初，任子制是基层官员的主要来源。武帝时董仲舒曾言："夫长吏多出于郎中、中郎，吏二千石子弟选郎吏，又以富訾，未必贤也。"[4]指出朝廷所选用的郎中、中郎，皆为二千石子弟，未必德才兼备。后在公孙弘和孔臧的建议下，西汉开始建立太学，举贤良为博士弟子、如弟子，入学学习一年后，根据科考选拔人才担任郎、文学、掌故，从而为平民入仕提供了机会。

任子制度、甲乙科考作为汉代入仕的基本路径，为世守其职的家族提供了制度上的保证。二千石以上的高官既可以通过任子安排子弟，又能通过科考和察举不断提升，由此形成了世代守儒的大家族。如东汉杨震、儿子杨秉先后担任太尉，孙子杨赐做司徒、司空，重孙子杨彪也做过司空，累世为公，逐渐成为世族。担任过司空、司徒的袁安不断培养、提拔子弟，最终形成"袁氏四世五公"的局面，也成为世

---

① 左丘明传，杜预注，孔颖达等正义：《春秋左传正义》卷四十六《昭公十三年》，北京大学出版社1999年版，第1312页。

② 左丘明传，杜预注，孔颖达等正义：《春秋左传正义》卷五十《昭公二十二年》，北京大学出版社1999年版，第1425页。

③ 徐天麟撰：《西汉会要》卷四十五《选举下·任子》，中华书局1955年版，第463页。

④ 班固撰，颜师古注：《汉书》卷五十六《董仲舒传》，中华书局1962年版，第2512页。

代相传的大家族。赵翼认为："古来世族之盛，未有如二家者。"①这些累世为官的大家族，便成为汉魏的官僚世族。

两汉以科考、察举选士，不少士人读书起家，累世做官。西汉韦贤、其子韦玄成通经学，其"宗族至吏二千石者十余人"②，发展为世家大族。夏侯胜、夏侯建也是通过传"《尚书》大小夏侯之学"③，家族人才辈出。伏胜家族传《尚书》，"自伏生以后，世传经学，清静无竞，东州号为'伏不斗'云。此一家历两汉四百年，亦儒学之最久者也"。④家族内部传承经学，作为获得功名利禄的手段，传承者更愿意将精微理解倾囊相授，以维持家族持久的荣耀。桓荣为汉明帝之师，其子桓郁为章帝、和帝讲经，桓荣、桓郁还删定经学文本，制作"桓君大、小太常章句"，成为显学，弟子众多。桓郁的儿子桓焉，继续为皇帝讲学；桓焉的孙子桓彬，因文学才能与蔡邕齐名，遂使得"计桓氏经学著于东汉一朝"⑤，桓氏家族因世代传经而成为文化世族。

魏晋世族的形成，得益于九品官人法的推行。《宋书·恩幸传》言："州都郡正，以才品人，而举世人才，升降盖寡。徒以冯藉世资，用相凌驾，都正俗士，斟酌时宜，品目少多，随事俯仰，……岁月迁讹，斯风渐笃，凡厥衣冠，莫非二品，自此以还，遂成卑庶。"⑥九品官人法有助于世族获得更好的社会声誉和政治权力。一是在经学家法和师法的传承中，世族子弟常能得到良好教育，为他们入仕提供了必备的技能。二是魏晋家族婚配重视门当户对，世族相互联姻，职位便在世族子弟之间代代相传。三是世族间相互抬升，中正官不得不受风气和舆论的影响，更便于提携世族子弟。四是世族相互标榜而促成的门第观

① 赵翼著，王树民校证：《廿二史札记校证》卷五《四世三公》，中华书局 2013 年版，第 101 页。

② 班固著，颜师古注：《汉书》卷七十三《韦贤传》，中华书局 1962 年版，第 3115 页。

③ 班固著，颜师古注：《汉书》卷八十八《儒林传》，中华书局 1962 年版，第 3604 页。

④ 赵翼著，王树民校证：《廿二史札记校证》卷五《累世经学》，中华书局 2013 年版，第 101 页。

⑤ 赵翼著，王树民校证：《廿二史札记校证》卷五《累世经学》，中华书局 2013 年版，第 101 页。

⑥ 沈约撰：《宋书》卷九十四《恩幸传》，中华书局 1974 年版，第 2301-2302 页。

念，久而久之便形成尊卑难以逾越的阶层分立。

九品官人法设置的初衷是："乡邑清议，不拘爵位，褒贬所加，足为劝励。"① 主张无论身份高下，皆可以得到品评，通过社会舆论监督、奖掖、选用士人，避免汉末经学科考重视知识技能而忽略人的综合素养。早期的中正官多由深孚名望者出任，其推选权力也不固定，被推选之人尚需经多方面考核，有助于弥补科考、察举的不足。任何制度久则生弊，当中正官被固定于某些家族或者某些名人，他们每年都有推举的权力，可以通过关系的亲疏远近、家族的高低卑下来选举人才，"遂计资定品，使天下观望，唯以居位为贵"②，便形成积弊，能够左右士人的评骘。东晋世族开始固化，晋王室侨居江南，无力改变旧制，王导遂建议把顾荣、贺循、纪瞻、周玘等南方世族的优秀人才吸纳进朝廷，以此获得南人的支持。《颜氏家训·涉务》言之为："晋朝南渡，优借士族。"③ 东晋选用江南士人，在皇帝身边执掌机要，以此换取世族的支持。江南世族也借助皇权维持家族利益，使得世族观念得到强化。王夫之曾指出东晋之所以能够稳定，正是通过世族来控制地方局势，支持皇权："孙氏有国以来所培植之世族也，率江东而定八王已乱之天下，抗'五胡'窥吞之雄心，立国百年而允定，孟子之言，于斯为烈矣。"④ 他认为东晋能够维持一百多年的统治，在于王室与世族之间达成了战略同盟，皇权巩固大家族的利益，大家族维系皇权的存在，彼此相互成全，才能与北方十六国抗衡。

沈约言东晋世族制度已经积习难改："州都郡正，以才品人，而举世人才，升降盖寡。徒以凭藉世资，用相凌驾，都正俗士，斟酌时宜，品目少多，随事俯仰，刘毅所云'下品无高门，上品无贱族'者也。岁月迁讹，斯风渐笃。"⑤ 世族全面控制了东晋重要的职事，寒族几乎没有机会升迁到高级职务。马端临认为这一制度的关键，在于用人多取世

① 房玄龄等撰：《晋书》卷三十六《卫瓘传》，中华书局 1974 年版，第 1058 页。
② 房玄龄等撰：《晋书》卷三十六《卫瓘传》，中华书局 1974 年版，第 1058 页。
③ 颜之推著，王利器撰：《颜氏家训集解》卷四《涉务》，中华书局 1993 年版，第 317 页。
④ 王夫之撰，舒士彦点校：《读通鉴论》卷十二《惠帝》，中华书局 1975 年版，第 324 页。
⑤ 沈约撰：《宋书》卷九十四《恩幸传》，中华书局 1974 年版，第 2301-2302 页。

族，养成了以门第自重的社会风气："故自魏晋以来，仕者多世家。逮南北分裂，凡三百年，而用人之法，多取之世族，如南之王、谢，北之崔、卢，虽朝代推移，鼎迁物改，犹印然以门地自负，上之人亦缘其门地而用之。"[1]认为南北朝时期，形成了皇帝与世家大族共治天下的局面。

世族与皇权的联合，形成了有家族而无国家的观念。世家大族只重视家族利益，无视皇权的存亡。刘裕代晋、萧道成代宋、萧衍代齐、陈霸先代梁。由一个皇权替代另一个皇权，并不影响世族的延续。赵翼曾言："而所谓高门大族者，不过雍容令仆，裙屐相高，求如王导、谢安，柱石国家者，不一二数也。次则如王弘、王昙首、褚渊、王俭等，与时推迁，为兴朝佐命，以自保其家世，虽朝市革易，而我之门第如故，以是为世家大族，迥异于庶姓而已。此江左风会习尚之极敝也。"[2]他认为世族之间利益共享，皇权不断变换，大家族的利益基本不变。这样，世族子弟出任官员，首先是照顾自己的家族，并不顾念王朝存亡。

世族子弟多累世读经学，对历史、制度、经学、玄学非常熟悉，能被皇帝顾问，与皇权结成政治共同体。但他们却不屑于处理庶务，将其交给寒门出身的低级官吏负责。久而久之，世族掌握清要之职，寒族掌握实权。这些掌握实权的寒族，或通过努力不断提升家族的地位，如沈约、张华等人；或掌握兵权之后，自立新朝，如刘裕、陈霸先等。但刘裕立宋、陈霸先立陈之后，最重视的便是将家族转化为世族，就其实质而言，不过是在皇帝的位置上维持家族的利益，仍秉持并固守着世族的观念。

由此观察氏族、部族、宗族、家族的观念演化，可以看出早期中国至魏晋时期的社会形态，是最大程度地通过血缘认同来建构相对稳定的秩序组织，或依靠生产关系形成氏族，或依托组织关系形成部族，

---

① 马端临撰：《文献通考》卷三十四《选举考》，中华书局 2011 年版，第 1003 页。

② 赵翼著，王树民校证：《廿二史札记校证》卷十二《江左世族无功臣》，中华书局 2013 年版，第 254 页。

或依赖宗法关系形成宗族，最终确定了依靠直系血缘关系形成家族，完成了对社会基本单元的界定。这就使得家族成为古代中国社会管理的基本模式，并由此建构其维系家族秩序的伦理观念、道德认知和制度形态。

第二节 家族伦理的观念化

从部族、宗族，到家族的演化过程，体现了基于血缘关系所形成的生活共同体的稳固发展，为我们观察魏晋家族伦理的形成提供了良好的视角。我们可以聚焦于家族内部的伦理观念如何凝固血缘关系，使家族成为最为稳定的社会单元。由此观察家族形态如何凝聚情感认同、道德共识和秩序运行，实现情、理与法的统一，并与公共社会的运行法则合拍，促成了古代中国伦理观念的稳定。

一、亲亲秩序的建构

家族内部的血缘关系，将存于其中的人凝聚为或远或近的亲属关系，形成了古代中国的亲亲认知。周大夫富辰曾言："大上以德抚民，其次亲亲以相及也。"[1] 言周治理天下的原则为以德抚民，其方法是"先亲以及疏，推恩以行义"[2]。即借助宗族之间的亲疏关系来确定彼此的责任义务，以此维系天下秩序。《中庸》也言："仁者人也，亲亲为大；义者宜也，尊贤为大；亲亲之杀，尊贤之等，礼所生也。"[3] 强调在亲亲的前提下实现尊贤。可见，西周所建构的社会秩序，立足于亲亲关系而向外层次第推衍。孟子所言的"老吾老，以及人之老；幼吾幼，以及

---

① 左丘明传，杜预注，孔颖达等正义：《春秋左传正义》卷十五《僖公二十四年》，北京大学出版社 1999 年版，第 418 页。

② 左丘明传，杜预注，孔颖达等正义：《春秋左传正义》卷十五《僖公二十四年》，北京大学出版社 1999 年版，第 418 页。

③ 朱熹撰：《四书章句集注·中庸章句》，中华书局 1983 年版，第 28 页。

人之幼"①，正是将亲亲关系所形成的伦理认知和道德共识，渐次拓展到更为广阔的社会关系中。《孟子·尽心上》又言："亲亲，仁也。敬长，义也。"②亲亲为仁，表现为情感共识；敬长为义，体现为道德认同。血缘关系靠亲情来维持，道德观念则要靠责任来保证。

由亲亲、敬长所形成的情感共识和道德认同，被视为建构社会秩序的基石。儒家思考社会秩序的建构，常常用亲亲概括家庭秩序，用尊尊概括行政秩序，用长长概括社会秩序。如《礼记·丧服小记》言："亲亲、尊尊、长长，男女之有别，人道之大者也。"③将亲亲作为社会秩序的基石，与尊尊、长长一起，构成了基本的伦理秩序。《礼记·大传》又言："其不可得变革者，则有矣。亲亲也，尊尊也，长长也，男女有别，此其不可得与民变革者也。"④认为亲亲、尊尊、长长秩序，与男女之别一样，构成了人类的基本伦理。在这其中，亲亲表现为父子关系，尊尊是君臣关系，长长是长幼关系，男女有别为夫妇关系。这就使得亲亲、尊尊、长长成为维系整个社会秩序运行的基准。

从历史的发展来看，基于亲亲的家族关系，必然被基于尊尊的社会关系所覆盖。但在早期中国的秩序建构中，这一进程却并非一蹴而就，而是经过反复的实践、认知和摇摆。《吕氏春秋·长见》载齐、鲁初封时，太公与周公讨论如何治理国家时言：

> 吕太公望封于齐，周公旦封于鲁，二君者甚相善也，相谓曰："何以治国？"太公望曰："尊贤上功。"周公旦曰："亲亲上恩。"太公望曰："鲁自此削矣。"周公旦曰："鲁虽削，有齐者亦必非吕氏也。"其后齐日以大，至于霸，二十四世而田成子有齐国。鲁公以

---

① 赵岐注，孙奭疏：《孟子注疏》卷一《梁惠王章句上》，北京大学出版社 1999 年版，第 21 页。

② 赵岐注，孙奭疏：《孟子注疏》卷十三《尽心章句上》，北京大学出版社 1999 年版，第 359 页。

③ 郑玄注，孔颖达等正义：《礼记正义》卷三十二《丧服小记》，北京大学出版社 1999 年版，第 966 页。

④ 郑玄注，孔颖达等正义：《礼记正义》卷三十四《大传》，北京大学出版社 1999 年版，第 1001 页。

削，至于觀存，三十四世而亡。①

亲亲上恩，是以宗法伦理原则来治理鲁国。作为周王室宗亲的周公，显然希望在鲁国全面践行周的宗法制，借助家族伦理秩序，建构鲁国的治理体系。以家族伦理为基础，把鲁国及其附属国关联到各种血缘关系之中，借助礼乐教化实现鲁国的治理。太公所主张的尊贤尚功，是尊重贤能之人，按照功勋多少进行赏罚。太公望认为：若总用家族关系来治理，外人无法进入到国家治理体系中，家族内部人员的能力日渐削弱，鲁国就会越来越弱。周公则认为：鲁国虽然弱，国家权力却能掌控在鲁公室手中，代代相承，即便弱小，能维持鲁国公室的血缘，国君皆为周公子孙。齐国虽能强大，尊贤却会使得有才能的人获得地位，久而久之就会动摇国君的统治，长此以往，统治齐国的有可能是其他家族。

太公与周公在治国观念上的区别，体现了早期中国国家治理的现实困境，在亲亲削弱和尊贤失位的选择中，王室和诸侯宁愿选择"任人唯亲"，以保证家族统治的延续，在此基础上通过尊贤，来弥补家族人员的能力不足。《说苑·政理》言齐、鲁分别以尊贤与亲亲模式治理五年后的情形：

> 伯禽与太公俱受封而各之国，三年，太公来朝，周公问曰："何治之疾也？"对曰："尊贤，先疏后亲，先义后仁也。此霸者之迹也。"周公曰："太公之泽及五世。"五年，伯禽来朝，周公问曰："何治之难？"对曰："亲亲，先内后外，先仁后义也，此王者之迹也。"周公曰："鲁之泽及十世。"故鲁有王迹者，仁厚也，齐有霸迹者，武政也，齐之所以不如鲁也，太公之贤不如伯禽也。②

如果将《吕氏春秋》《说苑》的记述，作为秦汉政治思想史的材料来看的话，会清晰意识到这与其说是作为史料的叙述，莫不如视为秦

---

① 吕不韦编，许维遹集释，梁运华整理：《吕氏春秋集释》卷十一《长见》，中华书局2009年版，第255页。

② 刘向撰，向宗鲁校证：《说苑校证》卷七《政理》，中华书局1987年版，第169页。

汉时期学者对亲亲、尊贤问题的反思，其背后的历史语境便是亲亲和尊贤孰优孰劣。吕不韦看似客观的叙述中，实则隐含着对尊贤的重视。而刘向则毫不掩饰对亲亲的赞美。一是认为亲亲是推己及人的仁义之举，更是长治久安的王道之政。二是认为鲁行仁厚的文治之道，体现了儒家国家治理的基本策略，合乎西汉所推行的亲亲以至尊尊的治理路径。

从汉朝国家治理的方式来看，也是在亲亲的基础上实行有限的尊贤，来缓和亲亲与尊贤的矛盾。如征和二年（前91）春，汉武帝在以刘屈氂为左丞相的诏书中言："夫亲亲任贤，周唐之道也。"[①] 元凤六年（前75），汉昭帝在封张安世为富平侯的诏书中也重申："夫亲亲任贤，唐虞之道也。"[②] 先后明确宣称亲亲与尊贤是自古以来的秩序，二者不可偏废。其中，刘屈氂为中山靖王刘胜之子，为汉武帝侄子，其所谓的任贤，是从亲亲中选择较为贤明者予以重任。张安世为霍光的政治盟友，其擢升依然是在亲亲的基础上选任。建平二年（前5）四月，皇太后诏书言："汉家之制，推亲亲以显尊尊。"[③] 言明了西汉政治原则，是以亲亲为本，尊尊为用，通过血缘关系的远近来确定基本关系，而后借助于行政秩序来完成对亲亲秩序的地位确定。

用"推亲亲以显尊尊"的汉家制度来审视汉代政治局面的变动，就会发现亲亲秩序的变动常常导致尊尊秩序的调整。刘邦诛灭异姓诸侯，依仗了吕氏家族，后来诸吕控制朝廷。汉武帝重用的卫青、霍去病、霍光，皆为皇后卫子夫家族成员。成帝、哀帝、平帝时期，王氏家族长期掌握政权，也是在亲亲基础上实现尊尊。元始三年（3），平帝诏王莽时言："公居周公之位，辅成王之主，而行管蔡之诛，不以亲亲害尊尊，朕甚嘉之。"[④] 表面夸赞王莽作为外戚，能够维持好亲亲秩序，安宁皇家和外戚，实现天下稳定；实则暗示王莽不以外戚来威逼皇

---

① 班固著，颜师古注：《汉书》卷六十六《公孙刘田王杨蔡陈郑传》，中华书局1962年版，第2879页。

② 班固著，颜师古注：《汉书》卷五十九《张汤传》，中华书局1962年版，第2647页。

③ 班固著，颜师古注：《汉书》卷十一《哀帝纪》，中华书局1962年版，第339页。

④ 班固著，颜师古注：《汉书》卷九十九《王莽传》，中华书局1962年版，第4065页。

权，令王室放心。东汉明帝、章帝时所形成的"崇妻党替母党"[1]，也是以亲亲显尊尊的原则，来完成朝廷重臣的更替。

如果说周秦时期亲亲、尊尊尚存在孰先孰后的选择，汉朝则试图把亲亲、尊尊合二为一。其具体做法是在亲近的人中选择贤良者，将之置于尊尊之位，利用皇族与外戚共同组成执政联合体，实现亲亲和尊尊的一致。光武帝时群臣也认为："群臣奉祠，以明尊尊之敬，亲亲之恩。"[2]将亲亲尊尊合二为一，试图实现家族关系与社会秩序的同构。汉和帝在追封梁竦的诏令中说："夫孝莫大于尊尊亲亲，其义一也。"[3]认为尊尊、亲亲共同遵守孝的伦理，二者在道德认同上显示出一致性。即便对兄弟关系充满提防的曹魏，在分封诸王、处分诸王时，也会提到亲亲秩序的重要性。如黄初元年（220）魏文帝曹丕在《任城王彰增邑诏》中说："先王之道，庸勋亲亲，并建母弟，开国承家，故能藩屏大宗，御侮厌难。"[4]曹丕即位后对兄弟们非常提防，但在当时的伦理观念中，亲亲秩序是居于首位的。他援引周朝分封母弟藩屏大宗的例子，仍希望曹氏皇室能够壮大。

曹魏时期，分封诸侯时阐明亲亲关系，削弱诸侯也要重申亲亲秩序。太和元年（227），魏明帝曹睿在《封聊城王诏》中言："有虞建之于上古，汉文、明、章行之乎前代，斯皆敦叙亲亲之厚义也。"[5]言继承了尧舜以至汉明帝、章帝的做法，重视亲亲之义，申明分封聊城王曹茅，出于维持亲亲秩序。青龙元年（233）曹睿在削中山王曹衮县户的诏书中言："有司奏，王乃者来朝，犯交通京师之禁。朕惟亲亲之恩，用寝吏议。"[6]言有关部门报告中山王曹衮犯罪，其考虑亲亲恩义，才平

① 王夫之撰，舒士彦点校：《读通鉴论》卷八《章帝》，中华书局1975年版，第171页。

② 范晔撰，李贤等注：《后汉书》卷三十五《张曹郑列传》，中华书局1965年版，第1194页。

③ 范晔撰，李贤等注：《后汉书》卷三十四《梁统列传》，中华书局1965年版，第1174页。

④ 陈寿撰，裴松之注、陈乃乾校点：《三国志》卷十九《魏书·任城陈萧王传》，中华书局1982年版，第556页。

⑤ 陈寿撰，裴松之注、陈乃乾校点：《三国志》卷二十《魏书·武文世王公传》，中华书局1982年版，第589页。

⑥ 陈寿撰，裴松之注，陈乃乾校点：《三国志》卷二十《魏书·武文世王公传》注引《魏书》，中华书局1982年版，第584页。

息了朝廷的议论。这些被诏书标榜的亲亲伦理，成为社会无法回避的公认准则。曹植期望曹睿能够坚守亲亲伦理，不要如此提防和压制自己。他的《求通亲亲表》中期望曹睿能够顾念亲亲之情，来维系皇室的团结："诚骨肉之恩爽而不离，亲亲之义实在敦固，未有义而后其君，仁而遗其亲者也。"①骨肉联系不会疏离，真正怀有仁爱之心、忠义之心的人不会懈怠君王，希望诸王能够朝见皇帝。

曹魏皇帝对兄弟、侄子严加防范，曹丕、曹睿父子多次迁徙曹植的封地，找借口削弱曹植的力量。但在曹植看来，骨肉不可分离。曹魏应该用亲亲伦理来调整皇帝和诸侯王的关系，恢复周朝先亲亲而后尊尊的制度，以此控制天下。在理论上，曹丕父子皆认同亲亲伦理，但在实践中，他们对宗室的提防，要远远超过异姓权臣。曹冏在《六代论》中便说："臣闻古之王者，必建同姓以明亲亲，必树异姓以明贤贤。……非贤无与兴功，非亲无与辅治。"②认为没有贤良的人，国家无法建功立业；但是没有亲亲，天下就无法控制："夫亲亲之道，专用则其渐也微弱；贤贤之道，偏任则其弊也劫夺。"③其论断与周公、太公此前的讨论相呼应，实则看到了曹魏未来的结局，在于"今魏尊尊之法虽明，亲亲之道未备"④，认为曹魏宗亲未立，未来必然被异姓篡夺。

曹魏时期这一困境的形成，非始自曹丕，实际从曹操开始，就确定了王权独尊的传统。曹丕、曹叡兄弟们无力分享曹操的权力，即位之后的曹丕，并不是在亲亲的基础上形成尊尊，只是将亲情纳入尊尊中进行考量。备受曹操宠爱的曹植，一旦确立为臣子身份，就必须遵守臣子法度，在尊尊秩序下才能行亲亲之事。所以，曹植给曹丕上书

---

① 陈寿撰，裴松之注，陈乃乾校点：《三国志》卷十九《魏书·任城陈萧王传》，中华书局 1982 年版，第 570 页。

② 陈寿撰，裴松之注，陈乃乾校点：《三国志》卷二十《魏书·武文世王公传》注引《魏氏春秋》，中华书局 1982 年版，第 592 页。

③ 陈寿撰，裴松之注，陈乃乾校点：《三国志》卷二十《魏书·武文世王公传》，注引《魏氏春秋》，中华书局 1982 年版，第 592 页。

④ 陈寿撰，裴松之注，陈乃乾校点：《三国志》卷二十《魏书·武文世王公传》，注引《魏氏春秋》，中华书局 1982 年版，第 592 页。

时，总是战战兢兢，如履薄冰，在于其明白曹魏以尊尊替代亲亲的现实，稍有违背便会被严加惩处。曹魏所形成的尊尊为主，使得亲亲之情并没有像周朝、汉朝那样体现在政治秩序中。因此，司马懿诛杀辅政的曹爽，便轻易控制了曹魏王室，在于曹魏弱化了亲亲关系，使得皇室失去了拱卫。其之所以失国，与周公早年预测的尊贤上功的结局类似。

西晋立国之后反思曹魏在亲亲关系处理上的弊端，认为皇权受到侵害时，曹魏宗室却没有亲亲力量去拱卫王室，轻易失去天下。西晋重新分封诸侯王，以巩固亲亲秩序。其矫枉过正而强化的亲亲，却又削弱了尊尊秩序，导致了后来的八王之乱。因此，如何形成稳定的亲亲关系，使得亲亲既能辅助尊尊秩序的建立，又能不损害尊尊的运行，成为魏晋学者讨论的焦点，也成为魏晋伦理建构的重心。

二、父子伦理的强化

家族关系是社会秩序的基石，家族伦理是社会伦理的来源。《周易·序卦》言："有天地然后有万物，有万物然后有男女，有男女然后有夫妇，有夫妇然后有父子，有父子然后有君臣，有君臣然后有上下，有上下然后礼义有所错。"[1]认为秩序的建构，立足于亲情，然后才形成社会关系。《颜氏家训·兄弟》亦言："夫有人民而后有夫妇，有夫妇而后有父子，有父子而后有兄弟：一家之亲，此三而已矣。自兹以往，至于九族，皆本于三亲焉，故于人伦为重者也，不可不笃。"[2]家庭关系由夫妇、父子、兄弟三个基本关系组成，其他社会关系皆发源于这三个关系之中。因此，中华文化在阐释伦理观念时，常按照家国同构的原则，通过建构家庭伦理来促成社会伦理。

在早期中国的实践中，常常以家庭伦理来确定社会秩序运行的法则。信陵君统率晋国边境部队时，"勒兵下令军中曰：'父子俱在军中，

---

① 王弼、韩康伯注，孔颖达等正义：《周易正义》卷九《序卦》，北京大学出版社1999年版，第336—337页。

② 颜之推撰，王利器撰：《颜氏家训集解》卷一《兄弟》，中华书局1993年版，第23页。

父归；兄弟俱在军中，兄归；独子无兄弟，归养。'"①在面对家国利益冲突时，优先考虑家庭伦理：打仗可能会全军覆没，父子俱在军中，一旦失败，一个家庭就灭亡。他要求父子皆在军中的，父亲、兄长回家，独子在军中也要回家赡养老人。这一决定被载于史册，并被后世津津乐道，体现了早期中国家庭伦理重于社会秩序的基础认知。至少表明在战国以至秦汉时期，要求家庭安全超过国家安全，是被视为合理合法的。司马迁对此的赞美，同样表明在当时的伦理观念中，社会秩序要维持家族秩序，社会伦理要服从于家族伦理。

刘邦即位为皇帝后，其父仍健在，为了处理好亲亲与尊尊的关系，他发布《上太公尊号诏》，为父亲上尊号，表明亲亲高于尊尊。他明确说："人之至亲，莫亲于父子，故父有天下传归于子，子有天下尊归于父，此人道之极也。"②其颁行诏书，目的是教化天下，以明确亲亲高于尊尊。由此确定汉代伦理的基石，是亲亲高于尊尊，父子关系高于君臣关系。其诏告天下，言最亲者为父子关系，将父子关系视为家族伦理的基石。刘邦即便尊为皇帝，也不能违背亲亲秩序。从尊尊上言，刘邦以皇帝身份为天下最尊贵之人；从亲亲上言，刘邦父亲的地位要高于自己。刘邦的父亲被尊为太上皇，便是依靠亲亲之情，获得了尊尊地位，这表明了在亲亲与尊尊出现冲突时，刘邦让尊尊服从于亲亲，由此形成了"推亲亲以显尊尊"的汉家制度。

如果说刘邦尊乃父为太上皇只是特例，那么汉朝司法实践中处理亲亲、尊尊相冲突的案件，则表明了父子关系作为亲亲秩序的基石，被牢固坚守，并作为司法实践的原则。汉宣帝地节四年（前66）五月曾下诏，进行司法解释：

> 父子之亲，夫妇之道，天性也。虽有患祸，犹蒙死而存之。诚爱结于心，仁厚之至也，岂能违之哉！自今子首匿父母，妻匿夫，孙匿大父母，皆勿坐。其父母匿子，夫匿妻，大父母匿孙，

① 司马迁撰，裴骃集解，司马贞索隐，张守节正义：《史记》卷七十七《魏公子列传》，中华书局2014年版，第2893页。

② 班固著，颜师古注：《汉书》卷一《高帝纪》，中华书局1962年版，第62页。

罪殊死，皆上请廷尉以闻。[①]

汉宣帝认为父子、夫妇关系，是家庭伦理的两个基石。前者约束同宗关系，后者约束亲戚关系。父子、夫妻之间的感情，是不能违逆的人性，因此当父亲、丈夫犯罪逃亡之后，家庭成员出于人性的仁义，会帮助他们藏匿。汉宣帝认为儿子藏匿父母、妻子藏匿丈夫、孙子藏匿祖父母，不应该受到株连，以此维系亲亲关系的合理性。这一司法解释，表明在西汉伦理观念中，家族关系要超越社会关系，社会道义要合乎家族伦理。

西晋嵇绍出仕，也涉及了亲亲秩序与尊尊秩序的冲突。嵇康因违逆司马昭被杀害，其子嵇绍则退居乡里。作为罪臣之子，嵇绍本不该被朝廷任用。但推荐者山涛则用《尚书》的伦理观念来劝司马炎任命嵇绍："《康诰》有言：'父子罪不相及。'嵇绍贤侔郤缺，宜加旌命，请为秘书郎。"[②]山涛引用《尚书》之言，认为父亲所犯罪过，不能延伸到孩子身上。嵇绍不能入仕，是基于父债子偿的传统认知。其强调的是功名、罪过在父子间的继承关系，实际是把社会责任延展到家庭义务中。但山涛与晋武帝则认为家庭伦理优先，确定父子之罪不相及的原则，让家庭伦理超越了社会责任，遂起用嵇绍担任秘书丞。后来嵇绍在"八王之乱"中，以死保卫晋惠帝，成为西晋名臣。

父子亲情，不仅涉及伦理层面的人文关怀，也涉及行政决策的观念立场。信陵君、汉宣帝、司马炎从亲亲之谊出发，作出父子相免、父子相隐、父子不及罪的决定，以维持家庭伦理秩序。习凿齿曾言："傅玄知无君臣之伤教，而不知兼无父子为重，岂不蔽哉。且汉废君臣之丧，不降父子之服，故四海黎庶，莫不尽情于其亲。三纲之道，二服恒用于私室，而王者独尽废之，岂所以孝治天下乎。"[③]认为父子之情人人皆有，君臣之义却非人人经历。强调要建立通行天下的伦理秩序，必须先重父子之情而后再言君臣之道，使得亲亲超越于尊尊之上。

---

① 班固著，颜师古注：《汉书》卷八《宣帝纪》，中华书局1962年版，第251页。
② 房玄龄等撰：《晋书》卷八十九《嵇绍传》，中华书局1974年版，第2298页。
③ 沈约撰：《宋书》卷十五《礼志》，中华书局1974年版，第392页。

父子之情，体现为长辈与晚辈之间的抚养、赡养关系，作为衡量社会伦理观念的基础，在西晋时得到普遍认同。李密的《陈情表》，便言及家庭伦理与社会秩序的冲突：

> 生孩六月，慈父见背，行年四岁，舅夺母志。祖母刘，愍臣孤弱，躬见抚养。臣少多疾病，九岁不行，零丁辛苦，至于成立。既无伯叔，终鲜兄弟，门衰祚薄，晚有儿息。外无期功强近之亲，内无应门五尺之僮，茕茕孑立，形影相吊。而刘早婴疾病，常在床蓐，臣侍汤药，未曾废离。……臣欲奉诏奔驰，则刘病日笃，苟顺私情，则告诉不许，臣之进退，实为狼狈。伏惟圣朝以孝治天下，凡在故老，犹蒙矜愍，况臣孤苦，特为尤甚。……今臣亡国贱俘，至微至陋，猥蒙拔擢，宠命优渥，岂敢盘桓，有所希冀？但以刘日薄西山，气息奄奄，人命危浅，朝不虑夕。臣无祖母，无以至今日，祖母无臣，亦无以终余年，母、孙二人，更相为命，是以区区不敢废远。①

其中言及抚养祖母与入仕为官之间的抉择，在李密看来，个人当以家庭责任为重，先抚养祖母而后才能任职。晋武帝览表后言："密不空有名也。"于是"嘉其诚款，赐奴婢二人，下郡县供养其祖母奉膳"②，对其孝道进行表彰。待及其祖母卒，服丧结束，李密方入仕。在这一事件中，家庭伦理被李密和西晋君臣所推重，作为社会伦理的基石，超越于其他社会秩序。

东晋时期，因南北分隔而父子不能团聚，有的儿子在父亲去世之后无法安葬，便试图以终身服丧的方式来纪念其父。建武元年（317），王敦主张用议礼、改制的方式对这种情况进行干预：

> 自顷中原丧乱，父子生乖，或丧灵客寄，奔迎阻隔。而皆制

---

① 陈寿撰，裴松之注，陈乃乾校点：《三国志》卷四十五《蜀书·邓张宗杨传》注引，中华书局1982年版，第1078–1079页。

② 陈寿撰，裴松之注，陈乃乾校点：《三国志》卷四十五《蜀书·邓张宗杨传》注引，中华书局1982年版，第1079页。

服，将向十载，终身行丧，非礼所许，称之者难，空绝娉娶。昔东关之役，事同今日，三年之后，不废婚宦。苟南北圮绝，非人力所及者，宜使三年丧毕，率由旧典也。①

传统的习俗，是儿子为父母守丧三年。天下大乱，家庭流散，父子相隔，有不能亲自安葬父亲者，便终身服丧，以此表明孝道。传统礼俗，在守丧期间不能结婚，也不能外出谋生，这样就使得终身服丧者出现了生计问题。当这一伦理认知成为社会问题时，王敦便试图通过议礼和改俗的方式，来调整家庭伦理认知。他提出儿女知道父母去世后，即便不能亲自安葬，也只用服丧三年，结束服丧后便可以正常生活。王敦引东关故事讨论礼制，方才解决了东晋诸多家庭南北分隔而形成的家庭伦理困境。《晋书·礼志中》载温峤以寇侵为由，不至其母的殡葬，引起朝廷非议。司马睿让群臣议论，讨论者便提及东关故事，认定三年丧期完后，便可以礼除。② 东关故事是司马师率军大战东关，死伤惨重。孝子严格守孝三年，其间不能外出做官任职，严重影响到社会秩序的正常运转。司马师为了缓解家庭伦理与社会秩序的冲突，曾下令丧礼从简，并规定守丧期间不禁止婚姻，也不禁止任职。③ 这样经过讨论，大家普遍认为礼无终身之丧，只用服丧三年即可，从而解决了家庭伦理观念的认知误区。通过行政手段解决了家庭伦理的窘境，不仅缓解传统伦理观念所出现的窘境，而且为家庭伦理的调整提供了经验的借鉴。

孔衍《乖离论》言："即今代父子乖离，不知自处之宜，情至者哀过于有凶，情薄者习于无别。此人伦大事，礼所宜明。"④ 强调通过确定礼节来明确父子伦理秩序的细节，既能维持伦理观念的认同，也能维系社会秩序的运行。以此观察魏晋时期对父子伦理关系的讨论，主要

---

① 杜佑撰，王文锦、王永兴、刘俊文、徐庭云、谢方点校：《通典》卷九十八《沿革》，中华书局 1988 年版，第 2627 页。

② 房玄龄等撰：《晋书》卷二十《礼志》，中华书局 1974 年版，第 640–642 页。

③ 沈约撰：《宋书》卷六十四《郑鲜之传》，中华书局 1974 年版，第 1692 页。

④ 杜佑撰，王文锦、王永兴、刘俊文、徐庭云、谢方点校：《通典》卷九十八《沿革》，中华书局 1988 年版，第 2626 页。

集中于丧服制度的讨论。其主要观点有二：一是丧服是维系家庭秩序的形式，体现着家庭伦理秩序，其与社会秩序出现冲突时，必须以家庭秩序为主，以家庭伦理为本，由此形成了去职服丧的传统；二是确定了以伦理秩序为本，并将儒家经典的原则细化到聚族而居的家族关系中，形成了细密的丧服制度，以此维系家族成员的责任和义务。在这一过程中，早期文献成为建构家庭伦理的资料来源，儒生的阐释细化了家庭伦理的观念，行政力量维持了家族秩序的稳定。

三、夫妇伦理的完善

夫妇关系被视为社会伦理的基础。《中庸》言："君子之道，造端乎夫妇；及其至也，察乎天地。"[①]认为男女关系是社会秩序的基础，也是家庭关系的基石。父子关系表现为抚养与赡养的责任，其伦理秩序见诸丧葬与祭祀。夫妇伦理则体现于尊重和合作之中，表现为相互负责。《礼记·婚义》言夫妇之义："敬慎重正，而后亲之，礼之大体，而所以成男女之别，而立夫妇之义也。男女有别，而后夫妇有义；夫妇有义，而后父子有亲；父子有亲，而后君臣有正。"[②]夫妇关系形成于自然秩序，体现于情感认同，表现为道德认同。其以"敬慎重正而后亲之"来言婚姻的本质，在于男女相互敬重，方能维持彼此关系的稳定与长久。

西汉王吉针对西汉时期夫妇关系紊乱的现象提出："夫妇，人伦大纲，夭寿之萌也。世俗嫁娶太早，未知为人父母之道而有子，是以教化不明而民多夭。聘妻送女亡节，则贫人不及，故不举子。又汉家列侯尚公主，诸侯则国人承翁主，使男事女，夫诎于妇，逆阴阳之位，故多女乱。"[③]认为夫妇关系决定着家庭伦理，不合理的婚俗造成诸多社会问题。结婚太早，男女还不知道如何为人父母就开始生孩子，不能良好教育后代；聘妻送女失去节度没有规范，穷人娶不起妻养不起孩

---

① 朱熹撰：《四书章句集注·中庸章句》，中华书局1983年版，第23页。

② 郑玄注，孔颖达等正义：《礼记正义》卷六十一《昏义》，北京大学出版社1999年版，第1620页。

③ 班固撰，颜师古注：《汉书》卷七十二《王贡两龚鲍传》，中华书局1962年版，第3064页。

子。这些现象都应该进行行政干预，以形成良好的家庭伦理关系，并指出富家列侯公主结婚以后，不能按照家庭伦理来处理彼此关系，仍按尊卑观念来处理彼此关系，因而要求将夫妇秩序纳入亲亲秩序中进行处理，不能让尊尊超越亲亲而扰乱家庭秩序。

谷永在建始三年（前30）的《举方正对策》中也说："古之王者废五事之中，失夫妇之纪，妻妾得意，谒行于内，势行于外，至覆倾国家，或乱阴阳。……陛下践至尊之祚为天下主，奉帝王之职以统群生，方内之治乱，在陛下所执。诚留意于正身，勉强于力行，捐燕私之闲以劳天下，放去淫溺之乐，罢归倡优之笑，绝却不享之义，慎节游田之虞，起居有常，循礼而动，躬亲政事，致行无倦，安服若性。"①劝谏汉成帝能够整顿后宫，按照传统的夫妇有别的原则来处理家庭关系，使得帝后能够作为天下夫妇的表率。可以看出西汉中期的夫妇伦理已成为儒生焦虑的社会问题。

西汉中期普遍出现的夫妇伦理和家庭关系等问题，成为汉儒建构社会伦理的首要议题。成书于汉成帝永始元年的《列女传》，便是刘向有感于成帝时后宫后妃秩序的混乱和伦理失范，追述上古以来妇女的嘉言懿行，试图以历史故事来影响时代风气，促成家庭伦理秩序的完善。汉儒对《诗经》进行解读时，常将其中的诸多诗篇解释为体现"后妃之德"的衽席之作，表现出儒生对西汉夫妇伦理秩序的忧虑，试图借助经典对夫妇伦理进行重新规范，将《诗经》从王道之诗转化为衽席之作，期望以此阐述夫妇之义。可以说，西汉中后期由夫妇伦理所催生的家庭伦理，已经超越一家一户的生活实际，成为全社会必须面对的社会伦理问题。

东汉形成的《白虎通义》对夫妇关系进行了更为郑重的阐释，强化了夫妇之间的相互义务："夫者，扶也，以道扶接也。妇者，服也，

---

① 班固著，颜师古注：《汉书》卷八十五《谷永杜邺传》，中华书局1962年版，第3444—3445页。

以礼屈服。"①认为"缘夫妇生时同室，死同葬之"②，体现的是终身不离不弃的相互责任，要重视夫妇之间的亲情和义务。班昭作《女诫》，对夫妇关系进行了全面的解读：

> 夫妇之道，参配阴阳，通达神明，信天地之弘义，人伦之大节也。是以《礼》贵男女之际，《诗》著《关雎》之义。由斯言之，不可不重也。夫不贤，则无以御妇；妇不贤则无以事夫。夫不御妇，则威仪废缺；妇不事夫，则义理堕阙。方斯二事，其用一也。③

认为夫妇关系是社会伦理的基石，进一步明确了夫妇双方的责任和义务。父子关系只能伴半生，兄弟关系在各自成家后变成社会关系，只有夫妇关系共同生产，共同抚养子女，相伴一生。但夫妇之间通常会生出很多不尊重："房室周旋，遂生媟黩。媟黩既生，语言过矣。语言既过，纵恣必作。纵恣既作，则侮夫之心生矣。此由于不知止足者也。"④太熟悉了说话就会说过，话说过了就会纵恣，纵恣之后女性就会侮辱丈夫。班昭在《女诫》中主张按照亲亲的原则来处理夫妇关系："义以和亲，恩以好合。"⑤义是彼此负责，恩是相互成全。她认为夫妇之间发生冲突，一旦使用暴力，便"恩义俱废，夫妇离矣"⑥，若不能相互体贴，就失去了相互负责，之后夫妇可以判离。

东汉蔡邕的《协和婚赋》，进一步阐释了婚姻之义：

> 惟情性之至好。欢莫备乎夫妇。受精灵于造化。固神明之所使。事深微以元妙。实人伦之端始。考遂初之原本。览阴阳之纲

---

① 班固撰集，陈立疏证，吴则虞点校：《白虎通疏证》卷八《三纲六纪》，中华书局 1994 年版，第 376 页。

② 班固撰集，陈立疏证，吴则虞点校：《白虎通疏证》卷十一《崩薨》，中华书局 1994 年版，第 556 页。

③ 范晔撰，李贤等注：《后汉书》卷八十四《列女传》，中华书局 1965 年版，第 2788 页。

④ 范晔撰，李贤等注：《后汉书》卷八十四《列女传》，中华书局 1965 年版，第 2789 页。

⑤ 范晔撰，李贤等注：《后汉书》卷八十四《列女传》，中华书局 1965 年版，第 2789 页。

⑥ 范晔撰，李贤等注：《后汉书》卷八十四《列女传》，中华书局 1965 年版，第 2789 页。

纪。乾坤和其刚柔。艮兑感其胸腓。《葛覃》恐其失时。《标梅》求其庶士。惟休和之盛代。男女得乎年齿。婚姻协而莫违。播欣欣之繁祉。良辰既至。婚礼以举。二族崇饰。威仪有序。嘉宾僚党,祈祈云聚。车服照路。骖騑如舞,既臻门屏。结轨下车。阿傅御竖。雁行蹉跎,丽女盛饰,晔如春华。①

其认为夫妇关系是情感认同与责任共识的统一,是人类伦理关系的开端,体现着天地秩序、阴阳规律。强调婚姻基于两情相悦,体现着两姓之好。举行婚礼是为了向来宾证实夫妇的婚配,是将两情相悦的男女之情转化为夫唱妇随的家庭关系,并由此生出礼尚往来的社会关系。

魏晋时期对夫妇关系的理解,继承了汉代所形成的"夫妇之道,有义则合,无义则离"的原则。② 这一原则出自孔光处理淳于长小妻坐罪议的讨论。淳于长犯罪时,其妻已经离婚,司法机关要划定株连范围,孔光认为淳于长妻子已经不再对丈夫负有责任,不在被连坐的行列。这在司法实践中,实际确认了夫妇关系的合法终结,就失去了彼此的责任和义务。以此为原则,魏晋时期对夫妇关系的理解,也遵循着"合则有义,离则无义"的伦理认知,认为夫妇关系存续期间彼此相互负责。夫妇关系一旦中断便再无相互责任,从而确定夫妇关系徘徊在家庭关系和社会关系之间。

西晋的虞溥正是以这样的夫妇伦理来指导实践的。他在《驳卞粹议王昌前母服》中讨论了王昌为母亲服丧的丧期问题。王昌生母与乃父离婚后去世,王昌该如何为其母亲服丧呢?虞溥认为:"夫妇以判合为义,今土隔人殊,则配合理绝。……今夫妇殊域,与无妻同,方之恶疾,理无以异。据己更娶,有绝前之证,而云应服,于义何居!"③判定夫妇关系,首先要看他们是不是生活在一起。如果夫妇长时间不在一起,失去联系,夫妇关系则自然断绝。男子可以再娶,女子也可以

---

① 严可均编:《全后汉文》卷六十九《协和婚赋》,中华书局1958年版,第1705页。

② 班固撰,颜师古注:《汉书》卷八十一《匡张孔马传》,中华书局1962年版,第3355页。

③ 房玄龄等撰:《晋书》卷二十《礼志》,中华书局1974年版,第637页。

改嫁。由于王昌之父已经再娶，其与前妻的夫妇关系自然断绝。作为儿子的王昌，要跟着父亲来确定亲亲关系，而不再跟着母亲确认关系，他可以给生母服丧，但服丧期限要减一等。

由此来看汉魏与两晋时期夫妇伦理观念的整合，一是将夫妇关系纳入家庭关系之中，按照家庭伦理优先的原则来处理夫妇关系。特别是在西汉时期外戚干政、后宫失序的历史语境中，儒生不断努力试图将尊卑秩序纳入夫妇伦理中进行阐释。"夫为妻纲"[①]，试图以天尊地卑来推论夫妇关系，以形成相对稳定的夫妇秩序。但从两汉的实践来看，单纯的尊卑显然无助于夫妻之间的恩好，但没有尊卑则容易导致夫妇伦理失范。无论是刘向作《列女传》，还是汉儒以衽席之义解诗，都是为了在历史经验和经典阐释中寻找到恰当稳定的夫妇伦理的秩序模式，试图形成既有恩好又有分别的相处之道。直到东汉时期才逐渐通过确认夫妇的家庭责任和社会义务，形成了"夫妇有别"的制度实践和伦理认知，使得夫妇伦理作为家庭关系的组成、作为社会关系的延展。作为家庭关系的夫妇伦理，共同生活、相互扶持、有着共同的责任和义务。作为社会关系的夫妇，一旦失去了夫妇的名分和实际，便恩断义绝，不再相互负责，由此确认了夫妇伦理的相对性。

四、兄弟伦理的泛化

在西周宗法观念中，兄弟关系主要限于血缘关系，体现为亲亲秩序。周初分封的诸侯多为兄弟叔侄关系，其所言"兄弟阋于墙，外御其侮"，是将兄弟之情置于同宗同族、同甘共苦的语境中进行描述。《诗经·大雅·常棣》中言："凡今之人，莫如兄弟。死丧之威，兄弟孔怀。原隰裒矣，兄弟求矣。"[②]赞颂兄弟情义超过其他情义，在于能够休戚与共，荣辱一体。

东周时期的兄弟关系逐渐泛化。《尔雅·释亲》中言："父之党为

---

① 班固撰集，陈立疏证，吴则虞点校：《白虎通疏证》卷八《三纲六纪》，中华书局 1994 年版，第 374 页。

② 毛亨传，郑玄笺，孔颖达等正义：《毛诗正义》卷九《常棣》，北京大学出版社 1999 年版，第 569—570 页。

宗族，母与妻之党为兄弟。……妇之党为婚兄弟，婿之党为姻兄弟。"①
兄弟关系不仅存在于同宗同族之内，而且存在于婚姻关系之中。小而
言之，是基于家族和亲戚而形成的宗族秩序；大而言之，是通过同学
师生而形成的社会关系。子夏曾言："四海之内皆兄弟也，君子何患乎
无兄弟也?"②已将兄弟关系泛化到社会关系，认为志同道合者皆可以
兄弟之情待之。楚汉时刘邦曾与项羽约为兄弟，③西汉也曾与匈奴约为
兄弟，④正是试图将社会关系纳入亲亲关系中处理，以兄弟有序的原则
来面对社会关系。《盐铁论·和亲》亦载文学之言："故君子敬而无失，
与人恭而有礼，四海之内，皆为兄弟也。"⑤以作为家族伦理的兄弟关系
来处理社会关系。

在《礼记》的体系中，长幼秩序泛指亲亲秩序、邻里秩序和社会
秩序。其中《乐记》言："合父子之亲，明长幼之序，以敬四海之内，
天子如此，则礼行矣。"⑥将父子之亲、长幼之序并列，来理解社会秩序
的运行方式。若父子秩序指代家庭关系，长幼秩序则指社会关系，由
此来看兄弟关系，是立足于家庭关系来审视社会关系，将兄友弟恭作
为处理社会关系的基准。《冠义》又言："以正君臣，亲父子，和长幼。
君臣正，父子亲，长幼和，而后礼义立。"⑦君臣、父子与长幼对举，长
幼则包括兄弟关系、乡邻关系和朋友关系。《射义》言："故燕礼者，所
以明君臣之义也。乡饮酒之礼者，所以明长幼之序也。"⑧燕礼确定君臣

---

① 郭璞注，邢昺疏:《尔雅注疏》卷四《释亲》，北京大学出版社 1999 年版，第 122 页。

② 何晏注，邢昺疏:《论语注疏》卷十二《颜渊》，北京大学出版社 1999 年版，第 159 页。

③ 司马迁撰，裴骃集解，司马贞索隐，张守节正义:《史记》卷七《项羽本纪》，中华书局 2014 年版，第 416 页。

④ 司马迁撰，裴骃集解，司马贞索隐，张守节正义:《史记》卷一百十《匈奴列传》，中华书局 2014 年版，第 3502 页。

⑤ 桓宽撰集，王利器校注:《盐铁论校注》卷八《和亲》，中华书局 1992 年版，第 513 页。

⑥ 郑玄注，孔颖达等正义:《礼记正义》卷三十七《乐记》，北京大学出版社 1999 年版，第 1087 页。

⑦ 郑玄注，孔颖达等正义:《礼记正义》卷六十一《冠义》，北京大学出版社 1999 年版，第 1614 页。

⑧ 郑玄注，孔颖达等正义:《礼记正义》卷六十二《射义》，北京大学出版社 1999 年版，第 1640 页。

的尊卑，而乡饮酒礼所明确的长幼，则包括宗族聚会时的长辈和晚辈，也包括聚会时亲疏远近的乡邻。因此乡饮酒礼中所体现的"尊卑长幼之义"①，便是借助宗族、乡邻聚会来形成长幼有序的伦理观念，用以维持家族内部的秩序，并用作调整乡邻之间的社会关系。《白虎通·乡射》解释乡饮酒礼中体现的伦理观念："所以复尊卑长幼之义。春夏事急，浚井次墙，至有子使父，弟使兄，故以事闲暇，复长幼之序也。"②认为其正是借助长幼的年龄差别来形成尊卑观念，以家庭伦理来建构社会伦理，以家庭秩序来形成社会秩序。

以家庭伦理来推演社会伦理，是古代中国坚守伦理秩序的基本模式。家族中兄弟关系，表现为兄友弟恭的长幼秩序，社会关系可以比照家庭关系进行处理。按照年龄的长幼来处理同事、同学的关系，将家庭伦理移植到社会关系中，便能形成长幼有序的社会秩序，如同学、朋友之间的序齿，便很容易形成长幼秩序，这便是孔子所谓"四海之内皆兄弟"的认知。佛教东传之后，沙弥之间相互称敬，亦以长幼伦理处理沙弥之间的关系。王谧《答桓玄难》："沙门所以推宗师长。自相崇敬者。良以宗致即同。则长幼成序。"③承认沙弥间也仿照传统的长幼秩序形成伦理观念，拉近了原本生疏的社会关系。

魏晋时期对长幼秩序的理解，一方面强化其作为家庭关系的原则，将之尽可能纳入兄弟伦理中来理解；另一方面在社会秩序中对其泛化，以便处理更为亲近的社会关系，如刘备、关羽、张飞结义为兄弟，段匹磾与刘琨通婚而约为兄弟，文鸯与石季龙同盟结为兄弟，刘裕入长安遣使与郝连勃勃通好而约为兄弟等，皆是试图以兄弟伦理来处理彼此关系。这种以兄弟伦理替代社会伦理的做法，是试图按照兄尊弟卑、兄友弟恭的家庭关系来形成更为亲密的社会关系，将家庭伦理延展到

---

① 班固撰集，陈立疏证，吴则虞点校：《白虎通疏证》卷五《乡射》，中华书局1994年版，第247页。

② 班固撰集，陈立疏证，吴则虞点校：《白虎通疏证》卷五《乡射》，中华书局1994年版，第247页。

③ 严可均编：《全上古三代秦汉三国六朝文·全晋文》卷二十《答桓玄难》，中华书局1958年版，第1569页。

社会伦理之中。这表明，在古代中国的秩序建构中，夫妇、父子、兄弟所形成的家族伦理，是最为稳固的伦理观念，能够最大程度地维系彼此之间的关系。君臣关系所形成的尊卑秩序，在行政体系中行之有效，却无法维系越来越复杂的社会关系。如同事、同学、师长之间的关系，在无法纳入亲亲、尊尊秩序中进行衡量时，很容易导致社会秩序的失范。而先秦儒家所建构的朋友秩序，又不能充分涵盖日渐复杂的社会关系。早期经典所强化的五伦关系，试图用父子以亲、夫妇以敬、兄弟以悌、君臣以义、朋友以信五种伦理秩序来涵盖所有的关系，成为后世理解社会关系的基本范式。但当越来越复杂的社会关系不断出现时，只好将之纳入五伦关系中进行重新赋义，如义子义父、结为兄弟、结为冥婚等方式，便是试图将社会关系置入家庭关系或亲戚关系中来处理。

这一做法在早期中国行之有效地建构了以家庭伦理为基石的社会伦理体系。其缺点是无法明确公共伦理，特别是随着社会分工与合作日渐扩大时，诸多社会关系如师生、同学、使节等，只能纳入五伦之中审视，不可避免地出现削足适履的伦理困境，而且会导致诸多认知误区，使得社会关系庸俗化。要么落实到君臣上下的尊卑秩序，要么转化为父子兄弟的亲亲关系，不利于公共秩序的形成，使得古代中国缺少脱离于家族和朝廷之外的社会空间，这就导致公共社会伦理难以形成，只能在君臣、父子、兄弟的伦理观念和秩序意识中徘徊周旋，形成古代中国的超稳定结构，也造就了古代中国社会在公共伦理方面的裹足不前。

第三节　孝道观念的伦理化

汉代以孝治天下，并通过举孝廉、举孝悌力田等方式，使得孝道观念成为道德共识。孝，作为晚辈对长辈的感恩之心，被确认为与生俱来的家庭责任和社会义务，在魏晋时期作为家庭伦理的核心，成为判断个人德性与行为的标准。

一、作为伦理观念的孝道

孝作为观念认知，最初并不依靠外部的干预，而是源自情感的认同。孔子言士人的修为，其中便有"宗族称孝焉，乡党称弟焉"①，认为孝出于宗族伦理，体现于家庭关系；悌用于长幼关系，见诸社会秩序。在《孝经》的阐释中，孝从家庭伦理开始转向社会伦理，成为由小我走向大我而一以贯之的情感和责任："夫孝始于事亲，中于事君，终于立身。"②原本作为情感认同而施用于家庭的孝，被扩展为社会责任而施用于社会行为，进而被作为道德与行为的判断依据。这样，孝便成为可以衡量一个人感恩长辈、报效国家和承担义务的道德要求，作为被广泛提倡的社会风尚。

汉代将孝道从家庭伦理延展为社会伦理，实际是将人人皆能体会到的情感认同转化为道德认同，将人人在意的道德共识凝聚为社会通行的价值共识，将维系家庭秩序的通行规则作为社会运行的通用规范，由此强化为最易形成共鸣的伦理认知，用以形成良好的社会风俗，服务于社会秩序的建构。

汉代所提倡的孝道观念，不再一味强调孝是子女对父母的责任，将之扩大为道德修养。《大戴礼记·曾子本孝》便言："君子之孝也，以正致谏；士之孝也，以德从命；庶人之孝也，以力恶食。"③认为孝，不是一味地顺从，而是要在维持道义的立场上实现。其将孝转化为社会责任，认为君子、士、庶人对孝的责任与义务并不相同。君子要秉持中正之心，能以谏言匡正父母的过失，士人则坚守道德义务来实现使命，庶人则从事生产来侍奉父母。其又言："故居处不庄，非孝也；事君不忠，非孝也；莅官不敬，非孝也；朋友不信，非孝也；战陈无勇，

①　何晏注，邢昺疏:《论语注疏》卷十三《子路》，北京大学出版社 1999 年版，第 178 页。
②　李隆基注，邢昺疏:《孝经注疏》卷一《开宗明义章》，北京大学出版社 1999 年版，第 4 页。
③　王聘珍撰，王文锦点校:《大戴礼记解诂》卷四《曾子本孝》，中华书局 1983 年版，第 80 页。

非孝也。"①将孝作为道德认知的出发点，作为行为判断的落脚点。汉儒认为所有的道德认知和伦理观念，都是孝的体认与延展："夫仁者，仁此者也；义者，宜此者也；忠者，中此者也；信者，信此者也；礼者，体此者也；行者，行此者也；强者，强此者也；乐自顺此生，刑自反此作。"②把孝从家庭伦理拓展为社会伦理，是《孝经》五等之孝的内在含义。汉儒在此基础上将之延伸到社会道德的建构中，使之作为公认的社会伦理。

曹丕即位后强化尊尊秩序，借用国家行政力量来强行约束亲亲关系。由于持续用兵于吴蜀，其更关注刑名法术的使用，尚未顾及社会伦理秩序的重建。但孝作为基本的道德共识，仍成为曹魏皇室坚守的伦理准则。曹丕便言："子以述父为孝，臣以系事为忠。"③将忠孝作为道德伦理的基石。曹植在《灵芝篇》中写对曹操的怀念："岁月不安居！呜呼我皇考！生我既已晚，弃我何其早！《蓼莪》谁所兴？念之令人老。退咏南风诗，洒泪满祎抱。"④其感慨父子亲情，也是站在人之常情的角度去理解孝道。吴国因为用兵备战的需要，而不得不修订了传统的三年之丧："夫三年之丧，天下之达制，人情之极痛也；贤者割哀以从礼，不肖者勉而致之。世治道泰，上下无事，君子不夺人情，故三年不逮孝子之门。至于有事，则杀礼以从宜，要经而处事。故圣人制法，有礼无时则不行。"⑤以杀礼的方式缩短三年之丧，以保证军士能顺利服兵役。从三国时期陆绩怀橘遗亲、孟仁哭竹生笋、王裒闻雷泣墓的孝亲故事来看，这一时期的孝道观念在民间被全力坚守着。

以司马懿为代表的儒生持续倡导传统的道德伦理，更加重视孝道

① 王聘珍撰，王文锦点校：《大戴礼记解诂》卷四《曾子大孝》，中华书局 1983 年版，第 83 页。

② 王聘珍撰，王文锦点校：《大戴礼记解诂》卷四《曾子大孝》，中华书局 1983 年版，第 83 页。

③ 房玄龄等撰：《晋书》卷二十《礼中》，中华书局 1974 年版，第 634 页。

④ 曹植著，赵幼文校注：《曹植集校注》卷二《灵芝篇》，中华书局 2016 年版，第 485 页。

⑤ 陈寿撰，裴松之注，陈乃乾校点：《三国志》卷四十七《吴书·吴主传》，中华书局 1982 年版，第 1141 页。

的力量。司马懿本身出于温县孝敬里，司马师则"居丧以至孝闻"①，司马昭更是提倡"以孝治天下"②，其对孝的提倡，凝聚着魏晋时期儒生的共识。司马炎为晋王后，便令各郡的中正官遵循六条原则来举荐任用民间未被赏识的人才："一曰忠恪匪躬，二曰孝敬尽礼，三曰友于兄弟，四曰洁身劳谦，五曰信义可复，六曰学以为己。"③这六条所推崇的道德标准，是对曹操以刑名驭部属观念的纠正，试图重建道德第一的社会风尚。泰始四年（268），晋武帝颁行诏书，责成二千石官员，要以道德伦理来改良社会："士庶有好学笃道，孝弟忠信，清白异行者，举而进之；有不孝敬于父母，不长悌于族党，悖礼弃常，不率法令者，纠而罪之。"④重新倡导汉代重视孝道的社会风气，在这种道德风尚中，王祥、卫瓘、阮籍、郭巨、杨香、荀颧、王戎等便被视为至孝的典范，也因此得到社会的推重。

汉代以孝廉、孝悌察举士人，如何行孝？便生出诸多不同的行为方式。《后汉书·逸民传》载戴良兄弟在母亲生前与身后，采用了不同的行孝方式：

> 良少诞节，母憙驴鸣，良常学之以娱乐焉。及母卒，兄伯鸾居庐啜粥，非礼不行，良独食肉饮酒，哀至乃哭，而二人俱有毁容。或问良曰："子之居丧，礼乎？"良曰："然。礼所以制情佚也，情苟不佚，何礼之论！夫食旨不甘，故致毁容之实。若味不存口，食之可也。"论者不能夺之。⑤

戴良生前侍奉母亲，以求其欢心。去世后，其兄戴伯鸾守丧期间，居草棚，只喝粥，一切遵照礼法。戴良则吃肉喝酒，想哭就哭，尽管两人都哀痛得损伤了容貌，但却有人对戴良的行为提出异议，认为其居丧不合礼。戴良却认为外在的礼仪形式只是制约人的情感，守孝意

---

① 房玄龄等撰：《晋书》卷二《景帝纪》，中华书局1974年版，第25页。
② 房玄龄等撰：《晋书》卷三十三《何曾传》，中华书局1974年版，第995页。
③ 房玄龄等撰：《晋书》卷三《武帝纪》，中华书局1974年版，第50页。
④ 房玄龄等撰：《晋书》卷三《武帝纪》，中华书局1974年版，第57页。
⑤ 范晔撰，李贤等注：《后汉书》卷八十三《逸民列传》，中华书局1965年版，第2773页。

在令人哀伤，自己如此哀伤，不必按照礼的形式来要求。

东汉后期的孝道观念发生了巨大变化，就在于这一道德伦理被作为社会风气进行提倡时，被作为评价尺度用于选拔人才时，这种风气和尺度便会被异化为形式的存在。有人为了得到褒奖或提拔，采用更具有意味的形式来迎合风尚，获得评价体系的高度认同。这就使得原本出于人之常情的孝，不再被作为情感认同体现于家庭伦理，而作为道德形式或者行为方式以求得社会的赞美和行政的褒奖，使得孝的观念脱离了百姓耳之所闻、目之所见，成为标新立异的行为展示。后汉桓灵时童谣所言的"举秀才，不知书；察孝廉，父别居"①，既是民间对察举制度失范的讽刺，也体现了当时官方认同的孝道行为与民间认同的孝道观念的分离。

礼本"因人之情而为之节文"②，是按照人之常情而形成制度，通过文饰和节制来约束人的情感表达，使得情感既合乎情理，也合乎风俗，成为文质彬彬的行为方式。当仪式和制度被视为衡量情感的唯一标准时，这些外在的形式便不再作为情感的寄托，而成为满足社会舆论和社会评价的工具，从而形成外在礼教与自然情感的冲突。孝在这样的风气中便被异化为形式的存在。《晋书·阮籍传》又载：

> （阮籍）性至孝，母终，正与人围棋，对者求止，籍留与决赌。既而饮酒二斗，举声一号，吐血数升。及将葬，食一蒸肫，饮二斗酒，然后临诀，直言穷矣，举声一号，因又吐血数升。毁瘠骨立，殆致灭性。裴楷往吊之，籍散发箕踞，醉而直视，楷吊唁毕便去。或问楷："凡吊者，主哭，客乃为礼。籍既不哭，君何为哭？"楷曰："阮籍既方外之士，故不崇礼典。我俗中之士，故以轨仪自居。"时人叹为两得。③

阮籍的行为类似于戴良，时人对其行孝方式仍有疑问。裴楷的回

---

① 葛洪著，杨明照撰：《抱朴子外篇校笺》卷十五《审举》，中华书局1991年版，第393页。

② 郑玄注，孔颖达等正义：《礼记正义》卷五十一《坊记》，北京大学出版社1999年版，第1400页。

③ 房玄龄等撰：《晋书》卷四十九《阮籍传》，中华书局1974年版，第1361页。

答点明了时人对待孝的不同理解，一是越名教而任自然，不顾礼法的形式而重视孝的情感内涵；二是名教合于自然，按照礼法尽哀悼念。裴楷的解释得到时人的赞叹，体现了魏晋之际孝道观念的回归，更注重其合于家庭伦理，而不再如东汉那样侧重于体现社会要求。

《晋书·何曾传》载司马昭对阮籍行为的处理：

> 时步兵校尉阮籍负才放诞，居丧无礼。曾面质籍于文帝座曰："卿纵情背礼，败俗之人，今忠贤执政，综核名实，若卿之曹，不可长也。"因言于帝曰："公方以孝治天下，而听阮籍以重哀饮酒食肉于公座。宜摈四裔，无令污染华夏。"帝曰："此子羸病若此，君不能为吾忍邪！"曾重引据，辞理甚切。帝虽不从，时人敬惮之。①

何曾当面指责阮籍废弃礼法，要求司马昭严加惩处。司马昭却以阮籍有疾而要求何曾隐忍此事。或谓司马昭的隐忍，乃出自政治考量，但从戴良兄弟的作为来看，这种近人情之孝而不顾念礼法形式，并非阮籍时代的个案，而是当时确实存在名教与自然的冲突，即作为社会伦理的孝道，其体现方式与作为家庭伦理的孝道出现了形式上的严重冲突。

《世说新语·德行》记载了王戎与和峤两人同遭大丧，这两个皆以孝称名天下的名士，采用了完全不同的行孝方式：

> 王戎、和峤同时遭大丧，俱以孝称。王鸡骨支床，和哭泣备礼。武帝谓刘仲雄曰："卿数省王、和不？闻和哀苦过礼，使人忧之。"仲雄曰："和峤虽备礼，神气不损；王戎虽不备礼，而哀毁骨立。臣以和峤生孝，王戎死孝。陛下不应忧峤，而应忧戎。"②

王戎居丧，礼仪不备，却伤心得瘦骨嶙峋，难以自立，令人担心其身体。和峤则按照礼节居丧，神气不损。刘毅评判两人的所作所为

---

① 房玄龄等撰：《晋书》卷三十三《何曾传》，中华书局 1974 年版，第 995 页。

② 刘义庆著，刘孝标注，余嘉锡笺疏，周祖谟、余淑宜、周士琦整理：《世说新语笺疏》卷上《德行》，中华书局 2007 年版，第 24 页。

是"和峤生孝，王戎死孝"。他提醒晋武帝要担心王戎而不必担心和峤。在魏晋之际所形成的生孝、死孝的行为方式，实际是作为家庭伦理的亲情之孝，与作为社会伦理的道德之孝，已经出现了认知的分歧和行为方式的差别。

房玄龄等史臣认为魏晋的政治动荡，正在于道德伦理紊乱："礼法刑政于此大坏，如水斯积而决其堤防，如火斯畜而离其薪燎也。国之将亡，本必先颠，其此之谓乎！故观阮籍之行，而觉礼教崩驰之所由也。"①指出阮籍作为步兵校尉放浪形骸，时人以之为榜样，实则紊乱了礼法，导致社会秩序失范。其又言虞预"雅好经史，憎疾玄虚，其论阮籍裸袒，比之伊川被发，所以胡虏遍于中国，以为过衰周之时"②，认为阮籍的行为，犹如春秋时期周王畿内出现戎狄披发的习俗，看似合乎人之常情，实则放弃了社会责任。若人人因人情而为之，缺少外部的礼节，就会削弱社会共识，紊乱社会秩序。应该实现家庭伦理与社会伦理的统一，而不能偏废。

实际上，无论是生孝还是死孝，都不否认孝的伦理意义，其差别在于：是强调作为情感认同的孝，还是更注重作为社会共识的孝。东汉后期所出现的孝道危机，可能在不同流俗的遗民或者隐士身上得以体现，但在魏晋之际却在校尉阮籍、吏部尚书王戎等高官身上展现，表明了作为家庭伦理的孝，必须进行形式化的调整，使其既符合个人情感表达需要，也符合社会道德秩序的要求，回归到《礼记》所言的"因人之情而为之节文"③的礼度上来，方才能使其合乎道德认同和伦理共识的要求。

二、作为价值判断的孝德

孝原本出于个人的情感认同，凝聚为道德共识后，便成为社会伦理，用来衡量人的德性行为，具有了价值判断的功能。《大学》言："为

---

① 房玄龄等撰：《晋书》卷五《孝愍帝纪》，中华书局 1974 年版，第 136 页。

② 房玄龄等撰：《晋书》卷八十二《虞预传》，中华书局 1974 年版，第 2174 页。

③ 郑玄注，孔颖达等正义：《礼记正义》卷五十一《坊记》，北京大学出版社 1999 年版，第 1400 页。

人子，止于孝。"①正是用孝来衡量子女的行为。在战国时，孝被作为社会评价的依据，如《孟子·离娄下》载公都子之言："匡章，通国皆称不孝焉。"②百姓以孝来评价士人，对其德行进行评骘。

汉以孝治天下，全面将"孝"用为价值判断。武帝曾于泰山刻石曰："事天以礼，立身以义，事父以孝，成民以仁。"③把礼、义、孝、仁作为国家推行的行为法则和道德要求。其中的孝，作为家庭伦理与社会伦理同构的价值判断，成为汉代家国同构的基本规则。并通过行政体系来推举孝廉、孝悌力田，将孝作为德行评价的首要要求。汉宣帝在《丧不繇诏》中强调："导民以孝，则天下顺。……自今诸有大父母、父母丧者勿繇事，使得收敛送终，尽其子道。"④要求行政体系推行孝道和孝行，并用孝道教化百姓。特别提出家庭秩序和社会秩序冲突时，让社会秩序服从于家庭秩序，让孝子先去养老送终，再去服役，全力保证孝道的推行。汉元帝在《敕谕东平王宇玺书》中强调："盖闻亲亲之恩莫重于孝，尊尊之义莫大于忠。"⑤继承《孝经》移孝作忠的认知，将孝作为家庭伦理的基石，将忠作为社会伦理的基准。汉成帝在《闵楚王被疾诏》中也说："天地之性人为贵，人之行莫大于孝。"⑥把孝作为衡量人性的基本要求，作为举国通行的价值尺度。

汉代通过道德共识和伦理认同来建构国家秩序，方能将地域差异巨大的社会凝聚成为大一统的国家。其在观念上，将家庭伦理拓展为社会伦理，将家庭秩序与社会秩序贯通起来，通过家庭秩序的和谐来实现国家秩序的稳定，通过家庭伦理来建构社会伦理。国家通过社会教化与行政引导所提倡的道德共识和伦理认同，强化了"孝"的伦理

---

① 朱熹撰：《四书章句集注·大学章句》，中华书局1983年版，第5页。

② 赵岐注，孙奭疏：《孟子注疏》卷八《离娄章句下》，北京大学出版社1999年版，第236页。

③ 应劭撰，王利器校注：《风俗通义校注》卷二《正失》，中华书局1981年版，第68页。

④ 班固著，颜师古注：《汉书》卷八《宣帝纪》，中华书局1962年版，第250—251页。

⑤ 班固著，颜师古注：《汉书》卷八十《宣元六王传》，中华书局1962年版，第3320—3321页。

⑥ 班固著，颜师古注：《汉书》卷八十《宣元六王传》，中华书局1962年版，第3319页。

意义，将之作为衡量社会价值、评判百姓行为的标准。经过两汉近四百年的提倡，孝道观念在民间不断得到重视，成为舆论支持的道德认同和行为方式，承担起越来越重要的价值导向作用。

孝作为情感共识、道德共识和伦理共识的合一，在两汉、魏晋得到了广泛的认同。尽管在某些环节，国家倡导的伦理要求和个人行为方式会产生某些冲突，但在观念认知上二者却是高度一致的。因此，当孝道观念作为价值共识越来越被强调时，社会便越来越重视以孝作为实践、实现、认同国家秩序的方式。汉魏之际，邴原曾与太子曹丕讨论过家庭伦理的运行：

> 太子燕会，众宾百数十人，太子建议曰："君父各有笃疾，有药一丸，可救一人，当救君邪，父邪？"众人纷纭，或父或君。时原在坐，不与此论。太子谘之于原，原悖然对曰："父也。"太子亦不复难之。①

曹丕在宴会开始时提了个伦理问题：国君与父亲皆患重病，只有一碗药可以救一个人，先救君，还是先救父？众说纷纭，或父或君。言之在君者，显然是认为社会秩序先于家庭秩序；言之在父者，当然是认为家庭伦理高于社会伦理。曹丕问邴原如何看待，邴原说当然给父亲了，曹丕便无话可说。可见在汉魏之际，家庭伦理被置于社会伦理之上，家庭秩序被作为社会秩序建构的前提。

晋立国之初，强化了以孝治天下的传统，并且在皇室和官员中集体研读《孝经》，以强化对孝的伦理认同。泰始七年（271），"皇太子讲《孝经》通"②；元康元年（291）冬十二月，晋惠帝"以皇太子富于春秋，而人道之始莫先于孝悌，初命讲《孝经》于崇正殿"，继续以孝道教育太子；③永和十二年（356）二月辛丑、升平元年（357）三月，穆帝均

① 陈寿撰，裴松之注，陈乃乾校点：《三国志》卷十一《魏书·袁张凉国田王邴管传》，注引《邴原别传》，中华书局1982年版，第353—354页。
② 房玄龄等撰：《晋书》卷十九《礼志》，中华书局1974年版，第599页。
③ 房玄龄等撰：《晋书》卷五十五《潘尼传》，中华书局1974年版，第1510页。

讲《孝经》;① 宁康初年，"孝武帝尝讲《孝经》，仆射谢安侍坐，尚书陆纳侍讲，侍中卞耽执读，黄门侍郎谢石、吏部郎袁宏执经，胤与丹杨尹王混摘句"，君臣共同研读《孝经》;② 又宁康三年（375）九月，孝武帝讲《孝经》，对太子和官员强化孝道。③ 通过皇帝的亲自倡导，两晋君臣充分体认到孝的价值和意义，从而将孝用于价值判断。

西晋将孝作为最基本的价值判断，在社会秩序建构上全面体认，不仅以孝作为评骘标准，而且强化孝的制度设计，不仅对违背孝道的人进行道义上的批评，而且作为道德瑕疵对其进行惩处。"咸兄子简，亦以旷达自居。父丧，行遇大雪，寒冻，遂诣浚仪令，令为它设黍臛，简食之，以致清议，废顿几三十年。"④ 阮简以放旷自居，父亲去世后，他回家奔丧，浚仪令用酒肉招待他。按照礼制，居丧期间不能吃肉喝酒。阮简没有顾及礼节，受到舆论批评，以致被废弛三十年。可见入晋之后，孝行作为伦理共识，得到了士大夫的高度认同，并被作为衡量一个人德行的关键。

陈寿也是因为孝道有亏，而被士林贬议："遭父丧，有疾，使婢丸药，客往见之，乡党以为贬议。及蜀平，坐是沈滞者累年。……以母忧去职。母遗言令葬洛阳，寿遵其志。又坐不以母归葬，竟被贬议。"⑤ 父亲去世后，陈寿不安心居丧，让他的婢女为自己熬药治病，被客人看到并传播出去，便形成了孝道有亏的社会舆论，很多年影响着他的升迁。其母病中留下遗嘱，希望葬在洛阳，陈寿遵从了母亲愿望，却因不归葬母亲于祖茔再次遭到非议。由此可见，西晋时期的孝道观念，已经超越了家庭伦理而成为社会基本伦理，并足以支配社会舆论。任何人对父母的道德行为被作为衡量其能否承担社会事务、是否具有公共道德伦理的基准，承担着价值判断的功能。

---

① 房玄龄等撰:《晋书》卷八《穆帝纪》，中华书局 1974 年版，第 201–202 页。

② 房玄龄等撰:《晋书》卷八十三《车胤传》，中华书局 1974 年版，第 2177 页。

③ 房玄龄等撰:《晋书》卷九《孝武帝纪》，中华书局 1974 年版，第 227 页。

④ 刘义庆著，刘孝标注，余嘉锡笺疏，周祖谟、余淑宜、周士琦整理:《世说新语笺疏》卷下《任诞》笺疏，中华书局 2007 年版，第 863 页。

⑤ 房玄龄等撰:《晋书》卷八十二《陈寿传》，中华书局 1974 年版，第 2137–2138 页。

在这一历史语境中，两晋将孝道作为价值判断的依据，成为衡量个人德行的尺度。《晋书》设《孝友传》，收集两晋官员士人在孝道观念下的善举嘉行，列李密、盛彦、夏方、王裒、许孜、庾衮、孙晷、颜含、刘殷、王延、王谈、桑虞、何琦、吴逵等人的事迹，认为"其余群子，并孝养可崇，清风素范，高山景行，会其宗流，同斯志也"①，对两晋时的孝道、孝行者进行褒奖，赞美其道德行为，将之作为两晋立德的典范和伦理的标识。

三、作为秩序建构的孝行

在《周礼》所言的国家治理体系中，孝作为道德认同，得到了制度性的设计。其中，负责诸侯及公卿大夫子弟教育的师氏，以三德、三行教国子。三德中的孝德，作用在于"知逆恶"，贾公彦疏："善父母为孝，以孝德之孝以事父母，则知逆恶不行也。"②正是以孝观察国子的德性行为。三行中的孝行，强调"以亲父母"，被作为国子的行为准则。两周的国子，未来将出任周王室的诸侯、公卿、大夫、士，其从小便进行孝德的培养、孝行的要求，以确保其强化道德认同、作为价值判断、形成行为规则。

《礼记·王制》又言两周对诸侯的考核，孝被作为重要的原则："宗庙有不顺者为不孝，不孝者君绌以爵。"③周王考核诸侯的宗庙祭祀，如果不能遵循礼制祭祀，便被认为不孝，要进行削爵的惩处。《诗经·小雅·天保》言祭祀制度的隆重，"吉蠲为饎，是用孝享。禴祠烝尝，于公先王"④，在于培养祭祀者孝的伦理认知。《下武》又言："成王之孚，下土之式。永言孝思，孝思维则。媚兹一人，应侯顺德。永言孝思，

---

① 房玄龄等撰：《晋书》卷八十八《吴逵传》，中华书局 1974 年版，第 2294 页。

② 郑玄注，贾公彦疏：《周礼注疏》卷十四《师氏》，北京大学出版社 1999 年版，第 349 页。

③ 郑玄注，孔颖达等正义：《礼记正义》卷十一《王制》，北京大学出版社 1999 年版，第 363 页。

④ 毛亨传，郑玄笺，孔颖达等正义：《毛诗正义》卷九《天保》，北京大学出版社 1999 年版，第 585 页。

昭哉嗣服。"① 将孝思先王作为王室祭祀的情感认同和道德共识。在周的祭祀实践中，对周文王、周武王的孝思，是维系王室与诸侯的情感纽带和道德义务："凡君即位，好舅甥，修昏姻，娶元妃以奉粢盛，孝也。孝，礼之始也。"② 对先王的孝思，可以转化为对宗室、亲戚关系的重视，形成情感认同。在此基础上，国君即位之后进行的聘问、通婚、祭祀等，可以借助情感认同形成道德认同，维持彼此的信任，亲密彼此的关系。并通过礼尚往来，形成社会秩序，强化诸侯之间的责任和义务。

孝被作为礼之始，正体现了从情感认同到道德认同、再到伦理认同、最终落实到秩序认同的过程。原本出于父子情感认同的孝，依靠情感认同成为家庭伦理；又因周王室的扩大和统辖天下的需要，这一家庭伦理被建构成宗庙祭祀之礼，以追念先祖之功，成为维系日渐扩大的家族共同的道德认同。在周王室与诸侯的共同推动下，先是作为家族秩序建构的原则进行提倡，是为礼；进而成为社会秩序运行的法则要求遵循，是为法。

孝作为家庭秩序形成的经验，被用于社会秩序的建构。《周礼》所载的司徒教民、治民体系中，孝被置于百姓的六行之首："孝、友、睦、姻、任、恤"③，要求百姓遵从孝的伦理要求。司徒管理老百姓有八刑："一曰不孝之刑，二曰不睦之刑，三曰不姻之刑，四曰不弟之刑，五曰不任之刑，六曰不恤之刑，七曰造言之刑，八曰乱民之刑。"④ 不孝又被列入刑罚之首，表明战国时期的学者，不仅将孝作为基本的社会伦理，依靠道德教化进行提倡，而且将之作为基本行为规范，通过强制手段进行维护。

汉代通过行政手段将孝道伦理观念转化为社会制度设计。汉之律

---

① 毛亨传，郑玄笺，孔颖达等正义：《毛诗正义》卷十六《下武》，北京大学出版社 1999 年版，第 1047 页。

② 左丘明传，杜预注，孔颖达等正义：《春秋左传正义》卷十八《文公二年》，北京大学出版社 1999 年版，第 498 页。

③ 郑玄注，贾公彦疏：《周礼注疏》卷十《大司徒》，北京大学出版社 1999 年版，第 266 页。

④ 郑玄注，贾公彦疏：《周礼注疏》卷十《大司徒》，北京大学出版社 1999 年版，第 268 页。

令已经开始维持孝道。张家山汉简《二年律令·贼律》:"子牧杀父母,殴詈泰父母、父母叚(假)大母、主母、后母,及父母告子不孝,皆弃市。"① 对残害长辈或者放弃养老责任者进行严厉惩处,并且开始有意识修订秦律中不合乎儒家学说的条文,采用新的司法解释,来调整司法实践。

汉文帝元年(前179)三月,发布养老诏,倡导天下人孝养其亲:"老者非帛不煖,非肉不饱。今岁首,不时使人存问长老,又无布帛酒肉之赐,将何以佐天下子孙孝养其亲? 今闻吏禀当受鬻者,或以陈粟,岂称养老之意哉!"② 这一诏令不仅提倡孝的伦理认同,而且促成了汉代养老制度:"年八十已上,赐米人月一石,肉二十斤,酒五斗。其九十已上,又赐帛人二匹,絮三斤。赐物及当禀鬻米者,长吏阅视,丞若尉致。不满九十,啬夫、令史致。二千石遣都吏循行,不称者督之。"③ 不仅赐给老人衣食,还规定了监督监察机制,以保证孝道制度的落实。东汉永平二年(59),明帝行养老礼:"遣使者安车迎三老、五更。天子迎于门屏,交礼,道自阼阶,三老升自宾阶。至阶,天子揖如礼。三老升,东面,三公设几,九卿正履,天子亲袒割牲,执酱而馈,执爵而酳,祝鲠在前,祝馈在后。五更南面,公进供礼,亦如之。"④ 选三老、五更以养老,以此传递孝道,并诏令"三老、五更皆以二千石禄养终厥身。其赐天下三老酒人一石,肉四十斤"。⑤ 要求各郡县推选三老,成为尊老、敬老、养老制度,以提倡孝道。曹魏甘露三年(258)秋八月,曹髦下诏言:"夫养老兴教,三代所以树风化垂不朽也,必有三老、五更以崇至敬,乞言纳诲,著在惇史,然后六合承流,下观而

---

① 朱红林著:《张家山汉简〈二年律令〉集释》,社会科学文献出版社 2005 年版,第 39 页。

② 班固著,颜师古注:《汉书》卷四《文帝纪》,中华书局 1962 年版,第 113 页。

③ 班固著,颜师古注:《汉书》卷四《文帝纪》,中华书局 1962 年版,第 113 页。

④ 范晔撰,李贤等注:《后汉书·礼仪志》,中华书局 1965 年版,第 3109 页。

⑤ 范晔撰,李贤等注:《后汉书》卷二《显宗孝明帝纪》,中华书局 1965 年版,第 102—103 页。

化。宜妙简德行，以充其选。"①以王祥为三老，以郑小同为五更，恢复了养老礼。

家庭伦理中的亲亲之情，是基于情感认同而形成的；在社会伦理中的尊尊之义，是基于社会秩序而建构的。汉魏提倡的孝道，不仅使得孝成为家庭伦理，更成为判断一个人是否具有道德认知的标准，成为衡量道德行为的基准。作为"孝"的情感认同是人人可感、人人面对的生活认知，有无数具体个案可以描述。而作为社会伦理的"孝"，却是被高度概括的道德理念，作为原则，不一定能全面解决人情中的具体问题。特别是在行为判定和司法实践中，如何更为准确地操作，使得这一价值判断能够更精确地契合社会秩序，成为两晋制度建构的重点。

魏晋之际，司马昭曾命荀𫖮等在汉魏礼法的基础上，撰作新礼，其"参考今古，更其节文，羊祜、任恺、庾峻、应贞并共刊定，成百六十五篇"②。荀𫖮认为《丧服》最多疑阙，宜见补定。他指出："三年之丧，郑云二十七月，王云二十五月。改葬之服，郑云服缌三月，王云葬讫而除。继母出嫁，郑云皆服，王云从乎继寄育乃为之服。无服之殇，郑云子生一月哭之一日，王云以哭之日易服之月。如此者甚众。"③泰始制礼的关键，一是在于弥补汉魏古制的缺失，形成更加完备的礼制。二是按照儒家礼论来修订制度、调整礼俗，使得晋礼既合乎经典的阐释，又便于实践操作，以此作为丧服制度修订的标准。

泰始十年（274），杨皇后卒后，依旧制，既葬，帝与群臣除丧即服常服。对于太子是否应该继续服孝，便发生了礼制之争。按照汉魏旧制，太子亦应当除服。但博士陈逵认为"皇太子无有国事，自宜终服"④，认为太子应该按照家庭伦理，为皇后服丧三年。杜预等则引《礼记》之义进行讨论："天子居丧，衣服之节同于凡人，心丧之礼终于三年，亦无服丧三年之文。……况皇太子配贰至尊，与国为体，固宜远

---

① 陈寿撰，裴松之注，陈乃乾校点：《三国志》卷四《魏书·三少帝纪》，中华书局 1982 年版，第 142 页。

② 房玄龄等撰：《晋书》卷十九《礼志》，中华书局 1974 年版，第 581 页。

③ 房玄龄等撰：《晋书》卷十九《礼志》，中华书局 1974 年版，第 581–582 页。

④ 房玄龄等撰：《晋书》卷二十《礼志》，中华书局 1974 年版，第 619 页。

遵古礼，近同时制，屈除以宽诸下，协一代之成典。"①认为太子不需服丧三年，当从国制除衰麻，以谅暗终制，得到晋武帝采纳，成为晋礼定制。而东晋太元十五年（390），皇太子生母陈氏卒，太子置家令典丧事，试图按照家庭伦理为母亲服丧。徐邈则建议："《丧服传》称与尊者为体，则不服其私亲。又，君父所不服，子亦不敢服。故王公妾子服其所生母练冠麻衣，既葬而除，非五服之常，则谓之无服。"②认为皇帝、太子承担国事，无人替代，不应该因为服丧废职。

与此同时，西晋建立了官员丁忧制度，并要求百姓必须服丧。泰始元年（265），晋武帝下诏："诸将吏遭三年丧者，遣宁终丧，百姓复其徭役。"③以皇帝诏令形式进行的司法解释，便相当于立法规定：官员的父母去世，准许回家居丧三年；百姓父母去世，免除三年徭役。前者形成了官员的丁忧制度，后者提倡了民间孝道。泰始三年（267）三月，晋武帝将官员丁忧制度推行到高级官员："初令二千石得终三年丧"；冬十月，诏令"听士卒遭父母丧者，非在疆场，皆得奔赴"④，要求非作战人员，必须回家奔丧，以尽孝道。泰始四年（268），晋武帝在诏书中要求："士庶有好学笃道，孝弟忠信，清白异行者，举而进之；有不孝敬于父母，不长悌于族党，悖礼弃常，不率法令者，纠而罪之。"⑤对不孝敬父母、没有长幼观念者，要进行严厉处罚，以此维护社会伦理。

魏晋直接通过司法解释，将家庭伦理纳入社会秩序中进行审视，解决了诸多司法实践的困境。《谯子法训》载谯周对某些家庭伦理问题进行的司法解释，其一言：

> 或曰。昔有人母有疾。使其妻为母作粥者。妻不肯，乃以刀击之。伤夷其面。此可以为孝乎。曰。以刀击妻。其亲必骇。而

---

① 房玄龄等撰：《晋书》卷二十《礼志》，中华书局1974年版，第621—622页。
② 房玄龄等撰：《晋书》卷二十《礼志》，中华书局1974年版，第624—625页。
③ 房玄龄等撰：《晋书》卷三《武帝纪》，中华书局1974年版，第53页。
④ 房玄龄等撰：《晋书》卷三《武帝纪》，中华书局1974年版，第55—56页。
⑤ 房玄龄等撰：《晋书》卷三《武帝纪》，中华书局1974年版，第57页。

有忧及之。何有于孝？①

言某人母亲有病，他让妻子给母亲去做饭，妻子不肯。其人生气拿着刀去逼妻子，把妻子的脸伤了。别人问谯周这是不是孝？谯周认为，妻子不给婆婆做饭是妻子不孝，儿子要求妻子必须做饭，动手、动刀，一定把母亲给吓着了，这就是儿子的不孝。对孝行进行伦理判断之后，其余的司法实践便很容易认定。

还可以从桓温为父报仇的案例中，来观察东晋司法体系对孝道观念的维护：

> 彝为韩晃所害，泾令江播豫焉。温时年十五，枕戈泣血，志在复仇。至年十八，会播已终，子彪兄弟三人居丧，置刃杖中，以为温备。温诡称吊宾，得进，刃彪于庐中，并追二弟杀之，时人称焉。②

桓温的父亲桓彝被韩晃、江播杀害，当时桓温只有十五岁，他便立志要为父报仇。待桓温十八岁的时候，江播已经去世了。桓温借口吊丧进入江播的家中，杀死了江播的三个儿子，为父报仇。他居然获得了时人的称赞。这件事被录入桓温传记中，作为桓温德行和勇气的写照，表明唐代史臣也认同为父复仇的合理性。桓温报仇后，并没有得到惩处，至少表明当时的司法观念，是将家庭伦理置于社会秩序之上。

这样来看两晋对孝道观念的提倡，一是将之作为道德原则，强化了孝道在社会道德认同中的基础性作用；二是将之作为伦理共识，将孝德作为社会伦理观念的基准，通过官方的倡导，成为价值判断的依据；三是借助舆论力量、行政手段、司法解释和刑罚措施，将孝行作为社会行为准则。通过制度性的设计，成为皇室、官员、百姓共同遵守的伦理共识和行为方式，将孝道作为社会伦理在社会秩序层面进行了全

---

① 严可均编：《全上古三代秦汉三国六朝文·全晋文》卷七十《法训》，中华书局1958年版，第1863页。

② 房玄龄等撰：《晋书》卷九十八《桓温传》，中华书局1974年版，第2568页。

面的维护，使之成为共同维持的道德伦理。

第四节　礼法合治与伦理认同的确立

古代中国社会形成超稳定的结构，依赖于以家庭为基本生产生活单元的超稳定。而维持家庭单元稳定的基本要素，一是长期延续的小农经济，二是数千年来所形成的家庭伦理观念。其不仅得到社会秩序的充分维持，而且得以在大传统中得到全面响应，成为社会道德建构的基础。特别是魏晋时期所确立的礼法合治的原则，充分肯定并强化了早期中国所形成的道德共识。作为司法实践的指导原则，确立了古代中国以伦理共识建构社会秩序的传统，使得中国社会逐渐形成为伦理共同体。

一、礼法合治的观念形成

早期中国的国家治理观念，无论是儒家、法家或是其他学派，皆主张以刑德、赏罚为二柄。其间的差别，在于孰先孰后、孰轻孰重。孔子曾论德刑之治的优劣："道之以政，齐之以刑，民免而无耻。道之以德，齐之以礼，有耻且格。"[1]认为刑罚可以维持社会行为的底线，道德则能够倡导理想的社会风尚。理想没有顶点，底线却有尺度，因而司法容易做到令行禁止，道德引导却没有止境。儒家由此主张道德优先，引导百姓向善，就可以避免其受到惩罚。

但在执政实践中，孔子也不得不动用刑罚来维持社会秩序。他在诛杀少正卯后言："人有恶者五，而盗窃不与焉：一曰心达而险，二曰行辟而坚，三曰言伪而辩，四曰记丑而博，五曰顺非而泽。此五者有一于人，则不得免于君子之诛，而少正卯兼有之。……是以汤诛尹谐，文王诛潘止，周公诛管叔，太公诛华仕，管仲诛付里乙，子产诛邓析、

---

[1]　何晏注，邢昺疏：《论语注疏》卷二《为政》，北京大学出版社 1999 年版，第 15 页。

史付，此七子者，皆异世同心，不可不诛也。"①并且赞成商汤、文王、周公、太公、管仲、子产等诛杀七人而安天下的举措。可见孔子所言的先德后刑只是治理国家的理想状态，而不是唯一的措施。

儒家所强调的教化和法家所重视的刑罚，分别居于德、刑二端。在国家治理实践中，能够实现道德要求并付诸行为的礼，恰恰可以通过外部的约束来引导内心的道德自觉，或者通过内心的道德自觉而形成得体的行为，从而能将作为内在体验的道德付诸外在规范的礼义，为社会运行提供良好的秩序。孔子所言的"克己复礼"，便是试图克制人内心的私欲来体认道德，由道德外发而遵守约定俗成的礼制，挽救春秋后期社会秩序的失范。战国晚期的荀子已经认识到法的不可或缺，但他仍站在儒家的立场，不遗余力地强调礼的重要性。

礼是道德的外化，是将道德共识落实到个人行为上，并以此作为公共秩序的准则。其所约定的是社会"应该去做"的，将之作为为人处世、待人接物的标准。法规定的"不应该去做"的预设行为，维持的是社会的底线，以此防范社会秩序的失范。可以说，孔子以至荀子所着力倡导的礼，是基于道德自觉而形成的社会行为，是对理想的社会秩序的期待，有益于治世而无助于乱世。商鞅、韩非子、李斯所推重并实践的法，只是对社会秩序底线的维护，有助于乱世而无益于治世。在人人能遵纪守法的时代，如何建构一个凝聚社会共识和道德认同的社会秩序，法家学说体系并没有给出更高的学理阐释。儒家则一直孜孜以求地阐释其学理并探寻其实现方式。

在儒家的阐释中，作为由道德自觉而形成的行为方式，礼承担着凝聚道德共识、体现伦理要求、具备社会褒贬的全部功能。《左传》言："礼，经国家，定社稷，序民人，利后嗣者也。"②礼所体现的秩序，既有规范的成分，更要求个人的自觉。通过道德认同和舆论褒贬来评判人的德性和行为，以此维持社会秩序和道德共识。《礼记·曲礼上》又

---

① 王先谦撰，沈啸寰、王星贤点校：《荀子集解》卷二十《宥坐》，中华书局 1988 年版，第 521 页。

② 左丘明传，杜预注，孔颖达等正义：《春秋左传正义》卷四《隐公十一年》，北京大学出版社 1999 年版，第 126 页。

言："夫礼者，所以定亲疏，决嫌疑，别同异，明是非也。"①其中的定亲疏，是确定关系远近；决嫌疑，为判定事情的合理与否；别同异，是实现分类管理；明是非，则为确定对错。礼作为道德共识的体现，可以衡量社会运行的是非、明确社会运行的原则，并对其行为方式进行评判。在大传统中，礼本身便是道德共识、社会规范和行为准则的统一。

战国社会秩序的紊乱，使得原本基于道德体认、自我约束和舆论评骘的礼，缺少了对社会行为的强制管理。于是便出现了更趋严格的成文法，对不遵守社会秩序的行为进行惩罚。李悝、慎到、商鞅以及李斯所制定的律令，正是通过规定社会底线的方式来强力维持社会秩序，由此成为秦汉国家维持社会秩序的基准。东汉王充认为："古礼三百，威仪三千，刑亦正刑三百，科条三千，出于礼，入于刑，礼之所去，刑之所取，故其多少同一数也。"②在他看来，礼仪三百是礼，其所体现的只不过是道德原则，人人可以根据道德原则来形成恰当的行为。而威仪三千则为刑，是分门别类地列举了违背社会规则所应承担的后果。王充实际看到了礼与法的区别，在于礼仪规定的是道德原则，按照道德原则可以举一反三地形成行为自觉。而威仪所规定的是不得逾越的行为规范，触犯某一行为规范便受到相应的惩处。因此，礼依赖自觉来实现，刑依靠强制来执行。这样一来，律令只会越来越详细，才能制止不断滋生的违法行为。秦律之所以以严苛酷烈著称，在于其律令繁苛琐碎，需用庞大的司法体系来维持，才能做到执法必严，违法必究。

自刘邦与秦地百姓约法三章之后，西汉开始了缓减秦之苛法的司法改革。其改革的基本理路，便是以儒家学理对秦法进行修订。《后汉书·应劭传》言："董仲舒老病致仕，朝廷每有政议，数遣廷尉张汤亲至陋巷，问其得失。于是作《春秋决狱》二百三十二事，动以经对，言之详矣。"③从《盐铁论》所载的御史、大夫们与贤良、文学的对谈看

---

① 郑玄注，孔颖达等正义：《礼记正义》卷一《曲礼上》，北京大学出版社1999年版，第13页。

② 王充著，黄晖撰：《论衡校释》卷十二《谢短》，中华书局1990年版，第566页。

③ 范晔撰，李贤等注：《后汉书》卷四十八《应劭传》，中华书局1965年版，第1612页。

来，汉武帝、汉昭帝时期的朝廷官员依然遵循着传统严苛的司法习惯和行政认知，而贤良、文学则按照儒家经典精神来试图改良社会风气、改革行政制度。汉武帝让最高司法长官向董仲舒咨询重大案件，是期望能够以儒家学理对重大司法判决或者决策提供理论指导。由此而形成的春秋决狱，实际是用历史经验、礼义精神对秦律进行弥补，是对汉律的修订。

西汉时期的"春秋决狱"，既是借鉴历史经验进行司法解释，又是借鉴礼义精神改良司法实践。之所以如此，在于秦律的制定，并非依经立义，而是商鞅建构了国家绝对控制社会的司法体系，既能够凝聚国力统一天下，也足以让秦帝国在十五年时间轰然瓦解。汉承秦制，沿用秦律管理社会，但却在过秦的思潮中意识到秦制的弊端。汉武帝时期充分意识到秦汉律令与历史经验、道德观念存在严重抵牾之处，便援儒术以缘饰法令，试图让司法实践能够使百姓心服口服，而不全依赖于强制执行。随着司法实践的推进和经学传承的深入，朝廷君臣皆有意要借助经义来弥补法律的不足。董仲舒、倪宽、张汤等人不断借用《春秋》来解释司法实践，借用经义来改良、补充、缓解秦朝法制所带来的严苛。

董仲舒曾判定过一个疑难案子：甲无子，从道旁拾弃儿乙作为儿子。乙长大后犯杀人罪，把情况告诉了甲，甲即将乙隐藏起来。对甲犯什么罪，应处什么刑，当时众说不一。董仲舒便借助孔子所谓的"父为子隐，子为父隐，直在其中矣"的原则，[①]认为乙虽非甲亲生，但为甲抚养，其身份等同亲子，谁也不能改变这一事实。按照"春秋之义，父为子隐"的传统，甲可以藏匿乙而不应当坐罪。董仲舒采用经义对司法的解释，实则借助亲亲之情的伦理认同来调整了司法实践，从而使得司法能够契合伦理要求。

汉宣帝时期，开始将此前的判例转化为法令，修正司法解释，使法律规定更合乎社会共识。他说："父子之亲，夫妇之道，天性也。虽有患祸，犹蒙死而存之。诚爱结于心，仁厚之至也，岂能违之哉！自

---

① 何晏注，邢昺疏：《论语注疏》卷十三《子路》，北京大学出版社1999年版，第177页。

今子首匿父母，妻匿夫，孙匿大父母，皆勿坐。其父母匿子，夫匿妻，大父母匿孙，罪殊死，皆上请廷尉以闻。"①充分肯定了父子之间相互为对方隐藏罪过，是出于亲情，也是出于人性的关爱。由此免除了"子首匿父母，妻匿夫，孙匿大父母"的包庇罪，合乎社会的伦理期待。

汉武帝时以《春秋》决狱开始，到汉宣帝时引经义调整司法制度，西汉已经开始尝试以礼修法。东汉初年，梁统曾上书光武帝："窃谓高帝以后，至乎孝宣，其所施行，多合经传，宜比方今事，验之往古，聿遵前典。"②概括了西汉以来行之有效的司法改革经验，在于依照经传的解释来进行司法解释，充分肯定汉宣帝借助经义改进司法实践。如果说经传的精神在于礼乐教化，司法的用意在于刑政处罚，以经传进行司法解释，实际实现了礼乐刑政的合一。

永元初，陈宠上书汉和帝时，提出司法改革，意在使汉律"与礼相应，以易万人视听，以致刑措之美，传之无穷"③，主张按照经义的标准进行系统的司法改革，保证所有的律令能够合乎礼义。永元六年（94），陈宠开始校定律令，他执行的原则是：

> 礼之所去，刑之所取，失礼则入刑，相为表里者也。……汉兴以来，三百二年，宪令稍增，科条无限。又律有三家，其说各异。宜令三公、廷尉平定律令，应经合义者，可使大辟二百，而耐罪、赎罪二千八百，并为三千，悉删除其余令，与礼相应。④

他主张礼与刑要各司其职，礼用以维持道德共识，刑维持礼的要求。礼所反对的行为，应纳入律令进行惩处。刑罚所要维持的社会秩序和个人行为，要与礼所提倡的道德共识和价值导向一致。他以经义为标准，对汉法进行了修订取舍，将律令中不合经义的刑罚悉数删除，让司法实践与礼义要求相一致。陈宠的儿子陈忠担任尚书时，"略依宠意，奏上三十三条，为《决事比》，以省请谳之弊。又上除蚕室刑，解

---

① 班固著，颜师古注：《汉书》卷八《宣帝纪》，中华书局 1962 年版，第 251 页。
② 范晔撰，李贤等注：《后汉书》卷三十四《梁统列传》，中华书局 1965 年版，第 1168 页。
③ 范晔撰，李贤等注：《后汉书》卷四十六《郭陈列传》，中华书局 1965 年版，第 1554 页。
④ 范晔撰，李贤等注：《后汉书》卷四十六《郭陈列传》，中华书局 1965 年版，第 1554 页。

赃吏三世禁锢，狂易杀人得减重论，母子兄弟相代死听赦所代者，事皆施行。虽时有蠲革，而旧律繁芜，未经纂集"。①陈忠依照经义，建议去除宫刑，去除对贪赃枉法的官员家属的株连，并主张精神病患者杀了人要减刑等。这些司法原则得到允准，并得以实行。

应劭继续以经义删定汉律令，先后整理《律本章句》《尚书旧事》《廷尉板令》《决事比例》《司徒都目》《五曹诏书》及《春秋折狱》等，将两汉《春秋》决狱的司法实践进行总结，删除律令中的重复内容，初步整理出按照经义解释司法的案例，试图把春秋决狱的成果转化为法律的条文。其在建安元年（196）作《汉仪》献上，体现了两汉以经义修订律令的最后努力。

曹操任丞相时，尚书令荀彧曾博访百官，试图重新修改法律。孔融反对说："汉开改恶之路，凡为此也。故明德之君，远度深惟，弃短就长，不苟革其政者也。"②认为汉朝在不断修订法律，并未取得良好效果。虽然法律存在诸多问题，但沿用了四百年，骤然改变会使得百姓难以接受，主张不作大的修改。从两汉社会发展来看，儒学经过数百年的推广，其中所体现的道德认同、价值判断和社会要求，已经与汉律存在诸多不一致的地方。单纯依靠经义来删定汉律，会存在法律的盲区；信守汉律进行实践，会不断出现情、理与法的冲突。曹操意识到汉律必须修改，便让陈群尝试修改律令："令依律论者听得科半，使从半减也。"③继续依经义削减律令，采取对半减刑的方式削弱汉律的严酷。

曹魏立国后，响应东汉以来学者呼吁的司法改革，借用经义，对司法条文进行系统修订："凡断罪所当由用者，合二万六千二百七十二条，七百七十三万二千二百余言，言数益繁，览者益难。天子于是下诏，但用郑氏章句，不得杂用余家。"④用郑玄经传的解释作为标准，完成了魏律的制定。其原则是："改汉旧律不行于魏者皆除之，更依古义

① 房玄龄等撰：《晋书》卷三十《刑法志》，中华书局1974年版，第920页。
② 房玄龄等撰：《晋书》卷三十《刑法志》，中华书局1974年版，第922页。
③ 房玄龄等撰：《晋书》卷三十《刑法志》，中华书局1974年版，第922页。
④ 房玄龄等撰：《晋书》卷三十《刑法志》，中华书局1974年版，第923页。

制为五刑。其死刑有三，髡刑有四，完刑、作刑各三，赎刑十一，罚金六，杂抵罪七，凡三十七名，以为律首。"①删除了汉律中不再符合曹魏社会形态的诸多条文，按照经义确定刑罚，从而完成了"依经制律"的尝试。这一尝试，彻底打破了秦律的框架。按照经义所倡导的道德认同和社会认知来制律，构建了合乎社会共同秩序期待的新律令，使得法律合乎礼乐教化的导向，服从于价值共识的要求。

二、魏晋律令对伦理认同的强化

礼维持的是道德共识，法维持的是社会秩序。以道德为基础，才能形成情、理、法相适应的社会秩序。《管子·法禁》曾言："藏于官则为法，施于国则成俗。"②官府依照法律治理国家，百姓在长期的生活中形成习俗，法律要适应百姓的生活习惯。在此基础上约定成俗，通过司法制度促成社会形成良好秩序。魏晋将两汉以经义进行的司法解释作为制定律令的经验，重新制定律令。其初衷，是让律令合乎经义，让刑政合乎礼乐教化，让司法实践合乎道德伦理。

《魏律》序略言及制定的原则，正是为了维护社会秩序，形成良好的社会风尚：

> 贼斗杀人，以劾而亡，许依古义，听子弟得追杀之。会赦及过误相杀，不得报仇，所以止杀害也。正杀继母，与亲母同，防继假之隙也。除异子之科，使父子无异财也。殴兄姊加至五岁刑，以明教化也。囚徒诬告人反，罪及亲属，异于善人，所以累之使省刑息诬也。改投书弃市之科，所以轻刑也。正篡囚弃市之罪，断凶强为义之踪也。二岁刑以上，除以家人乞鞫之制，省所烦狱也。改诸郡不得自择伏日，所以齐风俗也。③

一是强调了遇到疑难案件，必须要按照经义进行判定。二是确定

---

① 房玄龄等撰：《晋书》卷三十《刑法志》，中华书局 1974 年版，第 925 页。
② 黎翔凤撰，梁运华整理：《管子校注》卷五《法禁》，中华书局 2004 年版，第 273 页。
③ 房玄龄等撰：《晋书》卷三十《刑法志》，中华书局 1974 年版，第 925–926 页。

魏律制定原则，是为了维护家庭伦理，如严处兄弟斗殴，意在宣明教化；对诬告者要株连亲属，意在维护社会风气；执法标准要统一，目的是整齐风俗等。其中公开阐明司法实践的目的，是对社会伦理秩序的强力维持。

魏律尽可能地维持社会共识，例如"正杀继母，与亲母同，防继假之隙也"。① 儿子杀害了继母，与杀害亲母同罪，以消除继母和继子之间的嫌隙。《晋书·刑法志》言："（魏律）贼斗杀人，以劾而亡，许依古义，听子弟得追杀之。"② 杀害别人的父母而亡命天涯，魏律则引经义之说，允许被害人的子弟报仇。同时也防止因提倡德教而毁弃刑罚，便规定"会赦及过误相杀，不得报仇，所以止杀害也"。③ 因大赦而免罪，因过失杀人，子弟不能报仇，以防止冤冤相报。这些法律条文的制定，目的在于明教化。魏律以儒家的经义作为立法的依据，初步实现了司法实践要服务于道德共识、道德共识要维持家庭伦理的原则。

司马昭为晋王时，令贾充与郑冲、荀颛、荀勖、羊祜、王业、杜友、杜预、裴楷、周雄、郭颀、成公绥、柳轨、荣邵等十四人修订律令，以"峻礼教之防，准五服以制罪也"④，按照礼教原则修订律令，对社会生活中的诸多争执进行规定，如"轻过误老少女人当罚金杖罚者，皆令半之。重奸伯叔母之令，弃市。淫寡女，三岁刑。崇嫁娶之要，一以下娉为正，不理私约"等。⑤ 借助律令调整社会伦理秩序，引导百姓遵从良好风尚。

晋立国后，晋武帝亲自临讲，裴楷执读后，于泰始四年（268）颁行这部按照"峻礼教之防"修订而成的新律令，是为泰始律。明法掾张裴注律后上表，概括了晋律的制定原则。一是融合礼乐、刑政于一体："王政布于上，诸侯奉于下，礼乐抚于中，故有三才之义焉，其相

① 房玄龄等撰：《晋书》卷三十《刑法志》，中华书局 1974 年版，第 925 页。
② 房玄龄等撰：《晋书》卷三十《刑法志》，中华书局 1974 年版，第 925 页。
③ 房玄龄等撰：《晋书》卷三十《刑法志》，中华书局 1974 年版，第 925 页。
④ 房玄龄等撰：《晋书》卷三十《刑法志》，中华书局 1974 年版，第 927 页。
⑤ 房玄龄等撰：《晋书》卷三十《刑法志》，中华书局 1974 年版，第 927 页。

须而成，若一体焉。"①综合政治、行政、教化等多种力量，形成社会综合治理。二是确定了礼法合治的原则："礼乐崇于上，故降其刑；刑法闲于下，故全其法。是故尊卑叙，仁义明，九族亲，王道平也。"②礼乐作为道德伦理的要求，成为刑法制定的依据；刑法作为维系道德伦理的手段。二者相辅相成，意在形成尊卑有序、道德至上、伦理规范、秩序井然的社会。

泰始律明确了"礼法合治"的原则，要求司法实践需实现理、情的统一："夫刑者，司理之官；理者，求情之机；情者，心神之使。心感则情动于中，而形于言，畅于四支，发于事业。……论罪者务本其心，审其情，精其事，近取诸身，远取诸物，然后乃可以正刑。"③强调司法审判要合情合理，既要兼顾律令的规定，更要令当事人做到心服口服。这就明确了司法只是作为维持社会秩序的手段，而不是以刑罚处置为目的，为两晋司法实践提供了指导原则。

如晋律规定："母告子不孝欲杀者许之""违犯教令，敬恭有亏，父母欲杀，皆许之"，赋予父母处置逆子的权利，以此维护家庭伦理。《晋书》记载许多因不孝父老被惩处的案例，表明两晋司法在最大可能地维持社会伦理。④为了实现司法实践与家庭伦理的契合，两晋对丧服制度进行了详细的考察，以此确定宗族成员之间的关系，通过"明服制"来准确判断犯罪嫌疑人与被害人的亲缘关系。⑤作为司法实践的刑律条文与作为礼制规定的五服亲制并重，按照礼法合治的原则，通过服制来判明当事人的远近亲疏关系，作为诉讼的第一道程序。依据五服制所体现的亲疏关系，进行双向加减，卑犯尊则加重，尊犯卑则减轻，体现了礼制与法制的相辅相成。

① 房玄龄等撰：《晋书》卷三十《刑法志》，中华书局 1974 年版，第 928 页。
② 房玄龄等撰：《晋书》卷三十《刑法志》，中华书局 1974 年版，第 929 页。
③ 房玄龄等撰：《晋书》卷三十《刑法志》，中华书局 1974 年版，第 930 页。
④ 程树德著：《九朝律考》卷三《晋律考》，中华书局 2006 年版，第 259 页。
⑤ 元代龚瑞礼《五服图解》言："欲正刑名，先明服纪。服纪正，则刑罚正；服纪不正，则刑罚不中矣。"见李修生主编：《全元文》卷一四四三《五服图解序》，江苏古籍出版社 1998 年版，第 46 页。

我们以荆州太守殷仲堪审理黄钦生一案为例来观察西晋司法实践对社会伦理的维持：

> 桂阳人黄钦生父没已久，诈服衰麻，言迎父丧。府曹先依律诈取父母卒弃市，仲堪乃曰："律诈取父母宁依驱晷法弃市。原此之旨，当以二亲生存而横言死没，情事悖逆，忍所不当，故同之驱晷之科，正以大辟之刑。今钦生父实终没，墓在旧邦，积年久远，方诈服迎丧，以此为大妄耳。比之于父存言亡，相殊远矣。"遂活之。又以异姓相养，礼律所不许，子孙继亲族无后者，唯令主其蒸尝，不听别籍以避役也。佐史咸服之。①

按照西晋传统，父母去世后要归宁服丧，但有人以此逃避职守，于是晋律规定诈称父母去世服丧者以弃市论处。黄钦生父亲去世日久，以迎父丧的名义试图服丧。殷仲堪认为晋律规定的是父母存而诈，父亲去世之后再行服丧，非诈取宁而是诈服迎丧，不必判处死刑。又在司法实践中，允许无后者过继亲戚子孙，只要能按规定祭祀，不另立门户避免徭役者，就不算违法。这些做法实际是将礼义用于司法解释，兼顾了人情与法理的统一。

西晋制定的泰始律，一方面按照礼义的阐释来制定新礼，以维持道德认同和社会共识。另一方面则更多采用引经注律，借用经义来解释律令，形成更符合道德认同、社会共识的司法解释，使得法律能够更好地维持社会伦理。陈寅恪曾言："司马氏以东汉末年之儒学大族创建晋室，统制中国，其所制定之刑律尤为儒家化。"②认为魏晋时期用儒家的观念来进行司法改革，儒家学说依赖于经传的传承，实则借用经义及其阐释推动了法律的变革，使之能够维持道德共识和价值认同。

---

① 房玄龄等撰：《晋书》卷八十四《殷仲堪传》，中华书局 1974 年版，第 2194—2195 页。

② 陈寅恪著：《隋唐制度渊源论稿·唐代政治史述论稿》，生活·读书·新知三联书店 2001 年版，第 111 页。

三、礼法合治的伦理意义

汉朝在进行国家治理时曾经尝试实行礼法合治，如汉武帝外儒内法的尝试、汉宣帝言汉家制度是"霸王道杂之"①，便是将儒家的礼治与法家的法治融合起来，但儒与法仍是两手策略。魏晋形成的礼法合治，弥补并纠正了秦法中"有国而无家"弊端，把家庭伦理、社会伦理作为律令制定的依据和司法实践的标准，确定了司法维持道德共识和社会秩序的核心作用。这就使得司法能够实现家国同构，借助家庭伦理来推动社会伦理的形成，借助家庭秩序的完善来促成社会秩序的良性运转，促进了礼义和法理的统一。

以经义定律令，是在司法层面的礼法合治。北魏继承了依经定律的实践，要求律令能够合乎经义。北魏太平真君六年（445），太武帝"诏诸有疑狱皆付中书，以经义量决"②，按照经义对重大司法案件进行审理。北魏原有司法体系较为简单，为强化国家治理，太武帝征集儒生建立中枢机构，由他们统一按照经义来判决疑案："以有司断法不平，诏诸疑狱皆付中书，依古经义论决之。"③《魏书·高允传》言："真君中以狱讼留滞，始令中书以经义断诸疑事。允据律评刑，三十余载，内外称平。"④高允借用经义决定判案的原则，三十多年得到了北魏鲜卑人、汉人以及其他民族的高度认同，就在于经义是基于早期中国历史经验所形成的社会共识，其中贯穿着社会基本的道德认同和重要的伦理观念，按照道德尺度和伦理原则对社会纠纷和司法案件进行定性，再依据律令量刑，便能简易便捷地维持社会秩序。

用礼义来重新制定法律，将经义作为律令制定的依据，借助法律来维系道德认同和伦理共识，促成了唐代"德礼为政教之本，刑法为政教之用"的礼法合治实践。⑤唐永徽三年（652）编订的《唐律疏议》，

① 班固著，颜师古注：《汉书》卷九《元帝纪》，中华书局1962年版，第277页。
② 魏收撰：《魏书》卷四《世祖纪》，中华书局1974年版，第98页。
③ 魏收撰：《魏书》卷一百一十一《刑罚志》，中华书局1974年版，第2875页。
④ 魏收撰：《魏书》卷四十八《高允传》，中华书局1974年版，第1089页。
⑤ 长孙无忌等撰，刘俊文点校：《唐律疏议》卷一《名例》，中华书局1983年版，第3页。

便是对律令中所体现的立法观念、律令意义按照经义进行系统解释，形成了礼法合治的司法解释框架，形成了依靠法律来维持社会的道德共识和伦理认同的司法体系。

唐律规定："诸同居，若大功以上亲及外祖父母、外孙，若孙之妇、夫之兄弟及兄弟妻，有罪相为隐；部曲、奴婢为主隐：皆勿论。"[①]认同手下隐瞒主人过失，亲人之间相互隐瞒彼此过失，将之视为家庭伦理，国家司法不予以干预。亲亲相隐的司法原则，维持了家庭伦理中重视的亲情。孩子有了过失或者罪行，要受到社会惩处。若在此过程中，家庭亲人皆不去保全而相互揭发，会损害彼此的亲情关系。孩子服刑之后还要回归家庭，如果因为司法实践而损害了亲情，服刑者便彻底对家庭亲情失望，很难在服刑之后回归正常生活。但若人人皆相隐，又容易导致司法难以执行，因此唐律在维持亲亲相隐的原则时，划定了亲亲相隐的适用范围："其小功以下相隐，减凡人三等。若犯谋叛以上者，不用此律。"[②]认定三代之内的亲情可以相隐，又规定重大犯罪行为则不能相隐，使得法律既能维持国家的秩序，又能合理地兼顾到人情。在维护家庭伦理的同时，又能兼顾社会秩序的运行，在人情和法理中寻求到了动态平衡。

司法兼顾人情礼义，是礼法合治在量刑方面的实践。曹魏制定《新律》，将《周礼》中的"八辟"改为"八议"，作为法条，编入正文。"八议"为议亲、议故、议贤、议能、议功、议贵、议勤、议宾，就是结合当事人的具体情况，在司法实践中对其定性、定量，以最大可能兼顾法、理与情的统一。"八议"的规定为司法实践增加了更多的考量依据，根据犯人的身份、能力、功绩和地位，酌情减轻处罚或者免除处罚。

如果说律令是立法、司法的基准，八议则是因人而异的具体考量，更多体现了礼的精神。

司法以律令作为硬性条件，以"八议"作为弹性空间，使得司法

---

① 长孙无忌等撰，刘俊文点校：《唐律疏议》卷六《同居相为隐》，中华书局1983年版，第130页。

② 长孙无忌等撰，刘俊文点校：《唐律疏议》卷六《同居相为隐》，中华书局1983年版，第130—131页。

既能维持律的严肃，又能照顾到特殊情况，使得无情之法能够兼顾社会的伦理关系，成为古代中国礼法合治的模式。自魏晋采用之后，宋、齐、梁、陈、后魏、北齐、后周及隋皆载于律，应用于司法实践。《唐律疏议》解释说：

> 犯法则在八议，轻重不在刑书也。其应议之人，或分液天潢，或宿侍疏宸，或多才多艺，或立事立功，简在帝心，勋书王府。若犯死罪，议定奏裁，皆须取决宸衷，曹司不敢与夺。此谓重亲贤，敦故旧，尊宾贵，尚功能也。以此八议之人犯死罪，皆先奏请，议其所犯，故曰"八议"。①

认为要在严格的律令之外，增加弹性空间，作为从轻处罚的依据。《唐六典》更是确认八议的目的，在于"以广亲亲，以明贤贤，以笃宾旧，以劝功勤"②，最大程度地兼顾社会伦理的要求。

古代中国所推崇的礼，其功能有二：一在于异贵贱，二在于别尊卑。魏晋所形成的八议，有助于维持等级制度和家族伦理。等级制度以确立社会的等级结构为基础，意在严别君臣，优崇官贵，异罚良贱。家族伦理维持了中古时期家族的宗法结构，稳定亲属一体，五服制罪，尊长优越的秩序。③单从司法实践来看，量刑有了弹性空间，很容易造成司法不公。但从凝聚伦理共识的角度来看，司法的目的在于维持教化、维持风俗、维持道德，必须有与之相应的道德伦理机制来引导社会风尚，兼顾人情与司法的统一。礼制负责调节道德伦理秩序，法制代表理性正义。行之有效的法律，是在尊重伦理、维护道德、理解人情的基础上，建构尽可能合理的社会秩序。司法实践要实现这一目标任重道远，只有随着社会秩序的调整和社会结构的变化而不断完善，修订、改善、阐释相应的律令，实现司法与世道人心的统一。这样来看，魏晋南北朝隋唐时期不断强化的礼法合治，无疑合乎社会文明的

---

① 长孙无忌等撰，刘俊文点校：《唐律疏议》卷一《八议》，中华书局 1983 年版，第 17 页。

② 李林甫等撰，陈仲夫点校：《唐六典》，中华书局 1992 年版，第 186 页。

③ 刘俊文：《唐律与礼的关系试析》，《北京大学学报（哲学社会科学版）》1983 年第 5 期。

发展走向，体现出其历史合理性。

唐朝政治开明的根本原因，就是其能够按照经义所倡导的共同理想和道德伦理，借助司法和礼制来形成稳定而顺畅的社会秩序。以经义和礼义作为内在要求，以律令和司法作为辅助手段，使得社会基础秩序的建构，既有了外在的行为约束，也有了内在的价值导向。其价值导向和理想意义依靠礼来实现，引导着社会各阶层向着更完善的道德伦理发展；其外在约束和社会秩序能够最大程度地调解、支配着司法行为、行政行为和民事行为，在共同的道德伦理要求中维持着社会的底线。

可以说，魏晋通过礼法合治，实现了经义和律令的融合，完成了家庭伦理与社会伦理融通。并通过司法改革，完成了律令体系对伦理秩序的维持，使得中华民族形成了一个伦理共同体。在这其中，不同阶层、不同民族，维持着共同的道德认同，守护着共同的行为准则，坚守着共同的伦理秩序。这就使得其在国家分裂时，仍能保持基本生活方式不变。这样，基于共同道德伦理，中华民族就有足够的能力和弹性，去同化不同的生活习俗，去包容不同的观念认知。

第四章 南北朝华夷观念与民族认同的形成

在早期中国的观念中，民族之间的差异，出于生产生活条件不同而形成的文化形态有别。《礼记·王制》言："凡居民材，必因天地寒暖燥湿。广谷大川异制，民生其间者异俗，刚柔、轻重、迟速异齐。五味异和，器械异制，衣服异宜。修其教，不易其俗。齐其政，不易其宜。中国戎夷，五方之民，皆有性也，不可推移。"[1]不同地区因为自然环境不同，导致了风土人情不同，影响到饮食方式、服饰装束和生活习俗等，形成不同的文化形态。因此，夏、商、周时期通过修其教、齐其政的方式实现文化融合，形成了相似、相近、相同的社会秩序、风俗习惯和道德伦理，使得华夏族不断壮大。居于中原地区的华夏族，对周边民族的文化习惯，并不强求一致，按照"不易其俗，不易其宜"的策略，与周边各族通婚、通商。早期中国的文化认知，对存在地域差异的生活方式、生活习惯具有充分的包容性，尊重并理解因生活习惯、生活方式和生活环境不同而形成的文化差异。

这一认知是理性的，强调文化并没有高下之分，只有合适与不合适的区别。由此来看，早期中国的华夷秩序，表面而言是民族问题，实际却是文化问题。民族是文化的表征，而不是分化的结果。秦汉时期形成的华夷认知，逐渐强化了平等尊重、对等交往的民族理念，促成了族群共处的社会秩序。钱穆先生曾言："中国文化不仅由中国民族所创造，而中国文化乃能创造中国民族，成为有史以来世界上独一无二的大民族。"[2]可以说，中华民族的形成过程，正是民族文化不断融合、中华文化不断认同的过程。

从建安时期开始到隋统一全国，虽然这期间有过西晋的短暂统一，

---

[1] 郑玄注，孔颖达等正义：《礼记正义》卷十二《王制》，北京大学出版社1999年版，第398页。

[2] 钱穆著：《中华文化十二讲》，九州出版社2012年版，第59页。

但中国实际上长期处于分治状态。其中，中原地区主要由民族政权主导，但皆强化自身的华夏正统身份，并以统一天下作为号召。在此过程中，在因华夷交往而形成的生产秩序、制度形态、道德共识和文化认同中，逐渐形成了华夷一体的民族认同观念。早期中国所形成的"华夷之辨"，在这一个历史时期转化为平等、对等的交往，为中华民族的融合提供了学理支撑，也进行着历史实践。以文化认同去观察中华民族的民族认同和制度整合，可以厘清中华文化形成的诸多细节，有助于理解民族共同体的形成。

第一节　早期中国的华夷观念认知

中华文化是在中国历史上由多个民族共同创造的。早期中国在炎黄部族之外，还有诸多文化形态各异的部族。华夏族融合形成之后，辐射、影响并容纳了更多具有不同文化特征的部族，成为中华文化的主体。其中的华与夷，便是对中华文化与周边不同文化形态的描述。在两周时期，居于中原地区的周文化是按照礼乐制度建立起来的，并接纳了不同区域的文化风俗而不断发展壮大。可以说，这一时期的中华文化，是周族、商族以及周边所谓戎、狄、蛮、夷共同创造形成的。在这一过程中，以周文化为主导的礼乐文化不断发展，其所提倡的情感认同、道德认同，不断影响秦、楚、吴、越以及周边区域，形成了具有很强包容性的华夏文化，使得秦汉能够形成统一的多民族国家。

传统的史学记载，认为与东晋并立的北方民族政权，打乱了传统的中原王朝所形成的统治秩序，而奉东晋及此后的宋、齐、梁、陈为正统。倘若站在更为广阔的中华文明史的角度来观察魏晋南北朝的发展，可以看出这一时期实乃民族文化的历史性整合。其性质犹如肇端于东夷的商族、壮大于戎狄的周族，二者入主中原，促成了商文化、周文化全面融入华夏文化的主流之中。陈寅恪先生即以这样的视角审视这一时期的华夷问题："全部北朝史中凡关于胡汉之问题，实一胡化汉化之问题，而非胡种汉种之问题，当时之所谓胡人汉人，大抵以胡化汉化而不以胡种汉种为分别，即文化之关系较重而种族之关系较轻，所谓有教无类者是也。"① 将南北朝民族分立与融合，理解为文化问题，而非种族问题。其中的胡化，为汉人接受了胡人风俗；汉化，则是胡人接受了汉人风俗。这样来看魏晋南北朝时期的民族融合实际上是文化认同和文化交融的问题。他在《柳如是别传》里进一步明确道："寅恪尝论北朝胡汉之分，在文化而不在种族。"② 认为胡汉之分在文化不在种族。唐开国的李氏，虽出于文化程度不高的北朝，却能够融合南北文化之长，创造出辉煌的唐文化，成为中华文化的主流。

这样来看中华文化的形成，较早进入到文明阶段的中原地区，自然对周边区域有了文化影响和行政统辖力，持续推动中华文明的进步。当中原文明失序或者无法自足运行时，周边的文化便扩张到中原地区，如西周后期戎狄入据关中，春秋时期秦、吴、楚等分别东进、北上，最终秦统一了周所统辖的全部区域。再如西汉时楚文化北上并充分融入中原文化，促成了中华文化的充分发展。这样来理解魏晋南北朝民族政权的建立以及由此而形成的社会秩序、制度建构和文化形态，就能发现其不仅整合了中华民族的内部秩序，而且在更大范围内形成了秩序认同、道德认同和文化认同，为隋唐时期更为广泛的历史认同提供了文化积淀。

一、早期中国华夷观念的调整

早期中国的各部族，在长期的发展中积累了丰富的生产生活经验，不同部族形成了各自的优势。如燧人氏掌握钻木取火的技术、有巢氏能够建造住房、共工氏可以治理水土等。这些文明成果的持续产生与不断推广，促成了中华文明的整体进步。其中，能够掌握或者使用更先进的耕作方式或者生产技术的部族，便能够迅速发展壮大。如神农氏擅长种田，轩辕氏发明车船、学会桑蚕，并通过部族整合形成了华

① 陈寅恪著：《隋唐制度渊源论稿·唐代政治史述论稿》，生活·读书·新知三联书店2001年版，第79页。
② 陈寅恪著：《柳如是别传》，生活·读书·新知三联书店2001年版，第1002页。

夏族。在这一过程中，气候温润、便于耕作的中原地区，影响、整合、融合着周边区域的生产生活方式，并在黄帝、帝喾、颛顼、尧、舜、禹以及夏、商、周的数千年发展中，逐渐形成了稳定的农耕生产、生活习惯以及祭祀传统，并由此确立了情感认同、道德共识，这使得其生产技术、社会组织远远超过周边区域。

　　早期中国文献所言的华夷秩序，是以华夏的视角观察周边区域的政权、部族及其文化进而确定其交往方式的秩序形态。其中的表述是以周代所形成的"五服"观念为基础，并由此成为中华民族理解天下秩序的范式。其特点在于比较清晰地界定了周边秩序与中原王朝秩序的空间距离和相互关系，形成了以夏、商、周的都城所在地为原点审视天下秩序的传统认知，将生活在四周的呈现出不同文化习俗的部族分别称为戎、狄、蛮、夷，甚至将居住在中原地区但仍然保持着非周族风俗者也视为戎狄。《尚书·大禹谟》中提道："无怠无荒，四夷来王。"①《旅獒》也言："明王慎德，四夷咸宾。"②可以说，早期经典中提到的"四夷"，主要是用来描述统治核心区域的周边文化，并不含有歧视意味，只是用来形容与中原不同的社会形态、风俗习惯。

　　如果将民族差异以文化不同的视角来审视，就会发现其远远比不上不同区域之间的风俗差异。以这样的视角来思考中华民族为什么能够成为长期保持统一的多民族国家，正在于中国历史上常将民族差异视为生产方式和生活习惯的不同，而不是将之作为种族的区别，并且以文化认同作为彼此融合的标志。《孟子·离娄下》中言："舜生于诸冯，迁于负夏，卒于鸣条，东夷之人也。文王生于岐周，卒于毕郢，西夷之人也。"③舜与文王本出于东夷、西戎，但接受华夏文化，并按照中原文化建邦立国，遂成为华夏文明的主体。而如果居于中原的人采用四

---

　　① 孔安国传，孔颖达等正义：《尚书正义》卷四《大禹谟》，北京大学出版社1999年版，第88页。

　　② 孔安国传，孔颖达等正义：《尚书正义》卷十三《旅獒》，北京大学出版社1999年版，第327页。

　　③ 赵岐注，孙奭疏：《孟子注疏》卷八《离娄章句下》，北京大学出版社1999年版，第212—213页。

夷文化风俗，则视为夷人。如《左传·襄公二十九年》言："杞，夏余也，而即东夷。"①夏之遗民采用夷俗，则被视为夷人。吴太伯和弟弟仲雍让位于季历而逃至南方，断发文身，从蛮夷之俗。纵观早期中国所形成的夏朝、商朝和周朝，皆是民族融合而成的邦国。

从西周文献来看，其所谓的中国，主要是指周王直接统辖的王畿地区。《诗经·大雅·民劳》中言："民亦劳止，汔可小康。惠此中国，以绥四方。"毛传："中国，京师也。四方，诸夏也。"②何尊铭文亦言："余其宅兹中国，自之乂民。"③故"中国"，就其政权而言，是指周王室；就其区域而言，为周王室直接管辖的王畿地区。其邦国分布于四方，是为四国；四方之外，则是四夷。周统辖天下，并非强求四方、四夷皆用周制，更注重以先进的生产秩序、文明的社会形态来影响周边区域及其居民，使之归服。《尚书·毕命》便言："道洽政治，泽润生民。四夷左衽，罔不咸赖。"④强调先将王畿治理好，使得着左衽之服的四夷归附于中央王朝。

正因为两周将四夷视为文化的不同而不是种族的不同，才促成了周文化的发展壮大。周王有娶戎狄蛮夷之女为后、为妃的传统，表明周对四夷的理解，只是不同区域、不同部族的文化差异。如此来看春秋时期中原诸侯所维持的"攘夷"传统，主要强调"用夏变夷"而反对"变于夷"⑤。随着中原诸侯统辖区域的向外拓展，与周边民族交往的范围逐渐扩大，新的和戎观念也在逐渐形成。晋悼公时期，魏绛提出"和戎五策"：

① 左丘明传，杜预注，孔颖达等正义：《春秋左传正义》卷三十九《襄公二十九年》，北京大学出版社 1999 年版，第 1094 页。

② 毛亨传，郑玄笺，孔颖达等正义：《毛诗正义》卷十七《民劳》，北京大学出版社 1999 年版，第 1138 页。

③ 顾颉刚、刘起釪著：《尚书校释译论·召诰》，中华书局 2005 年版，第 1453 页。

④ 孔安国传，孔颖达等正义：《尚书正义》卷十九《毕命》，北京大学出版社 1999 年版，第 525-526 页。

⑤ 赵岐注，孙奭疏：《孟子注疏》卷五《滕文公章句上》，北京大学出版社 1999 年版，第 147 页。

戎狄荐居，贵货易土，土可贾焉，一也。边鄙不耸，民狎其野，穑人成功，二也。戎狄事晋，四邻振动，诸侯威怀，三也。以德绥戎，师徒不勤，甲兵不顿，四也。鉴于后羿，而用德度，远至迩安，五也。君其图之！ [①]

晋悼公便让魏绛与诸戎结盟，中原诸侯与戎狄不再采用威服或征服的方式对抗，而是采用合作的方式，一起"修民事，田以时" [②]，使得晋国解除了北部和西部之忧，可以全力对付秦的东扩和楚的北上。这表明晋悼公时期，散居诸戎可以与中原邦国达成力量平衡，双方可以进行贸易。并且在盟好之后，双方把城与城之间广大区域开垦起来作为农田，扩大耕地面积，便于双方农业生产。

魏绛的和戎，是以文德安抚戎狄，不再用武力征服，由此形成的相互理解、谅解的局面，强化了晋国的霸主地位，表明中原诸侯可以与戎狄和睦相处，共同发展。这一方式逐渐得到中原诸侯的认同。鲁定公十年（前500）齐鲁夹谷之会上，孔子言："裔不谋夏，夷不乱华，俘不干盟，兵不逼好。" [③] 将华夷和平相处作为诸侯处理国家关系的原则，成为诸侯之间、诸戎之间的新共识。那便是四夷不进攻诸夏，诸夏也不以军事威胁四夷，华夷各安其事。作为外交原则，此说得到了齐、鲁两国君臣的认同，表明在春秋后期已经形成了华夷共存的共识。

秦汉之际的华夷秩序，主要体现在汉与匈奴的关系上。高祖、惠帝、吕后时期通过和亲而稳定下来的汉匈关系，可以作为衡量华夷秩序的指标。汉文帝四年（前176），匈奴单于遗书言："诸引弓之民，并为一家。北州已定，愿寝兵休士卒养马，除前事，复故约，以安边民，

---

① 左丘明传，杜预注，孔颖达等正义：《春秋左传正义》卷二十九《襄公四年》，北京大学出版社1999年版，第840页。

② 左丘明传，杜预注，孔颖达等正义：《春秋左传正义》卷二十九《襄公四年》，北京大学出版社1999年版，第840页。

③ 左丘明传，杜预注，孔颖达等正义：《春秋左传正义》卷五十六《定公十年》，北京大学出版社1999年版，第1587页。

以应始古，使少者得成其长，老者安其处，世世平乐。"①凝聚成国家组织的匈奴，希望与汉王朝和睦相处。故匈奴单于所言，代表了匈奴的共识，也得到了汉王朝的确认。贾谊便探讨了这一问题：

> 建图者曰："匈奴不敬，辞言不顺，负其众庶，时为寇盗，挠边境，扰中国，数行不义，为我狡猾，为此奈何？"对曰："臣闻伯国战智，王者战义，帝者战德。故汤祝网而汉阴降，舜舞干羽而三苗服。今汉帝中国也，宜以厚德怀服四夷，举明义，博示远方，则舟车之所至，人迹之所及，莫不为畜，又且孰敢忿然不承帝意？"②

汉王朝内部对匈奴的意见并不统一。一些人认为匈奴太过狡猾，时来侵犯边境，扰乱中国。贾谊则认为，应该继承历史经验所形成的原则，以德来使之归服，并提出了"明义"的原则，作为共同准则来约束彼此的行为。贾谊所强调的德化，可以视为汉代对待匈奴的基本立场，即先通过和平的原则做到仁至义尽，然后辅之以威力。

贾谊提出"举明义，博示远方"，相对于孔子所言的"修文德而来之"③的策略，更强调彼此关系中的责任和义务。这将周秦原本用于调整社会秩序的公共价值观，转化为调整天下秩序的公共道义观。要求华夷基于相互尊重、彼此守信的立场来处理双方关系，这成为西汉处理民族关系的基本原则。司马相如在《封禅文》中，强调了对待匈奴要先以义征，然后以德维持，才能实现长治久安："陛下仁育群生，义征不谲，诸夏乐贡，百蛮执贽，德牟往初，功无与二，休烈液洽，符瑞众变，期应绍至，不特创见。"④其所谓的仁，便是以德抚远；其所谓的义，便是以义威服。《汉书》记载张骞在劝汉武帝交通西南诸国时所言，亦是义威并举："诚得而以义属之，则广地万里，重九译，致殊俗，

---

① 司马迁撰，裴骃集解，司马贞索隐，张守节正义：《史记》卷一百一十《匈奴列传》，中华书局 2014 年版，第 3501 页。

② 贾谊撰，阎振益、钟夏校注：《新书校注》卷四《匈奴》，中华书局 2000 年版，第 135 页。

③ 何晏注，邢昺疏：《论语注疏》卷十六《季氏》，北京大学出版社 1999 年版，第 221 页。

④ 班固著，颜师古注：《汉书》卷五十七《司马相如列传》，中华书局 1962 年版，第 2604 页。

威德遍于四海。"①将信义和威力作为处理彼此关系的两手准备。汉武帝之后，对西南夷、匈奴和西羌，皆采用威德并重的策略。威出于军事实力，德出于相互认同。神爵二年（前60），汉宣帝下诏嘉奖郑吉，言其都护西域时"拊循外蛮，宣明威信"②，赞扬他能够以武力宣威、以信义抚远。

从魏绛的和戎五策，到汉朝张骞通西域，中原王朝越来越务实地处理与周边民族的关系。从中原地区的家国一体，到华夷的彼此认同，并提出了以"义"作为衡量华夷关系的准则，体现了汉代在华夷关系中的认知自觉：西汉主动承担起对周边民族守约、守信、守诺的责任，提供必要的军事保障、经济扶持、文化支持；周边民族承认汉王朝对天下的管辖权，按照约定交聘，形成互利互惠的民族关系。西汉在处理周边关系时所倡导的"义"，侧重强调尊重彼此的文化习惯、不侵犯对方疆域、尊重双方的约定等。所形成的更具有文明史意义的地缘政治观，成为后世处理不同族群关系的基本策略。

二、五胡对华夏的血缘认同

西汉在华夷秩序认知上的突破性进展，体现在确定了华夷的差别在于文化而不在于种族，而且在汉代的文化认知中，华夷皆同宗同源。司马迁在《史记》中，言匈奴的先祖为"夏后氏之苗裔也，曰淳维。唐虞以上有山戎、猃狁、荤粥，居于北蛮，随畜牧而转移"③，其所以形成与中原不同的文化，与生产生活习惯密切相关。西羌则"出自三苗，姜姓之别也"④。姜姓出自炎帝，羌人也是华夏族的后裔。匈奴、西羌其源皆出于炎、黄支系，与诸夏本同宗同源，其民族形态的不同，在于生产生活习惯的差别，在于文化发展的差异。

在这样的文化认知中，司马迁将黄帝、炎帝作为华夏族的共同祖

---

① 班固著，颜师古注：《汉书》卷六十一《张骞李广利传》，中华书局1962年版，第2690页。

② 班固著，颜师古注：《汉书》卷七十《傅常郑甘陈段传》，中华书局1962年版，第3006页。

③ 司马迁撰，裴骃集解，司马贞索隐，张守节正义：《史记》卷一百一十《匈奴列传》，中华书局2014年版，第3483页。

④ 范晔撰，李贤等注：《后汉书》卷八十七《西羌传》，中华书局1965年版，第2869页。

先，把尧、舜、禹以及夏、商、周的开国之君作为炎黄的分支。进而将西周时期主要的诸侯，系于炎黄支脉，使中华民族成为一个血缘共同体。如《史记·匈奴列传》载匈奴与周之间的融合关系：

> 夏道衰，而公刘失其稷官，变于西戎，邑于豳。其后三百有余岁，戎狄攻大王亶父，亶父亡走岐下，而豳人悉从亶父而邑焉，作周。其后百有余岁，周西伯昌伐畎夷氏。后十有余年，武王伐纣而营雒邑，复居于酆、鄗，放逐戎夷泾、洛之北，以时入贡，命曰"荒服"。其后二百有余年，周道衰，而穆王伐犬戎，得四白狼、四白鹿以归。自是之后，荒服不至。①

司马迁确认匈奴出于夏后氏之后，言其按照戎狄习俗生活，文化不同于华夏。周祖自弃至公刘四代居于夏，则华夏之；在公刘至古公亶父十代居于戎狄，则戎狄之。可见其对华夏、戎狄或匈奴的认知区分，取决于所采用的风俗。唐代韩愈也认为华夏与戎狄蛮夷的区别，在于文化差异而非种族区别："孔子之作《春秋》也，诸侯用夷礼则夷之，夷而进于中国则中国之。"②曾经出于华夏的匈奴和周族，采用戎狄风俗，曾被视为戎狄。古公亶父率周族迁岐之后，用华夏之俗，便被视为华夏。周人在立国之后的制礼作乐，则被视为华夏礼乐的正宗。

秦汉之际在汉人中行说的帮助下，匈奴建立宗法制度：

> 故其急则人习骑射，宽则人乐无事，其约束轻，易行也。君臣简易，一国之政犹一身也。父子兄弟死，取其妻妻之，恶种姓之失也。故匈奴虽乱，必立宗种。今中国虽详不取其父兄之妻，亲属益疏则相杀，至乃易姓，皆从此类。且礼义之敝，上下交怨望，而室屋之极，生力必屈。夫力耕桑以求衣食，筑城郭以自备，

---

① 司马迁撰，裴骃集解，司马贞索隐，张守节正义：《史记》卷一百一十《匈奴列传》，中华书局2014年版，第3485页。

② 韩愈著，刘真伦、岳珍校注：《韩愈文集汇校笺注》卷一《原道》，中华书局2010年版，第3页。

故其民急则不习战功，缓则罢于作业。^①

中行说认为匈奴食畜肉、穿兽皮、饮草水的风俗，使得其不受礼义约束，故亟须改变父死子娶母的野蛮乱序之风俗，建立宗法制度，使得匈奴能够在维持其生活习惯的基础上，形成家庭伦理。这一做法虽未彻底地改变戎夷婚姻风俗，却引导匈奴开始建立起血缘认知，维护血缘关系。匈奴与西汉并立的过程中，不断借鉴华夏的宗法制度，明确血缘关系，并建章立制，以确保能与汉王朝对峙。其中最有意义的便是，匈奴基于血缘认知而形成的宗法理念，影响了其统辖的鲜卑、羯、氐、羌等民族，使其追述先祖，认同血缘，并将之作为入主中原并建立政权的合法性来源。

司马迁对匈奴与华夏血缘关系的记载，经过汉代秩序认同和魏晋宗法认同之后，成为匈奴寻求其统治合法性的理论依据。前赵刘渊本出于匈奴，在汉末迁居河内，源出于与匈奴冒顿和亲的公主，本支皆称刘氏。刘渊在起兵时，将这一血缘关系作为号令天下的依据。他先言自己为匈奴之后："昔我先人与汉约为兄弟，忧泰同之。自汉亡以来，魏晋代兴，我单于虽有虚号，无复尺土之业，自诸王侯，降同编户。"^②以此获得匈奴部曲的支持。又言自己具有华夏血统："吾又汉氏之甥，约为兄弟，兄亡弟绍，不亦可乎？且可称汉，追尊后主，以怀人望。"^③称自己有汉王室血统，以求赢得中原百姓的响应。

刘渊为证明匈奴人可以统辖中原地区，曾引经据典："夫帝王岂有常哉，大禹出于西戎，文王生于东夷，顾惟德所授耳。"^④就匈奴人是否有权力即位为皇帝进行了辩解。他所言的大禹、文王皆称为戎狄，因其德行而有天下，以确定自己称汉王的合法性，强调自己虽然为匈奴之后，如果有德，依然可以统治中原地区。他通过追尊刘禅为孝怀皇

---

① 司马迁撰，裴骃集解，司马贞索隐，张守节正义：《史记》卷一百一十《匈奴列传》，中华书局 2014 年版，第 3505 页。

② 房玄龄等撰：《晋书》卷一百一《载记·刘元海》，中华书局 1974 年版，第 2647 页。

③ 房玄龄等撰：《晋书》卷一百一《载记·刘元海》，中华书局 1974 年版，第 2649 页。

④ 房玄龄等撰：《晋书》卷一百一《载记·刘元海》，中华书局 1974 年版，第 2649 页。

帝，立汉高祖以下三祖、五宗的神主进行祭祀，以具有汉王室的血缘来宣示其政权的合法性。

大夏建立者赫连勃勃，本为匈奴右贤王去卑之后，与刘渊同族。其在建立政权时也言："朕大禹之后，世居幽朔。……逮朕不肖，不能绍隆先构，国破家亡，流离漂虏。今将应运而兴，复大禹之业，卿以为何如？"①其自称为大禹之后，强调自己与中原百姓同宗同族，认为中原大乱，正是复兴大禹事业的好时机。

可以明确的是，司马迁在《史记》中的叙述，绝非个人的创作，而是基于早期文献的历史记忆进行的记载。这些历史记忆，无论是作为口传系统，还是作为后世的追述，至少得到了匈奴的认同，成为刘渊、赫连勃勃建立政权的依据，也成为强化民族认同的方式。

北魏崔鸿在《十六国春秋》中也言鲜卑出于高辛氏："昔高辛氏游于海滨，留少子厌越以君北夷，邑于紫蒙之野。世居辽左，号曰东胡。"②高辛氏为黄帝曾孙，则东胡亦出于黄帝一系。前燕、后燕、北燕、南燕的建立者慕容氏，为昌黎棘城鲜卑人，既为东胡，便是黄帝之后。崔鸿此书是在十六国旧记的基础上编纂而成："并因世故，跨僭一方，各有国书，未有统一，鸿乃撰为《十六国春秋》，勒成百卷，因其旧记，时有增损褒贬焉。"③其中言诸胡来源，乃出于各国旧史记载。其中所追述的前代缘起，当出于各民族的记忆。房玄龄等所修《晋书》时采信此说，言东胡出于有熊氏："世居北夷，邑于紫蒙之野，号曰东胡。"④其在与燕、代的交往中，仰慕并认同中原文化："时燕代多冠步摇冠，莫护跋见而好之，乃敛发袭冠，诸部因呼之为步摇，其后音讹，遂为慕容焉。或云慕二仪之德，继三光之容，遂以慕容为氏。"⑤

房玄龄监修《晋书》，其在《载记》列入主中原的诸胡时，先言其

---

① 房玄龄等撰：《晋书》卷一百三十《载记·赫连勃勃》，中华书局 1974 年版，第 3205 页。
② 汤球辑，王鲁一、王立华点校：《二十五别史·十六国春秋辑补》，齐鲁书社 2000 年版，第 174 页。
③ 魏收撰：《魏书》卷六十七《崔光传》，中华书局 1974 年版，第 1502 页。
④ 房玄龄等撰：《晋书》卷一百八《载记·慕容廆》，中华书局 1974 年版，第 2803 页。
⑤ 房玄龄等撰：《晋书》卷一百八《载记·慕容廆》，中华书局 1974 年版，第 2803 页。

血缘，再言其先祖在周、秦、汉、魏、晋的任职。其用意在于，表明"诸胡"与中原王朝同宗同源。其建立政权，虽非正统，但也有其合法性。如言石勒所在羯部，"其先匈奴别部羌渠之胄"①，本出于匈奴，匈奴既然为有夏之苗裔，则羯部亦为华夏之后。苻坚作为临渭氐人，"其先盖有扈之苗裔，世为西戎酋长"②。有扈氏本为夏族的分支，因不服夏启之治被征伐而西遁。姚弋仲为南安赤亭羌人，"其先有虞氏之苗裔。禹封舜少子于西戎，世为羌酋"③，也是舜之后裔。这样一来，入主中原的五胡，皆与华夏有血缘关系，从而使得"五胡十六国"，实乃华夏不同分支之间的自立。

唐代史臣在叙述燕、秦、赵、夏、汉等政权的确立时，用了大量篇幅阐释十六国的建立，指出并非诸胡有异志，实乃西晋秩序混乱，使得聚居的诸胡得以恃强自立。如言李雄自称大都督、大将军、益州牧，"深自挹损，不敢称制"④，最终被属下推为成都王。又言慕容廆在元康年间"教以农桑，法制同于上国"⑤，仰慕华夏制度。永宁中，"燕垂大水，廆开仓振给，幽方获济。天子闻而嘉之，褒赐命服"⑥，可见慕容廆是西晋治世的能臣，在永嘉初因北方无序而自称鲜卑大单于。石勒追随汲桑，也是在"八王之乱"中成长起来，"称为成都王颖诛东海王越、东嬴公腾为名。桑以勒为前驱，屡有战功，署为扫虏将军、忠明亭侯"⑦。姚弋仲之父姚柯回本为魏镇西将军、绥戎校尉、西羌都督，姚弋仲"唯以收恤为务，众皆畏而亲之"⑧，受人尊重，永嘉乱后东徙榆眉（今陕西千阳），戎狄、华夏数万人追随，遂自称为护西羌校尉、雍州刺史。其子姚襄、姚苌在此基础上建立后秦。临渭氐人苻洪累有战

① 房玄龄等撰：《晋书》卷一百四《载记·石勒》，中华书局1974年版，第2707页。
② 房玄龄等撰：《晋书》卷一百十二《载记·苻洪》，中华书局1974年版，第2867页。
③ 房玄龄等撰：《晋书》卷一百十六《载记·姚弋仲》，中华书局1974年版，第2959页。
④ 房玄龄等撰：《晋书》卷一百二十一《载记·李雄》，中华书局1974年版，第3036页。
⑤ 房玄龄等撰：《晋书》卷一百八《载记·慕容廆》，中华书局1974年版，第2804页。
⑥ 房玄龄等撰：《晋书》卷一百八《载记·慕容廆》，中华书局1974年版，第2804页。
⑦ 房玄龄等撰：《晋书》卷一百四《载记·石勒》，中华书局1974年版，第2709页。
⑧ 房玄龄等撰：《晋书》卷一百十六《载记·姚弋仲》，中华书局1974年版，第2959页。

功，被石季龙封西平郡公，其部下赐爵关内侯者二千余人。永和六年（350），晋穆帝任之为征北大将军、都督河北诸军事、冀州刺史、广川郡公，中原乱后符氏遂拥兵自重、号令戎夏。

从血缘认同的角度来观察东晋南北朝，要比传统史学叙述更能厘清南北朝民族融合的历史契机和现实走向。历史契机即经过秦汉领土的急速扩张之后，共同生活在天下秩序之中的不同文化迅速交融汇通，使得生产生活方式急速转型。在这过程中所形成的农耕与游牧的秩序二元性，仍在内迁民族中留存。这些迁居中原的诸胡，聚居而未能完全实现农耕，因而未能完全定居。如石勒与汲桑便通过寇掠谋生。而在周边地区，大量诸胡担任行政职务。一旦天下纷乱，诸胡便有机会自立为王。现实走向则是诸胡的首领，之所以能收拢、号令各族，恰恰是因为他们在归附魏晋的过程中，学习并熟知汉魏制度，能够融合戎夏之长，形成既有华夏文化传承又有诸胡尚武传统的风尚。在天下大乱时，便以华夏苗裔自居，以华夷一家为号召，笼络百姓，趁乱自立。

三、诸胡统治华夏的合法性阐释

诸胡在建立政权前，曾围绕"夷能否统治华夏"展开讨论，以论证其是否具有入主中原而称帝的资格。此前中原地区的统治者，无论是尧舜禹汤文武，还是秦汉魏晋时的帝王，都在华夏核心区域居住。既然自古生活在中原区域的人能统治华夏地区，那么入主中原的夷人能否统治华夏？十六国时期，相关阐释越来越清晰地强调诸胡皆有统辖华夏的合法性。

对入主中原而称帝有顾虑者，是曾任晋朝官员的诸胡领袖，其秉持戎狄无为天子的传统，不愿称帝。如姚弋仲常告诫诸子毋作不义之事："吾本以晋室大乱，石氏待吾厚，故欲讨其贼臣以报其德。今石氏已灭，中原无主，自古以来未有戎狄作天子者。我死，汝便归晋，当竭尽臣节，无为不义之事。"[1] 其曾追随石勒，却认为戎狄无法统治中

———————
[1] 房玄龄等撰：《晋书》卷一百十六《载记·姚弋仲》，中华书局1974年版，第2961页。

原，劝儿子姚襄归顺东晋。勒准发动兵变，杀死刘粲之后，自号大将军、汉天王，并称制，置百官，则谓安定胡嵩言："自古无胡人为天子者，今以传国玺付汝，还如晋家。"①主动将被前赵掠走的传国玺归还晋朝，并评价刘渊本为戎夷小丑，不具有称王之天命，自己主动称臣于晋。

自称鲜卑大单于的慕容廆也认为鲜卑族不足以统治中原地区，并言夷狄与汉人竞争统治权，是在戕害百姓："吾先公以来世奉中国，且华裔理殊，强弱固别，岂能与晋竞乎？何为不和以害吾百姓邪！"②渤海名士高瞻归于慕容廆时，慕容廆的一番话，体现了身为戎人统治中原而不被中原百姓所接受的苦闷心理：

> 廆敬其姿器，数临候之，抚其心曰："君之疾在此，不在余也。今天子播越，四海分崩，苍生纷扰，莫知所系，孤思与诸君匡复帝室，翦鲸豕于二京，迎天子于吴会，廓清八表，侔勋古烈，此孤之心也，孤之愿也。君中州大族，冠冕之余，宜痛心疾首，枕戈待旦，奈何以华夷之异，有怀介然。且大禹出于西羌，文王生于东夷，但问志略何如耳，岂以殊俗不可降心乎！"瞻仍辞疾笃，廆深不平之。瞻又与宋该有隙，该阴劝廆除之。瞻闻其言，弥不自安，遂以忧死。③

高瞻为冠冕大族，不愿为戎狄之主效力，慕容廆认为高瞻不愿辅佐自己，在于华夷之防。他以华夏虞舜、文王本为夷人而统治中原的历史事实，来劝高瞻不要托病不起，不要因华夷之差异而心存戒备。尽管如此，高瞻仍不愿辅佐，可见当时的士大夫并不认可戎夷人统治中原。同样，被东晋封为燕王的慕容携也认为自己身为左衽之族，德义不堪华夏，其对于能否统治中原这一问题有明显的自卑："吾本幽漠射猎之乡，被发左衽之俗，历数之箓宁有分邪！卿等苟相褒举，以觊非

---

① 司马光编著，胡三省音注：《资治通鉴》卷九十《晋纪十二·中宗元皇帝》，中华书局1956年版，第2862页。

② 房玄龄等撰：《晋书》卷一百八《载记·慕容廆》，中华书局1974年版，第2804页。

③ 房玄龄等撰：《晋书》卷一百八《载记·慕容廆》，中华书局1974年版，第2813页。

望，实匪寡德所宜闻也。"①遂制止了部属的劝进。

刘琨曾试图说服石勒接受东晋册封："今相授侍中、持节、车骑大将军、领护匈奴中郎将、襄城郡公，总内外之任，兼华戎之号，显封大郡，以表殊能，将军其受之，副远近之望也。自古以来诚无戎人而为帝王者，至于名臣建功业者，则有之矣。"②也明言自古无戎人为帝王，代表了东晋官员的普遍认知，希望石勒背叛刘聪，归晋以成大业。石勒则回应说："事功殊途，非腐儒所闻。君当逞节本朝，吾自夷，难为效。"③送给刘琨名马珍宝，自言本为夷人，难以为东晋效力。

在传统的观念中，对于胡人能否称天子，不仅晋人持反对态度，诸胡也常没有自信。刘渊成立前赵，乃借助汉王室的血缘，追宗蜀汉为汉后正统，自认为具备汉朝正统，能与曹魏抗衡：

> 夫帝王岂有常哉，大禹出于西戎，文王生于东夷，顾惟德所授耳。今见众十余万，皆一当晋十，鼓行而摧乱晋，犹拉枯耳。上可成汉高之业，下不失为魏氏。虽然，晋人未必同我。汉有天下世长，恩德结于人心，是以昭烈崎岖于一州之地，而能抗衡于天下。吾又汉氏之甥，约为兄弟，兄亡弟绍，不亦可乎？且可称汉，追尊后主，以怀人望。④

以大禹、文王为夷人作为历史经验，他认同夷人的合法统治权，认为授命以德，天命佑德，非佑血缘，并自认为汉之后裔。这一出自《孟子》的经典阐释，成为诸胡获得政权合法性的论据。身为晋朝大臣的邵续坚守节义，不愿臣服于石勒。但却对石勒言及此说，认为诸胡有入主中原的可能：

> 勒使使徐光让之曰："国家应符拨乱，八表宅心，遗晋怖威，远窜扬越。而续蚁封海阿，跋扈王命，以夷狄不足为君邪？何无

① 房玄龄等撰：《晋书》卷一百十《载记·慕容俊》，中华书局 1974 年版，第 2834 页。
② 房玄龄等撰：《晋书》卷一百四《载记·石勒》，中华书局 1974 年版，第 2715 页。
③ 房玄龄等撰：《晋书》卷一百四《载记·石勒》，中华书局 1974 年版，第 2715 页。
④ 房玄龄等撰：《晋书》卷一百一《载记·刘元海》，中华书局 1974 年版，第 2649 页。

上之甚也！国有常刑，于分甘乎？"续对曰："……周文生于东夷，大禹出于西羌，帝王之兴，盖惟天命所属，德之所招，当何常邪！"①

石勒质问邵续是否认为夷人没有权利成为中原之主，邵续以文王、大禹出身于夷狄之事言之，认为夷狄可入主中原。但邵续不改晋人服饰，为石勒敬重，以全其志。故其所言，绝非委屈之辞，而是表明晋人对诸胡政权的态度有所转变。邵续的回答，从学理阐释的角度解决了"诸胡"统治的合法性问题。

苻坚、苻融也有过类似的辩论，表明其内部对于能否一统天下依然存在顾虑：

> 坚既有意荆扬，时慕容垂、姚苌等常说坚以平吴封禅之事，坚谓江东可平，寝不暇旦。融每谏曰："知足不辱，知止不殆，穷兵极武，未有不亡。且国家，戎族也，正朔会不归人。江东虽不绝如缀，然天之所相，终不可灭。"
>
> 坚曰："帝王历数岂有常哉，惟德之所授耳！汝所以不如吾者，正病此不达变通大运。刘禅可非汉之遗祚，然终为中国之所并。吾将任汝以天下之事，奈何事事折吾，沮坏大谋！汝尚如此，况于众乎！"②

苻坚欲平江东，苻融作为重臣，以戎族不获正朔、天不眷顾为依据，劝谏苻坚勿贪慕统治天下之事。苻坚则认为天授唯德，天命在己。苻融又以军队多富家子弟且乐于谄媚、难以成事苦谏苻坚。这表明，当时前秦贵族内部对于胡人能否统一全国而称皇帝是抱有疑虑的。虽然从理论上来说，诸胡有德便可以统治中原，但此说是否可以付诸实践，苻融等人尚存顾虑。

在有德者有天命的学理认知中，苻坚以天命在己自居，认为只要自己平定东晋，便可以一统天下。他曾在南游灞上时对群臣说：

---

① 房玄龄等撰：《晋书》卷六十三《列传·邵续》，中华书局 1974 年版，第 1704–1705 页。
② 房玄龄等撰：《晋书》卷一百十四《载记·苻坚》，中华书局 1974 年版，第 2935–2936 页。

轩辕，大圣也，其仁若天，其智若神，犹随不顺者从而征之，居无常所，以兵为卫，故能日月所照，风雨所至，莫不率从。今天下垂平，惟东南未殄。朕忝荷大业，巨责攸归，岂敢优游卒岁，不建大同之业！每思桓温之寇也，江东不可不灭。今有劲卒百万，文武如林，鼓行而摧遗晋，若商风之陨秋箨。朝廷内外，皆言不可，吾实未解所由。晋武若信朝士之言而不征吴者，天下何由一轨！①

临渭氐人出于有扈氏，有扈氏出于有夏。夏禹为黄帝曾孙，苻坚以其作为血缘的合法性，追慕黄帝事业，以轩辕氏征服不顺者为参照，强调自己可以征伐东晋。苻坚言及东吴未平，应该学习轩辕平治天下，建立大同之业，他自信文武如林，可以南征。因此苻坚在南征时宣称："朕以不德，忝承灵命，君临万邦，三十年矣。遐方幽裔，莫不来庭，惟东南一隅，敢违王命。朕爰奋六师，恭行天罚……"②其以天命自居，自认已经实现了天下来朝，唯有东晋违背王命，拒绝归顺，强调一定要统一天下。

诸胡之所以自称皇帝者，其理据有三，一是言自己与华夏血缘相通，且大禹、文王皆以戎狄入主中原，遂以之作为自己称帝的合法性来源。二是言皇天授命，惟德是辅，若政权推行德政，便能统治中原，以此作为统一天下的合理性阐释。三是西晋八王之乱，使得中原无序；且东晋偏安江左，天命已衰，中原地区可以继承汉、魏、晋正统。经过十六国的持续阐释，解决了戎狄有无合法性称帝以统治天下的理论困惑，并以东晋德行不足来论证夷人政权合乎天命，确定了惟德是辅以统治华夏的基本认知。这不仅为诸胡入主中原提供了合法性阐释，也进一步强化了以德行政的合理性，使得诸胡在入主中原的过程中，自觉按照华夏传统建构国家，凝聚共识，促进了不同民族文化的融合。

---

① 房玄龄等撰：《晋书》卷一百十四《载记·苻坚》，中华书局 1974 年版，第 2915 页。
② 房玄龄等撰：《晋书》卷一百二十三《载记·慕容垂》，中华书局 1974 年版，第 3084 页。

第二节　诸胡华化及其文化认同

　　诸胡的华化，是指诸胡迁居中原地区之后，采用农耕生产、定居生活的方式，形成了与中原百姓杂居并耕的生产生活习惯，促进了文化融合。诸胡政权继承汉魏制度，借鉴两晋行政体系，建章立制，改造自身的管理方式和治理方式，在更大范围内完成了国家制度的更新。在此过程中，诸胡主动学习中原礼乐传统、社会风尚和文化经典，认同中华文化，促进民族融合。以此来观察诸胡的华化，可以更为清晰地理解中华文化对诸胡的影响过程和改造方式，并可以由此理解诸胡对华夏传统的改造与改良，使之更契合深刻的民族文化融合。

一、五胡对农耕方式的采用

　　华夏文化，是基于农耕而形成定居生活，基于农业生产来确定社会结构，基于社会认同以建立道德认知，由此形成了稳定的社会秩序和特定的文化风尚。分布于四周的戎狄蛮夷，因采用游牧、渔猎、采摘等生产生活方式，形成了与华夏不同的社会秩序和文化风尚。华夷之别，正在于双方生产生活方式的不同。随着两汉疆域的拓展，周边民族的归附与内迁，华夷之间的杂居并耕，使得彼此的生产生活方式开始趋同，形成了既不同于秦汉也不同于诸胡的文化新常态。

　　三国时期，魏国鱼豢所著的《魏略》言及氐人风俗：

　　　　其俗，语不与中国同，及羌杂胡同，各自有姓，姓如中国之姓矣。其衣服尚青绛。俗能织布，善田种，畜养豕牛马驴骡。其妇人嫁时著衽露，其缘饰之制有似羌，衽露有似中国袍。皆编发。多知中国语，由与中国错居故也。其自还种落间，则自氐语。其嫁娶有似于羌，此盖乃昔所谓西戎在于街、冀、豲道者也。[1]

---

[1]　陈寿撰，裴松之注，陈乃乾校点：《三国志》卷三十《魏书·乌丸鲜卑东夷传》注引《魏略·西戎传》，中华书局 1982 年版，第 858 页。

氐人语言与华夏不同，却已经采用农耕定居生活方式，服饰介于中国与羌人之间。其以姓氏区别血缘关系，形成宗法观念，是为学习华夏。其能言华夏语，可以与中华交流；又能言氐语，保持自身传统。氐人采用不同于华夏传统也不同于羌人风俗的生活方式，显示出民族文化交融时两采其长的优势。河西走廊自西汉以来便持续胡汉杂居，华夏文化持续产生影响，"凉州虽地居戎域，然自张氏以来，号有华风"①，促进了当地的经济发展和文化融合。

魏晋时期，归附的五胡持续内迁，至泰始年间北部诸郡的胡族人口总数已经超越汉人。晋武帝时期，东夷、鲜卑前后内附者共十九批，被采用聚居方式安置，保留着原有编制。这虽然有助于民族融合，但也为天下大乱时诸胡起兵自立埋下隐患。元康九年（299），江统在《徙戎论》中曾提醒晋惠帝要有所警惕：

> 今五部之众，户至数万，人口之盛，过于西戎。然其天性骁勇，弓马便利，倍于氐羌。若有不虞风尘之虑，则并州之域可为寒心。荥阳句骊本居辽东塞外，正始中，幽州刺史毋丘俭伐其叛者，徙其余种。始徙之时，户落百数，子孙孳息，今以千计，数世之后，必至殷炽。今百姓失职，犹或亡叛，犬马肥充，则有噬啮，况于夷狄，能不为变！但顾其微弱，势力不陈耳。②

其认为迁徙的胡人数量太多，且聚居而保持原来风俗。诸胡天性骁勇善战，弓马便利，子孙不断繁衍，人口增加，会使得本地百姓失去田地，久而久之力量不可低估，难免有后患。江统不幸言中，诸胡迁入中原繁衍生息，军农合一的编制未解散，天下大乱时，诸胡实力强劲者，便占地称王，成为一个个割据的政权。

十六国时期，北方地区生产生活方式迅速融同的主要动因，是人口的大量迁徙。十六国时大规模的人口迁徙有三十多次。如后赵石虎曾徙氐、羌 300 万人到司、冀两州；徙雍州、秦州羌、氐 50 万人至于

---

① 魏收撰：《魏书》卷五十二《胡叟传》，中华书局 1974 年版，第 1150 页。
② 房玄龄等撰：《晋书》卷五十六《江统传》，中华书局 1974 年版，第 1534 页。

关东。氐族强盛时人口将近百万，统治各族人口则有600万，受氐族胡汉杂糅的风俗影响，各民族之间相互融合。352年，冉闵灭后赵后，又从青、雍、幽、荆州徙户，并令诸氐、羌、胡、蛮数百余万人，各还本土。370年前秦灭前燕后，苻坚徙鲜卑人20万至关中，371年又徙关东杂夷75万至关中，关中成为胡汉杂居的区域。376年苻坚灭前凉，又迁3500户豪族至关中，更使得关中成为诸胡聚居之地。在380年，苻坚平苻洛之乱后，为了加强对幽州的控制，又迁关中氐族15000余户到冀州邺城、并州晋阳、河州枹罕、豫州洛阳、雍州蒲坂等地。据统计，十六国时期共徙民1500万人次，形成了胡汉杂居的多民族共存社会。少数民族迁到汉人原居住区内，便进行农耕生产，采用定居生活方式。

与此同时，中原大乱也使得中原地区的流民外迁。一是河洛地区的贵族随东晋王室南迁，与江南的各族杂居混同，将北方先进生产技术带到南方，促进了江南的开发。二是中原百姓西迁至关中、河西，先因河北、中原大乱迁至关中，然后迁到了河西和河套等区域，促进了河西、河套的开发。三是北迁幽州、并州，东迁山东、辽东，促进了农耕文明的向外拓展。《北史·高昌传》载："国有八城，皆有华人。地多石碛，气候温暖，厥土良沃，谷麦一岁再熟，宜蚕，多五果，又饶漆。"[1] 汉人外迁，把耕种、蚕桑、果木生产技术带到当地，促进了当地的开发。他们与夷狄错居，接受了其生活方式，形成了两合其长的生活习惯。

这些大规模的人口迁徙，使得各种不同的生活风俗和社会习惯迅速融合，促成了社会秩序的大变动，有助于形成更为趋同的社会结构和行政制度。据日本学者三崎良章的统计，"五胡十六国"曾迁都四十六次，[2] 这一方面表明各部族相互攻伐之剧烈，使得北方地区皆为战场。另一方面也表明各民族有特定的聚居区域，都城常常要确定在其最能

---

① 李延寿撰：《北史》卷九十七《高昌传》，中华书局1974年版，第3212页。

② ［日］三崎良章著，刘可维译：《五胡十六国：中国史上的民族大迁徙》，商务印书馆2019年版，第234-235页。

立足的地方。其实力此消彼长，因此需要不断调整战略根据点，表明了各族所能依赖的核心力量，散布于北方主要区域。

十六国时期正是中华民族大迁徙、大融合、大交流时期，各民族之间或主动或被动地接受不同的生产方式、生活习惯，实现了社会风尚、文化习惯的推陈出新，为北魏统一北方并进行华化奠定了基础。谭其骧先生便言："自孝文帝立而崇经礼士，浸浸华化，于是中原士族向之避难在江左者，又相率慕化来归。南渡乃是正流，北旋究属返响，隋唐而后，南北文野声名之比，终非汉魏之旧矣。"①他认为经过民族流动与文化交融之后的北方社会，开始形成与汉魏不同的生活、生产方式以及文化风尚。

诸胡生产生活方式的改变，最初或出于自发调整，后来逐渐成为其政权的自觉提倡。早在元康四年（294），慕容廆便在部族"教以农桑，法制同于上国"②，定居务农，仿效晋朝建立制度。慕容皝定都龙城之后，躬巡郡县，劝课农桑。接受记室参军封裕的建议，罢苑囿，"以给百姓无田业者。贫者全无资产，不能自存，各赐牧牛一头。若私有余力，乐取官牛垦官田者，其依魏晋旧法。沟洫溉灌，有益官私，主者量造，务尽水陆之势"③，在前燕统治的华北、东北地区大力发展农业生产。

苻坚立国之后，也在前秦推行农业生产，"于是修废职，继绝世，礼神祇，课农桑，立学校"④，亲耕藉田以示重农，其妻苟氏亲蚕于近郊劝桑。苻坚还派遣使臣"巡察四方及戎夷种落"，鼓励"清修疾恶、劝课农桑、有便于俗"⑤，以倡导、恢复农业生产。在宰相王猛的辅助下，前秦"外修兵革，内崇儒学，劝课农桑，教以廉耻，无罪而不刑，无才而不任，庶绩咸熙，百揆时叙"⑥，不仅倡导农耕生产方式，而且进行

---

① 谭其骧：《晋永嘉丧乱后之民族迁徙》，《燕京学报》1934 年第 15 期。
② 房玄龄等撰：《晋书》卷一百八《载记·慕容廆》，中华书局 1974 年版，第 2804 页。
③ 房玄龄等撰：《晋书》卷一百九《载记·慕容皝》，中华书局 1974 年版，第 2825 页。
④ 房玄龄等撰：《晋书》卷一百十三《载记·苻坚》，中华书局 1974 年版，第 2885 页。
⑤ 房玄龄等撰：《晋书》卷一百十三《载记·苻坚》，中华书局 1974 年版，第 2887 页。
⑥ 房玄龄等撰：《晋书》卷一百十四《载记·苻坚》，中华书局 1974 年版，第 2932 页。

文化教育，惩恶扬善，按照华夏传统改良社会风尚。

前燕和前秦大力恢复农业生产，使得北方区域生产生活秩序迅速稳定下来。北魏入主中原后，继续重视农业生产，完善农耕制度。《魏书·食货志》载其事：

> 太祖，……既定中山，分徙吏民及徒何种人、工伎巧十万余家以充京都，各给耕牛，计口授田。……其外四方四维置八部帅以监之，劝课农耕，量校收入，以为殿最。又躬耕籍田，率先百姓。自后比岁大熟，匹中八十余斛。
>
> 太宗，……神瑞二年，……敕有司劝课留农者曰："……教行三农，生殖九谷；教行园囿，毓长草木；教行虞衡，山泽作材；教行薮牧，养蕃鸟兽；教行百工，饬成器用；教行商贾，阜通货贿；教行嫔妇，化治丝枲；教行臣妾，事勤力役。"自是民皆力勤，故岁数丰穰，畜牧滋息。
>
> 真君中，恭宗下令修农职之教，……此后数年之中，军国用足矣。
>
> 高宗时，……遣使者二十余辈循行天下，观风俗，视民所疾苦。诏使者察诸州郡垦殖田亩、饮食衣服、闾里虚实、盗贼劫掠、贫富强劣而罚之，自此牧守颇改前弊，民以安业。[1]

鲜卑族最初以作战缴获物资作为生活来源的补给，在平城建立政权后，人口激增。为解决粮食问题，正式推行农耕生产，以屯田的方式增加农业耕作面积，分牛授田以劝课农业，鼓励百姓耕种。其中，太祖道武帝所采用的分土定居的政策，促成了鲜卑族从游牧生产转化为农业生产，并通过息众课农的方式建立农业管理制度；又通过"均给天下之田"[2]的做法，实现了耕者有其田，稳定了农业生产关系。天兴年后，北魏开始考核各地官员劝课农桑的效果，形成农业立国的秩序。神瑞年间又迁极度贫困者于山东，号召天下致力于耕种，国家采取措

---

① 魏收撰：《魏书》卷一百一十《食货志》，中华书局1974年版，第2849-2851页。

② 魏收撰写：《魏书》卷七上《高祖纪》，中华书局1974年版，第156页。

施鼓励农桑生产，自此北魏百姓农业丰足，足以养口，完成了鲜卑族向定居耕作这一生活方式的转变。真君年间则修农职之教，引导百姓提高耕作技术，从而提高了粮食产量，使得国家储备充足。高宗时派遣官员循行天下，鼓励耕作，观察风俗，通过仓廪实而引导百姓知礼节，以此改良社会风气。《魏书》记载了北魏诸多大臣劝课农桑并进行教化的努力，如常山太守张恂、冀州刺史拓跋孚、幽州刺史张衮、燕郡太守卢道将、淮阳郡守李祥、相州刺史李平等的事迹，不仅可以看出北魏重农务本的政策落到了实处，而且可以看出北魏官员已经形成了重视农业生产并大行教化的自觉。

息众课农、分土均田、定居编户，使得北魏通过农业生产获得了充足的物资供应，综合国力迅速发展，在与南朝的对峙中逐渐形成优势。随着农业生产而来的定居生活，以及在此过程中因民族杂居而形成的文化认同，成为北魏孝文帝迁都洛阳并采用华夏风俗的基础。

二、诸胡对华夏的学术认同

诸胡的建政者，虽出于不同民族，但皆熟知华夏文化。他们在建立政权的过程中，不仅借助华夏文明来引导部族发展，而且借助华夏文化来吸引其他部族百姓的归附，并通过强调对华夏经典、华夏传统的认同，来宣示统治的合法性，强化其行政的合理性。

前赵刘渊自幼好学，曾师事上党崔游，"习《毛诗》《京氏易》《马氏尚书》，尤好《春秋左氏传》《孙吴兵法》，略皆诵之，《史》《汉》诸子，无不综览"[1]。又感慨随何、陆贾无武，周勃、灌婴无文，不能成就大业，"于是遂学武事，妙绝于众，猿臂善射，膂力过人"[2]，深习文韬武略。并在泰始年间被推荐给晋武帝，却为孔恂、杨珧以"非我族类，其心必异"而劝阻。[3]但刘渊在北部"明刑法，禁奸邪，轻财好施，推诚接物，五部俊杰无不至者。幽冀名儒，后门秀士，不远千里，亦皆

---

① 房玄龄等撰:《晋书》卷一百一《载记·刘元海》，中华书局 1974 年版，第 2645 页。

② 房玄龄等撰:《晋书》卷一百一《载记·刘元海》，中华书局 1974 年版，第 2646 页。

③ 房玄龄等撰:《晋书》卷一百一《载记·刘元海》，中华书局 1974 年版，第 2646 页。

游焉"①，成为众望所归的豪杰。正因为他对中华经典的熟知，才能在立国前夕，明确提出"大禹出于西戎，文王生于东夷，顾惟德所授耳"②，强调诸胡皆有一统华夏的资格。又以"吾又汉氏之甥，约为兄弟，兄亡弟绍，不亦可乎"③，确定自己有汉王室血统而能入主中原。再以"且可称汉，追尊后主，以怀人望"④，自托汉后，追远蜀汉，顿时使得归附者数万。刘渊称王时用"汉"为号，强化其身份和政权的合理性，建立以汉族、匈奴为主的政治联合体。

尽管宣称前赵与汉朝历史一脉相承，但要治理胡汉杂居而形成的新政权，还是有诸多难处。刘渊采用胡汉分治的模式，来缓解两者因生产生活方式的差异所带来的矛盾。他在汉族聚居区设左右司隶，分别统领二十万户共 220 万汉人，采用华夏传统的治理模式。在五胡聚居区设置左右辅，分别统领十万户 400 万各族百姓，以合乎诸胡的生活习惯。在政治上，他强化了匈奴的主导地位，以冒顿配天祭祀，自己担任大单于，强调自己在匈奴族的核心地位。在文化上，他完全采用汉制，设立太学、小学、国子祭酒、崇文祭酒等，建立教育体系，推行社会教化，改良社会风尚。这样，通过胡汉分治的模式，刘渊避免了因生产生活不同所形成的文化冲突，尽最大可能来弥合民族差别，形成汉胡交融的社会管理体系，在政治上以胡人为主导，文化上以汉人为主导，两种文化相互融合。

前赵贵族刘渊及其子刘和、刘宣、刘聪等皆熟知中华经典，深知中国传统的治国理念。刘和"好学夙成，习《毛诗》《左氏春秋》《郑氏易》"⑤；刘宣"沈精积思，不舍昼夜，好《毛诗》《左氏传》。……每读《汉书》，至《萧何》《邓禹传》，未曾不反覆咏之"⑥；刘聪"究通经史，兼综百家之言，《孙吴兵法》靡不诵之。工草隶，善属文，著述怀诗百

---

① 房玄龄等撰：《晋书》卷一百一《载记·刘元海》，中华书局 1974 年版，第 2647 页。
② 房玄龄等撰：《晋书》卷一百一《载记·刘元海》，中华书局 1974 年版，第 2649 页。
③ 房玄龄等撰：《晋书》卷一百一《载记·刘元海》，中华书局 1974 年版，第 2649 页。
④ 房玄龄等撰：《晋书》卷一百一《载记·刘元海》，中华书局 1974 年版，第 2649 页。
⑤ 房玄龄等撰：《晋书》卷一百一《载记·刘元海》，中华书局 1974 年版，第 2652 页。
⑥ 房玄龄等撰：《晋书》卷一百一《载记·刘元海》，中华书局 1974 年版，第 2653 页。

余篇、赋颂五十余篇"①；刘曜"读书志于广览，不精思章句，善属文，工草隶。……尤好兵书，略皆暗诵"②。除刘粲外，前赵政权的核心成员，皆精通文韬武略，因而其所采用的胡汉分治，实则乃因时势所需而为之，表明十六国初期的胡汉仍存在生产生活上的诸多差异。为了赢得本族的支持，不得不按照匈奴传统建构国家治理体系，此外又借助华夏的知识积累、历史经验、文化传统来改良社会。

刘曜建立了太学系统，可以看出其有意在前赵延续华夏传统，推进文化认同：

> 立太学于长乐宫东，小学于未央宫西，简百姓年二十五已下十三已上，神志可教者千五百人，选朝贤宿儒明经笃学以教之。以中书监刘均领国子祭酒。置崇文祭酒，秩次国子。散骑侍郎董景道以明经擢为崇文祭酒。以游子远为大司徒。……曜临太学，引试学生之上第者拜郎中。③

西汉立太学的目的，是通过建立自上而下的教育体系，进行礼乐教化，并在博士弟子、如博士弟子中选拔优秀者，出任低级官吏。刘曜仿照汉、晋建太学的目的，也是试图通过选取并教授年青一代以经典，从中选拔官员，进而推动华夏文化在前赵的普及。从其所设的一千五百员额，可以看出其招生和培养的规模远远大于西汉武帝、宣帝时期，表明其设置学校的目的，在于借助华夏传统、历史经验和政治学说培养官吏，以期尽快建构起前赵的官僚系统。可见前赵已经开始进入制度性的建构，希望借此形成稳定的国家治理体系。

前燕的慕容皝也爱好中原通行的经典书籍，他曾经勉励大臣子弟学习中原地区流行的礼乐文化："赐其大臣子弟为官学生者号高门生，立东庠于旧宫，以行乡射之礼，每月临观，考试优劣。皝雅好文籍，勤于讲授，学徒甚盛，至千余人。亲造《太上章》以代《急就》，又著《典

---

① 房玄龄等撰：《晋书》卷一百二《载记·刘聪》，中华书局 1974 年版，第 2657 页。
② 房玄龄等撰：《晋书》卷一百三《载记·刘曜》，中华书局 1974 年版，第 2683 页。
③ 房玄龄等撰：《晋书》卷一百三《载记·刘曜》，中华书局 1974 年版，第 2688-2692 页。

诫》十五篇，以教胄子。"①督促前燕贵族学习华夏传统。又曾"亲临东庠考试学生，其经通秀异者，擢充近侍"②，从学术优异者中选拔优秀学子担任近侍，显示其对经学的重视。慕容俊则"博观图书，有文武干略"，"雅好文籍，自初即位至末年，讲论不倦，览政之暇，唯与侍臣错综义理，凡所著述四十余篇"③，也是精通华夏文化传统之人，其"立小学于显贤里以教胄子"④，于戎马倥偬之间亲自教授贵族子弟。

苻坚对华夏传统理解深刻。他能够利用两汉流行的谶纬学说，来寻求政权的合法性：

> 初，坚即伪位，新平王彤陈说图谶，坚大悦，以彤为太史令。尝言于坚曰："谨案谶云：'古月之末乱中州，洪水大起健西流，惟有雄子定八州。'此即三祖、陛下之圣讳也。又曰：'当有草付臣又土，灭东燕，破白虏，氐在中，华在表。'案图谶之文，陛下当灭燕，平六州。愿徙汧陇诸氐于京师，三秦大户置于边地，以应图谶之言。"⑤

苻坚咨询王猛，王猛以王彤为左道惑众，劝苻坚诛杀之。苻坚却采信此说作为天命在己的依据，并任命王彤为太史令，来辅佐朝政。其弟苻融、侄子苻朗皆通读经典，具有深厚的传统文化修养。

苻融精通玄学，又能作赋："融聪辩明慧，下笔成章，至于谈玄论道，虽道安无以出之。耳闻则诵，过目不忘，时人拟之王粲。尝著《浮图赋》，壮丽清赡，世咸珍之。"⑥苻朗以读书谈玄为乐，著书立说，把《老子》《庄子》宗旨贯穿其中。虽出任青州刺史，却谈玄论道，著书立说，"有若素士，耽玩经籍，手不释卷，每谈虚语玄，不觉日之将夕；登涉山水，不知老之将至。在任甚有称绩。……著《苻子》数十篇行

---

① 房玄龄等撰：《晋书》卷一百九《载记·慕容皝》，中华书局1974年版，第2826页。
② 房玄龄等撰：《晋书》卷一百九《载记·慕容皝》，中华书局1974年版，第2826页。
③ 房玄龄等撰：《晋书》卷一百十《载记·慕容俊》，中华书局1974年版，第2831、2842页。
④ 房玄龄等撰：《晋书》卷一百十《载记·慕容俊》，中华书局1974年版，第2840页。
⑤ 房玄龄等撰：《晋书》卷一百十四《载记·苻坚》，中华书局1974年版，第2910页。
⑥ 房玄龄等撰：《晋书》卷一百十四《载记·苻坚》，中华书局1974年版，第2934页。

于世，亦《老》《庄》之流也"①。《苻子》亡于唐末，严可均辑八十一事，去其重，为五十事，认为"三复其言，具有名理"②，注重阐释老庄之学，可见前秦能够统一北方，于武功之外，文治也起到了基础性作用。

苻坚即位后，大力推行经学教育："广修学官，召郡国学生通一经以上充之，公卿已下子孙并遣受业。其有学为通儒、才堪干事、清修廉直、孝悌力田者，皆旌表之。……坚亲临太学，考学生经义优劣，品而第之。问难五经，博士多不能对。……自是每月一临太学，诸生竞劝焉。"③建立学官体系，亲临太学考问学生，以奖劝学业。咸安二年（372），苻坚直接下诏："关东之民学通一经、才成一艺者，在所以礼送之。在官百石以上，学不通一经、才不成一艺者，罢遣还民。"④百姓通经可以表彰，官员不通经则直接罢免。由此可见，在前秦时期北方诸胡已经充分认同华夏传统学术，并进行了制度性的建构，至少在统治阶层，已经开始充分接受华夏传统。这时南北文化虽有差异，但北方却非蛮荒之地，而能够对南朝流行的玄学、佛学进行回应。

中华民族的文化融合，可以从三个维度进行观察。一是共有经验，共有的历史经验建构了华夏大传统，这一传统又承载着华夏历史经验。诸胡认同华夏文化，特别是认同自己为黄帝、炎帝苗裔时，中华民族共有的历史经验便在诸胡中得到延续，使得华夏文化在更大的范围内得到传承。二是借助历史经验形成的传统经典，如《周易》《尚书》《诗经》《礼记》《左传》以及《老子》《庄子》《史记》《汉书》等经典，是中华文化的结晶。十六国的统治阶层熟悉、认同这些经典，并设立小学、郡学、太学等体系来传授，使得经典所蕴含的道德共识和价值认同得以延续、继承，从而迅速凝聚成民族共识。三是经典中所蕴含的价值共识、思想理念、传统美德和人文精神，先是成为诸胡仿效的对

---

① 房玄龄等撰：《晋书》卷一百十四《载记·苻坚》，中华书局1974年版，第2936—2937页。

② 严可均编：《全上古三代秦汉三国六朝文·全晋文》卷一百五十二《苻子》，中华书局1958年版，第4669页。

③ 房玄龄等撰：《晋书》卷一百十三《载记·苻坚》，中华书局1974年版，第2888页。

④ 司马光编著，胡三省音注：《资治通鉴》卷一百三《太宗简文皇帝》，中华书局1956年版，第3256页。

象，再成为十六国建章立制的参考。最终融合着诸胡的生产生活方式，融通为可以在中原地区普遍推广的新制度，为南北朝以及隋唐制度的建构做了充分的尝试。

三、诸胡对华夏制度的采用

十六国政权在建章立制中，全面借鉴汉魏制度，在制度层面延续着华夏传统。刘渊自称汉王后，"立其妻呼延氏为王后。置百官，以刘宣为丞相，崔游为御史大夫，刘宏为太尉，其余拜授各有差"①。自称蜀汉之后，与刘备、刘禅政权一脉相承，祀汉高祖以下诸位神主，并按汉制设立三公，以延续汉朝制度来否定魏晋的合法性。

以此为方式，借鉴汉朝制度建构国家治理体系，按照经学传统作为制度建构的学理依据，以三代、秦汉历史经验作为国家行政决策的依据，成为十六国政权的普遍做法。后赵石勒"雅好文学，虽在军旅，常令儒生读史书而听之，每以其意论古帝王善恶，朝贤儒士听者莫不归美焉"②。石勒使人读《汉书》，以此获得历史经验。他听闻郦食其劝立六国后，大惊道："此法当失，何得遂成天下！"至留侯谏，乃曰："赖有此耳。"③能主动从历史经验寻求治国之道，借助汉朝的得失建立自己对行政的判断与反思，形成了石勒基本的知识体系。他在立国后，便"命郡国立学官，每郡置博士祭酒二人，弟子百五十人，三考修成，显升台府。于是擢拜太学生五人为佐著作郎，录述时事"④。按照汉代太学体系建立教育制度，选拔官员。经过二十余年的坚持，后赵的官员队伍已浸染儒风。

前燕立国之初采信五德终始理论："大燕受命，上承光纪黑精之君，运历传属，代金行之后，宜行夏之时，服周之冕，旗帜尚黑，牲牡尚玄。"⑤廷尉监常炜曾言前燕继承了魏晋制度："大燕虽革命创制，至于朝

---

① 房玄龄等撰：《晋书》卷一百一《载记·刘元海》，中华书局 1974 年版，第 2650 页。
② 房玄龄等撰：《晋书》卷一百五《载记·石勒》，中华书局 1974 年版，第 2741 页。
③ 房玄龄等撰：《晋书》卷一百五《载记·石勒》，中华书局 1974 年版，第 2741 页。
④ 房玄龄等撰：《晋书》卷一百五《载记·石勒》，中华书局 1974 年版，第 2751 页。
⑤ 房玄龄等撰：《晋书》卷一百十《载记·慕容俊》，中华书局 1974 年版，第 2834 页。

廷铨谟，亦多因循魏晋。"① 仿照魏晋旧制建立官制，对所统治的各族百姓实施行之有效的管理。

苻健也曾效仿汉魏故事，与关中百姓约法三章："起灵台于杜门。与百姓约法三章，薄赋卑宫，垂心政事，优礼耆老，修尚儒学，而关右称来苏焉。"② 其修儒学，既是文化认同，也是制度建构。苻坚起明堂，修南北郊，依照汉制推行制度："坚起明堂，缮南北郊，郊祀其祖洪以配天，宗祀其伯健于明堂以配上帝。"③ 从而承继汉制建立郊祀制度。"其下以为盛德之事，远同汉文，于是献诗者四百余人。"④ 这表明其又恢复献诗传统，赢得了士人支持。苻坚在王猛的辅助下，改良风俗，推广文教，以改善社会秩序。

前秦借鉴周礼，不断修订完善制度，认为政权的合法性来自所认同的华夏经典，来自汉代制度：

> 复魏晋士籍，使役有常闻，诸非正道，典学一皆禁之。坚临太学，考学生经义，上第擢叙者八十三人。自永嘉之乱，庠序无闻，及坚之僭，颇留心儒学，王猛整齐风俗，政理称举，学校渐兴。关陇清晏，百姓丰乐，自长安至于诸州，皆夹路树槐柳，二十里一亭，四十里一驿，旅行者取给于途，工商贸贩于道。⑤

> 遣使巡行四方，观风俗，问政道，明黜陟，恤孤独不能自存者。以安车蒲轮征隐士乐陵王欢为国子祭酒。及王猛卒，坚置听讼观于未央之南。禁《老》《庄》、图谶之学。中外四禁、二卫、四军长上将士，皆令修学。课后宫，置典学，立内司，以授于掖庭，选阉人及女隶有聪识者署博士以授经。⑥

苻坚恢复士籍，推行教育，要求百官、将士与后妃学习经典，使

---

① 房玄龄等撰：《晋书》卷一百十《载记·慕容俊》，中华书局 1974 年版，第 2838 页。
② 房玄龄等撰：《晋书》卷一百十二《载记·苻健》，中华书局 1974 年版，第 2871 页。
③ 房玄龄等撰：《晋书》卷一百十三《载记·苻坚》，中华书局 1974 年版，第 2886 页。
④ 房玄龄等撰：《晋书》卷一百十三《载记·苻坚》，中华书局 1974 年版，第 2900 页。
⑤ 房玄龄等撰：《晋书》卷一百十三《载记·苻坚》，中华书局 1974 年版，第 2895 页。
⑥ 房玄龄等撰：《晋书》卷一百十三《载记·苻坚》，中华书局 1974 年版，第 2897 页。

得儒学在关中得以复兴，为推行汉家制度提供了舆论支持和学理支撑。他派遣使者巡行四方，督促地方官员将要求落到实处，以形成稳定的社会秩序。

唐初所修《晋书》，尽管将诸胡列入载记，然其对十六国国君行为的叙述，则有诸多褒奖。这在于其认同十六国政权融合华夏传统和诸胡风俗，自成体系地进行制度建设。诸胡在其统治的核心区域，能形成稳定的社会秩序和社会风尚。因此，唐代史臣评价前赵政权言：

> 伊秩启兴王之略，骨都论克定之秋，单于无北顾之怀，猃狁有南郊之祭，大哉天地，兹为不仁矣！若乃习以华风，温乎雅度；兼其旧俗，则罕规模。虽复石勒称藩，王弥效款，终为夷狄之邦，未辩君臣之位。至于不远儒风，虚襟正直，则昔贤所谓并仁义而盗之者焉。[1]

认为刘渊等建立的政权，与东晋并立，虽非正统，但其继承华夏文化而行仁义，并不能一概非之。特别是其能在八王之乱后，约束诸胡力量，尽力恢复生产，稳定社会秩序，通过文化认同，促进五胡的华化。长远来看，仍有助于民族的融合。其对前秦的叙述中，亦多载苻坚等理民之道。如载苻坚曾与吕光言及前秦治理方法："西戎荒俗，非礼义之邦。羁縻之道，服而赦之，示以中国之威，导以王化之法，勿极武穷兵，过深残掠。"[2]便是赞美苻坚统一西北时对国家治理模式的深思熟虑，他叮嘱吕光要按照礼义秩序来教化诸胡，使之能够形成良好习俗。

由此来看，诸胡的华化，首先在于定居农耕，接受了中原的生产生活方式，这决定了其社会组织结构和管理方式，越来越接近于华夏传统。其次是为了建立政权而形成历史认同，特别是借助于黄帝、夏禹的血统，继承历史经验，学习传统经典，最终形成了文化认同。最后则是仿效汉魏制度，逐渐改变诸胡传统管理模式，实现了夷夏一体

---

[1] 房玄龄等撰：《晋书》卷一百三《载记·刘曜》，中华书局 1974 年版，第 2702 页。

[2] 房玄龄等撰：《晋书》卷一百十四《载记·苻坚》，中华书局 1974 年版，第 2914 页。

的管理体制，为北朝的华化做了经验的积累，也为隋唐的统一做了制度的尝试。

第三节　北朝制度建构的基本逻辑

秦汉的秩序建构，是在周朝所形成的道德认知、春秋诸子的理性思考以及战国的制度变革的基础上，进行不断的尝试，最终实现了此前诸多学说的全面融通。其中的天人感应学说、礼乐教化传统、三公九卿制度、君主专制观念等，逐渐促成了帝制运行的内在学理。但借助外在自然反馈机制的天人感应学说在东汉后期逐渐破产后，其制度弊端在汉魏之际不断呈现，传统的制度已经无法维护国家秩序，使得魏晋迭代之际，学者们既要反思经学的流弊，又要面对制度的困境。

魏晋学者发现经学作为知识系统存在天然的弊端，那便是独尊儒术导致知识缺乏更新的动力，于是采用道家学说对儒家的学理系统进行更新，试图重构学术系统。但注重于理论阐释的魏晋玄学并不能解决现实问题，反倒使魏晋士人失去了对时事的兴趣，而且儒家学说也被玄学家所推崇的因任自然解构了。可以说，永嘉之乱，是由秦汉以来制度设计的窘境、家国同构的学理阐释不足以及儒学面对现实的理论缺失等多方面集成性的问题所导致的。经学家未能提供良好的思路，玄学家直接回避现实问题，使得魏晋儒学面对国家建构的窘境无能为力，只能采用微调的方式来弥补魏晋制度的先天不足，这就导致南朝面对现实的能力越来越弱。北方政权之间的相互兼并，需要其有足够的动力和勇气来面对现实的不确定性，只能选择最有效的制度，而少了传统的羁绊。特别是北魏在分土定居、分牛授田的过程中，探索出了稳定农业生产秩序的策略，以及从胡汉分治到全面汉化过程中所逐渐形成的治理体系，有效地实现了对华夷一体的社会管理。

北魏统一北方后的华化及其制度建构，深刻影响了北周和北齐，也成为隋唐制度的基础。陈寅恪先生曾论隋唐制度多来自北朝[①]，在于北朝制度吸收了"诸胡"的传统，并借鉴了汉魏晋行之有效的治理经验，更适合管理华夷一体的社会形态，也便于推动各民族更深更广地融合。南北朝时期的分治，为魏晋制度注入了新的活力。其并不追求理论阐释的完善，而是追求制度运行的得当与否。有时为了阐释制度的合理性，学者也从经学中寻找依据。但相对于汉代的依经立制，北朝的制度阐释更注重以经明制，在此基础上进行的制度重构，使得隋唐能够更有效地管理胡汉杂居的社会形态。

一、北魏对华夏祭祀体系的采用

鲜卑族从游牧转化为农耕的过程，从制度史来看，是通过制度的不断变更来实现的；从思想史来看，则是通过观念的持续更新而达成的。《魏书·序纪》言拓跋氏出于黄帝之后："昌意少子，受封北土，国有大鲜卑山，因以为号。……黄帝以土德王，北俗谓土为托，谓后为跋，故以为氏。其裔始均，入仕尧世，逐女魃于弱水之北，民赖其勤，帝舜嘉之，命为田祖。"[②]此说与《山海经·大荒西经》之言相合："黄帝之孙曰始均，始均生北狄。"拓跋氏自称黄帝之后，以此作为血统。天兴元年（398）道武帝拓跋珪在平城即皇帝位，尊黄帝之德而建立祭祀制度：

> 群臣奏以国家继黄帝之后，宜为土德，故神兽如牛，牛土畜，又黄星显曜，其符也。于是始从土德，数用五，服尚黄，牺牲用白。[③]

其不再采用十六国推运而为德的传统，宣布直接承接黄帝土德，按照土德的观念来治理国家。他宣称拓跋氏为黄帝后裔，以血缘关系来强调其统治的合法性。这种认知，相对于刘渊自托汉人之甥、慕容

---

① 陈寅恪著：《隋唐制度渊源略论稿　唐代政治史述论稿》，生活·读书·新知三联书店2001年版，第3页。

② 魏收撰：《魏书》卷一《序纪》，中华书局1974年版，第1页。

③ 魏收撰：《魏书》卷一百八《礼志》，中华书局1974年版，第2734页。

氏言为匈奴与华夏之苗裔以及苻氏视己为有扈之后，拓跋氏直接言为黄帝子孙，使得其所统领的鲜卑族，与华夏族虽有文化之别，而无血缘之异，一开始就将自己置于华夏苗裔的地位，为其入主中原提供了天然的合理性，也为其采用汉制、改用华俗消除了观念上的壁垒。

天兴二年（399），道武帝效法汉魏制度，建立天帝、五方帝与众神祭祀系统，置太社、太稷、帝社，立神元、思帝、平文、昭成、献明五帝庙，建构调整完备的祭天、祀地、享祖体系。至孝文帝延兴二年（472），"有司奏天地五郊、社稷已下及诸神，合一千七十五所，岁用牲七万五千五百"①，形成了繁复的山川、土地以及民间祭祀系统。在这过程中，崔浩曾上书太武帝："神祀多不经，案祀典所宜祀，凡五十七所，余复重及小神，请皆罢之。"②按照传统的祀典调整祭主。献文帝也言："苟诚感有著，虽行潦菜羹，可以致大蝦，何必多杀，然后获祉福哉！其命有司，非郊天地、宗庙、社稷之祀，皆无用牲。"③按照道德伦理原则削减祭祀用品。

太和六年（482）十一月，孝文帝要亲祀宗庙，诏有司依礼具仪，群臣"谨案旧章，并采汉魏故事，撰祭服冠屦牲牢之具，罍洗簠簋俎豆之器，百官助祭位次，乐官节奏之引，升降进退之法，别集为亲拜之仪"④，杂采汉魏礼制而定享祖仪式。太和十三年（489）正月，孝文帝以大驾祭圆丘、五月祀方泽。但在确定宗庙礼仪时，却遇到经文、传疏的不同。《礼记》中《祭法》言"有虞氏禘黄帝"，《大传》言"不王不禘"及"禘其祖之所自出"。郑玄认为"天子祭圆丘曰禘，祭宗庙大祭亦曰禘"，天子行禘。三年一祫，五年一禘，祫则合群毁庙之主于太庙，合而祭之；但王肃则称天子诸侯皆禘于宗庙，郊祀后稷，不称禘，而宗庙称禘，孝文帝让诸大臣议其是非。⑤

---

① 魏收撰：《魏书》卷一百八《礼志》，中华书局1974年版，第2740页。
② 魏收撰：《魏书》卷一百八《礼志》，中华书局1974年版，第2739页。
③ 魏收撰：《魏书》卷一百八《礼志》，中华书局1974年版，第2740页。
④ 魏收撰：《魏书》卷一百八《礼志》，中华书局1974年版，第2740页。
⑤ 以上太和十三年之事见于《魏书·礼志》。魏收撰：《魏书》卷一百八《礼志》，中华书局1974年版，第2741页。

尚书游明根、左丞郭祚、中书侍郎封琳、著作郎崔光引郑氏之义，认为大祭圜丘谓之禘，宜于宗庙俱行禘祫之礼，二礼异而名殊。中书监高闾、仪曹令李韶、中书侍郎高遵等十三人则据王氏之义，认为禘祫为一事，二礼实为一事。孝文帝则认为前者行事取衷，犹有未允；后者并存并用，理有未称，随即言道：

> 夫先王制礼，内缘人子之情，外协尊卑之序。故天子七庙，诸侯五庙，大夫三庙，数尽则毁，藏主于太祖之庙，三年而祫祭之。世尽则毁，以示有终之义；三年而祫，以申追远之情。禘祫既是一祭，分而两之，事无所据。毁庙三年一祫，又有不尽四时，于礼为阙。七庙四时常祭，祫则三年一祭，而又不究四时，于情为简。王以禘祫为一祭，王义为长。郑以圜丘为禘，与宗庙大祭同名，义亦为当。今互取郑、王二义。禘祫并为一名，从王；禘是祭圜丘大祭之名，上下同用，从郑。若以数则黩，五年一禘，改祫从禘。五年一禘，则四时尽禘，以称今情。禘则依《礼》文，先禘而后时祭。便即施行，著之于令，永为世法。[①]

从中可以看出孝文帝精通《仪礼》，并主张按照礼义来调整礼制，兼取郑玄、王肃之义，参酌古今而新订礼仪。这一做法，一方面纠正了自拓跋氏长期以来祀黄帝的旧制，使之更合于华夏礼制；另一方面主张依照传统礼经及其注疏确定新制，使之成为定法。

高闾乘机言《尚书》所说的"肆类于上帝，禋于六宗"礼经并无明文记载，以致秦汉魏晋各有所解而未能确定："汉魏及晋诸儒异说，或称天地四时，或称六者之间，或称《易》之六子，或称风雷之类，或称星辰之属，或曰世代所宗，或云宗庙所尚，或曰社稷五祀，凡有十一家。自晋已来，逮于圣世，以为论者虽多，皆有所阙，莫能评究。"[②]期望能一并确定，以为制度。孝文帝随即确定讨论祭祀制度的原则："昔石渠、虎阁之议，皆准类以引义，原事以证情，故能通百家之要，

---

① 魏收撰：《魏书》卷一百八《礼志》，中华书局1974年版，第2742—2743页。
② 魏收撰：《魏书》卷一百八《礼志》，中华书局1974年版，第2743页。

定累世之疑。"①那便是尊重历史传统和经义精神，对其中的阙疑处进行讨论：

> 朕躬览《尚书》之文，称"肆类上帝，禋于六宗"，文相连属，理似一事。上帝称肆而无禋，六宗言禋而不别其名。以此推之，上帝、六宗当是一时之祀，非别祭之名。肆类非独祭之目，焚烟非他祀之用。六宗者，必是天皇大帝及五帝之神明矣。禋是祭帝之事，故称禋以关其他，故称六以证之。然则肆类上帝，禋于六宗，一祭也，互举以成之。今祭圆丘，五帝在焉，其牲币俱禋，故称肆类上帝，禋于六宗。一祭而六祀备焉。六祭既备，无烦复别立六宗之位。便可依此附令，永为定法。②

孝文帝推行的华化，并非一味接受汉魏晋旧制，而是接受中华传统，借鉴历史经验、文化传统和经义注疏，创造性地进行制度设计、改良和重建，有意识地补全魏晋制度的不足。从这个角度来说，北魏的制度建构，有着不同于魏晋旧制的创设。其中所蕴含的文化理念和制度创新，完全超越了东晋、宋、梁的制度形态，呈现出强烈的赓续华夏传统的意味。

太和十三年（489）所发生的大议禋祀，持续了近三年时间，在此过程中所确定的北魏祫褅、郊祀、庙祀之礼，不仅促成了北魏礼制从胡汉相杂转向引经立义，而且采用"参酌古今"的原则，显示出北魏建构新制度的勇气。

太和十四年（490）八月拟定北魏德运时，孝文帝表现出更强烈的正统意识。他下诏言："丘泽初志，配尚宜定，五德相袭，分叙有常。然异同之论，著于往汉，未详之说，疑在今史。群官百辟，可议其所应，必令合衷，以成万代之式。"③公开宣布要建立的制度，并非仿效汉魏旧制，而是要革故鼎新，制定一套行之有效的制度，作为万代范式。

---

① 魏收撰：《魏书》卷一百八《礼志》，中华书局1974年版，第2743页。
② 魏收撰：《魏书》卷一百八《礼志》，中华书局1974年版，第2744页。
③ 魏收撰：《魏书》卷一百八《礼志》，中华书局1974年版，第2744页。

这看似普通的宣示，实则表明北魏迁洛前后所展示出来的革故鼎新的气象。其与十六国政权的最大不同，便是不再仿照汉魏制度来证明自己的正统，而是直接以天命在我的自信，来自觉建立新制度，并使之成为新的制度形态。

从历史的进程来观察，孝文帝借助这次德运大讨论，迅速凝聚了国家共识。中书监高闾认为："魏承汉，火生土，故魏为土德。晋承魏，土生金，故晋为金德。赵承晋，金生水，故赵为水德。燕承赵，水生木，故燕为木德。秦承燕，木生火，故秦为火德。秦之未灭，皇魏未克神州，秦氏既亡，大魏称制玄朔。故平文之庙，始称'太祖'，以明受命之证，如周在岐之阳。若继晋，晋亡已久；若弃秦，则中原有寄。推此而言，承秦之理，事为明验。故以魏承秦，魏为土德，又五纬表验，黄星曜彩，考氏定实，合德轩辕，承土祖未，事为著矣。……臣愚以为宜从尚黄，定为土德。"① 他认为德运事大，提议大臣继续讨论。秘书丞李彪、著作郎崔光等则认为魏建国之初，与晋并列，不当列于秦之后，应该"绍晋定德"，② 孝文帝诏令群官继续讨论。

这场讨论持续到太和十五年（491）正月，穆亮、陆叡、元孙、冯诞、游明根、邓侍祖、李恺、郭祚、卫庆、封琳、崔挺、贾元寿在高闾、李彪意见的基础上，达成了共识。他们认为："晋祚终于秦方，大魏兴于云朔。据汉弃秦承周之义，以皇魏承晋为水德。"③ 孝文帝最终接受了这一建议，下诏言："越近承远，情所未安。然考次推时，颇亦难继。朝贤所议，岂朕能有违夺。便可依为水德，祖申腊辰。"④ 北魏对德运的重新认定，将与东晋并列的十六国，作为晋的附庸。敢于承认南朝的合法性，将北魏作为承晋而立的正统，显示出其直面历史现实的勇气。这一做法不仅成为后世史家普遍接受的定论，而且也显示出孝文帝一统天下的志向。

正是出于赓续华夏正统的历史认知和统一天下的责任，孝文帝主

---

① 魏收撰：《魏书》卷一百八《礼志》，中华书局1974年版，第2745页。
② 魏收撰：《魏书》卷一百八《礼志》，中华书局1974年版，第2746页。
③ 魏收撰：《魏书》卷一百八《礼志》，中华书局1974年版，第2747页。
④ 魏收撰：《魏书》卷一百八《礼志》，中华书局1974年版，第2747页。

动迁都洛阳。中书监高闾曾一语中的："臣闻居尊据极，允应明命者，莫不以中原为正统，神州为帝宅。"①由此来看迁都洛阳，以及其所推动的改汉姓、着汉服、用汉语，便是主动融入华夏传统、以求统一天下的战略决策。

北魏的制度建构，最初仿效南朝建立。南齐王肃奔魏，得到孝文帝的重用，其"为制官品，百司位号，皆准南朝，改次职令，以为永制"②，进一步完善北魏制度。后经过刘芳、崔光、邢峦等制礼作乐，因时制宜，对北魏的祭祀、礼乐、考试等制度进行了系统调整。在这一过程中，他们引用经义、借用汉魏传统进行论证，斟酌损益，改定礼服、修订祭天制度、起明堂辟雍、诏定乐章，核定了全国祭祀场所，确定了祭祀形制，并建立了天子七庙的常祀制度，对汉魏礼制进行了全面调整，其所形成的礼制，为北周、北齐所因袭，成为隋唐制度建构的参照。

在商周乃至秦汉时期，祭祀既是精神生活的方式，更承载着政权的合法性。早期中国的祭祀制度，经过商周演化成型后，在秦汉不断调整而形成了国家信仰、社会认同和制度形态，成为凝聚情感共识、道德认同的方式，更成为形成共同理想和公共秩序的行为方式。北魏在迁洛之前便参照汉魏制度建成国家祭祀体系，意味着其接受并采信了华夏诸神作为祭祀对象，形成了与华夏相同的天地、四方和鬼神信仰，逐渐将鲜卑族置入华夏文化体系中而生产生活。国家祭祀体系所推重的信仰，作为共同的精神生活方式，将拓跋氏在内的诸多民族文化融合到华夏传统之中，促进了民族的认同；在此过程中的制度调整和秩序建构，又推动了华夏传统的更新。

二、北魏的经典传承与文化复兴

北魏在推动拓跋氏内部进行汉化的同时，也借助礼乐教化对社会

---

① 魏收撰：《魏书》卷一百八《礼志》，中华书局 1974 年版，第 2744 页。
② 杜佑撰，王文锦、王永兴、刘俊文、徐庭云、谢方点校：《通典》卷十九《职官一》，中华书局 1988 年版，第 469 页。

风俗进行全面改良，促使北方各民族形成了更趋一致的社会风尚。

道武帝时开始收集经籍，"集博士儒生，比众经文字，义类相从，凡四万余字，号曰《众文经》"①，进行撰述。同时立太学，置五经博士生员千有余人。天兴二年（399）春，增国子太学生员至三千。明元帝时，改国子为中书学，立教授博士，强化国子教育。始光三年（426）春，太武帝起太学于城东，令州郡各举才学之士，以经学为号召，吸纳儒生归附，建立学校体系，对士大夫进行礼乐教化。至献文帝天安年间，北魏形成了完备的乡学制度。其中大郡立博士2人，助教4人，学生100人；次郡立博士2人，助教2人，学生80人；中郡立博士1人，助教2人，学生60人；下郡立博士1人，助教1人，学生40人。②此外，高谧还曾"奏请广访群书，大加缮写。由是代京图籍，莫不审正"③，整理出一批有用的经典。皇兴二年（468），"以青徐既平，遣中书令兼太常高允奉玉币祀于东岳，以太牢祀孔子"④。祭祀东岳，意味着北魏从神道角度强调其政权合法性，以太牢祭祀孔子以表明其认同儒家学说。

太学的建立，经典的传播，使得北魏贵族逐渐接受华夏传统的浸染，并利用经典的经义观察鲜卑旧俗，对其中诸多不合乎文明进程的风俗习惯进行反思。如在文成时期，高允见当时"风俗仍旧，婚娶丧葬，不依古式"⑤，便上书主张改革鲜卑旧俗，采用秦汉旧俗：

> 《礼》云：嫁女之家，三日不息烛；娶妇之家，三日不举乐。今诸王纳室，皆乐部给伎以为嬉戏，而独禁细民，不得作乐，此一异也。……今皇子娶妻，多出宫掖，令天下小民，必依礼限，此二异也。……今国家营葬，费损巨亿，一旦焚之，以为灰烬。苟靡费有益于亡者，古之臣奚独不然。今上为之不辍，而禁下民之必止，此三异也。古者祭必立尸，序其昭穆，使亡者有凭，致

①　魏收撰：《魏书》卷二《太祖纪》，中华书局1974年版，第39页。
②　魏收撰：《魏书》卷八十四《儒林传》，中华书局1974年版，第1842页。
③　魏收撰：《魏书》卷三十二《高湖传》，中华书局1974年版，第752页。
④　魏收撰：《魏书》卷一百八《礼志》，中华书局1974年版，第2739页。
⑤　魏收撰：《魏书》卷四十八《高允传》，中华书局1974年版，第1073页。

食飨之礼。今已葬之魂，人直求貌类者事之如父母，燕好如夫妻，损败风化，渎乱情礼，莫此之甚。上未禁之，下不改绝，此四异也[①]

其以经典文本和华夏传统，作为改良鲜卑旧俗的依据。其所言的诸王，正是拓跋贵族，其秉持鲜卑之俗，在婚庆时作乐；且皇子娶妻不行婚礼，随意弃绝。百姓则遵循华夏传统，婚礼不举乐，婚配以礼，高允希望拓跋贵族能遵从华夏传统。拓跋贵族墓葬豪奢、行魂人风俗，而华夏有节葬观念、享祖礼仪。如此者四，皆为鲜卑与华夏传统不合者，期望进行改良。高允的提议，在朝廷上公开讨论，文成帝从容听之，表明北魏已经意识到要采用经典文本和华夏传统来改良鲜卑风俗。但考虑到传统力量依然强大，文成帝不得不"逆屏左右以待之"[②]，认同高允的观点，却并未立即禁绝。

孝文帝受华夏文化影响深远。《魏书·高祖纪》言："《五经》之义，览之便讲，学不师受，探其精奥。史传百家，无不该涉。善谈《庄》《老》，尤精释义。才藻富赡，好为文章，诗赋铭颂，任兴而作。有大文笔，马上口授，及其成也，不改一字。"[③]这使得他能够自觉利用经义对拓跋旧制进行取舍，有意识地借用传统改良社会风尚。他在太和十一年（487）的诏书中言："乡饮礼废，则长幼之叙乱。孟冬十月，民闲岁隙，宜于此时导以德义。可下诸州，党里之内，推贤而长者，教其里人父慈、子孝、兄友、弟顺、夫和、妻柔。不率长教者，具以名闻。"[④]主张按照传统道德伦理，来改良社会秩序。

因此，孝文帝对北魏贵族不习传统经典深感忧虑，他曾与平原王陆睿、骠骑大将军元赞言及北魏皇族的经学教育：

北人每言北人何用知书，朕闻此，深用忧然。今知书者甚众，岂皆圣人。朕自行礼九年，置官三载，正欲开导兆人，致之礼教。

---

① 魏收撰：《魏书》卷四十八《高允传》，中华书局 1974 年版，第 1074–1075 页。

② 魏收撰：《魏书》卷四十八《高允传》，中华书局 1974 年版，第 1075 页。

③ 魏收撰：《魏书》卷七《高祖纪》，中华书局 1974 年版，第 187 页。

④ 魏收撰：《魏书》卷七《高祖纪》，中华书局 1974 年版，第 162–163 页。

朕为天子，何假中原，欲令卿等子孙，博见多知。若永居恒北，值不好文主，卿等子孙，不免面墙也。^①

孝文帝认为历史经验是国家决策的依据，也是凝聚社会共识的方式，并足以成为改良社会风气的基石。文化经典所承载的礼乐教化和道德伦理，是治理社会的基础。要想统一天下，皇族子弟必须学习经典，才能长治久安，否则只能永居北方。孝文帝改中书学为国子学，尊三老五更为国子示范，提倡学习经典。又开皇子之学，专门负责教育皇族子弟。他试图通过经学传承，让北魏皇室能自觉维持道德认同、借鉴历史经验，实现北魏的长治久安。

孝文帝曾建立明堂辟雍，迁都洛阳后，立国子太学、四门小学，"坐舆据鞍，不忘讲道"^②，以为示范。皇帝讲经，大臣献书，君臣讲学论道，在贵族中形成了向学风尚。太和十九年（495）四月，孝文帝又"诏求天下遗书，祕阁所无，有裨益时用者加以优赏"^③，收集整理出一批典籍，由卢昶等在秘阁整理，撰出《甲乙新录》。他奖励儒学，推重经典，结合考试、选士制度，选拔了一批儒士，使之承担起礼乐教化的责任。

太和年间，北魏贵族学习经典、学习儒家学说成为趋势。《孝经》《礼记》等经典得到传授，生源数量不断增加，在北方重建起了华夏传统。王通曾言："元魏之有主，其孝文之所为乎？中国之道不坠，孝文之力也。"^④又言："太和之政近雅矣，一明中国之有法。"^⑤便是言孝文帝时期，中国传统的历史经验、道德共识和伦理观念得到充分传承，促成了北方贵族、官员和百姓的文化认同。

早期的鲜卑族以部族聚居的方式生产生活。随着统辖区域扩大，打破了传统的聚居模式，开始散居于北方地区。为了表明血缘关系，

① 魏收撰：《魏书》卷二十一《献文六王列传》，中华书局 1974 年版，第 550 页。
② 魏收撰：《魏书》卷八十四《儒林传》，中华书局 1974 年版，第 1842 页。
③ 魏收撰：《魏书》卷七《高祖纪》，中华书局 1974 年版，第 178 页。
④ 王通著，张沛校注：《中说校注》卷四《周公篇》，中华书局 2013 年版，第 107 页。
⑤ 王通著，张沛校注：《中说校注》卷五《问易篇》，中华书局 2013 年版，第 134 页。

他们便借鉴华夏传统，采用姓氏来标识亲疏关系："其穆、陆、贺、刘、楼、于、嵇、尉八姓，皆太祖已降，勋著当世，位尽王公，灼然可知者，且下司州、吏部，勿充猥官，一同四姓。"①仿照华夏传统改造姓氏，以形成更为清晰的宗法秩序。叶适曾言："及魏起深北不毛，以九十九姓为部落，姓改氏易，流布诸华，周齐继之，至于隋唐，凡胡丘周伊穆陆刘贺梁寇罗葛楼鲍何高潘薛甄杜之类，皆夷狄种，而三代汉魏之士族荡不复存；纵有存者，不可识矣。然则后世所谓谱牒世次，岂足信哉！"②认为北魏采用汉姓，是主动融入华夏的进程，但也使得华夏诸多姓氏，不再为华夏之旧，而成为融合而成的新血缘。虽然叶适以华夷之防的视角来看待这一历史进程，但却无法回避华夏与鲜卑因通婚和改姓，而相互融合、相互认同，促成了民族的全面融合。

宣武帝时，北魏收集了更多的文献典籍，秘书丞孙惠蔚认为应该据新增书目，对《甲乙新录》进行补校，"以为定本，次第均写，永为常式"③。建议四门博士及在京儒生四十人，在秘书省专精校考，参定字义，以求典文允正，群书大集，得到宣武帝允准。北魏借助学校体系传承经典，又借助经典培养学者，促进了经学的发展和著述的盛行。孝明帝时，"燕齐赵魏之间，横经著录，不可胜数。大者千余人，小者犹数百。州举茂异，郡贡孝廉，对扬王庭，每年逾众"④，使得北魏学者云集，文化鼎盛，可与梁朝相抗衡。

十六国与北魏不断学习华夏传统、推重儒家经典，并依据经义、礼义对自身传统进行改良，引导百姓形成合乎礼乐教化的社会风气。特别是北魏推行的改汉姓、与汉通婚、采用汉俗，经过西魏东魏、北周北齐以及隋的延续，使得北方地区的百姓已经呈现出不同于南方百姓的生活方式和组织模式。因此北朝融入华夏的过程，既不是对魏晋的复古，也不是对拓跋文化的延续，而是华夏文化的重构，更是中华传统的重建和更生，使得北方各民族在更大的范围、更深的层面形成

---

① 魏收撰：《魏书》卷一百一十三《官氏志》，中华书局 1974 年版，第 3014 页。
② 叶适著：《习学记言序目》卷三十四《魏书·志》，中华书局 1977 年版，第 494 页。
③ 魏收撰：《魏书》卷八十四《儒林列传》，中华书局 1974 年版，第 1854 页。
④ 魏收撰：《魏书》卷八十四《儒林列传》，中华书局 1974 年版，第 1842 页。

了民族认同和文化认同，由此形成新的文化形态、社会结构和管理模式，为隋唐形成更为统一的国家形态提供了深厚的历史积淀。

三、北朝制度建构与社会改良

田余庆先生认为从历史进程来看，南北朝文化的主流毕竟在北不在南。[①] 传统的历史描述，常以南朝视角观察北朝，这不可避免地遮蔽了北朝自身的发展脉络。唐人意识到传统史学对北史的忽略，重修北五史，使得北史与南史并重，以便从更为开阔的历史视角来观察南北分治情形下历史演进的内在线索。以此来看，北朝延续北方民族的风俗习惯，为华夏传统注入新的活力，推动了魏晋之际徘徊不前的制度形态以及社会秩序的发展，使得中华文化能够尽可能地包容并蓄，吸收游牧文明所能提供的组织方式、社会风气，完成华夏文化的历史性更新。而且北朝因地制宜、因时而化所进行的制度尝试、设计和建构，也弥补了魏晋制度的缺失，为国家治理体系的建构提供了新的发展路径。

在这其中，北魏采用分土定居、授民以田的方式，引导鲜卑人进行农耕，并招徕流民、游民耕种土地。太和元年（477）三月，孝文帝下诏实行授田制度，确定"一夫制理四十亩，中男二十亩。无令人有余力，地有遗利"[②]。太和九年（485）分露田、桑田对百姓授田。通过实现耕者有其田的方式，稳定家庭为单元的生产体系。太和十年（486）规定以一夫一妇为征收单位，每年交纳帛一匹、粟二石。通过土地供给和税赋征收，稳定社会秩序，恢复农业生产，成为隋唐均田制的先声。大业五年（609）春正月癸未，隋炀帝诏天下均田，迅速恢复了农业生产。这为唐朝所借鉴，建立了便于维持社会公平、提升生产效率的租庸调制。

北魏在中枢机构实行以分工合作为模式的三省制，也成为隋唐三

---

① 田余庆著：《东晋门阀政治》，北京大学出版社 1996 年版，第 362 页。

② 杜佑撰，王文锦、王永兴、刘俊文、徐庭云、谢方点校：《通典》卷一《食货志·田制上》，中华书局 1988 年版，第 17 页。

省六部制的前身。北魏的中书负责制定文诰，门下作为皇帝顾问，原本是服务于皇帝的部门，便于将天下事务收归皇帝决策。在运行的过程中，逐渐形成了中书出纳王言，兼总文诰；门下侍从皇帝，规谏驳议；决策交由尚书处理，尚书便总理诸部政务。胡三省认为："魏盖以尚书、侍中、中祕书为三省，亦犹今以尚书、门下、中书为三省也。"①三省分工明确且相互制约，既便于皇帝裁断，更能总揽天下事务，为隋唐三省六部制的先声。

与此同时，孝文帝进行了官阶改革，议定百官秩品，分九品，每品又分正、从，为梁武帝所效法，形成了南北朝通用的官禄体系。北魏的考课制，采用大考百僚的方式对官员进行全面考核，成为常制。北魏选御史曾对八百人进行策试，北齐选东西省官时对三千人进行策试，以保证选拔的公平有效，成为隋唐科举考试的前身。

北魏制度建构的目的是进行彻底的社会改良，形成日趋稳定的社会秩序。魏晋所形成的援经释律，在北魏得到延续，成为以经义裁量司法的传统。太平真君六年（445）三月太武帝下诏："诏诸有疑狱皆付中书，以经义量决。"②规定对疑难案件按照经义标准进行处理。高允"据律评刑，三十余载，内外称平"③，完成了经与法相合的司法实践。经义维持价值共识，司法维持社会秩序，这就保证了社会道德伦理和社会风气的同向发展。太和元年（477）孝文帝下诏："民由化穆，非严刑所制。防之虽峻，陷者弥甚。今犯法至死，同入斩刑，去衣裸体，男女媟见。岂齐之以法，示之以礼者也。今具为之制。"④强调要进行礼乐教化来改良风尚，而不能以刑罚作为社会管理的唯一方式，确定了教化为先的社会管理理念。

西魏时期，宇文泰颁布六条诏书，标志着其开始全面接受华夏礼乐教化以治理天下的传统。这六条诏书主张："其一，先治心，……其

---

① 司马光编著，胡三省音注：《资治通鉴》卷一百二十六《太祖文皇帝》注，中华书局1956年版，第3980页。

② 魏收撰：《魏书》卷四《世祖纪》，中华书局1974年版，第98页。

③ 魏收撰：《魏书》卷四十八《高允传》，中华书局1974年版，第1089页。

④ 魏收撰：《魏书》卷一百一十一《刑罚志》，中华书局1974年版，第2877页。

二，敦教化，……其三，尽地利，……其四，擢贤良，……其五，恤狱讼，……其六，均赋役。"① 其所确认的原则，充分吸收了华夏传统中的治国理政经验而形成了社会改良策略，标志着西魏不再使用胡汉分治，而是将其统辖的地区实行一体化治理，明确了治理国家要先赢得民心，在此基础上进行礼乐刑政的教化，使百姓知道何去何从，能够守住行为底线，实现地尽其利、人尽其才，形成司法公平、百姓均平的社会风气。这六条诏书的颁行，表明了西魏已经致力于建立华夷平等的民族共同体。通过教化形成社会认同，实现国家稳定；利用农耕，实现经济自给自足；建立科考机制，让优秀人才能够得到充分使用；建立起公正的司法体系，能够保证民生、实现公平。

这样来看，北朝的华化，是主动融入华夏传统，并且有动力、有责任、有义务按照华夏传统对现实问题进行创造性的解决，通过开创性的探索，建构起具有创新性的制度形态。钱穆先生总结道："南北朝本是一个病的时代。此所谓病，乃指文化病。若论文化病，北朝受病较南朝为浅，因此新生的希望亦在北朝，不在南朝。"② 北朝通过制度设计，从根本上解决了魏晋时期所形成的两大弊端：一是门阀士族阻隔了社会流动，士族不愿意做事，庶族没有权力，门阀制度严重阻碍了人才辈出，使得南朝贵族因袭传承而缺少活力。二是士族形成了有家族而无国家的认知，士大夫维持家族利益，无暇顾及国家存亡，也无动力推动治理体系的变革。北朝所建立的新兴政权对经学的提倡，原本出于标榜正统的目的，但因寄希望于从中寻求解决现实问题之道，故读经而不拘泥于经。如孝文帝的制度变革，便是取经义而非固守经文。借助经义的精神来完善制度，承接魏晋并效法南朝，立意却在于解决问题。这就使得其制度建构多创设而少守旧，为南北朝制度困境提供了出口。

苏秉琦先生认为："它为中华民族注入新的活力与生命，它还带来

---

① 令狐德棻等撰：《周书》卷二十三《苏绰传》，中华书局 1971 年版，第 382—390 页。

② 钱穆：《纵论南北朝隋唐的儒学》，《钱宾四先生全集》第 19 册，联经出版事业公司 1998 年版，第 426 页。

欧亚大陆北方草原民族文化的各种信息，为中西文化交流作出重要贡献。大唐盛世的诸多业绩都源于北朝。"[1]他认为唐朝能够迅速发展成强盛国家，在于少数民族用刚健的活力，对华夏文化的知识和经典重新进行改造。可以说，南北朝时期的大分裂、大重组，也是中华民族的大认同、大融合。随着华夷认知的变化，魏晋改变了传统的华夷之防，形成了华夷一家、华夷混同的观念。南北朝时期，随着胡人入主中原，这一观念变成了华夷并重。特别是在诸胡自愿纳入华夏的过程中，把自己作为华夏的组成部分，主动接受华夏传统，对原有文化进行调整，形成了北方草原文明和南方农耕文明相融合的新的文明形态。在这一过程中，不同的政权主动采用华夏传统进行礼乐教化，建立学校，建立制度，改造自身文化传统。中原和南方地区也不断吸收诸胡的风俗、语言、习惯，借鉴北朝的新风尚、新机制，弥补南朝制度的不足，为后来隋唐时期的文化认同做了充分的铺垫。

第四节　文明进程中的文化融合

中华文化的发展，得益于不同民族的交流与融合。东汉后期，中原地区浸染胡风甚广，如"灵帝好胡服、胡帐、胡床、胡坐、胡饭、胡空侯、胡笛、胡舞，京都贵戚皆竞为之"[2]。西晋时期的胡风更加流行，以致延续到生活习惯和服饰风尚。东晋之初，南北分治，却通过使臣往来、朝臣降叛、领土变易、百姓迁徙、僧道交流等途径，在相互吸收彼此的文化传统中，形成了更加趋同的文化形态，消融了此前的"华夷之辨"，逐渐确立了华夷一体的民族认同。

一、佛教对"华夷之辨"的消融

以出世为主导倾向的佛教和道教，在南北朝时期形成了独特的文

---

[1] 苏秉琦著:《中国文明起源新探》，生活·读书·新知三联书店 2013 年版，第 149 页。

[2] 范晔撰，李贤等注:《后汉书·五行志》，中华书局 1965 年版，第 3272 页。

化传统，能够相对超脱于政治领域的"华夷之辨"，成为化解华夷之防的突破口。后赵著作郎王度曾言："佛，外国之神，非诸华所应祠奉。……今可断赵人悉不听诣寺烧香礼拜，以遵典礼，其百辟卿士下逮众隶，例皆禁之，其有犯者，与淫祀同罪。其赵人为沙门者，还服百姓。"①认为应该禁绝佛教，以坚守华夏传统。石虎却因对佛图澄尊重而下书言："朕出自边戎，忝君诸夏，至于飨祀，应从本俗。佛是戎神，所应兼奉，其夷赵百姓有乐事佛者，特听之。"②认为自己以戎人之后，可以侧身华夏传统，被视为戎神的诸佛，当然可以为百姓礼敬。值得注意的是，石虎自称戎人之后，称佛为戎人之身，称后赵为夷赵，又言君临华夏，可见在其认知中，华夷文化虽有分判，却没有必要攘夷排戎。

北魏道武帝时，招赵郡沙门法果，使其绾摄僧徒，并置僧官统辖僧人。各州、镇、郡设有维那、上座、寺主等僧官，形成了遍及全国的僧官管理体系，担负着巡民教化、敷导民俗与安抚民众的职责，将佛教纳入国家治理体系中进行管理。《魏书·释老志》言："魏有天下，至于禅让，佛经流通，大集中国，凡有四百一十五部，合一千九百一十九卷。……自中国之有佛法，未之有也。略而计之，僧尼大众二百万矣，其寺三万有余。"③这促进了佛教在北方的广泛传播。

与后赵相仿，佛教初传入南朝，也曾发生过"华夷之辨"。宋齐之际通过持续的辩论，士大夫阶层对佛教东传有了更为清晰的认知，彻底削弱了华夷之防。当时，顾欢认为"佛道二家教异，学者互相非毁"，曾著《夷夏论》言之：

> 今以中夏之性，效西戎之法，既不全同，又不全异。下弃妻孥，上废宗祀。嗜欲之物，皆以礼伸；孝敬之典，独以法屈。悖礼犯顺，曾莫之觉。弱丧忘归，孰识其旧？且理之可贵者，道也；事之可贱者，俗也。舍华效夷，义将安取？若以道邪？道固符合矣。

① 房玄龄等撰：《晋书》卷九十五《艺术传》，中华书局1974年版，第2487页。
② 房玄龄等撰：《晋书》卷九十五《艺术传》，中华书局1974年版，第2487–2488页。
③ 魏收撰：《魏书》卷一百一十四《释老志》，中华书局1974年版，第3048页。

若以俗邪？俗则大乘矣。①

顾欢认为佛教源出西戎，与华夏人文传统、道德伦理不同。若任由佛教流行，会改变华夏传统，主张佛教退出东土，倡导中国本土的道教。

此论一出，立刻引起佛教界和知识界的强烈反应。明僧绍作《正二教论》、谢镇之作《与顾欢书折夷夏论》《重与顾欢书》、朱昭之作《难顾道士夷夏论》、朱广之作《谘顾欢夷夏论》，释慧通作《驳顾道士夷夏论》、释僧愍作《戎华论折顾道士夷夏论》等与之论辩，从佛教教义、三教宗旨、文化观念等维度阐释"华夷之辨"。

其中，宋司徒袁粲托为道人通公来反驳顾欢之论。他强调道具有超越性，能够改民化俗，有益于治。儒、道、佛旨趣不同，各有所长："变本从道，不遵彼俗，俗风自殊，无患其乱。孔、老、释迦，其人或同，观方设教，其道必异。"②不应该分以彼此贵贱，尤其不应该以"佛非东华之道，道非西夷之法"③，人为画地为牢，应该意识到各有所长。

谢镇之在《与顾欢书折夷夏论》中，认为要超越夷夏之论来观察佛教："三才所统，岂分夷夏？则知人必人类，兽必兽群，近而征之，七珍人之所爱，故华夷同贵。恭敬人之所厚，故九服攸敦。是以《关雎》之风，行乎四国，况大化所陶，而不洽三千哉！若据经而言，盖闻佛之兴世也。古昔一法，万界同轨。"④其中提出的"华夷同贵"，表明南朝士大夫已经不再固守传统的"华夷之辨"，而采用更开阔的视角来观察文化的差异。既然中华传统中有教民、化民的观念，佛教东传，就如同早期中国的教化四方，是以经义泽被天下。他在《重与顾欢书》中言："余以三才均统，人理是一。俗训小殊，法教大同。"⑤认为风俗习惯有彼此分别，其中一以贯之的佛法，与道一样，可以超越世俗，担

---

① 萧子显撰：《南齐书》卷五十四《高逸传》，中华书局 1974 年版，第 931–932 页。
② 萧子显撰：《南齐书》卷五十四《高逸传》，中华书局 1972 年版，第 933 页。
③ 萧子显撰：《南齐书》卷五十四《高逸传》，中华书局 1972 年版，第 934 页。
④ 严可均辑：《全宋文》卷五十六《与顾欢书折夷夏论》，商务印书馆 1999 年版，第 558 页。
⑤ 严可均辑：《全宋文》卷五十六《重与顾欢书》，商务印书馆 1999 年版，第 560 页。

负起教化的使命。

朱广之在《谘顾欢夷夏论》中，针对"今舍华效夷，义将安取"进行了质疑："故俱是圣化，唯照所感，惑尽明生，则彼我自忘。何烦迟迟舍效之际，耿介于华夷之间乎？"[①]认为不应该以"华夷之辨"的简单态度来抵触佛教，关键在于所言之道、所传之法是否有助于解释义理。明僧绍对"佛道齐乎达化，而有夷夏之别"进行了辨析："佛以一音，随类受悟。在夷之化，岂必三乘？教华之道，何拘五教？冲用因感，既夷华未殊，而俗之所异，孰乖圣则。虽其人不同，然其教自均也。"[②]强调华、夷皆能从佛、道之理中接受教化，形成良好的社会风尚，就不应该轻易抵触。他认为："夫致德韶武，则禅代异典，后圣有作，岂限夷华？况由之极教，必拘国服哉。"[③]倡言放弃"华夷之辨"的局限，以更为超脱视角来理解佛教东传。

这次辩论，实际是中华文明史上面对异域文明内传而形成的一次大辩论，可以视为学术界对文明交流的一次思想解放。在此之前，华夏文明作为中华文明的核心，长期向周边扩散传播，形成了以中原王朝为中心的中华文化圈。随着佛教传入，中华文化圈与南亚文化圈出现了交集。在汉代已经成型的儒家文化和正在成型的道教文化，面临着南亚文化圈的佛教文化的共振，甚至在小传统中不得不面对佛教东传的形势。如何处理并解决因文明形态的不同而形成的文化认知的差异，不仅考验着中华文化自身吐故纳新的能力，也同样考验着佛教文化对华夏传统的适应能力。后赵王度、刘宋的顾欢以"华夷之辨"对佛教的抵触，是华夏文明面对异域文明的本能反应，在于其立足于自身文化传统来审视彼此的差异。而袁粲、谢镇之、朱广之等人站在文明史的高度来思考文化的互补性，便能超越"华夷之辨"来审视佛教的传入。

释慧通在《驳顾道士夷夏论》中，也是超越"华夷之辨"，从文明

---

① 严可均辑：《全宋文》卷五十七《谘顾欢夷夏论》，商务印书馆 1999 年版，第 565 页。

② 严可均辑：《全齐文》卷五十四《正二教论》，商务印书馆 1999 年版，第 139 页。

③ 严可均辑：《全齐文》卷五十四《正二教论》，商务印书馆 1999 年版，第 139 页。

教化的视角来理解佛教:"然夫大教无私,至德弗偏,化物共旨,导人俱致,在戎狄以均响,处胡汉而同音,圣人宁复分地殊教,隔宇异风,岂有夷邪? 宁有夏邪?"①他认为佛教、儒学、道教皆能导民向善,不应该人为以华夷之分来限制其发展。释僧愍作《戎华论折顾道士夷夏论》,进一步阐释道:"周、孔有雅正之制,如来有超俗之宪。雅正,制故有异于四夷;超俗,宪故不同于周孔。……夫正礼叵易,真法莫移,正礼叵易,故泰伯则于吴越而整服,真法莫移,故佛教则东流而无改。缘整服,故令裸壤玩裳;法无改,故使汉贤落发;玩裳,故使形逼中夏。落发,故使仰齐西风。形逼中夏,故使山藏而空慢,远齐西风,故使近见者莫不信也。"②其中提到的雅正之制、超俗之宪,便是文明发展到一定阶段所形成的必然趋势,而缘服、落发、玩裳不过是文化的形态而不是文明的本质。文化形态可以改变,文明进程一以贯之,文化不应成为文明的障碍,而文明应该成为文化的导引。

以文明史的视角来观察这次夷夏之辨,可以更为清晰地看出中华文明在面对异域文明时的理性态度,在于其能够超越自身文化传统,进入到更为开阔的文明进程中,自觉吸纳周边文化形态,重新审视已有的文明认知,消融"华夷之辨"、三教之别,形成了更为宽广的文明史观。明僧绍在《正二教论》中言:"寂感遂通,在物必畅,佛以一音,随类受悟。在夷之化,岂必三乘? 教华之道,何拘五教? 冲用因感,既夷华未殊,而俗之所异,孰乖圣则,虽其入不同,然其教自均也。"③华夏传统以父义、母慈、兄友、弟恭、子孝五教所形成的家庭伦理和家族观念,是早期中国维持社会秩序的基础,可以作为教化四夷的工具;佛教所推崇的佛法,也是维持社会秩序的方式,二者学理不同,却皆能导民向善,没有必要为之设限。

刘勰也针对《三破论》中所提出的佛教东传入国破国、入家破家、入身破身之说,作《灭惑论》进行辩驳:"权教无方,不以道俗乖应;

---

① 严可均辑:《全宋文》卷六十二《驳顾道士夷夏论》,商务印书馆 1999 年版,第 621 页。

② 严可均辑:《全宋文》卷六十二《戎华论折顾道士夷夏论》,商务印书馆 1999 年版,第 625 页。

③ 严可均辑:《全齐文》卷十四《正二教论》,商务印书馆 1999 年版,第 139 页。

妙化无外，岂以华戎阻情？是以一音演法，殊译共解；一乘敷教，异经同归。经典由权，故孔、释教殊而道契；解同由妙，故梵、汉语隔而化通。但感有精粗，故教分道俗；地有东西，故国限内外。其弥纶神化，陶铸群生，无异也，故能拯拔六趣，总摄大千，道惟至极，法惟最尊。"① 也是超越"华夷之辨"与文化本位来审视文明的交融，认为应该从道、法等规律性的维度来理解文明的发展，不应该抱残守缺而自我设限。释道安在《二教论》中也说："吾子何为滥云国土，惟圣化无方，不以人天乖应，妙化无外，岂以华戎阻情？是以一音演唱，万品齐悟，岂以夷夏而为隔哉？"② 认为不应该以"华夷之辨"来阻隔文化的交融。

文明的进程，要经过文化阵痛方能达成，这在于所有的文化传统，皆是长期累积而成的生活方式和文化观念。不同的文化形态构成整体的人类文明，要引导人类从必然王国走向自由王国，就需要诸多文化改变部分延续已久的传统，吸纳不同文化的成果，彼此借鉴，相互尊重，方能共同形成更有超越性的文明形态。佛教的传入，是早期中华文明与异域文明的交融。在这一过程中，中华文明理性地对待佛教文化、西域文化、异域风俗，吐故纳新，将之纳入自身的文明进程之中，才形成了更具包容性的文明形态，为隋唐民族融合和文化赓续创新提供着充分的文化滋养。

佛教的传入和道教的形成，完成了中华文明在小传统中的观念重塑和文化整合。东汉后期道家学说的兴起和魏晋道教的迅速形成，从小传统的角度表明了儒家学说自上而下的教化，并不能满足普通百姓的精神生活需求。佛教传入并在南北朝时期兴盛起来，也表明社会的文化认同，既可以通过官方主导的礼乐教化促成，又可以通过民间自发的精神生活实现。从这个角度来说，对于南北朝的社会认同与民族融合而言，道教和佛教至少在小传统中起到了巨大的推动作用，与官方在大传统中所倡导的经学教育、礼乐教化相辅相成，既保证了国家秩序的稳定，又满足了百姓的精神需求，并被作为隋唐时期社会治理

---

① 严可均辑：《全梁文》卷六十《灭惑论》，商务印书馆 1999 年版，第 666 页。
② 严可均辑：《全后周文》卷二十三《二教论》，商务印书馆 1999 年版，第 335 页。

的基本策略。

二、民族文化的兼容并蓄

随着北朝军事势力的不断扩充，其文化影响力也持续南下，南朝士大夫不再对北朝抱着抵触而轻忽的态度。在不得不认同北方政权的同时，也潜移默化地接受了北方的传统。《颜氏家训·教子篇》言："齐朝有一士大夫，尝谓吾曰：'我有一儿，年已十七，颇晓书疏，教其鲜卑语及弹琵琶，稍欲通解，以此伏事公卿，无不宠爱，亦要事也。'"①言及南齐人以孩子懂得北方鲜卑语、会弹琵琶受到赞美，并得到朝廷重用，表明南朝士大夫开始正视北朝，并自觉接受北方文化的南传。《洛阳伽蓝记》又载萧衍曾至于洛阳：

> 其庆之还奔萧衍，衍用其为司州刺史，钦重北人，特异于常。朱异怪，复问之。曰："自晋宋以来，号洛阳为荒土，此中谓长江以北尽是夷狄。昨至洛阳，始知衣冠士族并在中原，礼仪富盛，人物殷阜，目所不识，口不能传。所谓帝京翼翼，四方之则，如登泰山者卑培塿，涉江海者小湘沅，北人安可不重？"庆之因此羽仪服式悉如魏法，江表士庶竞相模楷，褒衣博带，被及秣陵。②

东晋南渡，洛阳成为一片荒土，南朝人对北朝的残破想象，只有在南北通使后才有所改变。北魏迁洛之后，洛阳重现繁华。孝文帝奉行旧典，恢复古礼古服，使得河洛地区恢复华夏传统，传统衣冠、士族气质，在洛阳被继承并发扬光大。萧衍看到洛阳宫殿巍峨，管理有序，认为很值得南方效法，便将北魏恢复的褒衣博带风尚，传到了江南，居然成为时尚。由此来看，北朝在民族融合过程中形成的新的文化风尚，引起了南朝士大夫的关注、倾慕，并主动接受北朝所恢复的华夏传统，既体现了文明进程的不可逆转，也体现着华夏文化的吐故纳新。

---

① 颜之推撰，王利器撰：《颜氏家训集解》卷一《教子》，中华书局1993年版，第21页。
② 杨衔之撰，周祖谟校释：《洛阳伽蓝记校释》卷二《城东》，中华书局2010年版，第93页。

与此同时，在胡汉杂居的区域内，汉人也入乡随俗，主动接受"诸胡"的生活习俗，形成了既不同于汉也有别于胡的新风俗。《周书·刘璠传》载：

> 璠善于抚御，莅职未期，生羌降附者五百余家。前后郡守多经营以致赀产，唯璠秋毫无所取，妻子并随羌俗，食麦衣皮，始终不改。洮阳、洪和二郡羌民，常越境诣璠讼理焉。其德化为他界所归仰如此。蔡公广时镇陇右，嘉璠善政。及迁镇陕州，欲取璠自随，羌人乐从者七百人。闻者莫不叹异。①

言汉人刘璠在西北地区治理少数民族地区期间，有羌族五百余家投降归刘，刘璠毫无所取，德行高洁，为羌人敬仰。他让妻子学习羌族风俗，主动与羌人融合。及其迁镇做官时，愿意随从的羌人有七百人，这在于其尊重羌人习俗。刘璠作为汉人官员，治理羌人时，并未存华夷之防的观念，而是入乡随俗，最终得到充分认同。就文化传统而言，其妻通过服饰习俗的羌化，赢得了羌人的信任；就文明史进程而言，这些羌人则接受了华夏传统的道德伦理，不断内迁，最终完成了民族的融合。

颜之推在《颜氏家训·治家》中言及邺下风俗：

> 江东妇女，略无交游，其婚姻之家，或十数年间，未相识者，惟以信命赠遗，致殷勤焉。邺下风俗，专以妇持门户，争讼曲直，造请逢迎，车乘填街衢，绮罗盈府寺，代子求官，为夫诉屈。此乃恒、代之遗风乎？南间贫素，皆事外饰，车乘衣服，必贵齐整；家人妻子，不免饥寒。河北人事，多由内政，绮罗金翠，不可废阙，赢马悴奴，仅充而已；倡和之礼，或尔汝之。

邺下所流行的妇女主家庭内外之事，与华夏传统的"男主外，女主内"的传统不同，与江东妇女居家无外的习俗不同，显然是受胡风浸润。特别是妇女迎来送往，"代子求官，为夫诉屈"的做法，显示出

---

① 令狐德棻等撰：《周书》卷四十二《刘璠传》，中华书局1971年版，第764页。

男女平等的倾向。

北齐时期，鲜卑族的祭祀传统一度有所复兴。[①]北周治下的汉人，也采用鲜卑服饰，形成流行时尚，传至隋唐。如后周的胡帽就流行至隋：

> 后周之时，咸著突骑帽，如今胡帽，垂裙覆带，盖索发之遗象也。又文帝项有瘤疾，不欲人见，每常著焉。相魏之时，著而谒帝，故后周一代，将为雅服，小朝公宴，咸许戴之。开皇初，高祖常著乌纱帽，自朝贵已下，至于冗吏，通著入朝。今复制白纱高屋帽，其服，练裙襦，乌皮履。宴接宾客则服之。[②]

文帝有瘤疾，时常戴着垂裙覆带的胡帽以遮蔽头瘤，被时人认为雅服，便在后周至隋的官员中流行起来。隋文帝本身是汉人，使用胡帽，引领了时尚潮流。《隋书·地理志》又言："京兆王都所在，俗具五方，人物混淆，华戎杂错。"[③]在长安流行的风俗，也是华戎杂糅。这种胡帽，在唐朝被改造为白纱高屋帽，成为官员、百姓宴会的常服。向达曾著书指出：

> 异族入居长安者多，于是长安胡化盛极一时，此种胡化大率为西域风之好尚：服饰、饮食、宫室、乐舞、绘画，竞事纷泊；其极社会各方面，隐约皆有所化，好之者盖不仅帝王及一二贵戚达官已也。[④]

李唐起自西陲，对前代南北的制度文物兼收并蓄，不问华夷。长安作为国际大都会，各族风尚、各种宗教融汇于此。西域胡人带来的

---

① 《隋书》载："（北齐）后主末年，祭非其鬼，至于躬自鼓儛，以事胡天。邺中遂多淫祀，兹风至今不绝。后周欲招来西域，又有拜胡天制，皇帝亲焉。其仪并从夷俗，淫僻不可纪也。"魏征、令狐德棻撰：《隋书》卷七《礼仪志》，中华书局1973年版，第149页。

② 魏征、令狐德棻撰：《隋书》卷十二《礼仪志》，中华书局1973年版，第266页。

③ 魏征、令狐德棻撰：《隋书》卷二十九《地理志》，中华书局1973年版，第817页。

④ 向达：《唐代长安与西域文明》，河北教育出版社2001年版，第42页。

服饰、饮食、宫室、乐舞、绘画等文化形态，风靡都城，受到各族百姓的喜爱。这表明在文化层面，隋唐百姓并不以华夷为辨，而是求新求异。这些民族文化形态，融入隋唐百姓的生活之中，形成了新的民风民俗。

从汉桓帝、汉灵帝时期的胡风东传，延续到魏晋时期诸胡入主中原，再到南北朝时期的民族融合，秦汉时期所形成的华夏传统得到了前所未有的改良与改造。体现着少数民族精神气质的文化形态，与华夏传统融合发展，成为隋唐新的文化形态，使得社会更加包容和开明，充满了生机与活力。

民族文化兼容并包最直观的体现，便是民族音乐的融通。汉魏雅乐中，少数民族音乐作为四夷之乐，被用作朝廷典礼用乐的组成部分，以赞颂"四夷归服"的天下大治。北魏制乐时，采华夏之声与四夷之乐杂奏，形成了包容华夷的音乐体制。北魏太祖初年，"正月上日，飨群臣，宣布政教，备列宫悬正乐，兼奏燕、赵、秦、吴之音，五方殊俗之曲。四时飨会亦用焉"①。兼采各区域音乐和四夷之乐，用于天地祭祀。《隋书》载祖珽之言：

> 魏氏来自云、朔，肇有诸华，乐操土风，未移其俗。至道武帝皇始元年，破慕容宝于中山，获晋乐器，不知采用，皆委弃之。天兴初，吏部郎邓彦海，奏上庙乐，创制宫悬，而钟管不备。乐章既阙，杂以《簸逻回歌》。初用八佾，作《皇始》之舞。至太武帝平河西，得沮渠蒙逊之伎，宾嘉大礼，皆杂用焉。此声所兴，盖苻坚之末，吕光出平西域，得胡戎之乐，因又改变，杂以秦声，所谓秦汉乐也。至永熙中，录尚书长孙承业，共臣先人太常卿莹等，斟酌缮修，戎华兼采，至于钟律，焕然大备。②

北魏正乐源自前秦苻坚采华夏之声和胡戎之乐而形成的新秦汉乐，实际是在原有秦汉之乐的基础上杂取胡乐而成。北魏入主中原之初，

---

① 魏收撰：《魏书》卷一百九《乐志》，中华书局 1974 年版，第 2828 页。
② 魏征、令狐德棻撰：《隋书》卷十四《音乐志》，中华书局 1973 年版，第 313-314 页。

尚依旧俗。皇始元年（396）北魏"破慕容宝"获得了一批晋朝乐器，拓跋氏居然不知道如何使用，可见其所用之乐为鲜卑旧乐。天兴初年（398）制定朝廷乐章，居然没有合适的乐章可选，只能杂以胡音《簸逻回歌》使用，这是胡乐为正乐的创例。太武帝平定河西之后，在宾礼、嘉礼中杂取传统华乐与旧乐，并吸纳前秦旧乐。北魏末孝武帝永熙年间，方才华夷兼采而形成了北魏音乐。

隋也用"戎华兼采"的原则制乐："太祖辅魏之时，高昌款附，乃得其伎，教习以备飨宴之礼。及天和六年，武帝罢掖庭四夷乐。其后帝娉皇后于北狄，得其所获康国、龟兹等乐，更杂以高昌之旧，并于大司乐习焉。采用其声，被于钟石，取《周官》制以陈之。"[1]吸收了入主中原的胡乐，采用归附民族的音乐，以用为飨燕之乐。至高昌国归附才得到了歌伎，形成了飨宴之乐。尽管周武帝一度罢四夷之乐，以正华夏传统，但不久便采狄乐、高昌乐为用，华夷杂糅："后周所用者，皆是新造，杂有边裔之声。戎音乱华，皆不可用。"[2]并未固守华夏正音。

隋朝在平定江南时获得华夏旧乐："前克荆州，得梁家雅曲，今平蒋州，又得陈氏正乐。"[3]至此方才拥有华夏诸乐。隋据此修订乐制，但对是否采用华夏旧乐、如何使用华夏旧乐，却产生过争论。有官员反对采用四夷之声，主张恢复雅乐传统。但经过战乱离散之后的清商乐，已难恢复魏晋之旧，只能采用夷夏之乐并存来确定乐典。隋先将梁、陈乐工交由太常管理，关中置备坊制，教习歌者，以清商乐作为正声，用为太庙之乐。以华夏正乐为主，而不废胡乐，遂形成了七部乐。隋炀帝时期颁行华夷相杂的《清乐》《西凉》《龟兹》《天竺》《康国》《疏勒》《安国》《高丽》《礼毕》九部乐，作为国家正乐，完成了华夷音乐的融合，为唐代官方所延续。

在中国音乐史上，从三代之乐到西周雅乐，再到汉魏清商乐，华

---

① 魏征、令狐德棻撰：《隋书》卷十四《音乐志》，中华书局1973年版，第342页。

② 魏征、令狐德棻撰：《隋书》卷十五《音乐志》，中华书局1973年版，第351页。

③ 魏征、令狐德棻撰：《隋书》卷十五《音乐志》，中华书局1973年版，第351页。

夏正乐的传承不绝如缕。周、汉虽然采取四夷之乐，却只是作为少数民族归服的象征，并非作为朝廷正声。南北朝时期戎华兼采的用乐实践，使得少数民族音乐进入到正乐之中，成为朝廷礼仪用乐。这些民族音乐融合而形成的燕乐，逐渐成为中华音乐的正声。

三、华夷一体观念的确立

中华文化的发展，经历了两个关键的整合时期：一是汉朝形成了文化共同体，强化了道德认同和秩序认同；二是隋唐时期形成了民族共同体，能够包容文化差异、尊重民族风尚，使得诸多族群能够和睦相处，取长补短，相互理解，相互尊重。这既得益于南北朝长期的各族杂居而形成的民族认同，也得益于隋唐更加包容开放的华夷观念，以及由此而建构的制度形态，多层面地实现了华夷关系的融洽。

开皇三年（583），突厥入侵武威、天水、安定、金城、上郡、弘化、延安。八月，隋文帝下诏伐突厥，其诏书言："部落之下，尽异纯民，千种万类，仇敌怨偶，泣血拊心，衔悲积恨。圆首方足，皆人类也，有一于此，更切朕怀。"[1]强调隋朝影响范围之内的各族，皆休戚与共。其所言的"圆首方足，皆人类也"，超越了"非我族类，其心必异"的"华夷之辨"，将华与夷等量齐观。因此隋对突厥的征伐，便超越了敌我双方的你死我活，而具有了维系文明认同的意义。那便是作为更高文明自觉的国家，有着维护和平的道义和责任。突厥战败之后的和亲，使双方进一步强化了华夷相互认同的观念。沙钵略遣使致书隋高祖时言："皇帝是妇父，即是翁，此是女夫，即是儿例。两境虽殊，情义是一。今重叠亲旧，子子孙孙，乃至万世不断，上天为证，终不违负。此国所有羊马，都是皇帝畜生，彼有缯彩，都是此物，彼此有何异也！"隋文帝亦言："得书，知大有好心向此也。既是沙钵略妇翁，今日看沙钵略共儿子不异。"[2]隋文帝与沙钵略的和亲，是通过血缘关系凝定彼此的亲情，显示双方维持长期和平的诚意。

---

① 魏征、令狐德棻撰：《隋书》卷八十四《北狄传》，中华书局1973年版，第1867页。
② 魏征、令狐德棻撰：《隋书》卷八十四《北狄传》，中华书局1973年版，第1868页。

在这过程中，隋朝以较高的文明自觉，超越文化的差异，尊重并理解周边民族的文化制度。大业三年（607）四月，隋炀帝幸榆林，启民可汗及义成公主来朝。启民可汗上表言："臣今非是旧日边地突厥可汗，臣即是至尊臣民，至尊怜臣时，乞依大国服饰法用，一同华夏。"①隋炀帝交朝臣议论，大家皆赞同突厥采用华服。隋炀帝以为不必："先王建国，夷夏殊风，君子教民，不求变俗。断发文身，咸安其性，旃裘卉服，各尚所宜，因而利之，其道弘矣。何必化诸削衽，縻以长缨，岂遂性之至理，非包含之远度。衣服不同，既辨要荒之叙，庶类区别，弥见天地之情。"②隋炀帝认为突厥尊重华夏制度，却没有必要因此变更风尚。在他看来，服饰、饮食等文化形态是因地理环境不同而形成的生产生活习俗，只有是否便宜之别，没有高下之分，突厥归附的关键，在于体认华夏道德伦理，其行为合乎道义、用乎教化即可。

隋对华夷秩序的理解，已经不再是东周初期"披发伊川"的忧虑，也不是孔子"披发左衽"的感慨，更不是北魏迁洛改用汉服的矫正，而是意识到华夷并立、文化形态有别，只要认同公共秩序，尊重约定的道义，双方便可以和睦相处。其中蕴含的不是以强制弱的文化征服，而是相互依存的文化认同，体现出高于文化认知的文明史观。

从历史进程来看，隋代有着自觉的文明史观。隋炀帝即位初，裴矩曾撰《西域图记》三卷，载四十四国的山川风俗，献于隋炀帝，言及隋能够得到周边民族支持的原因："故皇华遣使，弗动兵车，诸蕃既从，浑、厥可灭。混一戎夏，其在兹乎！不有所记，无以表威化之远也。"③裴矩强调隋之所以能够得到周边民族的认可，一是通过合理的外交策略，使得诸国归服；二是保持着高度的文明认知，使得周边政权诚服。大业六年（610），隋炀帝至东都，大会使臣，"征四方奇技异艺，陈于端门街，衣锦绮、珥金翠者，以十数万。又勒百官及民士女列坐棚阁而纵观焉。皆被服鲜丽，终月乃罢。又令三市店肆皆设帷帐，盛

---

① 魏征、令狐德棻撰：《隋书》卷八十四《北狄传》，中华书局1973年版，第1874页。

② 魏征、令狐德棻撰：《隋书》卷八十四《北狄传》，中华书局1973年版，第1874页。

③ 魏征、令狐德棻撰：《隋书》卷六十七《裴矩传》，中华书局1973年版，第1580页。

列酒食，遣掌蕃率蛮夷与民贸易，所至之处，悉令邀延就坐，醉饱而散。蛮夷嗟叹，谓中国为神仙"①。这次大会所展示的隋朝雄厚国力和文明程度，赢得了诸国使臣的叹服。《资治通鉴》载为：

> 帝以诸蕃酋长毕集洛阳，丁丑，于端门街盛陈百戏，戏场周围五千步，执丝竹者万八千人，声闻数十里，自昏达旦，灯火光烛天地；终月而罢，所费巨万。自是岁以为常。诸蕃请入丰都市交易，帝许之。先命整饰店肆，檐宇如一，盛设帷帐，珍货充积，人物华盛，卖菜者亦藉以龙须席。胡客或过酒食店，悉令邀延就坐，醉饱而散，不取其直，绐之曰："中国丰饶，酒食例不取直。"胡客皆惊叹。②

强调了隋朝的文化实力、经济实力和社会发展水平，征服了诸国使臣、客商，显示出文明高度发达的国家对相对落后地区的引领，使其发自内心地尊重中原王朝。

对于隋唐时期天下秩序的形成而言，华夷认同起到了决定性作用。贞观七年（633）十二月，李世民率诸国国君朝见太上皇李渊。李渊命突厥颉利可汗起舞，又命南蛮酋长冯智戴咏诗。既而笑曰："胡、越一家，自古未有也！"李世民奉觞上寿言："今四夷入臣，皆陛下教诲，非臣智力所及。昔汉高祖亦从太上皇置酒此宫，妄自矜大，臣所不取也。"③认为诸国之所以朝觐，靠的不是汉朝时期的威服，而是由礼乐教化而使得诸国心悦诚服。

这种心悦诚服来自李世民对华夷一家的文明认知。贞观十八年（644）十二月，李世民便言："夷狄亦人耳，其情与中夏不殊。人主患德泽不加，不必猜忌异类。盖德泽洽，则四夷可使如一家；猜忌多，则

---

① 魏征、令狐德棻撰：《隋书》卷六十七《裴矩传》，中华书局1973年版，第1581页。

② 司马光编著，胡三省音注：《资治通鉴》卷一百八十一《炀皇帝》，中华书局1956年版，第5649页。

③ 司马光编著，胡三省音注：《资治通鉴》卷一百九十四《太宗文武大圣大广孝皇帝》，中华书局1956年版，第6104页。

骨肉不免为仇敌。"①强调华夷民情不同，不必强行同一，不要过多猜忌，方能长治久安。贞观二十一年（647）五月庚辰，李世民在翠微殿问群臣："自古帝王虽平定中夏，不能服戎、狄。朕才不逮古人而成功过之，自不谕其故，诸公各率意以实言之。"群臣认为出自皇帝的功德，李世民则说："自古皆贵中华，贱夷、狄，朕独爱之如一，故其种落皆依朕如父母。"②强调唐朝之所以获得各方认同，在于没有华夷之别的观念，而是按照华夷一体的原则来处理中华与周边政权的关系，方才赢得天下的尊重。

这种尊重，不是道德的宣示，也不是观念的阐释，更多地体现在制度设计中。永徽年间颁行的《唐律疏议》，其中有"化外人相犯"条："诸化外人，同类自相犯者，各依本俗法；异类相犯者，以法律论。"疏议的司法解释是："化外人，谓蕃夷之国，别立君长者，各有风俗，制法不同。其有同类自相犯者，须问本国之制，依其俗法断之。异类相犯者，若高丽之与百济相犯之类，皆以国家法律，论定刑名。"③主张各国人员违法，按照其国制度进行处理。不同国家之人在唐朝管辖的区域违法，按照唐朝法律处置。这一做法，既尊重了各国的文化差异与观念之别，又维持着唐朝的司法尊严。

中华民族的形成，是以民族杂居形态长期交融而形成的民族共同体为基础，各族之间承认彼此的文化差异，逐渐形成了文明的共识，那便是尊重道德、尊重秩序、尊重良俗，以此作为公约数，维系民族共同体的形成。不管此后分出多少民族，民族共同体都是牢不可破的，这成为中华民族得以凝聚并壮大的根源。可以说，中华民族共同体的形成，既得力于华夏文明向四周的辐射，也得力于周边民族对中原文化的认同。这一进程在早期中国开始启动，在中古逐渐成型，在近世得以稳定。

---

① 司马光编著，胡三省音注：《资治通鉴》卷一百九十七《太宗文武大圣大广孝皇帝》，中华书局1956年版，第6215—6216页。

② 司马光编著，胡三省音注：《资治通鉴》卷一百九十八《太宗文武大圣大广孝皇帝》，中华书局1956年版，第6247页。

③ 刘俊文撰：《唐律疏议笺解》卷六《名例》，中华书局1996年版，第478页。

第五章　隋唐共同经验与社会认同的形成

日本学者内藤湖南提出唐宋转型说，认为唐代和宋代是中国从古代转向近代的转折点。[①]中国学术史也可作如是观，中唐以前重五经，北宋以来则越来越重视四书。自至元仁宗年间采用朱熹《四书集注》作为科举教材，一直持续到清末。五经注重知识，将三代作为治理天下的历史经验。北宋逐渐重视心性学说，强调义理阐发，将《四书》作为学理的渊薮。由此来看，唐代是中国文化发展的前半段的总结期，它对中华民族的共同经验进行了总结。所谓的共同经验，是指中华民族在历史发展和社会进程中所形成的群体认知，是基于道德认同、伦理认同、民族认同等方面而形成的深刻的历史认同和历史经验，并由早期中国经典固定下来，在南北朝时期得到了各民族的认同，成为中华民族共同体的集体记忆。

我们可以从凝聚中华民族历史共识的角度，来观察唐代是如何把魏晋南北朝时期形成的民族认知、历史看法以及各种各样的社会分歧凝聚起来，通过国家意志，对文化经典、历史经验以及宗教信仰进行整合，最大程度地消弭着彼此的分歧。其中，《五经正义》的颁行，整合了南北朝的经说，从大传统上确立了超越于国家、民族和风俗的共同认知。其将各种经典解释融会贯通，并借由明经和进士考试，确立了国家秩序建构与价值判断的标准，明确了大传统的价值共识；史书的编纂和撰写中对历史进程的描述，确定了历史评判的准则，形成了最大范围的历史认同；通过对道教和佛教所形成的精神生活方式进行融通，则确立了日常生活的行为认知，维持着小传统的社会认同。

社会认同是在共同的生活需求、历史经验、情感体验和道德共识中形成的相互依存的观念融合、行为要求和价值认同。基于民族、宗

---

① 刘俊文主编：《日本学者研究中国史论著选译》，中华书局1992年版，第10—18页。

教和历史进程所形成的共同经验促成社会认知趋同，促成个人与群体、家族与国家、历史与现实的有效融通，使社会系统协调、有序、平衡地持续发展，形成了古代中国的社会认同。我们可以从四个角度对隋唐价值认同进行剖析。首先，观察社会流动与公共秩序形成，考察科举制度如何实现了社会上层、中层和下层的贯通，使社会成员有兴致、有热情、有能力去维持社会秩序。其次，探究儒家经典在传承过程中对价值认同的形成所产生的影响及作用方式，探讨价值认同达成的路径。再次，观察历史经验是如何促成判断事物是非的客观标准，继而强化了唐代的社会认同。最后，研究唐代如何通过儒家、佛教和道教的合一，形成日渐趋同的精神生活方式，在日常生活中促成了价值认同。这样，我们就能清晰地梳理出隋唐时期共同经验与社会认同的形成，使之弥合阶层差别、宗教分歧与民族差异，在跨文化的角度上建立起更高的价值共识。这些共识经过唐朝两三百年的累积，建立了中国最广泛的社会认同。

第一节　选举制度与社会流动的形成

阶层流动是社会不同阶层通过特定的通道形成有秩序的升迁、降黜，在先赋地位的基础上实现自致地位的变动。阶层流动常被作为评判社会文明发展的尺度。社会越开放，阶层流动率越高，流动所需的时间越短，流动的幅度也越大。以阶层流动的合理、公平、有序来衡量古代中国的社会秩序，可以看出隋唐之后中国社会秩序总体稳定，这得益于人才选拔与官员任用制度不断完善，使得社会精英能够得到充分的尊重，形成了阶层的有序流动。这就促使社会各阶层致力于维护这一相对稳定的体制，形成了古代中国最稳定的社会结构。

一、早期中国士阶层的确立

西周不断完善的五等爵制，是以血缘关系建立起来的家国一体的秩序系统。作为国家最高权力中心的天子，是宗法制的核心，也是嫡长制的产物。周人认为嫡长制通过血缘关系决定爵位等级，能有效保持家族结构和宗法体系的稳定，有利于维持内部秩序。司马迁言："康叔之年幼，周公在三公之位，而伯禽据国于鲁，盖爵命之时，未至成人。康叔后扞禄父之难，伯禽殄淮夷之乱。昔五帝异制，周爵五等，春秋三等，皆因时而序尊卑。"① 言康叔年幼，周公位居三公辅佐周王。伯禽分封于鲁国时尚未成年，但以血缘为受爵标准，伯禽便成为鲁国的始封君。这种制度设计的天然不足，是继位者年龄尚小不足以服年长的叔侄，王位更替时常发生争位之乱。

汉代学者认为西周时期已经形成了选拔机制。《汉书·食货志》载："八岁入小学，学六甲五方书计之事，始知室家长幼之节。十五入大学，学先圣礼乐，而知朝廷君臣之礼。其有秀异者，移乡学于庠序；庠序之异者，移国学于少学。诸侯岁贡少学之异者于天子，学于大学，命曰造士。行同能偶，则别之以射，然后爵命焉。"② 认为西周在国子中开始施行选拔制度，使之与血缘继承体制相辅相成，通过小学、大学的学习，根据其所掌握的知识和形成的能力进行选拔。乡学的优秀者升入庠序，优异者再选拔入国学学习。诸侯在邦国设立学校，选拔优异者进入太学，是为造士；其中成绩优异者进行爵命。班固此说，当是根据汉朝经验，辅之以汉儒传说推演而出的。墨家学派在非议周代血缘关系形成的爵命传统时说：

> 执有命者之言曰："命富则富，命贫则贫，命众则众，命寡则寡，命治则治，命乱则乱，命寿则寿，命夭则夭。……"
>
> 古者桀之所乱，汤受而治之；纣之所乱，武王受而治之。此世未易，民未渝，在于桀纣则天下乱，在于汤武则天下治。岂可谓有命哉。③

---

① 司马迁撰，裴骃集解，司马贞索隐，张守节正义：《史记》卷六十《三王世家》，中华书局 2014 年版，第 2565 页。

② 班固著，颜师古注：《汉书》卷二十四《食货志》，中华书局 1962 年版，第 1122 页。

③ 吴毓江撰，孙启治点校：《墨子校注》卷九《非命上》，中华书局 2006 年版，第 400—401 页。

> 今天下之士君子，中实将欲求兴天下之利，除天下之害，当
> 若有命者之言，不可不强非也。曰：命者，暴王所作，穷人所术，
> 非仁者之言也。今之为仁义者，将不可不察而强非者此也。①

认为桀、纣时天下大乱，汤、武时则天下大治。世界未变，百姓
未变，因而强调富贵不是天命所决定的，以此反对西周以至春秋所形
成的立足于血缘关系而任命官员的爵命制。爵命制强调天命不能随意
改变，由此形成了贵族与庶族之间的天然区隔。春秋时期以墨家学派
为代表的非命思潮，正是对西周爵命学说的反叛。墨家认为命乃"暴
王所作，穷人所术，非仁者之言也"，不过是假托天意而形成的理论假
说，并非真实存在天命。由此来看，墨家学派所反对的"命"，主要是
指因血缘关系而确定的爵命制度。

孟子提出的"天爵说"，是从道德的立场来否定天命说和爵命制度，
以强化一般士大夫对社会事务干预的合理性。他认为："有天爵者，有
人爵者。仁义忠信，乐善不倦，此天爵也。公卿大夫，此人爵也。古
之人修其天爵，而人爵从之。今之人修其天爵以要人爵，既得人爵而
弃其天爵，则惑之甚者也。终亦必亡而已矣。"②孟子强调仁义忠信是上
天授予的爵位，由个人修德而为之；公卿大夫的爵位是由先天出身和血
缘关系决定的，而非个人德行的体现，由此认为天爵高于人爵。如果
说墨子的非命说是从血缘关系的角度否定天命，那么孟子则进一步以
德行来审视天命，降低了传统爵命的地位。

这一轻视爵命的观念，在《周礼》中得到进一步确认。其继承西
周传统，结合历史发展的趋势，对爵位制进行了更为合理的设计，将
人爵说和天爵说结合起来，既尊重因血缘而形成的爵命制度，又强调
德行、能力在爵位任命中的权重：

> 太宰：以八柄诏王驭群臣：一曰爵，以驭其贵；二曰禄，以驭

---

① 吴毓江撰，孙启治点校：《墨子校注》卷九《非命下》，中华书局 2006 年版，第 426 页。
② 赵岐注，孙奭疏：《孟子注疏》卷十一《告子章句上》，北京大学出版社 1999 年版，第
315 页。

其富;三曰予,以驭其幸;四曰置,以驭其行;五曰生,以驭其福;
六曰夺,以驭其贫;七曰废,以驭其罪;八曰诛,以驭其过。①

司徒:十有一日以贤制爵,则民慎德。十有二日以庸制禄,则
民兴功。②

司士:以德诏爵,以功诏禄,以能诏事,以久奠食。惟赐无
常。③

司厉:凡有爵者与七十者与未龀者,皆不为奴。④

掌客:以其爵等为之牢礼之陈数。⑤

《周礼》是按照"以德诏爵,以功诏禄"的选拔机制,对传统爵命
制进行颠覆,以道德、事功作为授予爵位的标准。将墨子的"非命"说,
孟子的"天爵"说转化为一种新的制度形态,暗含着废除世卿、世禄
制和爵位制,更重视以德行与功劳作为选拔官员和爵命官员的原则。

这一选拔原则,恰恰是春秋战国变法者所努力的方向。商鞅变法,
便是从废除世爵、世卿、世禄制度出发,来推动秦国的制度变革。《商
君书·农战》言:"凡人主之所以劝民者,官爵也;国之所以兴者,农
战也。……善为国者,其教民也,皆作壹而得官爵。是故不官无爵。"⑥
强调设置官爵是为鼓励百姓积极建立农战之功,认为农业及战争的实
力才是兴国之要务,只要对国家有贡献,就可以被授予爵位。《君臣》
又言:"凡民之所疾战不避死者,以求爵禄也。明君之治国也,士有斩
首捕虏之功,必其爵足荣也,禄足食也。"⑦认为百姓在作战时奋不顾

---

① 郑玄注,贾公彦疏:《周礼注疏》卷二《大宰》,北京大学出版社 1999 年版,第 29–30 页。

② 郑玄注,贾公彦疏:《周礼注疏》卷十《大司徒》,北京大学出版社 1999 年版,第 246 页。

③ 郑玄注,贾公彦疏:《周礼注疏》卷三十一《司士》,北京大学出版社 1999 年版,第
814–815 页。

④ 郑玄注,贾公彦疏:《周礼注疏》卷三十六《司厉》,北京大学出版社 1999 年版,第
956 页。

⑤ 郑玄注,贾公彦疏:《周礼注疏》卷三十八《掌客》,北京大学出版社 1999 年版,第
1038 页。

⑥ 蒋礼鸿撰:《商君书锥指·农战》,中华书局 1986 年版,第 20 页。

⑦ 蒋礼鸿撰:《商君书锥指·君臣》,中华书局 1986 年版,第 130 页。

身，正是为了求取爵位。国君必须奖励农战之民，才能调动百姓耕战的积极性。因此，秦设二十等爵，以军功作为授予爵位的依据，作战斩首越多，所得爵位越高。这就意味着秦国的爵位系统向全民开放，通过军功授爵，以此选贤任能，从制度上彻底废除了西周的爵命制度，通过授爵以功，实现了社会阶层的有效流动。

墨子从社会角度，孟子从德行角度，商鞅从制度角度，彻底动摇了传统的天命说和西周的世爵制。他们不约而同、前赴后继地颠覆着西周的爵命制度，标志着西周固定、封闭的阶层固化开始被瓦解，形成了初步的社会流动。其中，墨家学派提出的尚贤学说，不仅颠覆传统爵命制，还试图探索更为开阔的人才流动机制。《墨子·尚贤上》言："故古者圣王之为政，列德而尚贤，虽在农与工肆之人，有能则举之，高予之爵，重予之禄，任之以事，断予之令，曰：'爵位不高则民弗敬，蓄禄不厚则民不信，政令不断则民不畏。'举三者授之贤者，非为贤赐也，欲其事之成。"[1] 强调要以德行与能力作为人才选拔标准，即便是庶农与工肆之人，只要德才兼备，就可以被授予高爵位、获得厚俸禄，甚至可以被推举为天子。

通过有效的选拔机制实现人才从下向上的有序流动，是春秋学者所讨论的重要命题。《管子·小匡》言："举财长工，以止民用；陈力尚贤，以劝民知。"认为选贤任能，可以鼓励百姓努力工作、修养德行，以此建立人才选拔机制，可以稳定社会秩序。《礼记·王制》进一步阐述了理想的人才选拔机制："命乡论秀士，升之司徒，曰选士。司徒论选士之秀者而升之学，曰俊士。升于司徒者不征于乡，升于学者不征于司徒，曰造士。……王大子、王子、群后之大子，卿大夫、元士之适子，国之俊选，皆造焉。凡入学以齿。"[2] 其中提到的乡举里选，便是认为可以通过基层选拔，让优秀者渐次提升，最终能够到朝廷中服务，并主张将太子、王子、诸侯太子、卿大夫的嫡子，皆纳入造士体系进

① 吴毓江撰，孙启治点校：《墨子校注》卷二《尚贤上》，中华书局2006年版，第67页。
② 郑玄注，孔颖达等正义：《礼记正义》卷十三《王制》，北京大学出版社1999年版，第403—404页。

行管理，从而形成统一由国家主导的人才选拔机制，为汉朝建立太学教育体系提供了学理依据。

汉朝之前的社会流动形成了三个基本共识：一是逐渐淡化了由血缘关系所维持的贵族爵命制，越来越强调以德行、能力来衡量人才；二是不断探索人才选拔和任用机制，如儒家主张选拔人才成为各级官员，墨子认为优秀人才可做到天子，商鞅设计基层百姓可以参与的二十等爵制，皆是在不同维度完善人才的选拔和任用；三是意识到人才培养是选拔的基础，持续探索建立合适的人才教育机制，这促进了教育制度的完善。

二、汉魏六朝的科考与选用

汉代社会阶层流动的特点有二：一是刘氏而王所建立的以血缘为基础的世禄制度，作为国家治理的基本框架，通过血缘关系延续西周的爵命制度；二是确定了皇帝与贤士、大夫共定天下的理念，除了保留少数的任子制度，汉代官吏系统面向全部社会成员开放，在皇族之外形成了有序的社会流动。官吏系统向社会开放程度的高低，决定着社会流动程度的强弱。在农耕文明中，社会精英可以通过自身努力进到官员系统中，不断提升自身地位，自觉维持现有社会秩序，有助于凝聚社会共识，形成稳固的统治基础。

刘邦在立国之初便向士大夫阶层宣示："今吾以天之灵，贤士大夫定有天下，以为一家，欲其长久，世世奉宗庙亡绝也。贤人已与我共平之矣，而不与吾共安利之，可乎？贤士大夫有肯从我游者，吾能尊显之。"[①]邀请士大夫主动参与到汉朝的国家建构和秩序维持中，这也成为士大夫参政、议政之合法性的来源。此后一系列的政治宣示，确定了朝廷官吏系统和国家行政系统向所有士大夫开放，皇权由王室独享，皇权之下的权力交由士大夫参与行使，形成皇帝与士大夫阶层共治天下的合作局面。

在这样的认知中，西汉逐渐建立了有效的官员选拔体制：一是皇权

① 班固撰，颜师古注：《汉书》卷一《高帝纪》，中华书局 1962 年版，第 71 页。

在宗室成员中继承，如汉文帝、汉宣帝作为宗室成员由官员推举而继位；二是采用察举方式面向全体官员来选用高级官员；三是德才兼备的平民可通过荐举出任官员掾属；四是士人可通过太学学习并参加甲乙科考进入官吏系统。汉文帝时实行过两次察举，从低级官员中选出少量高级官员，随后逐渐成为制度。普通官员通过荐举，再完成策问考核即可授予更高职务。汉武帝时要求各郡选拔贤良方正、茂才异德和孝悌力田者出任官吏，任用范围已经扩展到普通士人，成为行政官员选拔的主要通道，逐渐形成四科取士制度：

> 方今选举，贤佞朱紫错用。丞相故事，四科取士。一曰德行高妙，志节清白；二曰学通行修，经中博士；三曰明达法令，足以决疑，能案章覆问，文中御史；四曰刚毅多略，遭事不惑，明足以决，才任三辅令。皆有孝悌廉公之行。自今以后，审四科辟召，及刺史、二千石察茂才尤异孝廉之吏，务尽实核，选择英俊、贤行、廉洁、平端于县邑，务授试以职。有非其人，临计过署，不便习官事，书疏不端正，不如诏书，有司奏罪名。并正举者。①

四科取士是从现任的官员里选拔德行、才能优异者，考察之后授予相应职务。汉武帝时期又设计出甲乙科考，成为基层官员的选拔方式。

元朔五年（前124）丞相公孙弘与太常孔臧商议后，联合提请为博士置弟子员：

> 谨与太常臧、博士平等议曰：……古者政教未洽，不备其礼，请因旧官而兴焉。为博士官置弟子五十人，复其身。太常择民年十八以上仪状端正者，补博士弟子。郡国县官有好文学，敬长上，肃政教，顺乡里，出入不悖，所闻，令相长丞上属所二千石。二千石谨察可者，常与计偕，诣太常，得受业如弟子。一岁皆辄课，能通一艺以上，补文学掌故缺；其高第可以为郎中，太常籍奏。即有秀才异等，辄以名闻。其不事学若下材，及不能通一艺，辄罢

---

① 孙星衍等辑，周天游点校：《汉官六种·汉官仪卷上》，中华书局1990年版，第125页。

之，而请诸能称者。

> 臣谨案诏书律令下者，明天人分际，通古今之谊，文章尔雅，训辞深厚，恩施甚美。小吏浅闻，不能究宣，亡以明布谕下。以治礼掌故以文学礼义为官，迁留滞。请选择其秩比二百石以上及吏百石通一艺以上补左右内史、大行卒史，比百石以下补郡太守卒史，皆各二人，边郡一人。先用诵多者，不足，择掌故以补中二千石属，文学掌故补郡属，备员。请著功令。他如律令。制曰："可。"自此以来，公卿大夫士吏彬彬多文学之士矣。①

为博士设弟子，是期望博士能将其道德、经术、文章推而广之，广开师法，培养人才。公孙弘和孔臧提出为博士置弟子五十人，由太常负责选拔补全。这样就将举贤良文学的选拔制度规范化，由郡国、县、道、邑依次挑选"好文学，敬长上，肃政教，顺乡里，出入不悖所闻者"，上报至相、长、丞等官吏处，由他们推荐给所隶属的二千石官。由这些官员考察确定后，在上计时交由太常培养。这些层层选拔的可造之才，随同博士弟子一起学习，受业如博士弟子。一年学习期满后，博士弟子、受业如博士弟子者一起参加科考。考核其对经义的理解，并将经义与政事相联系，以经术缘饰政事。太常及其属官根据应试者的义理、政事、文辞判定成绩高下，分别补任文学掌故、郎中等低级官位。其中，甲等授二百石，可补左右内史、大行卒史；乙等百石以下，补郡太守卒史：人数各二人，边郡一人。优先选用诵习经书多者，如若人数还不够，可以选择掌故补中二千石属，补郡属、备员，为丙等。

察举与科考制度，形成了有效的官员选拔机制和人才培养机制，促成了西汉人才的有效流动。《汉书·儒林传》载：

> 昭帝时举贤良文学，增博士弟子员满百人，宣帝末增倍之。元帝好儒，能通一经者皆复。数年，以用度不足，更为设员千人，郡国置《五经》百石卒史。成帝末，或言孔子布衣养徒三千人，

---

① 班固著，颜师古注：《汉书》卷八十八《儒林传》，中华书局1962年版，第3593—3596页。

今天子太学弟子少，于是增弟子员三千人。岁余，复如故。平帝时王莽秉政，增元士之子得受业如弟子，勿以为员，岁课甲科四十人为郎中，乙科二十人为太子舍人，丙科四十人补文学掌故云。①

昭帝时新增博士弟子员满百人，宣帝时又倍增，这些都为汉代平民提供了入仕途径。元帝时，只要通一经者即可进入太学学习，几年后因财用不足而设定为一千员，成帝末增弟子员至三千人，岁余，恢复千员。每年维持一千人规模的博士弟子、如博士弟子作为基层官员的来源。学习并参加科考的人数逐年增加，但每年选拔的数量大致固定，选拔甲科四十人为郎中，乙科选二十人为太子舍人，丙科选四十人补文学掌故等。通过荐举、开放学习等方式不断扩大官员来源，但每年只选拔百分之十的博士弟子、如博士弟子入仕，这就使得在读者唯有不断提高经学水平，方能入仕。东汉太学向全社会开放，建初元年（76）三月，汉章帝下诏言："每寻前世举人贡士，或起圳亩，不系阀阅。敷奏以言，则文章可采；明试以功，则政有异迹。文质彬彬，朕甚嘉之。其令太傅、三公、中二千石、二千石、郡国守相举贤良方正能直言极谏之士各一人。"②认为太傅、三公、中二千石、二千石、郡国守相等可以直接举荐人才，不限出身，只要有能力，可以直接被举荐，彻底放开察举、荐举的身份限制。

两汉察举制度，是以道德水准与工作能力作为衡量标准的。魏晋时期逐渐放弃了甲乙科考，而采用九品中正制。延康元年（220），吏部尚书陈群"以天朝选用不尽人才，乃立九品官人之法；州、郡皆置中正以定其选，择州郡之贤有识鉴者为之，区别人物，第其高下"③。陈群认为天下人才太多举用不尽，为保证选拔的客观有效，将察举的权力交给专门的机构去管理。每郡设中正官以定人才的道德才能，别定高下，

① 班固著，颜师古注：《汉书》卷八十八《儒林传》，中华书局1962年版，第3596页。
② 范晔撰，李贤等注：《后汉书》卷三《章帝纪》，中华书局1965年版，第133页。
③ 司马光编著，胡三省音注：《资治通鉴》卷六十九《世祖文皇帝》，中华书局1956年版，第2178页。

用于选拔。从理论上讲，专门的机构品评人才，避免了人才荐举的某些漏洞。在制度的设计中，九品官人法是与考课相结合的，试图形成更为严格的人才选用机制。《三国志·魏书》载景初中刘劭上疏："臣奉恩旷然，得以启蒙，辄作都官考课七十二条，又作说略一篇。"① 刘劭作都官考课，对荐举的士人进行考核。

但在实践中，汉代逐渐强化的家族观念和一直延续的任子制度，将九品中正选举之法因人举材推到了因门阀举材的地步。《晋阳秋》言："陈群为吏部尚书，制九格，登用皆由于中正，考之簿世，然后授任。"② 其中言及中正选官之法：一看家世，根据簿阀确定其出身；二看行状，总评个人品行才能，然后才确定品级，定品主要依靠个人出身与社会舆论，而不再是不问出身。卫瓘就认为魏立九品，是权时之制，非经通之道，宜复古乡举里选，以保证人才的质量：

> 魏氏承颠覆之运，起丧乱之后，人士流移，考详无地，故立九品之制，粗且为一时选用之本耳。其始造也，乡邑清议，不拘爵位，褒贬所加，足为劝励，犹有乡论余风。中间渐染，遂计资定品，使天下观望，唯以居位为贵，人弃德而忽道业，争多少于锥刀之末，伤损风俗，其弊不细。今九域同规，大化方始，臣等以为宜皆荡除末法，一拟古制，以土断，定自公卿以下，皆以所居为正，无复悬客远属异土者。如此，则同乡邻伍，皆为邑里，郡县之宰，即以居长，尽除中正九品之制，使举善进才，各由乡论。③

卫瓘认为九品法只是在丧乱期间的权宜之计，刚开始时中正官相对客观公平。中正官由大家族官员担任后，社会舆论便掌握在少数人手里，唯独以居位为贵，造成放弃道德、忽视道业的社会风气。卫瓘

① 陈寿撰，裴松之注，陈乃乾校点：《三国志》卷二十一《王卫二刘傅传》，中华书局1982年版，第619页。
② 李昉等撰：《太平御览》卷二百一十四《职官部·吏部尚书》，中华书局1960年版，第1020页。
③ 房玄龄等撰：《晋书》卷三十六《卫瓘传》，中华书局1974年版，第1058页。

建议把荐举制度转化为公共舆论，交由乡邑公开谈论，不宜再以中正个人的评价作为标准。

九品中正制出现的问题，南朝开始有意识进行调整。刘宋开始增加策试："凡州秀才、郡孝廉，至皆策试，天子或亲临之。及公卿所举，皆属于吏部，叙才铨用。凡举得失，各有赏罚。失者，其人加禁锢，年月多少，随群议制。"①州郡所荐举秀才孝廉等，必须加以策试，有时皇帝要亲自策问，以保证人才的质量。公卿所举人才，交由吏部加以考察；若失察，则要对双方进行处罚，以此强化荐举者的责任。齐朝对被举荐者要进行考核分等："尚书都令史骆宰议策秀才格，五问并得为上，四、三为中，二为下，一不合与第。"②设定了黜免的标准。梁陈时期也完善制度，以保证人才选拔质量：

> （梁）初无中正制，年二十有五方得入仕。天监中又制："凡九流常选，年未三十，不通一经者，不得为官。若有才同甘、颜，勿限年次。"……敬帝太平二年，复令诸州各置中正，仍旧访选举，皆须中正押上，然后量授，不然则否。③

> 陈依梁制，凡年未三十，不得入仕。唯经学生策试得第，诸州迎主簿，西曹左奏及尝为挽郎，得未壮而仕。诸郡唯正王为丹阳尹经迎得出身者亦然，庶姓尹则否。有高才、异行、殊勋，别降恩旨叙用者，不在常例。凡选无定时，随阙则补。④

梁初不设中正官，其九品法要求除了特别优秀者，年未三十，不通一经者不得为官。后设置中正官选品，此外还要加以考核。陈依梁

---

① 杜佑撰，王文锦、王永兴、刘俊文、徐庭云、谢方点校：《通典》卷十四《选举二》，中华书局1988年版，第333页。

② 杜佑撰，王文锦、王永兴、刘俊文、徐庭云、谢方点校：《通典》卷十四《选举二》，中华书局1988年版，第334页。

③ 杜佑撰，王文锦、王永兴、刘俊文、徐庭云、谢方点校：《通典》卷十四《选举二》，中华书局1988年版，第335页。

④ 杜佑撰，王文锦、王永兴、刘俊文、徐庭云、谢方点校：《通典》卷十四《选举二》，中华书局1988年版，第335-336页。

旧制，凡年未三十，不得入仕。除非是策试中第者，方可入仕。可见南朝通过制度设计，以借鉴察举和科考的方式，避免世族高门对人才选举的干扰。

北魏亦设中正掌握选举权，每季月与吏部选拔人才，秀才必须通过对策以定品级。孝文帝对内官通班以上，皆亲自考核，进行黜陟。到宣武、孝明之时，中正官考核人才，实行差额选拔。正始元年（504）冬，宣武帝罢诸郡中正，建立官员五人相保制度。官员直接对所荐举的人才负责，以保证人才选拔的质量。北齐沿袭北魏制度，设置中正官，对所荐举的人才进行课试，中书策秀才，集书策贡士，考功郎中策廉良，形成了相互制约的人才考核机制。皇帝常服考察，秀、孝各以草书对问，字误立席，书滥劣者，饮墨一升；文章缺乏文理者，夺席脱玉刀。北周设立吏部中大夫一人掌选举，吏部下大夫一人为副职辅助之。苏绰主张对所举人才进行考核。齐武帝平山东后，诏收山东明经辩理者，亲自对其考察。北周宣帝大成元年（579），令州举秀才，郡举明经，府官则由朝廷命用，刺史僚佐、州吏由各州、郡自己招署，将官与吏分类管理，注重对官员的考核。隋文帝开皇七年（587）恢复诸州岁贡制度，对所荐举的人才进行考试，根据成绩任用为统一职务，州郡不再辟员署，由中央统一进行选拔，由此形成了全国统一的科举考试。

三、科举与士大夫的阶层流动

开皇七年（587）设"志行修谨""清平干济"两科，[1] 为科举制的雏形。隋炀帝时始置进士科，分科取士，察举官员，故名"科举"。自隋罢外选后，以科举招天下人才，聚于京师，参加国家统一考试，形成了科举考试制度。

明经、进士两科为唐代科考的主要科目。明经科，先考帖经，每经考十帖，每帖考三言，通六帖以上者为合格。然后墨义（或口试）经义十条，通十条为上上，通八条为上中，通七条为上下，通六条为中

上，余者为不合格。再考时务策三道，通二道为合格。帖经、墨义（或口试）、时务策三项考试皆合格者被录取，是为明经及第。[①] 及第者分四等，分别授予从八品下、正九品上、正九品下、从九品下等官职。[②]

进士科，唐初仅考时务策五道，后增加帖经和杂文。帖经考默写经书的能力；杂文考规谏、告诫之类的箴、铭。唐中叶又增考诗赋，日渐重视诗赋。帖经不合格的，若诗赋考得好也可以录取。进士科录取分为两等，甲等授予从九品上，乙等授予从九品下。由于进士科考的是综合能力，更重视致用，唐人遂重视进士科考试。《新唐书·选举志》言："大抵众科之目，进士尤为贵，其得人亦最为盛焉。"[③] 王定保《唐摭言》中亦载：

> 进士科始于隋大业中，盛于贞观、永徽之际。搢绅虽位极人臣，不由进士者终不为美，……其推重谓之白衣公卿，又曰一品白衫，其艰难谓之"三十老明经，五十少进士"。其负倜傥之才，变通之术，苏、张之辨说，荆、聂之胆气，仲由之武勇，子房之筹画，弘羊之书计，方朔之诙谐，咸以是而晦之。修身慎行，虽处子之不若。其有老死于文场者，亦无所恨。……[④]

可知唐人对进士科的重视与进士的尊荣，在于其重视时务和诗赋，所选官员具有较高的政策理解能力和文字表达能力，相对于明经更适合处理行政事务。

唐代通过科举制度，使得大量平民与士人进入朝廷官吏队伍，促进了社会阶层的有序流动。据统计，唐时在 758 名士族出身的登科者中，进士科有 589 人，占到约 78%。进士科共 830 人，其中士族就占

---

① 欧阳修、宋祁撰：《新唐书》卷四十四《选举志》，中华书局 1975 年版，第 1161-1162 页。

② 欧阳修、宋祁撰：《新唐书》卷四十五《选举志》，中华书局 1975 年版，第 1173 页。

③ 欧阳修、宋祁撰：《新唐书》卷四十四《选举志》，中华书局 1975 年版，第 1166 页。

④ 徐松撰，赵守俨点校：《登科记考》卷二十八《别录》，中华书局 1984 年版，第 1129-1130 页。

到 589 人，比重高达 71%。^① 士族子弟占据优势。唐前期拜相者，纯门第、进士第比例为 77.6% 和 12.1%，中期百年为 46% 和 34%，后期百年则为 16.5% 和 82.6%。^② 有唐一代，大家族在科举中的优势不断被削弱，普通百姓进士及第的比例却在不断增加，反映出科举考试对社会阶层流动的促进作用。

宋朝科举制度进一步健全，并严格规定考试纪律。开宝六年（973）下诏规定考试官员对所荐举者负责："今后凡中外文武官僚荐嘱举人，便即主司密具闻奏。其被荐举人勒还本贯重役，永不得入举场。其发荐之人，必行勘断。犯者许逐处官吏及诸色人陈告，如得实，应募职及令录当与升朝官；判、司、簿、尉即与本处令录。其诸色人赏绢五百匹，以犯事人家财充，不足，以系省绢添支。"^③ 一旦违反规定，官员荐举者与举人同等受重罚，官员撤官，举人不得再考，以此保证科举的公正。北宋雍熙二年（985），状元梁颢言及科举考试给孤寒士人带来的公平与希望："陛下嘉惠孤寒沉滞之士，罔计贤否，悉拔而登之，一视同仁。"^④ 认为严格的科举考试有效促进了普通士人的阶层流动。宋真宗也曾对知贡举杨砺言应选拔俊秀寒士："贡举重任，当务选擢寒俊，精求实艺，以副朕心。"^⑤ 真宗还曾"诏诸王、公主、近臣无得以下第亲族宾客求赐科名。"^⑥ 且曾言："近岁举人，文艺颇精，孤贫得路。然为主司者亦大不易，徇请求则害公，绝荐托则获谤。"^⑦ 注重选拔才俊之士，要求毋为王公近臣特开大路。做到保证科举公平，严格按照德才的标准选拔，杜绝徇私舞弊。

科举制度作为影响力最大、影响范围最广的选拔制度，有效地保

① 王伟：《唐代科举与社会阶层流动之关系及其意义：以士族为考察中心》，《中华文化论坛》2010 年第 4 期。
② 毛汉光著：《中国中古社会史论》，上海书店出版社 2002 年版，第 347 页。
③ 何忠礼著：《宋史选举志补正》卷一《选举一·科目上》，中华书局 2013 年版，第 9—10 页。
④ 脱脱等撰：《宋史》卷二百九十六《梁颢传》，中华书局 1985 年版，第 9863 页。
⑤ 李焘撰：《续资治通鉴长编》卷四十三《咸平元年》，中华书局 2004 年版，第 907 页。
⑥ 李焘撰：《续资治通鉴长编》卷五十九《景德二年》，中华书局 2004 年版，第 1324 页。
⑦ 李焘撰：《续资治通鉴长编》卷八十三《大中祥符七年》，中华书局 2004 年版，第 1896 页。

证了人才公平有序地流动。为士人建立了进入行政系统的通道、参与国家治理的渠道，使得国家治理体系面向全体社会成员开放，选拔出大量出身寒微的人才进入行政系统。彻底消解了大家族势力，结束了王室和大家族共治的局面，促成了士农工商社会结构的形成。郑樵曾云："自隋、唐而上，官有簿状，家有谱系。官之选举必由于簿状，家之婚姻必由于谱系。……自五季以来，取士不问家世，婚姻不问阀阅。"①彻底把皇室与贵族共治的社会转化成了平民社会，以有序的阶层流动保证社会秩序的稳定。

唐代建立铨选制度，以保证选拔任用官员的公平有序，这就使得官员在任职期满后，还需要通过筛选来决定是否能再被选拔录用。据《唐六典》所载，铨选主要从身、言、书、判这四个方面进行考察，将体貌丰伟、言辞辩正、楷法遒美、文理优长者加以选拔；又把德行、才用、劳效作为衡量优异者的标准，再顾及形象、姿态，外貌得体；再根据先前表现能力分品，授予不同的职务。任满的官员，要按照"四善二十七最"的标准考核，根据优劣进行擢黜。实际上是通过严格的考核，选拔优秀人才进入官僚体系中，既保证任用官员的质量，又为管院的进一步提升提供动力。因此，科举制度的普遍实行，可以视为革命性的社会秩序重构。②

墨子、孟子乃至商鞅所提倡的更为公平的选拔机制，经过了将近一千年的探索才建立起来。科举制度的全面推行，实现了社会各阶层的有序流动，保证了平民阶层能够顺利进入到国家体制内，促进国家快速发展。由察举、荐举、科考和科举所组成的选举制度促成了中国文官制度的确立，形成了皇帝与士大夫共治天下的局面。

社会流动自周朝、春秋时已经启动，直到唐朝才真正意义上成为

① 郑樵撰，王树民点校：《通志二十略》，中华书局1995年版，第1页。
② 陈寅恪《唐代政治史述论稿》言："自武曌主持中央政权之后，逐渐破坏传统之'关中本位政策'，……大崇文章之选，破格用人，于是进士之科为全国干进者竞趋之鹄。……西魏、北周、杨隋及唐初将相旧家之政权尊位遂不得不为此新兴阶级所攘夺替代。故武周之代李唐，不仅为政治之变迁，实亦社会之革命！"陈寅恪著：《隋唐制度渊源略论稿 唐代政治史述论稿》，生活·读书·新知三联书店2001年版，第202页。

稳定的制度形态，并为宋元明清所采纳。由于形成了相对公平的选拔机制，促成了士阶层的自致流动。科举制度保证了社会阶层的稳定流动，又为维持社会秩序提供了制度保障，二者相辅相成，相互成就。

第二节　经学整合与价值共识的确立

中国的基本经典在西周初步成型，在春秋时期得到广泛传播。这些经典承载着早期中国的基本共识，墨子、庄子都曾提到过他们阅读早期经典之事。以孔子、孟子、荀子为代表的儒家系统自觉承担了传承经典的使命。当汉朝开始寻求治国经验时，早期经典为其提供了治国方法和历史经验。他们将早期中国所形成的"五经"，视为历史经验和价值共识的总结。古文经把经书当成史书，考证其中的典制；今文经重视经书的义理，阐释其中蕴含的思想和观念。二者相互竞争，却又相互呼应，在《春秋》决狱、以三百篇当谏书等实践中，使得经书成为凝聚社会共识、建构国家秩序的基础文本，由此形成了诸多制度设计和社会观念。不可否认的是，社会在不断地向前发展，早期中国所提供的历史经验和思想观念，逐渐无法满足持续发展的现实需求。魏晋时期，以经义维持大一统的国家形态，已经有些力不从心。学者们便寻求对经典重新诠释，由此形成的魏晋玄学，更重视经义的阐发。南北朝时，经学分途发展：一是在今文经的基础上进行义理阐释，发微旧说，陈说新义；二是赓续古文经的理路，注重训诂，考察制度，积累了大量的经说和注疏。与此同时，道教形成、佛教东传所带来的学术突破和观念更新，也在不间断地刺激着经学的发展。经学虽保持着主流地位，却不再像两汉那样作为社会最核心的学说，支配着社会各个领域。因而，当隋唐统一天下时，便需要直面经学传承的困境，对魏晋南北朝的经典训诂、经义阐释进行系统的整理。

一、经典传承的历史需求

唐太宗贞观年间，设国学、太学、四门学和地方各级官学。各级官学设文学一人，主管以五经授诸生，经学得以系统性地传授。经书作为科举考试的标准用书，作为政论阐释的基础文本，作为学术研究的理论来源，是维系社会认同、形成学术认同、凝聚价值共识的基础性文本。经书、经解和经义必须达成统一，方能保证科举、政论和认知的统一性。

据《新唐书·选举志》："而明经之别，有五经，有三经，有二经，有学究一经，有三礼，有三传，有史科。此岁举之常选也。其天子自诏者曰制举，所以待非常之才焉。"① 明经需要帖经十条，口试大义，试时务策三道。进士需要帖经十条，试文诗赋，试时务策五道。为保证人才选拔的公平，需要对经书、经义进行统一。因此，唐代科举制度要完善，首先必须统一经典文本。

自汉代以来，经学便以师法、家法的形式而传承。在各自的经传系统中，形成了不同的文本和阐释。东汉儒生通融多经，直到熹平年间，才开始勘定经文，以维持文本的统一性。汉灵帝时为正定经书文本，建立鸿都门学，校定经书，书写经文，形成熹平石经，完成了第一次正经的工作。《后汉书》载其事：

> 邕以经籍去圣久远，文字多谬，俗儒穿凿，疑误后学，熹平四年，乃与五官中郎将堂溪典、光禄大夫杨赐、谏议大夫马日碑、议郎张驯、韩说、太史令单飏等，奏求正定《六经》文字。灵帝许之，邕乃自书丹于碑，使工镌刻立于太学门外。于是后儒晚学，咸取正焉。及碑始立，其观视及摹写者，车乘日千余两，填塞街陌。②

灵帝后天下大乱，经书并未完成全部刊刻。晋朝正始年间重新续刻，形成了正始石经。《魏书》载："又建《三字石经》于汉碑之西，其文蔚炳，三体复宣。校之《说文》，篆隶大同，而古字少异。"③ 意在弥

---

① 欧阳修、宋祁撰：《新唐书》卷四十四《选举志》，中华书局 1975 年版，第 1159 页。

② 范晔撰，李贤等注：《后汉书》卷六十下《蔡邕列传》，中华书局 1965 年版，第 1990 页。

③ 魏收撰：《魏书》卷九十一《术艺列传·江式传》，中华书局 1974 年版，第 1963 页。

补熹平石经的不足："昔汉世造三字石经于太学，学者文字不正，多往质焉。"① 据王国维先生的考证，魏石经《左氏》隐、桓二公传共 9339字，《尚书》18650 字，《春秋》16572 字，共 44561 字，每字三体，共133683 字。② 从熹平石经到正始石经，用了一百年的时间，使得五经有了官方勘定的文本。南北朝时期，石经破坏严重，在口授、传抄过程中出现了更多讹误，解释也出现更多差异，这就需要对经书重新校订。

而且，传统经学传授所形成的家法、师法也需要统合。两汉博士以家法教授经典："于是立五经博士，各以家法教授，《易》有施、孟、梁丘、京氏，《尚书》欧阳、大小夏侯，《诗》齐、鲁、韩，《礼》大小戴，《春秋》严、颜，凡十四博士。"③ 十四家各家文本不同，阐释随之相异，各自辩驳，官方难以取舍。汉宣帝甘露三年（前 51）诏萧望之、刘向、韦玄成、薛广德、施雠、梁丘临、林尊、周堪、张山拊等儒生，在长安未央宫北的石渠阁讲论"五经"异同，由汉宣帝亲自裁定评判，以调和学说。石渠讲论的奏疏经过汇集，辑成《石渠议奏》一书，所辑奏议共一百五十五篇，《汉书·艺文志》录为《书议奏》《礼议奏》《春秋议奏》《论语议奏》《五经杂议》，所论涉及所有经典。

石渠阁会议虽调和了经解，却并未解决家法、师法文本差异问题。建初四年，东汉章帝又召开白虎会议："于是下太常，将、大夫、博士、议郎、郎官及诸生、诸儒会白虎观，讲议五经同异，……帝亲称制临决，如孝宣甘露石渠故事，作《白虎议奏》。"④ 诸儒讲议五经异同，章帝亲自决断，后来班固整合为《白虎通义》。由此来看，经典文本与经说阐释的差异，最终只能借助于政权的干预来寻求解决。

其实，白虎会议的目的，并不是为了解决经学本身的问题，而是关注经学如何为政权服务。《白虎通义》对政权运行中需要明晰的名物制度和需要掌握的经学义理进行了系统解释，用阴阳五行解释世界的

---

① 魏收撰：《魏书》卷五十五《刘芳传》，中华书局 1974 年版，第 1220 页。

② 王国维撰：《魏石经考二》，《观堂集林（外二种）》，河北教育出版社 2001 年版，第476–477 页。

③ 范晔撰，李贤等注：《后汉书》卷七十九《儒林列传》，中华书局 1965 年版，第 2545 页。

④ 范晔撰，李贤等注：《后汉书》卷三《章帝纪》，中华书局 1965 年版，第 138 页。

一切事物，融今文经学、古文经学与谶纬于一体。由官方主导所形成的经说，既是汉代经学的总结，也导致了东汉经学的衰落，这在于其缺乏学术的充分讨论和自发融通。郑玄遍注群经，贯通《周易》《尚书》《毛诗》《仪礼》《礼记》《论语》《孝经》《尚书大传》《中候》《乾象历》等经典，对其经义进行注释，凡百余万言，试图疏通经义、注疏，形成了集大成的经疏体系。

曹魏以董遇、贾洪、邯郸淳、薛夏、隗禧、苏林、乐详七人为儒宗，采用王肃所注经："善贾、马之学，而不好郑氏，采会同异，为《尚书》《诗》《论语》《三礼》《左氏》解，及撰定父朗所作《易传》，皆列于学官。其所论驳朝廷典制、郊祀、宗庙、丧纪、轻重，凡百余篇。"①凡郑玄所言，王肃多加驳斥，不予采用。南北朝时期经学分途发展，北朝用郑注本，南朝用王注本，经学在文本、注解上差别较大，章句繁杂，训释不一，师训纷纶，无所取正。要以经学选拔人才，必须统一经书经说。

汉代今文经重视义理阐释，古文经更重视注疏。两种风尚在南北朝时期并行发展。相比较而言，南朝继承魏晋传统，经学玄学化，解经兼采众家之说，学风开放，重义疏体，看重王弼、孔安国、杜预的注本，各有义疏。北朝继承东汉传统，注重经学训诂化，重典章制度，不尚玄谈，看重郑玄、服虔等人的注本，述而不作。就其总体趋势而言，南北朝时期训诂、义疏、章句、集解的充分发展，使得学者意识到应融通各家之长，形成一套有说服力的解释系统，汇聚成更有说服力的文本。如"（郑）冲与孙邕、曹羲、荀顗、何晏共集《论语》诸家训注之善者，记其姓名，因从其义，有不安者辄改易之，名曰《论语集解》"②，初步形成了共识性文本《论语集解义疏》。南北朝流行的集解、义疏两种体式，能够将各家不同之说进行整合，择其善者而从之，为《五经正义》的形成做了方法上的铺垫。

---

① 陈寿撰，裴松之注，陈乃乾校点：《三国志》卷十三《魏书·钟繇华歆王朗传》，中华书局 1982 年版，第 419 页。

② 房玄龄等撰：《晋书》卷三十三《郑冲传》，中华书局 1974 年版，第 993 页。

二、经典音义的审定

校订语音、确定音义也是经典传承过程中的主要工作，更是唐代校订、整理经典这一工程的组成部分。秦统一全国以后推行了"车同轨，书同文"的规定，统一了汉字书写，尚未顾及语音，可见当时语音差别之大。天下一统以后，民间小传统需要对语音的差异进行解释，西汉扬雄编《方言》，东汉刘熙编《释名》、东晋郭璞作《尔雅》，分别对语言的差异进行分析，试图消弭语音差异所带来的语言歧义。南北朝的长期分裂，使得语音之间的差异更大，以致影响到正常的社会交往。《颜氏家训·音辞》记载了南北朝时的语音差异：

> 夫九州之人，言语不同，生民已来，固常然矣。自《春秋》标齐言之传，《离骚》目《楚词》之经，此盖其较明之初也。后有扬雄著《方言》，其言大备。然皆考名物之同异，不显声读之是非也。逮郑玄注六经，高诱解《吕览》《淮南》，许慎造《说文》，刘熹制《释名》，始有譬况假借以证音字耳。而古语与今殊别，其间轻重清浊，犹未可晓；加以内言外言，急言徐言、读若之类，益使人疑。孙叔言创《尔雅音义》，是汉末人独知反语。至于魏世，此事大行。高贵乡公不解反语，以为怪异。自兹厥后，音韵锋出，各有土风，递相非笑，指马之谕，未知孰是。共以帝王都邑，参校方俗，考核古今，为之折中。摧而量之，独金陵与洛下耳。南方水土和柔，其音清举而切诣，失在浮浅，其辞多鄙俗。北方山川深厚，其音沈浊而钝钝，得其质直，其辞多古语。然冠冕君子，南方为优；闾里小人，北方为愈。易服而与之谈，南方士庶，数言可辩；隔垣而听其语，北方朝野，终日难分。①

颜之推认为自古以来，九州言语便各自相异，本为正常现象。两汉以来所作字类之书如《方言》《释名》等，或重在考名物，或用譬况、假借以证音字，没能解决语音的差异问题。自此以后，音韵迭出，地

---

① 颜之推撰，王利器集解：《颜氏家训集解》卷七《音辞》，中华书局1993年版，第529—530页。

域差异，是非难辨。颜之推比较了南北语音的差异，认为南音和柔清丽，易于交谈，只是音浮辞鄙。北音浑浊圆融，辞杂古语，唯隔墙难明所言。

语言要统一，一是要在语音的基础上形成标准的雅言，二是要借助通用的经典，形成相对统一的音韵标准。隋陆法言作《切韵》，便是在解决南北方语音差异问题，其序言：

> 昔开皇初，有仪同刘臻等八人，同诣法言门宿。论及音韵，以今声调既自有别，诸家取舍亦复不同。吴楚则时伤轻浅，燕赵则多伤重浊，秦陇则去声为入，梁益则平声似去。又支、脂、鱼、虞，共为一韵，先、仙、尤、侯，俱论是切。欲广文路，自可清浊皆通；若赏知音，即须轻重有异。吕静《韵集》，夏侯该《韵略》等，阳休之《韵略》、周思言《音韵》、李季节《音谱》、杜台卿《韵略》等，各有乖互；江东取韵，与河北复殊。因论南北是非，古今通塞；欲更攈选精切，除削疏缓。萧、颜多所决定。魏著作谓法言曰："向来论难，处处尽悉，何不随口记之？我辈数人，定则定矣！"法言即烛下握笔，略记纲纪。博问英辩，殆得精华。于是更涉余学，兼从薄宦，十数年间，不遑修集。今返初服，遂取诸家音韵，古今字书，以前所记者定之，为《切韵》五卷。[①]

他与刘臻等八人，论及各地音质：吴楚伤于清浅，燕赵浊重，秦去作入声，梁平声似去。吕静、夏侯该等人所作韵书有所背离，又南北取韵不同。萧该、颜之推等决定讨论南北是非、方言差异，对语音疑难处进行讨论，由陆法言记录所论。十余年后，法言与弟子屏居山野，以尽当年众志，作成《切韵》。《切韵》为萧该、颜之推等众家为解决南北语音差异之大作，由此建立了一套南北相对统一的语音系统。

唐陆德明作《经典释文》，借助古音解释字义，其序言：

> 粤以癸卯之岁，承乏上库，循省旧音，苦其大简，况微言久

---

① 莫友芝撰，张剑、张燕婴整理：《莫友芝全集（第一册）·韵学源流》，中华书局 2017 年版，第 358—359 页。

绝，大义愈乖，攻乎异端，竞生穿凿。不在其位，不谋其政，既职司其忧，宁可视成而已？遂因暇景，救其不逮，研精六籍，采摭九流，搜访异同，校之苍雅，辄撰集《五典》、《孝经》、《论语》及老、庄、《尔雅》等音，合为三帙三十卷，号曰《经典释文》。古今并录，括其枢要；经注毕详，训义兼辩；质而不野，繁而非芜。示传一家之学，用贻后嗣，令奉以周旋，不敢坠失，与我同志，亦无隐焉。但代匠指南，取诮于博识，既述而不作，言其所用，亦何伤乎云尔。①

言及其作书动机以及成书过程。陆德明认为魏隋以来音书有作，却尚不统一，内容皆有所偏错，他期望能解决经典文言的用义，改变错谬千里的状况，于是便详览旧书、精心钻研，参考六典九流等书，审定《孝经》《论语》及《老子》《庄子》《尔雅》等音。采用反切法标音解字，成《经典释文》，共收录汉魏六朝十四部文献二百三十余家的各种音切和诸家训诂，以考证古音为主，兼辨训义。

此后，孙愐在《切韵》的基础上进行了更全面的注释，作《唐韵》。其在《唐韵序》言及韵书得失以及《唐韵》体例：

盖闻文字聿兴，音韵乃作。《苍颉》、《尔雅》为首，《诗颂》次之，则有《字统》、《字林》、《韵集》、《韵略》，述作颇众，得失互分。惟陆生《切韵》，盛行于世。然隋珠尚颣，虹玉仍瑕，注有差错，文复漏误。若无刊正，何以讨论？我国家偃武修文，大崇儒术，置集贤之院，召才学之流。自开辟以来，未有如今日之盛。上行下效，比屋可封，辄罄谀闻，敢补遗阙，兼习诸书，具为训解。州县名号，亦据今时。字体从木从才，著彳著亻，施夂施攴，安厽安禾，并悉具言，庶无纰缪。其有异闻，奇怪传说，姓氏原由，土地物产，山河草木，鸟兽虫鱼，备载其间，皆引冯据，随

---

① 陆德明撰，吴承仕疏证，张力伟点校：《经典释文序录疏证·序》，中华书局2008年版，第8—9页。

韵编纪。添彼数家，勒成一书，名曰《唐韵》。①

认为《统字》《林韵》《集韵》等韵书，得失参半，只有陆法言《切韵》，盛行于世。但是注有差错，文有漏误，应加以刊正，增广内容遍及各域，囊括物品，广及地理州郡、姓氏原由、土地物产、山河草木、鸟兽虫鱼，咸皆备载，随韵编纪，以成集大成之韵书。后具体言及重新整理的分韵以及处理声钮的过程，历时五年，方才作成《唐韵》一书。

可以说，《切韵》《经典释文》《唐韵》三本，以经书为主，对经典中常见的字音进行整理考察，统一读音，订正文字，统一语言，统一注释，为经典的释读、经义的确立起到了基础性的作用，为科举考试中的诗赋创作做出了规范，还为经典文本的释读和经义确定做了知识储备。

三、《五经正义》对经说的折中

隋代在举行科举考试时，便遇到了南北经学差异带来的困境：

> 会上令国子生通一经者，并悉荐举，将擢用之。既策问讫，博士不能时定臧否。祭酒元善怪问之，晖远曰："江南、河北，义例不同，博士不能偏涉。学生皆持其所短，称己所长，博士各各自疑，所以久而不决也。"祭酒因令晖远考定之，晖远览笔便下，初无疑滞。或有不服者，晖远问其所传义疏，辄为始末诵之，然后出其所短，自是无敢饰非者。所试四五百人，数日便决，诸儒莫不推其通博，皆自以为不能测也。②

其言江南、河北，经本各异、义例不同，博士不能遍涉，无法判决臧否。祭酒令晖远考定孰是孰非，晖远博览南北注本，以各家所本诘问国子生，自是无敢再饰非者。可见，经书不统一带来了评判的障碍。因此，必须形成统一的文本和疏解，才能满足科举考试的需求。

唐太宗意识到整理五经的必要性，亲自筹划考订五经文本：

① 董诰等编：《全唐文》卷三百六十五《唐韵序》，中华书局 1983 年版，第 3715 页。
② 魏征、令狐德棻撰：《隋书》卷七十五《儒林传》，中华书局 1973 年版，第 1716–1717 页。

太宗以经籍去圣久远，文字讹谬，令师古于秘书省考定五经，师古多所厘正，既成，奏之。太宗复遣诸儒重加详议，于时诸儒传习已久，皆共非之。师古辄引晋、宋已来古今本，随言晓答，援据详明，皆出其意表，诸儒莫不叹服。于是兼通直郎、散骑常侍，颁其所定之书于天下，令学者习焉。贞观七年，拜秘书少监，专典刊正，所有奇书难字，众所共惑者，随疑剖析，曲尽其源。①

唐太宗让颜师古进行文本考订，诸儒认为家学、师法皆传习已久，故对颜氏所作皆共反对之。颜师古引晋宋以来诸多经本，回答诸儒疑惑，详细阐释，论辩详理，使诸儒叹服，对正定五经文本达成了共识。贞观七年（633），唐太宗任命颜师古为秘书少监，与诸儒一起专典刊正。其对经书的奇书难字剖析考订，形成了融合各家之长的标准文本，作为五经的定本。其中，用《毛诗》取代齐、鲁、韩诗，用《春秋左氏传》代替《公羊》《穀梁》，用《礼记》代替《仪礼》。

南北朝分治后，经学分别传承，"江南、河北，义例不同，博士不能遍涉。学生皆持其所短，称己所长，博士各各自疑，所以久而不决也"②。经义不同，各持其理，便产生诸多分歧，需要对经义进行整合。此前，皇侃作《论语义疏》，博采众长；刘焯博学通儒；刘炫注遍群经，已经有了调和诸家经说的尝试。大业四年（608），隋炀帝曾令全国学官集会洛阳，讨论经义。孔颖达辨析经义，力挫群儒，荣获第一，补太学助教。遂与诸儒讲论经义，学通南北，博极古今，为整理经义做了学术上的储备。入唐之后，唐太宗"以儒学多门，章句繁杂，诏国子祭酒孔颖达与诸儒撰定五经义疏"③。孔颖达、颜师古、司马才章、王恭、王琰等受诏撰定《五经义训》，对《周易》《尚书》《诗经》《礼记》《左传》的注疏进行整合梳理，参订校正，凡一百八十卷，定名为《五经正义》，由唐太宗下诏，付国子监施行。

《五经正义》以左丘明、卜子夏、公羊高、穀梁赤、伏胜、高堂

---

① 刘昫等撰：《旧唐书》卷七十三《颜师古传》，中华书局1975年版，第2594-2595页。
② 魏征、令狐德棻撰：《隋书》卷七十五《儒林传》，中华书局1973年版，第1716-1717页。
③ 刘昫等撰：《旧唐书》卷一百八十九《儒学传》，中华书局1975年版，第4941页。

生、戴圣、毛苌、孔安国、刘向、郑众、杜子春、马融、卢植、郑康成、服子慎、何休、王肃、王辅嗣、杜元凯、范宁二十一家注为基础，把前代异源同流之说进行整合，融通各家注疏，考定异同，斟酌辞义、补充订正之后，以成定本。

经过整理之后的《五经正义》，兼容各家优长，成为官方颁行的通行文本。其中，《周易正义》以孔门易说为正宗，以王弼注本为底本，谨慎对待江南义疏辞玄虚、义夸诞的积习，去浮取实，使得文辞简约，义理通达，细审之后，成书十四卷。

古文《尚书》的文本真假难辨，古文经晚出，但学者认为其中义理宏雅，江南学者多重视之，注疏较多。蔡大宝、巢猗、费甝、顾彪、刘焯、刘炫，诸公为之作正义，多有因循，义皆浅略，惟有刘焯、刘炫最为详雅。然刘焯注文穿凿附会，乱加注义，无中生有，烦杂太过；刘炫对其多加以改正，虽稍微简要，又好改前义，详略不当，文辞靡华。最终诸儒考定是非，存是除非，削烦增简，成《尚书正义》。

为《毛诗》作义疏者，有全缓、何胤、舒瑗、刘轨思、刘丑、刘焯、刘炫等。诸儒认为刘焯、刘炫的本子可加以利用，遂以之为底本。但是刘焯、刘炫等自负才气，轻鄙前义，同其所异，异其所同，详略失恰，歪曲前义。遂删繁增简，对意义曲直不当者，经过讨论进行调和纠正，形成了《毛诗正义》。

《礼记》注家甚多，南人义疏者有贺循、贺场、庾蔚、崔灵恩、沈重宣、皇甫侃等，北人有徐道明、李业兴、李宝鼎、侯聪、熊安生等。但完整流传下来的只有皇甫侃、熊安生二家。熊安生义说多背离本经，专解难辞；皇甫侃时遵郑玄，又反郑本，便以皇氏为底本，以熊氏补缺，详加考证，成《礼记注疏》。

西汉时传《左氏》者，有张苍、贾谊、尹咸、刘歆等人，东汉有郑众、贾逵、服虔、许惠卿等人。他们杂取《公羊》《穀梁》以释《左氏》，以《公羊》《穀梁》的大义解释《左传》，难以融通。其中，杜预为《左氏集解》，解释本事及《春秋》义理，可谓之善本，晋宋以来流传至今。沈文、何休、苏宽、刘炫为《春秋》作义疏。沈氏义例粗疏，苏氏不考经文，致言攻击贾服。刘炫探理不深，又文辞过饰，理义难致，且攻击杜氏。孔颖达认为不应据本伐本，要继承师法、传承学术。遂以杜预解为底本，以沈本补漏，与诸儒参定审定，编成《左传正义》。

皮锡瑞言："正义者，就传注而为之疏解者也。所宗之注不同，所撰之疏亦异。"[①]《五经正义》选用通行本，采用隋代最新经说，采用疏不破注的原则，广为引证，超乎旧疏，形成了较为通达的解释，体现了守正出新的原则。这样一来，《五经正义》从文本、注疏和义例三个维度确定了经典的正文、注疏和义例，系统整理了经书、经解、经义，将承载早期中国历史经验的文本转化为凝聚了隋唐价值共识的经典解释，凝聚并固定了中古学者的各种阐释。其优点在于，完成了经义的贯通，为科举制度提供了规范的文本、经解，实现了知识的大一统，将早期中国的历史经验转化为思想共识。缺点是随着社会的发展，社会就会出现新的历史命题，《五经正义》所形成的稳定的知识体系，不可能延伸出新的思想，使得经学本身难以获得新的突破。

从这个角度来看五经的编订，就在于其巩固了前两千五百年中国的历史经验，将此前形成的道德认同、伦理认同和价值共识作了系统的阐释。随着《五经正义》的颁行，早期中国的共同经验深化为全社会的道德伦理要求，在唐代社会整合中发挥着核心价值导向的作用。特别是通过以经义疏议律法，将这些道德伦理转化为社会认同，形成了社会向心力。

经过两汉魏晋以及南北朝的实践，知识界和士大夫习惯于从经学文本中寻找解决现实问题的策略。面对《五经正义》所形成的稳定文本和官方阐释，学者要从经学中找寻新意，一是需对经书所提供的固定答案提出质疑，这就催生出宋代的疑经风气。二是需重新探讨儒家义理，不再固守《五经正义》的阐释，对其进行重新说解。如宋元时期以四书逐渐取代五经，便是淡化了知识的累积而注重义理的诠释。宋人重视《大学》《中庸》，至朱熹作《四书章句集注》，正是试图用四书的义理解决现实面临的问题，元朝改用四书作为科举考试的教材，是对《五经正义》所形成的知识系统的扬弃。从这个角度来看，《五经正义》

---

① 皮锡瑞著，周予同注释：《经学历史》，中华书局 1959 年版，第 203 页。

的编定是对早期经学的总结，也为后来儒家义理之学的形成做了转折性的准备。

第三节　史书编撰与历史认同的形成

历史道义观确定了史学评判的原则，构成了对历史上的人和事的客观评判标准。《春秋》至《史记》所确定的历史道义观，在魏晋南北朝的史学传统中不断被强化，并在唐代得以确立为学理阐释。唐代官修《晋书》《梁书》《陈书》《北齐书》《周书》《隋书》以及李延寿私修而获得朝廷认同的《南史》和《北史》，整合并融通了南北朝的正统之争，在天下一统的视野下形成了历史共识。观察唐代对史书编纂的理论总结，能够清晰地看出这一时期历史认同的形成。特别是刘知几《史通》中对唐代史官的编纂经验、历史认知做了系统总结，建构了更加适合国家统一的历史认知。杜佑在刘秩《政典》的基础上所完成的《通典》，从食货、选举、职官、礼、乐、兵、刑、州郡、边防九个维度审视社会的分类发展，强化了史学经世致用的倾向。观察唐代史学的发展过程及其历史阐释，能够清晰地看出唐代是如何通过史书编撰来凝聚历史认同，进而融合历史观念，为国家统一提供深厚的历史认同。

一、史鉴意识的形成与延续

早在商周时期，中国的史官便确立了以史为鉴的意识。周武王曾召集三公以史为诫："维正月，王在成周，昧爽，召三公、左史戎夫曰：'今夕朕寤，遂事惊予。'乃取遂事之要戒，俾戎夫言之，朔望以闻。"①让史官取旧史，作为经验的借鉴，并形成固定的学史传统。春秋时期，楚国的申叔时曾言："教之春秋，而为之耸善而抑恶焉，以戒劝其心；教之世，而为之昭明德而废幽昏焉，以休惧其动；……教之故志，使

---

① 黄怀信著：《逸周书校补注译·史记解》，三秦出版社 2006 年版，第 344 页。

知废兴者而戒惧焉；教之训典，使知族类，行比义焉。"①明确提到《春秋》《世》《故志》《训典》的功能，在于以善恶为劝诫，教以明德，废除幽昏，通过历史的成败得失让楚王能生发畏惧之心。周太子晋也赞成用先王遗训、历史废兴来治理国家："若启先王之遗训，省其典图刑法，而观其废兴者，皆可知也。其兴者，必有夏、吕之功焉。其废者，必有共、鲧之败焉。"②历史中蕴含着兴旺成败的经验与教训。《国语·楚语下》言："又有左史倚相，能道训典以叙百物，以朝夕献善败于寡君，使寡君无忘先王之业。"③左史倚相朝夕以历史善败之事警戒楚王，使其不敢忘记先王期望。孔子在修撰《春秋》时，也是试图通过建立客观评价标准，对历史事件进行褒贬。可见，在早期中国的史学认知中，史书承载了兴亡成败的经验与教训，若将历史蕴含的褒贬之义发扬光大，则可以作为借鉴，以扬善抑恶。

孟子又言孔子修《春秋》的用意："昔者禹抑洪水而天下平，周公兼夷狄，驱猛兽而百姓宁，孔子成《春秋》而乱臣贼子惧。"④认为孔子对中国历史的贡献，在于以第三者的视角来重新观察历史事件的本身，把原先由各诸侯史官修订的历史，按照统一评判标准进行重新梳理。孔子精通六经，能够从已有的历史经验中寻找到评判君臣、王侯的标准。因此，孟子所谓的"乱臣贼子惧"，意味着孔子所树立的历史评判标准，让所有人知道了自己的行为要对历史负责，所做的事也要被历史记载，从而形成敬畏之心。《春秋》由此确立了独立于官府之外的评价标准，可以在天下大乱时发挥着舆论监督的作用和道德评骘的功能。司马迁肯定了孔子在《春秋》里所寄托的历史道义观，其在《史记·孔

---

① 左丘明撰，徐元诰集解，王树民、沈长云点校：《国语集解·楚语上》，中华书局2002年版，第485–486页。

② 左丘明撰，徐元诰集解，王树民、沈长云点校：《国语集解·周语下》，中华书局2002年版，第98页。

③ 左丘明撰，徐元诰集解，王树民、沈长云点校：《国语集解·楚语下》，中华书局2002年版，第526页。

④ 赵岐注，孙奭疏：《孟子注疏》卷六《滕文公章句下》，北京大学出版社1999年版，第178页。

子世家》中言：

> 子曰："弗乎弗乎，君子病没世而名不称焉。吾道不行矣，吾何以自见于后世哉？"乃因史记作春秋，上至隐公，下讫哀公十四年，十二公。据鲁，亲周，故殷，运之三代。约其文辞而指博。故吴楚之君自称王，而春秋贬之曰"子"；践土之会实召周天子，而春秋讳之曰"天王狩于河阳"：推此类以绳当世。贬损之义，后有王者举而开之。春秋之义行，则天下乱臣贼子惧焉。[1]

吴楚之君自称王，《春秋》贬之曰"子"；晋文公践土之会召周天子，《春秋》讳之为"天王狩于河阳"。这种微言大义之辞，体现了孔子的历史道义观。司马迁对之予以肯定也证明其继承了孔子的历史道义观，即通过超越于现实需求的历史叙述，让历史文本承担了褒贬评判的功能。其中所言的"春秋之义行"，表明司马迁赞同孔子所推崇的历史道义观。同样，司马迁言战国所形成的《虞氏春秋》："（虞卿）不得意，乃著书，上采春秋，下观近世，曰节义、称号、揣摩、政谋，凡八篇。以刺讥国家得失，世传之曰虞氏春秋。"[2]认为《虞氏春秋》，可以刺讥国家得失，同样发挥着历史评判的功能。

司马迁以史为鉴的看法，代表着汉代学者对历史功能的基本理解。贾谊在《过秦论》中借秦国的灭亡谈论起历史认知："野谚曰'前事之不忘，后事之师也'。是以君子为国，观之上古，验之当世，参以人事，察盛衰之理，审权势之宜，去就有序，变化有时，故旷日长久而社稷安矣。"[3]主张治理国家，要以历史事件作为后来人做事的法则和依据，尤其要以历史上的成败得失作为衡量国家治理策略得当与否的依据。司马迁在《史记·太史公自序》中曾载董仲舒之言，认为周道衰败，诸侯、大夫僭越，孔子自知大道难以推行，只能借助历史事件，在《春

---

① 司马迁撰，裴骃集解，司马贞索隐，张守节正义：《史记》卷四十七《孔子世家》，中华书局 2014 年版，第 2352 页。

② 司马迁撰，裴骃集解，司马贞索隐，张守节正义：《史记》卷七十六《平原君虞卿列传》，中华书局 2014 年版，第 2886 页。

③ 班固撰，颜师古注：《汉书》卷六十二《司马迁传》，中华书局 1962 年版，第 2735 页。

秋》里贬天子、退诸侯、讨大夫，对其是非进行褒贬，使得《春秋》
寄托着孔子理想中的政治秩序和社会秩序。以理想的政治秩序和社会
秩序作为评判标准，便形成了历史道义观，明确个体行为要符合人类
发展的道德认同、秩序认同。

司马迁记述乃父司马谈言及《春秋》采善贬恶，推崇三代之德，
褒扬周室，不仅仅是刺讥而已，而是要明圣德、扬士贤、记功臣之成，
续先人之业，并将之视为史官的职责所在。司马迁在《史记》中体现
的历史道义观，与孔子之说遥相呼应，认为褒善且惩恶的历史书写，
才有给后世提供历史借鉴的价值。司马迁遭受宫刑后，历史道义观进
一步成熟，其在《报任安书》中言："近自托于无能之辞，网罗天下放
失旧闻，考之行事，稽其成败兴坏之理，凡百三十篇，亦欲以究天人
之际，通古今之变，成一家之言。"其中，"网罗天下放失旧闻"，为存
史实；"考之行事，稽其成败兴坏之理"，是以史为鉴；借助历史兴衰在
"究天人之际，通古今之变"的视野中书写历史进程，是探求历史规律。
由此可见，司马迁的历史视角已经超越了一般史官，是站在超然的视
角重新审视历史成败得失，为后世提供经验借鉴和评骘原则。

司马迁以史为鉴的历史认知，在刘向的著述中得到继承。刘向称
自己作《列女传》，对《诗》《书》所载贤妃贞妇的事迹进行褒奖，将
之作为兴国显家的法则；又举孽嬖乱亡者作为历史借鉴，以警戒天子。
其作《新序》《说苑》的目的，也与"助观览，补遗阙"有关。[①] 班彪
认为太初以后史实缺而不录，在于作史者亦多鄙俗，不足以接续前代
史书，遂作《史记后传》以述兴亡之理："司马迁著《史记》，自太初以
后，阙而不录，后好事者颇或缀集时事，然多鄙俗，不足以踵继其书。
彪乃继采前史遗事，傍贯异闻，作后传数十篇，因斟酌前史而讥正得
失。"[②] 班固批评一般作史者不能以超越的历史视角来审察历史得失，而
常以感同身受的个人立场审视历史得失。他赞同乃父班彪以史为鉴的
史补观念，主张史官要担负起历史评骘的责任。

① 班固著，颜师古注：《汉书》卷三十六《楚元王传》，中华书局 1962 年版，第 1958 页。
② 范晔撰，李贤等注：《后汉书》卷四十《班彪列传》，中华书局 1965 年版，第 1324 页。

班彪对司马迁《史记》的评价，亦为班固所继承。班固言及司马迁的历史观念，认为其弊有三：一是没有站在儒家立场，论学术先崇黄老而薄《五经》；二是推崇功利的财利观，先序《货殖列传》，轻仁义而羞贫穷；三是含有某些庸俗的功名观，如崇游侠、贱守节而贵俗功等。班固在《司马迁传》里审视司马迁的史学得失，认为这些观念的形成，出于司马迁遭受宫刑后心理的不平衡。可以看出，从司马迁到班固，史学认知发生了巨大转折。司马迁受孔子、董仲舒的历史道义观的影响，站在客观角度、以独立视角审视历史事件。尽管孔子推崇五经，但是并非将五经作为最高经典看待，而是借助五经的历史经验及其所形成的道德共识，确立了评骘历史事件的原则，形成了更具有评价意味的历史书写。班固受班彪影响，以儒家王道的标准审视历史事件，将经学标准作为历史评价的原则，还考虑到朝廷的期许，力图尽最大可能维持历史认同，这就使得《汉书》的史学观，要比《史记》务实得多。东汉王充曾论及班、马的历史观："班叔皮续《太史公书》百篇以上，记事详悉，义浅理备，观读之者以为甲，而太史公乙。"①体现了东汉学者已经意识到班固、司马迁对历史事件的不同认知及其相异的叙述。

刘知几论及班彪作后汉书的缘由："至建武中，司徒掾班彪以为其言鄙俗，不足以踵前史；又雄、歆褒美伪新，误后惑众，不当垂之后代者也。于是采其旧事，旁贯异闻，作《后传》六十五篇。"②班彪认为扬雄、刘歆的历史叙述不合褒贬，不足以垂范后世，方才作《史记后传》六十五篇。由此可见，尽管班彪、班固父子的历史评价标准采用儒家立场并维持官方意志，但坚持以史为鉴的意识，方使得《汉书》成为凝聚东汉朝廷共识的史学经典。

同样，荀悦作《汉纪》也着力于评判历史是非得失与朝廷君臣成败。范晔言之为："于是缀叙旧书，以述《汉纪》。中兴以前，明主贤臣得失

---

① 王充著，黄晖撰：《论衡校释》卷十三《超奇》，中华书局1990年版，第615页。
② 刘知几撰，浦起龙释：《史通通释》卷十二《古今正史》，上海古籍出版社1978年版，第338页。

之轨，亦足以观矣。"①他认为作史的目的，在于观历史得失，为后世鉴照。荀悦《汉纪序》也说：

> 凡《汉纪》，有法式焉，有监戒焉；有废乱焉，有持平焉；有兵略焉，有政化焉；有休祥焉，有灾异焉；有华夏之事焉，有四夷之事焉；有常道焉，有权变焉；有策谋焉，有诡说焉；有术艺焉，有文章焉：斯皆明主贤臣，命世立业，群后之盛勋，髦俊之遗事。是故质之事实而不诬，通之万方而不泥。可以兴，可以治；可以动，可以静；可以言，可以行。惩恶而劝善，奖成而惧败。兹亦有国之常训，典籍之渊林。虽云撰之者陋浅，而本末存焉尔，故君子可观之矣。②

其继承了孔子"兴观群怨"的社会功用观，试图借历史惩恶劝善，褒成鉴败，体现出鲜明的史鉴意识。范晔言及陈寿的《三国志》："故治书侍御史陈寿作《三国志》，辞多劝诫，明乎得失，有益风化，虽文艳不若相如，而质直过之，愿垂采录。"③认为《三国志》中有劝诫、存得失，有助于引导社会舆论，改良社会风气。裴子野作《宋略》，亦言及作史应黜恶彰善、评价臧否，以警记善恶的要求："因宋之新史，以为《宋略》二十卷。翦裁繁文，删撮事要，即其简宣，志以为名，若夫黜恶彰善，臧否与夺，则质以先达格言，不有私也。岂以勒成一家，贻之好事，盖司典之后，而不忘焉。"④强调史书的撰写，不是以个人视角观察历史事件，而是以史官视角审视历史的成败得失，对其进行恰如其分的评骘，方才使其承担彰善惩恶的功能。

在特定的历史语境中作史书，应通古博今，以超越于朝代之上的历史观，来审视一朝一代的历史事件，方能较为超脱地进行历史评骘。北周柳虬曾总结史述的功能：

---

① 范晔撰，李贤等注：《后汉书》卷六十二《荀韩钟陈列传》，中华书局 1965 年版，第 2062 页。

② 荀悦撰，张烈点校：《前汉纪·序》，中华书局 2002 年版，第 2 页。

③ 房玄龄等撰：《晋书》卷八十二《陈寿传》，中华书局 1974 年版，第 2138 页。

④ 许嵩撰，张忱石点校：《建康实录》卷十四《阮佃夫传》，中华书局 1986 年版，第 558 页。

古者人君立史官，非但记事而已，盖所以为监诫也。动则左史书之，言则右史书之，彰善瘅恶，以树风声。故南史抗节，表崔杼之罪；董狐书法，明赵盾之愆。是知直笔于朝，其来久矣。而汉魏已还，密为记注，徒闻后世，无益当时，非所谓将顺其美，匡救其恶者也。且著述之人，密书其事，纵能直笔，人莫之知。何止物生横议，亦自异端互起。故班固致受金之名，陈寿有求米之论。著汉魏者，非一氏；造晋史者，至数家。后代纷纭，莫知准的。

伏惟陛下则天稽古，劳心庶政。开诽谤之路，纳忠说之言。诸史官记事者，请皆当朝显言其状，然后付之史阁。庶令是非明著，得失无隐。使闻善者日修，有过者知惧。敢以愚管，轻冒上闻。乞以瞽言，访之众议。①

言及史官要借鉴并形成秉笔直书的历史观，希望北周重建史学传统，传承南史之抗节与董狐之书法，不要效法班固受金、陈寿求米而隐晦史实。需使本朝是非明著，得失无隐，充分发挥史述惩恶扬善的效用，让闻善者日修，有过者知惧。尽管柳虬的史学观念在北周并没有真正落实，但却表明北周史臣对历史的理解，直接继承着以史为鉴的传统。

这种认知在唐代修八史的过程中得到充分体认，史官们期望借鉴魏晋南北朝的得失成败，为唐朝的长治久安提供经验借鉴。唐高祖武德五年（622），令狐德棻上书要求整理历史，以鉴古今："陛上既受禅于隋，复承周氏历数，国家二祖功业，并在周时。如文史不存，何以贻鉴今古？如臣愚见，并请修之。"②得到唐高祖允准，其在诏令中明确要求史书撰写，必须坚持两个原则：一是"顾彼湮落，用深轸悼，有怀撰次，实资良直"，选择优良史官以撰写之，史官应有学识、有见识、有格局；二是"务加详核，博采旧闻，义在不刊，书法无隐"③。存史要

① 令狐德棻等撰：《周书》卷三十八《柳虬传》，中华书局1971年版，第681页。
② 刘昫等撰：《旧唐书》卷七十三《令狐德棻传》，中华书局1975年版，第2597页。
③ 刘昫等撰：《旧唐书》卷七十三《令狐德棻传》，中华书局1975年版，第2597-2598页。

详且要博且精，直而义。李百药、李延寿正是在这样的要求下，"司典序言，史官记事，考论得失，究尽变通。所以裁成义类，惩恶劝善，多识前古，贻鉴将来"①。将以史为鉴作为历史叙述的基本功能，意在为未来提供鉴戒。唐太宗贞观十年（636）正月二十日，房玄龄、魏征、姚思廉、李百药、孔颖达、令狐德棻、岑文本、许敬宗等撰成周、隋、梁、陈、齐五代史，即秉持着以史为鉴的修史传统。

武则天在长安三年（703）正月一日敕修《唐史》，要求"采四方之志。成一家之言。长悬楷则。以贻劝诫"②，延续着以史为鉴的认知。唐德宗建中年间沈既济言："史氏之作，本乎惩劝，以正君臣……使其生不敢差，死不忘惧。纬人伦而经世道，为百王准的，不止属辞比事，以日系月而已。故善恶之道，在乎劝诫，劝诫之柄，在乎褒贬。是以《春秋》之义，尊卑轻重升降，几微仿佛，虽一字二字，必有微旨存焉。况鸿名大统，其可以贷乎？"③重申史述不仅为了记事，更要存得失、寄褒贬，使得史述承担鉴戒功能。

《贞观政要》正是在以史为鉴的观念下进行重编的："于是缀集所闻，参详旧史，撮其指要，举其宏纲，词兼质文，义在惩劝，人伦之纪备矣，军国之政存焉。凡一帙十卷，合四十篇，名曰《贞观政要》。庶乎有国有家者克遵前轨，择善而从，则可久之业益彰矣，可大之功尤著矣，岂假祖述尧、舜，宪章文、武而已哉！"④吴兢认为撰《贞观政要》，是将治理经验书写记之，明义惩恶，以此垂范后世，为国家治理提供借鉴。

对历史事件进行得失褒贬，必须有一个超越于历史事件之上的道义观作为客观标准，来观察、审视和确定历史的得失成败，方能对置身于历史进程中的人与事进行超脱的评判。从而使得历史记载本身，不仅能够总结出历史发展的内在规律，而且凝聚着一个时代的历史共识和价值认同，成为继往开来的经验参照。这就意味着能通过历史叙

---

① 刘昫等撰：《旧唐书》卷七十三《令狐德棻传》，中华书局1975年版，第2597页。

② 王溥撰：《唐会要》卷六十三《史馆上·修国史》，中华书局1960年版，第1094页。

③ 刘昫等撰：《旧唐书》卷一百四十九《沈传师传》，中华书局1975年版，第4034页。

④ 吴兢撰，谢保成集校：《贞观政要集校》，中华书局2009年版，第7-8页。

述对前代的兴衰成败进行经验概括，凝聚历史共识，让历史经验成为未来发展的依据，确立起时代共识，并将之作为评判个人行为方式和道德伦理的依据。

二、实录与直书的史学共识

中国史学中的实录精神，并不是完全意义上的照实书写，而是以相对客观的第三者的视角审视历史事件，按照公允评价的原则、基于历史道义观进行实录。直书是对事件的来龙去脉不预设前提进行叙述，按以史为鉴的要求进行叙述。因此，早期史官的历史叙述，不屈从于权贵和权势，保持着相对超越的旁观态度，才保留了"左史记言、右史记事"的传统。

司马迁对左丘明的肯定，就在于其秉持着早期中国史官的实录精神。《史记·十二诸侯年表》载："是以孔子明王道，干七十余君，莫能用，故西观周室，论史记旧闻，兴于鲁而次春秋，上记隐，下至哀之获麟，约其辞文，去其烦重，以制义法，王道备，人事浃。七十子之徒口受其传指，为有所刺讥褒讳挹损之文辞不可以书见也。鲁君子左丘明惧弟子人人异端，各安其意，失其真，故因孔子、史记具论其语，成左氏春秋。"[1]言孔子作《春秋》注重微言大义而不重书其本事，左丘明惧孔子弟子所言各异，失其本义，于是作《左氏春秋》详细论述以明之，在历史叙述中体现了《春秋》所阐释的历史道义观。

《汉书·艺文志》据刘向《别录》、刘歆《七略》整理而成，其中亦言及左丘明作《左传》，其观点代表了两汉之际学者对此的普遍认知："丘明恐弟子各安其意，以失其真，故论本事而作传，明夫子不以空言说经也。《春秋》所贬损大人当世君臣，有威权势力，其事实皆形于传，是以隐其书而不宣，所以免时难也。"[2]认为左丘明以存史实的方式实录《春秋》所叙述的历史事件，让孔子的微言大义得以彰显。

---

[1] 司马迁撰，裴骃集解，司马贞索隐，张守节正义：《史记》卷十四《十二诸侯年表》，中华书局 2014 年版，第 647—648 页。

[2] 班固著，颜师古注：《汉书》卷三十《艺文志》，中华书局 1962 年版，第 1715 页。

史官实录精神的集中体现，便是自觉的史补意识。即尽最大能力保存史料，编撰史书。《史记·太史公自序》言及世代为史官的司马谈、司马迁的补史意识：

> "余先周室之太史也。自上世尝显功名于虞夏，典天官事。后世中衰，绝于予乎？汝复为太史，则续吾祖矣。……余死，汝必为太史；为太史，无忘吾所欲论著矣。……自获麟以来四百有余岁，而诸侯相兼，史记放绝。今汉兴，海内一统，明主贤君忠臣死义之士，余为太史而弗论载，废天下之史文，余甚惧焉，汝其念哉！"迁俯首流涕曰："小子不敏，请悉论先人所次旧闻，弗敢阙。"①

司马谈认为史学家担负着记载圣人之德的历史责任，因而才有周公、文武之德以至太王、公刘之美被千古传颂。周幽王以后王道有缺，孔子自觉担起褒贬春秋历史事件的重任。自获麟以来四百有余岁，历史记载荒废，特别是汉兴以后的史实亦乏详载，这种废弃天下之史文的情形，让太史司马谈深感不安。他嘱咐司马迁要将这些历史存载史书，流传于世。这样来看，实录的首要责任，便是记录历史进程，不使其存在阙失。其次才是不畏皇权，以超越史官视角记述历史事件。

东汉史述多以补全史料为初衷。班固言："汉绍尧运，以建帝业，至于六世，史臣乃追述功德，私作本纪，编于百王之末，厕于秦、项之列。太初以后，阙而不录，故探纂前记，缀辑所闻，以述《汉书》。"②言其作《汉书》的动因，在于太初以后的历史缺而不存。班彪、班固乃整合前记与所闻撰成《汉书》，其实录更注重于补全史料，彰显功臣业绩。刘知几认为班固、刘珍等人作《东观汉记》，既是存史实，更是明功绩："明帝始诏班固与睢阳令陈宗、长陵令尹敏、司隶从事孟异作《世祖本纪》，并撰功臣及新市、平林、公孙述事，作列传、载记二十

---

① 司马迁撰，裴骃集解，司马贞索隐，张守节正义：《史记》卷一百三十《太史公自序》，中华书局 2014 年版，第 4000—4001 页。

② 班固著，颜师古注：《汉书》卷一百《叙传》，中华书局 1962 年版，第 4235 页。

八篇。自是以来，春秋考纪亦以焕炳，而忠臣义士莫之撰勒。于是又诏史官谒者仆射刘珍及谏议大夫李尤杂作记，表，名臣、节士、儒林、外戚诸传，起自建武，讫乎永初。"①史官受诏为名臣、节士、儒林、外戚作传，其所作则更多地转化为拾遗补缺的存留史料，使得史官秉笔直书的传统有所削弱，而赞颂的意味日浓。

司马彪修《续汉书》时，言其修史的目的，也是为了记录光武帝以来到汉献帝之间的历史："先王立史官以书时事，载善恶以为沮劝，撮教世之要也。……汉氏中兴，讫于建安，忠臣义士亦以昭著，而时无良史，记述烦杂，谯周虽已删除，然犹未尽，安顺以下，亡缺者多。"②范頵等人认为陈寿作《三国志》，所明教化有益于风气，希望保留下来作为历史资料："故治书侍御史陈寿作《三国志》，辞多劝诫，明乎得失，有益风化，虽文艳不若相如，而质直过之，愿垂采录。"③干宝自作《晋记》时言："当中兴之盛，宜建立国史，撰集帝纪，上敷祖宗之烈，下纪佐命之勋，务以实录，为后代之准，厌率土之望，悦人神之心，斯诚雍熙之至美，王者之弘基也。"④干宝自荐书写国史，撰写帝记，虽强调以实录书写，实则意在宣扬祖先功烈。

当史家实录原则与皇权要求产生冲突时，良史会用生命坚守秉笔直书的实录原则。春秋时期的晋董狐不畏权势、齐太史先后赴死，正是对直书传统的坚守。班固在《汉书·司马迁传》中，记载司马迁被武帝处以宫刑的原因，是为李陵辩护。但从其他史料来看则另有隐情。卫宏在《汉旧仪注》中言："司马迁作《景帝本纪》，极言其短及武帝过，武帝怒而削去之。后坐举李陵，陵降匈奴，故下迁蚕室。有怨言，下狱死。"⑤认为司马迁是直书汉景帝、汉武帝的过失，以致武帝大怒，不

---

① 刘知几撰，浦起龙释：《史通通释》卷十二《古今正史》，上海古籍出版社 1978 年版，第 341 页。

② 房玄龄等撰：《晋书》卷八十二《司马彪传》，中华书局 1974 年版，第 2141 页。

③ 房玄龄等撰：《晋书》卷八十二《陈寿传》，中华书局 1974 年版，第 2138 页。

④ 房玄龄等撰：《晋书》卷八十二《干宝传》，中华书局 1974 年版，第 2149 页。

⑤ 司马迁撰，裴骃集解，司马贞索隐，张守节正义：《史记》卷一百三十《太史公自序》集解引，中华书局 2014 年版，第 4029 页。

仅削去《景帝本纪》《武帝本纪》，且由此嫉恨司马迁。随后，借司马迁为李陵辩护之事，将其处以宫刑。司马迁对此有怨言，最后下狱而死。卫宏为光武帝时人，生卒年早于班固，故其所言，不应忽视。《三国志·魏书·王肃传》又载：

> （魏明帝）又问："司马迁以受刑之故，内怀隐切，著史记非贬孝武，令人切齿。"对曰："司马迁记事，不虚美，不隐恶。刘向、扬雄服其善叙事，有良史之才，谓之实录。汉武帝闻其述史记，取孝景及己本纪览之，于是大怒，削而投之。于今此两纪有录无书。后遭李陵事，遂下迁蚕室。此为隐切在孝武，而不在于史迁也。"①

魏明帝与王肃论及司马迁受宫刑一事，魏明帝言司马迁因受宫刑而非贬汉武帝，可见其采信了当时流行的成说。王肃纠正此说，认为司马迁修史不虚美、不隐恶，刘向、扬雄都曾赞美其实录直书，是为良史。汉武帝取景帝及自己的本纪阅读后大怒，并削去相关章节，将其下蚕室，王肃认为过在汉武帝，司马迁秉笔直书，并无过失。

魏明帝是站在帝王立场为汉武帝辩护，侍郎王肃则为司马迁辩白。二人的谈话，至少代表了三国时期对司马迁受刑一事的传统理解。从卫宏所言，可以看出魏明帝与王肃所言，并非空穴来风。以此观察司马迁的自言，也颇耐人寻味，细读《太史公自序》就会发现：

> 七年而太史公遭李陵之祸，幽于缧绁。乃喟然而叹曰："是余之罪也夫！是余之罪也夫！身毁不用矣。"退而深惟曰："夫诗书隐约者，欲遂其志之思也。昔西伯拘羑里，演周易；孔子厄陈蔡，作春秋；屈原放逐，著离骚；左丘失明，厥有国语；孙子膑脚，而论兵法；不韦迁蜀，世传吕览；韩非囚秦，说难、孤愤；诗三百篇，大抵贤圣发愤之所为作也。此人皆意有所郁结，不得通其道也，故述往事，思来者。"……太史公仍父子相续纂其职。曰："於戏！

_____

① 陈寿撰，裴松之注，陈乃乾校点：《三国志》卷十三《魏书·钟繇华歆王朗传》，中华书局1982年版，第418页。

余维先人尝掌斯事，显于唐虞，至于周，复典之，故司马氏世主天官。至于余乎，钦念哉！钦念哉！"罔罗天下放失旧闻，王迹所兴，原始察终，见盛观衰，论考之行事，略推三代，录秦汉，上记轩辕，下至于兹。①

司马迁下狱之后所言："是余之罪也夫！是余之罪也夫！"若因李陵投降而导致自己受刑，司马迁当言"是李陵之过也"，而非如此感慨自己之过。由此来看，司马迁下狱，显然是因与武帝之间产生了重大冲突，退而深思之辞，更表明其所郁结之事，并非单纯的替李陵辩护，根源在于史官的实录原则与皇权之间存在矛盾冲突。

司马迁由此进行彻底反思，最终从前贤著述中获得精神动力，再次确认了史官传承"至于余乎，钦念哉！钦念哉！"方才彻底由汉家史官转化为超越于汉朝的史官，以更超越的史学视角，评判汉初的是非成败。司马迁在受李陵之祸后的史学观念，与受李陵之祸前的史学追求相比，产生了实质性的变化。在受宫刑之前，司马迁言及自己作史，有彰显汉朝盛德的用意，司马谈曾对司马迁说及汉武帝的才略，要求他颂扬国家昌盛："且余尝掌其官，废明圣盛德不载，灭功臣世家贤大夫之业不述，堕先人所言，罪莫大焉。"②下狱之后的司马迁则说："罔罗天下放失旧闻，王迹所兴，原始察终，见盛观衰，论考之行事，略推三代，录秦汉，上记轩辕，下至于兹。"③在李陵之祸后，司马迁观察历史的视角着重点在于考察历史原始，观察盛衰之变，录三代至于今日之史，自此司马迁更加坚定了史官的实录精神。

宫刑之后的司马迁，更坚定其实录精神，这是司马迁超越自我的表现，也是《史记》后来能够成为通史的内在原因。司马迁受宫刑后继续直书，最后因为景帝、武帝二纪的缘故，被汉武帝下狱而死。这

① 司马迁撰，裴骃集解，司马贞索隐，张守节正义：《史记》卷一百三十《太史公自序》，中华书局 2014 年版，第 4006-4027 页。

② 司马迁撰，裴骃集解，司马贞索隐，张守节正义：《史记》卷一百三十《太史公自序》，中华书局 2014 年版，第 4005 页。

③ 司马迁撰，裴骃集解，司马贞索隐，张守节正义：《史记》卷一百三十《太史公自序》，中华书局 2014 年版，第 4027 页。

一点班固在《汉书·司马迁传》最后委婉表达出来了："乌呼! 以迁之博物洽闻，而不能以知自全，既陷极刑，幽而发愤，书亦信矣。"[1]言司马迁能够著史，却不能自全，然后发愤著书，自觉坚守直书精神与实录传统。

东晋时期的史官要坚持实录、直笔书写并不容易。东晋史官孙盛与桓温之间所发生的冲突，便是典型事例。《晋书·孙盛传》载：

> 《晋阳秋》词直而理正，咸称良史焉。既而桓温见之，怒谓盛子曰："枋头诚为失利，何至乃如尊君所说! 若此史遂行，自是关君门户事。"其子遽拜谢，谓请删改之。时盛年老还家，性方严有轨宪，虽子孙班白，而庭训愈峻。至此，诸子乃共号泣稽颡，请为百口切计。盛大怒。诸子遂尔改之。盛写两定本，寄于慕容俊。太元中，孝武帝博求异闻，始于辽东得之，以相考校，多有不同，书遂两存。[2]

孙盛著《魏氏春秋》《晋阳秋》，其《晋阳秋》词直理正。桓温见其直书自己枋头战败的难堪，威胁孙盛删改，否则门户有难。孙盛要坚持秉笔直书的实录原则，但又要顾及家族利益，便撰成两个版本的《晋阳秋》。呈给桓温之本以美掩之，寄给慕容俊之本，则以事实录之，以表明自己的实录原则。司马迁用生命来维护史家的秉笔直书，孙盛却用技巧保护实录精神。

南北朝的史官，要坚持实录传统，则要时时面对皇权和权臣的挑战。崔祖思曾言当时的史官著《起居注》常为美言，不书其实，不敢直笔："古者左史记言，右史记事，故君举必书，尽直笔而不污；上无妄动，知如丝之成纶。今者著作之官，起居而已；述事之徒，褒谀为体。世无董狐，书法必隐；时阙南史，直笔未闻。"[3]言南北朝的实录传统有所削弱，特别是十六国、北朝发生了许多史官因直笔被杀的事件，

---

① 班固著，颜师古注：《汉书》卷六十二《司马迁传》，中华书局 1962 年版，第 2738 页。

② 房玄龄等撰：《晋书》卷八十二《孙盛传》，中华书局 1974 年版，第 2148 页。

③ 萧子显撰：《南齐书》卷二十八《崔祖思传》，中华书局 1972 年版，第 520 页。

使得这一传统几乎中断。前赵刘聪让左国史公师彧撰《高祖本纪》及功臣传二十人，师彧直笔言事，被刘聪诛杀；后燕建兴元年（386），董统受诏草创史书，为保护自己，不得不谄媚慕容垂，褒述过美，愧对董史传统；前秦史官赵渊、车敬、梁熙、韦谭相继著述，苻坚见其所言太后宠信李威事，遂愤怒而焚书。① 可见，这一时期的实录传统受到皇权的强力干预。

北魏时期一度废史官，正在于实录与皇权的冲突。北魏太武帝曾令崔浩作史书，叮嘱他一定秉笔直书，以实录为原则：

> 赖宗庙之灵，群公卿士宣力之效也。而史阙其职，篇籍不著，每惧斯事之坠焉。公德冠朝列，言为世范，小大之任，望君存之。命公留台，综理史务，述成此书，务从实录。浩于是监祕书事，以中书侍郎高允、散骑侍郎张伟参著作，续成前纪。至于损益褒贬，折中润色，浩所总焉。②

崔浩总领史官修成北魏前纪，按照太武帝的实录要求记述人物事件，对北魏历史事件进行褒贬。刘知几言："又特命浩总监史任，务从实录。复以中书郎高允、散骑侍郎张伟并参著作，续成前史书，叙述国事，无隐所恶，而刊石写之，以示行路。浩坐此夷三族，同作死者百二十八人。自是遂废史官。"③ 史稿撰成之后，却被太武帝夷诛三族，同死者百二十八人，以致北魏史官一度被废除。

孝文帝时期，高允反思崔浩事件，站在朝廷立场对史家的实录传统进行了再阐释：

> 夫史籍者，帝王之实录，将来之炯戒，今之所以观往，后之所以知今。是以言行举动，莫不备载，故人君慎焉。然浩世受殊

---

① 刘知几撰，浦起龙释：《史通通释》卷十二《古今正史》，上海古籍出版社1978年版，第358—359页。

② 魏收撰：《魏书》卷三十五《崔浩传》，中华书局1974年版，第823—824页。

③ 刘知几撰，浦起龙释：《史通通释》卷十二《古今正史》，上海古籍出版社1978年版，第364页。

遇，荣曜当时，孤负圣恩，自贻灰灭。即浩之迹，时有可论。浩以蓬蒿之才，荷栋梁之重，在朝无謇谔之节，退私无委蛇之称，私欲没其公廉，爱憎蔽其直理，此浩之责也。至于书朝廷起居之迹，言国家得失之事，此亦为史之大体，未为多违。然臣与浩实同其事，死生荣辱，义无独殊。①

其言史书为帝王实录，意在为将来提供借鉴，目的要使人君、臣下警戒其言行，否则君王可以为所欲为，人臣无忠信之心。高允先言警恶扬善，为后世法，正是史官的职责所在。后论及崔浩为人受圣恩而不颂其事，是自取灭亡。高允认同崔浩的直言，实录是毋庸置疑的。但论及崔浩忘圣恩，是碍于皇帝权势，实则是委婉地为崔浩的直书喊冤。高允的这类议论，在于孝文帝汉化较深，能够理解中华传统的秉笔直书，他曾"从容谓史官曰"："直书时事，无讳国恶。人君威福自己，史复不书，将何所惧？"②"从容谓史官"，表明孝文帝清楚崔浩之死是决策失误，其过错实不在崔浩而在太武帝，能站在客观公正的角度看待崔浩事件。孝文帝要求史官能够"无讳国恶"，点明了崔浩事件让北魏史官心有余悸。稍后，李彪上书建议恢复史官，言自己愿意著《晋史》："今求都下乞一静处，综理国籍，以终前志，官给事力，以充所须。虽不能光启大录，庶不为饱食终日耳。近则期月可就，远也三年有成，正本蕴之麟阁，副贰藏之名山。"③李彪极言建立史官的重要性，一在于存史实，二在于明鉴戒，三在于记录当朝鸿声圣迹。尽管崔光表态支持，但宣武帝依然没有允准。既可见崔浩之事影响深远，又可以看出拓跋氏对史官直书心存顾忌。

《北齐书·魏收传》载魏收修史的前因后果，其中言及齐武帝让魏收直书，并承诺自己不会像魏太武帝那样诛杀史官，再次表明了崔浩之死的冤屈：

---

① 魏收撰：《魏书》卷四十八《高允传》，中华书局 1974 年版，第 1071 页。

② 魏收撰：《魏书》卷七《高祖纪》，中华书局 1974 年版，第 186 页。

③ 魏收撰：《魏书》卷六十二《李彪传》，中华书局 1974 年版，第 1397 页。

二年，诏撰魏史。四年，除魏尹，故优以禄力，专在史阁，不知郡事。初帝令群臣各言尔志，收曰："臣愿得直笔东观，早成《魏书》。"故帝使收专其任。又诏平原王高隆之总监之，署名而已。帝敕收曰："好直笔，我终不作魏太武诛史官。"①

齐武帝有雅量，魏收却无史官实录精神。其所作史书，过多介入个人喜憎好恶，"收诌齐氏，于魏室多不平。既党北朝，又厚诬江左。性憎胜己，喜念旧恶，甲门盛德与之有怨者，莫不被以丑言，没其善事"②。歪曲北魏，污蔑南朝，后被敕令修改。中断了秉笔直书的北魏、北齐，要恢复史官实录的传统。

维持传统的实录精神需要两个条件：一是史官有责任有能力直书，二是皇帝有胸怀、有担当允许史官直书。隋朝禁止民间修史，统一由国家监修，实现历史叙事与国家意志的统一。开皇十三年（593）五月癸亥，隋文帝"诏人间有撰集国史、臧否人物者，皆令禁绝"，③禁止私人撰史书。当时，王劭"在家著《齐书》。时制禁私撰史，为内史侍郎李元操所奏。上怒，遣使收其书，览而悦之"④。这种做法，为史官实录戴上了紧箍咒，使得史官不得不遵从官方意志撰述历史，超然于现世的史官传统被日渐消解。

即便开明的唐太宗，也非常在意史官对自己的评价，有意无意地干预史官的撰述。贞观九年（635）十月，太宗欲看史官记录自己的起居注。谏议大夫朱子奢则上表说：

> 今月十六日，陛下出圣旨，发德音，以起居纪录，书帝王臧否，前代但藏之史官，人主不见，今欲亲自观览，用知得失。愚以为圣德在躬，举无过事；史官所述，义归尽善。陛下独览起居，于事无失，若以此法传示子孙，窃有未喻。大唐虽七百之祚，天

---

① 李百药撰：《北齐书》卷三十七《魏收传》，中华书局 1972 年版，第 487 页。
② 刘知几撰，浦起龙释：《史通通释》卷十二《古今正史》，上海古籍出版社 1978 年版，第 365 页。
③ 魏征、令狐德棻撰：《隋书》卷二《高祖纪》，中华书局 1973 年版，第 38 页。
④ 魏征、令狐德棻撰：《隋书》卷六十九《王劭传》，中华书局 1973 年版，第 1601 页。

命无改，至于曾玄之后，或非上智，但中主庸君，饰非护短，见时史直辞，极陈善恶，必不省躬罪己，唯当致怨史官。但君上尊崇，臣下卑贱，有一于此，何地逃刑？既不能效朱云廷折，董狐无隐，排霜触电，无顾死亡，唯应希风顺旨，全身远害，悠悠千载，何所闻乎！所以前代不观，盖为此也。①

朱子奢认为皇帝开先例查看起居注，会影响史官的客观叙述，破坏史官的直录传统。若成定例，会引起皇帝与史官之间的冲突，他劝谏太宗不要查看，以维护史官叙述的超脱性。但唐太宗却坚持要看，《贞观政要·文史》中载其事：

> 贞观十四年，太宗谓房玄龄曰："朕每观前代史书，彰善瘅恶，足为将来规诫。不知自古当代国史，何因不令帝王亲见之？"对曰："国史既善恶必书，庶几人主不为非法。止应畏有忤旨，故不得见也。"太宗曰："朕意殊不同古人。今欲自看国史者，盖有善事，固不须论；若有不善，亦欲以为鉴诫，使得自修改耳。卿可撰录进来。"玄龄等遂删略国史为编年体，撰高祖、太宗实录各二十卷，表上之。
>
> 太宗见六月四日事，语多微文，乃谓玄龄曰："昔周公诛管、蔡而周室安，季友鸩叔牙而鲁国宁，朕之所为，义同此类，盖所以安社稷、利万人耳。史官执笔，何烦有隐？宜即改削浮词，直书其事。"侍中魏徵奏曰："臣闻人主位居尊极，无所忌惮，惟有国史，用为惩恶劝善。书不以实，后嗣何观？陛下今遣史官正其辞，雅合至公之道。"②

唐太宗问房玄龄何以当代国史不让帝王亲见，房玄龄认为国史要善恶必书，恐怕君主以权势破坏之。唐太宗认为自己不同于一般的皇

---

① 王钦若等编纂，周勋初等校订：《册府元龟》卷五百六十《国史部》，凤凰出版社 2006 年版，第 6414 页。

② 吴兢撰，谢保成集校：《贞观政要集校》卷七《论文史》，中华书局 2009 年版，第 391-392 页。

帝，能够做到闻善必行、知过必改。但房玄龄等人还是删略国史为编年体，撰表上之，没有让唐太宗看到完整的起居注。即便如此，唐太宗看到玄武门事变的记录有所隐晦，就让史官大力颂扬自己的做法，是效法季友鸩叔牙而使鲁国安宁的做法，不必隐晦书之。魏征认为事实就是事实，国史不能虚美，也不必隐恶，隐晦地劝谏唐太宗要尊重史家之笔。由此来看唐太宗所要求实录，已非史家所推崇的秉笔直书。

　　唐太宗非常在意史官的褒贬，想尽方法来影响史官对他的评价。贞观十六年（642）七月八日，太宗又对褚遂良说：

> 尔知起居，记何事善恶？朕今勤行三事，望尔史官不书吾恶。一则远鉴前代败事，以为元龟。二则进用善人，共成政道。三则斥弃群小，不听谗言。吾能守之，终不转也。鹰犬平生所好，今亦罢之，虽有顺时冬狩，不逾旬而返。亦不曾绝域访奇异，远方求珍羞。比日已来，食无兼馔，自非膏雨有年，师行克捷，未尝与公等举杯酒，奏管弦。朕虽每日兢惧，终藉公等匡翊，各宜勉之。①

　　唐太宗言自己从三方面自我克制，希望史官不书其恶，尽量把自己善行记录下来。一是借鉴前代经验，二是善用贤人，三是远小人，弃谗言，节玩好。其实唐太宗始终在试图影响史官，让其遂自己之意隐恶扬善。

　　李世民对史述实录的忌惮，却鼓励了史家的实录精神。唐高宗时，以许敬宗所记多非实录，要求刘仁轨等务必书以实录，以垂范后世："昨观国史所书，多不周悉。卿等必须穷微索隐，原始要终，盛业鸿勋，咸使详备。……此既乖于实录，何以垂之后昆。"②要求史书要以实录为本。武则天长安二年（702），刘允济言史官善恶必书，方能成为借鉴："史官善恶必书，言成轨范，使骄主贼臣有所知惧。此亦权重理合，

---

　　① 王钦若等编纂，周勋初等校订：《册府元龟》卷五百六十《国史部·记注》，凤凰出版社 2006 年版，第 6415 页。
　　② 王钦若等编纂，周勋初等校订：《册府元龟》卷五百六十二《国史部·不实》，凤凰出版社 2006 年版，第 6448 页。

贫而乐道也。昔班生受金，陈寿求米，仆视之如浮云尔。但百僚善恶必书，足为千载不朽之美谈，岂不盛哉！"①进一步强化了史官的实录原则。开元十四年（726）七月十六日，李元纮上奏，称张说在家自修史书不妥，要求史官修史要在国家史馆进行，使之成为一代史家之共识，能够尽可能保持史书评价公允。

唐代为保证史官修国史的实录精神，对史官严加筛选。唐高宗在《简择史官诏》中言，为修撰真实的国史，宜在史官内选择堪任修史者，精通历史、公平正直者才能担任之，但也同时明确史料只由专门的史官查阅，不能随意公开："修撰国史，义在典实，自非操履贞白，业量该通，谠正有闻，方堪此任。所以承前纵，居史官，必就中简择，灼然为众所推者，方令著述。如闻近日以来，但居此职，即知修撰，非唯编缉疎舛，亦恐漏泄史事。自今以后，宜遣史司于史官内，简择堪任修史人，录名进内。自馀虽居史职，不得辄令闻见所修史籍及未行用国史等事。"②《唐六典》中要求皇帝的起居注应不虚美、不隐恶，要选择直书其事的史官担任："凡天地日月之祥，山川封域之分，昭穆继代之序，礼乐师旅之事，诛赏废兴之政，皆本于起居注以为实录，然后立编年之体，为褒贬焉。既终藏之于府。"③认为起居注将成为后代修史的材料，应当褒贬合宜，真实可靠。

唐代以史官选拔、史馆设立的制度性设计，延续了史官实录传统，也开辟了史官的修史传统。一是宰相监修国史，保证修撰前代史不是个人的行为而是国家的行为。朝代之初的人才济济，保证对前代史的修订既能代表官方立场，也代表了公允的立场。二是由宰相及其臣属撰写皇帝的起居注，其他部门的行政文本报备宰相府。既为起居注的编撰做资料准备，又使得起居注有规范性的操作流程。三是为帝王撰

---

① 王钦若等编纂，周勋初等校订:《册府元龟》卷五百五十九《国史部·论议》，凤凰出版社 2006 年版，第 6405 页。

② 宋敏求编:《唐大诏令集》卷八十一《政事·经史·简择史官诏》，中华书局 2008 年版，第 467 页。

③ 李林甫等撰，陈仲夫点校:《唐六典》卷九《中书侍郎·史馆》，中华书局 1992 年版，第 281 页。

起居注，为后来修史收集整理资料。

以此观察，唐代为中国史官制度做了充分设计，通过制度保证实录，维持史家评论的公允性，避免史官以个人好恶影响史书评骘。由宰相监修则可避免像崔浩秉笔直书的悲剧，形成了后世修前史的范式，最大程度上维持了实录的传统。为了尽量保持史述的超脱，隔代修史成为史学界的共识，以求最大程度地维持史官的实录传统。

三、以史为鉴功能的强化

以史为鉴是史书的基本功能，实录精神是史书的书写方式。为了能更好地借鉴既往的历史经验，唐代开始编订便于实践的史料，以实现经世致用的功能。

唐玄宗开元十年（722）开始编订的《唐六典》，仿照《周礼》模式，作为国家治理体系调整的依据："起居舍人陆坚被诏集贤院修'六典'，玄宗手写六条，曰理典、教典、礼典、政典、刑典、事典。张说知院，委徐坚，经岁无规制，乃命毋煚、余钦、咸廙业、孙季良、韦述参撰。始以令式象《周礼》六官为制。"[1]《唐六典》的编订，直接影响了唐朝三省六部制的设立及其运行，成为唐代改革官制的蓝本，也作为行政职能调整的依据。

《仪礼》《周礼》《礼记》等早期经典记载了中国礼制制度和观念，汉代叔孙通制礼，杂旧仪而为之。魏晋虽然修订礼仪，但未能如汉礼那样在全国范围广泛推广。南北分裂时期，各个王朝自行为之，使得礼仪存在较大差异，与传统礼书的规定也难以吻合。到了唐朝，亟须制定通行全国的礼仪制度，并按照传统礼义的精神进行恰当的解读，以形成良好的社会秩序。唐玄宗时开始编订《开元礼》，作为唐代通行的礼仪制度：

> 爰敕宰臣，将明睿旨，集儒贤于别殿，考古训于祕文，以论材审官之法，作《大唐六典》三十卷，以道德齐礼之方，作《开

---

[1] 欧阳修、宋祁撰：《新唐书》卷五十八《艺文志二》，中华书局 1975 年版，第 1477 页。

元新礼》一百五十卷。网罗遗逸，芟翦奇邪，亘百代以旁通，立一王之定制。草奏三复，祗令宣示中外；星周六纪，未有明诏施行。遂使丧祭冠婚，家犹异礼；等威名分，官靡成规。不时裁正，贻弊方远。①

在《唐六典》基础上编订的《开元礼》，搜集前代礼制变革的经验，对婚丧嫁娶等常用礼仪进行了系统的规定。四库馆臣认为开元礼为一代圭臬："杜佑撰《通典》、别载开元礼……其讨论古今、斟酌损益、首末完具，粲然勒一代典制……诚考礼者之圭臬也。"②章大炎先生言其几近完美："择善从之，宜取其稍完美者，则莫尚于《开元礼》矣。"③《开元礼》编定以后，完成了中国传统礼仪从汉礼向唐礼的过渡。

《唐六典》为唐代制度建构的基石，《开元礼》则促成了唐代社会秩序的形成。吕温曾言："(《六典》《开元礼》)亘百代以旁通，立一王之定制。草奏三复，祗令宣示中外；星周六纪，未有明诏施行。遂使丧祭冠婚，家犹异礼；等威名分，官靡成规。"④中唐时期的制度调整，常常以《唐六典》作为依据，以《开元礼》作为衡量的标准。

杜佑编成的《通典》是第一部体例完备的政书，专叙历代典章制度的沿革变迁，分食货、选举、职官、礼、乐、兵、刑法、州郡、边防九门。叙述此前的制度沿革，试图为唐代中叶的制度变革提供资料依据，却无形之中保留了诸多史料，系统地整理了唐之前至唐初期的制度史演进轨迹。尤其关注于制度史的叙述，成为唐中叶思想史的重要材料。其序言：

> 夫理道之先在乎行教化，教化之本在乎足衣食。……夫行教

---

① 董诰等编:《全唐文》卷六百二十七《代郑相公请删定施行六典开元礼状》，中华书局1983年版，第6326页。

② 永瑢等撰:《四库全书总目》卷八十二《大唐开元礼》，中华书局1965年版，第702页。

③ 章太炎著:《章太炎全集》第五册第一卷《丧服依〈开元礼〉议》，上海人民出版社1985年版，第36页。

④ 董诰等编:《全唐文》卷六百二十七《代郑相公请删定施行六典开元礼状》，中华书局1983年版，第6326页。

化在乎设职官，设职官在乎审官才，审官才在乎精选举，制礼以端其俗，立乐以和其心，此先哲王致治之大方也。故职官设然后兴礼乐焉，教化隳然后用刑罚焉，列州郡俾分领焉，置边防遏戎敌焉。是以食货为之首，选举次之，职官又次之，礼又次之，乐又次之，刑又次之，州郡又次之，边防末之。或览之者庶知篇第之旨也。①

认为食货、选举、职官、礼、乐、兵、刑法、州郡、边防九门，是国家长治久安的保障，也是国家治理环环相扣的环节，只有对其系统理解，才能进行现实制度的调整。李翰在《通典序》便言其作为经世致用之书，不仅可以通古今变化，而且能够以史为鉴，作为国家治理的参考：

今《通典》之作，昭昭乎其警觉群迷欤！以为君子致用，在乎经邦，经邦在乎立事，立事在乎师古，师古在乎随时。必参今古之宜，穷始终之要，始可以度其古，终可以行于今，问而辨之，端如贯珠，举而行之，审如中鹄。夫然，故施于文学，可为通儒，施于政事，可建皇极。故采五经群史，上自黄帝，至于我唐天宝之末，每事以类相从，举其终始，历代沿革废置及当时群士论议得失，靡不条载，附之于事。如人支脉，散缀于体。凡有八门，勒成二百卷，号曰《通典》。非圣人之书，乖圣人微旨，不取焉，恶烦杂也。事非经国礼法程制，亦所不录，弃无益也。若使学者得而观之，不出户知天下，未从政达人情，罕更事知时变，为功易而速，为学精而要。其道甚直而不径，其文甚详而不烦，推而通，放而准，语备而理尽，例明而事中，举而措之，如指诸掌，不假从师聚学，而区以别矣。非聪明独见之士，孰能修之。②

① 杜佑撰，王文锦、王永兴、刘俊文、徐庭云、谢方点校：《通典》卷一《食货一》，中华书局1988年版，第1页。
② 杜佑撰，王文锦、王永兴、刘俊文、徐庭云、谢方点校：《通典·序》，中华书局1988年版，第1-2页。

认为《通典》编订的目的是要服务于国家治理，博采制度、议论，讨论沿革废置、论议政事得失，可为国家治理提供策略性文本。尤其是其中梳理制度上的成败得失，可以作为经世致用的参考。《通典》实际是将历代志书加以整合，对唐代人关注的几个重要问题进行系统梳理，为制度变革做了重要的文献整理，便于更为系统地观察制度的得失成败。

窦俨《上治道事宜疏》言读懂唐代典章有三本书，欲明变革，知得失则选《通典》："越在唐室，典章颇盛程轨，量昭采物，酌中古训，垂法百代，则有《开元礼》在；纪先后，明得失，次其沿变，志其楷式，则有《通典》在；录一朝之事，包五礼之仪，义类相从，讨寻不紊，则有《会要》在。此三者，圣教经制，国之大综也。"① 四库馆臣称赞《通典》："其博取五经群史、及汉魏六朝人文集奏疏之有裨得失者、每事以类相从。凡历代沿革、悉为记载、详而不烦、简而有要。元元本本、皆为有用之实学。非徒资记问者可比。考唐以前之掌故者、兹编其渊海矣。"② 认为《通典》事类相从，简而有要，为有用实学，可经世致用，开启了一代实学之风。其所言的"实学"，即宋代越来越重视的实学精神。钱穆先生有言："汉学派的精神在通经致用，宋学派的精神在明体达用，两派学者均注重在'用'字。这就是儒学的精神，即是经学的家法。至于书本子的训释与考据，亦学者所应有的工作，惟非学者主要之急务。"③ 他认为文献资料、历史经验的总结，意在实用，而非将之作为案头文本，正是看出了《唐六典》《开元礼》《通典》中一以贯之的经世用意。

汉代所讲求的通经致用，是将经书作为历史，应用于国家治理。如以《禹贡》治河、《春秋》决狱、三百篇为谏书、引经疏律等，形成早期中国基本的政统。唐代对历史经验的总结，在以经义维系价值认同的基础上，更强调以历史经验作为国家治理的现实参照和行政参考。

---

① 王钦若等编纂，周勋初等校订：《册府元龟》卷四百七十六《台省部·奏议》，凤凰出版社 2006 年版，第 5395 页。

② 永瑢等撰：《四库全书总目》卷八十一《通典》，中华书局 1965 年版，第 694 页。

③ 钱穆讲、刘大洲记：《汉学与宋学》，《磐石杂志》1934 年第 2 卷第 7 期。

相对于经世致用的传统而言，以史为鉴观念的强化和相关史书史料的编纂，为唐代的制度建构、社会变革提供了更为充实的理论依据。特别是《通典》中对历代相关奏疏、议论的观照，不仅提供了制度史的变迁轨迹，更提供了变迁得失成败的依据。有了经学所倡导的价值认同，有了史学所提供的历史认同，宋朝以后所强调的明体达用，不再把经书作为知识而是作为一种逻辑，用为思考问题、解决问题的参照，作为心性修为的依据，作为道德养成的规则，从而推动了中国学术的转型。

由此观察唐代的史学发展，可知其为唐代社会的整合提供了最大程度的历史认同，巩固了中国早期所形成的历史道义观，确定了历史评判的原则，通过制度化的保障完善了国家史观，建立了相对客观公允的评判历史事件的标准。唐朝中叶出现的弊政和唐朝后期的振弊图强，深刻地影响了宋朝的文化建构。宋儒在经世致用和明体达用理念的影响下，越来越强调借鉴前朝的历史经验来针砭时弊，从更为宏阔的视角重新审视早期经典，形成了对经书的新解和对史书的重新整理。

第四节　精神生活与社会认同的确立

社会认同是一个国家、一个地区对社会运行形态和社会秩序观念所形成的基本认同。精神生活是心灵、精神以及意识等领域所能形成的认知方式，是一个社会达成基本共识的基础。当观念认知、生活信仰与生活方式相结合，就会促进社会成员之间彼此认同，形成越来越趋同的生活习惯。隋唐民间的精神生活，是由宗教认知、道德认同和思想观念共同构成的，在这一历史时期，佛教中国化、道教生活化和儒学日常化，可以作为观察隋唐精神生活的三个维度，作为其建构社会认同的主要方式。

一、佛教的中国化

佛教东传是经过知识化、义理化与生活化，渐次进到中国人的生活中，成为中古时期士大夫、普通百姓认识世界和理解世界的方式，推动了传统文化观念的转型。东汉时期佛教传入中国后，逐渐形成了安世高的禅法和支谶系的般若两大派别。安世高的禅法是通过坐禅方式修行，注重此生的修行，强调身体力行；支谶系的般若主张渐修和顿悟，注重义理的顿悟，侧重于知识的累积。

西晋的道安作为两系的集大成者，通过创造性的阐释，促成了佛教义理中国化。安世高学习阿毗昙学："昔汉氏之末，有安世高者，博闻稽古，特专阿毗昙学。其所出经，禅数最悉。"①他认为佛教修行的关键在于禅与数。所谓的"禅"，是通过禅定静虑来领悟佛理，安般守意，坐禅时专心计数呼吸次数，使分散浮躁的得以精神专注，达到安谧宁静的境界。这种禅息与中国传统神仙方术的食气、导气、守一之说法相似。安世高著《安般守意经》《大十二门经》《小十二门经》《大道地经》《五十校计经》《阴持入经》《禅行法想经》等，言如何修习禅法。所谓"数"，用佛教名词分类论述，形成理论体系。他系统阐释了四谛、八正道、十二因缘、五蕴、十二入、十八界、十二门禅等观念，将佛教义理系统化。道安曾翻译《五法经》《七法经》《十二因缘经》《十四意经》《阿毗昙五法经》《阿毗昙九十八经》等佛经，大体阐明了佛教基本原理。

安世高所翻译的早期佛教经典基本上是小乘佛教的。大乘佛教与小乘佛教之间最大区别在于：小乘佛教主要靠自修，大乘佛教在自修中，更注重获得智慧，进行彻底觉悟。中国大乘佛教的创始者支娄迦谶，曾译《道行般若经》《般若三昧经》《首楞严经》，宣扬大乘佛教的诸法悉空、诸法如幻的般若思想。小乘佛教认为佛法是最高的原则；大乘佛教以体认道义为旨归，认为佛法只是对佛理进行表达，居于可以取舍的次要地位。

道安时代，南传佛教与北传佛教面临两大发展问题：一是重禅数，

---

① 释僧祐撰，苏晋仁、萧炼子点校：《出三藏记集》卷六《安般注序》，中华书局1995年版，第245页。

讲究修行之法；二是重般若，注重阐释义理、强调顿悟。道安在传播佛法时，将禅数与般若合二为一。其对佛教的贡献，在于通过弘法阐明佛法义理，强调戒律使修行有所凭借。通过不断译经，把佛教义理传到中国。他倡导性空之学，性空即佛性皆空、法性皆空、万法皆空。道安对佛法的领悟着重于义理，跳出佛经的文本禁锢，从义理的高度理解佛法，为佛教中国化做出了尝试。

道安整理了《综理众经目录》，又译《出三藏记集》。其在《道行经序》中言："大哉智度，万圣资通，咸宗以成也。地含日照，无法不周，不恃不处，累彼有名。既外有名，亦病无形。"[1]概括了他对佛教的理解：要用无上智慧，透过经书，超乎佛经，形成对佛法、佛理和佛学的理解。道安勇于变革盲目崇拜经典的传统做法，在总汇诸经的基础上形成更系统的义理阐释，推动了佛法的学理化。

他整理佛经典籍时，能以公允客观的态度整理经说的差异：

> 道安后复从之，相会欣喜，谓昔誓始从，因共披文属思，新悟尤多。安曰："先旧格义，于理多违。"先曰："且当分析逍遥，何容是非先达。"安曰："弘赞理教，宜令允惬，法鼓竞鸣，何先何后。"[2]

他勇于革新与佛理相违的旧义，认为弘扬佛教之理要保持理性态度，而不必作为抨击异端的工具。正因有这样的眼光，精通佛理的道安，重新翻译佛经，又系统阐释佛教义理，对佛法有了更深层次的理解。以这样的格局，道安才能最大程度地推动佛学的中国化，将原本并行发展的两系融合无间，形成一个超越其上的佛理阐释系统。

道安在翻译和阐释诸经时，指出此前传经者翻译佛经有"五失"：一则梵音全部汉译，颠倒了佛经的语序；二为佛经本质不存，翻译披文，文质不合，歪曲经义；三为随意删除佛经中反复咏唱的梵词，使之

---

① 释僧祐撰，苏晋仁、萧炼子点校：《出三藏记集》卷七《道行经序》，中华书局1995年版，第262页。

② 释慧皎撰，汤用彤校注，汤一玄整理：《高僧传》卷五《晋飞龙山释僧先》，中华书局1992年版，第195页。

失去原貌；四为删除梵语中具有注解性质的义说，使人难明其义；五为按个人理解修改佛经原文。[①] 这五大过失，概括了东汉魏晋时翻译佛经的流弊。他为准确翻译佛经确立了"三不易"的原则：一是尽量合乎本经；二是要翻译通顺；三是保留佛经的真实含义。[②] 他要求翻译佛经要尽可能忠实于原文，采用最准确的字义翻译。自此之后，佛经翻译，在合乎原义的基础上后出转精，保证了佛经经义的准确传达。

佛经初入中国，只有准确地传播其核心理念，方能让时人精通其经义。若一开始便断以己意，融合儒家、道家学说对其改造，很容易使佛经成为其他学说的注释，遮蔽其背后庞大的学理系统。道安对佛经翻译的重视和对佛理的融合，既保证了佛经不被异化，又保证了佛理能超乎其上，为佛教中国化作出了导向性的示范。

慧远对佛教中国化的贡献，一是创立净土宗，将观想念佛与观像念佛结合起来，使佛教传播简单易行。为了让普通百姓理解佛教，他依据《阿弥陀经》《无量寿经》《观无量寿经》和《往生论》，认为口念"阿弥陀佛"四字真经，便可往生阿弥陀佛主宰的西方极乐世界，以此作为简便易行的修行方法。二是主张会同三教作为士大夫精神生活的方式。慧远精通儒、佛、玄三家，认为三家立场基本一致，主张"内（佛）外（儒、玄）之道，可合而明"[③]，以佛学为主，以儒、玄为辅，可以会之有宗（佛），百家（儒、玄）之同，开启了三教合一的倾向。三是融通佛理，提出真空妙有、诸法实相。他主张小乘以大乘为极致，大乘以小乘为基础，贯通了两种佛法。大乘所主张的"真空妙有"，是佛教修行所达到的最高境界；小乘注重的"诸法实相"，是在具体实象中理解人生、社会和宇宙；真空妙有，是领悟现世诸法实相而达到的超越境界。小乘的修行，是从诸法实相里获得体会；大乘的修养，是对义理的

---

① 释僧祐撰，苏晋仁、萧炼子点校：《出三藏记集》卷八《摩诃钵罗若波罗蜜经抄序》，中华书局 1992 年版，第 290 页。

② 释僧祐撰，苏晋仁、萧炼子点校：《出三藏记集》卷八《摩诃钵罗若波罗蜜经抄序》，中华书局 1992 年版，第 290 页。

③ 刘勰著，林其锬集校：《刘子集校合编》附篇，华东师范大学出版社 2012 年版，第 1248 页。

领悟。慧远认为小乘的修行与大乘的义理相互促成，就能达到佛理所追求的极致境界。

在大乘佛教中国化的过程中，竺道生促成了涅槃说的传播。涅槃说主张一切众生皆有佛性。而在道生之前，流行的说法为一切众生都有佛性，唯"一阐提"例外。道生认为一阐提固然极恶，也是众生，他依照佛理推断，应当是"一阐提皆得成佛"，引起时人的不解。后来，《大本涅槃经》流传至建康，其中便有"一阐提人有佛性"的说法，印证了竺道生对佛理理解的深刻。佛教中国化的过程，首先是其基本理论不断地在中国传播并得到推演。道生把毗昙学讨论的法身、般若中观讨论的法性和实相融入涅槃学说中，认为法身、法性、实相体现在众生的本性之中，可以视为佛性。若通佛理，人人皆可修成正果。在此之前，支道林、道安和僧肇等人认为，渐修至七地方才顿悟，且只为"小顿悟"，再经过三地修行才能成佛。道生认为只要照察自心佛性，体悟诸法实相，就可以形成"大顿悟"。

这样来看，道安借用佛法超越了佛经，道生则用佛理超越了佛法，使得佛教在中国化的过程中，越来越注重学理的完善，淡化了佛经文辞的障碍和注疏的约束。随后，智颛将佛教的修行与佛教的义理融通，形成了更适宜于士大夫理解的阐释系统和修行方式，进一步促成了佛教的中国化。其所作止观法门，确定修习坐禅法要，用四种三昧、十乘观法、二十五便等方式，作为坐禅习禅的准备。他认为在参禅的过程中，要实现教观双美：有教有观，教中有观，观中有教，教观不二。相对于华严宗、法相宗、三论宗偏于教义的理论阐发，禅宗、净土宗、律宗、密宗更偏于观行实践的进取。法华宗将之转化为知行合一的修行系统，将念佛、坐禅和修行义理结合起来，提倡万法妙有，认为万事万物皆由各种因缘集合而成，以此观察世界修养自我，就可以实现圆融观照。

吉藏开创的三论宗，为一般人理解佛理提供了便捷法门。佛教所提倡的"空"，普通众生难以把握其义。吉藏为宣扬法理，普及佛教，认为需要兼顾于"色"，形成"中道实相"的理解方式，将色与空融通。他主张要从中道视角，在色与空两个维度观察世界，世人以色观空，沙门以空观色。三论宗将佛教与佛理区别开来，有助于一般士大夫更好地理解佛学。佛教注重为世俗提供信仰，佛理则注重探寻抽象义理，由色观空可以为众生开方便法门，解决世人的现实信仰。强调由空观色则为僧尼提供了法门，保证修行的纯粹，为佛教的传播提供了方法论。

华严宗杜顺概括的"华严三观"，使得佛教不仅成为修行的方式，而且可以作为思维范式，将早期佛教的修佛方法由外求转向了内求。他所提出"一心法界"，认为法界不出一心，一心便是法界。其真空观认为世界起源于空；理事无碍观则认为佛理与尘世生活相互沟通，将佛教义理引入现实生活；周遍含容观认为要解决世界所存在的现象、问题，既需要色空双观，又要做到理论阐释与现实需求的妙合无垠。小乘佛教认为佛理永恒存在，人只是暂时存在。杜顺认为每个人都有佛性，只要通过修行皆可获得佛性。若达到事理圆融，便是大乘佛教，获得了无上智慧，能洞悉万物诸理。在他看来，大乘顿教的最高境界是"语观双绝"，实现语言表达与逻辑思想的彻底明晰，便可达到修行的最高境界"华严三昧"，将大乘与小乘兼并融通而形成一乘圆教。

从智顗、吉藏再到杜顺，都在试图建立佛法的阐释系统，尽可能地兼容佛教、佛经的理论，以便形成更为通脱的解释，不断消弭彼此的分歧，深化义理，促使时人对佛教的理解越来越清晰。但佛理究竟是借助于直觉感悟，还是借助于逻辑推理来获得理性，最终留待于玄奘的唯识宗来解决。

玄奘在学习佛经的过程中，发现佛经间常相互抵触。他认为这是佛经尚没有得到充分翻译、没能全部流传到中国的缘故。于是他便去印度取经，获得了更为全面的佛经文本和学理阐释，建立了唯识宗，为全面理解佛学的义理建构系统的逻辑体系。他认为万法唯识，宇宙万有都是心识的动摇所变现的影像，佛法有任持自性、轨生物解二义，是一切万有的总称。学习佛理要从阿赖耶缘起，意识到宇宙万有皆由识所变现。然后按照四分之说渐次理解，相分为一切所缘境；见分为诸识的能缘在作用；自证分乃证知见分的作用；证自证分便是确认自证分的作用。要在学习中渐次达到性境、独影境、带质境三重境界，方能由浅入深理解佛理。最终意识到世界同时具有三性，即依他起性（相对真实）、遍计所执性（妄想）和圆成实性（绝对真实）。

玄奘所建立的唯识宗，从方法论上阐释了佛理系统的完整性，概括了佛学在理解世界、表达世界、诠释世界和概括世界中所形成的逻辑系统。他强调了佛法不仅通过内心直觉地理解世界，更重要的是通过逻辑系统理解世界。他主张五性各别，一切有情本具声闻、独觉、菩萨、不定、无性等五性。一切有情本具声闻，是言一切的感觉都是从直觉而来；感性转化到理性时则形成了独觉，为个人见解；菩萨是在声闻和独觉以后进一步的概括与解决问题的能力，能进行理性分析；不定是强调世界万物在不确定的动态情境下存在，强调了时空变动是决定万事万物的依据；最后所达到的无性的状态，不是对任何事情都不界定、不定性，而是能够应对万方，以无法为法。由此论证了无性即佛性，佛性本无，强调佛法无形有存，留于万物之中。

唯识宗的形成，对此前佛教传到中国后所形成的诸多逻辑上的困惑进行了解释，以逻辑体系证明了佛法存在的合理性、佛理的严谨性以及佛学的完整性，实现了佛经、佛法、佛理的中国化。在此过程中所形成的禅宗，推崇佛教义理化之后所形成的顿悟修行方式。达摩的面壁修行，便是舍弃佛经、佛法而体悟佛理，惠能将之改造为顿悟以成佛的修行方式，形成了简便的中国化修行方式，更适合士大夫修习。其所提倡的见性成佛，确定众生皆有佛性；认同直指心传，只要顿悟便可成佛；强调修行在心，以无相为体、无住为本、无念为宗，只要心存佛法、体悟佛理便是修行。

从整合佛教的经义以弥合佛经之间的矛盾，到论证佛教经义的合理性与逻辑性，佛教的中国化，使得其越来越契合中国士大夫和百姓的精神生活方式。既不离开尘俗去寻求精神的超脱，也不是祈求于外部神灵进行精神寄托，而是追求实现个人心性的自足。这样就把原始佛教对佛陀的敬仰，转化为个人内在的精神世界，为具有人文理性的士大夫提供简单便捷的精神生活方式，也为民间信仰提供一个摆脱现世苦难的方便法门。隋唐佛教的中国化，为传统的儒家经世学说提供了一种新的理解世界的方式，使之能够吸收佛教的学说，建构起更全面的阐释系统；也为道教的学理化建构提供了理论的参考，使之能够将中国传统的民间信仰转化为相对完善的阐释体系，促成了道教学理化的建构。

二、道教的学理化

作为中国本土的宗教，道教将早期中国所形成的阴阳五行、巫觋杂语、符水咒说、鬼神崇拜等观念，与小传统中流行的方术相糅合，利用符箓、咒水来辟邪驱鬼、治病，吸引信众，最终发展为组织体系。

道教在发展过程中，不断借助早期的道家学说和术数思想，完成了道教的学理化。葛洪在阐释道教理论时，对守一、行气、导引和房中术进行说解，将神仙方术与儒家纲常名教结合起来，强调"欲求仙者，要当以忠孝和顺仁信为本。若德行不修，而但务方术，皆不得长生也"①，倡导神仙养生为内、儒术应世为外，主张儒道融合发展。陶弘景则把道家注重的外丹修炼转向了内丹修行，作《本草经集注》，将可以服食、疗病的药物拓展到 730 种。通过药物调理来改善人的体质，达到有病防病、无病预防的目的。

寇谦之则对道教进行了仪式化改造，他清整道教，除去三张伪法，削弱道教中的巫术成分，使之便于士大夫的接受。其取儒家父义、母慈、兄友、弟恭、子孝的五常观念，借鉴佛教礼仪规戒，建立了斋戒仪式。他改革道官职位的世袭制度，主张唯贤是授，信守持戒修行。使得道教的运行秩序与社会发展同向呼应，并在此基础上强化道教的道德认同。经过寇谦之的整合改造，道教从初创时期的信仰体系，已经转化为相对自足的学理体系，得到官方的支持。此后，陆修静则主张儒、佛、道三教合流，认为斋醮是求道之本，复以礼拜，课以诵经，修身养性，便能成道。

从早期道教的治病避灾，到魏晋道教的神仙追求，再到唐代的斋戒修行，道教从追求羽化成仙的长生要求，转变为注重精神自足的修养方式。成玄英便是从道教修行的角度对《老子》《庄子》进行阐释，

---

① 葛洪著，王明校释：《抱朴子内篇校释》卷三《对俗》，中华书局 1985 年版，第 53 页。

其中提出的"绝待独化，道之本始"等观念，为道教的内修提供了理论阐释：

> 有欲之人，唯滞于有；无欲之士，又滞于无。故说一玄，以遣双执。又恐行者，滞于此玄。今说又玄，更祛后病。既而非但不滞于滞，亦乃不滞于不滞。此则遣之又遣，故曰玄之又玄。①
>
> 夫善恶两忘，刑名双遣，故能顺一中之道，处真常之德，虚夷任物，与世推迁。养生之妙，在乎兹矣！②

在他的理解中，欲望是成道的滞碍。唯有体认到有无同源，才能超脱。修炼以静为本，静则长生，燥则生欲。善恶两忘，超越世俗，顺中之道，修行者便能常处空虚状态。如果说，寇谦之的理论建树，使得道教放弃了巫术成分，与儒家的道德学说相向而行。成玄英则以理性的阐释，引导道教以性命双修作为修行方向，借助道家自身的学理系统，将道教转化成修心养性之学，更符合中华文化注重心性修养的大传统。

唐玄宗时的道士李荣，作《老子注》，阐释了其中蕴含"真道常寂，玄之又玄"的哲理：

> 理国者若能以谦为德，以道为用，必可破之于强敌，摧之于骁雄，而道最为先，故无易于道也。修身者能守雌柔之至道，自破刚强之人我，解宅虚静之至理，妙绝是非之交争，唯道为胜，无以代之也。③

李荣探求《老子》中蕴含的玄理，使之能更便捷地服务于社会，满足现实需求。在他看来，修道最重要的是追求天道、理解地道、服务人道，而不是体认神仙。李荣作为当时的道教领袖，他对《老子》

---

① 顾欢编纂，董建国点校：《道德真经注疏》卷一，凤凰出版社 2016 年版，第 3 页。

② 郭象注，成玄英疏，曹础基、黄兰发点校：《南华真经注疏》，中华书局 1998 年版，第 67 页。

③ 蒙文通著，蒙默编：《蒙文通全集·辑校李荣〈道德经注〉》，巴蜀书社 2015 年版，第 299 页。

的新理解，引导道教转向了理性思考。

唐玄宗受过道箓，撰《道德经注》与《道德经疏》，在《为玄元皇帝设像诏》中，他倡导道教助力政府来建立太平社会："以为道德者百家之首，清净者万化之源，务本者立极之要，无为者太和之门。恭承垂裕之业，敢忘燕翼之训。故详延博达，讲讽精微，求所以理国理身，思至乎上行下效，亦云久矣。夫使天下万姓，饮淳德，食太和，靡然回心而向道，岂予寡薄，独能致此，盖凡百在位，所以咸熙。"① 在他看来，道教清净万物，无为养性。若以此理国理身，上行下效，就可以建立醇和社会。受此影响，盛唐时期的道教，不再追求长生不老，亦不重修成仙道，而是追求太和、清静、无为的社会状况，以实现天下太平。

唐睿宗曾下敕当时著名的道士司马承祯，赞美其逍遥自得，宴息若无，胸怀高烈，洒脱音尘。唐玄宗即位后，又多次赏赐司马承祯道号，赞美其潇洒闲逸、爽朗风清的修养。他在《赠司马承祯银青光禄大夫制》中言：

> 心依道胜，理会玄远，遍游名山，密契仙洞。存观其妙，逍遥得意之场；之复其根，宴息无何之境。固以名登真格，位在灵官。林壑未改，遐霄已旷，言念高烈，有怆于怀，宜赠徽章，用光丹箓。可银青光禄大夫，号真一先生。②

《赐司马承祯敕》又言：

> 司马炼师以吐纳余暇，琴书自娱，潇洒白云，超驰元圃。高德可重，暂违萝薜之情；雅志难留，敬顺松乔之意。音尘一间，俄归葛氏之天台；道术斯成，顷缩长房之地脉。善自珍爱，以保童颜，志之所之，略陈鄙什。既叙前离之意，仍怀别后之资。故遣

---

① 董诰等编：《全唐文》卷三十一《为玄元皇帝设像诏》，中华书局1983年版，第348–349页。

② 刘昫等撰：《旧唐书》卷一百九十二《隐逸列传》，中华书局1975年版，第5128–5129页。

此书，指不多及。①

玄宗在诏书中的赞美，与其说是对司马承祯个人人格的褒奖，毋宁说体现了唐代朝廷对道教的文化期待。那就是期望道士们能够追求人格的完善，修心养性，为时人提供理想的寄托和精神生活的示范。

司马承祯所著的《坐忘论》，以庄子的坐忘论，发展了道家的修炼之法，将外丹学说转化为内丹学说：

"故养生者慎勿失道，为道者慎勿失生。使道与生相守，生与道相保，二者不相离，然后乃长久。"言长久者，得道之质也。②

信敬：信是修道之要，敬仰尊重，决定无疑者，加之勤行，得道必矣。③

断缘：断缘者，谓断有为俗事之缘也。弃事则形不劳，无为则心自安。④

收心：所以学道之初，要须安坐，收心离境，住无所有，不著一物，自入虚无，心乃合道。⑤

简事：若处事安闲，在物无累者，自属证成之人。⑥

真观：自始之末，行无遗累。理不违此，故谓之真观。⑦

泰定：形如槁木，心若死灰，无感无求，寂泊之至。无心于定

① 董诰等编：《全唐文》卷三十六《元宗》，中华书局1983年版，第401页。

② 张君房编，李永晟点校：《云笈七签》卷九十四《仙籍语论要记·坐忘论》，中华书局2003年版，第2044页。

③ 张君房编，李永晟点校：《云笈七签》卷九十四《仙籍语论要记·坐忘论·信敬》，中华书局2003年版，第2045页。

④ 张君房编，李永晟点校：《云笈七签》卷九十四《仙籍语论要记·坐忘论·断缘》，中华书局2003年版，第2046页。

⑤ 张君房编，李永晟点校：《云笈七签》卷九十四《仙籍语论要记·坐忘论·收心》，中华书局2003年版，第2047页。

⑥ 张君房编，李永晟点校：《云笈七签》卷九十四《仙籍语论要记·坐忘论·简事》，中华书局2003年版，第2052页。

⑦ 张君房编，李永晟点校：《云笈七签》卷九十四《仙籍语论要记·坐忘论·真观》，中华书局2003年版，第2053页。

而无所不定，故曰泰定。①

得道：是故大人含光藏晖，以期全备。凝神宝气，学道无心，神与道合，谓之得道。②

他言修道要与长生相守，二者相辅相成。其中所言的修道，要信敬道神、断缘俗事、收心忘物、简事安闲、诚挚真观、泰定寂泊，而后得道。在司马承祯的阐释中，道教修炼不再是炼丹祠佛（求符）、吃药服食、礼拜成仙，而是修心、定心、安心、清静的内在修养过程。这是将庄子的本义与道教的修炼结合起来，形成了道教的心性修为之法。

唐代道教经过学理化的阐释之后，淡化早期道教的巫术形态，转而成为心性之学，通过内观自我来实现精神自足，与儒家修身、佛教养心之说遥相呼应，相互砥砺，相互补充，适合中国士大夫的生活状态和精神需求，成为古代中国精神生活的基本方式。

唐五代的杜光庭，主张重玄为妙，对道教的教理教义、神话传说、斋醮科仪等进行了系统的整理和阐发，完成了道教经典、学说和科仪的集大成。其著《道德真经广圣义》五十卷，对道教的理论体系进行了系统的阐释。作《道门科范大全集》八十七卷、《太上黄箓斋仪》五十八卷，《集陆修静、张万福、李景祈、留用光、蒋叔舆等无上黄箓大斋立成仪》五十七卷等，对道教的科仪进行了规范。撰《广成集》十七卷，《道教灵验记》十五卷，《神仙感遇传》五卷，《墉城集仙录》六卷等，汇总神仙学说，完成了道教学理、科仪和观念的学理化。

道教的学理化，是在吸收佛教、儒家学理的基础上，对以《老子》《庄子》《列子》为核心的道家经典进行了再诠释，使之更加具有学理自洽性。建构了道教体系，对炼形、炼神等修炼方式进行讨论，明晰了道教的方法论和修养论，为宋元道教的发展提供了学理基础，也为

---

① 张君房编，李永晟点校：《云笈七签》卷九十四《仙籍语论要记·坐忘论·泰定》，中华书局 2003 年版，第 2057 页。

② 张君房编，李永晟点校：《云笈七签》卷九十四《仙籍语论要记·坐忘论·得道》，中华书局 2003 年版，第 2060 页。

宋明理学、心学的发展做了理论上的铺垫。

三、三教融通与精神生活的自足

魏晋南北朝时期，道教与佛教并立，各有所长、相互辩难，但皆意识到彼此之间有一以贯之的相通性。初盛唐时学界更意识到三教同归，相互尊重，方能相互补益。中晚唐时自觉强调三教合一，互用其长，以求相互融通，共同满足百姓的精神生活。

道教的形成，一方面要强化自身的宗教特性，另一方面也要寻求与大传统呼应的方式。汉代形成的《太平经》，要求道教信仰者遵守社会道德伦理，自觉维护社会秩序：

> 凡民守读之，共强行之，且相易共好嬉之，不能自禁。令人父慈、母爱、子孝、妻顺、兄良、弟恭，邻里悉思乐为善，无复阴贼好窃相灾害。有人尽思乐忠顺孝，欲思上及中贤大贤，故民不知复为凶恶，家家人人，自救自治，故可无刑罚而治也。上人中人下人共行之，天下立平不移时。①

其中言人人皆重视乐、忠、顺、孝，并将这些观念推而广之，就能实现天下太平。父子、夫妇、兄弟本出于儒家所提倡的五伦，在汉代被作为道德认同和秩序认同的基石。《太平经》认同并强调这些道德伦理，将之作为太平道所推崇的道德共识和伦理观念。可见道教学说在形成之初，就认同儒家学说的价值判断。把孝作为基本道德准则，希望信众能够尊重道德认同、伦理认同，共同形成社会秩序。

东晋葛洪言及儒道关系时说："仲尼未可专信，而老氏未可孤用。"②主张将孔子与老子的思想兼而用之，可见道教徒已经意识到儒家学说所确认的道德伦理和公共秩序，已经成为大传统。道教必须在遵循大传统的基础上，寻求到发展空间，或成为大传统的组成部分，或成为大传统的补充，共同推动道德伦理和社会秩序的稳定。

---

① 王明编：《太平经合校》卷九十六《六极六竟孝顺忠诀》，中华书局 2014 年版，第 422 页。
② 葛洪著，王明校释：《抱朴子内篇校释》卷七《塞难》，中华书局 1985 年版，第 138 页。

在佛教内部，也认为三教尽管传承有别，对社会教化作用却异曲同工。道安作《二教论》，对三教的异流同用进行了辨析：

> 近览释教，文博义丰，观其汲引则恂恂善诱，要其旨趣则亹亹慈良。然三教虽殊，劝善义一，教迹诚异，理会则同。至于老嗟身患，孔叹逝川，固欲后外以致存生，感往以知物化，何异释典之厌身无常之说哉！
>
> ……是以智论有内外两经，仁王辩内外两论，方等明内外两律，百论言内外二道。若通论内外，则该彼华夷，若局命此方，则可云儒释。释教为内，儒教为外，备彰圣典，非为诞谬。详览载籍，寻讨源流，教唯有二，宁得有三！何者？昔玄古朴素，坟典之诰未弘；淳风稍离，丘索之文乃著。故包论七典，统括九流，咸为治国之谟，并是修身之术。①

三教虽殊，劝善义一的概括，阐明了三教皆有劝善的教化功能，有助于形成深刻的社会认同。在他看来，释教为内在修身之理，儒教为外在治国之道，两者相辅相成，其经典与学说，皆可以作为个人修养和国家治理的基础。

东晋士大夫常有精通三教者，试图将之融会贯通。孔琇之在《表王文殊》中说："文殊性挺五常，心符三教。以父没獯庭，抱终身之痛，专席恒居，衔罔极之恤。服纻缟以经年，饵蔬菽以俟命，婚义灭于天情，官序空于素抱。傥降甄异之恩，榜其闾里。"②其中提到的三教，为儒家、佛教和道教的合称。其言及王文殊的道德符合儒家五常，精神生活则通融三教，既行孝道，又守节义，有完善的精神自足。

萧衍在《会三教诗》中，阐释了自己对儒释道的理解："少时学周孔，弱冠穷六经。……中复观道书，有名与无名。妙术镂金版，真言隐上清。密行贵阴德，显证表长龄。晚年开释卷，犹日映众星。苦集始觉

---

① 道宣撰，郭绍林点校：《续高僧传》卷二十四《道安传》，中华书局 2014 年版，第 915—916 页。

② 萧子显撰：《南齐书》卷五十五《孝义传》，中华书局 1972 年版，第 962 页。

知，因果乃方明。示教惟平等，至理归无生。"①其中的"穷六经"，是指学习儒家经典，形成了深厚的道德伦理观念。其所言的"有名与无名"，出于《道德经》，是道家的核心学理。萧衍称自己在晚年时熟读佛教经典，对妙术、释卷、因果、无生等义理有所领悟。他中年好道、晚年礼佛，以此缓解生活的苦闷。期望借助佛、道修行养生，除病去痛，达到不生不灭的无上境界，来缓解内心的苦闷。由此可见，三教合一，不仅成为思想上的融合，而且落实到士大夫的精神生活方式之中，成为其化解现实苦闷、获得精神寄托的方式。

周武帝在《二教钟铭》中论及佛教、道教的作用：

> 天和五年岁次摄提五月丙寅，造钟一口。冶昆吾之石，练若溪之铜，郢匠鸿炉，化兹神器。虽时属蕤宾，而调谐夷则，故《春秋外传》曰：所以咏歌九则，平民无二，弘宣两教，同归一揆，金石冥符，天人咸契，九宫九地，遥彻洞玄，三千大千，远闻边际。银阁应供，延法侣而寻声；金阙降真，候仙冠而听响。式传万古，及勒铭云。……②

他将佛教、道教并提，明确佛教、道教皆能教人向善。他有意识地利用"神道设教"的观念整合社会秩序，引导老百姓形成社会认同，形成基本的道德体验。经过高僧对佛教、道教义理的融通，契合于官方所提倡的儒家伦理，作为宗教形态的社会生活和作为国家主流意识形态的儒学也借鉴、吸收、融通了道教和佛教的体系建构，共同构成一个超乎三教之上的学理系统，在中国大传统中可以绵延不绝。道教形成之初和佛教传入东土，皆将帮助老百姓脱离苦海作为宗旨，儒家也以修身齐家治国平天下为宗旨，这样就能使得社会成员在信仰相同、精神生活相似的情况下，相互认同。

三教合一的过程，并非三家平行发展的并立关系，而是在此起彼

---

① 逯钦立辑校：《先秦汉魏晋南北朝诗》卷一《梁会三教诗》，中华书局 1983 年版，第 1531—1532 页。

② 严可均辑：《全后周文》卷三《二教钟铭》，商务印书馆 1999 年版，第 138—139 页。

伏的消长中发展。入唐之后，皇室子弟多崇佛、信道，一度忽略儒家经典的传承。唐高宗在《赐学官胄子诏》中，鼓励他们要熟悉儒家的道德伦理："朕今欲敦本息末，崇尚儒宗，开后生之耳目，行先王之典训。而三教虽异，善归一揆。沙门事佛，灵宇相望，朝贤宗儒，辟雍顿废，王公以下，宁得不惭？朕今亲自观览，仍征集四方胄子，冀日就月将，并得成业，礼让既行，风教渐改。"①明确儒家道德伦理为治国之本，要求贵胄子弟能够在崇佛、信道的基础上，自觉学习儒家经典，形成道德认同和伦理认同。盛唐佛、道盛行，高宗不得不颁诏进行干预，强调三教宗旨，皆归于善，不能偏废儒家学说。由此可见，尽管李唐皇室奉老子为先祖，又推崇佛教，却只是将二者作为个人精神生活方式，而将儒家学说视为道德伦理和社会认同的基石。

唐中宗曾主动弥合道、释二家，肯定二教存在的价值，纠正当时僧道争论的某些偏颇。他在《答大恒道观主桓道彦等表敕》中说：

朕以匪躬忝承丕业，虽抚宁多失，而平恕实专。矧夫三圣重光，玄元统序，岂忘老教，偏意释宗。朕志款还淳，情存去伪。理乖事舛者，虽在亲而亦除；义符名当者，虽有怨而必录。顷以万机余暇，略寻三教之文。至于道德二篇，妙绝希夷之境。天竺有空二谛，理秘真如之谈。莫不敷畅玄门，阐扬至赜，何假化胡之伪，方盛老君之宗。义有差违，文无典故，成佛则四人不同，论弟子则多闻舛互。尹喜既称成佛，已甚凭虚。复云化作阿难，更成乌合。鬼谷、北郭之辈，未践中天；舍利、文殊之伦，妄彰东土。胡汉交杂，年代亦乖。履水而说涅槃，曾无典据；蹈火而谈妙法，有类俳优。诬诈自彰，宁烦缕说。经非老君所制，毁之则匪曰孝亏；文是鄙人所谈，除之则更彰先德。来言虽切，理实未安。宜悉朕怀，即断来表。②

① 董诰等编：《全唐文》卷三《赐学官胄子诏》，中华书局1983年版，第36页。
② 赞宁撰，范祥雍点校：《宋高僧传》卷十七《唐江陵府法明传》，中华书局1987年版，第415–416页。

唐中宗针对当时"偏意释宗"的问题，下诏为道家证理。其言《道德经》有"妙绝希夷之境"，并批评当时僧家为宣传佛教而厚此薄彼、编造伪书、夸大其言的乖背问题，认为佛教应该去除这些鄙俗之论，主张道佛应该互用其长，相互融通。

此后，唐玄宗在《答张九龄贺论三教批》中，要求史馆论撰三教精义，使之融会贯通："顷因节日，会以万方，略举三教，未暇尽理。复兹一集，未之精义，不许游词，用伏其心，以惩习俗。况会三归一，初分渐顿，理皆共贯，使自求之。卿等论道庙堂，化原何远，事关风教，任付史馆。"[①]唐玄宗试图寻求儒释道共贯之理，并将之作为改造社会风气的手段，这促成了士大夫对三教义理的充分研究。

尽管有过排佛、崇道以及恢复儒学的尝试，唐代却仍在三教融通的历史进程中推动三者的融合。三教之间偶尔产生的争论，没有强化彼此的界限，反而使得彼此更意识到三教并行必要性。玄宗时期，袁楚客便在《规魏元忠书》中言："然三教俱设，各有所务，而行之者不可过也。行释教者，修身之本；行儒教者，理国之源。修身是来生之资，理国乃即代之务。"[②]强调三教各有优长，释以修身，儒以理国，皆不可废，也不可专用一教，应该相互借鉴。邵朗在《兜率寺记》中言自唐宣宗即位以来，一直推行三教并行："以三教并行，殊途一致，有裨大化，幽赞王猷。"三教同归于善，便可以求同存异，进行社会教化、增强社会认同。

三教融通的尝试，促成了三教合一的学术共识。钱俶在《宗镜录序》中言：

> 详夫域中之教者三，正君臣，亲父子，厚人伦。儒，吾之师也。寂兮寥兮，视听无得，自微妙升虚无，以止乎乘风驭景。君得之则善建不拔，人得之则延贶无穷。道，儒之师也。四谛、十

---

① 张九龄撰，熊飞校注：《张九龄集校注》卷十五《贺论三教状》，中华书局 2008 年版，第 789 页。

② 王钦若等编纂，周勋初等校订：《册府元龟》卷八百三十二《总录部·规讽》，凤凰出版社 2006 年版，第 9670 页。

二因缘、三明、八解脱，时习不忘，日修以得，一登果地，永达
真常。释，道之宗也。惟此三教，并自心修。①

钱俶概括了五代时期对儒、释、道学说的理解，认为儒家注重伦
理秩序，道教重视天地自然秩序，佛教注重修身解脱。三教的起点相
同，总归于修心；三教的终点相似，皆在于向善，由此认为三教合一，
不仅是思想观念的融通，而且是社会发展的共识。

在现实生活中，士大夫兼通三教，百姓兼信三教。权德舆就曾言：
"释宗称定慧，儒师著诚明。派分示三教，理诣无二名。吉祥能止止，
委顺则生生。视履苟无咎，天祐期永贞。"②言释宗智慧，儒师诚明，派
分三教，理诣不二。韩偓在《赠吴颠尊师》中也说："议论通三教，年
颜称五更。老狂人不厌，密行鬼应惊。未识心相许，开襟语便诚。"③赞
美吴颠精通三教，洞悉教义，明通世道，洞达人心，自己视之为至交。
敦煌变文《故圆鉴大师二十四孝押座文》推崇孝义，宣扬孝顺二亲，
便能获得千佛护佑，实际在借儒家伦理来宣扬佛法："佛身尊贵因何得？
根本曾行孝顺来。须知孝道善无壃，三教之中广赞扬。若向二亲能孝
顺，便招千佛护行藏。目连已救青提母，我佛肩舁净梵（饭）王。"④认
为三教皆提倡孝道，其中自有因果报应，以此教人向善。

三教合一的发展，一是消弭了中古百姓精神生活的困顿，能够更
为圆融地认知并理解世界的运行、坚守相同的道德伦理，本出于一，
殊途同归，形成了普遍而深厚的社会认同。二是儒释道的分歧削弱之
后，便能从彼此学说中吸收更为成熟的学术理路，用以阐释此前学说
中被遮蔽、被忽略、被滞障的诸多思想观念，使得儒释道能够在中华
文化中和睦相处，相互补益，相互融通，成为古代中国的精神生活方
式，在社会思潮与社会秩序上凝聚深刻认同。三是三教理性地看待彼

① 董诰等编：《全唐文》卷一百三十《宗镜录序》，中华书局 1983 年版，第 1311 页。
② 彭定求等编：《全唐诗》卷三百二十《与道者同守庚申》，中华书局 1960 年版，第 3610 页。
③ 韩偓撰，吴在庆校注：《韩偓集系年校注》卷一《赠吴颠尊师》，中华书局 2015 年版，第 219 页。
④ 项楚著：《敦煌变文选注》上编《故圆鉴大师二十四孝押座文》，中华书局 2006 年版，第 993 页。

此学说中的合理性，从更为超越的角度思考、探索并解答人生的诸多问题，相互吸纳学术观点，彼此借鉴内在逻辑，促进了中华学术、思想和观念的充分发展。宋明理学在三教合一的基础上，对此前儒家学说所推崇的道德伦理及其方法融会贯通，形成了全新的学术阐释体系，推动中国社会形成了更为深厚的价值认同。

第六章　宋明思想融合与价值认同的形成

价值认同是一个社会用于判断人与事的基本标准。宋明时期，经过程朱理学和阳明心学的充分阐释，古代中国所形成的道德认同、秩序认同、伦理认同、民族认同和社会认同得到充分强化。并通过社会化改良实践，将这些认同变成社会的基本共识，作为判断社会所有成员的标准，从上至下形成了价值认同。

价值认同的形成，在于传统学术的思想整合。中国传统学术形成了汉学、宋学两个基本范式。汉学以知识的架构、完善、累积和归纳为要求；宋学以义理的总结、规律的发明和演绎为特征。作为学术范式，汉唐时期有对义理的探寻，宋明时期也有对知识的总结，二者只有孰轻孰重的不同，而非截然的二元对立。从学术发展路径来看，今文经学采用演绎的方法，用经书中的知识及其逻辑进行推演，形成对时事的解读；古文经学借助于知识归纳，形成经典系统，作为评判现实的依据。今文经学和古文经学内在地孕育了汉学和宋学的基本理路。汉学虽重视今文经，其学术研究路径仍以知识的积累和归纳为主要方式；宋学虽重视古文经，其内在学术逻辑却是演绎的。

对比观察这两个学术范式，可以看出宋学在中国学术史上起到了承前启后的作用。所谓承前，是将今文经学重视学理阐释的路径发展到了新的历史阶段；所谓启后，是指宋学对汉学的反拨，成为宋明学术发展的基石。在人类早期，知识的积累非常重要，知识代表着经验，经验越丰富就越有利于解决现实问题。当经验积累到一定程度的时候，就需要转化为理性思考，从中抽象概括出逻辑系统，作为指导现实发展的依据。经过唐朝对诸多典籍的编撰、经义的阐释、知识的汇总，传统的知识体系已经被完整地建构起来。学术面临的最大挑战，就是当其变成封闭的经典系统后，就难以面对不断发展的现实问题。安史之乱后，盛唐所形成的文化形态、社会秩序和国家治理模式难以为继，反映出早期中国发展所积累的知识和经验，无法再用来作为维系唐帝国大一统的工具。[①] 中唐的有识之士开始反思如何应对新的社会问题。韩愈认为是佛教、道教思想的盛行，使传统意义上维系大一统的儒家学说消解了，由此提倡重新振兴儒家学说。随后的儒生围绕着如何使儒学能承担起更大的使命展开讨论，宋儒则在此基础上重构儒学。

重构儒学首先离不开经典的阐释。宋儒从经典的阐释切入，不断淡化古代经典中知识性的内容，更重视对其中蕴含的历史规律、思想观念和逻辑系统进行概括。这样就把早期经典所形成的历史认同、道德认同和社会认同凝结为学理阐释。在学理阐释日渐明确之后，宋儒将之运用于社会实践之中，以此教育弟子，将之转化为学规和家礼，并在社会基层开展社会教化，借助乡约教化百姓。宋明儒生对社会各阶层持续推行的教化，使得早期中国所形成的道德认同、秩序认同、伦理认同、社会认同等，通过系统地推广和约束，推动了基层社会价值认同的形成。

第一节 知识向义理的转化

知识体系是对前代历史经验、社会秩序、文化积淀的系统总结后所形成的学理系统。在唐朝之前，中国的知识体系经历了长期的累积。这些累积的知识在春秋至东汉时期被大量写定，形成了主要由士大夫传承的大传统。汉代选择了春秋时期写定的重要文本作为经典进行传承，使之作为秩序建构的学理支撑。所有的知识都能成为经验，却不能一劳永逸地解决现实问题。在春秋时期写定的文本和知识的总结中，并不必然蕴含着大一统国家的建构经验。当汉朝制度开始紊乱时，经典本身不能提供重建秩序的知识系统，这就导致了东汉后期经学实用性的衰微。魏晋南北朝对经学的阐释，仍试图通过经典寻找到治理国

---

① ［美］包弼德著，刘宁译：《斯文：唐宋思想的转型》，江苏人民出版社 2000 年版，第 115 页。

家的依据，却未能如愿。唐朝虽然对此前的经学阐释重新进行了整理汇总，但在安史之乱后，面对藩镇割据的局面，传统的知识系统仍无能为力。中唐之后的学者，转而从这些经典中寻找改良世道人心的义理，试图总结出规律性的经验，以应对时务，这就促使了知识向义理的充分转化。

一、重知识与尚义理的消长

义理是借助历史经验来总结规律性的内容，用来支配和引导时人面对未来的不确定性和解决时下的困境。在早期中国的学术传承中，知识和义理相辅相成，在特定的历史阶段或者个别的著作中，义理则被日益强化。

义理，最初见于《礼记·礼器》："先王之立礼也，有本有文。忠信，礼之本也。义理，礼之文也。无本不立，无文不行。"①礼的根源在于道德，义理是道德的呈现形式。《仪礼》列举了冠、婚、丧、祭、乡、射、朝、聘等礼仪的具体形式。《礼记》则阐释其中蕴含的义理，如《冠义》《昏义》《乡饮酒义》《射义》《燕义》《聘义》等，便是在解释礼仪制度中的诸多义理。可以说，经典内部同时蕴含着知识与义理。

知识是对人类文明成果进行概括和总结。春秋时期学术的重要使命，是将起初口传的知识写定，以便于更广泛、更准确地传播。孔子将写定、传承前代知识作为使命，他曾言："《诗》，可以兴，可以观，可以群，可以怨。迩之事父，远之事君，多识于鸟兽草木之名。"②认为读《诗》不仅可以掌握知识，而且可以学习很多技能。孔子教育儿子孔鲤说："不学《诗》，无以言。"③言，是言之有序、言之有理、言之有法、言之有采。通过《诗经》掌握基本知识之后，便可以担负更多社会责任。孔子推崇多知："我非生而知之者，好古，敏以求之者也。"④孔

---

① 郑玄注，孔颖达等正义:《礼记正义》卷二十三《礼器》，北京大学出版社 1999 年版，第 717 页。

② 何晏注，邢昺疏:《论语注疏》卷十七《阳货》，北京大学出版社 1999 年版，第 237 页。

③ 何晏注，邢昺疏:《论语注疏》卷十六《季氏》，北京大学出版社 1999 年版，第 230 页。

④ 何晏注，邢昺疏:《论语注疏》卷七《述而》，北京大学出版社 1999 年版，第 92 页。

子"入太庙，每事问"①，要求尽可能地掌握前世传下来的知识。孔子强调通过学习掌握知识："生而知之者，上也。学而知之者，次也。困而学之，又其次也。困而不学，民斯为下矣。"②认为人的高下，在很大程度上取决于所掌握知识的多少和学习热情的高低。在这样的认知之中，孔子不断积累知识，终于成为儒家学说的创始人。

孔子的认知直接影响到了儒生的学术旨趣。《周易·大畜》象辞言："君子以多识前言往行，以畜其德。"③强调君子欲蓄养德行，首先要将历史经验和圣贤之言累积下来。《大戴礼记·曾子立事》也说："多知而无亲，博学而无方，好多而无定者，君子弗与也。君子多知而择焉，博学而算焉，多言而慎焉。"④认为衡量一个君子的标准，就是看其是否能广泛学习，是否掌握了尽可能多的知识。

在早期中国的学术传承中，知识的获取、拥有以及表达被作为内在要求。多识成为评价学者水平的重要标准。《左传·哀公十四年》载："十四年，春，西狩于大野，叔孙氏之车子钮商获麟，以为不祥，以赐虞人。仲尼观之，曰：'麟也。'然后取之。"⑤其所形成的"西狩获麟"的典故，便是用于赞美孔子的博学多识。孔子说："君子博学于文，约之以礼，亦可以弗畔矣夫！"⑥博学是广泛学习，文被视为人类区别于动物的标志，体现着人类的文明成果。广泛地学习人类所拥有的全部文明成果，靠礼节来约束自身行为，是孔子及其弟子的自我要求。子夏也说："博学而笃志，切问而近思，仁在其中矣。"⑦主张广泛学习，掌握尽可能多的知识。

---

① 何晏注，邢昺疏：《论语注疏》卷三《八佾》，北京大学出版社1999年版，第37页。

② 何晏注，邢昺疏：《论语注疏》卷十六《季氏》，北京大学出版社1999年版，第228页。

③ 王弼、韩康伯注，孔颖达等正义：《周易正义》卷三《大畜》，北京大学出版社1999年版，第120页。

④ 王聘珍撰，王文锦点校：《大戴礼记解诂》卷四《曾子立事》，中华书局1983年版，第74页。

⑤ 左丘明传，杜预注，孔颖达等正义：《春秋左传正义》卷五十九《哀公十四年》，北京大学出版社1999年版，第1676–1677页。

⑥ 何晏注，邢昺疏：《论语注疏》卷六《雍也》，北京大学出版社1999年版，第81页。

⑦ 何晏注，邢昺疏：《论语注疏》卷十九《子张》，北京大学出版社1999年版，第256页。

　　孔子"不语怪力乱神"的主张，体现出儒家学说的目的是解决现实问题，而不去探讨与现实世界无关的那些事情，更关注于世道、人心。世道是社会运行的内在规律，人心为人的道德、伦理认知，儒家由此形成了心性学说。《中庸》用"博学、审问、慎思、明辨、笃行"来概括获取知识的路径：博学是广泛学习，审问是寻找问题答案，继而通过慎思、明辨找到解决问题的办法，最后坚定不移地施行。

　　直面现实形成了儒家学说的核心学理，却也导致了儒家学理的天然疏失。那便是在思考天地运行规律时，缺少系统的逻辑架构。因此，当思孟学派开始试图讨论天道和心性时，便需要从知识中总结规律。孟子认为："博学而详说之，将以反说约也。"①正是意识到当知识累积到一定的规模，便要对知识进行汇总、概括，探索其中蕴含的义理，由博反约，不仅要将知识简明，更要对知识系统进行抽象概括。

　　孟子对义理的探索，给儒家学说提供了一次修正的机会。赵岐在《孟子章句》中说："广学悉其微言而说之者，将以约说其要，意不尽知，则不能要言之也。是谓广寻道意，还反于朴，说之美者也。"②认为孟子开始注重对知识进行概括，探求其中的义理。

　　孟子之所以探寻义理，是因为他在读《书》时遇上了知识的困境。早期来源不同的知识在流传过程中，彼此矛盾，这就需要思考如何取舍。孟子说："尽信《书》，则不如无《书》。吾于《武成》，取二三策而已矣。"③认为《尚书》流传下来，不是让人死记硬背，盲目崇信其字句的，而是要把其中蕴含的道理讲明白。以此为视角，孟子对知识进行的选择、概括、总结，正是儒家知识在累积过程中发展出来的义理化倾向。由于孟子学说在汉代并没有得到发展，在魏晋也没有被充分重视，因此其中蕴含的义理阐释的路径没有得到拓展。中唐以后，孟

---

　　①　赵岐注，孙奭疏：《孟子注疏》卷八《离娄章句下》，北京大学出版社1999年版，第221页。

　　②　赵岐注，孙奭疏：《孟子注疏》卷八《离娄章句下》，北京大学出版社1999年版，第221页。

　　③　赵岐注，孙奭疏：《孟子注疏》卷十四《尽心章句下》，北京大学出版社1999年版，第381页。

子所提出的整理、概括知识的思路，与宋儒改良儒家学说的路径一致，其中的诸多理论开始被阐发，成为宋儒对知识进行改良的借鉴。

在先秦诸子中，道家义理化的倾向尤其明显。儒家学说是直面现实，站在人群中看人，强调社会秩序的建构。道家是以自然的视角来观察社会人生，注重归纳历史经验和社会运行中的规律性内容，这在《道德经》中有诸多体现。到了庄子时期，其认为六经就是分类的知识："《诗》以道志，《书》以道事，《礼》以道行，《乐》以道和，《易》以道阴阳，《春秋》以道名分。"① 认为这些分类知识作为道的延展，在社会不同层面被分散使用。因此庄子说："吾生也有涯，而知也无涯。以有涯随无涯，殆已；已而为知者，殆而已矣。"② 人生有限，知识不断累积增加，皓首穷经，也无法穷尽知识。可见庄子时代的文本写定和知识累积更加充分，不仅形成了六经，而且增加了诸子之学。庄子认为与其掌握这些知识，不如明白更多义理。《庄子·在宥》言："慎女内，闭女外，多知为败。"③ 因此，道家更注重社会规律和自然法则的掌握，而不追求知识的丰富。《列子》用两小儿辩日的寓言嘲笑了儒家对多知的追求："孰为汝多知乎？"④ 体现了道家轻视多知的倾向。

其实，战国时期的儒家已经开始探求知识背后的义理体系。《周易》六十四卦作为知识性的经验，每一卦作为一个知识系统，都可以用来解决现实问题。十翼则是儒家在《周易》传承中，对卦象蕴含的义理的进一步探讨。其中已经意识到在知识中所蕴含的义理，并做了初步的总结。六十四卦所体现出的吉凶祸福被视为象数，象数作为知识系统，必须有赖于经验才能解释。概括象数中蕴含的义理，则可以直接理解卦的象征义和延展义。《周易·系辞上》说："易简而天下之理得矣。天下之理得，而成位乎其中矣。"⑤ 周易之所以简约，在于其通过义理

---

① 王先谦撰，沈啸寰点校：《庄子集解》卷八《天下》，中华书局 1987 年版，第 288 页。
② 王先谦撰，沈啸寰点校：《庄子集解》卷一《养生主》，中华书局 1987 年版，第 28 页。
③ 王先谦撰，沈啸寰点校：《庄子集解》卷三《在宥》，中华书局 1987 年版，第 94 页。
④ 杨伯峻撰：《列子集释》卷五《汤问》，中华书局 1979 年版，第 169 页。
⑤ 王弼、韩康伯注，孔颖达等正义：《周易正义》卷七《系辞上》，北京大学出版社 1999 年版，第 260 页。

来阐释事物的发展规律："立象以尽意，设卦以尽情伪，系辞焉以尽其言。"① 由此可见，战国的学者开始意识到探讨义理的可能性和必要性，试图对天地、自然和社会秩序的运行方式进行总结。

先秦学术研究形成了两个理论体系，一是强调对知识不断地获取，代表学派是儒家；二是强调对义理的探索，代表学派是道家、名家等。汉儒一方面需要不断获取知识来理解世界，另一方面则试图通过经学阐释来掌握经典中蕴含的历史经验，作为国家治理的参考。因此，汉儒把知识累积推向极致的同时，也越来越重视探讨知识中的义理体系。这一倾向延续到魏晋时期，儒学便借鉴道家学说来阐释经典中的义理，形成了魏晋玄学。

但两汉学术的主流倾向，仍是对知识充满着好奇，以多知、多识作为学术追求。班固赞美张禹幼时多知："从沛郡施仇受《易》，琅邪王阳、胶东庸生问《论语》，既皆明习，有徒众，举为郡文学。"② 时人也推崇贾逵的多识："时有神雀集宫殿官府，冠羽有五采色，帝异之，以问临邑侯刘复，复不能对，荐逵博物多识，帝乃召见逵，问之。"③ 由多知而学经、多识而入仕的诸多事例，体现着汉朝人对经验、经典的推崇。

从知识积累的路径来看，西汉学者通一经到东汉学者通诸经，西汉学者守师法家法到东汉学者崇通儒，是学术发展的必然趋势。班固曾言及东汉学术："古之儒者，博学乎《六艺》之文。《六艺》者，王教之典籍，先圣所以明天道，正人伦，致至治之成法也。"④ 认为六经中蕴含着治理国家的成功经验，儒者要通六艺，不能只守一经。通经成为东汉学风，迅速扩大了儒生的知识面。本初元年（146）夏四月庚辰，

---

① 王弼、韩康伯注，孔颖达等正义：《周易正义》卷七《系辞上》，北京大学出版社 1999年版，第 291 页。

② 班固著，颜师古注：《汉书》卷八十一《张禹传》，中华书局 1962 年版，第 3347 页。

③ 范晔著，李贤等注：《后汉书》卷三十六《贾逵传》，中华书局 1965 年版，第 1235 页。

④ 班固著，颜师古注：《汉书》卷八十八《儒林传》，中华书局 1962 年版，第 3589 页。

诏令要求官员需通经，^① 以此评骘官员。《后汉书·儒林传》言："于是制诏公卿妙简其选，三署郎能通经术者，皆得察举。"^② 不仅需要官员有解决问题的能力，而且要求官员通经术，其原因就在于经典中所传承的知识作为共同经验，成为汉代国家治理的学理依据。《后汉书》记载了大量通儒，如崔骃通《诗》《易》《春秋》，尽通古今训诂百家之言；^③ 卓茂习《诗》《礼》及历算；杜林博洽多闻；^④ 贾逵"所著经传义诂及论难百余万言"；^⑤ 马融"才高博洽，为世通儒，……注《孝经》《论语》《诗》《易》《三礼》《尚书》《列女传》《老子》《淮南子》《离骚》"；^⑥ 董钧"博通古今，……时草创五郊祭祀，及宗庙礼乐，……多见从用"等。^⑦ 只有掌握大量知识，才能够将其融会贯通，形成超乎其上的学理。

在学为通儒的风气影响下，汉魏形成了"博物"的风尚。汉武帝的儿子刘旦"为人辩略，博学经书杂说，好星历数术倡优射猎之事，招致游士"^⑧，在经书之外存有广泛兴趣。曹植博才多识，能"诵俳优小说数千言讫，……与淳评说混元造化之端，品物区别之意，然后论羲皇以来贤圣名臣烈士优劣之差，次颂古今文章赋诔及当官政事宜所先后，又论用武行兵倚伏之势"^⑨，能向学者展示自己的知识，称誉士林。在这种学风下，诸多学者因博物洽闻而被委以重任。如王粲因博物而兴造

① 范晔撰，李贤等注：《后汉书》卷六《孝顺孝冲孝质帝纪》，中华书局 1965 年版，第 281 页。

② 范晔撰，李贤等注：《后汉书》卷七十九《儒林列传》，中华书局 1965 年版，第 2546-2547 页。

③ 范晔撰，李贤等注：《后汉书》卷五十二《崔骃传》，中华书局 1965 年版，第 1708 页。

④ 范晔撰，李贤等注：《后汉书》卷二十五《卓茂传》、卷二十七《杜林传》，中华书局 1965 年版，第 869、934 页。

⑤ 范晔撰，李贤等注：《后汉书》卷三十六《贾逵传》，中华书局 1965 年版，第 1240 页。

⑥ 范晔撰，李贤等注：《后汉书》卷六十《马融列传》，中华书局 1965 年版，第 1972 页。

⑦ 范晔撰，李贤等注：《后汉书》卷七十九下《儒林列传·董钧》，中华书局 1965 年版，第 2577 页。

⑧ 班固著，颜师古注：《汉书》卷六十三《武五子传》，中华书局 1962 年版，第 2751 页。

⑨ 陈寿撰，裴松之注，陈乃乾校点：《三国志》卷二十一《魏书·王卫二刘傅传》注引《魏略》，中华书局 1962 年版，第 603 页。

制度，^① 张华因博物参议朝政，^② 得到时人推崇。魏晋博物小说的兴起，正是追求知识累积的时代风尚使然。

从多知到博物，从通经到通儒，知识的不断累积，必然引起学者对义理的关注。董仲舒也意识到知识本身存在阐释困境："《诗》无达诂，《易》无达占，《春秋》无达辞。"^③ 意识到知识是有边界的，即便无穷累积，如果不能凝聚成一个核心，就无法解决现实问题。董仲舒的解决办法，是借助于经学知识建构起一个更具兼容性的知识体系。他借助阴阳五行的学理，对儒家的知识系统进行学理归纳，以此兼容更多的知识，使之成为一个更有说服力的知识系统。在天人感应观念中形成的谶纬学说，试图运用天地人之间的相互感应来弥补原始儒家对天地运行秩序的淡漠。由此形成的谶纬系统，对已有的知识进行整理，建构了一个更具包容性的学理来综合这些知识。

儒家知识累积无法满足现实需求的窘境，曾出现在秦始皇封禅的准备过程中。秦始皇试图让儒生提供此前封禅的历史经验，儒生却遍寻典籍也拟定不出恰当的礼仪，秦始皇干脆"乃自造意"。汉武帝欲改制，让儒生展开讨论，结果儒生意见不一，汉武帝也只能"自作意"。再者便是王莽的复古改制，按照儒家经典所载的制度形态调整国家治理体系，最终导致国家大乱。这种知识的窘境，表明任何知识系统其自身都不可能解决现实问题，因此，一种选择是累积更多的知识来面对日渐复杂的社会问题，如东汉的通儒，致力于解决在家法、师法传承中的困惑，欲借助其他学说来解决问题，试图借助于其他知识系统，丰富成说，寻找到更合理的知识体系。另一种选择则是强调从知识中寻求义理，借助抽象的义理来梳理、整理知识，赓续了周秦时期所形成的重视义理的传统，形成了魏晋玄学。

魏晋玄学经过系统讨论，厘清了名教和自然的关系，淡化了对知

---

① 陈寿撰，裴松之注，陈乃乾校点：《三国志》卷二十一《魏书·王粲传》，中华书局1962年版，第598页。

② 房玄龄等撰：《晋书》卷九十一《儒林列传》，中华书局1974年版，第2346页。

③ 董仲舒著，苏舆撰，钟哲点校：《春秋繁露义证》卷三《精华》，中华书局1992年版，第95页。

识的过度追求，重视借助义理来理解世界。其所涉及的有无、形神、文质、本末、体用以及圣人有情无情、声有无哀乐、三教异同等问题，都是试图探寻某种规律、道理。其所采用的援道入儒，是借助道家的义理来概括、发扬儒家的知识体系，实际上是对儒家知识系统的一次学理化的升华。在此基础上所形成的玄佛合流，则借助于佛家学理，重新审视儒家、道家所讨论的玄学中的未解命题，对三类知识内在义理进行融会贯通。

魏晋玄学重视义理，是与知识的累积相伴而行的。早期道家所形成的义理系统，主要体现在《老子》《庄子》《列子》等典籍中。当东汉道教形成时，却把早期中国民间传统中的观念、信仰、吉凶祸福等学说，整合成一个更为复杂的知识系统。特别是神仙体系和科仪系统的形成，使得道家也有了繁杂的知识体系。当儒家借用道家学说去解决知识过多的问题时，却与道教迅速扩充知识的需求相交织，这也造成了道家知识体系的迅速扩大。由于当时士大夫的精神生活尚借助于道教观念，当道教开始大量聚拢或推衍知识时，玄学对义理的谈论便越来越繁琐，更关注于细枝末节的异同。玄佛合流时，佛教的知识还没有完全传入中国。时人借助佛教逻辑系统去解决玄学问题时，佛教知识又在不断丰富，佛教本身的诸多命题尚未得到通解，这也使得知识的累积和义理的讨论相互消长。可以说，魏晋南北朝尽管有了义理化的倾向，但儒家却没有找到合适的工具来对传统的学说进行彻底的义理化改造。佛教、道教本来可以给儒家学说提供工具，因其自身仍处于整合知识的过程中，这就削弱了它们的工具性作用的发挥。

隋唐之际的中国学术，最为关键的问题是对经学、佛学、道教等学术体系进行整理，完善自身知识系统。其中，长孙无忌作《唐律疏议》、孔颖达作《五经正义》、张昌宗作《三教英珠》、吴兢作《贞观政要》、李林甫等编《唐六典》、杜佑编《通典》、李吉甫编《元和郡县志》等，便是在整合已有的知识体系，试图从中寻求历史经验。以玄奘所创立的唯识宗为代表，佛教完成了知识系统的整理。以司马承祯的坐忘论为代表，道教开始追求信敬、断缘、收心、简事、真观、泰定、得道的心性修炼，开始重视义理。中唐时期儒生也越来越意识到，早期中国所形成的知识系统，无法应对唐朝所出现的文化危机，儒家必须寻找新的突破口来面对现实问题。这就为唐宋转型做了学术上的铺垫。知识向义理的转化，作为早期中国学术发展的内在路径，在不断深化的进程中，蕴含着学术发展的必然趋势，在唐宋之际得到了前所未有的强化。

二、宗经与原道的学术转进

在中国学术史上，知识向义理转化的路径，主要围绕宗经与原道两个方向展开。传统学术观念中对经的价值形成了两种基本认知。一是认为经代表了道，把经变成获得道的学术来源，是为宗经。刘勰曾讨论了原道和宗经的问题："经也者，恒久之至道，不刊之鸿教也。故象天地，效鬼神，参物序，制人纪；洞性灵之奥区，极文章之骨髓者也。"[①] 认为经典是对早期知识系统的总结，宗经是以前代经典建构的知识系统作为理解世界的基本框架，把其中寄寓的历史经验作为行事依据，将其中的道德认知作为价值判断的标准。二是认为经阐释了道，经只是道的派生物，而不是道的全部，要借助于经来明道，是为原道。庄子学派就认为六经只是早期知识的分类，不代表知识本身，六经只能在某些特殊领域给现实世界提供理论指导和经验参照，而不能代替全部世界。

汉朝重视宗经，其以《春秋》决狱、《禹贡》治河、《三百篇》为谏书，便是认为现实中遇到的所有问题都可以从经书中寻找到解决方案。汉朝人在神化经典的过程中，选用经典来判断一切社会事务，依经立义，将经书和经说作为判断一切事务的依据。

司马迁借用《春秋》《周易》《大雅》和《小雅》的内在逻辑来观察汉赋。他认为司马相如的赋，虽然有虚构倾向且铺陈过度，但其思想内容和《诗经》的讽谏精神一致。其实扬雄也按《诗经》的精神，将

---

① 刘勰著，黄叔琳注，李详补注，杨明照校注拾遗：《增订文心雕龙校注》卷一《宗经》，中华书局 2012 年版，第 26 页。

赋分出高下:"诗人之赋丽以则,辞人之赋丽以淫。"①但班固却借助经典精神,充分肯定辞赋的讽谏价值,并不认同扬雄的"劝百讽一"。王逸依经立义作《楚辞章句》,从创作动机来解释诗、骚相通:"而屈原履忠被谮,忧悲愁思,独依诗人之义而作《离骚》,上以讽谏,下以自慰。"②对具体篇章解读时,则说:"《离骚》之文,依《诗》取兴,引类譬谕,故善鸟香草,以配忠贞;恶禽臭物,以比谗佞;灵修美人,以媲于君;宓妃佚女,以譬贤臣;虬龙鸾凤,以托君子;飘风云霓,以为小人。"③依照六经的标准来审视《楚辞》,为了提升其地位,把诸多句子按照经学注解方式进行阐释,认为屈原思想合乎儒家学说。

依经立义的原则,便是"以圣人之言为是非"。班固以此评价司马迁:"又其是非颇缪于圣人,论大道则先黄老而后六经,序游侠则退处士而进奸雄,述货殖则崇势利而羞贱贫,此其所蔽也。"④班固以儒家学理来看待历史,司马迁用黄老视角审视历史。以黄老视角来看历史,历史的一切都是合理存在。以儒家学理来看历史,就要褒贬清晰,以春秋大义进行褒贬。因此,班固批评司马迁写《货殖列传》,不是引导老百姓安贫乐道,反而鼓励大家汲汲于富贵,与儒家传统相悖。正是以宗经作为评价标准,李育便对《左传》中不合经义的说法进行辩驳:"尝读《左氏传》,虽乐文采,然谓不得圣人深意,以为前世陈元、范升之徒更相非折,而多引图谶,不据理体,于是作《难左氏义》四十一事。"⑤借助经义对经典阐释进行辩驳,使之归于醇正。

宗经所推崇的是以圣人之言为是非,以经学记载为依据。在推高了经书地位的同时,也夸大了经书解决现实问题的能力。董仲舒认为

---

① 班固著,颜师古注:《汉书》卷三十《艺文志》,中华书局 1962 年版,第 1756 页。

② 王逸章句,洪兴祖补注,夏剑钦、吴广平校点:《楚辞章句补注》卷一《离骚经章句》,岳麓书社 2013 年版,第 47 页。

③ 王逸章句,洪兴祖补注,夏剑钦、吴广平校点:《楚辞章句补注》卷一《离骚经章句》,岳麓书社 2013 年版,第 2 页。

④ 班固著,颜师古注:《汉书》卷六十二《司马迁传》,中华书局 1962 年版,第 2737-2738 页。

⑤ 范晔撰,李贤等注:《后汉书》卷七十九《儒林列传》,中华书局 1965 年版,第 2582 页。

圣人是纯善无恶的，纯善无恶体现了人性的巅峰。董仲舒主张性属于阳，情属于阴。若圣人无情，孔子都没有喜怒哀乐；若孔子有情，他又不能别于常人。孟子曾就圣人和常人的异同进行了说解："舜，人也；我，亦人也。"① 认为人人可以为尧舜。汉儒却认为圣人与常人不一样，魏晋学者不断辨析这一观点，最终认为圣人有情，每一个人都可以成为圣人。这些反思，使得学说越来越回归于学术理性，经书中的相互抵牾之处也得到了辨析。

原道是道家建构学说的传统。《道德经》是道家对学理的抽象表述，《庄子》把道从《老子》所认为的天地自然秩序转化为社会人生规律，进一步阐释了道的内涵、特征和存在方式。身为儒生的陆贾作《新语》，其中便有明道、释道的意味。其言："是以君子握道而治，据德而行，席仁而坐，杖义而强，虚无寂寞，通动无量。故制事因短，而动益长，以圆制规，以矩立方。"② 认为治理天下应该先按照道、德的运行法则展开，然后才是建构仁、义的社会伦理。汉初儒生吸收了道家的逻辑系统，强调道德、仁义并重。如贾谊言："故守道者谓之士，乐道者谓之君子；知道者谓之明，行道者谓之贤，且明且贤，此谓圣人。"③ 认为士、君子、圣人，要根据体认道的水平来判断其高下。《淮南子》更强调治理国家要循道而行："执其大指，以内洽五藏，瀸涩肌肤，被服法则，而与之终身，所以应待万方，览耦百变也。若转丸掌中，足以自乐也。"④ 其所谓的"执其大指"，便是抓住根本规律，以应对万物，方能执一驭万来治理国家。《文心雕龙》也将《原道》列于《宗经》之上，并言："道沿圣以垂文，圣因文而明道，旁通而无滞，日用而不匮。"⑤ 刘

① 赵岐注，孙奭疏：《孟子注疏》卷八《离娄章句下》，北京大学出版社 1999 年版，第233 页。

② 陆贾撰，王利器撰：《新语校注·道基》，中华书局 2012 年版，第 28 页。

③ 贾谊撰，阎振益、钟夏校注：《新书校注·道术》，中华书局 2000 年版，第 304 页。

④ 刘安编，何宁撰：《淮南子集释》卷二十一《要略》，中华书局 1998 年版，第 1440-1441 页。

⑤ 刘勰著，黄叔琳注，李详补注，杨明照校注拾遗：《增订文心雕龙校注》卷一《原道》，中华书局 2012 年版，第 2 页。

勰认为圣人理解了道，并借助经典明道，道超越于经典而存在。

《新语》《淮南子》形成于独尊儒术之前，《文心雕龙》出现在魏晋玄学之后，以此为视角观察这一时段中原道思想的变动，可以看出原道越来越得到学术界的重视。汉朝学者以经的标准和圣人的标准来判断事实，玄学思辨后则普遍认为在经学和圣人之上有一个更高的"道"的存在，从而削弱了经典的绝对性，引导学者更重视对道的阐释和理解。

中国学术理路的发展所呈现出来的阶段性特征，很容易遮蔽学术内在的脉络。从更长的时段来观察两个内在潮流的此消彼长，可以看出其所体现的某种学术路径，在一段时间内只是暂时停歇，而并不是完全消灭。在特定的环境中，其暂时停止生长，在合适的历史契机中又重新生长起来，寻求新的突破、新的发展。原道在汉代儒生的经典阐释中，一度处于消歇的状态，汉儒更重视宗经和征圣。但在魏晋玄学的讨论中，道超越于儒家、道家、佛家的经典之上，成为普遍的规律性的概括，因而才有三教合一的可能，就在于三教皆在不同侧面维持着一个更超乎其上的道德、观念和秩序。当《五经正义》编定以后，儒家经典便成了封闭的知识系统，学术界更多地去探讨佛教和道教的义理，推动了道教和佛教的盛行。

当韩愈、李翱等人意识到佛道流行所造成的社会问题，便试图振兴儒家传统。他们不是从知识系统去恢复儒学，而是作《原道》，强调要恢复中华传统的道统。作为唐代向宋代转型的标志性的文章，《原道》被视为宋代理学的先声，在于韩愈希望通过原道恢复中华民族的道德伦理和行为法则，不让外来文化毁掉道德认同、伦理认同和社会认同。他说："博爱之谓仁，行而宜之之谓义，由是而之焉之谓道，足乎己无待于外之谓德。"① 韩愈所言的道，是在仁义之下的人伦之道，可以作为社会秩序的判断依据，这也是从经典中抽象出来的概念。在韩愈看来，中国传统的道德伦理是由礼乐教化形成的，由尧、舜、禹、商汤、文、

---

① 韩愈著，刘真伦、岳珍校注：《韩愈文集汇校笺注》卷一《原道》，中华书局 2010 年版，第 1 页。

武、周公、孔、孟一路继承而来的。早期中国的礼乐教化构建了基本的道德认同、社会秩序和伦理观念："尧以是传之舜，舜以是传之禹，禹以是传之汤，汤以是传之文、武、周公，文、武、周公传之孔子，孔子传之孟轲。轲之死，不得其传焉。荀与扬也，择焉而不精，语焉而不详。"①形成中华文化绵延不绝的价值共识。韩愈认为要恢复道统，必须继承尧、舜、禹、汤、文、武到孔子、孟子都一直在强调的价值共识。

李翱又作《复性书》，直接继承思孟学派的心性学说，充分肯定《中庸》"天命之谓性，率性之谓道，修道之谓教"的说法，②讨论如何通过教育来改变人的心性。孟子性善说认为道德来源于恻隐之心、羞恶之心、辞让之心、是非之心。董仲舒认为性是阳，情是阴，阳代表了善，阴代表了恶，性都是善的，情都是恶的。李翱则认为性中有善，情中也有善，性中有恶，情中有恶，继续讨论思孟学派悬而未决的性情问题。韩愈概括为性分三品：上品纯善无恶，中品有善有恶，下品纯恶无善。圣人纯善无恶，常人有善有恶，小人纯恶无善，为宋儒心性学说的讨论提供了命题。

性分三品开启了两个大问题。一是儒家所提倡的仁义道德从何而来？《中庸》提出了"天命之谓性"，认为性情从天命来的，天又从何而来呢？董仲舒从阴阳五行的角度阐释之，玄学讨论并不赞成其说。宋儒以此为理论起点，建立了天道系统和天理系统，形成了原道之学、明道之学。二是心性修养，人的性善、性恶，如何落实到自己身上？李翱、韩愈涉及的这一问题，成为宋明理学的核心命题。

韩愈的学说，直到宋初三先生胡瑗、石介、孙复时，才得到充分响应。他们所探讨之道，也是从经学出发，但相对于汉儒，他们已经不再是注释经典，而是从经典中去寻求学理。胡瑗借助《周易》《洪范》展开探讨，以其内在逻辑作为解决问题的理路，对天地秩序进行深入

---

① 韩愈著，刘真伦、岳珍校注：《韩愈文集汇校笺注》卷一《原道》，中华书局 2010 年版，第 4 页。

② 朱熹撰：《四书章句集注·中庸章句》，中华书局 1983 年版，第 17 页。

研究。石介作《尊韩》《读原道》，尊崇韩愈，深入原道，侧重立足现实来探讨原道，围绕原道进行系列阐发，作《明禁》《是非辨》《复古制》《辨惑》《怪说》《原乱》等。石介则借用经学原理来思考现实问题。孙复作《春秋尊王大义》，从《春秋》出发，阐释国家秩序的运行，以尊王来契合宋朝大一统的需求。程颢也说："韩愈亦近世豪杰之士。如《原道》中言语虽有病，然自孟子而后，能将许大见识寻求者，才见此人。"①认为韩愈的《原道》虽说有点简单、粗糙，但意识到道统断绝，推动了儒学的发展。《新唐书》称："其《原道》、《原性》、《师说》等数十篇，皆奥衍闳深，与孟轲、扬雄相表里而佐佑六经云。"②充分推崇韩愈的学术贡献。

宋代的学术风尚重视原道，不再去强调知识掌握多少，更关注于掌握知识之后的发挥、发明、发微。欧阳修在《乞外任第一表》中言："盖以腐儒章句之学，岂堪王佐之才；童子雕篆之文，固异贤人之事。"③认为章句之学是汉学风气，童子雕篆之文是文字技巧。扬雄曾言汉赋是童子雕篆，自称所作的赋都是一个个字书，写完之后不一定有什么道理。欧阳修的说法，表明宋仁宗时期的学术风气，已经看不上章句之学、雕篆之文，而更加重视知识中蕴含的规律。

宋儒重新定义了经学的意义。从儒家学说来看，经学是中国最纯正的历史经验，说的是尧、舜、禹、汤、文、武之道。但从历史发展来看，经学只是人类发展规律的一种阐释，子学、史学同样阐释了中华文化的发展规律。史学在概括历史发展规律的意义上超越了经学，经书只是上古的历史经验，跨越了中古的历史进程之后，经书所承载的经验，已经不足以作为宋代国家治理、社会管理的唯一参照。

宋儒对理的重视，可从宋太祖与赵普说的一段话中看出因由：

---

① 程颢、程颐著，王孝鱼点校：《二程集·遗书》卷一《端伯传师说》，中华书局2004年版，第5页。

② 欧阳修、宋祁撰：《新唐书》卷一百七十六《韩愈传》，中华书局1975年版，第5265页。

③ 欧阳修著，李逸安点校：《欧阳修全集》卷九十二《乞外任第一表》，中华书局2001年版，第1357页。

庚戌，帝谓宰执曰："朕于听言之际，是则从之，非则违之，初无容心其间。"梁克家言："天下事，唯其是而已。是者，当于理之谓也。"帝曰："然。太祖问赵普云：'天下何者最大？'普曰：'惟道理最大。'朕尝三复斯言。"①

在重视祖宗之法的赵宋王室中，认为道要高于经，并且作为祖宗之法得到强调。道就是天道，理就是天理，道理就是天地之间蕴含的规律。"道理最大"的观念，意味着经就在道与理之下，只是道理的表述，而不能替代道理。

孔子不语怪力乱神，其后学所建构的、阐释的经典注重于人间法则，关注于人道运行。随着佛教盛行，人们开始关注于前生、今生和来世；道教更瞩目于尘俗之外，留意神仙世界和自然规律。佛教和道教的流行，拓展了唐人思考问题、观察世界和理解时空的维度。想象境界一开，传统的用以描述尘俗生活秩序和解决现实问题的方式便被解构。唐传奇中所涉及的神仙、鬼怪、奇闻和法术，正是唐代人精神生活的体现。儒家学说在这一时期却没能跟上时代的发展，尽管唐人可以在诗赋里边驰骋想象，在现实中却不得不通过佛教和道教的想象来丰富自己的精神生活。道教和佛教是消极避世、自觉出世的，当中唐时期社会秩序出现问题时，佛教和道教却不能提供恰当的策略来救世。因此，韩愈提出重振儒学时，实际是期望儒学能够承担起解决社会困境的责任，这也给儒学提出了新的理论需求：如何把儒学置于天道和天理中来论述？如何在儒学立场上理解宇宙法则？人间秩序与宇宙法则之间的关系究竟为何？

周敦颐拓展了儒学的认知空间，把儒学思想与宇宙法则结合起来，通过讨论太极—无极的运行规律，对人间的道德法则进行阐释。太极生无极，无极生出理，理是贯穿于天地运行的法，落实到人类社会，就是仁义礼智信等道德伦理；落实到个人心性上，便要修身养性。通过解释"天命之谓性，率性之谓道，修道之谓教"，周敦颐认为传统的道

---

① 毕沅撰：《续资治通鉴》卷一百四十二《宋纪》，中华书局1957年版，第3798页。

德伦理合乎宇宙规则。

刘宗周在评价周敦颐的《通书》说:"句句言天之道也,却句句指圣人身上家当。继善成性,即是元亨利贞,本非天人之别。"①肯定周敦颐建立起了一个从天道阐释人心的逻辑系统。宋儒理解的天人关系不同于汉儒。汉儒基于阴阳五行学说来阐释天人之间的感应,认为天与人是同理同构,可以彼此相感,充分肯定天人之间的神秘联系,在极端处发展成为谶纬学说。宋儒不谈天人之间的神秘联系,着力探讨其中的必然联系。周敦颐将天人关系解释为天道、天理演化为世道,落实在人心,发挥了孔子不语怪力乱神的人文理性。可以说,遵循道理来做事而不按经义来做事,是宋儒跟汉儒最大的区别。如果说汉儒重视的是"经上怎么说",宋儒则更重视"道理怎么说"。朱熹便认为周敦颐的学说:"若论'无极'二字,乃是周子灼见道体,迥出常情,……令后之学者晓然见得太极之妙,不属有无,不落方体。"②太极作为先天存在,衍生出来了天道、天理,便成为社会秩序的合法来源。

宋儒以《大学》《中庸》来阐发性命学说,把天理落实到世道人心,形成了日渐明晰的逻辑阐释。二程认为:"圣人与理为一,故无过不及,中而已矣。其他皆是以心处这个道理,故贤者常失之过,不肖者常失之不及。"③认为孔子之所以能够成圣,在于其时时处处尊重天理,处处中理。贤良者总是守天理,守得太过,不贤者又总是离天理太远。他认为:"天地之间,有者只是有。譬之人之知识闻见,经历数十年,一日念之,了然胸中,这个道理在那里放着来。"④人可以掌握很多知识,有很多见闻,但做成事还得遵循道理。不以道理统一,所有的知识都

---

① 黄宗羲原著,全祖望补修,陈金生、梁运华点校:《宋元学案》卷十一《濂溪学案》,中华书局1986年版,第483页。

② 黄宗羲原著,全祖望补修,陈金生、梁运华点校:《宋元学案》卷十二《濂溪学案》,中华书局1986年版,第502页。

③ 黄宗羲原著,全祖望补修,陈金生、梁运华点校:《宋元学案》卷十五《伊川学案》,中华书局1986年版,第626页。

④ 黄宗羲原著,全祖望补修,陈金生、梁运华点校:《宋元学案》卷十五《伊川学案》,中华书局1986年版,第630页。

是零散繁杂的，只有以理驭繁，方能应对万物。朱熹言："理义大本复明于世，固自周程，然先此诸儒亦多有助。……此是运数将开，理义渐欲复明于世故也。"①认为重视理义，是北宋以来儒学发展的内在线索。

探讨道理、探求理义成为宋代学术风尚。两宋君臣都高度重视历史实践中蕴含的道理，如刘敞：

> 进读《史记》，至尧授舜以天下，拱而言曰："舜至侧微也，尧禅之以位，天地享之，百姓戴之，非有他道，惟孝友之德，光于上下耳。"帝竦体改容，知其以义理讽也。②

刘敞给宋英宗讲读《史记》，常常暗含着提醒。其言及舜之所以有天下，强调孝友之德。英宗听到刘敞的话，马上端正仪容，知道他是用义理来讽谏。英宗尊重经典中的义理，与汉武帝"内多欲而外施仁义"的心性不同，③也与汉代以经术缘饰吏治的学风不同。两宋君臣骨子里服从义理，如蔡居厚便言："神宗造立法度，旷古绝拟，虽符、祐之党力起相轧，而终不能摇者，出于人心理义之所在也。"④高度评价宋神宗能够按照人心和理义判断是非。

汉儒依经立义，引经据典以证明所言；宋儒以理立义，将义理作为判断依据。《宋史》载：

> 及当官有守，初为检法官，三司请重铸铁钱法至死。下有司议，及争不可，主者恚曰："立天下法，当由一检法邪？"及曰："义理为先，安有高下？"卒不为诎。⑤

吴及与上司争论，认为是非对错不是官大官小说了算，而是谁在理谁说了算，将义理作为评判事物的共同依据。孝宗继位后诏求直言，

---

① 黎靖德编，王星贤点校：《朱子语类》卷八十《解诗》，中华书局 1986 年版，第 2089 页。

② 脱脱等撰：《宋史》卷三百一十九《刘敞传》，中华书局 1985 年版，第 10386 页。

③ 司马迁撰，裴骃集解，司马贞索隐，张守节正义：《史记》卷一百二十《汲黯传》，中华书局 2014 年版，第 3774 页。

④ 脱脱等撰：《宋史》卷三百五十六《蔡居厚传》，中华书局 1985 年版，第 11209—11210 页。

⑤ 脱脱等撰：《宋史》卷三百二《吴及传》，中华书局 1985 年版，第 10025 页。

朱熹说:"帝王之学,必先格物致知,以极夫事物之变,使义理所存,纤悉毕照,则自然意诚心正,而可以应天下之务。"①朱熹所言的帝王之学,与汉儒所言不同。汉儒认为帝王承天道,应地道,君临天下;朱熹认为帝王之学,与儒生治学的路径完全相似,从格物致知来推义理,落实到诚意正心,方可以做天下的事。这样,宋儒便把《大学》所言的"自天子以至于庶人,壹是皆以修身为本"②,落实到包括皇帝在内的所有社会成员之中,将义理作为超越经典而通行天下的行事准则。

宋代天子以至庶人对义理的推崇,促成了明道思潮的形成。程朱理学正是在这样的语境下不断发展,逐渐从繁杂的知识系统中解脱出来,建构起面对时代且能影响后世的理学系统。以义理去观察经书,会发现经书中有诸多与义理不合的地方,这就促使宋儒开始对经书、经学进行重新审视,形成了宋代疑经风气。

三、疑经思潮与宋明学术的转向

宋儒疑经,既怀疑经书,更怀疑经义,尤其关注于汉儒解释与经典文本的差异之处。如果说经书承载的知识,探求的是必然义,那么义理探求的则是究竟义,究竟义是超越于知识而形成的道理。知识要转化为理解世界的方式,落实到世道人心上,便形成了义理。韩愈认为孟子以后中国的道统中断,实际上是指孟子以后的儒生,主要探求必然义而忽略究竟义。孟子对中国学术最大的贡献,在于他对究竟义的关注,不苛求于必然义。他主张从知识中去探求蕴含其中的义理,而不必纠缠于知识的细节和规定。他曾言:"男女授受不亲,礼也。嫂溺援之以手者,权也。"③男女交往不能越过界限,为礼,是前代流传下来的道德伦理和行为准则。若嫂子落水,小叔子可以拉她的手来救她,这是权宜,合乎义理,由此论证了义理要超越制度、观念和经典文本,方才可以作为判断事物的依据。

---

① 脱脱等撰:《宋史》卷四百二十九《道学传·朱熹》,中华书局1985年版,第12752页。
② 朱熹撰:《四书章句集注·大学章句》,中华书局1983年版,第4页。
③ 赵岐注,孙奭疏:《孟子注疏》卷七《离娄章句上》,北京大学出版社1999年版,第204页。

以此观察经书，孟子更重视经书中承载的义理。他说："不以文害辞，不以辞害志。以意逆志，是为得之。"①认为读书要超越文本来思考义理，沿着文义来推想作者要表达的真实含义。孟子曾举《诗经》的"靡有孑遗"来说明不可尽信文本的表层义，②要重视其中蕴含的究竟义。孟子又言："尽信《书》，则不如无《书》。吾于《武成》，取二三策而已矣。"③认为不能完全照着文本义去理解《尚书》，更应该探求文本所阐释的义理。只探究知识还不如没有知识，对前人所言亦步亦趋，不如不要知识。知识被写定之时，就已经成为过去式，可以作为借鉴，却不能必然合乎未来生活。孟子主张从知识中寻求义理，然后辅助实践。孟子强调："诸侯之礼，吾未之学也。"④是言自己不去追求礼的形式，而应当去探求内在礼义。

孟子忽略了知识系统的必然义，推崇探寻义理承载的究竟义，成为中国学术史上疑经的先声。⑤荀子也认为义理皆在经书之中，因而格外重视经典传承。他曾说："天下之道管是矣，百王之道一是矣，故《诗》、《书》、《礼》、《乐》之归是矣。……天下之道毕是矣。"⑥荀子认为经典作为知识可以承载义理，要先通过读经然后来明道。孟子认

---

① 赵岐注，孙奭疏：《孟子注疏》卷九《万章章句上》，北京大学出版社 1999 年版，第 253 页。

② 赵岐注，孙奭疏：《孟子注疏》卷九《万章章句上》，北京大学出版社 1999 年版，第 253 页。

③ 赵岐注，孙奭疏：《孟子注疏》卷十四《尽心章句下》，北京大学出版社 1999 年版，第 381 页。

④ 赵岐注，孙奭疏：《孟子注疏》卷五《滕文公章句上》，北京大学出版社 1999 年版，第 130 页。

⑤ 从《论语》所载来看，孔子解经时，也是阐发经的义理，而不是探求经说的文本义。针对子夏所问的"巧笑倩兮，美目盼兮，素以为绚兮，何谓也？"孔子回答说："绘事后素。"子夏接着问："礼后乎？"孔子说："起予者商也！始可与言诗已矣。"孔子不按诗句的意义解诗，而重视其中蕴含的义理。子夏由义理讲到礼的意义，也启发了孔子。何晏注，邢昺疏：《论语注疏》卷三《八佾第三》，北京大学出版社 1999 年版，第 32—33 页。

⑥ 王先谦撰，沈啸寰、王星贤点校：《荀子集解》卷四《儒效篇》，中华书局 1988 年版，第 133—134 页。

为"尽信《书》，则不如无《书》"①，在阅读经典时更要侧重探求道。孟子、荀子之说代表中国学术发展的两种范式。宋儒继承了孟子的说法，认为经书并不代表全部的道，便逐渐淡化五经的作用，转而从四书中发微义理，认为道是从尧、舜、禹、商汤、文、武、孔、孟一直以来形成的对究竟义的探索，而借助经典传承下来。孟子之后，便没有人再去谈究竟义，因而其重建道统的目的，正是继承孟子探求究竟义的传统。

其实，在汉代至唐代的学者中，亦有疑经的思想火花不绝如缕。如东汉王充的《论衡》中，便有"九虚""三增"②来关注经典中虚妄不实之处。唐代史学家刘知几，也曾对诸多经典的问题进行发微。其"尝议《孝经》郑氏学非康成注，举十二条左证其谬，当以古文为正;《易》无子夏传，《老子》书无河上公注，请存王弼学。宰相宋璟等不然其论，奏与诸儒质辩。博士司马贞等阿意，共黜其言，请二家兼行，惟子夏《易传》请罢"③。刘知几认为经注有诸多的抵牾扞格之处，值得怀疑。《史通·疑古》又说:"又孔门之著录也，《论语》专述言辞，《家语》兼陈事业。而自古学徒相授，唯称《论语》而已。由斯而谈，并古人轻事重言之明效也。然则上起唐尧，下终秦穆，其《书》所录，唯有百篇。而《书》之所载，以言为主。至于废兴行事，万不记一。语其缺略，可胜道哉!"④指出古代史书重言轻事的传统，并由此推理古书阙载了古人的诸多言行，流传于世的知识也难以证明真假对错。经不能概括道，经书只记载了道的部分内容，因而经不能涵盖全部义理。刘知几又说:"加以古文载事，其词简约，推者难详，缺漏无补。遂令后来学者莫究其源，蒙然靡察，有如聋瞽。今故讦其疑事，以著于篇。凡

---

①　赵岐注，孙奭疏:《孟子注疏》卷十四上《尽心章句下》，北京大学出版社 1999 年版，第 381 页。

②　王充著，黄晖撰:《论衡校释·刘盼遂集解自序》，中华书局 1990 年版，第 1 页。

③　欧阳修、宋祁撰:《新唐书》卷一百三十二《刘子玄传》，中华书局 1975 年版，第 4522 页。

④　刘知几撰，浦起龙释:《史通通释》卷十三《疑古》，上海古籍出版社 1978 年版，第 379—380 页。

有十条，列之于后。"①古文记事言辞简单，稍有缺漏，便难以疏通。他在《史通·惑经》中言："考兹众美，征其本源，良由达者相承，儒教传授，既欲神其事，故谈过其实。语曰：'众善之，必察焉。'孟子曰：'尧、舜不胜其美，桀、纣不胜其恶。'寻世之言《春秋》者，得非睹众善而不察，同尧、舜之多美者乎？"②认为经书赞美尧舜、指责桀纣，从史学视角来看，这便是经书"谈过其实"的不足。

中唐柳冕在《与权侍郎书》中也说："其有明六经之义，合先王之道者，以为第一等；其有精于诵注者，与精于诵疏者，以为次等；不登此二科者，以为下等。不亦善乎？且明六经之义，合先王之道，君子之儒，教之本也；明六经之注，与六经之疏，小人之儒，教之末也。"③将儒生分为三等，认为第一等人明经义，合先王之道，探究究竟义；次一等者重文献，做注疏；最下等人只会读经、背经。柳冕提出要培养"君子之儒"，便是要探求经书中的义理，而不是简单的尊经、读经。

大历时期逐渐形成了疑经风气："大历时，（啖）助、（赵）匡、（陆）质以《春秋》，施士匄以《诗》，仲子陵、袁彝、韦彤、韦茝以《礼》，蔡广成以《易》，强蒙以《论语》，皆自名其学，而士匄、子陵最卓异。"④啖助等人不再强调师承正统，注重开宗立派。啖助曾作《春秋统例》六卷，弟子赵匡、陆淳分别著《春秋微旨》《春秋集传辩疑》，以疑经为学术路径，对前代学说进行全新的诠释。其中，啖助的《春秋统例》，"考三家短长，缝绽漏阙，号《集传》，凡十年乃成，复摄其纲条，为例统。……助爱公、谷二家，以左氏解义多谬，……又《左氏传》、《国语》，属缀不伦，序事乖剌，非一人所为"⑤。啖助以公羊、穀梁之学反观左氏之学，虽有穿凿之意，却刻意出新。与此同时的施士匄，明《毛

① 刘知几撰，浦起龙释：《史通通释》卷十三《疑古》，上海古籍出版社 1978 年版，第 381 页。

② 刘知几撰，浦起龙释：《史通通释》卷十四《惑经》，上海古籍出版社 1978 年版，第 414 页。

③ 董诰等编：《全唐文》卷五百二十七《与权侍郎书》，中华书局 1983 年版，第 5353 页。

④ 欧阳修、宋祁撰：《新唐书》卷二百《儒学列传》，中华书局 1975 年版，第 5707 页。

⑤ 欧阳修、宋祁撰：《新唐书》卷二百《儒学列传》，中华书局 1975 年版，第 5705–5706 页。

诗》，善《左传》，大历中由两门助教而为博士。唐文宗喜经术，宰相李石认为士丐《春秋》可读。文宗答道："朕见之矣，穿凿之学，徒为异同，但学者如浚井，得美水而已，何必劳苦旁求，然后为得邪？"①李石认为施士丐之说代表了新春秋学，唐文宗却认为其为"穿凿之学"，有刻意标新立异的倾向。由此可见中唐学术风气，便是不再固守《五经正义》的成说，更重视出以己见。

这种疑经风气的学术意义在于，不再对传统经典抱着顶礼膜拜的态度注疏通解，而是抱着实事求是的眼光来去芜存菁。萧颖士在《赠韦司业书》中便说："后进因循，学犹不及，竟增泛博，弥敦简要，其迷固久，非可一二言也。仆不揆，顾尝有志焉，思欲依鲁史编年，著《历代通典》，……于《左氏》取其文，《穀梁》师其简，《公羊》得其核，综三传之能事，标一字以举凡。"②他鉴于后学"竟增泛博"的流弊，想综合三传作《历代通典》，融合三传之长，对春秋历史进行重新整理。刘太真在《送萧颖士赴东府序》中也称赞萧颖士的理想："昔《左氏》失于烦，《穀梁》失于短，《公羊》失于俗，而夫子为其折中。"③认为萧颖士纠正了三传之弊，融合其长，可以形成更完善的文本。

中唐学者的疑经，是看到了经书、义疏的不足，有了克绍箕裘、超越其上的勇气。陆龟蒙在《复友生论文书》中说："《礼》《乐》二记，虽载圣人之法，近出二戴，未能通一纯实，故时有龃龉不安者。盖汉代诸儒争撰而献之，求购金耳。记言记事，参错前后。曰经曰史，未可定其体也。案经解，则悉谓之经；区而别之，则《诗》、《易》为经，《书》与《春秋》实史耳。学者不当混而言之。"④他对六经做了具体分类，认为《诗经》《易经》是经书，《尚书》《春秋》是史书，他把原本的经

---

① 欧阳修、宋祁撰：《新唐书》卷二百《儒学列传》，中华书局 1975 年版，第 5707 页。

② 萧颖士著，黄大宏、张晓芝校笺：《萧颖士集校笺》第三卷《赠韦司业书》，中华书局 2017 年版，第 77 页。

③ 萧颖士著，黄大宏、张晓芝校笺：《萧颖士集校笺》附录《送萧颖士（一作夫子）赴东府得路字》，中华书局 2017 年版，第 299 页。

④ 陆龟蒙撰，何锡光校注：《唐甫里先生文集》卷十八《复友生论文书》，凤凰出版社 2015 年版，第 1018 页。

看作史，削弱了经的神圣地位。柳宗元充分肯定了陆龟蒙的学术观念："有吴郡人陆先生质，与其师友天水啖助，洎赵匡，能知圣人之旨，故《春秋》之言，及是而光明。使庸人小童，皆可积学以入圣人之道，专圣人之教，是其德岂不侈大矣哉!"①认为陆龟蒙读经，能与啖助、赵匡一样，不在于守经，注重体悟其中蕴含的义理，并试图以此改良世道人心。

司空图则直接质疑《春秋经》的作成，其作《疑经》言：

> 经曰："天王使来求金"，又曰"求车"。岂天王之使，私有求于鲁耶？不然，传闻之误耳。若诸侯之使来求金，则谓求可矣。若致天子之命，征于诸侯，其可谓之求耶？且率土之人与其货殖，皆一人之所有，父之材守于其子，则用否莫不恭命，其可谓之求乎？《春秋》之旨，尊君卑臣，岂圣人为鲁不为周耶？②

司空图认为《春秋》一字寓褒贬，周天子向鲁国征收器物是理所应当，怎么《春秋》记载天王向鲁国"求金""求车"呢？是传闻出错，还是孔子修《春秋》是以鲁国为立场而不是尊天子？其实，司空图的疑惑在于其误读。春秋时天子地位下降，鲁地位上升，用"求"字恰恰体现了孔子的微言大义。司空图疑经的意义，不在于其论证，而在其敢于质疑经典的精神，这恰恰开宋学疑经风气之先。

皮锡瑞评价唐宋经学时说："经学自唐以至宋初，已陵夷衰微矣，然笃守古义，无取新奇，各承师传，不凭胸臆，犹汉、唐注疏之遗也。"③皮锡瑞认为唐宋之间经学衰微，然而，从上述论述可以看出，经学在衰微之中蕴含着新变，而非一片沉寂。其实，皮锡瑞的观点来自王应麟之说："自汉儒至于庆历间，谈经者守训故而不凿。《七经小传》

---

① 柳宗元撰，尹占华、韩文奇校注：《柳宗元集校注》卷九《唐故给事中皇太子侍读陆文通先生墓表》，中华书局2013年版，第575页。
② 董诰等编：《全唐文》卷八百九《疑经》，中华书局1983年版，第8502页。
③ 皮锡瑞撰，吴仰湘编：《经学历史》，中华书局2015年版，第73页。

出而稍尚新奇矣，至《三经义》行，视汉儒之学若土梗。"① 王应麟以王安石《三经新义》对经学的大改造为参照，认为唐宋之间的经学变动可以忽略不计。王应麟观点又出于陆游，其引陆游之说："唐及国初，学者不敢议孔安国、郑康成，况圣人乎！自庆历后，诸儒发明经旨，非前人所及，然排《系辞》，毁《周礼》，疑《孟子》，讥《书》之《胤征》《顾命》，黜《诗》之《序》。不难于议经，况传注乎！"② 陆游说庆历以前的学者不敢议论经书，王应麟直接采信，皮锡瑞以为定论写入《经学历史》，遮蔽了唐宋之际的疑经思潮。

宋朝孙复作《春秋尊王发微》，置《三传》于不顾，但凭己意诠释，成为唐宋《春秋》学的转关之作。四库馆臣评价说："复之论，上祖陆淳，而下开胡安国，谓《春秋》有贬无褒，大抵以深刻为主。……而宋代诸儒，喜为苛议。顾相与推之，沿波不返，遂使孔庭笔，削变为罗织之经。……过于深求，而反失《春秋》之本旨者，实自复始。虽其间辨名分，别嫌疑，于兴亡治乱之机亦时有所发明。"③ 孙复读《春秋》不用三传，直接抛弃知识体系，转而探求其中蕴含的义理。其所求的义理不是《公羊传》《穀梁传》关注的义法、义例，而是其中蕴含的治乱兴亡之道。

直接从经书中探求世道人心的做法，体现了宋学的新风尚。《宋史》载周尧卿其人其学说：

> 为学不专于传注，问辨思索，以通为期。长于毛、郑《诗》及《左氏春秋》。其学《诗》，以孔子所谓"《诗》三百，一言以蔽之曰：'思无邪'"，孟子所谓"说《诗》者以意逆志，是为得之"，考经指归，而见毛、郑之得失。曰："毛之传欲简，或寡于义理，非一言以蔽之也。郑之笺欲详，或远于性情，非以意逆志也。是

---

① 王应麟著，翁元圻辑注，孙通海点校：《困学纪闻注》卷八《经说》，中华书局 2016 年版，第 1192 页。

② 王应麟著，翁元圻辑注，孙通海点校：《困学纪闻注》卷八《经说》，中华书局 2016 年版，第 1192 页。

③ 永瑢等撰：《四库全书总目》卷二十六《春秋尊王发微》，中华书局 1965 年版，第 214 页。

可以无去取乎?"其学《春秋》,由左氏记之详,得经之所以书者,至《三传》之异同,均有所不取。曰:"圣人之意岂二致耶?"读庄周、孟子之书,曰:"周善言理,未至于穷理。穷理,则好恶不缪于圣人,孟轲是已。孟善言性,未至于尽己之性。能尽己之性,则能尽物之性,而可与天地参,其唯圣人乎。天何言哉? 性与天道,子贡所以不可得而闻也。昔宰我、子贡善为说辞,冉牛、闵子、颜渊善言德行,孔子曰:'我于辞命,则不能也。'惟不言,故曰不能而已,盖言生于不足者也。"其讲解议论皆若是。有《诗》、《春秋说》各三十卷,文集二十卷。①

周尧卿代表了宋人对待经学的基本态度:"为学不专于传注,问辨思索,以通为期。"正因为其博通,便对经书有所质疑,他认为毛郑传笺不合于孔孟解经的思想,《春秋》三传有相互矛盾之处,并非圣人故意说得模棱两可,而是注疏者不明其意使然。周尧卿的为学之法被收入《宋史》,说明他的主张代表了宋学风尚,也得到了元代史臣的赞同。由此可见,宋儒用了一种全新的态度来对待经学,以独立判断经书是非对错为要求,促成了学术的转向。

皮锡瑞认为宋代经学衰微,在于宋儒不守经说而好疑经:"宋初因唐明经之法,王安石改用墨义,是为空衍义理之始,元、明经义时文之滥觞。"②"且宋以后,非独科举文字蹈空而已,说经之书亦多空衍义理,横发议论,与汉、唐注疏全异。……夫以胡安国《春秋传》后世颁之学官用以取士者,犹不免与时文答策相似,皆由科举之习深入人心,不可涤除。故论经学,宋以后为积衰时代。"③唐代明经重记诵,王安石则改用"墨义",考查对经书的理解,这便鼓励经解的标新立异,能够应对时事。

王安石为推行变法,采用托古改制的方式,从经书中寻找理据,并由此撰写《三经新义》,颁行于学官,深刻影响了宋代的学术风气。

① 脱脱等撰:《宋史》卷四百三十二《儒林列传》,中华书局 1985 年版,第 12847 页。
② 皮锡瑞撰,吴仰湘编:《经学历史》,中华书局 2015 年版,第 69 页。
③ 皮锡瑞撰,吴仰湘编:《经学历史》,中华书局 2015 年版,第 81–82 页。

五经之中，王安石作《诗》《书》《周礼》新解，废黜《春秋》。《周易》经王弼义理注疏，独宗义理。后胡瑗作《周易口义》、孙复作《易说》、石介作《徂徕易解》、李觏作《易论》，皆注重阐发义理。程颐所著《易传》推阐义理，成为宋易义理派的代表，实现了《周易》的义理化。欧阳修在《易童子问》中也言："何独《系辞》焉!《文言》、《说卦》而下，皆非圣人之作;而众说淆乱，亦非一人之言也。"①质疑十翼不是孔子所做，认为其中包含各家之说，需要重新厘清，再做新解，不必将之奉若神明。

王安石作《尚书新义》申说新见，蔡沈《书集传》援经典以申己说，却由此怀疑《尚书》为伪作，至朱熹释全面怀疑《尚书》的文本系统。但他却以《尚书》阐释建构了心性论、修养论、道统论，尤其重视"人心惟危，道心惟微，惟精惟一，允执厥中"②的十六字心传，宗其义理。

欧阳修作《诗本义》、王安石作《诗经新义》、苏辙作《诗集传》、程颐作《诗解》、朱熹作《诗集传》等，一反毛郑成说和孔颖达正义，独出机杼，阐释其中的新义。四库馆臣认为："《诗》有四家，毛氏独传，唐以前无异论，宋以后则众说争矣。"③汉唐学者信从成说，以诗附史，北宋之后的学者则就诗论诗，不从旧说。以诗附史，重在经义，其弊在于穿凿附会;就诗论诗，重在诗义，其弊容易望文生义。

宋儒对五经的怀疑，使得他们更愿意赓续道统，从思孟学派的《大学》《中庸》入手，结合《论语》《孟子》来探求义理，阐明其中蕴含的心性之学。《近思录》载诸多学子从中受益:

> （尹）焞初到，问为学之方。先生曰："公要知为学，须是读书。书不必多看，要知其约。多看而不知其约，书肆耳。颐缘少

---

① 黄宗羲原著，全祖望补修，陈金生、梁运华点校:《宋元学案》卷四《庐陵学案》，中华书局 1986 年版，第 194 页。

② 孔安国传，孔颖达等正义:《尚书正义》卷四《大禹谟》，北京大学出版社 1999 年版，第 93 页。

③ 永瑢等撰:《四库全书总目》卷十五《经部·诗类一》，中华书局 1965 年版，第 119 页。

时读书贪多，如今多忘了。须是将圣人言语玩味，入心记着，然后力去行之，自有所得。"①

初学入德之门，无如《大学》，其他莫如《语》、《孟》。②

尹彦明见伊川后，半年方得《大学》、《西铭》看。③

学者先须读《论》、《孟》。穷得《语》、《孟》，自有要约处，以此观他经甚省力。《论》、《孟》如丈尺权衡相似，以此去量度事物，自然见得长短轻重。④

学者当以《论语》、《孟子》为本。《论语》、《孟子》既治，则六经可不治而明矣。读书者当观圣人所以作经之意，与圣人所以用心，与圣人所以至圣人，而吾之所以未至者，所以未得者。句句而求之，昼诵而味之，中夜而思之，平其心，易其气，阙其疑，则圣人之意见矣。⑤

经过二程的推崇之后，四书便被作为理解儒学真精神的入门读物，其强调读书要先掌握经典的义理，再用义理去读书治学、修养心性。将四书中蕴含的道德伦理、社会认知和行为准则，落实到个人修养之中。

以《大学》入门，以《论语》《孟子》明其义理，以此衡量其他经典。这样，四书便逐渐超越了五经，成为探求义理的基本读物。朱熹评论《大学》《中庸》的意义说：

《大学》之书，古之大学所以教人之法也。盖自天降生民，则既莫不与之以仁义礼智之性矣。然其气质之禀或不能齐，是以不能皆有以知其性之所有而全之也。一有聪明睿智能尽其性者出于其间，则天必命之以为亿兆之君师，使之治而教之，以复其性。……与凡民之俊秀，皆入大学，而教之以穷理、正心、修己、

① 叶采集解，程水龙校注：《近思录集解》卷三，中华书局2017年版，第110页。
② 叶采集解，程水龙校注：《近思录集解》卷三，中华书局2017年版，第111页。
③ 叶采集解，程水龙校注：《近思录集解》卷二，中华书局2017年版，第73页。
④ 叶采集解，程水龙校注：《近思录集解》卷三，中华书局2017年版，第111页。
⑤ 叶采集解，程水龙校注：《近思录集解》卷三，中华书局2017年版，第112页。

治人之道。此又学校之教、大小之节所以分也。①

中庸何为而作也？子思子忧道学之失其传而作也。盖自上古圣神继天立极，而道统之传有自来矣。……夫尧、舜、禹，天下之大圣也。以天下相传，天下之大事也。以天下之大圣，行天下之大事，而其授受之际，丁宁告戒，不过如此。②

朱熹认为《大学》教做人，蕴含着穷理、正心、修己、治人之道，蕴含了从小我走向大我的发展路径。《中庸》是子思忧虑道学失传而作，其中概括了尧、舜、禹等代代相传的修养心法，阐释了从平庸走向高明的成长法则。

元仁宗皇庆二年（1313）十月，元朝颁布新的科考规定：

蒙古、色目人，第一场经问五条，《大学》《论语》《孟子》《中庸》内设问，用朱氏章句集注。其义理精明，文辞典雅者为中选。……汉人、南人，第一场明经经疑二问，《大学》《论语》《孟子》《中庸》内出题，并用朱氏章句集注，复以己意结之，限三百字以上；经义一道，各治一经，《诗》以朱氏为主，《尚书》以蔡氏为主，《周易》以程氏、朱氏为主，已上三经，兼用古注疏，《春秋》许用《三传》及胡氏《传》，《礼记》用古注疏，限五百字以上，不拘格律。③

规定科举考试要考四书，并强调用朱熹的《四书章句》为标准解释。若能阐明义理，文辞典雅，便可中选。这就从制度上确定了四书超越五经的地位，重点考察学子是否能阐明其中的义理。

元人继承了宋人尊重义理的传统，在教育上尤其强调明义理。如至元十三年（1276），不忽木与同舍生坚童、太答、秃鲁等上疏曰："……俾国子学官总领其事，常加点勘，务要俱通，仍以义理为主。"④

---

① 朱熹撰：《四书章句集注·大学章句序》，中华书局1983年版，第1页。
② 朱熹撰：《四书章句集注·中庸章句序》，中华书局1983年版，第14页。
③ 宋濂等撰：《元史》卷八十一《选举志》，中华书局1976年版，第2019页。
④ 宋濂等撰：《元史》卷一百三十《海真传》，中华书局1976年版，第3166页。

至元二十八年（1291），元世祖想任用阎复为相，阎复屡辞不任，元世祖只好对侍臣说："书生识义理，存谦让，是也，勿强。"①耶律有尚先后五次掌管国学，"其立教以义理为本，而省察必真切；以恭敬为先，而践履必端悫。凡文词之小技，缀缉雕刻，足以破裂圣人之大道者，皆屏黜之"②。反对寻章摘句的浮华文辞，注重义理。引导读书人注重义理，反对辞章之学。

宋元学术推崇义理，将学者从传统义疏中解放出来，催生了诸多的新思想、新见解，形成了重视义理的宋学，相对于汉唐注疏之学而言，是经学的大解放。但其中也蕴含着忽略经义而空谈义理的弊端。司马光便说："新进后生，口传耳剽，读《易》未识卦爻，已谓《十翼》非孔子之言；读《礼》未知篇数，已谓《周官》为战国之书；读《诗》未尽《周南》、《召南》，已谓毛、郑为章句之学；读《春秋》未知十二公，已谓《三传》可束之高阁。"③司马光批评王安石改考墨义，会使读书人不读书而乱发议论。朱熹也强调要在读经的基础上来谈义理："近日学者，病在好高。《论语》未问学而时习，便说一贯；《孟子》未言梁惠王问利，便说尽心；《易》未看六十四卦，便读《系辞》。此皆躐等之病。"④他批评有的学生不读书空谈义理的习气。

明初方孝孺也对宋学忽略经义而空谈义理的流弊有过忧虑："治经不可致疑也，疑经太过则圣人之言不行，亦不可无疑也。不能有疑则圣人之意不明，始于有疑而终于无所疑者，善学者也。苟于信而不知择，于经何所明哉？《周礼》余之所最好，而疑之为尤甚。盖好其出于古，爱其为先王之制，而惜其或失先王之意也。故求之也详，味之也

---

①　宋濂等撰：《元史》卷一百六十《阎复传》，中华书局1976年版，第3733页。

②　宋濂等撰：《元史》卷一百七十四《耶律有尚传》，中华书局1976年版，第4065页。

③　王应麟著，翁元圻辑注，孙通海点校：《困学纪闻注》卷八《经说》，中华书局2016年版，第1189页。

④　王应麟著，翁元圻辑注，孙通海点校：《困学纪闻注》卷八《经说》，中华书局2016年版，第1190页。

深，于其有可疑者，不得不为之辨也。"①他强调经可以疑，却不能随便疑。疑经的目的在于明理，而不是疑于文字本身。方孝孺以自己读《周礼》为例，认为其中出于古制，可资参考；但其中有诸多不合于古之处，要通过辨析使之完善，不是为疑经而疑经，而是通过疑经更好理解制度、探求义理。可见对宋代所形成的疑经风气，方孝孺提出了更为理性客观的解决办法，可惜他没有时间去研究，只能将之留待清儒来实践。

第二节　内在自觉与外在事功的统一

宋儒有以道统自任的责任感，认为道统在政统之上，皇帝与士大夫一样，都需要格物致知、诚意正心、修身齐家、治国平天下。在汉儒眼中，皇帝高高在上，为人间立法。宋儒则认为皇帝、儒生甚至百姓，都要继承道统，遵行义理，通过心性修养，不断发展成长，实现内在自觉与外在事功的统一。

一、道统确立与学术自觉

确立并延续道统是唐宋之际学术自觉的起点。韩愈在《原道》中言："尧以是传之舜，舜以是传之禹，禹以是传之汤，汤以是传之文、武、周公，文、武、周公传之孔子，孔子传之孟轲。轲之死，不得其传焉。荀与扬也，择焉而不精，语焉而不详。"②他系统梳理了道统的流传过程，认为孟子之后道统失传，在于荀子、扬雄并未继承原始儒学的全部。北宋初年孙复所理解的道统则是："吾之所谓道者，尧、舜、禹、汤、文、武、周公、孔子之道也，孟轲、荀卿、扬雄、王通、韩愈之

---

① 方孝孺著，徐光大点校：《逊志斋集》卷四《周礼辨疑》，浙江古籍出版社 2013 年版，第 120 页。

② 韩愈著，刘真伦、岳珍校注：《韩愈文集汇校笺注》卷一《原道》，中华书局 2010 年版，第 4 页。

道也。"① 将荀子、扬雄、王通、韩愈等人列入道统，从更为开阔的视角来审视儒学的延续过程。

石介继续延伸道统："道始于伏羲氏，而成终于孔子。……伏羲氏、神农氏、黄帝氏、少昊氏、颛顼氏、高辛氏、唐尧氏、虞舜氏、禹、汤氏、文、武、周公、孔子者十有四圣人，孔子为圣人之至。孟轲氏、荀况氏、扬雄氏、王通氏、韩愈氏五贤人，吏部为贤人而卓。"② 将道统上溯至伏羲，下推至韩愈，将对儒学发展有阶段性贡献的学者皆列入道统，可见石介所理解的道统，既是传道系统，更是儒家学说的主流传承。张载进一步阐释他对道统的理解："作者七人，伏羲、神农、黄帝、尧、舜、禹、汤，制法兴王之道，非有述于人者也。"③ 认为圣王体道，后世君王、名臣和圣贤如武王、伊尹、周公、孔子诸人为述道。在张载的认知中，制是作制度，述是述经验，二者相辅相成，形成了道统。其既有制度制作，又有学理阐释，形成了维系中华传统的秩序法则和道德认同，汇总为历史经验和思想观念，支配着社会共识。

程颐将其兄程颢的历史性贡献概括为"明道"，他说：

> 周公死，圣人之道不行；孟轲死，圣人之学不传。道不行，百世无善治；学不传，千载无真儒。无善治，士犹得以明夫善治之道，以淑诸人，以传诸后；无真儒，则天下贸贸焉莫知所之，人欲肆而天理灭矣。先生生千四百年之后，得不传之学于遗经，天不慭遗，哲人早世。学者于道，知所向，然后见斯人之为功；知所至，然后见斯名之称情。④

在程颐看来，圣人之道消亡一千四百年之后，程颢重新阐发蕴含在经书中的不传之道，教给学生，使得道得以彰，学得以明，道统得

---

① 曾枣庄、刘琳主编：《全宋文》卷四〇一《信道堂记》，上海辞书出版社、安徽教育出版社 2006 年版，第 313 页。

② 曾枣庄、刘琳主编：《全宋文》卷六二七《尊韩》，上海辞书出版社、安徽教育出版社 2006 年版，第 304–305 页。

③ 王夫之著，杨坚总修订：《张子正蒙注》卷五《作者篇》，岳麓书社 2011 年版，第 220 页。

④ 程颢、程颐著，王孝鱼点校：《二程集》卷二《圣贤篇》，中华书局 2004 年版，第 1242 页。

以延续，故尊称程颢为明道先生。这一说法，体现了二程的学术观：一是以继承道统作为做学问的基础；二是以是否明道为评价学术的依据。程颐之言代表了北宋的学术自觉：读经是为了明道，传经是为了明理，不再以宗经为上，而以明道为尊。

文彦博言乡人士大夫相与议程颢之功，在于明道："先生出，倡圣学以示人，辨异端，辟邪说，开历古之沉迷，圣人之道得先生而后明，为功大矣。"①程颢治学，借助经学阐发义理，将儒家学说中的义理阐明，将之从经学转化为儒学。程颐在《明道先生行状》中，进一步阐释了程颢的学术贡献。他介绍其兄为学之情况时说："自十五六时，闻汝南周茂叔论道，遂厌科举之业，慨然有求道之志。未知其要，泛滥于诸家，出入于老、释者几十年，返求诸六经而后得之。明于庶物，察于人伦。知尽性至命，必本于孝悌；穷神知化，由通于礼乐。辨异端似是之非，开百代未明之惑，秦、汉而下，未有臻斯理也。谓孟子没而圣学不传，以兴起斯文为己任。"②提到程颢治学的旨趣，注重阐明六经的义理，特别是关注其中的心性学说。将之应用于修为，是孟子之后道统的传承者，并且以传承道统为己任，体现了强烈的学术自觉。

从韩愈言道统，到宋儒重道统，其学术意义在于不断明确道学的合法性和合理性。合法性便是强调中华传统源自古之圣王，经圣贤传承之后而得以确立；合理性在于一以贯之的学术传统，有其内在的自我更新的机制，既包括对经典的阐释，更包括在此过程中日渐明晰的道理。程颐、程颢都意识到经典的阐释中羼杂了许多违背孔孟之义的不纯粹的学说，因此要回归到经典本身去探求道理。宋儒由此强调建立超越于经学的道学，用道学来弥补经学的不足。但建立道学并不意味着要抛弃经学，而是要选择性地扬弃经说的流弊，发微其中的精义，方能合于道统。朱熹便言：

---

① 程颢、程颐著，王孝鱼点校：《二程集》卷十一《明道先生墓表》，中华书局 2004 年版，第 640 页。

② 程颢、程颐著，王孝鱼点校：《二程集》卷十一《明道先生行状》，中华书局 2004 年版，第 638 页。

子思子忧道学之失其传而作也。盖自上古圣神继天立极，而道统之传有自来矣。……夫尧、舜、禹，天下之大圣也。以天下相传，天下之大事也。以天下之大圣，行天下之大事，而其授受之际，丁宁告戒，不过如此。则天下之理，岂有以加于此哉？自是以来，圣圣相承：若成汤、文、武之为君，皋陶、伊、傅、周、召之为臣，既皆以此而接夫道统之传，若吾夫子，则虽不得其位，而所以继往圣、开来学，其功反有贤于尧舜者。然当是时，见而知之者，惟颜氏、曾氏之传得其宗。及曾氏之再传，而复得夫子之孙子思，则去圣远而异端起矣。子思惧夫愈久而愈失其真也，于是推本尧舜以来相传之意，质以平日所闻父师之言，更互演绎，作为此书，以诏后之学者。①

尧、舜、禹治理天下形成了很多的心法，成汤、文、武做国君，皋陶、伊尹、傅说、周公、召公都能按照道统来辅佐。由此形成的道统，经过孔子的演绎、论证，其作用远远超过尧舜时期的口传心授，成为更加严密的学理体系。孔子之后，颜回、曾子、子思等人重新概括尧舜时所形成的道德修养之说，把其中密不外传的心法变成了儒学的真精神。但孟子之后，学者重视经文，日渐忽略学术传承中最重要的义理和最关键的精神，使得儒学变成了经学。

朱熹认为宋儒的努力便是重建道统，并因此孜孜以求。后世学者充分肯定朱熹在重建道统中的历史性贡献："其为学，大抵穷理以致其知，反躬以践其实，而以居敬为主。全体大用，兼综条贯；表里精粗，交底于极。尝谓圣贤道统之传，散在方册，圣经之旨不明，而道统之传始晦，于是竭其精力以研穷圣贤之经训。"②肯定他重构道统的自觉，认为其治学意在穷理而非穷经，并且将体悟到的义理，付诸修身，落实于实践，以提升道德境界，完善个人品格。且其能以居敬的态度做人做事，发挥了儒学的真精神。

---

① 朱熹撰：《四书章句集注·中庸章句序》，中华书局1983年版，第14—15页。

② 黄宗羲原著，全祖望补修，陈金生、梁运华点校：《宋元学案》卷四十八《晦翁学案上·延平门人·文公朱晦庵先生熹》，中华书局1986年版，第1504页。

　　淳熙八年（1181）四月六日，朱熹曾带领门人张扬卿、王沅、周颐、林用中、陈祖永、许子春、王翰、余隅、陈士直、张彦先、黄榦等参拜周敦颐的光风霁月亭："熹乃复出所诵说先生《太极图》，赞其义以晓众，咸曰休哉！退"①在光风霁月亭诵读《太极图》，宣讲周敦颐的学说，鼓励门人继承周敦颐的真精神。朱熹在《沧洲精舍告先圣文》中又说："今以吉日，谨率诸生，恭修释菜之礼，以先师兖国公颜氏、郕侯曾氏、沂水侯孔氏、邹国公孟氏配。濂溪周先生、明道程先生、伊川程先生、康节邵先生、横渠张先生、温国司马文正公、延平李先生从祀。"②他回顾了自己的求学历程，祭奠儒学的前辈，以崇敬之心表达自己延续道统的学术自觉。

　　在朱熹等人的努力下，南宋儒学始终高举道统。叶适总结说："孟子亟称尧、舜、禹、汤、伊尹、文王、周公，所愿则孔子，圣贤统纪，既得之矣。养气知言，外明内实，文献礼乐，各审所从矣。夫谓之传者，岂必曰授之亲而受之的哉！世以孟子传孔子，殆或庶几，然开德广，语治骤，处己过，涉世疏。学者趋新逐奇，忽亡本统，使道不完而有迹。"③他认为道统是性命之说，既可以解释天人关系，又有助于修身养性。周公制礼作乐，将道统转化为制度，形成礼乐教化体系。孔子把道统转化为学说，形成了学理体系。孟子之后的学者只读经不明理，致使道统中断，宋儒重拾道统，正是重新继承三代之道，以学术自觉纠正现实中有学无道的弊端。

　　在朱熹时代，道统建构基本完成。一是在学界形成了三皇五帝以至孔孟的道统认知，并尽力阐明其中蕴含的义理。二是借助于神道设教的观念，将道统传承者列入国家祭祀体系，借助典礼维持了道统：

　　　　淳祐元年春正月，……甲辰，诏："朕惟孔子之道，自孟轲后

---

　　① 曾枣庄、刘琳主编：《全宋文》卷五六五九《朱熹二三二·书濂溪光风霁月亭》，上海辞书出版社、安徽教育出版社2006年版，第147页。

　　② 曾枣庄、刘琳主编：《全宋文》卷五六九〇《朱熹二六三·沧洲精舍告先圣文》，上海辞书出版社、安徽教育出版社2006年版，第281页。

　　③ 黄宗羲原著，全祖望补修，陈金生、梁运华点校：《宋元学案》卷五十四《水心学案》，中华书局1986年版，第1747页。

不得其传，至我朝周惇颐、张载、程颢、程颐，真见实践，深探圣域，千载绝学，始有指归。中兴以来，又得朱熹精思明辨，表里混融，使《大学》《论》《孟》《中庸》之书，本末洞彻，孔子之道，益以大明于世。朕每观五臣论著，启沃良多，今视学有日，其令学官列诸从祀，以示崇奖之意。"……丙午，封周惇颐为汝南伯，张载郿伯，程颢河南伯，程颐伊阳伯。[①]

宋理宗高度评价了周敦颐、张载、二程、朱熹的学术贡献，让他们配祀孔子，受人敬仰。宋末充分肯定程朱理学，将之确立成正统儒学，钦定道统体系，"制《道统十三赞》，就赐国子监宣示诸生"[②]，承认了宋代理学的正统地位。

自宋朝确定道统形成诸儒配祀孔子的体制之后，元、明赓续其制，通过祭祀、著述、讲学等方式，强化道统的传承，如：

（熊禾）于云谷之阳，鳌峰之下，创小精舍，中为夫子燕居，配以颜、曾、思、孟，次以周、程、张、朱：濂溪、明道、伊川、横渠、晦庵五先生，隆道统也。[③]

（车若水）自以为求道之晚。尝著《道统录》，自周子至勉斋，讲明性理。[④]

（欧阳龙生）升堂讲《孟子》"承三圣"章，言龟山传周、程学，而及豫章延平、紫阳朱子，实承道统，其功可配孟子。[⑤]

这些学者自觉继承道统。以宋儒配祀孔子，以此表明推重道统，并著《道统录》言自觉传承学术，传授历代学者的学说，体现出学术

① 脱脱等撰：《宋史》卷四十二《理宗纪》，中华书局 1985 年版，第 821–822 页。

② 脱脱等撰：《宋史》卷四十二《理宗纪》，中华书局 1985 年版，第 822 页。

③ 黄宗羲原著，全祖望补修，陈金生、梁运华点校：《宋元学案》卷六十四《潜庵学案》，中华书局 1986 年版，第 2070 页。

④ 黄宗羲原著，全祖望补修，陈金生、梁运华点校：《宋元学案》卷六十六《南湖学案》，中华书局 1986 年版，第 2128 页。

⑤ 黄宗羲原著，全祖望补修，陈金生、梁运华点校：《宋元学案》卷八十八《巽斋学案》，中华书局 1986 年版，第 2967–2968 页。

自觉的努力。可以看出，道统是中华文化的学理承载，体现着中华文化的人文精神，也寄托着中国对天地万物的理解模式。传承道统，是以世道人心作为内在要求，以道德性命作为表现特征，要求读书人能够明理，能够理解天地运行之法则，能够约束自己的德行，把自己培养成一个人格健全的人。

元代尊崇道统，在继承朱熹道统说之后，高度评价了杨时、李侗、胡安国、蔡沈、真德秀等人："此五人者，学问接道统之传，著述发儒先之祕，其功甚大。况科举取士，已将胡安国《春秋》、蔡沈《尚书集传》表章而尊用之，真德秀《大学衍义》亦备经筵讲读，是皆有补于国家之治道者矣。各人出处，详见《宋史》本传，俱应追锡名爵，从祀先圣庙廷，可以敦厚儒风，激劝后学。"① 补充了对经学传承和义理阐发有贡献的宋代学者，使其配祀孔子。至正二十二年（1362）八月，元朝将杨时追封吴国公，李侗追封越国公，胡安国追封楚国公，蔡沈追封建国公，真德秀追封福国公："各给词头宣命，遣官赍往福建行省，访问各人子孙给付。如无子孙者，于其故所居乡里郡县学，或书院祠堂内，安置施行。"② 十二月改封朱熹为齐国公，③ 在继承宋代道统体系的同时，提升了诸儒的祭祀规格，实际肯定了宋儒弘扬道统的历史性贡献。

明嘉靖时期实施圣师之祭："每岁春秋开讲前一日，皇帝服皮弁，拜跪，行释奠礼。用羹酒果脯帛祭于文华殿东室"④，嘉靖跪拜孔子，以仪式感表明皇权屈从于道统之下，强化了道统的权威性。明代孔庙规制也按照道统传承进行设计：

> （孔子居中）其四配称复圣颜子、宗圣曾子、述圣子思子、亚圣孟子。……稍后十哲：闵子损、冉子雍、端木子赐、仲子由、卜子商、冉子耕、宰子予、冉子求、言子偃、颛孙子师皆东西向。两庑从祀：先贤澹台灭明、宓不齐、原宪、公冶长、南宫适、高

---

① 宋濂等撰：《元史》卷七十七《祭祀志》，中华书局 1976 年版，第 1922 页。
② 宋濂等撰：《元史》卷七十七《祭祀志》，中华书局 1976 年版，第 1922 页。
③ 宋濂等撰：《元史》卷七十七《祭祀志》，中华书局 1976 年版，第 1923 页。
④ 张廷玉等撰：《明史》卷五十《礼志》，中华书局 1974 年版，第 1295 页。

柴、漆雕开、樊须、司马耕、公西赤、有若、琴张、申枨、陈亢、巫马施、梁鳣、公皙哀、商瞿、冉孺、颜辛、伯虔、曹恤、冉季、公孙龙、漆雕哆、秦商、漆雕徒父、颜高、商泽、壤驷赤、任不齐、石作蜀、公良孺、公夏首、公肩定、后处、鄡单、奚容蒧、罕父黑、颜祖、荣旂、秦祖、左人郢、句井疆、郑国、公祖句兹、原亢、县成、廉洁、燕伋、叔仲会、颜之仆、邦巽、乐欬、公西舆如、狄黑、孔忠、公西蒧、步叔乘、施之常、秦非、颜哙，先儒左丘明、公羊高、谷梁赤、伏胜、高堂生、孔安国、毛苌、董仲舒、后苍、杜子春、王通、韩愈、胡瑗、周敦颐、程颢、欧阳修、邵雍、张载、司马光、程颐、杨时、胡安国、朱熹、张栻、陆九渊、吕祖谦、蔡沈、真德秀、许衡凡九十一人。[1]

将孔子弟子以及历代对经学阐释、义理阐发有贡献的儒生作为配祀者，强化了道统传承的有序和有效，孔子和配祀的九十一人被视为道统的传承者、继承者，以此勉励后世儒生要自觉继承道统，将儒学发扬光大。

道统的建构，从学术传统的角度强化了学者的历史责任，也肯定了著述的学术价值，使得学者有意识地维持中华传统。王夫之在《读通鉴论》中说："天下所极重而不可窃者二：天子之位也，是谓治统；圣人之教也，是谓道统。……道统之窃，沐猴而冠，教猱而升木，尸名以徼利，为夷狄盗贼之羽翼，以文致之为圣贤，而恣为妖妄，方且施施然谓守先王之道以化成天下；而受罚于天，不旋踵而亡。"[2]他认为治统是建构社会秩序的基石，道统是维护道德伦理和价值判断的基石。治统关注于一代代的兴衰成败，治统乱则朝代兴替；道统关注长时段的兴亡，道统乱则天下沦丧。因此，学者的使命，在于"守先王之道以化成天下"，要自觉延续道统，承担起历史责任和社会责任。

道统落实到道德伦理和行为规范，便是对"道问学"和"尊德性"进行通融，形成修身养性之学。宋代学者的学术自觉在于，他们继承

---

① 张廷玉等撰：《明史》卷五十《礼志》，中华书局 1974 年版，第 1299–1301 页。

② 王夫之撰，舒士彦点校：《读通鉴论》卷十三《成帝》，中华书局 1975 年版，第 352 页。

道统，阐发义理，建构学说，并且身体力行地践行这些义理和学说，将之付诸日常生活、落实到个人行为之中，使之不仅作为学理体系，更成为实践准则。

二、道问学与尊德性的融通

中唐的韩愈、李翱所推崇的原道与复性，成为宋明理学的核心问题。原道侧重于解释天地运行的法则，以此抵制佛道；复性侧重于阐释人的心性修为，以此恢复儒家的心性学说，与佛教心性论相抗衡。李翱在《复性书》中说：

> 昔者圣人以之传于颜子，颜子得之，拳拳弗失，不远而复，其心三月不违仁。……子思：仲尼之孙，其得祖之道，述《中庸》四十七篇，以传于孟轲。轲曰："我四十不动心。"轲之门人，达者公孙丑、万章之徒，盖传之矣。遭秦灭书，《中庸》之不焚者，一篇存焉。于是此道废缺。其教授者，惟节行文章章句，威仪考击之术相师焉。性命之源，则吾弗能知其所传矣。
>
> ……性命之书虽存，学者莫能明，是故皆入于庄、列、老、释。不知者谓夫子之徒不足以穷性命之道，信之者皆是也。有问于我，我以吾之所知而传焉，遂书于书，以开诚明之源，而缺绝废弃不扬之道，几可以传于时，命曰《复性书》，以理其心，以传乎其人。①

李翱罗列儒家重视心性修养的学者如颜回、子思、孟子，他认为颜回之所以能"三月不违仁"，孟子能"四十不动心"，在于他们理解了儒学真精神。他推崇《中庸》，认为其为儒学性命之源、心性修为之源，应该发扬光大。欧阳修评价《复性书》："予始读翱《复性书》三篇曰此《中庸》之义疏尔。智者诚其性，当读《中庸》。"②认为李翱深明《中

---

① 孙奇逢撰，万红点校：《理学宗传》卷之十四《复性书》，凤凰出版社 2015 年版，第 242 页。

② 欧阳修著，李逸安点校：《欧阳修全集》卷七十二《读李翱文》，中华书局 2001 年版，第 1049 页。

庸》大义，学人若要诚明心性，必须从《中庸》入手。

韩愈探讨心性学说，继承了董仲舒的观点。董仲舒以阴阳法则论性，认为性为阳，情为阴。性体现天地之正，情是辅助于性。韩愈在《原性》中提出性分三品说：

> 性也者，与生俱生也；情也者，接于物而生也。性之品有三，而其所以为性者五；情之品有三，而其所以为情者七。……性之品有上中下三。上焉者，善焉而已矣；中焉者，可导而上下也；下焉者，恶焉而已矣。其所以为性者五：曰仁，曰义、曰礼、曰信、曰智。……情之品有上中下三，其所以为情者七：曰喜，曰怒，曰哀，曰惧，曰爱，曰恶，曰欲。上焉者之于七也，动而处其中；中焉者之于七也，有所甚，有所亡，然而求合其中者也；下焉者之于七也，亡与甚，直情而行者也。①

他认为性与生俱来，情受到外物触动而感发。性表现为仁、礼、信、义、智等道德认同，情表现为喜、怒、哀、惧、爱、恶、欲等感情体验。优秀者性本善良，能时刻控制情感；最愚昧者性为邪恶，其情感不受控制；而大多数人为中等，其道德认同、情感体验兼有善、恶两面。教育的目的，便是针对中等人，使其读书明理来改良道德情感，使其能随时随地达到中和状态，足以维持道德认同，能够控制情绪。

入宋后，《大学》和《中庸》逐渐得到重视。自景德四年（1007）始，《大学》《中庸》便成为皇帝经筵进讲的专经。仁宗天圣五年（1027）四月二十一日，"赐新及第《中庸》一篇"；八年（1030）四月四日，"赐新及第进士《大学》一篇。自后与《中庸》间赐，著为例"②，皇帝赐给新科进士《中庸》《大学》，二书地位便迅速提升，成为北宋官员的必读书目。

《中庸》中的"尊德性"与"道问学"，也由此成为宋儒建构学理

---

① 韩愈撰，魏仲举集注，郝润华、王东峰整理：《五百家注韩昌黎集》卷十一《原性》，中华书局 2019 年版，第 682–683 页。

② 钱若水修，范学辉校注：《宋太宗皇帝实录校注》卷八十注引《宋会要辑稿·选举》，中华书局 2012 年版，第 790 页。

的学术着眼点。唐孔颖达在《礼记正义》中解释："君子尊德性者，谓君子贤人尊敬此圣人道德之性自然至诚也。而道问学者，言贤人行道由于问学，谓勤学乃致至诚也。"①认为尊德性是圣人之学，道问学是贤人之学。在于其理解圣人心性纯善无恶，只要发挥出内在心性便是至诚；贤人反复学习圣人学问，向圣人看齐，却始终不能达到圣人的境界。在这种认知中，圣人可望不可及，终身有志于圣人之道便可以成为贤人。

但宋儒却认为尊德性与道问学皆为人人可学的圣贤之道，朱熹在《四书章句集注》中说：

> 尊者，恭敬奉持之意。德性者，吾所受于天之正理。……尊德性，所以存心而极乎道体之大也。道问学，所以致知而尽乎道体之细也。二者修德凝道之大端也。不以一毫私意自蔽，不以一毫私欲自累，涵泳乎其所已知。敦笃乎其所已能，此皆存心之属也。析理则不使有毫厘之差，处事则不使有过不及之谬，理义则日知其所未知，节文则日谨其所未谨，此皆致知之属也。盖非存心无以致知，而存心者又不可以不致知。故此五句，大小相资，首尾相应，圣贤所示入德之方，莫详于此，学者宜尽心焉。②

朱熹认为德性是人人皆有之心，尊德性是用内心去体悟天地运行的大道，然后用大道来涵养心性。这一认知与孟子"吾善养吾浩然之气"类似。浩然之气，至大至刚，德性便是天地之气在个体心性修为中的体现。道问学强调致知，天理是宇宙的基本规律，通过后天的学习形成知识系统，利用知识系统来解决现实问题。朱熹理解的"尊德性而道问学"，不再是圣人和贤人之学的差别，而是人人之学。尊德性，是要做到没有私意、私欲，做任何事情不要想着利己，不要让欲望影响人的心性。道问学，是要做到学习不放过任何未知，做事恰如其分，

---

① 郑玄注，孔颖达等正义：《礼记正义》卷五十三《中庸》，北京大学出版社 1999 年版，第 1456 页。

② 朱熹撰：《四书章句集注·中庸章句》，中华书局 1983 年版，第 35—36 页。

每天都有进步。没有体认天地大道的心性，就不能理解做学问的意义；明白了意义，就要脚踏实地地践行。因此，朱熹认为"故君子尊德性而道问学，致广大而尽精微，极高明而道中庸。温故而知新，敦厚以崇礼"①，是士人的修德之法，学者要尽心尽性，不断践行，才能达到圣贤的境界。朱熹理解的道问学，不再是简单的学习，而是在心性修为上要内外统一。

朱熹对尊德性与道问学统一的认知，是宋代理学家不断深化的成果。二程便认为：

> 德性，广大高明皆至德；问学，精微中庸皆至道；惟至德所以凝至道也。虽有问学，不尊吾自德之性，则问学失其道矣。虽有精微之理，不致广大以自求，则精微不足以自信矣。虽有中庸之道，不极高明以行之，则同污合俗矣。虽知所未知，不温故以存之，则德不可积；虽有崇礼之志，不敦厚以持之，则其行不久。②

二程认为道问学要以尊德性为基础。熟习了精微之理、中庸之道，如果个人不能站在高明的立场上去体认道理，就不能树立学术自信，而会流于尘俗卑劣境地。虽然掌握了新知，有自我塑造的意愿，若不能每天敦实践行，道德就难以进步，行动也难以持久。二程把儒学落实到了人的心性修养上，体现了宋儒经世致用的立场。在他们的视野中，经典承载的不仅是知识，更是与每个人息息相关的修身之道。

修养自我被视为宋儒为学的内在要求。朱熹说：

> 如《中庸》所谓"尊德性"、"致广大"、"极高明"，盖此心本自如此广大，但为物欲隔塞，故其广大有亏；本是高明，但为物欲系累，故于高明有蔽。若能常自省察警觉，则高明广大者常自若，非有所损益之也。……若此心上工夫，则不待商量睹当，即今见得如此，则更无间时，行时，坐时，读书时，应事接物时，皆有

---

① 朱熹撰：《四书章句集注·中庸章句》，中华书局1983年版，第35页。
② 程颢、程颐著，王孝鱼点校：《二程集》卷八《中庸解》，中华书局2004年版，第1162页。

著力处。①

人性本是广大高明的，却容易被物欲遮蔽。他认为读书不光是要长知识，更主要的是存心性。朱熹把存心落实到日常生活中，将原本作为理论阐释的修身之法，转化为改良自己心性的基本手段。

这样，宋儒把儒学的知识系统改造为道德修养体验。朱熹说："子思以来教人之法，惟以尊德性、道问学两事为用力之要。今子静所说，专是尊德性事，而某平日所论，却是问学上多了。所以为彼学者，多持守可观，而看得义理全不子细，又别说一种杜撰道理遮盖，不肯放下；而某自觉虽于义理上不敢乱说，却于紧要为己为人上多不得力。今当反身用力，去短集长，庶几不堕一边尔。"②强调儒家教育人的方法就是尊德性、道问学，认为陆九渊主张尊德性，自己更强调道问学。朱熹的学生也如此认为："先生平日教人，尊德性、道问学固不偏废，而著力处却多在道问学上。江西一派，只是厌烦就简，偏于尊德性上去。先生力为之挽，乃确然自立一家门户，而不肯回。"③朱熹认识到尊德性、道问学具有同等的重要性，只是他结合自身实际，在道问学上用力多，意在强化践行的重要性。

王阳明在道问学的基础上强调尊德性，更重视对义理的体认。王阳明说："道问学是尊德性工夫。"④又言（为王舆庵所言）："虽其专以尊德性为主，未免堕于禅学之虚空，而其持守端实，终不失为圣人之徒。若晦庵之一于道问学，则支离决裂，非复圣门诚意正心之学矣。"⑤他认为如果只尊德性，只谈心性不学知识，就会沦为空谈；朱熹过于强调知

① 黄宗羲原著，全祖望补修，陈金生、梁运华点校：《宋元学案》卷四十八《晦翁学案》，中华书局 1986 年版，第 1535–1536 页。

② 黄宗羲原著，全祖望补修，陈金生、梁运华点校：《宋元学案》卷四十九《晦翁学案》，中华书局 1986 年版，第 1563 页。

③ 黄宗羲原著，全祖望补修，陈金生、梁运华点校：《宋元学案》卷四十九《晦翁学案》，中华书局 1986 年版，第 1582 页。

④ 黄宗羲著，沈芝盈点校：《明儒学案》卷十《姚江学案》，中华书局 2008 年版，第 201 页。

⑤ 王守仁著，王晓昕、赵平略点校：《王文成公全书》卷二十一《答徐成之》，中华书局 2015 年版，第 957 页。

识，但学问太细碎，就会远离圣人心性之学。王阳明认为尊德性和道问学是合一的，他意识到朱熹对尊德性的忽略，对其进行批评。从儒学发展的角度来看，王阳明对朱熹的批评是一种学术自觉，更是在儒学传承中的学理修补。从中国学术史来看，宋明理学之所以能够一气贯通，就在于不断实现尊德性、道问学的合一。

就学理建构的角度而言，王阳明虽然批评过朱熹之学的细碎，但也高度肯定朱熹、陆九渊的学术成就。他说：

> 夫君子之论学，要在得之于心。众皆以为是，苟求之心而未会焉，未敢以为是也；众皆以为非，苟求之心而有契焉，未敢以为非也。心也者，吾所得于天之理也，无间于天人，无分于古今。苟尽吾心以求焉，则不中不远矣。学也者，求以尽吾心也。是故尊德性而道问学，尊者，尊此者也；道者，道此者也。不得于心而惟外信于人以为学，乌在其为学也已！仆尝以为晦庵之与象山，虽其所为学者若有不同，而要皆不失为圣人之徒。①

王阳明认为做学问要得之于心，用心去体会天地道理，判断是非对错。如果发挥善心去做事，即使没有把事情做好，也不会错得太远。求学就是找到方法、路径去发挥善心。尊德性、道问学的根源在于本心本性，心性没有所得，学习就没有作用。从这个角度看来，王阳明、朱熹、陆九渊只是起点不同，治学的目的是一致的，都强调心性与修为的合一。

程朱理学和阳明心学的差别，在于具体实践中德性与学问的孰前孰后，而非孰有孰无。朱熹主张先去做学问，用学问来养善心。王阳明主张先发挥善心，再去学习。他们起点不同，路径大致相似，目的也基本一致，都意识到发善心要学习，学习是为了发善心。朱熹和王阳明充分阐释尊德性和道问学，都强调二者从知识系统转化为修养系统，使得尊德性、道问学成为宋明理学一以贯之的线索。

---

① 王守仁著，王晓昕、赵平略点校：《王文成公全书》卷二十一《书·二》，中华书局2015年版，第959—960页。

经过二人阐释和倡导，宋儒、明儒能够自觉把存心和致知结合起来，充分吸收他们的观点，进一步讨论尊德性、道问学，形成了比较全面的认知。如黄榦就言："尊德性，所以存心而极乎道体之大；道问学，所以致知而尽乎道体之细。自性观之，万物只是一样。自道观之，一物各是一样。惟其只是一样，故但存此心，而万事万物之理无不完具。惟其各是一样，故须穷理致知，而万事万物之理方始贯通。以此推之，圣贤言语，更相发明，只是一义，岂不自博而反约哉！"①黄榦认为存心是为了体认道的宏大，致知是为了极尽道的精微。从本性看，万物都是一样；从具体看，事物各有其特点。每个人各有各的性情，各种性情都反映了作为整体概念的人性。只要做到存心，发挥善性，就能应对所有问题。因此穷理致知，就是一点点去学习，方能至于高明境地，这正是自博反约。夏尚朴也认为："盖有尊德性而不道问学者，亦有道问学而不尊德性者，故尊德性又要道问学。如柳下惠可谓致广大矣，而精微或未尽；伯夷可谓极高明矣，稽之《中庸》或未合。又《集注》以尊德性为存心，以极道体之大，道学问为致知，以极道体之细，恐亦未然。窃谓二者皆有大小，如涵养本原是大，谨于一言一行处是小；穷究道理大本大原处是大，一草一木亦必穷究是小。"②他把存心、致知分出大小，是遵循了阳明心学的传统。阳明后学虽然意识到了道问学和尊德性必须统一，但有时为了有意出新，故意抬高尊德性的意义，而削弱道问学的作用。但无论如何，尊德性和道问学二端，只存在孰轻孰重之分，而非孰有孰无之别。

王畿对尊德性、道问学的认识比较客观。他说："晦庵以尊德性为存心，以道问学为致知，取证于'涵养须用敬，进学在致知'之说，以此为内外交养。"③他把朱熹的观点追溯到二程，主张以用敬和致知来内外交养，以提升个人修为。王宗沐看到了尊德性、道问学各自的流弊，

---

① 黄宗羲原著，全祖望补修，陈金生、梁运华点校：《宋元学案》卷六十三《勉斋学案》，中华书局1986年版，第2029页。

② 黄宗羲著，沈芝盈点校：《明儒学案》卷四《崇仁学案》，中华书局2008年版，第69页。

③ 黄宗羲著，沈芝盈点校：《明儒学案》卷十二《浙中王门学案》，中华书局2008年版，第246—247页。

便说:"若皆不计其归宿之何如,而但以近似者病之,则尊德性之似为禅,而道问学之似为俗,固无以为解矣。"①意识到尊德性变成空谈高明理解,道问学则太过接近日常生活,体会不到其高明之处,只有二者相辅相成,才是治学修身的真方法。

归有光的《君子尊德性而道问学》是对李翱《复性书》的回应,体现了宋明理学的理论自觉。他说:"故君子欲以尽其为人者,其道在于尊德性;而其所以致其德性之尊者,其详在于问学而已。尊德性者,非以专于内而不兼乎外;而道问学者,非以徒骛乎外而忘其内也。德性不离于事物,则尊之者不离于问学矣。散于天下而一于心,尊吾心,则天下之理会;不出乎一心,而不外乎天下。"②要通过尊德性来体认天地运行之大道,落实到人的性情中。尊德性要通过道问学来实现。他认为尊德性不是整天冥想空谈,要体现在外物上;道问学也不只是习得知识,更要修养心性。君子既要尊德性,又要道问学,必须不停地读书,不停地明理,把涵养的德性和学到的学问都纳入个人成长之中。这样才能会通天下的道理,再用心性应对天下事就可以游刃有余。归有光得出的结论是"天下之理,无出于德性之外;而道问学,所以尽尊德性之功"③。道理本通过致知获得,致知就是涵养德性。道问学和尊德性,一方面要掌握很多的知识,把道理想明白;另一方面需修身养性,才能使体认的道理用得上。

章学诚在《文史通义》中指出了朱学、王学在"尊德性而道问学"问题上的存在弊端:

> 然谓朱子偏于道问学,故为陆氏之学者,攻朱氏之近于支离;谓陆氏之偏于尊德性,故为朱氏之学者,攻陆氏之流于虚无;各以所畸重者,争其门户,是亦人情之常也。但既自承朱氏之授受,

① 黄宗羲著,沈芝盈点校:《明儒学案》卷十五《浙中王门学案》,中华书局2008年版,第320页。
② 归有光著,彭国忠等校点:《震川先生集·震川先生别集》卷一《君子尊德性而道问学》,上海人民出版社2020年版,第780页。
③ 归有光著,彭国忠等校点:《震川先生集·震川先生别集》卷一《君子尊德性而道问学》,上海人民出版社2020年版,第780页。

而攻陆、王，必且博学多闻，通经服古，若西山、鹤山、东发、伯厚诸公之勤业，然后充其所见，当以空言德性为虚无也。今攻陆王之学者，不出博洽之儒，而出荒俚无稽之学究，则其所攻，与其所业相反也。问其何为不学问，则曰支离也。诘其何为守专陋，则曰性命也。是攻陆、王者，未尝得朱之近似，即伪陆、王以攻真陆、王也，是亦可谓不自度矣。①

认为朱熹、陆九渊在论述"尊德性而道问学"时各有不足，朱熹支离，陆九渊虚无。朱熹、陆九渊各自主张的为学之法，又影响到他们的后学。朱熹重视知识的习得，陆九渊重视心性的发明。纯正的朱学弟子都是"博学多闻，通经服古"，他们批评陆九渊恰当合理。然而有些后学知识不足、义理阐发太多，其实是重走了陆九渊、王阳明的老路，却比不上人家高明。章学诚批评后世只看到朱熹和王阳明的不足，无意中忽略了两人皆以尊德性、道问学并重。

宋明理学对尊德性和道问学的阐发，是把《中庸》中的尊德性和道问学作为方法论加以提倡。通过致知继承传统，通过存心涵养心性，将治学与修身紧密结合。尽管朱熹在道问学上更用力，但是他和门人，把知识落实到言谈举止中。尽管王阳明在尊德性上更用力，但他同样与他的学生阐释四书五经并解读其真精神。朱熹与王阳明的尊德性、道问学只是孰轻孰重、孰先孰后的问题，并非孰有孰无的问题。朱熹、王阳明的后学因为能力、见识的差别，无形之中放大了各自学说的流弊，导致程朱理学重致知而轻存心，阳明心学重德性而轻问学。

宋儒、明儒对尊德性、道问学的阐释和理解，或者说其对中国学术史的最大贡献，在于他们把二者从知识获得变为人格修养。在他们的倡导下，宋明时期的读书人更加重视传承儒学的真精神，把存心和致知结合起来，把知识获得和个人修养结合起来，彻底改变了此前读书人的行为方式，促进其通过尊德性、道问学来形成健全人格。

---

① 章学诚著，叶瑛校注：《文史通义校注》卷三《朱陆》，中华书局 1985 年版，第 262 页。

三、体认与践履的合一

道德伦理对行为规范的作用方式，是体认道德认同和伦理认同，并自觉将之作为德性要求和行为准则，实现体认和践履的合一。体认是理解尊德性和道问学的义理，践履是将所学的知识和所体认的义理落实到行为上。王阳明所提出的"知行合一"，正是体认和践履两种工夫的集大成。

孔子曾言："学而时习之，不亦说乎？"①学是从未知到已知来掌握知识的过程，"习"的本义是"鸟数飞"，习更多是指掌握了知识后的反复体认、反复践行。"学而时习之"一语本身，就包含着致知和践履合一的意味。《中庸》将"博学、审问、慎思、明辨、笃行"作为获得知识并完善自我的过程，②前四者是致知与存心的过程，最后的笃行，正是要坚定不移地去践行。《大学》认为："大学之道，在明明德，在亲民，在止于至善。"③明德是不断地体认道德，形成道德自觉。亲民是端正改善心性修为，不断提升道德修为，掌握知识技能。至善，就内在修为而言，是将善心充分发挥出来，发挥纯善无恶之心。从外在事功而言，是将纯善无恶之心，应用于外在事业发展中，最大程度地获得社会认同。

孟子也说："我善养吾浩然之气。"④孟子认为养气可以提升道德境界，常将浩然之气用于实践之中，如他与国君交谈时，常常使"王顾左右而言他"⑤，便是浩然之气的外发。孟子将"集义所生"的浩然之气，⑥用之于社会与人生，提出民本说、王道说。落实到个人修为上，

---

① 何晏注，邢昺疏：《论语注疏》卷一《学而》，北京大学出版社 1999 年版，第 1 页。

② 朱熹撰：《四书章句集注·中庸章句》，中华书局 1983 年版，第 31 页。

③ 朱熹撰：《四书章句集注·大学章句》，中华书局 1983 年版，第 3 页。

④ 赵岐注，孙奭疏：《孟子注疏》卷三《公孙丑章句上》，北京大学出版社 1999 年版，第 75 页。

⑤ 赵岐注，孙奭疏：《孟子注疏》卷二《梁惠王章句下》，北京大学出版社 1999 年版，第 50 页。

⑥ 赵岐注，孙奭疏：《孟子注疏》卷三《公孙丑章句上》，北京大学出版社 1999 年版，第 75 页。

便是人格的完善："居天下之广居，立天下之正位，行天下之大道。得志与民由之，不得志独行其道。富贵不能淫，贫贱不能移，威武不能屈，此之谓大丈夫。"①由此形成了开阔的人生境界，蕴含着知行合一的精神。

入宋之后的学者，更强调践履纯实的工夫，将之作为读书治学的内在要求。张九成认为程颐治学，首在于践履："伊川之学，自践履中入，故能深识圣贤气象。"②程颐是从自身实践、感悟出发，真正理解了圣人之学的内在品格，由此形成了知识与修养的合一，涵养了其圣贤人格。在二程的影响下，宋元儒生非常重视践履的工夫。如陆九龄便言："有终日谈虚空语性命而不知践履之实，欣然自以为有得而卒归于无所用，此惑于异端者也。"③认为天天谈论性命之学，不去切身实践，是汉学、玄学、禅学的流弊。汉代人坐而论道，魏晋多隐逸之风，唐人以出世为风尚，宋人读书的目标是做圣贤。圣贤要直面现实，因此，体认和践履本身，就包含着强烈的社会责任感。熊禾也主张："学问必见之践履，文章必施之政事，使圣人全体大用之道复行于世，不数十年，作养成就，士习丕变，人材辈出，先王至治之泽，不患不被乎天下，顾上之人力行何如耳。"④他针对社会现实提出要改变教化，认为做学问要经世致用，写文章要解决现实问题。如果能把圣贤书上的道理真正用于现实，几十年以后，社会风气就会得到根本改善，天下就会人才辈出。

明儒陈献章将修身之学概括为四句话："心地要宽平，识见要超卓，规模要阔远，践履要笃实。能此四者，可以言学矣。"⑤认为能做到这四

① 赵岐注，孙奭疏：《孟子注疏》卷六《滕文公章句下》，北京大学出版社1999年版，第162页。
② 黄宗羲原著，全祖望补修，陈金生、梁运华点校：《宋元学案》卷十六《伊川学案》，中华书局1986年版，第650页。
③ 黄宗羲原著，全祖望补修，陈金生、梁运华点校：《宋元学案》卷五十七《梭山复斋学案》，中华书局1986年版，第1870页。
④ 黄宗羲原著，全祖望补修，陈金生、梁运华点校：《宋元学案》卷六十四《潜庵学案》，中华书局1986年版，第2077页。
⑤ 黄宗羲著，沈芝盈点校：《明儒学案》卷五《白沙学案》，中华书局2008年版，第85页。

点，方可以称得上做学问。做不到，读书只不过是知识的容器。罗洪先一生都在着力实现践履和体认的合一，其后学概括其生平："先生之学，始致力于践履，中归摄于寂静，晚彻悟于仁体。"① 先从践履入手，使心性归于寂静；放下物欲，便不汲汲于富贵功名，最终达到了仁爱的境界。由此看来，体认和践履是宋明儒生一以贯之的为学之道和修身之法。

朱熹教育学生，强调践履之法。他说："知、行常相须，如目无足不行，足无目不见。论先后，知为先；论轻重，行为重。"② 可以视为朱熹对知行合一的论述。他把知行比喻为走路，光用眼睛看不动脚不行，光走路不看路也不行，需要看得明、走得通。朱熹主张用知来找方向，以行来达到目的。论做事的顺序，知是基石；论实现目的，行更关键。朱熹教学生要学会两件事，一是理会，二是践行："学者以玩索、践履为先。"③ 玩索就是体认，玩索的目的不仅是获得新知识，而是明白义理后去践行。朱熹曾和弟子讨论玩索、践履孰先孰后的问题：

> 王子充问："某在湖南，见一先生只教人践履。"曰："义理不明，如何践履？"曰："他说：'行得便见得。'"曰："如人行路，不见，便如何行。今人多教人践履，皆是自立标致去教人。自有一般资质好底人，便不须穷理、格物、致知。圣人作个《大》学，便使人齐入于圣贤之域。若讲得道理明时，自是事亲不得不孝，事兄不得不弟，交朋友不得不信。"④

朱熹批评那种光教践履而不教体认的为学之法。他认为少走歧路，才能走上大道。在他看来，大学之道，是培养有志于成为圣贤之人的，因此学生能有志于达到圣贤境界。朱熹对体认问题讨论得非常认真：

---

① 黄宗羲著，沈芝盈点校：《明儒学案》卷十八《江右王门学案》，中华书局 2008 年版，第 386 页。

② 黎靖德编，王星贤点校：《朱子语类》卷九《论知行》，中华书局 1986 年版，第 148 页。

③ 黎靖德编，王星贤点校：《朱子语类》卷九《论知行》，中华书局 1986 年版，第 149 页。

④ 黎靖德编，王星贤点校：《朱子语类》卷九《论知行》，中华书局 1986 年版，第 152—153 页。

"读书，不可只专就纸上求理义，须反来就自家身上推究。秦汉以后无人说到此，亦只是一向去书册上求，不就自家身上理会。自家见未到，圣人先说在那里。自家只借他言语来就身上推究，始得。"①认为读书，首先是要想明白知识与自身的关系，从自身出发才能体认到知识的妙处。在体认基础上的践履，才是切实的为学与修养。

朱熹以体认为基石的践履观，无形之中强调了知在行先："书册中说义理，只说得一面。今人之所谓践履者，只做得个皮草。如居屋室中，只在门户边立地，不曾深入到后面一截。"②书上的义理，要自身实践方才能体认。光读书不去做，那就是书呆子，光做不读书，就是行尸走肉，只有把两者结合起来，才是体认与践履的统一。他强调："道学不明，元来不是上面欠却工夫，乃是下面元无根脚。若信得及，脚踏实地，如此做去，良心自然不放，践履自然纯熟。非但读书一事也。"③读书没读好，常常不是道理不明，而是自己不愿去做，世上的所有事都要去实践之后才有切身感受，才能学以致用。《朱子语类》有云：

> 或言性，谓荀卿亦是教人践履。先生曰："须是有是物而后可践履。今于头段处既错，又如何践履？天下事从其是。曰同，须求其真个同；曰异，须求其真个异。今则不然，只欲立异，道何由明？陈君举作夷门歌，说荆公东坡不相合，须当和同，不知如何和得！"④

朱熹强调要先想明白道理再去做事，这就使得道问学在尊德性之前，知作为行的前提。学问的异同，不在门户之见，而在于结合自己体认的道理和实践经验有所不同。要明道，既需要体认其道理的有无，更需要践履其行为的是非。

在朱熹看来，要先把已有的经验、规律和人类积累的知识理解清

---

① 黎靖德编，王星贤点校：《朱子语类》卷十一《读书法》，中华书局 1986 年版，第 181 页。

② 黎靖德编，王星贤点校：《朱子语类》卷十三《力行》，中华书局 1986 年版，第 223 页。

③ 黎靖德编，王星贤点校：《朱子语类》卷十四《大学》，中华书局 1986 年版，第 250 页。

④ 黎靖德编，王星贤点校：《朱子语类》卷一百三十七《战国汉唐诸子》，中华书局 1986 年版，第 3254 页。

楚，然后再去践履，落实到行为上。这是道问学的路径。在王阳明看来，想的过程就要考虑到行，行的过程中也能验证知，知和行相互促进，在做事过程中相反相成，便能相辅相成。程朱理学认为需学清楚、想清楚以后再去做，阳明心学强调的是开始做决定时就要想清楚。

王阳明理解："区区'格致诚正'之说，是就学者本心日用事为间，体究践履，实地用功，是多少次第、多少积累在，正与空虚顿悟之说相反。"① 认为从格物致知的认识阶段便要践履，不是想清楚了再去做，而是要想着怎么去做。知与行相须相成，知是行，行也是知。王阳明强调："吾心之良知，即所谓天理也。致吾心良知之天理于事事物物，则事事物物皆得其理矣。致吾心之良知者，致知也。事事物物皆得其理者，格物也。是合心与理而为一者也。合心与理而为一，则凡区区前之所云，与朱子晚年之论，皆可以不言而喻矣！"② 他认为我心即是天理。发明本心的良知，就是致知。用良知观察事物，事物皆与良知一致，在于他们体现着天理。这样一来，内在体认的要求和外在践履的目的便融合为一，概括为知行合一。

我们再来观察宋儒体认与践履相合一的事例。宋代吕大钧从张载学，"能守其师说而践履之"。③ 吕大钧受学之后，在蓝田订立了中国最早的乡约《吕氏乡约》，用所学知识来教化百姓，在更大范围与乡民一起践履。林光朝跟随尹焞学习后，"自是专心圣贤践履之学，通六经，贯百氏，言动必以礼，四方来学者亡虑数百人"④。与从学者一起践履。李道传本想从学于朱熹，朱熹去世后便拜访朱熹门生，与他们讨论朱熹的思想，阅读朱熹的著作。他用朱熹的学说来实践，培养卓立的气节，他自谦说："学未至，不敢"；也不写诗文，自励说："学未至，不暇。"他"一日以疾谒告，真德秀造焉，卧榻屏间，大书'唤起截段'

---

① 王守仁著，王晓昕、赵平略点校：《王文成公全书》卷二《语录二·传习录中·答顾东桥书》，中华书局 2015 年版，第 50 页。

② 王守仁著，王晓昕、赵平略点校：《王文成公全书》卷二《语录二·传习录中·答顾东桥书》，中华书局 2015 年版，第 56 页。

③ 脱脱等撰：《宋史》卷三百四十《吕大钧传》，中华书局 1985 年版，第 10847 页。

④ 脱脱等撰：《宋史》卷四百三十三《儒林传》，中华书局 1985 年版，第 12862 页。

四字"，意为唤起本心，截断杂念。① 终生践履朱熹学说，修身养性，以求形成健全人格。

舒衍的体认践履，更能见出宋儒的自我要求：

（舒衍）后亲炙沈端宪、杨文元二公，又从东莱、吕忠公子约质疑请益，闻见日广，智识日明，而践履不倦。色养以孝闻，侍疾弥旬，衣不解带，执丧哀毁，寝处不离次，蔬食三年。兄弟自为师友，非义理不谈。论古人物，分别邪正，如辨黑白。闻善人为时用则喜，苟非其人，忧见于色。表里真淳，乡党信重之，称其贤，无异辞。②

舒衍师从杨简、吕祖俭等，他在学习过程中不断实践圣贤学说，对待父母长辈和兄弟孝敬友爱，担当社会责任，关心国家政治，得到了老百姓的信任和推崇，成为宋儒笃行践履的典范。

宋明时期的思想融通是对儒学的再造，学术意义在于把儒家学说的精神追求从经学传承中独立出来，使之成为学术共识。不可否认，儒家学说来自经学，汉儒是把经学作为知识进行传承。学习知识是为了参加科举以获得官职，在学术旨趣上忽略了经学中蕴含的道德认同，也淡化了圣人借助经书传承来培育的士人精神与人格气质的教育传统。自中唐发展起来的道学和心学，对经学中涵养人精神气质、修养、行为的内容进行了全面阐明，对早期经典中所蕴含的心性之学、义理之学、道德之学进行了系统概括，并通过士大夫的体认与践履，使之成为宋明儒生的学术共识，并通过践履成为德行自觉。

在此过程中，程朱所提倡的道学，更主张通过知识的获得来达到践履。二程将《周易》中的"敬以直内，义以方外"的认知，转化为"涵养须用敬，进学则在致知"的修养功夫。③ 宋儒延续二程的理路，更注

---

① 脱脱等撰：《宋史》卷四百三十六《儒林传》，中华书局1985年版，第12947页。

② 黄宗羲原著，全祖望补修，陈金生、梁运华点校：《宋元学案》卷七十五《絜斋学案》，中华书局1986年版，第2536—2537页。

③ 黄宗羲原著，全祖望补修，陈金生、梁运华点校：《宋元学案》卷六十三《勉斋学案》，中华书局1986年版，第2023页。

重健全人格的涵养和道德伦理的自觉。王阳明进一步强化尊德性的意义，试图通过体认心性之善来改良社会。他所提出来的"无善无恶者理之静，有善有恶者气之动"①，更是通过对善恶的体认来引导学者自觉践行道德认同。可以说，程朱的道学和阳明的心学，重新建构了中国儒学的新精神，把经学中的知识转化为心性修为，不仅涵养了宋明儒生的精神气质，而且将经典精神和文化传统落实到现实生活和个人修为之中，成为判断个人德行的尺度，使之担负起价值认同的功能。

第三节　宋明儒学的启蒙化实践

夏商学在巫史，西周学在官府，春秋时学术下行到士大夫阶层，至唐中叶，中国学术仍主要在贵族世家中传承。入宋之后教育普及，更多平民可以通过科举进入到国家管理体系之中，素微出身的官僚越来越多，与社会基层的联系也更趋紧密。这些士大夫重视人格修养，提倡外在事功和内在自觉的统一，更加有意识地进行社会改良活动，如举办书院塑造健全人格；制定家礼，约束子弟的道德行为；出任地方官，推广建立乡约，引导百姓形成良好风俗。在个人、家庭、社会三个维度改良基层社会治理，促进了社会风气的改良，形成了宋明时期广泛而持久的儒学启蒙化实践。

一、书院学规对士风的约束

北宋私学兴起，促进了文化普及。传统的官办学校如太学、府学延续汉唐以来的教育传统，由博士执掌学规："掌分经讲授，考校程文，以德行道艺训导学者。正、录，掌举行学规，凡诸生之戾规矩者，待以五等之罚，考校训导如博士之职。"②而由官方、半官方举办的书院，更注重师生的体悟和践履合一，以养成健全的人格。

---

① 黄宗羲著，沈芝盈点校：《明儒学案》卷十《姚江学案》，中华书局 2008 年版，第 206 页。
② 脱脱等撰：《宋史》卷一百六十五《职官志》，中华书局 1985 年版，第 3911 页。

天圣四年（1026），范仲淹主持应天书院，倡导学习者"以天下为己任"，以"明体达用"为学术要求。他认为："况天下危困，乏人如此，将何以救在乎？教以经济之业，取以经济之才。"① 在经学之外，更注重专业人才的培养。在教学方式上，范仲淹"日于府学之中观书肄业，敦劝徒众，讲习艺文，不出户庭"②，与学生同修学业。他勤学恭谨，以身先之，先后培养出王尧臣、赵鳞、张方平、富弼、孙复、石介等一批士人，"使天下庠序视此而兴"③，引导各地建立书院，培养后学。

景祐二年（1035），胡瑗在苏州知州范仲淹支持下举办郡学，成为宋代书院的典范："瑗立学规良密，生徒数百，多不率教，仲淹患之。纯祐尚未冠，辄白入学，齿诸生之末，尽行其规，诸生随之，遂不敢犯。自是苏学为诸郡倡。"④ 胡瑗订立的学规，更注重学生内在自觉与外在事功的统一。胡瑗教学生，把读书当成修养的过程，而不是作为学习的结果。徐积自言："初见安定先生，退，头容少偏。安定忽厉声云：'头容直！'某因自思，不特头容直，心亦要直也。自此不敢有邪心。"⑤ 胡瑗要求学生身体力行地践履行为准则，在日常学习中严格要求学生的言谈举止。

胡瑗强调明体达用，明体是精通学术，达用是熟知社会事务。他在学校中设经义、治事两斋。经义斋学习研究经学理论、经书、经学、经义，属于明体之学；治事斋学习农田、水利、军事、天文、历算等实学知识为主，属于达用之学。在治事斋中，一人各治一事，又兼摄一事，他创立分科教学和学科的必修、选修制度。这样，胡瑗把心性修为、体认践履和经世致用结合在一起，要求学生不仅有良好的心性修

---

① 吕祖谦编，齐治平点校：《宋文鉴》卷四十三《答手诏条陈十事》，中华书局 1992 年版，第 657 页。

② 曾枣庄、刘琳主编：《全宋文》卷三九七《举范仲淹状》，上海辞书出版社、安徽教育出版社 2006 年版，第 207 页。

③ 曾枣庄、刘琳主编：《全宋文》卷三八六《南京书院题名记》，上海辞书出版社、安徽教育出版社 2006 年版，第 419 页。

④ 脱脱等撰：《宋史》卷三百一十四《范纯祐传》，中华书局 1985 年版，第 10276 页。

⑤ 吕本中撰，韩酉山辑校：《童蒙训》，中华书局 2019 年版，第 973 页。

为，而且有扎实的学术功底，更有解决社会现实问题的能力。胡瑗制定的学规被推广开来，各地书院都纷纷效法，形成了一批重视健全人格塑造的学规。

南宋书院的学规，更重视对学生心性修为的涵养和行为举止的要求，如《白鹿洞书院揭示》便规定：

> 父子有亲，君臣有义，夫妇有别，长幼有序，朋友有信。右五教之目。尧舜使契为司徒，敬敷五教，即此是也。学者学此而已，而其所以学之之序，亦有五焉，其别如左：

> 博学之，审问之，谨思之，明辨之，笃行之。右为学之序。学、问、思、辨四者，所以穷理也。若夫笃行之事，则自修身以至于处事接物，亦各有要，其别如左：

> 言忠信，行笃敬，惩忿窒欲，迁善改过。右修身之要。正其义不谋其利，明其道不计其功，右处事之要。己所不欲，勿施于人。行有不得，反求诸己。右接物之要。

> ……近世于学有规，其待学者为已浅矣，而其为法，又未必古人之意也。故今不复以施于此堂，而特取凡圣贤所以教人为学之大端，条列如右而揭之楣间。诸君其相与讲明遵守而责之于身焉，则夫思虑云为之际，其所以戒慎而恐惧者，必有严于彼者矣。其有不然，而或出于此言之所弃，则彼所谓规者必将取之，固不得而略也。诸君其亦念之哉！①

其以道德教化为核心目标，从《中庸》《论语》中归纳出穷理、修身、处事、接物的道理。通过学规的方式，把传统的道德伦理和行为准则转化为学生的内在修养和人格要求。由此形成的教育过程，强调学生的自我完善，注重体认与践履合一的心性涵养，而不再以知识获得为结果。这种教育不以科举得中为唯一追求，而以人格是否完善作为教育目标。

---

① 曾枣庄、刘琳主编：《全宋文》卷五六四八《白鹿洞书院揭示》，上海辞书出版社、安徽教育出版社 2006 年版，第 366–367 页。

《程董学则》在心性修为和行为方式上对学生做了切实具体的要求，从其所列条目便能看出其对践履的强调，如居处必恭、视听必端、言语必谨、容貌必庄、衣冠必整、饮食必节、出入必省等生活细节，要求学生能够养成得体的行为。读书必专一、写字必楷敬、几案必整齐、堂室必洁净等学习细节，意在强化学生的日常习惯。在各条目中，又有细致入微的具体要求，如居处必恭的要求是："居有常处，序坐以齿。凡坐必直身正体，勿箕踞倾倚，交胫摇足。寝必后长者，既寝勿言，当昼勿寝。步立必正。行必徐，立必拱，必后长者，毋背所尊，毋践阈，毋跛倚。"①注重学生日常行为由外及内的养成，将之内化为孝悌忠信、温良恭敬的心性修为，以培养有节制、有操守、有坚持的健全人格。

通过《白鹿洞书院揭示》和《程董学则》，可以看出宋代书院把人的成长作为心性修为充分发展的过程，而不再把中举作为唯一要求。在这样的规则中，学生能够将体认与践履合一，养成士大夫的理想人格：

> （余大雅）与剑浦游敬仲同时从朱子游。每见必告以简约切实工夫，而要其归于求放心一言。先生尝有诗云："三见先生道愈尊，言提切切始能安。如今抉破本根说，不作从前料想看。有物有常须自尽，中伦中虑觉犹难。愿言克己工夫熟，便得周旋事仰钻。"朱子深与其进。②

> （郑可学）受学于朱子，以禀性卞急，力于惩忿上做工夫，久之，最得精要。面命问答，率前贤所未发，四方来学者，朱子多使质正焉。③

> （黄士毅）幼知嗜学，为向上事业。方庆元诋诽道学，先生徒

---

① 黄宗羲原著，全祖望补修，陈金生、梁运华点校：《宋元学案》卷六十九《沧洲诸儒学案》，中华书局1986年版，第2280—2281页。

② 黄宗羲原著，全祖望补修，陈金生、梁运华点校：《宋元学案》卷六十九《沧洲诸儒学案》，中华书局1986年版，第2300页。

③ 黄宗羲原著，全祖望补修，陈金生、梁运华点校：《宋元学案》卷六十九《沧洲诸儒学案》，中华书局1986年版，第2300页。

步趋闽，师朱文公。命日观一书，夜叩所见，告以静坐勿杂，唤醒勿昏。居数月，授以《大学章句》，终其身从事于斯。①

朱熹讲究因材施教，对不同的学生采取不同的教法，循循善诱，尤其关注于心性成长，把学则与规定落实到日常教学和行为习惯中，取得了很好的效果。

在书院学规的影响下，元朝胡炳文作《纯正蒙求》，把行之有效的教育方法和待人接物的故事编在一起，熏染学生，高度评价了宋儒的品格。他引黄庭坚言周敦颐"人品甚高，胸中洒落如光风霁月"②；又言程颢"终日端坐如泥塑人，及至接人，则浑是一团和气"等，③把周敦颐、程颢的心性修为作为榜样。《纯正蒙求》所载诸多故事，亦能看出宋儒的修养品格，并非外在要求，而是内在体悟和自觉修养。如言张载，"教学者必先自礼而入，且曰：'学礼，即使除去了世俗一副当世习熟缠绕，譬之延曼之物，解缠绕即上去，苟能除了一副当世习，便自然脱洒。'又曰：'学礼，则可以守得定。'"④又载吕公著"简重清静，出于天性。冬不附火，夏不挥扇。杨怀宝字器之，视公为亲舅，将赴倅来辞，公西窗下盛服对饮三酌，时烈日，器之汗流浃背，公凝然不动"⑤。再言胡宿"为人清俭谨默，内刚外和，群君笑语喧哗，独正颜色，温然不动声气，与人言，必思而后对。客有造公者，具公服、靴版，忘记易帽，公与之对语，尽礼而退，终未尝色动"⑥。其中提及北宋宰相赵概的

---

① 黄宗羲原著，全祖望补修，陈金生、梁运华点校：《宋元学案》卷六十九《沧洲诸儒学案》，中华书局1986年版，第2301页。

② 郑世平、宋建勋、李智勇整理：《四库家藏·纯正蒙求》，山东书画出版社2004年版，第73页。

③ 郑世平、宋建勋、李智勇整理：《四库家藏·纯正蒙求》，山东书画出版社2004年版，第72页。

④ 郑世平、宋建勋、李智勇整理：《四库家藏·纯正蒙求》，山东书画出版社2004年版，第76页。

⑤ 郑世平、宋建勋、李智勇整理：《四库家藏·纯正蒙求》，山东书画出版社2004年版，第75页。

⑥ 郑世平、宋建勋、李智勇整理：《四库家藏·纯正蒙求》，山东书画出版社2004年版，第75页。

修养之法："平日尝置瓶、豆二物于几案间，每一念起，必随善恶别之，善则投一白豆于白瓶中，恶则投一黑豆于黑瓶中。初则黑豆多，既而渐少，久则绝无，瓶、豆亦不复用。"①以此表明心性的体察，皆出于内在省察和行为自觉。

宋儒的这些修为之法被作为教育案例，表明了宋元书院不仅重视学理阐释和行为规范，更重视人格塑造和心性涵养。这些身体力行的做法，本身便是体认和践履的合一，更是知行的合一。王阳明作《教条示龙场诸生》时，也谈及修身治学的规矩："以四事相规，聊以答诸生之意：一曰立志；二曰勤学；三曰改过；四曰责善。"②立志、勤学之外，王阳明重点要求的改过和责善，正是通过内心省察来提升道德认知。

王阳明对改过的阐述是："夫过者，自大贤所不免，然不害其卒为大贤者，为其能改也。故不贵于无过，而贵于能改过。诸生自思平日亦有缺于廉耻忠信之行者乎？亦有薄于孝友之道，陷于狡诈偷刻之习者乎？……但能一旦脱然洗涤旧染，虽昔为寇盗，今日不害为君子矣。"③他认为人有过失不是问题，人的成长过程本身就是从小我走向大我，从平庸走向高明，难免有过失，关键是要抑制本性之恶，张扬人性之善。最怕有错不改，最贵过而能改。改过的唯一方法便是自我反思，认知自己的不足。在王阳明看来，只要能改过，哪怕之前是强盗，也能成为君子。

王阳明对择善的理解是："责善，朋友之道，然须忠告而善道之。"④老师、同学之间切磋琢磨，相互提醒，相互忠告，共同进步。责善是善意的提醒："故凡讦人之短，攻发人之阴私以沽直者，皆不可以言责

---

① 郑世平、宋建勋、李智勇整理：《四库家藏·纯正蒙求》，山东书画出版社 2004 年版，第 76 页。

② 王守仁著，王晓昕、赵平略点校：《王文成公全书》卷二十六《教条示龙场诸生》，中华书局 2015 年版，第 1120 页。

③ 王守仁著，王晓昕、赵平略点校：《王文成公全书》卷二十六《教条示龙场诸生·改过》，中华书局 2015 年版，第 1122 页。

④ 王守仁著，王晓昕、赵平略点校：《王文成公全书》卷二十六《教条示龙场诸生·责善》，中华书局 2015 年版，第 1122 页。

善。"①更是相互砥砺，一起成长："使吾而是也，因得以明其是；吾而非也，因得以去其非：盖教学相长也。诸生责善，当自吾始。"②自己做得对，大家都会肯定；自己做错了，别人的提醒可以让自己改良。王阳明期望自己能与诸生一起择善，也期待诸生给他提意见。

宋明书院订立的学规，着眼点在于心性修炼和人格完善，这也成为宋明学规的基本要求。如张岳制定的《草堂学则》规定："礼义之始，在于正容体，齐颜色，顺辞令。容体正，颜色齐，辞令顺，而后礼义备。"③认为人之所以为人，在于人有礼，礼从日常行为方式中体现出来，要求学生们能够按照规矩来做事。

宋明书院不以科举为目的去学经术、学经学、学知识，更强调为人要表里如一，按照儒家的真精神来重新塑造士人人格。师生相互学习，学生相互切磋，健全人格，熏陶心性，一起成长为知书达理的人。这与教学内容上经世致用、明礼达用的导向相辅相成，以涵养士大夫的健全人格。这些士大夫入仕做官，能够改良社会风俗；读书修身，能够保持节操，从而使得士大夫重视健全人格，使得士林风气为之一新。

二、家礼对家风的引导

家礼是家族在发展过程中所形成的家庭伦理秩序及其运行方式。西周时期家国一体，以宗族为主干的国家治理体系，形成了天子、诸侯、大夫的礼仪规范，作为社会运行法则。今本《仪礼》，便是对士阶层参加社会活动的诸多细节进行规定。随着礼崩乐坏，西周维持家国一体的天子、诸侯、大夫之礼废弛，家族内部的礼制也随之松懈。从《礼记》来看，周秦时期的贵族仍保留着生活礼仪，作为社会运行的基本要求。如《曲礼》中记载了诸多日常规范："为人子者，居不主

---

① 王守仁著，王晓昕、赵平略点校：《王文成公全书》卷二十六《教条示龙场诸生·责善》，中华书局 2015 年版，第 1122 页。

② 王守仁著，王晓昕、赵平略点校：《王文成公全书》卷二十六《教条示龙场诸生·责善》，中华书局 2015 年版，第 1123 页。

③ 黄宗羲著，沈芝盈点校：《明儒学案》卷五十二《诸儒学案》，中华书局 2008 年版，第 1234 页。

奥，坐不中席，行不中道，立不中门。"①"从于先生，不越路而与人言。遭先生于道，趋而进，正立拱手。先生与之言则对，不与之言则趋而退。"② 这些规范作为士大夫阶层的行为规范，用于维持公共秩序。但《曲礼》所言"礼不下庶人"，天然地明确了礼制并不在社会基层推广。

普通家庭如何通过礼义来维持家族内部的生活秩序，成为汉代学者关注的话题。叔孙通为汉制作朝仪，却没有制作庶民之礼。从《盐铁论》的记述中，可以看出西汉社会基层形态，与儒家所提倡的礼乐秩序有着巨大的差别。即社会基层风俗与士大夫所推崇的礼乐秩序有着巨大的差别，这也是促使循吏们推行社会教化的原因。东汉曹褒曾试图为庶民制礼，"乃次序礼事，依准旧典，杂以《五经》谶记之文，撰次天子至于庶人冠婚吉凶终始制度，以为百五十篇，写以二尺四寸简"③。曹褒曾上呈所做之礼，汉章帝认为其所制之礼不能服众，没有颁行。和帝即位以后，曹褒所制的庶人之礼虽被认同，却仍没有得到推广。

魏晋世家大族兴盛，为了家族延续，诸多家族开始制作家礼，以管理内部事务："崔氏自后魏、隋、唐与卢、郑皆为甲族，吉凶之事，各著家礼。至其后世子孙，专以门望自高，为世所嫉。"④ 从唐人流传下来的家礼来看，其更多是家族内部祭祀礼仪。如《徐爱家仪》一卷、杨炯《家礼》十卷、孟诜《家祭礼》一卷、徐闰《家祭仪》一卷、贾顼《家荐仪》一卷等。其称为家仪者，在于这些礼节约定了家族内部的祭祀秩序和行为方式。如开元年间的杨玚，"常叹《仪礼》废绝，虽士大夫不能行之。其家子女婚冠及有吉凶之会，皆按据旧文，更为仪注，使

---

① 郑玄注，孔颖达等正义：《礼记正义》卷一《曲礼上》，北京大学出版社 1999 年版，第 29 页。

② 郑玄注，孔颖达等正义：《礼记正义》卷二《曲礼上》，北京大学出版社 1999 年版，第 35 页。

③ 范晔撰，李贤等注：《后汉书》卷三十五《张曹郑列传》，中华书局 1965 年版，第 1203 页。

④ 欧阳修撰，徐无党注：《新五代史》卷五十五《崔居俭传》，中华书局 1974 年版，第 635 页。

长幼遵行焉"①。他结合《仪礼》《礼记》及其注疏，按照家族实际，对婚丧嫁娶之事设计行为规范。杜衍也曾做家祭礼仪，"其吉凶、祭祀、斋戒日时币祝从事，一用其家书。自唐灭，士丧其旧礼而一切苟简，独杜氏守其家法，不迁于世俗"②。作为家族礼仪规范，确立了家族内部的秩序原则和行为方式。

唐人作家礼，是大家族为了维持自家传统；宋朝作家礼，则多因出于寒素而没有传统。宋朝很多官员并非贵族出身，其家族没有礼制传承，通过科举入仕后家族方才兴起。为了让后世能够知书达礼，这些官员便要求朝廷能够结合传统，制定统一的家礼，来改善社会秩序。吕大防曾作《上神宗请定婚嫁丧祭之礼》，主张国家要统一规定百姓的礼仪风俗。颜复在《乞详议五礼以教民奏》中也主张："会萃经史古今仪式至诸家祭法、岁荐时享、家范书仪之类可取者，高而不难，近而不迫，成士民五礼。"③认为国家要出台统一规定以齐整风俗。李埴曾作《公侯守宰士庶通礼》三十卷，试图为社会基层制作礼仪，来改良社会风俗。

在这一认知中，宋徽宗政和三年（1113）正式颁行《政和五礼新仪》，试图制礼教民。《政和五礼》虽然颁行，却难以施行。宣和元年（1119），开封府申请暂不实行，原因在于基层百姓，习俗不一，无法通过官府来监督执行，这些新仪只能流于空文。朱熹后来总结《政和五礼》未得推行的原因："盖今上下所共承用者，《政和五礼》也。其书虽尝班布，然与律令同藏于理官，吏之从事于法礼之间者，多一切俗吏，不足以知其说，长民者又不能以时布宣，使通于下，甚者至或并其书而亡之。"④认为国家制定政和五礼，只能在官府和司法系统中推行，无

---

① 刘昫等撰：《旧唐书》卷一百八十五下《良吏传》，中华书局1975年版，第4820页。

② 欧阳修著，李逸安点校：《欧阳修全集》卷三十一《太子太师致仕杜祁公墓志铭》，中华书局2001年版，第467页。

③ 曾枣庄、刘琳主编：《全宋文》卷一七九三《乞详议五礼以教民奏》，上海辞书出版社、安徽教育出版社2006年版，第307页。

④ 曾枣庄、刘琳主编：《全宋文》卷五六四一《民臣礼议》，上海辞书出版社、安徽教育出版社2006年版，第266页。

法在基层社会铺开。地方官员没有及时向百姓宣扬政和五礼，不仅其所制定的形式没有延续，南宋时甚至连记载《政和五礼》的书籍也丢失了。绍兴二十五年（1155），朱熹针对里巷贫民与富室士子皆"无婚姻之礼"现状，奏请朝廷申严婚礼，来改良风俗，其方式是"检会《政和五礼》士庶婚娶仪式行下，以凭遵守，约束施行"①，由官府出面干预家族婚姻利益，也未能成功。

由此来看《礼记》"礼不下庶人"的规定，可见其非简单的学说表述，实为经验的总结。礼是基于道德自觉而形成的行为，有赖于道德认同的形成，亦有赖于生活条件。民间婚丧嫁娶，需依照不同地区、不同阶层、不同家庭的生活实际来举行，难以制定统一标准，更无法实现社会齐同，国家难以通过统一的规定进行约束或要求。因此，最有效的方式便是家族自发或自觉的约束，通过制作家礼来自我管理。正是在这样的认知中，韩琦制作家礼，借助经义解释传统习惯，管理家族："神宗熙宁中，韩琦参合前代七家祭礼著述祠祭享仪十三篇，名曰《韩氏参用古今家祭式》。"②他综合前代家族祭祀之礼，制定了家族祭祀规范，从自家做起，形成家族规范，来约束族人。

受此影响，司马光作《书仪》，以《仪礼》为基础，制定了家族内部的礼仪规范。他遵守两个原则，一是宗经，以《仪礼》为原则，对其仪式简化改造，使之适应于宋人生活形态。二是从俗，以便于使用为要求，并非一味复古，使之便捷易行。由此制定的《书仪》合礼、合情、合理，得到了宋儒的高度称赞。朱熹便说："二程与横渠多是古礼，温公则大概本《仪礼》，而参以今之可行者。要之，温公较稳，其中与古不甚远，是七八分好。……大抵古礼不可全用，如古服古器，今皆难

---

① 曾枣庄、刘琳主编：《全宋文》卷五四四七《申严昏礼状》，上海辞书出版社、安徽教育出版社 2006 年版，第 319 页。

② 汤勤福主编：《中国礼制变迁及其现代价值研究：东北卷》，上海三联书店 2016 年版，第 179 页。

用。"① 又言："温公本诸《仪礼》，最为适古今之宜。"② 认同《书仪》通古简易、便于使用的原则。

如果说韩琦的《祭礼》与司马光的《书仪》，是对自己家族礼仪规范的约定，确立了家族内部通行的道德规范；那么吕祖谦的《家范》和朱熹的《家礼》，则是为社会制作通用的家礼，作为家族通行的管理规范和行为准则。他们试图通过家礼改造家庭伦理，维持家庭秩序，使士大夫身体力行地将道德认同、社会认同转化为价值认同。

吕祖谦吸取前人经验，结合家族实际，作《家范》6卷，包括《宗法》《昏礼》《葬仪》《祭礼》《学规》《官箴》六部分。对祭祀、婚嫁、生子、租赋、家塾、合族、宾客、庆吊、送终、会计、规矩、中庭小牌约束、进退婢仆约束上等日常生活的诸多礼仪进行了明确规定。吕祖谦仿古礼，将家庙设为祠堂，作为家族祭祀的固定场所。在此基础上制定了诸多细则，把他的个人思考转化为家族的规定，使得后人只需按照家礼做事，就可以把家族管理得井然有序。

吕祖谦制作家礼取得良好成效后，朱熹也开始整理家礼，试图为全社会提供通行的礼仪秩序。他在《答李季章》中说：

> 所以未免惜此余日，正为所编礼传已略见端绪而未能卒就，若更得年余间未死，且与了却，亦可以瞑目矣。其书大要以《仪礼》为本，分章附疏，而以《小戴》诸义各缀其后。其见于它篇或它书可相发明者，或附于经，或附于义。又其外如《弟子职》、《保傅传》之属，又自别为篇，以附其类。其目有《家礼》，有《乡礼》，有《学礼》，有《邦国礼》，有《王朝礼》，有《丧礼》，有《祭礼》，有《大传》，有《外传》。今其大体已具者盖十七八矣。因读此书，乃知汉儒之学有补于世教者不小。③

---

① 黎靖德编，王星贤点校：《朱子语类》卷八十四《论后世礼书》，中华书局1986年版，第2183页。

② 马端临撰：《文献通考》卷一百八十八《仪注》，中华书局2011年版，第5495页。

③ 曾枣庄、刘琳主编：《全宋文》卷五五〇五《答李季章》，上海辞书出版社、安徽教育出版社2006年版，第20–21页。

言明其整合前代礼仪，在于明其制度，将之转化为经世致用的家礼，有补于社会教化。

朱熹制作的《家礼》，意在为家族内部管理提供可行的范本。他在《自序》中言："是以尝独究观古今之籍，因其大体之不可变者，而少加损益于其间，以为一家之书，大抵谨名分、崇爱敬以为之本。至其施行之际，则又略浮文、务本实，以窃自附于孔子从先进之遗意。诚愿得与同志之士熟讲而勉行之，庶几古人所以修身齐家之道、谨终追远之心，犹可以复见。而于国家所以崇化导民之意，亦或有小补云。"① 言及制作家礼的用意，一是区分家族的尊卑亲疏关系，二是升华家族成员之间的爱敬情感，三是能具体实施，切实可行。朱熹希望师友们能与他一道践行家礼，借鉴大传统对家族秩序进行合理引导。

朱熹确定家族内部秩序通行的原则是："谨名分、崇爱敬。"他解释说："凡礼，有本有文。自其施于家者言之，则名分之守、爱敬之实，其本也。冠昏丧祭、仪章度数者，其文也。其本者，有家日用之常体，固不可以一日而不修。其文，又皆所以纪纲人道之始终。虽其行之有时，施之有所，然非讲之素明，习之素熟，则其临事之际，亦无以合宜而应节，是亦不可以一日而不讲，且习焉者也。"② 这样来看，朱熹作家礼的目的，不是为自家制礼，而是期望以一人之力，综合前代礼书，为全社会提供一份维持家庭伦理秩序、家庭教育和运行规则的通用范本。

《朱子家礼》分为通礼、冠、婚、丧、祭五部分。通礼言家礼的原则，冠、婚、丧、祭言具体礼仪的制度和形态。其特征有三，一是简明："冠、昏之礼，如欲行之，当须使冠、昏之人易晓其言，乃为有益。"③ 朱熹重视礼仪的形式中所体现的道义，力求简明地表达礼的精神。二是简化，朱熹将婚礼纳采、问名、纳吉、纳成、请期、亲迎六礼归并为纳采、纳币、亲迎三礼，以符合南宋民间婚礼的实际。三是

---

① 李文炤撰，赵载光校点：《家礼拾遗·序》，岳麓书社 2012 年版，第 567 页。
② 李文炤撰，赵载光校点：《家礼拾遗·序》，岳麓书社 2012 年版，第 567 页。
③ 黎靖德编，王星贤点校：《朱子语类》卷八十九《冠昏丧》，中华书局 1986 版，第 2272 页。

守正，朱熹认为周制对丧礼的规定过于繁杂，从而确定其原则在于尊重逝者，以此为原则简化丧礼，使之便捷易行。

由于《朱子家礼》契合时代发展，便于实行，因此得到社会的广泛响应。明代改良社会风俗，便采用其说："朱子《家礼》无问名、纳吉，止纳采、纳币、请期。洪武元年定制用之；下令禁指腹、割衫襟为亲者。凡庶人娶妇，男年十六，女年十四以上，并听婚娶。"①《朱子家礼》不仅成为民间礼节的范本，还成为官员行为的准则："品官丧礼载在《集礼》、《会典》者，本之《仪礼·士丧》，稽诸《唐典》，又参以朱子《家礼》之编，通行共晓。"②明朝参照《朱子家礼》，对礼制进行调整，将朱子家礼推行到社会基层。永乐中朝廷颁《文公家礼》于天下，作为全国推行家礼的范本，由此形成了推家礼的社会风气。浙江、广东、福建、安徽、江西、河南等地有大量的私修礼书。据不完全统计，流传下来的家礼文献共 163 种，明初 17 种，明中期 64 种，明后期 55 种，时期不明者 27 种，形成了大量的家礼文献。

《朱子家礼》的颁行，推动了礼从贵族之礼向庶民之礼的转化，将原本流行于大传统的礼义精神落实到社会基层治理中，彻底改良中国的小传统，使社会基层的生活方式更合乎人文理性精神。王阳明高度评价《朱子家礼》的意义，他在《寄邹谦之》中说："承示《谕俗礼要》，大抵一宗《文公家礼》而简约之，切近人情，甚善甚善！非吾谦之诚有意于化民成俗，未肯汲汲为此也！"③认为《朱子家礼》有助于教化百姓，改良风俗。清入主中原之后，采用《朱子家礼》修改满族旧制，维持传统的道德准则和家族传统，以稳定社会秩序。咸丰元年（1851），"礼部酌《家礼》诸书，订官民婚丧冠服，简明规条，论下内外各衙门遵照刊谕"④，以《朱子家礼》确立的原则为要求，制定社会规范，引导社会风俗。

───────────

①　张廷玉等撰：《明史》卷五十五《庶人婚礼》，中华书局 1974 年版，第 1403 页。

②　张廷玉等撰：《明史》卷六十《礼志》，中华书局 1974 年版，第 1490 页。

③　王守仁著，王晓昕、赵平略点校：《王文成公全书》卷六《书三》，中华书局 2015 年版，第 244 页。

④　毛国民：《朱熹〈家礼〉庶民化及其对清代的影响》，《朱子学刊》2016 年第 1 期。

从家礼制作的角度看，士大夫阶层能够主动承担起家族管理的责任，并将之纳入大传统中进行审视，有效地推动了家族风尚和社会风气的改良。士大夫阶层对家庭成员的道德示范、行为约束和习俗引导，使得作为社会基础单元的家族能够形成良好的家风，在社会基层推动了中国的社会改良，也完成了家族内部的人文启蒙，使得中国真正意义上形成了从皇帝到百姓都共同遵守的道德伦理、秩序认同和风俗习惯，并以此为准则，有助于促成最为深广而持久的价值认同。

三、乡约对民风的改良

早期中国以聚族而居的方式构成社会，宋明时期逐渐发展成为多族并居。聚族而居是以家庭伦理维持日常秩序，多族并居则需要建立各个家族公认的社会规则，必须将家族伦理拓展为公共伦理，方才能够形成有序的社会，凝聚价值共识，以作为评价人与事的准则。近世中国的社会改良，得力于士大夫通过制定乡约来改良民风，重塑公共秩序，强化了公共伦理，实现了对基层社会的启蒙化实践。

儒家学说认为乡邻之间有着公共责任，这是建构公共社会的基础。《孟子·滕文公上》曾言及乡邻责任："死徙无出乡，乡田同井，出入相友，守望相助，疾病相扶持，则百姓亲睦。"[1] 认为乡人之间出入相友，守望相助，彼此有相互责任，这是超越于家族、家庭之上的公共社会，也由此形成了公共秩序。在农战合一的制度建构中，依托乡邻责任形成了稳定的社会基层治理模式，如《国语·齐语》载齐国制度："五家为轨，轨为之长；十轨为里，里有司；四里为连，连为之长；十连为乡，乡有良人焉。"[2] 依据乡邻关系组建军事组织，以军事组织编户齐民，形成了有效的基层治理制度。

《周礼·州长》又载基层社会的管理策略："各属其州之民而读法，

---

[1]　赵岐注，孙奭疏：《孟子注疏》卷五《滕文公章句上》，北京大学出版社1999年版，第137页。

[2]　左丘明撰，徐元诰集解，王树民、沈长云点校：《国语集解·齐语》，中华书局2002年版，第224页。

以考其德行道艺而劝之，以纠其过恶而戒之。"①设民政官员组织百姓，约定基本法规，并考核其德行道义，惩戒其过失，由此形成的基层管理制度，建构了早期中国乡村治理的基本模式：

> 党正，各掌其党之政令教治。及四时之孟月吉日，则属民而读邦法以纠戒之。春秋祭禜，亦如之。国索鬼神而祭祀，则以礼属民，而饮酒于序以正齿位：壹命齿于乡里，再命齿于父族，三命而不齿。凡其党之祭祀、丧纪、昏冠、饮酒，教其礼事，掌其戒禁。凡作民而师田行役，则以其法治其政事。岁终，则会其党政，帅其吏而致事。正岁，属民读法而书其德行道艺，以岁时莅校比。及大比，亦如之。②
>
> 族师，各掌其族之戒令政事。月吉，则属民而读邦法，书其孝弟睦姻有学者。春秋祭酺，亦如之。以邦比之法，帅四闾之吏，以时属民而校，登其族之夫家众寡，辨其贵贱、老幼、废疾可任者，及其六畜、车辇。五家为比，十家为联；五人为伍，十人为联；四闾为族，八闾为联。使之相保相受，刑罚庆赏相及相共，以受邦职，以役国事，以相葬埋。若作民而师田行役，则合其卒伍，简其兵器，以鼓铎、旗物帅而至，掌其治令、戒禁、刑罚。岁终，则会政致事。③

其中的党正，主管乡党的政令教化，是乡里的实际管理者，职责是普及国家的法令，指导乡民祭祀，教老百姓行礼。党正管理多个家族。在家族之下有族师，作为某个家族的代表，是宗族事务的管理者。可以说，早期中国的基层治理，是官方主导和宗族自治的二元结构。

宋儒开始通过制定乡约，对乡村道德伦理进行引导，试图形成能够自运行的乡村秩序。吕大钧兄弟在蓝田制定的《吕氏乡约》，作为中

---

① 郑玄注，贾公彦疏：《周礼注疏》卷十二《州长》，北京大学出版社 1999 年版，第 301 页。

② 郑玄注，贾公彦疏：《周礼注疏》卷十二《党正》，北京大学出版社 1999 年版，第 302–306 页。

③ 郑玄注，贾公彦疏：《周礼注疏》卷十二《族师》，北京大学出版社 1999 年版，第 306–309 页。

国最早的乡约，导源于张载以道学改良民风的尝试："横渠倡道于关中，寂寥无有和者。（吕大钧）先生与横渠为同年友，心悦而好之，遂执弟子礼，于是学者靡然知所趋向。横渠之教，以礼为先，先生条为《乡约》，关中风俗为之一变。"① 在《吕氏乡约》中，吕氏兄弟言及制作乡约的动因："人之所赖于邻里乡党者，犹身有手足，家有兄弟，善恶利害皆与之同，不可一日而无之。不然，则秦越其视，何兴与于我哉！大忠素病于此，且不能勉，愿与乡人共行斯道。"② 他们认为乡邻同居乡里，利害相同，一荣俱荣，一损俱损，只有制定规则，形成规矩，才能彻底改良社会风气。

《吕氏乡约》是宋儒对社会基层进行启蒙化实践的尝试。周朝有了教化百姓的意识，汉至唐时期由国家推行教化，以考察地方官的治理水平，此皆由官方主导以推行教化。而宋代的乡约则是士大夫主导、百姓自发认同。这种基于百姓自身利益、基于百姓生活实际而约定的道德伦理和行为规范，对普通百姓怎么生活，怎么做事，进行了细致引导。以百姓立场、基层视角和庶民精神，从根本上推动了儒家对普通百姓的道德引导和风气改良。

《吕氏乡约》所确立的"德业相劝，过失相规，礼俗相交，患难相恤"四个原则，③ 关注到普通百姓的生活实际和道德需求，对其如何养成良好生活习俗作出了详细规定。其中的德业相劝，列举了中国传统文化所提倡的道德伦理，鼓励百姓"见善必行，闻过必改，能治其身，能治其家，能事父兄，能教子弟，能御僮仆"等，④ 并详细罗列"德""业"的具体表现，勉励"同约之人各自进修，互相劝勉。会集之日，相与

---

① 黄宗羲原著，全祖望补修，陈金生、梁运华点校：《宋元学案》卷三十一《吕范诸儒学案》，中华书局1986年版，第1097页。

② 吕大临等撰，陈俊民辑校：《蓝田吕氏遗著辑校·吕氏乡约乡仪》，中华书局1993年版，第567页。

③ 脱脱等撰：《宋史》卷三百四十《吕大防传》，中华书局1985年版，第10844页。

④ 黄宗羲原著，全祖望补修，陈金生、梁运华点校：《宋元学案》卷三十一《吕范诸儒学案》，中华书局1986年版，第1097页。

推举其能者，书于籍，以警励其不能者"①，并约定明确的实施办法和考核机制，在特定时间于乡内进行评选，进行相应的奖惩。

过失相规条同样也列举了常见过失："过失，谓犯义之过六，犯约之过四，不修之过五。"②违反道义、不守约定、品行不端都在规劝惩处之列。这样，通过乡约约定个人行为方式，用道德伦理来引导个人德行，从而使得原本属于个人或者家族之事，转变为了公共事务，将传统的宗法秩序转化为公共秩序，把每一个乡村都变成了道德共同体和秩序共同体。

礼俗相交条则约定了乡村公共秩序的基本结构："一曰尊幼辈行，二曰造请拜揖，三曰请召送迎，四曰庆吊赠遗。"按照亲疏远近，规定了彼此的身份、责任和义务，作为待人接物、往来馈赠的依据，形成了乡村日常运行秩序和自我管理规范。这就彻底改变了春秋时期"礼不下庶人"的传统，把约束士大夫的道德共识转化到百姓的日常实践之中。

患难相恤条则约定了邻里责任，如果遇上水火、盗贼、疾病、死伤、孤弱、诬枉、贫乏患难者，凡是参约的人应该相互告知，共同救恤。由此所形成的社会救助体系，有效地弥补了小农经济面对自然灾害时能力不足的窘境，有利于生产恢复和生活改善，也有助于稳定社会秩序。

早期中国的学说中，只有宗族之间的相互救助，甚至周人还保留着"非我族类，其心必异"的认知。③汉魏时期，宗族秩序已无法应对社会秩序的迅速变动，宗族、家族之内的救助方式，无法满足公共秩序崩溃之后的生产恢复。民间借助道教形成的救助体系，试图在家族之外形成某种公共救助的尝试。佛教传入后，寺庙也承担了一定的社

---

① 黄宗羲原著，全祖望补修，陈金生、梁运华点校：《宋元学案》卷三十一《吕范诸儒学案》，中华书局 1986 年版，第 1097 页。

② 黄宗羲原著，全祖望补修，陈金生、梁运华点校：《宋元学案》卷三十一《吕范诸儒学案》，中华书局 1986 年版，第 1097 页。

③ 左丘明传，杜预注，孔颖达等正义：《春秋左传正义》卷二十六《成公四年》，北京大学出版社 1999 年版，第 717 页。

会救助的职能。但这种依靠宗教组织而形成的救助系统，只能在局部或者小范围内扶危济困，却并非公共社会的救助体系。

公共社会救助体系的形成，一是国家建立民政体系，担负起社会救助的职责。二是老百姓自发形成社会救助团体或者救助机制。北宋开始形成的乡约组织，依赖于百姓自治，不依托于国家干预，在基层形成自运行的道德认同与秩序认同。而依托于国家的救助体制，在中央财政或地方财政衰微时，无法承担起社会救助的职能。特别是天下动乱时，中央财力削弱，国家救助体系就会失效。只有基层百姓自觉地组织起来，建立无数自运行的救助体制、道德激励体制和自治体制，才能真正形成有序的基层社会治理。

这一社会基层治理的机制，是将已经推行了数千年的核心思想、传统美德和人文精神，经过士大夫充分体认和践履之后，转化为普通百姓的道德认同和行为准则。这就使得中华文化的理想精神，能够烛照到社会基层，能够落实到每个人身上。惟其如此，古代中国才形成了自上而下的公共社会。

公共社会的形成，可以从三个维度理解。一是基于国家体制而建立的公共社会，它随着国家的形成而出现，遵循国家所维持的公共秩序，以政治要求为导向，以行政体系为支撑。其在形成发展过程中不断吸收儒家精神，使得公共机制能够建立，这种公共机制依赖于权力体系方才能够运行。二是士大夫所倡导的道统所形成的公共秩序，与政权有契合的一面，也有自运行的一面。道统在很大程度上能够超脱于政权的兴衰成败，建成自足的运作系统，传承士大夫的道德原则、行为准则，依赖于教育的推广和经典传播。三是基层社会形成的自运行机制，依赖于百姓的道德认同、秩序认同和价值判断。古代中国民族、宗教、文化多元，能够维持社会形成超稳定结构的，正是基于大传统所熏陶和固定下来的公共伦理。其通过乡约组织建立起来以后，成为判断个人行为的标准，成为形成社会风尚的依据，长时间地决定着社会的基本认知。

《吕氏乡约》的制定，一是制定乡村成文法，推选约长评骘是非，促成了乡村秩序共同体，形成了乡村自治。二是将家族伦理拓展到社会伦理，形成了公共观念，达成社会道德认同，建构了一个个道德共同体。三是建构庶人的礼俗，以礼教完善乡村秩序，推动社会基层文明，使得古代乡村成为社会共同体。张载高度评价吕氏兄弟通过乡约对关中社会风俗的改良："务为实践之学，取古礼绎其义，陈其数，而力行之。横渠叹以为秦俗之化，和叔与有力焉，又叹其勇为不可及也。"①认为经过吕氏兄弟的坚持和推广，关中秩序发生了很大的变化。黄宗羲也赞美道："横渠之教，以礼为先，先生条为乡约，关中风俗为之一变。"②乡约的意义，在于通过民间的自发组织形成了一个公共价值观，通过百姓的自我管理来维持社会秩序。这种自觉的价值认同，在两三代人坚守之后，便会成为公共价值。无论朝代如何兴衰成败，这种基层社会治理体系和公共价值体系建立起来以后，成为中国社会最为基础的道德伦理，维持着基层社会的稳定。

朱熹高度认同《吕氏乡约》对基层治理的意义。他在《答吕伯恭》的信中说："熹近读《易》，觉有味。又欲修《吕氏乡约》、《乡仪》，及约冠昏丧祭之仪，削去书过行罚之类，为贫富可通行者。苦多出入，不能就。又恨地远，无由质正。然旦夕草定，亦当寄呈，俟可否然后改行也。"③受此启发，他与吕祖谦共同增损《吕氏乡约》，确定了"德业相劝、过失相规、礼俗相交、患难相恤"的基本原则，④强化了乡约的执行力度，明确了乡约的执行方式："众推有齿德者一人为都约正，有学行者二人副之。约中月轮一人为直月。（都副正不与）置三籍，凡愿入约者书于一籍。德业可劝者书于一籍。过失可规者书于一籍。直

---

① 黄宗羲原著，全祖望补修，陈金生、梁运华点校:《宋元学案》卷三十一《吕范诸儒学案》，中华书局 1986 年版，第 1104 页。

② 黄宗羲原著，全祖望补修，陈金生、梁运华点校:《宋元学案》卷三十一《吕范诸儒学案》，中华书局 1986 年版，第 1097 页。

③ 曾枣庄、刘琳主编:《全宋文》卷五四八九《答吕伯恭》，上海辞书出版社、安徽教育出版社 2006 年版，第 194 页。

④ 李文炤著，赵载光校点:《家礼拾遗》附录第一《乡礼·增损蓝田吕氏乡约》，岳麓书社 2012 年版，第 597 页。

月掌之，月终则以告于约正而授于其次。"① 要求由约正来负责乡约的执行，每个月轮值管理，记录本月的好人好事和不良行为。月末大家一起来议论，通过舆论的力量维持百姓的德行。

朱熹的修订，意在使乡约成为便于执行的基层治理方式，将之纳入国家治理体系，形成上下贯通的社会治理模式。因此，他在乡约中增加了百姓对国家的责任和义务，如在"德业相劝"中又增加了"畏法令谨租赋"等事项，要求百姓遵纪守法。这些修订，使得乡约不只是维护老百姓利益，而且能够与国家行政体系、司法体系相衔接，推动乡村自治成为国家治理的重要组成部分。

在过失相规中，朱熹对违反乡约的处罚措施作了更加具体的规定："同约之人，各自省察，互相规戒。小则密规之，大则众戒之。不听，则会集之日，直月以告于约正。约正以义理诲谕之。谢过请改，则书于籍以俟。其争辨不服与终不能改者，皆听其出约。"② 乡约跟族规相比，更多体现着公共伦理。其中既有对人的道德引导，又有对人的行为评骘，不仅承担起教化的责任，而且带有一定的惩戒功能。

经过朱熹和吕祖谦增损之后的乡约，把乡村社会变成了道德共同体和秩序共同体，建构了道德认同、礼俗相通、相互救助的乡村运行机制。特别是在乡约中增加了评骘功能，有助于迅速形成公共舆论，维持基本的道德认同："而又为月旦集会读约之礼如左方。曰凡预约者，月朔皆会。直月率钱具食。会日，夙兴，约正、副正、直月本家行礼。若会族罢，皆深衣，俟于乡校。"③ 每月参约者都在乡校中集会，读乡约以认同道德，评得失以整齐风俗，在乡村社会逐渐形成最为深广的价值认同。

元、明时期充分肯定并继承乡约治理基层社会的模式，成为基层

---

① 李文炤著，赵载光校点：《家礼拾遗》附录第一《乡礼·增损蓝田吕氏乡约》，岳麓书社 2012 年版，第 597 页。

② 李文炤撰，赵载光校点：《家礼拾遗》附录第一《乡礼·过失相规》，岳麓书社 2012 年版，第 598 页。

③ 李文炤撰，赵载光校点：《家礼拾遗》附录第一《乡礼·患难相恤》，岳麓书社 2012 年版，第 602 页。

治理的重要手段。如元朝时"（上海县）其民多豪强，轻于犯法。……（刘辉）因出蓝田吕氏乡约，朔望率父老子弟会坐学宫讲行之，升降揖拜，彬彬礼让，皆乐生自爱，交相劝戒，莫违君令"①。借助乡约进行道德引导和社会改良。明洪武二十一年（1388），解缙《上封事万言》曾提出明朝应该把《吕氏乡约》颁行全国："臣欲求古人治家之礼，睦邻之法，若古蓝田吕氏之《乡约》，今义门郑氏之家范，布之天下。"②尽管解缙的主张没有得到采纳，但却有很多地方官在辖区内推行乡约。如正统年间王源知潮州府时，"刻《蓝田吕氏乡约》，择民为约正、约副、约士，讲肄其中，而时偕僚寀董率焉"③。嘉靖年间，吕柟在解州，"恤茕独，减丁役，劝农桑，兴水利，筑隄护盐池，行《吕氏乡约》及《文公家礼》"④。由地方官主动推行吕氏乡约，其辖区内社会风气故能为之一变。也有民间自发推行乡约者，如嘉靖举人王之士，"以为蓝田风俗之美，由于吕氏，今其乡约具在，乃为十二会，赴会者百余人，洒扫应对，冠婚丧祭，一一润泽其条件，行之惟谨，美俗复兴"⑤，仿效吕氏兄弟，在乡邻中推行乡约，以改良社会风俗。

明朝所推行的乡约主要有两种形式：一种以《吕氏乡约》为模式，由官方或者民间发起，在特定的区域自发组织，用于基层自治；另一种则是由官方半强制推行，以求改良风俗，如王阳明在赣州剿匪成功之后，为当地百姓订立《南赣乡约》，试图彻底改变赣州当地的道德伦理和社会秩序。《南赣乡约》主要约束三类人：一是"本地大户，异境客商"，所有在赣州做生意的人，皆要遵守乡约，不能巧取豪夺；二是"亲族乡邻"，要求普通百姓之间不要轻易复仇，有问题找约长，约长不能解决再找官府，建立了违法预防机制和民间调解机制；三是"投招新民"，原本为恶之人改邪归正后，通过乡约管理他们的言行，引导他们向善，

---

① 李修生主编：《全元文》卷一四〇五《奉训大夫绍兴路余姚州知州刘君墓志铭》，凤凰出版社1998年版，第330页。

② 夏燮撰，沈仲九点校：《明通鉴》卷九，中华书局2009年版，第420页。

③ 张廷玉等撰：《明史》卷二百八十一《循吏传》，中华书局1974年版，第7196页。

④ 张廷玉等撰：《明史》卷二百八十二《儒林传》，中华书局1974年版，第7243页。

⑤ 黄宗羲著，沈芝盈点校：《明儒学案》卷九《三原学案》，中华书局2008年版，第177页。

认同社会秩序。①

如果说《吕氏乡约》是通过乡民自治来形成基层秩序，《南赣乡约》则是由政府主导来形成公共秩序，使得乡约成为政府管理百姓的辅助手段。王阳明言及《南赣乡约》的订立宗旨时说："孝尔父母，敬尔兄长，教训尔子孙，和顺尔乡里。死丧相助，患难相恤。善相劝勉，恶相告戒。息讼罢争，讲信修睦，务为良善之民，共成仁厚之俗。"②由参约者推选管理人员进行自主管理，实行官府主导、百姓自治的模式："同约中推年高有德为众所敬服者一人为约长，二人为约副，又推公直果断者四人为约正，通达明察者四人为约史，精健廉干者四人为知约，礼仪习熟者二人为约赞。"③在更大范围推行乡民自治，要求彼此共同遵守约定，以维持公共秩序，维护道德伦理。通过乡民自我激励和自我惩戒，达到整齐风俗、形成道德认同的目的。如乡约规定："置文簿三扇：其一扇备写同约姓名，及日逐出入所为，知约司之；其二扇一书彰善，一书纠过，约长司之。"④通过日常监督、评骘和改良，形成百姓基本的道德认知，用于约束行为、衡量是非，在更大范围内形成价值认同。

《吕氏乡约》以乡村自治为导向，《南赣乡约》则以官方主导形成更广泛的基层自治。从《吕氏乡约》到《南赣乡约》，皆是借助大传统所形成的道德认同、秩序认同、伦理认同和社会认同，作为建立基层社会秩序、改善普通百姓道德行为的基石，推进了礼乐教化的下行和社会风气的改良。乡约将基层百姓纳入国家治理体系之中，形成了上下一体的道德养成机制、行为约束机制和秩序维持机制，形成了更为深厚而稳定的公共社会价值观。

---

① 王守仁著，王晓昕、赵平略点校:《王文成公全书》卷十七《南赣乡约》，中华书局2015年版，第729–730页。

② 王守仁著，王晓昕、赵平略点校:《王文成公全书》卷十七《南赣乡约》，中华书局2015年版，第727页。

③ 王守仁著，王晓昕、赵平略点校:《王文成公全书》卷十七《南赣乡约》，中华书局2015年版，第728页。

④ 王守仁著，王晓昕、赵平略点校:《王文成公全书》卷十七《南赣乡约》，中华书局2015年版，第728页。

古代中国的乡约，常以《吕氏乡约》为范本，以道德认同为基础，以公共秩序为导向，形成了稳定有效的基层治理模式。从中华文明史的视角来看，其推动了社会文明的发展，建立起上下齐同的道德认知和行为规范，完成了古代中国基层的社会启蒙。人的启蒙，是学习人类社会运行的法则，按照社会文明发展的方向去实现道德认同、行为认同和价值认同，在此基础上形成人文理性，以此为尺度，打破约束人全面发展的条条框框。宋明时期儒生所制定的乡约以及由此推行的基层社会改良，正是将古代中国所形成的文化认同和文明成果，在最为深广的领域内进行启蒙化实践，为公共价值观念的形成做了基础的尝试。

第四节　劝谕语境下的社会改良

自上而下推行教化，是古代中国改良社会风气、凝聚社会共识的基本策略。在汉代，士大夫出任地方官员，用礼乐教化百姓，改良风俗，引导百姓仓廪实而知礼节。这种重视教化的风气不绝如缕，诸多循吏常进行自觉的社会教化，以改良社会风俗。宋代通过书院、家礼、乡约等方式，推动社会基层的启蒙化实践，明清继承了宋儒的尝试，将圣谕宣讲与民间劝善传统、社会劝谕与社会教化结合起来，形成官方主导的社会教化体系，又借助行政体系，将传统道德伦理直接推行到社会基层，形成了更广泛深刻的价值认同。

一、早期中国的劝善传统

劝善，是通过鼓励、奖励等方式引导百姓体认社会共识、尊重道德伦理、养成良好行为。《大学》中所言的"止于至善"，既包括士大夫体认人性之善，也包括采用符合社会基本期待与基本法则的行为，形成健全人格，获得社会认同。

孔子主张行政体系要担负起劝善的职能："道之以德，齐之以礼，有耻且格。"① 用道德来引导百姓，用礼来整齐民俗，使老百姓知道荣辱，能够守住做人的原则，明白做事的立场与分寸。孔子反对不教而杀，孟子认为政府不教化老百姓，只是在百姓犯了罪之后将其处罚，是在"罔民"②。孟子亦言百姓解决温饱问题之后，要"谨庠序之教，申之以孝悌之义，颁白者不负戴于道路矣"③，通过教化来改善世道人心，形成良好的社会风俗，体现社会公共道德。

以劝善的方式推行教化，在秦汉时期得到了系统阐释。《韩诗外传》卷八曾言及理想的社会教化："度地图居以立国，崇恩溥利以怀众，明好恶以正法度，率民力稼，学校庠序以立教，事老养孤以化民，升贤赏功以劝善，惩奸绌失以丑恶，讲御习射以防患，禁奸止邪以除害，接贤连友以广智，宗亲族附以益强。"④ 主张要用恩惠、利益来劝导人民，培养他们的是非观，引导百姓重视农业生产。在具体实施方法上，可以建立学校进行教育，在民间形成敬老养老的风气；鼓励百姓多做有益于社会的事情，对丑恶的事情进行惩处；加强军事教育以避免灾患，清除奸邪的人以消除祸害，敦促百姓形成良好的社会关系，以开启民智，处理好宗族亲族的关系。可见这一时期的学者不仅意识到教化的作用，而且制定了体系化的实施策略。

以劝善方式推行教化，在汉代成为社会共识。《太平经》便言："举善者为种民，学者为仙官。设科立典，奖善杜恶，防遏罪根，督进福业之人。"⑤ 主张以宗教形态在小传统中建立劝善系统，通过劝善促使民间形成良好风气，实现天下太平。南宋真德秀曾评价汉代的《太上感应篇》："《感应篇》者，道家儆世书也。……以儒家言之，则《大学章句》、《小学字训》等书；以释氏言之，则所谓《金刚经注》者，凡三刻矣。

---

① 何晏注，邢昺疏：《论语注疏》卷二《为政》，北京大学出版社 1999 年版，第 15 页。

② 赵岐注，孙奭疏：《孟子注疏》卷五《滕文公章句上》，北京大学出版社 1999 年版，第 134 页。

③ 赵岐注，孙奭疏：《孟子注疏》卷一《梁惠王章句上》，北京大学出版社 1999 年版，第 10 页。

④ 韩婴撰，许维遹校释：《韩诗外传集释》卷八，中华书局 1980 年版，第 283—284 页。

⑤ 王明编：《太平经合校》，中华书局 2014 年版，第 5 页。

然大小学可以诲学者而不可以语凡民，金刚秘密之旨，又非有利根宿慧者不能悟而解也。顾此篇指陈善恶之报，明白痛切，可以扶助正道，启发良心。"①认为道家作《太上感应篇》的目的，在于劝善百姓，与儒家、佛教类似著述的功能相近。

魏晋南北朝所编著的灵异神道故事，意在宣扬宗教观念，如干宝的《搜神记》，目的是在"明神道之不诬"②，以此证明鬼神存在。唐代也有佛教、道教的劝善故事，如寒山、拾得有不少对信众进行劝导的佛理诗。敦煌经文中有大量利用佛教方式进行劝善的文本，以因果报应的方式劝善惩恶。敦煌曲子词中也有诸多面向百姓劝善的说唱和诗词。

唐代开始采用劝谕的方式，对百姓进行劝善。如高士廉为益州长史时，"蜀土俗薄，畏鬼而恶疾，父母病危殆不躬扶持，杖头挂食，遥以哺之，兄弟异财，罕通假借。士廉随力诱劝，有不悛者亲率官吏诣门劝谕，由是一里翕然多为孝弟，兼命儒生讲论坟典，勉励后进，教化复兴"③。他派遣官吏到百姓家中进行劝告和教谕，劝导其改正不良风气。韩愈为潮州刺史，设置乡校，让海阳县尉作为衙推官，"专勾当州学以督生徒，兴恺悌之风"④，引导潮州人读书明礼，改良社会风俗。常衮作为福建观察使，"亲加讲导，与为客主均礼，观游宴飨与焉，由是风俗一变"⑤。他们通过设立学校、职官对百姓进行教化、劝导、告谕，以改良社会风气。

宋儒认为儒释道都在提倡并尝试劝善，进行社会改良。他们总结并升华这些劝善文本，结合学规、乡约、家礼，方才有了综合性的社

---

①　曾枣庄、刘琳主编：《全宋文》卷七一六九《感应篇序》，上海辞书出版社、安徽教育出版社 2006 年版，第 145 页。

②　干宝撰，李剑国辑校：《搜神记辑校·干宝搜神记序》，中华书局 2019 年版，第 17 页。

③　丘濬撰，金良年整理，朱维铮审阅：《大学衍义补》卷八十二，上海书店出版社 2012 年版，第 27 页。

④　丘濬撰，金良年整理，朱维铮审阅：《大学衍义补》卷八十二，上海书店出版社 2012 年版，第 27 页。

⑤　丘濬撰，金良年整理，朱维铮审阅：《大学衍义补》卷八十二，上海书店出版社 2012 年版，第 27 页。

会启蒙化实践。倪思作《劝积阴德文》、杨万里作《劝人教人子弟说》、朱熹作《劝学文》、赵令衿作《六法图》、李昌龄作《厚德录》、黄光大作《积善录》，他们对社会风气的改善有着强烈的责任感。如黄光大《积善录》序言中说："予少也贱，负笈四方，经历世故，屡尝患难。凡所闻见践履，有益于人而可补于世者，未尝不积于中。爰总管见，裒集一百余事，目曰《积善录》。录皆所以言修身积德济物也。"①他把民间故事收集起来编成劝善故事集，以劝善故事为榜样，引导普通百姓理解儒家所倡导的道德伦理，采用合乎公共秩序要求的行为方式，对社会进行彻底的改造。

二、劝谕实践及其教化

宋朝开始建立自上而下的劝谕体系。太平兴国八年（983）五月，"太宗作《戒谕百官辞》二通"，交由行政系统推行。②《戒谕百官辞》是由皇帝倡导，作为官员行为规范，成为宋代官员通行的准则。大中祥符元年（1008），"真宗以祥符降锡，述大中清净为治之道，申诫百官，又作《诫谕辞》二道，易旧辞，赐出使京朝官及幕职、州县官。其后，又作文、武七条"③。太宗、真宗先后告谕官员该如何去做，实际是对官员进行劝谕，并通过行政体系推行到州县，成为宋代官员的基本规矩。

其中，宋真宗对文官、武官分别所作的七项规定中，要求官员承担起劝谕百姓的职责，如文七条其六曰："劝课，谓劝谕下民，勤于孝悌之行，农桑之务。"④规定官员有劝课职责，劝是劝喻百姓，课为征收赋税。武七条中，要求官员"修身、守职、公平、训习、简阅、存恤、威严"⑤，要求武官对手下有训练教习、选拔检阅、体恤抚慰的责任。又

① 曾枣庄、刘琳主编：《全宋文》卷六一一四《积善录序》，上海辞书出版社、安徽教育出版社 2006 年版，第 392 页。

② 脱脱等撰：《宋史》卷一百六十八《职官八》，中华书局 1985 年版，第 4008 页。

③ 脱脱等撰：《宋史》卷一百六十八《职官八》，中华书局 1985 年版，第 4008 页。

④ 脱脱等撰：《宋史》卷一百六十八《职官八》，中华书局 1985 年版，第 4008 页。

⑤ 脱脱等撰：《宋史》卷一百六十八《职官八》，中华书局 1985 年版，第 4008 页。

规定文七条和武七条"仍许所在刊石或书厅壁，奉以为法"①，官府要分别把七条规定刻石书壁，作为官员准则，让每一个官员知道自己该如何做官做事。这样，皇帝通过对官员的劝谕，确定了行政体系通行的道德认同和秩序认同。

文、武七条以外，北宋皇帝常把《礼记·儒行篇》赐给官员，作为其立身处事的参照。宋真宗"又以《礼记·儒行篇》赐亲民厘务文臣，其幕职、州县官使臣赐敕戒砺"。让官员能够按照其中规定的道德伦理、心性修为和行为准则来修养自我，又"令崇文院刻板模印，送阁门，辞日分给之"②，把这些道德认同和行为规范下达到各级官府。这样便形成了由皇帝劝谕百官、百官劝谕百姓的统一的社会劝谕体系，有助于自上而下全面、彻底地推行道德伦理和行为准则。

我们可以从程颢、朱熹的做法来看地方官如何进行劝谕，并在基层通过教化形成良好秩序的。程颢为晋城令时：

> 民以事至邑者，必告之以孝悌忠信，入所以事父兄，出所以事长上。度乡村远近为保伍，使之力役相助，患难相恤，而奸伪无所容。凡孤茕残废者，责之亲戚乡党，使无失所。行旅出于其途者，疾病皆有所养。诸乡皆有校，暇则亲至，召父老而与之语。儿童所读书，亲为正句读，教者不善，则为易置。俗始甚野，不知为学，先生择于子弟之秀者，聚而教之，去邑才十余年，而服儒服者盖数百人矣。乡民为社会，为立科条，旌别善恶，使有劝有耻。……在邑三年，百姓爱之如父母。③

程颢在每个乡设置学校，将德高望重者招到乡校议事，让儿童去读书明理。他选拔优秀的学生去教乡民读书，引导百姓知书达理，表彰善行。让老百姓了解道德要求、遵守法令、自觉维持公共秩序，三年之后便改良了社会风气。

---

① 脱脱等撰：《宋史》卷一百六十八《职官八》，中华书局 1985 年版，第 4008 页。

② 脱脱等撰：《宋史》卷一百六十八《职官八》，中华书局 1985 年版，第 4008—4009 页。

③ 吕祖谦编，齐治平点校：《宋文鉴》卷一百三十八《程伯淳行状》，中华书局 1992 年版，第 1940—1941 页。

朱熹知漳州时，"以习俗未知礼，采古丧葬嫁娶之仪，揭以示之，命父老解说，以教子弟。土俗崇信释氏，男女聚僧庐为传经会，女不嫁者为庵舍以居，熹悉禁之"[①]。按照儒家道德伦理要求，对不良社会风俗进行改造，尽力扭转社会风气。由此可以看出，唐宋之间教化方式有了较大转型，一是将儒家改变习俗的劝善传统建立起来，形成了制度化的劝善体系。二是有意识地抵制、抑制、淡化宗教式的劝谕，尤其禁绝男不婚女不嫁的僧道传统，使社会风气合乎儒家道德伦理。这是中国儒学启蒙化的实践，也是儒学世俗化的尝试。

其中，对后世劝谕体系影响较大的是朱熹知漳州时的劝谕实践，他颁行《劝谕榜》把北宋的乡约转化为行政要求，对民间风气进行强制干预。前文已论，《吕氏乡约》是民间自发的社会改良实践，《南赣乡约》是官方主导民间自运行的社会改造运动。而朱熹的《劝谕榜》，是以官府颁布法规的形式，直接干预社会风气，维护价值认同，促成公共秩序。朱熹的《劝谕榜》为老百姓订立了种种规则，今列条目如下：

> 劝谕保伍互相劝戒事件。
>
> 禁约保伍互相纠察事件。
>
> 劝谕士民，当知此身本出于父母，而兄弟同出于父母，是以父母兄弟天性之恩至深至重。而人之所以爱亲敬长者，皆生于本心之自然，不是强为，无有穷尽。
>
> 劝谕士民，当知夫妇婚姻，人伦之首，媒妁聘问，礼律甚严。
>
> 劝谕士民，乡党族姻，所宜亲睦。或有小忿，宜各深思，更且委曲调和，未可容易论诉。
>
> 劝谕官户，既称仕宦之家，即与凡民有异。尤当安分循理，务在克己利人。
>
> 劝谕遭丧之家，及时安葬，不得停丧在家及攒寄寺院。
>
> 劝谕男女，不得以修道为名，私创庵宇。若有如此之人，各仰及时婚嫁。

---

① 脱脱等撰：《宋史》卷四百二十九《道学传》，中华书局1985年版，第12762页。

约束寺院，民间不得以礼佛传经为名，聚集男女，昼夜混杂。

约束城市乡村，不得以禳灾祈福为名，敛掠钱物，装弄傀儡。[①]

乡约是民间拟定的社会倡议书，依靠舆论的力量维持价值共识。《劝谕榜》则是官府出台的正式规定，明确官府具有教育百姓的义务和惩戒百姓的权力，要求百姓遵守社会公德，自觉维持社会良俗，具有行政强制的意味，体现了宋儒试图彻底改良社会风气的决心。

朱熹在治理实践中，还针对特定人群进行劝谕。如在《劝女道还俗榜》中说："契勘本州日前官司失于觉察，民间多有违法私创庵舍，又多是女道住持。昨来当职到任之初，为见事有非便，即已坐条出榜禁止，今后不得私创庵舍居住，丁宁告戒，非不严切。近日因引词状，见得尚有女道住庵，又有被人论诉与人奸通者，显是不遵当职约束，故违国家条制，诬上行私，败乱风俗，须至再行劝谕者。"[②]劝告民间私自设立女庵者，不得违背法令，不得败坏社会风气，明令禁止新设女庵。朱熹在龙岩县任职时发布的《劝谕榜》，解释了其劝谕目的："庶几一变犷悍之俗，复为礼义之乡，子子孙孙，永陶圣化。如更不改，尚习前非，州郡虽欲曲法相容，亦不可得。决当会合巡尉，围掩搜捉，依条断罪，的无轻恕。今榜晓谕，各请详思，趁早革心，无贻后悔。"[③]希望借助官方权威，对社会风俗进行改革，将道德伦理普及到社会基层，形成与大传统同向的社会风尚。

朱熹赞许陈襄的劝谕实践，他在《揭示古灵先生劝谕文》中对其提倡的道德原则进行了解读：

古灵先生陈公劝谕：为吾民者，父义（能正其家），兄友（能

---

① 曾枣庄、刘琳主编：《全宋文》卷五四五九《劝谕榜》，上海辞书出版社、安徽教育出版社2006年版，第113–114页。

② 曾枣庄、刘琳主编：《全宋文》卷五四五八《劝女道还俗榜》，上海辞书出版社、安徽教育出版社2006年版，第109–110页。

③ 曾枣庄、刘琳主编：《全宋文》卷五四五九《龙岩县劝谕榜》，上海辞书出版社、安徽教育出版社2006年版，第121页。

养其弟），弟敬（能敬其兄），子孝（能事父母），夫妇有恩（贫穷相守为恩。若弃妻不养，夫丧改嫁，皆是无恩也），男女有别（男有妇，女有夫，分别不乱），子弟有学（能知礼义廉耻），乡闾有礼（岁时寒暄，皆以恩意，往来燕饮，序老少坐立拜起），贫穷患难，亲戚相救（借贷财谷），昏姻死丧，邻保相助，无堕农桑，无作盗贼，无学赌博，无好争讼，无以恶凌善，无以富吞贫，行者逊路（少避长，贱避贵，轻避重，去避来），耕者逊畔（地有畔，不相争夺），班白者不负戴于道路（子弟负重执役，不令老者担擎），则为礼义之俗矣。①

他认为陈襄的劝谕，把原本的儒家社会理想转化为可行的行为准则，通过官方的提倡和引导，将之落实到百姓日常生活中，能促成良好的社会风尚。由此可见，宋儒的劝谕，实际是借助行政体系，在更大范围内倡导道德认同、稳定秩序认同、形成社会认同。

明人邱浚在《大学衍义补》中总结劝谕的功能，在于通过政教合一的方式，彻底改良社会习俗："治道有二，曰政曰教，政以法令行之也易，教以道义行之也难，……是故明君在上，知教化为治道之急务，则必设学校、明礼义、立条教以晓谕而引导之，使之皆囿于道义之中而为淳厚之俗。"②认为要改变风俗，既要借助于行政手段，以秋风扫落叶的无情来处置违法者；也要充分利用教化方式，以春风化雨的温润来引导百姓。在他看来，理想的国家治理体系应该先进行劝谕，而后通过行之有效的行政治理，才能彻底改良社会风气。

王阳明继承了朱熹劝谕的实践，常通过行政体系劝谕百姓，使之信从良俗。其在《告谕安义等县渔户》中说："将本院告谕，真写翻刊，亲赍各户，逐一颁谕，务使舍旧图新，各安生理，不得轻信人言，妄有疑猜，自求罪累。其素敦诗礼良善者，愈加劝勉，务益兴行礼让，

① 曾枣庄、刘琳主编：《全宋文》卷五四五九《揭示古灵先生劝谕文》，上海辞书出版社、安徽教育出版社 2006 年版，第 112 页。

② 丘浚撰，金良年整理，朱维铮审阅：《大学衍义补》，上海书店出版社 2012 年版，第 28 页。

讲信修睦，以为改恶从善者之倡。"①期望诸县渔户，能安心生产，遵守礼法。王阳明的《申行十家牌法》是为土匪改为乡民者所订立的规矩。他要求各县选择德高望重、品行良好者对其进行劝谕："仰各该县官，务于坊里乡都之内，推选年高有德，众所信服之人，或三四十人，或一二十人，厚其礼貌，特示优崇，使之分投巡访劝谕，深山穷谷必至，教其不能，督其不率，面命耳提，多方化导。……若巡访劝谕著有成效者，县官备礼亲造其庐，重加奖励，如此庶几教化兴行，风俗可美。"②由官方主导建立起基层巡防、劝谕体系，对每一户百姓进行劝导、教化，使之能够理解道德伦理要求，遵守公共秩序。

从朱熹到王阳明的劝谕实践，可以看出宋明儒生改造社会、启蒙百姓的努力，逐渐形成了效果明显的社会劝谕体系和基层教化实践，形成了自上而下的道德认同和秩序认同。宋太宗、宋真宗对官员的告谕，明确了官员的道德规范，宋儒将官方倡导的道德规范持续推行到民间，形成了自发的劝谕实践。这一劝谕实践在明清则被建构为通行全国的圣谕宣讲体系和社会教化体系，在全社会强制推行，确立了古代中国最为深刻的价值认同。

三、圣谕宣讲与教化体系的形成

明代所确立的圣谕宣讲制度，是通过国家行政体系，将基本的道德伦理和行为规范直接宣讲到基层，落实到每家每户，落实到每一个百姓身上，以此作为衡量个人德行的准则，成为社会基础的价值认同。朱元璋在洪武三十年（1397）颁发诏令，要求建立圣谕宣讲制度：

> 上命户部下令天下人民，每乡里各置木铎一，内选年老者，每月六次持铎徇于道路曰："孝顺父母，尊敬长上，和睦乡里，教

---

①　王守仁著，王晓昕、赵平略点校：《王文成公全书》卷十七《告谕安义等县渔户》，中华书局 2015 年版，第 723 页。

②　王守仁著，王晓昕、赵平略点校：《王文成公全书》卷三十一《申行十家牌法》，中华书局 2015 年版，第 1335 页。

训子孙，各安生理，毋作非为。"①

经过宋儒的劝谕、乡约等启蒙实践之后，基层教化的成效已经得到公认。朱元璋要求全国形成统一的价值认同，并要求户部建立宣传体系，将国家倡导的道德规范传达到普通百姓，以形成全国统一的价值判断，评价和衡量社会风气和个人德行。这一体系的建立，自上而下彻底地改变了古代中国的道德认知、行为规范和社会风尚。

自此之后，圣谕宣讲便成为明清社会基层治理的主要方式，颁行圣谕也成为皇帝推行教化的起点。即便是张献忠自封大西皇帝时，亦颁布圣谕："天以万物与人，人无一物与天地，神鬼明明，自思自量！"②顺治统一天下便颁布《谕俗文》《六谕卧碑文》，重申"孝顺父母，恭敬长上，和睦乡里，教训子孙，各安生理，毋作非为"的道德准则。康熙九年（1670）颁布了《圣谕十六条》，在朱元璋、顺治的六条原则上，进一步明确基层百姓的道德伦理和行为准则：

> 敦孝弟以重人伦，笃宗族以昭雍睦，和乡党以息争讼，重农桑以足衣食，尚节俭以惜财用，隆学校以端士习，黜异端以崇正学，讲法律以儆愚顽，明礼让以厚风俗，务本业以定民志，训子弟以禁非为，息诬告以全良善，诫窝逃以免株连，完钱粮以省催科，联保甲以弭盗贼，解仇忿以重身命。③

《圣谕十六条》的内容，继承了古代中国通行的道德规范和基本的社会规则，更为细致地规定了社会成员的日常行为规范、社会责任和道德要求，要求全国百姓遵行。

圣谕由皇帝颁布，通过行政体系直接落实到乡村，明代便形成了稳定而持续的社会教化系统：

> 每乡每里各置木铎一个。于本里内选年老或残疾不能等之生

① 薛应旂撰，展龙、耿勇校注：《宪章录校注》卷十一，凤凰出版社2014年版，第146页。
② 徐鼒撰，王崇武点校：《小腆纪年附考·卷八》，中华书局1957年版，第286页。
③ 伊桑阿等编著，杨一凡、宋北平主编，关志国、刘宸缨校点：《（康熙朝）大清会典》，凤凰出版社2016年版，第618页。

理之人，或瞽目者，令小儿牵引，持铎循行本里。如本里内无此人，于别里内选取。俱令直言叫唤。……其持铎之人，秋成之时，本乡本里内众人随具多寡资助粮食。如乡村人民住居四散窎远，每一甲内置木铎一个，易为传晓。①

设置专门的人员，定期在乡村宣读圣谕。在百姓散居的地区，按照保甲制度，进行宣讲，甚至要求家家户户写一张，贴在壁上，使得圣谕人人皆知，作为百姓生活的通用准则。为宣传圣谕，皇帝亲自书写《圣谕广训》，"命武英殿勒石拓印，颁行天下各直省将军、督抚、府尹、学政，督饬地方文武官员及各学教官钦遵宣布，无论官绅士庶，均准摹勒刊刻，以广流传"②。作为道德伦理的通行读本，在全国颁行。

为保证圣谕传达到家家户户，官员常常在民间举行庙会、集市活动时趁机宣讲圣谕。如刘阳曾在社会时宣讲六谕，其《社会序》云："社饮之会，少长咸集，独儒服者每五日而后罢，读高皇帝训，阳绎之以鄙言，俾人人仰遵成训。"③在百姓举行社会时宣讲圣谕，为了让百姓便于理解，他采用方言俚语，对圣谕进行解读。嘉靖十五年（1536），唐琦进《察院公移》要求建立圣谕宣讲系统，对圣谕内容进行生动活泼的解读："仰各拣选乡中抵业笃实者充为木铎老人，使各整衣振冠，仍将御制训词朱碑金书，上刻圣谕，分刻王尚书注解于下，沿乡劝谕。望日则集里中老稚于各社庙，逐一训谕；朔日则负牌摇铎，由甬道直入公堂，以示优礼……仍选教读，分投各乡训诲，各选蒙童声音洪亮者六名，将训谕、注解熟读朗诵，望日各同木铎在乡，朔日同城中童生赴有司，训谕、注解逐款高声诵说……仍将日记故事、《为善阴骘》《孝经》《小学》各摘数条有关伦理者，以类相附讲论，各乡俱照举行。"④将官员、学者所进行的圣谕解读，列入圣谕宣传系统，不仅使得百姓通晓圣谕的内容，更能对圣谕的精神、内容以及由此而形成的理论体

① 杨一凡点校:《皇明例书》，社会科学文献出版社 2013 年版，第 728 页。
② 王先谦、朱寿朋撰:《东华续录（咸丰朝）》，上海古籍出版社 2008 年版，第 128 页。
③ 张召南，刘翼张:《康熙安福县志》卷七，线装书局 2004 年版，第 452 页。
④ 唐琦编:《圣训演》卷二，人民出版社 2014 年版，第 571–572 页。

系，进行更为详细的解读，以形成更为深刻的理解，将之落实到学校教育中，落实到社会秩序中。

清代的学校成为圣谕宣讲的重要场所："每月朔望昧爽，塾师率学童具衣冠，诣至圣先师神位前，行三跪九叩礼。礼毕，学童向塾师一揖；继，学童互揖；毕，肃立，敬听塾师讲《圣谕广训》（雍正年间作品）一则。"[①]圣谕被作为童生考试的内容："学校为培养人材之地，士品克端，斯民风日茂，亦惟训迪有术，斯士习益淳。定例每于朔望敬谨宣讲《圣谕广训》，并分派教官亲赴四乡宣讲，俾城乡士民共知遵守。"[②]学校每月定期宣读讲解圣谕，让蒙童熏陶其中，将之作为自我约束的道德伦理和行为准则。

相对于乡里宣讲，学校宣讲最大的不同在于更注重学理阐释，由此强化学生的价值认同。《四库全书总目提要》说："凡童子应试、初入学者，并令默写无遗，乃为合格；而于朔望日，令有司乡约耆长宣读，以警觉颛蒙。盖所以陶成民俗，只服训言者，法良意美，洵无以复加云。"也由此形成了岁科两试覆试童生，令其默写《圣谕广训》一条的传统。直到嘉庆十九年（1814）仍规定参加岁考和科考时的童生、并贡监生以及考取功名的生员都必须能默写《圣谕广训》。1902年罗振玉在制定"壬寅癸卯学制"的《学制私议》中，便在第六条提议："奉《圣谕广训》为修身道德之纲领，令全国学校一律遵守。"[③]将圣谕作为学生基本的道德要求进行提倡。

明清时期的圣谕被作为乡约的基本原则。嘉靖形成圣谕与乡约合一的教化系统。《永新乡约》序便言："乃询于大夫士之彦，酌俗从宜，以立乡约，演圣谕而疏之。凡为孝顺之目六，尊敬之目二，和睦之目六，教训之目五，生理之目四，毋作非为之目十有四。"[④]圣谕虽然只有

---

① 陈惟彦：《幼学分年课程》，见韩锡铎编《中华蒙学集成》，辽宁教育出版社1993年版，第1566页。

② 王炜编校：《〈清实录〉科举史料汇编》，武汉大学出版社2009年版，第756页。

③ 朱有瓛编：《中国近代学制史料》第二辑《学制私议》，华东师范大学出版社1987年版，第13页。

④ 邹守益著：《邹守益集》卷一，凤凰出版社2007年版，第54—55页。

六句道德准则，但在国家行政体系的推行下，则变成了通用的社会规范。圣谕宣讲常常与乡约评议结合起来："各乡俱照举行，又各置空白文簿一扇付木铎老人收执，每遇乡中有恶善，明白戒劝，仍将明白戒劝过姓名实迹随即登簿。"① 将乡约劝诫者从约长变为了木铎老人，以乡约形式管理基层，以圣谕内容要求百姓。圣谕宣讲确定了道德准则，乡约制度维持着道德要求，二者相辅相成，彻底改变了古代中国的社会风气，形成了最为深广的价值认同。

圣谕宣讲中出现了各式各样的阐释方式，形成了大量的圣谕宣讲文本。一是圣谕阐释文本。如黄虞稷在《千顷堂书目》收录了明代五种诠释文本：许赞《圣训衍》三卷、湛若水《圣谟衍》一卷、尤时熙《圣谕衍》、马朴《圣谕解说》一卷、金立敬《圣谕注》一卷。顺治继承明代六条圣谕，康熙将之阐释为十六条，雍正二年（1724）颁行，"其时督、抚、提臣等，或衍为直解，或缉为讲解，或缉为训兵丁直解，各相继作释文上闻，以颁所属，朔望宣讲，语皆通俗，期愚氓易晓"②。在雍正倡导下，官员们竞相阐释圣谕，形成各种讲解文本。雍正七年（1729），"诏天下设立约正值月，如'蓝田吕氏乡约法'，以宣读圣谕及律令。著为例"③。在全国设立乡约组织，并将圣谕宣讲作为每月的活动内容。二是故事演义文本，根据圣谕内容整理编写劝善惩恶的故事，对百姓进行教育。王录则作《圣谕演义》一册，"著古今善恶之报以谕小民，凡犯六禁者，拘之图圄，令熟读《演义》乃释，期年无犯者"。借助善恶果报的故事对圣谕进行阐释，强制罪犯学习，这收到了很好的教育效果。《圣谕灵征》以白话的方式宣讲灵异故事，对百姓进行说教。三是圣谕宣讲的歌谣图像，以喜闻乐见的形式让老百姓传唱圣谕。明代罗洪先作《圣谕歌》、王栋作《乡约谕俗诗六首》和《乡约六歌》，李来章作《圣谕衍义三字歌俗解》，陈崇砥写《圣谕绎谣》。通过歌谣让百姓口耳相传，熟知圣谕的内容。此外，万历十五年（1587），钟化

---

① 唐琦：《圣训演》卷二，人民出版社、西南师范大学出版社 2014 年版，第 482 页。

② 赵慎畛撰，徐怀宝点校：《榆巢杂识》下卷《圣谕广训》，中华书局 2001 年版，第 200 页。

③ 赵慎畛撰，徐怀宝点校：《榆巢杂识》下卷《圣谕广训》，中华书局 2001 年版，第 200 页。

民撰《圣谕图解》，以图像方式解读圣谕。梁延年作《圣谕像解》、李来章作《圣谕图像衍义》，附以插图讲解故事，让百姓喜闻乐见。清代则借助戏曲进行劝善，如《劝善金科》是清宫于每年岁末、节令演出的节令戏，专演善有善报，恶有恶报的戏，以起到劝导道德的作用。

借助圣谕宣讲而反思个人行为，促成了明清社会广泛的价值认同。张福臻《圣谕讲解录》说："凡初二、十六日，日出时候，地方即催该管居民齐赴乡约所，听乡约赞唱礼，齐向圣谕牌前，行五拜三叩头礼，然后肃班站立，静听乡约讲解。讲毕一条，即往自己身上想一想。如听讲'孝敬父母'，即往身上想一想，我有父母，我果孝顺否？如听讲'尊敬长上'，即往身上想想，我有长上，我果尊敬否？其余俱照此往身上看，往身上行……每次止讲圣谕二条，周而复始，少则愚民易记也……司讲讲毕一条，童子遂歌诗一首。通毕，各一揖而退。即举善恶，登薄中，仍逐各点卯。"①省思是按照道德规范对个人行为进行反思，使得原本出于个人自觉的行为，转变成了制度性的设计。把道德共识落实到日常认知之中，反复强化，便转变为道德认同。这样，国家就建立了自上而下的道德引导体系和行为劝谕体系，大传统所提倡的道德伦理、行为准则和评价标准直接影响到百姓的日常生活，作为衡量是非的尺度，具有了价值判断的意味。

借助于乡约，圣谕的原则便成为价值判断的依据。郝敬《圣谕俗解》言及在宣讲圣谕时的内容，便列举了乡里百姓的道德行为进行评骘："生事告状如朱学、童四等，放囊赌博如秦日晓、季九等，打行扎囤如李孝、李忠、宣大、宣二等，造访害人如王前溪、尹心野等，捏写词状如陈道、朱抱恒等，包告包中如周奉津、陆应南等，窝盗私贩如徐元真、朱大邦等。"②他不仅举身边的例子来说明圣谕的要求，更将之作为标准评价乡里百姓的道德行为、言谈举止，通过社会舆论的力量，引导百姓遵守道德规范，使得官方提倡的道德准则成为价值判断的标准。

---

① 赵克生：《明朝圣谕宣讲文本汇辑》，黑龙江人民出版社 2014 年版，第 127 页。
② 赵克生：《明朝圣谕宣讲文本汇辑》，黑龙江人民出版社 2014 年版，第 153 页。

　　宋明是中国思想认同形成的重要时期，传统的儒家学说和普通百姓的共同理想经过宋儒的整合以后，在宋明得到全面传承。这些儒生通过体认和践履，把儒家学说落实到士大夫的日常生活中，形成了价值共识。他们通过书院、家礼、乡约，把中华文化中的心性修为、道德规范和社会理想等内容，转化为德性涵养、人格塑造和社会建设的实践行为。借助行政体系和教化体系，对如何建构良好社会秩序进行了卓有成效的尝试，并由此推动了乡约、劝谕、圣谕等制度化，促使全社会形成了共同的思想要求、道德准则和行为方式，使得古代中国有了广泛的价值认同，形成了一个稳定的价值共同体。

第七章　明清秩序重构与国家认同的形成

　　明清时期，中国社会固守着传统的稳定结构，故在清朝后期已经远离于世界文明的主流进程。观察中国近代社会的发展，有必要对明清进行重新审视，以理解其中的国家秩序重构，及其如何促成了近代国家观念的形成，使得"中国"更加清晰地呈现出国家共同体的特征。明朝继承了元代的制度，通过行中书省的制度设计，中央对地方的控制日渐增强，国家对社会事务的治理能力也不断强化。入清之后，中国在与世界各国交流的过程中，多次调整外交策略。特别是鸦片战争之后，国家秩序与国际秩序的整合进程迅速加快，促成了中国从古代社会转变为近代社会。如何理解国家治理，如何理解世界进程，如何理解文化传统，这些问题在明清时期多次被重新界定，而且在不断的界定中进行着观念重诂。观念重诂，又伴随着近代秩序重构的进程调适发展，其中既有内在的学理延展，也有外在的观念导入；既有学术观念的变更，也有社会变革的投影。

　　从传统社会走向近代社会，一是对天下秩序的理解发生了重大转变，从天下之中的观念转化为万国之一的认知，彻底改变了古代中国的天下观。二是对国家的认知越来越清晰，意识到作为秩序共同体的中国，必须实行传统再造，方才能改变积弱积贫的现实，由此形成了新的国家观念。三是要实现国家新生、实现民族复兴，这不仅成为学者思考的主题，而且成为国人共同的理想。为了更好地阐释传统和面对现实，明清的学者一方面在传统学术中寻求应对新变的资源，完成了传统文化的自发启蒙；另一方面借助西方学说和社会形态审视自身传统，对文化的价值进行重估，以期推动中华文化的近代转型。我们可以从天下秩序的重构这一角度来审视明清国家观念的形成，从观念维度来观察学术更新的意义，由此观察社会转型过程中对文化价值的重诂，以求更清晰地了解明清国家认同的形成进程。

第一节　天下秩序的重构与观念转型

古代中国的天下观念，是站在某一个中心点来看待周边区域，是以自我为中心来观察周边世界，其所形成的天下秩序观是由中心区域向四周辐射。而"世界"的概念，来自佛教大千世界之说，词义本身蕴含有"平等"的意味。以"天下"为视角来看待周边，是以自我为中心；以"世界"为视角来看，各个国家则是平等的，每一个政权组织都维持着特定的价值、规则和认同。在明清时期，传统的以天子为中心的天下秩序观，与国家相互平等的世界秩序观，发生了观念的对峙和现实的冲突，最终导致了中国传统秩序观念的转型。

一、天下观念的形成

古代中国的发展，是以中原地区先进的生产生活方式为基础，渐次影响周边区域的文明进程。夏、商、周逐渐形成了以中原地区为主导的秩序形态，王或天子居于中央，四周是文明稍微落后的区域，由此形成了天下认知。《盐铁论·轻重》中言："中国，天地之中，阴阳之际也，日月经其南，斗极出其北，含众和之气，产育庶物。"[1]认为中原地区便于耕作，易于生活，社会进步，故成为文明相对发达的区域，其借助于礼乐制度，形成了与周边区域不同的生产生活形态。

这一时期所形成的国家治理体系，便是采用内、外服来区别治理。《诗经·商颂·玄鸟》言："邦畿千里，维民所止，肇域彼四海。四海来假，来假祁祁。"[2]商王统治着核心区域作为邦畿，以此统治周边区域。《商颂·长发》又言："受小球大球，为下国缀旒……受小共大共，为下国骏厖。"商王作为天下共主，接受其他邦国朝贡，采用内服和外服来区别治理。周朝将内外服制度系统化，作为国家治理的基本模式。

---

[1] 桓宽撰集，王利器校注：《盐铁论校注》卷三《轻重》，中华书局1992年版，第180页。

[2] 毛亨传、郑玄笺、孔颖达等正义：《毛诗正义》卷二十《玄鸟》，北京大学出版社1999年版，第1445页。

《尚书·酒诰》言："越在外服，侯、甸、男、卫、邦伯；越在内服，百僚、庶尹，惟亚惟服，宗工越百姓里居。"内服在王畿之内，由周王室直接控制；外服在王畿之外，由周王任命诸侯去管理。

《逸周书·王会》记载诸侯朝见周成王时，言及内外服："方千里之内为比服，方二千里之内为要服，方三千里之内为荒服，是皆朝于内者。比服次之，要服次之，荒服次之。"其将内服（王畿）称为比服，将外服（天下）分为要服、荒服，是对周初内外服制度的细化。《国语·周语上》又载周穆王时形成了五服制度："夫先王之制：邦内甸服，邦外侯服。侯、卫宾服，蛮夷要服，戎狄荒服。甸服者祭，侯服者祀，宾服者享，要服者贡，荒服者王。日祭，月祀，时享，岁贡，终王。"其中的甸、侯、宾、要、荒五服，体现着对周王室的义务大小，根据亲疏远近和义务责任设计朝觐礼仪、安排祭祀等级，由此形成了以周王为中心，诸侯分散在周围来管辖天下的秩序形态。

《尚书·禹贡》对早期中国的天下秩序观念进行了全面的概括，形成了中国居中、四夷分布于周边的天下秩序观。并按照五百里为单位，对中国和周边区域的管理进行了界定，对其管理模式进行了细化：

> 五百里甸服。百里赋纳总，二百里纳铚，三百里纳秸服，四百里粟，五百里米。五百里侯服。百里采，二百里男邦，三百里诸侯。五百里绥服。三百里揆文教，二百里奋武卫。五百里要服。三百里夷，二百里蔡。五百里荒服。三百里蛮，二百里流。[①]

周代对地区的划分，多依据山川土地的走向来界定。此所谓五百里、三百里、二百里显然是想象的观念而非现实的图景，并将之作为国家治理的理解模式。《尚书》认为这种治理模式形成于大禹治水时期，从观念史来看不无可能；从制度史来看，则更多出于历史的想象。

由《尚书》《逸周书》《国语》的记载来看，五服制度是逐渐形成的。作为早期中国对天下秩序的基本理解，它体现了古代中国天下观

---

① 孔安国传，孔颖达等正义：《尚书正义》卷六《禹贡》，北京大学出版社 1999 年版，第167—170 页。

的形成过程。其以天子为中心，以中央政权所在的大地原点来观察天下秩序，强调"溥天之下，莫非王土。率土之滨，莫非王臣"①，认为居于核心区域的政权天然具有统率天下的权力。这种观念在西周得到强化，周王室认为普天之下皆为其统治区域，由此确定了以周天子为核心的天下治理体系。将想象的空间和想象的秩序统一起来，形成了早期中国的天下秩序观：以周天子为天下共主，天下承认中原政权的共主地位，周边地区的诸侯凭借中央政权的册封取得统治的合法性。周王宅兹中国，"德以柔中国，刑以威四夷"②，服则归附，不服则征。

东周时期天下秩序紊乱，其关键在于华夷秩序的混乱。东周王室实力衰弱，诸侯相互攻伐，难以聚拢势力，周边戎夷蛮狄不断攻入中原，使得中原地区秩序纷错。管仲辅佐齐桓公建立霸业，关键在于尊王攘夷，将诸侯重新团结在周王的旗帜下，稳定了中原的秩序，因此得到了诸侯的尊重。在此基础上，鲁僖公时期提出了"裔不谋夏，夷不乱华"策略，③试图实现华夷之间和平共处，蕴含着华夷对等交往的理念，成为春秋后期调整华夷秩序的主流观念。

魏绛建议晋悼公实行和戎五策，表明春秋中期华夷之间达成了战略性平衡：

> 和戎有五利焉：戎狄荐居，贵货易土，土可贾焉，一也。边鄙不耸，民狎其野，穑人成功，二也。戎狄事晋，四邻振动，诸侯威怀，三也。以德绥戎，师徒不勤，甲兵不顿，四也。鉴于后羿，而用德度，远至迩安，五也。④

① 毛亨传，郑玄笺，孔颖达等正义：《毛诗正义》卷十三《北山》，北京大学出版社 1999 年版，第 797 页。

② 左丘明传，杜预注，孔颖达等正义：《春秋左传正义》卷十六《僖公二十五年》，北京大学出版社 1999 年版，第 428 页。

③ 左丘明传，杜预注，孔颖达等正义：《春秋左传正义》卷五十六《定公十年》，北京大学出版社 1999 年版，第 1587 页。

④ 左丘明传，杜预注，孔颖达等正义：《春秋左传正义》卷二十九《襄公四年》，北京大学出版社 1999 年版，第 840 页。

晋国由此与戎狄友好往来，解决了后顾之忧，实现了生产稳定和贸易发展，晋国由此确立威信、修德养民、德服远人、国力大盛，其他诸侯拜见晋悼公时不得不采用诸侯见天子之礼，以表尊崇。春秋后期，孔子提出"故远人不服，则修文德以来之。既来之，则安之"①，强调用文明和德教来影响周边区域，使之归服。

五服制度是以天子为核心的天下统治秩序，随着天子地位的下行，春秋行政秩序的根本变化，便是将以天子为中心的天下秩序转化为以方伯为中心的统率秩序。《礼记·王制》记载了西周依托爵位体制建立天下秩序："王者之制禄爵：公、侯、伯、子、男，凡五等。"②按照公、侯、伯、子、男五等爵位举行祭祀、朝觐、盟会等，维持的是以周天子为核心的秩序体系。而在东周时期，天下的统辖权名义上虽仍归天子所有，但却强化了方伯的区域统辖权和治理权：

> 天子，百里之内以共官，千里之内以为御。千里之外设方伯，五国以为属，属有长。十国以为连，连有帅。三十国以为卒，卒有正。二百一十国以为州，州有伯。八州八伯，五十六正，百六十八帅，三百三十六长。八伯各以其属，属于天子之老二人，分天下以为左右，曰二伯。千里之内曰甸。千里之外曰采，曰流。③

天子只在百里内共官，千里内设御，也就是说天子的行政权力仅限于王畿地区。王畿之外，则设方伯管辖，方伯建立属、长、连、帅、卒、正等制度，分别统辖一州，分别统率所在区域的诸侯。王畿之外，设立八州八伯各辖其地、各司其职，小国朝拜方伯，方伯归属二伯，二伯辅佐天子，由此形成的层层授权体系，维持着天下的有序运行。

《礼记·王制》中所言的八州八伯，实际是战国时期天下九州观念的投射，而非两周时期的实际情况。即便在战国时期，八州的地理位

---

① 何晏等注，邢昺疏：《论语注疏》卷十六《季氏》，北京大学出版社1999年版，第221页。
② 郑玄注，孔颖达等正义：《礼记正义》卷十一《王制》，北京大学出版社1999年版，第330页。
③ 郑玄注，孔颖达等正义：《礼记正义》卷十一《王制》，北京大学出版社1999年版，第347–349页。

置和统辖秩序也并非如其所言而形成了相对稳定的地理分野与行政秩序。《吕氏春秋·有始览》便言："何谓九州？河、汉之间为豫州，周也。两河之间为冀州，晋也。河、济之间为兖州，卫也。东方为青州，齐也。泗上为徐州，鲁也。东南为扬州，越也。南方为荆州，楚也。西方为雍州，秦也。北方为幽州，燕也。"[1]其将九州与春秋时期的地理分布做了大致对照，可以看出扬州、荆州并非由周王统辖。也就是说，《礼记·王制》所言的并非历史实际，只是结合着战国秦汉时期的地理观念，对天下秩序进行的重新设计。这一设计可能借鉴了西周时期的左右二伯或方伯制度，却相当多地体现着战国时期对天下秩序的想象。

在这一想象中，天下不再是以天子为核心的管控体系，而是以方伯为中心的共治体系。以天子为核心的管控体系，是天子分封诸侯，诸侯对天子无条件地服从，形成诸侯为周王藩篱的天下秩序。而以方伯为中心的共治体系，则是方伯分别管控着所在区域，承认天子的共主地位，天子尊重且不干预诸侯对其区域的统辖权。共治体系的秩序观，在春秋时期逐渐形成。

早期中国对天下秩序的重新理解，伴随着地理观念的不断拓展。《尔雅》既保存了商周时期的九州认知，又记载着不断超越传统地理观念而形成的天下观。其中的四海、四荒、四极等地理观念，体现着早期中国对天下的想象：

> 两河间曰冀州，河南曰豫州，河西曰雝州，汉南曰荆州，江南曰杨州，济、河间曰兖州，济东曰徐州，燕曰幽州，齐曰营州。九州。[2]
>
> 东至于泰远，西至于邠国，南至于濮铅，北至于祝栗，谓之四极。
>
> 觚竹、北户、西王母、日下，谓之四荒。
>
> 九夷、八狄、七戎、六蛮，谓之四海。

---

[1]　吕不韦编，许维遹集释，梁运华整理：《吕氏春秋集释》卷十三《有始览》，中华书局2009年版，第278页。

[2]　郭璞注，邢昺疏：《尔雅注疏》卷七《释地》，北京大学出版社1999年版，第188页。

> 岠齐州以南戴日为丹穴，北戴斗极为空桐，东至日所出为大平，西至日所入为大蒙。太平之人仁，丹穴之人智，大蒙之人信，空桐之人武。四极。[①]

《山海经》的文本，形成时间有先后，其中的地理概念存有矛盾之处，其所描述的九州、四海、四荒、四极等说法，远远超出了西周时期对天下的认知，将视角拓展到了异域，甚至想象中的神仙世界，建构了战国时期的天下图式，在这样的图式中，天下无边无际，王只不过是人间秩序的统领者，且只能统辖特定的区域，至多成为九州的统辖者。

春秋战国时期的天下观，在拓展西周时期五服制的同时，也在颠覆着传统的天下秩序。特别是华夷共处、方伯共治、九州之外等观念，已经改变了西周"溥天之下，莫非王土"的秩序观，为秦汉审视天下秩序提供了新的视角。《吕氏春秋·慎势》反思西周早期的分封建国制度，以及由此而形成的天下秩序观：

> 古之王者，择天下之中而立国，择国之中而立宫，择宫之中而立庙。天下之地，方千里以为国，所以极治任也。非不能大也，其大不若小，其多不若少。众封建，非以私贤也，所以便势全威，所以博义。义博利则无敌，无敌者安，故观于上世，其封建众者，其福长，其名彰。神农十七世有天下，与天下同之也。
>
> 王者之封建也，弥近弥大，弥远弥小，海上有十里之诸侯。以大使小，以重使轻，以众使寡，此王者之所以家以完也。[②]

在吕不韦及其属臣看来，王者建，择天下之中；都城之中建立宫殿，在宫殿之中建立宗庙，王居于天下之中，拥有千里之地，以其军事实力和经济实力统率诸侯，治理天下。这种分封建国的制度，王所控制的区域必须足够大而诸侯控制的区域必须相对小，王才能以大使

---

① 郭璞注，邢昺疏：《尔雅注疏》卷七《释地》，北京大学出版社 1999 年版，第 198—199 页。

② 吕不韦编，许维遹集释，梁运华整理：《吕氏春秋集释》卷十三《慎势》，中华书局 2009 年版，第 460—461 页。

小，以强用弱，天下才能稳定。这种分封建国的秩序，将行政事务付诸诸侯，诸侯必须在所辖区域内履行职责，采用合宜的制度，方才能聚拢人心，保证天下治理体系的运行有序。

《吕氏春秋》的看法，代表了秦汉之际对天下秩序的重新理解，那就是意识到居于核心地位的天子，必须有足够强大的力量。无论是西周时期的综合实力，还是秦汉时期的绝对权力，方才能够威服天下诸侯、兼服天下事务。天子作为王权的中心和秩序的核心，必须拥有统辖天下的至高无上的权力，才能形成稳定的秩序。由此形成的观念和实践，作为秦确定帝制、汉形成帝制的理论来源，为古代中国天下秩序的建构做了学理上的准备。

二、天下秩序的确立

两周时期，周边蛮夷戎狄政权或部族力量弱而分散，尚未能构成对中原的根本威胁。秦汉时期，北方匈奴逐渐凝聚成一个势力强大的政治实体，与中原政权并立。能够统一六国的秦始皇，却不得不谨慎对待"亡秦者胡也"的预言，[1]举全国之力修筑长城加强防御，却无力反攻，表明此时北方匈奴已经成为中原政权的严重威胁。尽管汉朝有"明犯强汉者，虽远必诛"[2]的国家认同，但对匈奴却始终不敢大意，无论是采用和亲、和戎、安羌的战略，还是采用分化匈奴的战术，都在小心翼翼地面对强大的邻国，务实地处理天下秩序。

两周"非我族类，其心必异"[3]之说，是基于家族秩序来观察天下秩序的；唐代"华夷一体"之言，是超脱于民族差别而形成秩序观。标志着天下秩序已经超越于一己一姓之私、超越于一国一族之别，而形成了基于道义、德义的新的天下秩序观。贞观二十一年（647），唐太宗言："自古皆贵中华，贱夷、狄，朕独爱之如一，故其种落皆依朕如

---

① 司马迁撰，裴骃集解，司马贞索隐，张守节正义：《史记》卷六《秦始皇本纪》，中华书局 2014 年版，第 323 页。

② 班固撰，颜师古注：《汉书》卷七十《陈汤传》，中华书局 1962 年版，第 3015 页。

③ 左丘明传，杜预注，孔颖达等正义：《春秋左传正义》卷二十六《成公四年》，北京大学出版社 1999 年版，第 717 页。

父母。"①明言华夷平等，天下一家。这一以中华文化涵容四海的开阔视野，不仅确定了华夷一体的民族认同，而且采用了"华戎同轨"的制度，在更大范围内促成了天下秩序的彻底形成。唐代任用官吏，不分民族、不分华夷，以开阔的胸襟量才使用。史料记载开元年间："于斯时也，烽燧不惊，华戎同轨。西蕃君长，越绳桥而竞款玉关；北狄酋渠，捐毳幕而争趋雁塞。象郡、炎州之玩，鸡林、鳀海之珍，莫不结辙于象胥，骈罗于典属。膜拜丹墀之下，夷歌立仗之前，可谓冠带百蛮，车书万里。"②天下人才集于长安，为唐朝所用。

唐朝在处理归附民族及其区域治理时所采用的"羁縻"政策，成为实现民族认同和国家一统的策略。为体现"华戎同轨"，唐王室给周边民族政权封赐王号，如渤海郡王被封为"忽汗州都督"③、疏勒被封为"疏勒都督"等。④周边区域诸多政权归附唐朝，唐先后设置八百多羁縻府州，各府州因俗为治："际天所覆，悉臣而属之，薄海内外，无不州县。"在羁縻政策下，将官员任命分为"直属、内服和绝域"，直属区域由唐政府任命官员，内服自选官员，只要服从中央即可。与此同时，唐王朝采用不同的策略灵活处理与周边政权的关系，或采用有贡有封者，如朝鲜三国；或采用有贡无封者，如日本；或采用无贡无封者，如突厥。

北宋国力稍弱，天下秩序又呈现出华夷分立的局面，天下秩序由诸政权共同维持。为强化宋的正统地位，"华夷之辨"有所强化。石介便言："四夷外也，中国内也。天地为之平，内外所以限也。夫中国者，君臣所自立也，礼乐所自作也，衣冠所自出也。"⑤认为四夷、中国的尊卑之别，并非依赖于经济实力、军事实力，而是依赖于文明程度。早

① 司马光编著，胡三省音注：《资治通鉴》卷一百九十八《太宗文武大圣大广孝皇帝》，中华书局 1956 年版，第 6247 页。

② 刘昫等撰：《旧唐书》卷九《玄宗本纪》，中华书局 1975 年版，第 236 页。

③ 刘昫等撰：《旧唐书》卷一百九十九下《北狄传》，中华书局 1975 年版，第 5360 页。

④ 刘昫等撰：《旧唐书》卷四十《地理志》，中华书局 1975 年版，第 1648 页。

⑤ 曾枣庄、刘琳主编：《全宋文》卷六百一十八《中国论》，上海辞书出版社、安徽教育出版社 2006 年版，第 333 页。

期中国所形成的礼乐制度、服饰制度，远远超过周边区域，因而北宋所在的中原地区，应当为华夏正统。

元朝统一天下后，采用以夷制华的策略来稳定天下秩序，其将天下人分为以下四等：蒙古人、色目人、汉人、南人，彻底颠覆了传统中国的华夷观念。恢复华夷秩序，成为朱元璋起兵并逐鹿中原时的号召，其强化四夷臣服中原，是不可抗拒的天下秩序：

> 自古帝王临御天下，中国居内以制夷狄，夷狄居外以奉中国，未闻以夷狄治天下者也。自宋祚倾移，元以北狄入主中国，四海内外，罔不臣服，此岂人力，实乃天授，然达人志士，尚有冠履倒置之叹。自是以后，元之臣子，不尊祖训，废坏纲常，有如大德废长立幼，泰定以臣弑君，大厉以弟酖兄，至于弟收兄妻，子烝父妾，上下相习，恬不为怪。其于父子君臣、夫妇长幼之伦，渎乱甚矣。
>
> ……古云"胡虏无百年之运"，验之今日，信乎不谬。当此之时，天运循环，中原气盛，亿兆之中，当降生圣人，驱逐胡虏，恢复中华，立纲陈纪，救济斯民。
>
> ……故先谕告，兵至，民人勿避，予号令严肃，无秋毫之犯。归我者永安于中华，背我者自窜于塞外。盖我中国之民，天必命中国之人以安之，夷狄何得而治哉！①

其以华夏正统自居，认为自己代表华夏统治天下的合法性，呼吁百姓起来推翻元朝统治。但他在明立国之后，却采取"华夷一体"的天下秩序观，重新以华夷一体的天下秩序来审视中央政权与周边政权的关系。

朱元璋在《皇明祖训》中提出了处理华夏与四夷的原则，以求形成稳定持久的天下秩序：

> 四方诸夷，皆限山隔海，僻在一隅，得其地不足以供给，得

---

① 王世贞撰，魏连科点校：《弇山堂别集》卷八十五《谕中原檄》，中华书局 1985 年版，第 1617—1618 页。

其民不足以使令。若其自不揣量，来扰我边，则彼为不祥。彼既不为中国患，而我兴兵轻伐，亦不祥也。吾恐后世子孙，倚中国富强，贪一时战功，无故兴兵，致伤人命，切记不可。但胡戎与西北边境，互相密迩，累世战争，必选将练兵，时谨备之。

朱元璋立下祖宗家范，强调四夷偏僻不值得征服，除了主动练兵对抗常年侵扰中原的西北胡戎之外，主张采取防御性策略以保持边境安稳。这表明朱元璋认为华夷之间可以保持友好关系，并且明王朝可以与周边政权和平相处。可见，明朝所建立的天下秩序，确立了中华与周边政权和平共处、共同发展的观念。

与此同时，为维护与周边政权的友好往来，明朝确定了"厚往薄来"的交往原则，由此形成了以不相互征服为立场，以和平共处、友好交往为原则的政权关系。周边政权则采用朝贡贸易的方式，承认明王朝的共主地位，向明王朝朝贡的政权和部族一度达 65 个。周边政权在朝贡明王朝的过程中进行贸易，接受其区域内的次级政权朝贡，如女真对朝鲜，占婆、南掌对越南等，形成了东亚朝贡体系。

永乐三年（1405），永乐皇帝遣郑和下西洋，所颁行的诏书，不仅反映出明王朝对天下秩序的理解，更能体现出对朝贡体系的观念认知：

朕奉天命君主天下，一体上帝之心，施恩布德，凡覆载之内，日月所照，霜露所濡之处，其人民老少，皆欲使之遂其生业，不致失所。今遣郑和赍敕普谕朕意。尔等祗顺天道，恪守朕言，循理安分，勿得违越，不可欺寡，不可凌弱，庶几共享太平之福。若有撼诚来朝，咸锡皆赏。故兹敕谕，悉使闻之。①

诏书凸显出了朝贡秩序的制度原则：一方面强化以中国为主国、诸国归顺的朝贡体系；二则明确朝贡的原则是厚往薄来，即居于中心地位的政权有足够的经济实力给予朝贡者充分的赏赐，以长期保证朝贡者获得充分的好处；三是以此所维持的天下秩序，是以和平共处为原则

① 胡丹辑考：《明代宦官史料长编》卷二《〈郑和家谱〉所载下西洋史事及敕谕》，凤凰出版社 2014 年版，第 96 页。

的。郑和七下西洋，是明朝在建构天下秩序过程中的重大的外交行动，不仅推动了东南亚、南亚诸国对明王朝的认同，而且也促进了这些国家和区域的文明进程。

朝贡体系的天然弊端，是当居于中心地位的政权缺少必要的经济实力时，无力应对入不敷出的朝贡贸易，自然会损毁由此而形成的朝贡秩序。成化年间，刘大夏曾言："三保太监下西洋，费钱粮数十万，军民死者万计，纵得珍宝，于国家何益？"[①]他看到了勉力维持朝贡贸易所形成的经济困境。特别是欧洲工业革命之后，国际贸易的重心开始转移，东亚朝贡贸易已经无法应对世界贸易的挑战，而且朝贡体系也面临着条约体系的挑战。

1641 年始，欧洲诸国签订了一系列和约，由此形成了威斯特伐利亚体系（Westphalian System）。这一体系是以条约来约定彼此的关系，条约分立法性条约、双边性条约、多边性条约，确立了相互平等、尊重主权的国际关系准则。

东亚朝贡体系与欧洲条约体系的冲突，在乾隆五十八年（1793）英国特使马戛尔尼朝见乾隆皇帝的礼仪之争中可见一斑。1792 年 9 月 26 日，英国政府任命乔治·马戛尔尼为正使，乔治·斯当东为副使，向清朝派出正式使节，祝贺乾隆帝八十大寿。其所携贡品，多为体现英国文明的天文地理仪器、图书资料、毯毡、军用品、车辆、船式等产品。马戛尔尼携带英国国王乔治三世的亲笔书函，请求通商。但乾隆与大清的礼部官员，却秉承着朝贡传统，执意要求英国使者行三叩九拜之礼。英国使团坚持条约体系下国家平等的理念，拒绝下跪。最终双方互相妥协，英国使臣行使单膝跪地之礼。

贺礼之后，乾隆又与英国使团产生了观念的差异。英国带来战舰模型、望远镜、九大行星的模型图以及蒸汽机、舰船模型等代表着英国工业革命的新成就，期望能与中国通商。但乾隆却认为："天朝物产

① 刘大夏撰，刘传贵、陶新华点校：《刘大夏集》卷七《年谱》，岳麓书社 2009 年版，第 119 页。

丰盈，无所不有，原不借外夷货物以通有无。"①直接拒绝了英国的通商要求，按照传统朝贡的惯例，回赠了英国使团瓷器、玉器、丝绸、茶叶等礼品。

清廷与马戛尔尼的礼仪之争，表现出朝贡体系与条约体系对国家关系的不同认知，也意味着传统中国的天下秩序观，必面临系统的挑战。乾隆皇帝直接拒绝与英国通商，仍固守中华物产丰富的传统认知，却忽略了工业革命后的欧洲，当时代表着世界文明发展的方向。嘉庆二十一年（1816），英国政府再派阿美士德为大使，请求通商。阿美士德被带至圆明园宫门，因其拒行三跪九叩之礼，嘉庆皇帝便言："中国为天下共主，岂有如此侮慢倨傲甘心忍受之理？"②对其立即驱逐，再次拒绝了融入世界贸易体系。

从这个角度看，传统中国的生产方式，在明清之际已经开始落后于世界潮流。清朝日渐严格的闭关政策，使得中华文明没能融入工业革命的进程之中，中国与世界贸易逐渐脱轨，为后来的积弱积贫埋下了伏笔。清朝不得不淡化朝贡体系，开始以条约的方式面对世界秩序的变动。康熙与俄国签订《尼布楚条约》、雍正用客礼款待俄国使臣，正是试图调整传统以应对国际秩序新的变动。但清朝观念的调整却没有能够跟得上生产技术的快速发展和世界秩序的急剧变动，以致在鸦片战争后不得不面对全面落后的现实，签订了一系列条约，放弃朝贡秩序。1860年清政府设立总理各国事务衙门，开始按照国际准则来处理外交关系。中法战争前夕，李鸿章便言："中国自古朝贡之邦不挽与其内政，更无保护明文。"③又言"宁失藩服，毋损郡县"④，认为清政府没有保护越南的义务，实际是放弃了对以往朝贡者礼义的维护，试图全力保持清政府自身的主权。1885年清政府与法国签署的《中法会订越南条约十款》中，承认清政府不参与原朝贡国的政事，标志着清政府放弃了天朝上国的身份，清朝皇帝也放下了天下共主的地位。甲午

① 魏源撰：《海国图志》卷七十七《筹海总论》，岳麓书社2004年版，第1884页。
② 王之春撰，赵春晨等点校：《国朝柔远记》卷七，岳麓书社2010年版，第290页。
③ 顾廷龙、戴逸主编：《李鸿章全集》，安徽教育出版社2008年版，第206页。
④ 连横：《台湾通史》卷十四，商务印书馆2010年版，第311页。

战争后签订的《中日马关条约》，放弃了在朝鲜的所有权益，意味着天下朝贡体系彻底解体。

朝贡体系的解体，意味着天下秩序发生了重大变动，传统的以天朝上国自居所形成的观念认知、秩序认同，要面临颠覆性的调整，不仅促使官员全力面对，而且也促使学者重新审视传统，以务实理性的态度来面对世界观念的根本调整。

三、近代中国的世界观念

"世界"一词源自《楞严经》："阿难，云何名为众生世界？世为迁流，界为方位。汝今当知，东、西、南、北、东南、西南、东北、西北、上、下为界，过去、未来、现在为世。"①世界是佛教用于描述绵延不绝的时间和十方并立的空间。世界概念的本身，就蕴含了强烈的平等观。近代中国世界观念的变化，主要是从朝贡体系向条约体系的转化，从中央王朝向万国之国的转化。此前中国的天下观念，是以中国为视角观察世界，形成了以中央王朝为中心向外层层延展的朝贡秩序。世界观念则是站在平等并立的角度观看中国及其周边区域，强调国与国相互尊重主权，约定彼此责任义务。因此，当用"世界"一词替代"天下"观念时，意味着观察视角的大转移。

古代中国的天下秩序观，一方面凝固在儒家经典学说的阐释中，另一方面也留存在士大夫传统的政治秩序想象中。因此当西方的地理观念传入中国时，中国士大夫却采用鄙夷的眼光来理解"世界"的概念。明天启三年（1623），意大利传教士艾儒略完成《职方外纪》，用中文向中国的士大夫展现了世界图式，甚至介绍了哥伦布发现新大陆等情况。并且在1637年著《西方问答》中，逐条介绍了西方国家的地理地貌、物产、制度、礼俗、衣食、教育、文化、法律等风土人情，为中国人了解世界提供了按图索骥的材料。这一介绍，使得传统的士大夫开始改变对世界的看法。瞿式谷在《职方外纪小言》中便言："中国居亚细亚十之一，亚细亚又居天下五之一，则自赤县神州而外，如赤县

---

① 赖永海主编，刘鹿鸣译注：《楞严经》卷四，中华书局2012年版，第188页。

神州者且十其九，而戈戈持此一方，胥天下而尽斥为蛮貉，得无纷井蛙之诮乎！"①意识到中国不过是天下万国之一，而非传统观念中的天朝上国。

但却有相当多的士大夫认为此书不过是《山海经》《海内十洲记》之类的想象之说，认为此荒诞不经之说，延续的不过是邹衍大九洲之说，了无新意。清朝四库馆臣曾言之为奇异之书，并表示不足为奇："前冠以万国全图，后附以四海总说，所述多奇异，不可究诘，似不免多所夸饰，然天地之大，何所不有，录而存之，亦足以广异闻焉。"将之视为"广异闻"的荒诞之说。1674 年，比利时传教士南怀仁作《坤舆图说》，其中载海外诸国道里、山川、民风、物产等，并有中国最早的世界地图。但四库馆臣却仍然将之作为异闻博志类的书籍："疑其东来以后，得见中国古书，因依仿而变幻其说，不必皆有实迹。然核以诸书所记，贾舶之所传闻，亦有历历不诬者。盖虽有所粉饰，而不尽虚构。存广异闻，固亦无不可也。"②未能正视西方诸国的存在，而却认为其中的诸多记载是其读了《山海经》《神异经》《辛丑杂识》之类的志怪小说而抄撮而成。

鸦片战争后，士大夫方才"开眼看世界"。魏源意识到了以自我为中心的天下秩序观，已不足以理解这个世界："问释典言佛降生，必于大地之中；……释氏皆以印度为中国，他方为边地。……故天主教则以如德亚为中国，而回教以天方国为中国。"③其他国家或者文明形态皆以自身为中心审视天下，则天下便有无数个中心，以王朝为中心的天下秩序观，已不足以理解世界。

有学者曾言："近代中国思想史的大部分时期，是一个使'天下'成为'国家'的过程"。④从这一视角观察，清朝在与诸国的交往中，不得不淡化"天朝"的概念，转而以"中国"代称所辖的区域。据《清

---

① ［意］艾儒略著，谢方校释：《职方外纪校释·小言》，中华书局 2000 年版，第 9 页。

② 永瑢等撰：《四库全书总目》卷七十一《坤舆图说》，中华书局 1965 年版，第 634 页。

③ 魏源撰：《海国图志》卷七十四《国地总论》，岳麓书社 2004 年版，第 1821 页。

④ ［美］列文森著，郑大华译：《儒教中国及其现代命运》，中国社会科学出版社 2000 年版，第 87 页。

代外交史料（道光朝）》和《筹办夷务始末（道光朝）》等资料记载，清朝对本国的称呼逐渐发生了变化，从中可以窥测清朝外交观念的逐渐改变。道光最初十年，清政府自称"天朝"50 余次，自称"中国"不到 10 次。而在道光十六年（1836）以后，则常以"中国"自称，道光十六年四月至十七年四月中自称"天朝"6 次，称"中国"5次，道光十八年（1838）一月至五月中"天朝"仅出现 1 次，称"中国"则高达 14 次。咸丰年间的外交史料《筹办夷务始末（咸丰朝）》最初五卷中曾出现 5 次"天朝"，而光绪年间的《清季外交史料》中，已经不再使用"天朝"的用语，而采用"大清国"或"中国"代指。[①]由此可见，道光之后的清政府面对世界秩序的变化，不再以"天朝"自居，而日渐务实地采用了更加中性的称呼，将自己作为万国之一。其以天朝自称，表明其延续天下秩序观，自视为天下共主；而称呼为中国，则表明清政府放弃了朝贡体系，开始以世界的观念来审视自我。

从天下观到世界观的变化，引发了近代中国学者的思想阵痛。他们本能地赓续古代中国的天下观，试图通过改造创新，仍以传统的天下观来理解世界秩序，来挽救观念的危机。郑观应认为天下可以分成三种："封建之天下、郡县之天下、华夷联属之天下"[②]，将西方世界观重新纳入中国天下观里进行考量，试图把世界秩序纳入天下秩序中加以理解，实现传统天下观与西方的世界观接轨。其不合理之处在于，以中国为立场观测世界所导致的故步自封，已经使得清朝的发展脱轨于世界文明进程。薛福成将古代的天下观概括为"华夷隔绝之天下"，将未来的天下视为"中外联属之天下"，意识到中国不能再隔绝于其他国家之外，而应该面对世界秩序的变化，参与到世界文明的发展进程中。[③]因此康有为便强调借用战国并争的姿态，去改良政治，放弃唯

① 邹明洪、冯建勇：《从传统天下到近代国家：清季近代国家观念之构筑——兼论民族国家构筑视野下的中国边疆》，《湖南科技学院学报》，2010 年第 10 期。

② 郑观应著，夏东元编：《易言（三十六篇本）》，中华书局 2013 年版，第 66 页。郑观应著，夏东元编：《易言（二十篇本）》，中华书局 2013 年版，第 178 页。

③ 郑观应著，夏东元编：《郑观应集》，中华书局 2013 年版，第 211 页。

我独大的天下观，强调当以列国并争治天下，不当以一统无为治天下，要求富国强兵。

甲午战争之前，士大夫普遍认为世界是由不同道德水准的国家组成，中国在道德上优于万国。甲午战争后，随着朝贡体系彻底解体，传统的天下秩序观被全面颠覆，促使忧心国事的士大夫开始全面反思制度形态和思想观念。李鸿章便言："士大夫囿于章句之学，而昧于数千年来一大变局，狃于目前苟安而遂忘前二三十年之何以创巨而痛深。"[①] 他们放弃了朝贡体系所形成的差序格局，意识到自身传统的不足，逐渐采用理性的眼光来审视中西差异。

外交公使郭嵩焘在《使西纪程》中记载了西方社会形态，认为"西洋立国二千年，政教修明，具有本末，与辽、金崛起一时，倏盛倏衰，情形绝异。"[②] 理性看待西方文明，方能正确处理好中西之间的观念差异。刘锡鸿在《英轺私记》里也说："无闲官，无游民，无上下隔阂之情，无残暴不仁之政，无虚文相应之事。……两月来，拜客赴会，出门时多，街市往来，从未闻有人语喧嚣，亦未见有形状愁苦者。地方整齐肃穆，人民鼓舞欢欣，不徒以富强为能事，诚未可以匈奴、回纥待之矣。"[③] 认为西方社会中呈现出来的社会秩序，与中国传统观念中的夷狄不同。

倡导维新变法的学者们，已经将传统的天下观转化为世界主义，认为中国应该充分吸收世界文明，方能在千年大变局中实现自我革新。康有为在《大同书》中说："康有为生于大地之上，……盖积中国羲、农、黄帝、尧、舜、禹、汤、文王、周公、孔子及汉、唐、宋、明五千年之文明而尽吸饮之。又当大地之交通，万国之并会，荟东西诸哲之心肝精英而醋饫之，神游于诸天之外，想入于血轮之中。"[④] 他将中西方文明并称，认为二者皆是诸哲精英的智慧精华。谭嗣同的《仁学》里提出大同主张，认为文化、文明应超越于国籍、血缘之上："人人能自由，

① 顾廷龙、戴逸主编：《李鸿章全集》，安徽教育出版社 2008 年版，第 107 页。

② 郭嵩焘撰，梁小进主编：《郭嵩焘日记》，岳麓书社 2012 年版，第 116 页。

③ 刘锡鸿：《英轺私记》，岳麓书社 1986 年版，第 109—110 页。

④ 康有为著，周振甫、方渊校点：《大同书》，中华书局 2012 年版，第 1 页。

是必为无国之民。无国则畛域化，战争息，猜忌绝，权谋弃，彼我亡，平等出；且虽有天下，若无天下矣。君主废，则贵贱平；公理明，则贫富均。千里万里，一家一人。视其家，逆旅也；视其人，同胞也。父无所用其慈，子无所用其孝，兄弟忘其友恭，夫妇忘其倡随。若西书中百年一觉者，殆彷佛《礼运》大同之象焉。"① 只有打破传统种族与血缘的严防，才能以更理性、更开放的态度，确立现代国家观念，实现国家富强。

在对待《万国公法》的态度上，士大夫产生了不同的认知。一种观点认为应该接受《万国公法》所提倡的世界观，并以此来维护国家礼义。如郑观应言："其所谓公者，非一国所得而私；法者，各国胥受其范。然明许默许，性法例法，以理义为准绳，以战利为纲领，皆不越天理人情之外。故公法一出，各国皆不敢肆行，实于世道民生，大有裨益。"② 认为公法是维持世界秩序的公约，公法以理义、人情为原则，保障各国的合法权益，主张清政府利用《万国公法》来维护国家权益。另一种观点则认为《万国公法》不过是大国欺凌小国的手段，如钟天纬便言："我观泰西今日之局，小国援公法未必能却强邻，大国借公法转足以挟制小国，则所谓万国公法者，不过为大侵小、强陵弱借手之资而已，岂真有公法是非之议论哉？"③ 认为首先要强国，不被欺侮，才能借用《万国公法》维护国家权益。

这两种不同的观点，不仅是近代中国知识分子的观念分野，更影响了近代中国的历史进程。梁启超对其进行的分析，代表了 20 世纪初叶学者的基本理解：

> 第一界之时，人人皆无强权，故平等。第二界之时，有有强权者，有无强权者，故不平等。第三界之时，人人皆有强权，故复平等。要之，以强权之有无多寡，以定其位置之高下文野，百

① 谭嗣同撰，何执校点：《谭嗣同集》，岳麓书社 2012 年版，第 388 页。
② 郑观应著，夏东元编：《易言（三十六篇本）》，中华书局 2013 年版，第 66 页。
③ 王中江著：《近代中国思维方式演变的趋势》，中国人民大学出版社 2018 年版，第 122 页。

不失一。[①]

　　世界主义，属于理想；国家主义，属于事实。世界主义，属于将来；国家主义，属于现在。今中国岌岌不可终日，非我辈谈将来、道理想之时矣。[②]

梁启超以中国立场来观察世界秩序，认为国家平等与否，取决于实力的强弱。如果没有强权，国家就不可能平等，因此建立世界秩序的前提，是实现国家富强，中国的当务之急是要倡导国家主义，致力于经世致用、富国强兵，方才能参与到世界秩序之中。这样，他就将世界观落实到国家主义，认为世界秩序的形成与否取决于国家富强与否。要实现主权国家的平等与均衡原则，其首要任务是实现国民对国家的认同，举全国之力改造旧中国，必须要建立新中国。

近代中国的知识分子，在内忧外患的现实中，逐渐以开阔的视角来思考世界与中国的关系。最初是将传统的天下秩序观转化为世界秩序观，被动地接受了中国是世界中的中国这一认知。随着近代化进程的推进，知识分子从被动地接触、学习西方，到主动站在国家立场上去学习西方，将中国逐渐纳入世界秩序之中进行思考，将以皇权为中心的王朝认同转化为以全民参与为要求的国家认同。并借助新型国家的观念对未来中国进行想象，将传统的中国改造为新型的国家共同体。

第二节　国家认同的形成

近代中国国家观念的形成，即是以王朝视角向国家视角的转型。王朝用以维持皇权，国家则对应主权。从皇权观念到主权观念的转化，是近代国家观念的重大变化。元明通过制度安排，稳定了边疆地区，形成了日渐清晰的领土认同。明清通过社会融合，形成了更大范围的

---

① 梁启超著：《自由书》，中华书局 2015 年版，第 32—33 页。
② 梁启超著：《自由书》，中华书局 2015 年版，第 39 页。

秩序认同。近代在国家建构中不断强化主权认同，以国家认知和国家想象凝聚时代共识，使之成为推动中国近代化转型的内在动力。

一、领土认同的形成

商周为万邦时代，无数部落和诸侯形成了广义上的国家。王对王畿直接管辖，王畿之外称为四方或四国，由分封诸侯管理。当时的国家主要用来指称诸侯所拥有的土地及其统辖权。当时所谓的"中国"，指的是中原地区。《诗经·大雅·民劳》言："民亦劳止，汔可小康。惠此中国，以绥四方。"毛传："中国，京师也。四方，诸夏也。"① 中国是指周王室统治的核心地区，四方是指周王所封的诸侯。在春秋时期以周王室及诸夏所在的区域为"中国"。《左传·僖公二十五年》载苍葛之言："德以柔中国，刑以威四夷。"② 将中国与四夷对举，中国是指周王室分封的诸侯所在的区域。自此之后，中国常被作为与戎狄蛮夷相对举的文化概念，如《礼记·王制》言："中国、夷、蛮、戎、狄，皆有安居、和味、宜服、利用、备器。五方之民，言语不通，嗜欲不同。"③ 因此，当与周边政权对举时，中国常被用以指代中原王朝，如《旧唐书》载"特勤大奈，隋大业中与曷萨那可汗同归中国""历周及隋，犹隔诸羌，未通于中国"等，中国是指与突厥、吐蕃并立的政权。

但在内部，中国则指代王朝统辖的核心区域。《史记·孝武本纪》言："天下名山八，而三在蛮夷，五在中国。中国华山、首山、太室、泰山、东莱。"④ 其所谓的"中国"，包括陕西、河南、山东在内的主要广大区域，仍是两周诸夏所在的地区。东晋太兴二年（319），虞预上

① 毛亨传，郑玄笺，孔颖达等正义：《毛诗正义》卷十七《民劳》，北京大学出版社1999年版，第1138页。

② 左丘明传，杜预注，孔颖达等正义：《春秋左传正义》卷十六《僖公二十五年》，北京大学出版社1999年版，第428页。

③ 郑玄注，孔颖达等正义：《礼记正义》卷十二《王制》，北京大学出版社1999年版，第399页。

④ 司马迁撰，裴骃集解，司马贞索隐，张守节正义：《史记》卷十二《孝武本纪》，中华书局2014年版，第594页。

书言："自元康以来，王德始阙，戎翟及于中国，宗庙焚为灰烬，千里无烟爨之气，华夏无冠带之人，自天地开辟，书籍所载，大乱之极未有若兹者也。"① 所言的"中国"，仍指传统的中原地区。宋陈亮在《上孝宗皇帝第一书》便言："忘君父之大仇，而置中国于度外。"② 其中的中国主要指北宋曾经统辖的北方地区。

唐宋时所用的羁縻制度，是借"以夷治夷、土人参治"实现对边疆地区的有效管控。元代则设置土司，使其接受国家任职，对其实行内地化管理。明代因袭元代边疆的职官制度："洪武七年，西南诸蛮夷朝贡，多因元官授之，稍与约束，定征徭差发之法。……皆因其俗，使之附辑诸蛮，谨守疆土，修职贡，供征调，无相携贰。有相仇者，疏上听命于天子。"③ 引导土官成为国家官员，增强边疆地区的百姓对王朝的认同。

元朝统一天下后，领土空前辽阔。《元史·地理志》言："自封建变为郡县，有天下者，汉、隋、唐、宋为盛，然幅员之广，咸不逮元。汉梗于北狄，隋不能服东夷，唐患在西戎，宋患常在西北。若元，则起朔漠，并西域，平西夏，灭女真，臣高丽，定南诏，遂下江南，而天下为一，故其地北逾阴山，西极流沙，东尽辽左，南越海表。盖汉东西九千三百二里，南北一万三千三百六十八里，唐东西九千五百一十一里，南北一万六千九百一十八里，元东南所至不下汉、唐，而西北则过之，有难以里数限者矣。"④ 元朝的领土北逾阴山，西极流沙，东尽辽左，南越海表，远比汉唐疆域广阔。而且其有意识地设置土司，促进唐宋时期居于边疆地区的民族和政权内附，不仅使其风俗与内地融同，而且形成了行政一体化管理。

明清时期进一步完善了土司制度，促进边疆地区对中央王朝的认同。明代西南地区土司三年一贡，继承元代的自治模式，但朱元璋则

---

① 房玄龄等撰：《晋书》卷八十二《虞预传》，中华书局 1974 年版，第 2144 页。

② 陈亮著，邓广铭点校：《陈亮集》卷一《上孝宗皇帝第一书》，中华书局 1987 年版，第 4 页。

③ 张廷玉等撰：《明史》卷七十六《职官志》，中华书局 1974 年版，第 1876 页。

④ 宋濂等撰：《元史》卷五十八《地理志》，中华书局 1976 年版，第 1345 页。

要求进一步强化土司治下的社会教化："若抚之以安靖，待之以诚，谕之以理，彼岂有不从化者哉?"①要求西南地区设立儒学，选择土官子弟优秀者进行教导，使其接受礼乐教化。先教化官员子弟，再教化百姓，使其增加对中华文化的理解，增强对中央王朝的认同。

　　明成祖迁都北京，是以"天子戍边"的方式，强化对北方的控制。他派郑和下西洋、命陈诚出使西域、创设哈密卫、设置奴儿干都司、设立贵州布政司、出兵安南、五征塞外，稳定了边疆秩序："六师屡出，漠北尘清。至其季年，威德遐被，四方宾服，受朝命而入贡者殆三十国。幅陨之广，远迈汉、唐。"②通过对边疆地区的有效治理，实现了国家的南北一体化，将华夷秩序转化为国家秩序。清朝继续采取因俗而治的治理原则，促进民族与边疆同治。如蒙古地区的盟旗制度、西藏的噶厦制度、新疆的札萨克制和伯克制、西南地区的土司制度，皆是在因俗而治的原则上建立的国家治理体系。清朝设立藩部，专门治理蒙古、西藏、青海以及天山南北地区，为实现对这些区域的有效治理，制定《大清律例》《理藩院则例》《蒙古律例》《番例条款》《回疆则例》《酌定西藏善后章程十三条》《钦定西藏章程》等法规，明确了不同地区的治理办法，推动族群的认同。

　　清朝在此基础上推行改土归流，让土司官员内属于朝廷。雍正五年（1727）十二月十八日诏言："是以朕命各省督抚等，悉心筹画，可否令其改土归流，各遵王化。此朕念边地穷民，皆吾赤子，欲令永除困苦，咸乐安全。并非以烟瘴荒陋之区，尚有土地人民之可利，因之开拓疆宇，增益版图而为此举也。今幸承平日久，国家声教远敷，而任事大臣，又能宣布朕意，剿抚兼施，所在土司，俱已望风归向，并未重烦兵力，而愿为内属者，数省皆然。"③改土归流之所以成功，在于自明代以来便引导土司子弟学习儒学，接受礼乐教化，形成文化认同。中国与四夷的区别本在文化，文化认同既深，其沟通也便捷，将土司

①　张廷玉等撰:《明史》卷三百十八《广西土司》，中华书局 1974 年版，第 8229 页。

②　张廷玉等撰:《明史》卷七《成祖本纪》，中华书局 1974 年版，第 105 页。

③　赵栻辑编:《明实录·清实录烟瘴史料辑编》，中央民族大学出版社 2014 年版，第93 页。

改为流官，实现了国家在全国范围内的一体化管理，这就使得"中国"的概念，不再是文化上差别，而更多地转化为国家的意义。

在康熙时期，中国开始作为国家的代名词，并且具有了明确的领土含义。《尼布楚条约》所立界碑的碑文如下（部分）：

> 大清国遣大臣与俄罗斯议定边界之碑。
>
> 一将由北流入绰尔纳即乌伦穆河相近格尔必齐河为界，循此河上流不毛之地有石大兴安以至于海，凡山南一带流入黑龙江之溪河尽属中国，山北一带之溪河尽属俄罗斯；
>
> 一将流入黑龙江之额尔古纳河为界，河之南岸属于中国，河之北岸属于俄罗斯。其南岸之眉勒尔喀河口所有俄罗斯房舍迁移北岸。①

其中提到的"大清国"具有王朝的意味，而"中国"则指领土。雍正五年（1727）七月十五日中俄签订《布连斯奇界约》，便以"中国"指代国家：

> 北自恰克图河流之俄国卡伦房屋，南迄鄂尔怀图山顶之中国卡伦鄂博，此卡伦房屋暨鄂博适中平分，设立鄂博，作为两国通商地方。至如何划定疆界，由两国各派廓米萨尔前往。②

《恰克图界约》亦载：

> 中国大臣会同俄国所遣使臣所定两国边界在恰克图河溪之俄国卡伦屋，在鄂尔怀图山顶之中国卡伦鄂博，此卡伦房屋鄂博适中平分，设立鄂博，作为两国贸易疆界地方后，两边疆界立定，遣喀密萨尔等前往。③

---

① 丛佩远、赵鸣岐编：《曹廷杰集·东北边防辑要》卷下《征罗刹》，中华书局 1985 年版，第 46-47 页。

② 王铁崖编：《中外旧约章汇编·第一册（1689-1901）》，生活·读书·新知三联书店 1957 年版，第 6 页。

③ 王铁崖编：《中外旧约章汇编·第一册（1689-1901）》，生活·读书·新知三联书店 1957 年版，第 8 页。

中国与俄国相对，中国有了主权的含义，也有了领土的意味，指代大清所统辖的全部区域。

领土原则是威斯特伐利亚和约的基础。其强调并尊重国家拥有明确而稳定的边界，既是稳定国际关系的基石，也是国家主权独立的建构基础和体现方式。^①领土的完整性不仅涉及国家的独立自主，而且体现着国际秩序的公平合理。因此当"中国"作为领土概念时，其清晰而明确地界定了国家共同体的有形空间，成为国家认同的前提。

宣统二年（1910），"俄使奉本国政府电旨，转向中国提出要求案：'一、两国国境各百里内，俄制定之国境税率，不受限制，两国领土内之产物及工商品，皆无税贸易；……'"^②以领土作为国家主权所控制的区域。梁启超在草拟的《中华民国宪法草案》中言："中华民国领土非经国民特会之议决，不得变更之。"其专门说明领土的概念，并且列举此前领土观念的模糊："因固有之领土，久为本国及外国所公认，列举从前行政区画之名称，一病挂漏，二病繁衍，三病空漠，四则区画若有变更时，宪文立须修改，更病烦扰。"建议明确领土的范围、区划、名称，以明确国家主权的范围。

二、主权认同的形成

国家主权是指国家独立自主处理内外事务并管理国家的权力。其要义有二。一是作为国家独立自主所具有的全部权益，包括管辖权、独立权、自卫权、平等权等。二是主权的来源及其组织方式。1864年丁韪良翻译《万国公法》，其中言及国家主权：

> 治国之上权，谓之主权。此上权或行于内，或行于外。行于内，则依各国之法度，或寓于民，或归于君。论此者，尝名之为"内公法"，但不如称之为"国法"也。主权行于外者，即本国自主，

---

① 周光辉、李虎：《领土认同：国家认同的基础——构建一种更完备的国家认同理论》，《中国社会科学》2016年第7期。

② 赵尔巽等撰：《清史稿》卷一百五十三《邦交一·俄罗斯》，中华书局1977年版，第4514页。

而不听命于他国也。各国平战、交际，皆凭此权。论此者，尝名之为"外公法"，俗称"公法"，即此也。①

其中所言的内公法，在于约定国家主权在谁；外公法，则约定国家如何运行。这使得洋务派意识到主权作为国家基本权利，是中国与列强交涉的工具，并试图以此来处理国与国的纠纷。但由于国力疲敝，却不得不以牺牲主权的方式，签订了一系列不平等的条约。

在这过程中，知识分子意识到清王朝已经无法代替全体国民来维护国家主权，便认识到朝廷须与主权分开，方能有效维护国家主权。严复便言："虽然，中国自秦以来，无所谓天下也，无所谓国也，皆家而已。一姓之兴，则亿兆为之臣妾。其兴也，此一家之兴也；其亡也，此一家之亡也。"②意识到古代中国的王朝更迭，维持的不过是皇权，而并未将权力交给全体国民。因此，戊戌变法实际是知识分子要求朝廷将国家权力交给全体国民，使之行使国家主权。梁启超在《变法通议》中说："夫国也者何物也？有土地，有人民，以居于其土地之人民，而治其所居之土地之事，自制法律而自守之；有主权，有服从，人人皆主权者，人人皆服从者。夫如是斯谓之完全成立之国。"③认为国家的要素在于土地与人民，国家主权来自国民，人人皆有维护国家权利的责任。

梁启超意识到中国的积弱积贫，在于百姓只知朝廷而不知国家，更不知国家的权力来自国民：

> 一曰、不知国家与天下之差别也。……一则骄傲而不愿与他国交通，二则怯懦而不欲与他国争竞。……二曰、不知国家与朝廷之界限也。……不闻有国家，但闻有朝廷。……今夫国家者，全国人之公产也；朝廷者，一姓之私业也。国家之运祚甚长，而一姓之兴替甚短；国家之面积甚大，而一姓之位置甚微。朝廷云者，不过偶然一时为国民中巨擘之巨室云尔。有民而后有君，天为民

---

① ［美］惠顿著，丁韪良译：《万国公法》，中国政法大学出版社2002年版，第27—28页。

② 王夫之著，杨坚总修订：《船山全书》杂录·乙·记叙研究之属《严复·孟德斯鸠法意案语》，岳麓书社2011年版，第760页。

③ 梁启超著：《饮冰室文集之五·少年中国说》，中华书局2015年版，第9页。

而立君，非为君而生民；有国家而后有朝廷，国家能变置朝廷，朝廷不能吐纳国家。……三曰、不知国家与国民之关系也。……有国者仅一家之人，其余则皆奴隶也。①

天下是由众多平等的国家组成，国家是国民的集合体，国民是国家权力的来源，朝廷、君主不过是维持一家之私，国民要先于朝廷、君主而存在，因此要唤醒国民，使其意识到自己的责任和权利，方能振兴国家，维持国家主权。

1899 年 10 月 15 日，梁启超在《论近世国民竞争之大势及中国之前途》中再次论及国民的重要性："国民者，以国为人民公产之称也。国者积民而成，舍民之外，则无有国。以一国之民，治一国之事，定一国之法，谋一国之利，捍一国之患，其民不可得而侮，其国不可得而亡，是之谓国民。"强调国家是国民的公产，国家的事务、法律、利益、患难等皆与国民休戚与共，国民有责任建设国家、管理国家。他借助伯伦知理的学说不断阐释国民的内涵：

> 一曰：国民者人格也。据有有机之国家以为其体，而能发表其意想，制定其权利者也；二曰：国民者法团也，生存于国家中之一法律体也。国家为完全统一永生之公同体，而此体也，必赖有国民活动之精神以充之，而全体乃成。故有国民即有国家，无国家亦无国民，二者实同物而异名耳。故夫民族者，有同一之言语风俗，有同一之精神性质，其公同心渐因以发达，是固建国之阶梯也。但当其未联合以抟一国之时，则终不能为人格为法团，故只能谓之民族，不能谓之国民。②

认为国民的概念有三个基本要义：一是国民有表达对国家事务意见的权力，有独立的人格；二是国家法律是国民精神意志的体现载体，国民依靠法团来行使权力；三是国民非是一民族一区域之民，而是维护国家主权和个人权益的政治概念。

---

① 梁启超著：《饮冰室文集之五·中国积弱溯源论》，中华书局 2015 年版，第 15–17 页。
② 梁启超著：《饮冰室文集》，中华书局 2015 年版，第 72 页。

在维新运动中逐渐形成的"主权在民"的认知，唤醒了民众，使得他们有责任有义务对鸦片战争以来，特别是甲午战争以来的国家事务进行反思，并要求清政府将国家权力交给国民，建立能够保障国民权利的制度。从这个角度来看，维新运动的意义，在于以主权意识唤醒了全体国民。陈独秀在《说国家》中言及他对国家、国民概念的认知："此时我才晓得，世界上的人，原来是分做一国一国的，此疆彼界，各不相下。我们中国，也是世界万国中之一国，我也是中国之一人。……我生长二十多岁，才知道有个国家，才知道国家乃是全国人的大家，才知道人人有应当尽力于这大家的大义。"① 在他看来，国家是平等的主权国家，国民是国家的主人，国家的权利与义务需由国民承担："国家要有一定的主权。凡是一国，总要有自己做主的权柄，这就叫做'主权'。"国家的主权在于国民，国民自己做主，便是主权。1911 年，孙中山在《临时大总统宣言书》中便指出国家的根本在于人民："国家之本，在于人民。合汉、满、蒙、回、藏诸地为一国，即合汉、满、蒙、回、藏诸族为一人。是曰民族之统一。"② 人民包括居住在中国领土上的各族人民，依靠民族统一来实现领土统一、内治统一、军政统一和财政统一，进而维持国家主权的统一。

晚清日渐清晰的主权认知，是古代中国向现代中国的发展过程中必不可少的思想启蒙。其逐渐意识到国家领土被瓜分、主权的丧失，关键在于清政府并不能代表国民行使主权。只有将权力交给国民，方才能维持国家主权。维新运动试图借助议会来削弱皇权，辛亥革命通过革命的方式推翻帝制，皆着力于将主权赋予全体国民，以此来维护国家主权。由此形成了 1900 年代的思想启蒙，③ 试图通过兴民权、开民智唤醒国民，使之能够担负起再造新中国的使命。

在这一思想启蒙中所形成的关于新中国的想象，不仅启发了国民

---

① 陈独秀著，任建树、李银德编：《陈独秀著作选编》第一卷《说国家》，上海人民出版社 2014 年版，第 44 页。

② 张苹、张磊编：《中国近代思想家文库》（孙中山卷），中国人民大学出版社 2015 年版，第 49 页。

③ 侯德彤：《中国近代国家主权思想的兴起与演进》，《东方论坛》2020 年第 6 期。

对未来中国的制度思考，而且使之关注于如何实现社会安定，并借助文艺形式，形成了日渐清晰的主权观念。1902 年梁启超作《新中国未来记》，1903 年嵇长康作《新中国传奇》，1904 年蔡元培作《新年梦》，1910 年陆士谔创作《新中国》等，以及《新纪元》《未来世界》《痴人说梦记》《新石头记》等的创作，皆关注于国家的独立自主和社会的稳定有序，通过想象的方式探讨中国如何实现主权独立，如何实现民主的进程，借助对国家的想象，来形成日渐清晰的国家认同。

三、国家认同的强化

近代中国所形成的国家观念，主要立足于两个基本认知：一是强调国民权利，二是强化国家主权。在戊戌变法和辛亥革命的过程中，近代知识分子越来越意识到个人对于国家的责任，不仅来自权利的获得，而且出于责任义务的担当。陈独秀在安徽组建爱国社，开宗明义地强调爱国的宗旨："本社既名爱国，自应遵守国家秩序，凡出版书报，惟期激发志气，输灌学理，不得讪谤诋毁，致涉叫嚣。"[1] 以爱国的责任感组建社团。而在此前的爱国会演说中，他说："……故我等在全国中虽居少数之少数，亦必尽力将国事担任起来。"[2] 他还认为传统的民众只知道有家而不知道有国，只知道听天命而不知道尽人力，[3] 因为人人放弃责任，国家才不断衰败。他要求人人都应该有自觉的爱国心："国人无爱国心者，其国恒亡。国人无自觉心者，其国亦殆。二者俱无，国必不国。……爱国心，情之属也。自觉心，智之属也。爱国者何？爱其为保障吾人权利谋益吾人幸福之团体也。自觉者何？觉其国家之目的

---

① 陈独秀著，任建树、李银德、邵华编：《陈独秀著作选编》第一卷《安徽爱国社拟章》，上海人民出版社 2014 年版，第 13 页。

② 陈独秀著，任建树、李银德、邵华编：《陈独秀著作选编》第一卷《安徽爱国会演说》，上海人民出版社 2014 年版，第 11 页。

③ 陈独秀著，任建树、李银德、邵华编：《陈独秀著作选编》第一卷《亡国篇》，上海人民出版社 2014 年版，第 64–67 页。

与情势也。"^① 但这一爱国心并非支持"外无以御侮，内无以保民"的政府，而是出于对国家责任的担当。^②

李大钊进一步阐释了国家是所有人的国家，人人应该尽力去爱护、去维持。他在《厌世心与自觉心》中强调："夫国家之成，由人创造，宇宙之大，自我主宰，宇宙之间，而容有我，同类之人，而克造国。我则何独不然？吾人苟不自薄，惟有本其自觉力，黾勉奋进，以向所志，何时得达，不遑问也。"若国民皆能自觉奋进，则国家可以强盛。他勉励青年人要尽到责任："吾民今日之责，一面宜自觉近世国家之真意义，而改进其本质，使之确足福民而不损民。"^③ 激励青年人承担起改造社会、再造社会的使命。

陈独秀在《青年杂志》创刊号上发表《敬告青年》，提出唤醒青年承担时代责任的倡议，他将自觉为国家而奋斗作为历史责任："自觉者何？自觉其新鲜活泼之价值与责任，而自视不可卑也。奋斗者何？奋其智能，力排陈腐朽败者以去，视之若仇敌，若洪水猛兽，而不可与为邻，而不为其菌毒所传染也。"希望青年能够成为自主的而非奴隶的、进步的而非保守的、进取的而非退隐的、世界的而非锁国的、实利的而非虚文的、科学的而非想象的一代新人，^④ 能够自觉承担守护国家的责任。他在《我之爱国主义》中，认为爱国应该落实到日常生活中："故我之爱国主义，不在为国捐躯，而在笃行自好之士，为国家惜名誉，为国家弭乱源，为国家增实力。"期望每一个青年人都能够修养自我，养成勤、俭、廉、洁、诚、信的生活习惯，也是爱国的自觉："之数德者，固老生之常谈，实救国之要道。人或以为视献身义烈为迂远，吾独以此为持续的治本的真正爱国之行为。盖今世列强并立，皆挟其全

---

① 陈独秀著，任建树、李银德、邵华编：《陈独秀著作选编》第一卷《爱国心与自觉心》，上海人民出版社 2014 年版，第 146—147 页。

② 陈独秀著，任建树、李银德、邵华编：《陈独秀著作选编》第一卷《爱国心与自觉心》，上海人民出版社 2014 年版，第 150 页。

③ 李大钊：《李大钊文集》，人民出版社 1984 年版，第 146、149 页。

④ 陈独秀著，任建树、李银德、邵华编：《陈独秀著作选编》第一卷《敬告青年》，上海人民出版社 2014 年版，第 158—163 页。

国国民之德智力以相角，兴亡之数，不待战争而决。"①

《新青年》倡导青年要关心国家前途命运，要具有政治判断力，能够明辨是非，方能承担责任。高语罕在《青年与国家之前途》中说："吾侪国民，际此大难将临，危亡立至之秋，其责任果安在耶？首须具有政治常识，次须具有合群之能力。"将国家责任落实到个人的行为之中，人人都责无旁贷地负有历史使命。1917 年，陈独秀在《时局杂感》中提出，必须反对软弱无能的政府，才能再造理想的国家："此时中国能铲除此等凶顽与否，非仅共和能否存在之问题，乃国家能否存在之问题也。"②意识到当时国家的困局，是软弱无能的北洋政府无力维护国家权益，无法保证百姓福祉。陈独秀将对国家的责任，从青年的自觉转化为对政府的改造。他在《我们究竟应当不应当爱国》中提出："我们爱的是人民拿出爱国心抵抗被人压迫的国家，不是政府利用人民爱国心压迫别人的国家。我们爱的是国家为人谋幸福的国家，不是人民为国家做牺牲的国家。"③不仅肯定了青年的爱国责任，更提出了改造国家的期望。

孙中山先生以爱国责任来理解新文化运动："此种新文化运动，在我国今日，诚思想界空前之大变动。推原其始，不过由于出版界之一二觉悟者从事提倡，遂至舆论放大异彩，学潮弥漫全国，人皆激发天良，誓死为爱国之运动。"④新文化运动完成了对青年的思想启蒙。他们呼吁全体国民起来抗争，要求中国拒签《巴黎和约》。陈独秀在《北京市民宣言》中直接呼吁："倘政府不顾和平，不完全听从市民之希望，

---

① 陈独秀著，任建树、李银德、邵华编：《陈独秀著作选编》第一卷《我之爱国主义》，上海人民出版社 2014 年版，第 232—236 页。

② 陈独秀著，任建树、李银德、邵华编：《陈独秀著作选编》第一卷《时局杂感》，上海人民出版社 2014 年版，第 354 页。

③ 陈独秀著，任建树、李银德、邵华编：《陈独秀著作选编》第二卷《我们究竟应不应当爱国》，上海人民出版社 2014 年版，第 115 页。

④ 张苹、张磊编：《中国近代思想家文库》（孙中山卷），中国人民大学出版社 2015 年版，第 56 页。

我等学生、商人、劳工、军人等，惟有直接行动，以图根本之改造。"①
强调所有国民都有爱国责任和护国义务，使得新文化运动最终发展成
为爱国救亡运动。

这一运动中形成的国家认同，充分唤醒了国民对自身权利的重视，
并且意识到国家主权的不可分割。早在 1904 年，陈独秀便在《亡国
篇·中国灭亡的现象》中指出审判权、国防权、收税权、航路权、设
官权、货币权为国家主权，但却在清政府手中不断丢失。②因此他在巴
黎和会前后呼吁民众维护国家主权的行动，是其国家认同的觉醒。它
强化了民众的国家认同，要求政府维护国家主权的完整，废除与外国
签订的不平等条约。

1911 年，南京临时政府在对外政纲中表明："民国政府均承认革命
以前清政府与各国所缔之条约继续有效，至条约期满而至；承认偿还革
命以前清政府所借之外债及赔款，不变更其条件；照旧尊重革命以前清
政府让与各国之种种权利，尊重和保护各国人民之生命财产。"③1912 年
3 月 11 日，北洋政府重申："所有满清前与各国缔结各项国际条约，均
由中华民国政府担任实际上之效力，凡已结未结及将来开议各项交涉
案件，均由驻华之临时外交代表，继续接办。"④新文化运动之后，随着
国家认同的强化，废除不平等条约以实现国家主权的独立，成为时代
的共识。1923 年，中共三大明确提出："取消帝国主义的列强与中国所
订一切不平等的条约，实行保护税则，限制外国国家或个人在中国设
立教会、学校、工厂及银行。"⑤1924 年国民党第一次全国代表大会也提
出："一切不平等条约，如外人租借地、领事裁判权、外人管理关税权

① 陈独秀著，任建树、李银德、邵华编：《陈独秀著作选编》第二卷《北京市民宣言》，上
海人民出版社 2014 年版，第 116 页。

② 陈独秀著，任建树、李银德、邵华编：《陈独秀著作选编》第一卷《亡国篇》，上海人民
出版社 2014 年版，第 61–64 页。

③ 朱杰勤、黄邦和主编：《中外关系史辞典》，湖北人民出版社 1992 年版，第 84 页。

④ 中国第二历史档案馆编：《中华民国史档案资料汇编》第三辑《外交》，江苏古籍出版社
1991 年版，第 26 页。

⑤ 中国政府网：http : //www.gov.cn/tcst/2008–05/27/content_994852.htm。

以及外人在中国境内行使一切政治的权力侵害中国主权者，皆当取消，重订双方平等互尊主权之条约。"①1925年广州国民政府提出："国民革命之最大目的，在致中国于独立平等自由，故其着手即在废除不平等条约。"②由此可见，主权独立作为国家独立的基本条件，成为最为基本的国家认同。

近代中国所形成的国家认同，使得国民从效忠王朝转移到自觉承担国家责任，从维持皇权到主动维护国民权利，完成了国民的改造，实现了国家观念的再造，使得国家自主、民族独立深入人心，不仅成为这一时期救亡图存的精神动力，而且成为民族复兴的信念支撑。

第三节　明清学术体系的重构

中国的学术研究，致力于从前代经典中寻求经验、义理和方法，以求服务现实。在学术史的演进中，逐渐形成了经学、道学、心学、实学、朴学五个基本范式。经学是早期中国经验、观念与文献的总结，因对其学理的不同阐释而分别形成了道学和心学。与此同时所形成的实学，更关注于现实，关注国家治理的现实事务，成为道学与心学的补充。而朴学则是重新回归到知识系统，通过科学的、系统的研究方法，对传统学术进行了更为系统的整理与阐释。由此观察，汉唐经学注重经验总结，宋明理学注重义理阐释，清代则借助方法论形成了一套完整的研究系统，以更为全面地总结经验、阐释义理。如果说阳明心学是对程朱理学的修补，清代朴学则是对宋明理学的反拨，试图以经世致用的精神，来对中国学术进行总结。朴学的学术路径，经过了由明复宋，由宋复汉，再到由汉复经的三个阶段，实现了对传统学术体系的重构。

---

① 顾龙生主编，杨会春执笔：《中国共产党经济思想史1921–2011》（增订本），山西经济出版社2014年版，第13页。

② 广州地方志编纂委员会编：《广州市志·卷末》附录，广州出版社2000年版，第134页。

一、作为经世致用的实学

儒学本身蕴含着内圣外王之道，内圣重在明体，侧重于明晰义理、修养心性，以格物致知、诚意正心为内在要求，着眼于个人修为和人格养成。外王重在达用，以经世致用为要求，注重修身齐家治国平天下，以历史经验服务于现实。在儒学史中，本能地蕴含着明体、达用两条发展线索，经世致用被作为儒学内在的要求。

王安石所推崇的新学，要求强化学术服务现实的能力，以弥补儒学过于强调内圣而忽略外王的不足：

> 故某自百家诸子之书，至于《难经》、《素问》、《本草》、诸小说，无所不读，农夫女工，无所不问。①
>
> 故昔圣人之在上，而以万物为已任者，必制四术焉。四术者，礼、乐、刑、政是也，所以成万物者也。②

王安石认为人格修养和现实致用皆是士大夫应该学习的内容。内圣可立足于儒家经典，但诸子、小说等书当无所不读，以此增强解决现实问题的能力。梁启超言其学术宗旨："内之在知命厉节，外之在经世致用，凡其所以立身行己与夫施与有政者，皆其学也。"③在王安石的倡导下，熙宁四年（1071）改革科举考试的内容与方式："今定贡举新制，进士罢诗赋、帖经、墨义，各占治《诗》、《书》、《易》、《周礼》、《礼记》一经，兼以《论语》《孟子》。每试四场，初本经，次兼经并大义十道，务通义理，不须尽用注疏。"④不仅要考察对经书义理的理解，更注重解决现实问题的能力。

受经世致用学风的影响，北宋编撰典籍，更强调能够资政、资治。宋神宗在《资治通鉴》序中言：

> 其所载明君、良臣，切摩治道，议论之精语，德刑之善制，

---

① 詹大和等撰，裴汝诚点校：《王安石年谱三种》，中华书局1994年版，第557页。
② 詹大和等撰，裴汝诚点校：《王安石年谱三种》，中华书局1994年版，第558页。
③ 梁启超著：《饮冰室合集·王荆公》，中华书局2015年版，第186页。
④ 李焘撰：《续资治通鉴长编》卷二百二十《神宗》，中华书局2004年版，第5334页。

天人相与之际，休咎庶证之原，威福盛衰之本，规模利害之效，良将之方略，循吏之条教，断之以邪正，要之于治忽，辞令渊厚之体，箴谏深切之义，良谓备焉。凡十六代，勒成二百九十六卷，列于户牖之间而尽古今之统，博而得其要，简而周于事，是亦典刑之总会，册牍之渊林矣。①

推重《资治通鉴》的作用，在于能借鉴古今，为国家治理提供经验。

宋明理学在阐释心性修为的过程中，也在不断强化实学意识。真德秀在《大学衍义》中便意识到《大学》注重修身而疏于治世："严于格心，略于议治。"明朝丘濬的《大学衍义补》，正是要补全《大学》在国家治理方面的内容缺失，列纪纲法度、财赋、兵戎、礼乐、刑政等进行阐释。东林人士更加关注人伦庶务，注重实知实践，复社主张兴复古学，务为有用，皆是试图对阳明后学流于空疏议论的补充。陈子龙在《皇明经世编序》中，批评当时俗儒抱守训诂，不问天下事务：

> 俗儒是古而非今，文士撷华而舍实。夫保残守缺，则训诂之文充栋不厌，寻声设色，则雕绘之作永日以思。至于时王所尚，世务所急，是非得失之际，未之用心，苟能访求其书者盖寡，宜天下才智日以绌，故曰士无实学。积此三惠，故成书也难。夫孔子观于周，萧相收于秦，大率皆天下要书，足以资世用者，嘉谟令典，通今者之龟鉴，谋国者之兵卫也。失今不采集，更数十年，亡散益甚，后死者之责，其曷诿焉？②

认为当时的读书人大多无实学，撷华舍实，无补于世。他采集典书，期望能收集军事、兵卫等文献，为致用者提供鉴戒。

方以智作《通雅》将传统学术分为疑始、释诂、天文、地舆、身体、称谓、姓名、官制、事制、礼仪、乐曲、乐舞、乐器、器用、衣服、官室、饮食、算数、植物、动物、金石、谚原、切韵声原、脉考、

① 司马光编著，胡三省音注：《资治通鉴·序》，中华书局 1956 年版，第 33 页。
② 陈子龙撰，孙启治校点：《安雅堂稿》卷五《皇明经世编序》，辽宁教育出版社 2003 年版，第 77 页。

古方解答等四十四门，会通其术以便于生产生活，强化经世致用之学。徐光启的《农政全书》则注重农业技术及其种植经验，有农本、田制、农事、水利、农器、树艺、蚕桑、蚕桑广类、种植、牧养、制造、荒政等十二目，将学术研究落脚于生产实践和生活实际。

清朝立国后，更加强化学术的经世致用。顺治七年（1650）年"谕礼部曰：……今天下渐定，朕将兴文教，崇经术，以开太平。……明体则为真儒，达用则为良吏。果有实学，朕不次简拔，重加任用"①。强调要选拔有实学的真儒、良吏，改良吏治。史科给事中蔺挺达上疏要求皇室弟子要兼及经史，务必使所学有益于治："取内府所藏世祖章皇帝译定诸书，择其深切治理。如《五经》《四书》皆修身治国平天下之道，惟通经而后明理；史书、《通鉴》备载历代治乱得失之事，必鉴古乃能知今。"②将五经列于四书之前，要求通经明理，并借鉴历史知识以探求治道，不再强调心性阐发而落脚于实用。

宋明理学家对经义的阐释，虽然立足于经典本身，但相对于汉儒而言，还是长于发微而略于笺证。黄宗羲在《明儒学案》中论及晚明学风："学者以任情为率性，以媚世为与物同体，以破戒为不好名，以不事检束为孔、颜乐地，以虚见为超悟，以无所用耻为不动心，以放其心而不求为未尝致纤毫之力者多矣，可叹哉！"③他批判晚明学风空虚漂浮而脱离实际，不仅毫无家国担当，而且也无益于学。又言："徒以生民立极天地立心万世开太平之阔论，钤束天下，一旦有大夫之忧，当报国之日，则蒙然张口，如坐云雾。"④批判士人空谈义理而无力解决时弊。顾炎武也认为明末风气流入空疏玄远，不言国家事务："今之君子则不然，聚宾客门人之学者数十百人，'譬诸草木，区以别矣'，而一皆与之言心言性，舍多学而识以求一贯之方，置四海之困穷不言，而

---

① 赵尔巽等撰：《清史稿》卷一百六《选举志》，中华书局 1977 年版，第 3114 页。

② 铁玉钦主编：《清实录教育科学文化史料辑要》，辽沈书社 1991 年版，第 121 页。

③ 黄宗羲著，沈芝盈点校：《明儒学案》卷二十《江右王门学案》，中华书局 2008 年版，第 482 页。

④ 黄宗羲著，陈乃干编：《黄梨洲文集》，中华书局 2009 年版，第 220 页。

终日讲危微精一之说，……我弗敢知也。"①这使得学风浮泛，无益于治，使士大夫面对晚明时弊而无能为力。

　　清初三先生试图以一己之力来挽救晚明空虚学风，以求士大夫能补时弊。顾炎武提出了"博学于文""行己有耻"②，强调学者的道德责任，要求博学多识，改变空谈心性的流弊，更重践行知行合一的修养论。黄宗羲主张为学需先穷经，穷经要服务于现实："故问学者必先穷经，经术所以经世。"③王夫之也言："六经责我开生面，七尺从天乞活埋。"④希望能够从经典中寻求更为恰当的义理，焕发经学服务现世的精神。清代学术推崇的经世致用精神，与三先生的倡导分不开。

　　顾炎武在《与友人论学书》中，表达致用之学的重要性：

　　　　窃以为圣人之道，下学上达之方，其行在孝弟忠信；其职在洒扫应对进退；其文在《诗》、《书》、三《礼》、《周易》、《春秋》；其用之身，在出处、辞受、取与；其施之天下，在政令、教化、刑法；其所著之书，皆以为拨乱反正，移风易俗，以驯致乎治平之用，而无益者不谈。一切诗、赋、铭、颂、赞、诔、序、记之文，皆谓之巧言而不以措笔。其于世儒尽性至命之说，必归之有物有则，五行、五事之常，而不入于空虚之论。⑤

　　他认为圣人之道在于下学上达，不仅仅要传承知识与经验，而且要关注于现实，能够经世致用，将所学知识施用于政教。他认为宋明理学将圣人之学局限于性命与义理之中，脱离时政，强调学术应该有益于实践。他编纂《天下郡国利病书》将文献与实地考察结合起来，重点辑录兵防、赋税、水利资料，对全国各地的形势、险要、卫所、城堡、关寨、岛礁、烽堠、民兵、巡司、马政、草场、兵力配备、粮草供应、屯田以及有关农民起义和其他社会动乱等方面资料，无不详细

---

① 顾炎武撰，华忱之点校：《顾亭林诗文集》，中华书局 1983 年版，第 40 页。
② 顾炎武撰，华忱之点校：《顾亭林诗文集》，中华书局 1983 年版，第 41 页。
③ 黄宗羲撰，郑万耕点校：《易学象数论》，中华书局 2010 年版，第 324 页。
④ 王夫之著，杨坚总修订：《船山全书》，岳麓书社 2011 年版，第 107 页。
⑤ 顾炎武撰，华忱之点校：《顾亭林诗文集》，中华书局 1983 年版，第 135 页。

摘录。

黄宗羲的《明夷待访录》，列《原君》《原臣》《原法》《置相》《学校》《取士上》《取士下》《建都》《方镇》《田制一》《田制二》《田制三》《兵制一》《兵制二》《兵制三》《财计一》《财计二》《财计三》《胥吏》《奄宦上》《奄宦下》，对传统经义、历史重新思考，试图寻找到解决现实困境的方法，以挽救时弊，其学说直接影响到康有为、梁启超、谭嗣同的变法主张。

由此来看，明末清初的中国，虽然没有经历工业革命，但其学术发展路径则表现出对生产、科学、技术的重视，不仅论道，而且重视器用。王夫之所提出的"天下唯器"的说法，正体现了其注重社会实践而不再坐而论道的精神。这种道器并重的做法，在颜元的教学实践中得以强化：

> 以礼、乐、兵、农，心意身世，一致加功，是为正学。[①]
>
> 凡为吾徒者，当立志学礼、乐、射、御、书、数及兵、农、钱、谷、水、火、工、虞。[②]
>
> （文事斋）：课礼、乐、书、数、天文、地理等科。……（武备斋）：课黄帝、太公以及孙、吴五子兵法，并攻守、营阵、陆水诸战法，射御、技击等科。……（经史斋）：课十三经、历代史、诰制、章奏、诗文等科。……（艺能斋）：课水学、火学、工学、象数等科。……（理学斋）：课静坐、编著、程、朱、陆、王之学。（帖括斋）：课八股举业。[③]

胡瑗所开创的经义斋和治事斋，在漳南书院中得到了全面的强化，特别是要求学生不仅要掌握传统的六艺，更要能熟知兵、农、钱、谷、水、火、工、虞等知识，能够将文事、武备、经史、艺能和理学融合起来，道器并重，成长为能够解决现实问题的综合型人才。

---

① 颜元著，王星贤、张芥尘、郭征点校：《颜元集》，中华书局 1987 年版，第 730 页。

② 颜元著，王星贤、张芥尘、郭征点校：《颜元集》，中华书局 1987 年版，第 743 页。

③ 颜元著，王星贤、张芥尘、郭征点校：《颜元集》，中华书局 1987 年版，第 413 页。

康熙四年（1665）三月壬寅，科举考试恢复三场之制，以经文为主，策论次之，注重引导士人知务实学。康熙进一步强调治学要经史并重：

> 惟以经学史乘，实有关系修齐治平助成德化者，方为有用。①
>
> 经学在于切实通明，折中诸说，史学在于始末淹贯，论定是非。二者皆确，有证据，难于支离其说，故必由积累之功，涵泳之久。②
>
> 理学之书为立身根本，不于可不学，不可不行。朕尝潜玩性理诸书，若以理学自任，则必至执滞己见，所累者多。……宋、明季代之人，好讲理学。有流入于刑名者，有流入于佛老者。……凡人读书，宜身体力行，空言无益也。③

他认为经学在于通明，理学为立身之本，但理学容易使人陷入滞碍之中，流入空疏之学，应该以史为鉴，来补充理学的空虚，纠正学术的弊端。康熙感慨理学家所言所行，与现实需求并不一致："朕见言行不符者（甚）多矣，终日讲理学，而所行全与其言背谬，岂得谓之理学乎？"④康熙三十三年（1694），他以理学真伪论来策试八十九名翰林院学士，可见他对理学阐释体系的反思。

康熙对理学义理的反思，表明理学的诸多义理已经难以解决现实问题，而要想对其义理进行评判，则需要阅读更多的经典。由此形成了重返经典、有用于世的学术风气，这成为清代朴学形成的动因。乾隆十年（1745）四月戊辰，乾隆提出要求大臣回归到经学而不再空谈义理。乾隆三十八年（1773）后，他对朱熹的诸多说法不断质疑，尤其是反对将道统置于皇权之上，认为理学家标榜门户无益于治。乾隆四十七年（1782），直接改革科举程式。此前先考四书，再考五经，用宋儒之注为主；改革后则先考五经，废宋人经说，全用汉代经注。以此

---

① 蒋良骐撰，林树惠、傅贵九点校：《东华录》卷之十三，中华书局1980年版，第217页。

② 中仁编：《康熙御批》，中国华侨出版社1999年版，第1201页。

③ 中国第一历史档案馆整理：《康熙起居注》，中华书局1984年版，第2222页。

④ 蒋良骐撰，林树惠、傅贵九点校：《东华录》卷十二，中华书局1980年版，第203页。

为导引，乾隆将元明重视四书的做法改为重视五经，引导学界开始重新重视汉学。此前经顺治、康熙持续提倡明体达用之学，清儒日渐重视考究经史，其以四书五经为内圣之学，以历史为致用之法，将通经明理与通史明事结合起来，延续了明朝后期日渐重视实用的学风，并经过数十年的提倡，成为清代朴学的先声。

二、作为学术范式的朴学

清代朴学的形成，是对中国传统学术进行系统研究之后形成的学术范式。其采用实证的研究方法，对古代学术进行系统的清理。从学术延续性来看，清代朴学是宋学的延续。其相对于宋明理学来说，是重返经学、重返汉学。

顾炎武认为经学即理学，所作《日知录》《天下郡国利病书》和《肇域志》《音学五书》《韵补正》《金石文字记》，皆注重实证而不尚空谈，为清代学术开山辟路。被誉为"清代汉学家第一"的阎若璩，推崇汉学的注疏与考订，他主汉不主宋，认为"古来相传训诂之学，至宋人而亡，朱子尤其著者"①，著《尚书古文疏证》，反对宋学过于阐发义理。他一一考证《古文尚书》之伪，又作《四书释地》《潜邱札记》等，以考订立说，事必求其根柢，言必求其依据，反对过度阐发经典。胡渭进一步考证《尚书》的单篇，作有《禹贡锥指》20卷、《易图明辨》10卷、《洪范正论》5卷、《大学翼真》7卷。他采用文献互证的方式，讲究字字有来历，对宋明理学进行了有意识的反拨，综合运用多学科的知识，对前代经典进行重新审察，融会贯通而综合成说。

黄宗羲在《万充宗墓志铭》中，总结了清代学者不再专注经书知识，而是利用知识考订经书的学术路径：

> （充宗）以为非通诸经，不能通一经。非悟传、注之失，则不能通经。非以经释经，则亦无由悟传、注之失。何谓通诸经以通一经？经文错互，有此略而彼详者，有此同而彼异者。因详以

---

① 阎若璩撰，钱文忠整理，朱维铮审阅：《尚书古文疏证》卷四，上海书店出版社 2012 年版，第 71 页。

求其略，因异以求其同，学者所当致思也。何谓悟传、注之失？学者入传、注之重围，其于经也无庸致思，经既不思，则传、注无失矣，若之何而悟之。何谓以经解经？世之信传注者过于信经，……充宗会通各经，证坠辑缺，聚讼之议，涣然冰泮。奉正朔以批闰位，百注逐无坚城。①

以经书获得知识，是汉学的路径；借助经书阐释义理，是宋学的做法；借助知识考订经书，是朴学的追求。黄宗羲高度评价万斯同的学术路径，在于学通诸经，利用经文的互补性，以经解经，以经正经，形成了探求经书本义的理路，使得经学得以彰明。

朴学以文字学、训诂学、校勘学、考订学、音韵学的研究路径，对经史子集进行了系统整理，尤其推崇考订的严谨性与真实性。段玉裁曾言："必先定其底本之是非，而后可断其立说之是非。"②认为要先据真实底本，再来考据是非，方才能立说有据。惠栋笃信求真的态度，怀疑精神为笃信，辨伪工夫转向求真："凡古必真，凡汉皆好。"③戴震则以"唯求其是"为学术标准，阮元更强调"推明古训，实事求是"等，④表明采用实证的研究思路来整理文献。梁启超认为朴学具有科学性质："总之乾嘉间学者，实自成一种学风，和近世科学的研究法极相近，我们可以给他一个特别名称，叫作'科学的古典学派'。"⑤胡适也认为："中国旧有的学术，只有清代的'朴学'确有'科学'的精神。"⑥

乾嘉学术以吴派和皖派为代表。吴派的惠栋信家法而尚古训，他所倡导汉学研究之法，在于融通诸经，承接汉学："少承家学，九经注疏粗涉大要。自先曾王父朴庵公以古义训子弟，至栋四世。咸通汉学，

---

① 黄宗羲著，陈乃乾编：《黄梨洲文集》，中华书局 2009 年版，第 199 页。

② 段玉裁撰，钟敬华校点：《经韵楼集》卷十二《与诸同志书论校书之难》，上海古籍出版社 2008 年版，第 333 页。

③ 梁启超著：《清代学术概论》，中华书局 2015 年版，第 24 页。

④ 阮元撰，邓经元点校：《揅经室集》，中华书局 1993 年版，第 1 页。

⑤ 梁启超著：《中国近三百年学术史》，中华书局 2015 年版，第 22 页。

⑥ 胡适著，欧阳哲生编：《胡适文集》，北京大学出版社 2013 年版，第 261 页。

以汉犹近古，去圣未远故也。"①其所著《九经古义》二十二卷、《易汉学》、《孟喜易》二卷、《虞翻易》一卷、《京房易》二卷、《郑康成易》一卷、《荀爽易》一卷、《易例》二卷、《周易述》二十三卷，以考证纠正宋明义理之说，扭转了空虚学风。钱大昕赞赏惠栋家族世守汉学古法，纠正了宋元以来的说经习气："宋、元以来说经之书盈屋充栋，高者蔑古训以夸心得，下者袭人言以为己有。独惠氏世守古学，而栋所得尤精。拟诸前儒，当在何休、服虔之间，马融、赵岐辈不及也。"②梁启超认为朴学直承汉学的考据之法，便是看到了清儒对汉学训诂考据的继承。

钱大昕多次批评宋明理学的虚无，主张考据实证。他认为惠栋引领了务实求真的学术风气："今士大夫多尊崇汉学，实出先生绪论。"③钱大昕以经学方法治史，历时近五十年，撰成《廿二史考异》，纠举疏漏，驳正舛错，系统纠正了史书中的讹误。他在《经籍纂诂考》中总结自己的治学心得："有文字而后有诂训，有诂训而后有义理，训诂者，义理之所由出，非别有义理出乎训诂之外者也。"④主张在理解文字、音韵、训诂基础上，方能讨论义理，主张回归经典、重返经义。王鸣盛进一步以史考史、以史考经，作《十七史商榷》百卷，又著《尚书后案》30卷及《后辨》1卷，《蛾术编》100卷，考察典职制度，以求有用于世："大抵史家所记典制有得有失，读史者不必横生意见，驰骋议论，以明法戒也。但当考其典制之实，俾数千百年建置沿革，了如指掌，而或宜法，或宜戒，待人之自择焉可矣。"⑤

皖派以戴震为代表。戴震师从江永，精通三礼，旁通天文、地理、算学、声韵等。其学术贡献在于旁通，能够融合科学、音韵、训诂、

---

① 惠栋撰：《松崖文钞》卷一《上制军尹元长先生书》，广陵古籍刻印社 1982 年版，第 16—17 页。

② 赵尔巽等撰：《清史稿》卷四百八十一《儒林传》，中华书局 1977 年版，第 13181 页。

③ 钱大昕著，陈文和主编：《潜研堂文集》卷二十四《古文尚书考序》，凤凰出版社 2016 年版，第 358 页。

④ 钱大昕著，陈文和主编：《潜研堂文集》卷二十四《经籍纂诂序》，凤凰出版社 2016 年版，第 366 页。

⑤ 王鸣盛著，陈文和主编：《十七史商榷·序》，中华书局 2010 年版，第 1 页。

文字等知识，对经史子集进行系统考订，使得传统学术能够融会贯通，形成相互印证的学术体系。他作《筹算》《考工记图注》《勾股割圜记》等文，著《六书论》《尔雅文字考》《屈原赋注》《毛诗补传》《孟子字义疏证》等。又作《七经小记》，分其大类，各究原委，从学术史的视角对早期经典重新审视，形成了超越经书之上的经学概论。其在《古经解钩沉序》有言："后之论汉儒者，辄曰故训之学云尔，未与于理精而义明。则试诘以求理义于古经之外乎？……经之至者道也，所以明道者其词也，所以成词者未有能外小学文字者也。由文字以通乎语言，由语言以通乎古圣贤之心志，譬之适堂坛之必循其阶，而不可以躐等。"①强调经学研究须先从小学文字入手，由文字通乎语言，进而以之解决词句、义理之问题，方才能贯通古代圣贤之心志。这一综合研究早期经典的路径，一直影响到清末的章学诚。

段玉裁师从戴震，受其影响，综合利用各类知识来研究学术，作《说文解字注》《六书音均表》《古文尚书撰异》《毛诗故训传定本》《经韵楼集》等。其中的《六书音均表》，借助六书对上古音韵进行研究，建构了古音系统。此外，王念孙作《广雅疏证》《读书杂志》，王引之勘订《康熙字典》讹误，撰成《字典考证》，总括文字、音韵、训诂的成果，形成了知识体系。王引之又著《经义述闻》十五卷、《经传释词》十卷、《春秋名字解诂》等，则是利用经书注疏对经义进行阐释。

清代朴学形成的研究范式，以通经为基本要求，认为倡导经学本义，要立足于传统小学。顾炎武强调通经之始，源于文字、音韵："故愚以为读九经自考文始，考文自知音始。"②惠栋也认为经学要从训诂、音韵入手："经之义存乎训，识字审音，乃知其义。"③戴震概括理解经学的三把钥匙："以小学为基、以典章为辅、治诸艺而会于经。"可以说，清代朴学所形成的研究范式，是借助贯通诸经形成知识系统，利用经

---

① 戴震撰，赵玉新点校：《戴震文集》卷十《古经解钩沉序》，中华书局 1980 年版，第 146 页。

② 顾炎武撰，华忱之点校：《顾亭林诗文集》，中华书局 1983 年版，第 73 页。

③ 钱大昕著，陈文和主编：《潜研堂文集》卷三十八《惠先生传》，凤凰出版社 2016 年版，第 613 页。

史子集等文本文献来考订经书，对其意义进行确有实据的理解。这样一来，实际打通了经、史、子、集的联系，使得传统学术形成了一个完整的体系，可以相互支撑、相互验证、相互发微。如章学诚提出"六经皆史"，正是以历史视角来观察经学，将六经作为早期经验与智慧的总结。不仅打破了汉学对经书的迷信，而且也纠正了宋学对经书文本的随意阐释。

从中国学术的延续性来看，朴学是对宋明理学的反拨。钱穆曾从中国学术史的角度论及汉宋之学："……皆于宋学有甚深契诣。而于时已及乾隆。汉学之名，始稍稍起。而汉学诸家之高下浅深，亦往往视其所得宋学之高下浅深以为判。道咸以下，则汉宋兼采之说渐盛，抑且多尊宋贬汉，对乾嘉为平反者。故不识宋学，即无以识近代也。"[①] 认为宋学是清代考据学术之宗，强调宋学有内在学术根底，回应了朴学"尊汉贬宋"的成说。余英时认为朴学"直承宋、明理学的内部争辩而起"，[②] 直面宋明理学悬而未决的问题继续研究。张舜徽也认同朴学接续宋学的路径："举凡清代朴学家所矜为条理缜密、义据湛深的整理旧学的方式与方法，悉不能超越宋代学者治学的范围，并且每门学问的讲求，都已由宋代学者们创辟了途径，准备了条件。"[③] 认为它是在总结反思宋学的基础上发展而来的。

从这个意义上来说，朴学完成了对中国学术的汇总。从学术发展的路径而言，朴学的形成，意味着对早期中国经典以及由此形成的注释、阐释系统进行了全面系统的整理，也对经学、史学、子学以及文学等基本文献进行了深入清理，这以四库全书的修订为标志。在此过程中形成的文献、文本和问题，成为乾嘉学派的研究对象。由此形成的以经解经、以经证经、诸学互证的研究方法，是对重视义理阐释的宋明理学的反拨。由辨伪、考订、校勘等方法所形成的以古为尚、信古阙疑的科学态度，也是对汉学迷信经典风气的补正。其中形成的以

①　钱穆著:《中国近三百年学术史》第一章《引论》，九州出版社 2011 年版，第 1 页。

②　余英时著:《论戴震与章学诚:清代中期学术思想史研究》，生活·读书·新知三联书店 2012 年版，第 346 页。

③　张舜徽著:《䎱庵学术讲论集》，华中师范大学出版社 2008 年版，第 212 页。

例立论、无征不信的研究方法，孕育了"皆为学问而治学问"的科学严谨的学术风气，使得学术研究具有了现代意义。可以说，朴学既是中国传统学术的总结，也是中国现代学术的基础。学者在研究过程中对传统学术的反思、争论和辨析，借鉴近代中国不断传入的西方学术理论和学术视角，推动了中国传统学术的新突破。一方面使得近代学术界试图重构中国学术的阐释系统，以服务于时政，产生了直面现实的中国学术；另一方面也使得学者们反思传统学术的缺失，转而学习西方学说，推动学术自新和文化更新，以契合于不断变化的时代要求。

三、作为学术思潮的今文经学

在汉代所形成的今文经和古文经，原本是作为文本的差别，却在经学的传承中，逐渐转化为学术方法的差异。今文经学重视经义阐释，注重以经典大义来解决现实问题；而古文经则强调文本考证，以回归经典本身作为视角。以此来观察汉学与宋学的差别，正在于汉学重注疏，而宋学重阐释。

乾隆时期编修四库全书，其目的在于利用政治权力来干预、引导学术，使学者能够回归到经典本身，《四库全书总目》凡例中言：

> 故说经主于明义理，然不得其文字之训诂，则义理何自而推。论史主于示褒贬，然不得其事迹之本末，则褒贬何据而定。……今所录者率以考证精核、辨论明确为主。庶几可谢彼虚谈、敦兹实学。

> 圣贤之学主于明体以达用，凡不可见诸实事者、皆属卮言。儒生著书、务为高论。阴阳太极，累牍连篇，斯已不切人事矣。至于论九河则欲修禹迹，考六典则欲复周官、封建井田，动称三代，而不揆时势之不可行。……并辟其异说、黜彼空言，庶读者知致远经方、务求为有用之学。[1]

其延续乾隆首五经而次四书的做法，强调经书义理的阐发，要借

---

[1] 永瑢等撰：《四库全书总目·凡例》，中华书局 1965 年版，第 18 页。

助小学之门的考订，方能疏通经义而不浮夸。尤其强调经学的价值在于明体达用，要反对不切实际的空论虚谈。四库馆臣意识到要用发展的眼光来审视早期经典，反对将早期历史经验套用在当下，主张对经学进行实事求是的综合研究，方才能形成有益于现实的结论。以此为主张，四库馆臣极力反对宋明理学，《四库全书总目》又言：

> 汉唐儒者，谨守师说而已，自南宋至明，凡说经讲学论文皆各立门户，大抵数名人为之主，而依草附木者嚣然助之。朋党一分，千秋吴越。渐流渐远，并其本师之宗旨亦失其传。而仇隙相寻，操戈不已，名为争是非，而实则争胜负也。人心世道之害，莫甚于斯。伏读御题朱弁《曲洧旧闻》，致遗憾于洛党。又御题顾宪成《泾皋藏稿》，示炯戒于东林。诚洞鉴情伪之至论也。我国家文教昌明，崇真黜伪。翔阳赫耀，阴翳潜消，已尽涤前朝之敝俗。然防微杜渐，不能不虑远思深，故甄别遗编，皆一本至公。铲除畛蛅，以预消芽蘖之萌。至诗社之标榜声名，地志之矜夸人物，浮辞涂饰，不尽可凭，亦并详为考订，务核其真。庶几公道大彰，俾尚论者知所劝戒。①

其对宋明的批判，一是认为其空谈心性，无益于身。二是各立门户，争名逐利，无益于治。三是学术空疏，违背研究宗旨。为了洗涤这些不良风气，整顿学术风气，四库馆臣极力推崇考订求真的理路，引导学者对经典进行研究，利用旧学来解决现实问题。

乾隆反对理学，一是继承了顺康时期重视经世致用的学术风气，二是认为理学标榜道统，将义理置于皇权之上，压抑了皇帝的权威。因而其推崇汉学，既有学术的动机，也有统治的动因。他甚至有意识地提倡今文经，利用今文经能契合现实政治需求的传统，来满足于清朝国家治理的理论需求。乾隆十七年（1752），乾隆大考翰詹，题目为《拟董仲舒天人册第三篇》，直接要求翰林、詹事能够借助天人感应之说，来阐释清朝统治天下的合法性和合理性。以此为契机，推动了清

---

① 永瑢等撰：《四库全书总目·凡例》，中华书局1965年版，第18页。

代今文经学的兴起。

庄存与精通董仲舒的《春秋繁露》，其为学"于六经皆能阐发奥旨，不专事笺注，而独得先圣微言大义。于语言文字之外，易则贯串群经，……"①，能够融通汉学、宋学说解而阐释微言大义。其所作的《春秋正辞》，为清代第一部以微言大义阐释《春秋》的今文经学。时人评价庄存与的春秋公羊学："侍郎专于'春秋公羊'，其说经惟主知人论世，而不为名物训诂之功。"②他借助经义来阐释时政，开启了清代今文经学。

刘逢禄继承庄存与的衣钵，一意治学，洞明经术，究极义理。著有《公羊经何氏释例》10卷、《公羊春秋何氏解诂笺》1卷、《申何难郑》4卷、《春秋论》上下篇、《左氏春秋考证》2卷，继续阐发春秋公羊学之"大义"。他立足于董仲舒、何休的做法，强调大一统，贯通群经以为阐说，结合《公羊传》的微言大义，《穀梁传》的寄寓褒贬，《左传》的讲述故事，阐发据乱世、升平世、太平世的三世说。刘逢禄另作《论语述何》，阐释《论语》中的义理，延续了今文经学的精神。

魏源师从刘逢禄，立足经典来阐释微言大义。他试图以《书古微》来补马融、郑玄的空凿，以《诗古微》补三家诗的缺漏，揭发幽深之所在：

> 《书古微》何为而作也？所以发明西汉《尚书》今古文之微言大谊，而辟东汉马、郑古文之凿空无师传也。③
>
> 《诗古微》何以名？曰：所以发挥齐、鲁、韩三家《诗》之微言大谊，补苴其罅漏，张皇其幽渺，以豁除《毛诗》美、刺、正、变之滞例，而揭周公、孔子制礼正乐之用心于来世也。④

---

① 徐世昌等编纂，沈芝盈、梁运华点校：《清儒学案》卷七十三《方耕学案》，中华书局2008年版，第2793页。

② 李慈铭撰，由云龙辑：《越缦堂读书记·味经斋遗书》，中华书局2006年版，第1168页。

③ 魏源撰：《书古微·附禹贡说·序》，岳麓书社2004年版，第1页。

④ 魏源撰：《诗古微·序》，岳麓书社2004年版，第99页。

他以诗谏世的做法，实际上是借助经学阐释义理，以此观照社会现实。魏源作《大学古本发微》《孝经集注》《曾子发微》《小学古经》，阐释经典中的微言大义，倡经世致用之说，以此改良社会风气，实则借经学议政事、改风俗、思人才、正学术。此外，他还主编《皇朝经世文编》，收录学术、治体、吏政、户政、礼政、兵政、刑政等科目，以发明历史文献的经世功用，主张"师夷之长技以制夷"①，以此解决近代中国面临的现实困境。

龚自珍亦师从刘逢禄，作《大誓答问》《春秋决事比》《五经大义终始论答问》三书，亦借助经学阐发其对天下时事的看法。他高度赞扬庄存与开辟的今文经学，认为其"以学术自任，开天下知古今之故，百年一人而已矣"②。

汉代古文经与今文经的区别在于文本，汉学与宋学的差异在于立足于经书还是侧重于义理。清代的今文经学则立足于经义来阐释对时事的看法，既不同于汉代今文经学以经义为经义的传统，也不同于宋儒以义理为义理的做法，而是借助经义，阐发历史经验，用为改制的参考。如廖平作《公羊补证》对汉代今文经进行系统总结，又作《辟刘篇》批刘歆改经，否定古文经的传统，主张以经义为主来应对时事。

康有为从朱次琦学。朱次琦主张汉学、宋学皆为孔子之学。康有为以此为基础作《孔子改制考》《新学伪经考》，力辨孔子主张改制，以经学之尊为其变更制度的主张辩护，使之服务于其政治理念。康有为的做法，实际上是借助经典反传统，以建立一个还权力于国民的君主立宪制度。康有为利用经学阐释进行变法革新，为今文经注入了活力，使得今文经学成为维新派变法的理论来源。

梁启超认为清代的学术风气，实质是以复古为解放："'清代思潮'果何物耶？简单言之：则对于宋明理学之一大反动，而以'复古'为其职志者也。其动机及其内容，皆与欧洲之'文艺复兴'绝相类。而

---

① 魏源撰：《海国图志》卷一《筹海篇》，岳麓书社 2004 年版，第 1 页。

② 龚自珍著，王佩诤校：《龚自珍全集》第二辑《资政大夫礼部侍郎武进庄公神道碑铭》，上海古籍出版社 1999 年版，第 141 页。

欧洲当'文艺复兴期'经过以后所发生之新影响，则我国今日正见端焉。"① 他将清代复古出新视为欧洲颠覆神学的文艺复兴运动，正是看到了清代经学在复古的旗帜下不断求得学术解放。他认为清代学术先是复宋之古，将学术从阳明心学中解放出来，然后复汉唐之古，将学术从程朱理学中解放出来。再是复西汉之古，将学术从许慎、郑玄的注疏中解放出来，最后为复先秦之古，将中华传统从一切传注中解放出来，恢复到经典本身的真精神。将传统文化的价值逐渐整理阐释出来，使之能够直面现实，直面世界变动的大势。梁启超看到了中国学术传统最为核心的价值，是凝聚于经典本身的真精神，而不是后世层累而形成的注疏。

钱穆也认为清代学术继承了宋学通经致用的真精神，维护了中华传统的精神气质，能够应对时局动荡和文化运动。这也是看到了中华学术自身蕴含着面对世界的经验和智慧。从这个角度来审视晚清的今文经学，其意义在于继承了中国学术经世致用的根本要求，立足于经典而不拘泥于经说，能够从中寻求到一以贯之的革新传统、变革精神和直面现实的勇气。在赓续传统的基础上，能够推动传统文化吐故纳新、守正出新，使之不绝如缕，薪火相传。

第四节　传统文化的价值重诂

中华文化的价值在历史进程中进行过四次重诂：第一次是在春秋时期对商周文化传统进行总结，形成了诸子学；第二次是魏晋对两汉经学传统进行反思，形成了玄学思潮；第三次是唐宋之际对佛道文化进行价值评判而促成了宋明理学；第四次在明中叶对程朱理学进行补正形成了阳明心学。阳明心学对良知的强化，催生了对自我的省思，引领了晚明启蒙思潮。从明中叶至清初所强化的人文启蒙，是中华文化以自我更新的方式在寻找步入近代的突破口。清代朴学兴起，一度使启蒙

---

① 梁启超著：《清代学术概论》，中华书局 2015 年版，第 3 页。

思潮有所消歇，但却并未中断这一进程，反而使其在沉潜中积蓄能量，在近代中国寻找到了突破口，成为中华文化革新的先声。晚明的启蒙思潮，若从中国文化史的角度观察，恰恰是自我认知和人文主义的汇聚，其尊重个人价值，提倡人的合理要求，成为传统文化自我更新的内在要求。

一、传统文化的自我启蒙

宋明时期中华文化的走向有二：一是儒生通过社会化实践，将传统的道德认同推广到社会基层，促成了更深层次的社会认同；二是宋明理学重视义理，在很大程度上解放了经学，学者们能以更加平和的眼光来对待传统的经解。如朱熹的《诗集传》，不再将诗作为美刺之作，对毛传、郑笺之说有所修正。阳明心学，既是对程朱理学的补正，更是对官方所倡导的程朱理学的反拨。永乐年间修订的《四书大全》《五经大全》《性理大全》，按照官方的意志，将程朱理学的圣学精神剥落殆尽，使之成为应付考试的程式、用于维持官方导向的理学阐释和流传文本，使得理学日渐缺少对个体自觉的关注，而成为应付科考的工具和宣传道德的依据。明代所倡导的程朱理学便失去了宋儒外在事功和内在自觉的统一，道德认知不入心，行为规范不入行，久而久之便导致学风浅陋、文风卑下、士风庸俗。阳明心学的意义，在于纠正明代儒生知而不行的流弊，试图重振儒学正统。

王阳明倡导恢复圣学精神、重振儒学传统，认为朱熹与陆九渊学术各有千秋。儒学的根本，在于求得吾心吾性。正德十年（1515），王阳明提出了致良知，尊重人内在的道德自觉，充分重视个体自觉，而不再强求外在规范对人的引导，认为人人皆有道德自觉，皆能实现道德自律。他刊刻《古本大学》，注重发明大学本义，将程朱理学重视的外在规范转移到思孟学派的自我体认中。

明代的科举考试，一为经问，考察义理；二为经疑，考察理解；三为经义，考察解决时务的能力。阳明心学注重自我理解，能够将经疑与经义相结合，来应对时事，形成了一套应对科举程式的有效体系，得到了诸多士人的响应，在于其内生性地蕴含着尊重个体、尊重自我的学术理路。阳明后学以书院、讲会的方式传承阳明心学，教之以克己复礼、博文约礼、守虚合道，以知行合一，来阐发儒家义理之学。

焦循在《良知论》中论及程朱理学与阳明心学的差异："紫阳之学所以教天下之君子，阳明之学所以教天下之小人。紫阳之学用之于太平宽裕足以为良知，阳明之学用之于仓促苟且足以成大功。"认为朱子之学代表官方正统，可以致力于恒久的道德要求。通过外在规范的约束，久久为功，可以改变世道人心。而阳明之学的长处，则直面个人心性修为，能够教导普通百姓应对人生诸多不确定事宜，更便于百姓日常所用。因此元明时期，朝廷竭力将程朱理学纳入政统之中，以期形成稳定的社会秩序。民间士大夫则抱有淑世情怀，期望改良社会风气，倡导简易自然，追求自由平等。阳明心学在官方倡导的儒学体系中寻求到更为通俗的解释，主张人人通过致良知，将良知转化为良行，从而变风易俗，改良身心，吸引诸多士大夫自觉从理学的窒息中走出来。

李贽是阳明心学的后劲，也是王学左派的最后领军，他的童心说，直接把阳明心学致良知的精神转化为个体自觉。阳明心学所言之"心"，是蕴含道德评判的良心，李贽的童心说则认为人人自有的童心，是完全不受道德约束的赤子之心。他在《童心说》中强调自我认知的重要性：

　　夫童心者，绝假纯真，最初一念之本心也。若失却童心，便失却真心；失却真心，便失却真人。人而非真，全不复有初矣。童子者，人之初也；童心者，心之初也。夫心之初曷可失也！然童心胡然而遽失也？盖方其始也，有闻见从耳目而入，而以为主于其内而童心失。其长也，有道理从闻见而入，而以为主于其内而童心失。其久也，道理闻见日以益多，则所知所觉日以益广，于是焉又知美名之可好也，而务欲以扬之而童心失；知不美之名之可丑也，而务欲以掩之而童心失。夫道理闻见，皆自多读书识义理而来也。古之圣人，曷尝不读书哉！然纵不读书，童心固自在也，纵多读书，亦以护此童心而使之勿失焉耳。①

李贽所言的童心，一是绝假纯真的真心，为一念之本心。二是天然无瑕，完全不受后天世俗污染与道德约束的自我之心。李贽认为外在的一切约束，包括儒家所倡导的读书明理，是导致童心丧失的根源，只有彰明不受任何束缚的本我之心，才能真正理解儒学学说的内在精神。他在《四勿说》中言：

> 盖由中而出者谓之礼，从外而入者谓之非礼；从天降者谓之礼，从人得者谓之非礼；由不学、不虑、不思、不勉、不识、不知而至者谓之礼，由耳目闻见，心思测度，前言往行，仿佛比拟而至者谓之非礼。②

强调社会一切外在的、人为的观念道德，皆为非礼，因为"礼"源自天然、源自人情、源自真心，其不知而至，不需要任何外在的强制和约束。李贽的这一认知，不仅将阳明心学内在的自我体认，转化为心性的自觉、人性的觉醒，而且为晚明思想的解放提供了理论支撑。吴虞在《李卓吾别传》中论及李贽在晚明的影响，引陈明卿之言说："卓吾书盛行，咳唾间非卓吾不欢，几案间非卓吾不适。朝廷虽禁毁之，而士大夫则相与重锓，且流传于日本。"③言李贽的著述风靡当时，人人争相讨论，尽管被朝廷禁毁。其学说代表了时代要求，且得到了时人的高度认同。

童心说是中国近代思维的一个顶点，标志着良知说的成熟，也标志着人格的独立。孔子曾言"五十知天命"，孟子有"天将降大任于斯人"之说，张载也有"为生民立命"的自觉，此皆被程朱理学作为天理说的来源，使得人的社会义务、道德责任皆源于外在的要求。李贽认为人具有不受一切束缚的自由，有独立自主的自我精神，不需要任何外在力量的支配。这种将天与人分裂的学术认知，是近世思潮对传

---

① 李贽著：《焚书》卷三《杂述·童心说》，中华书局 2009 年版，第 98 页。
② 李贽著：《焚书》卷三《杂述·四勿说》，中华书局 2009 年版，第 101 页。
③ 吴虞著：《吴虞文录》卷下《明李卓吾别传》，黄山书社 2008 年版，第 58 页。

统观念的彻底颠覆。将天理与人欲分隔，彻底消解程朱理学将天理作为一切秩序的来源之说，而将人心作为一切秩序的尺度，使得性情、真情、性灵具有了天然的合法性。

袁宏道提出的"性灵说"，推崇"独抒性灵，不拘格套"①的性情，主张作诗也应该率性而为，不要有任何外在的约束。冯梦龙借助性情自由来批判名教的虚伪。他收集山歌，认为："山歌虽然甚矣，独非郑、卫之遗欤？且今虽季世，而但有假诗文，无假山歌，则以山歌不与诗文争名，故不屑假。苟其不屑假，而吾藉以存真，不亦可乎。抑今人想见上古之陈于太史者如彼，而近代之留于民间者如此。倘亦论世之林云尔。若夫借男女之真情，发名教之伪药，其功于《挂枝儿》等。"②认为"世俗但知理为情之范，孰知情为理之维乎"，作《情史》以倡导真情。他整理编撰《喻世明言》《警世通言》《醒世恒言》等，倡导真性情，认为普通百姓的日常生活中同样蕴含着道德自觉和行为自律。汤显祖在《牡丹亭》中极力渲染真情的力量："情不知所起，一往而深。生者可以死，死可以生。生而不可与死，死而不可复生者，皆非情之至也。"③强调生可以死，死可以生才是深情之至，赞美杜丽娘发自内心的真心与真情，将情作为鼓荡天地的正气。

天理说的动摇，童心说的流行，使得晚明的士大夫更加唯情唯性，在文学创作中充分表现个人意识，涌现出一大批有个性的作家。姚希孟论及当时的文学风气："迩求著述，中有恢奇可喜若李氏《焚书》，徐文长、袁中郎诸集，汤临川诸传奇，后先行世，皆足以荡才士之心胸！而抒其笔胆，求之举业无与并其妙也。然而醉读之醒，病读之疗，喜读之忽变为歔欷，悲读之忽起而跳舞，极性情之所至，而惚恍莫测！"④高度评价了李贽、徐渭、袁宏道、汤显祖等人的作品涤荡人心，读之或手舞足蹈或感激涕零。与此同时的董其昌、张瑞图、黄道周、倪元

---

① 赵春宁著，周祖譔主编：《明史文苑传笺证》卷二《袁宏道·袁宗道·袁中道》笺证，凤凰出版社2012年版，第578页。

② 冯梦龙编纂，刘瑞明注解：《山歌·叙山歌》，中华书局2005年版，第317页。

③ 汤显祖著，蔺文锐评注：《牡丹亭·牡丹亭还魂记题辞》，中华书局2016年版，第1页。

④ 姚希孟撰：《响玉集》卷十《制义序·沈去疑稿序》，明刻本。

璐、王铎等艺术家，也高扬真性情，创作出个性鲜明的作品。

个体的觉醒直接动摇了帝制的基石。李贽反对以利己之心而建立的统治模式，主张应该建立起由个体道德自觉来维持的社会秩序。他推崇人本自治的具有民主色彩的国家治理模式："故君子以人治人，更不敢以己治人者，以人本自治；人能自治，不待禁而止之也。若欲有以止之，而不能听其自治，是伐之也。"①李贽的反流俗、反传统，主要是反对虚伪的道学风尚，希望建立人人自觉的理想社会。焦循在《弘甫书高尚册后》中曾评价李贽："常不悦于世俗之人。俗之所爱，因而丑之；俗之所憎，因而求之；俗之所疏，因而亲之；俗之所亲，因而疏之。"李贽时时事事与世俗相左，反对流俗，卓然自立，推崇个人自由，不仅标志着晚明思想启蒙的成就，而且启发了清初三先生的思想认知。

顾炎武清醒意识到王政的性质，在于牺牲天下个人之私以成天下之公："合天下之私，以成天下之公，此所以为王政也。"②主张天下为天下人的天下，要尊重所有人的权利。王夫之直言天理为公有的人欲，"人欲之大公，即天理之至正矣"③，不是天理决定人欲，而是人欲存乎天理，从而强化了个人权利的客观存在，由此颠覆天理为外在秩序的传统认知。黄宗羲在《明夷待访录》中强调，人民属于公家制之国而非属于君主制之国，认为公共秩序必须维护个人的权利与利益："有生之初，人各自私也，人各自利也，天下有公利而莫或兴之，有公害而莫或除之。有人者出，不以一己之利为利，而使天下受其利；不以一己之害为害，而使天下释其害。此其人之勤劳，必千万于天下之人。"④他认为："故我之出而仕也，为天下，非君也；为万民，非为一姓也"⑤"古

---

① 李贽撰，牛鸿恩、许抄珍注：《李贽全集注》第十四册《道古录注》卷下，社会科学文献出版社 2010 年版，第 289 页。

② 顾炎武著，陈垣校注：《日知录校注》卷三《言私其雞》，安徽大学出版社 2007 年版，第 130 页。

③ 王夫之著，杨坚总修订：《四书训义》卷三《中庸》，岳麓书社 2011 年版，第 137 页。

④ 黄宗羲撰，何朝晖点校：《明夷待访录·原君》，凤凰出版社 2017 年版，第 4 页。

⑤ 黄宗羲撰，何朝晖点校：《明夷待访录·原臣》，凤凰出版社 2017 年版，第 6 页。

者以天下为主，君为客"①"公其非是于学校"②。主张人生而有权利，士大夫要为天下担当责任，而不是为一国之君出仕，他主张民为国家之主人，君为国家之客人，直接颠覆了君主专制的合法性。

清初三先生的历史性贡献在于，通过承认人欲的合理性，强调了社会秩序应该以个体的自觉、个人之权利作为必要基础而非以君主之私心作为国家建构的法则，这就削弱了天理的必要性，直接动摇了君权和帝制。

明清时期的思想启蒙思潮，是士大夫在反思儒家学说过程中的自我认知，是中华文化自生性的思想反思。其所强调的个体自觉强化了人的天生权利，形成了人人平等的观念认知。如唐甄在《潜书》中强调，君子所树立的美善宽恕等观念，应当首先应用于家庭关系："天之生物，厚者美之，薄者恶之，故不平也。君子于人，不因其故；嘉美而矜恶，所以平之也。……且恕者，君子善世之大枢也。五伦百行，非恕不行；行之自妻始。"③主张夫妻平等、男女平等，这是对三纲学说的直接挑战。颜元进一步批判传统观念对男女道德评判存在的偏见："世俗非类相从，止知斥辱女子之失身，不知律以守身之道，男子之失身，更宜斥辱也。"④直言男子之失身的后果要比女子更大，体现出鲜明的男女平等观。

明清社会启蒙思潮中最大的成就，正是日渐重视普通百姓的地位。王阳明认为人人可以为尧舜，李贽主张人人皆有童心，黄宗羲所言的民为天下主人的说法，皆强调个体存在的价值，不仅体现在自我要求上，更体现于社会责任中。这种以尊重普通民众为立场的理论认知，逐渐成为学者的共识。章学诚便重新定义圣人、贤人、君子的概念："学于圣人，斯为贤。学于贤人，斯为君子。学于众人，斯为圣

① 黄宗羲撰，何朝晖点校：《明夷待访录·原君》，凤凰出版社 2017 年版，第 4 页。
② 黄宗羲撰，何朝晖点校：《明夷待访录·学校》，凤凰出版社 2017 年版，第 13 页。
③ 唐甄著，吴泽民编校：《潜书》上篇《夫妇》，中华书局 1963 年版，第 78–79 页。
④ 颜元著，王星贤、张芥尘、郭征点校：《颜元集》颜习斋先生言行录卷上《理欲》，中华书局 1987 年版，第 622 页。

人"①，认为圣人学习众人方才能够成圣，厘清了圣人的知识来源和存在意义，即在于吸收、整理、提炼蕴含在民众中的经验和智慧，如此方才能成长为超越众人的高明之人。章学诚坚守历史进化论，论及古今历史："所谓好古者，非谓古之必胜乎今也，正以今不殊古，而于因革异同，求其折中也。"② 以辩证的观念审视历史进程，认为古不必胜于今，今不必殊于古。他认为三王五帝的治国传统，并不因袭："由所本而观之，不特三王不相袭，三皇、五帝亦不相沿矣"③，颠覆了儒家以三代作为治世法则的传统认知。梁启超高度评价章学诚的《文史通义》"实为乾嘉后思想解放之源泉"④，他看出了晚清时期的思想革命与章学诚的思想一脉相承。

从更长的历史进程中可以看出明清时期社会思潮的趋向，先是士大夫阶层的个体自觉，然后才是庶民意识的不断增强，至晚清更加意识到唤醒民众、开启民智的重要性。尽管这一社会思潮的萌动成长，被遮蔽于乾嘉学派的学术研究中，但承认人的自觉，尊重人的权利，强调人格独立，追求人的平等，以进化的观点来看待历史等观念，在思想观念、文艺创作和文化创新中却一直被累积，在晚清危急存亡的时刻彻底爆发，成为近代中国文化革新的内在根源。

二、近代思想的启蒙过程

鸦片战争之前的中国处于一种封闭的、自运行系统之中，并已经开始了自身的文化启蒙。之后的中国融入世界化的进程中，从技术、制度、思想和文化四个角度继续推动近代思想的启蒙。洋务运动试图从技术上寻求突破，希望借助新的科学技术来应对世界的挑战，其所开启的引进西方技术和发展科学的道路，一直持续到现在。维新运动和辛亥革命，则试图在制度上进行全新的尝试，后者终结了中国两千年的帝制，完成了制度的更新。但袁世凯、张勋复辟的过程，则意味

---

① 章学诚著，叶瑛校注：《文史通义校注》卷二《原道上》，中华书局 1985 年版，第 120 页。

② 章学诚著，叶瑛校注：《文史通义校注》卷四《说林》，中华书局 1985 年版，第 351 页。

③ 章学诚著，叶瑛校注：《文史通义校注》卷一《易教上》，中华书局 1985 年版，第 1 页。

④ 梁启超著：《清代学术概论》，中华书局 2015 年版，第 50 页。

着必须进行彻底的思想启蒙和文化革新，才能从根本上改变传统的中国。从 1840 年到 1920 年间的思想启蒙，是近代中国文化革新的动力。

今文经学家魏源，作为近代思想界的代表人物，意识到中国传统与西方文化的巨大差异，开始以变化的眼光审视中国传统文化。他主张变古便民，彻底改变旧制度；师夷长技，希望学习西方技术。变古是对传统进行改变，便民则继承了黄宗羲所提倡的"公权在民"的认知，认为所有的社会变革和制度调整，必须便于百姓的生产、生活。

魏源所著的《海国图志》，则详细展现了西方的国家形态，既包括对其制度的思考，也包括对社会形态的描述，为士大夫呈现出西方社会的组织形态和运行秩序。如其论瑞士"至于朝纲，不设君位，惟立官长、贵族等办理国务。……皆推择乡官理事，不立王侯"[1]。魏源介绍了没有国君的国家的运行机制，没有国君，官员依靠推选，从政治实践上探讨没有国君的可能性。其论及英国的政治制度，"……各由各部落议举殷实老成者充之。遇国中有事，即传集部民至国都巴厘满会议。嗣因各部民不能俱至，故每部落各举一二绅耆至国会议事毕各回。后复议定公举之人，……"[2] 国家的事由国民商量、解决，体现了公权在民的特征，让士大夫意识到世界上有着与皇权专制不同的政治组织形态。

晚清士大夫对待世界的态度，有开眼看世界与闭眼自大两种。前者意识到中国必须要正视其他国家的治理模式和社会结构的先进性，才能正确理解世界发展大势。郭嵩焘在《使西纪程》中说："西洋以智力相胜，垂二千年。麦西、罗马、麦加迭为盛衰，而建国如故。近年英、法、俄、美、德诸大国角立称雄，创为万国公法，以信义相先，尤重邦交之谊，致情尽礼，质有其文，视春秋列国殆远胜之。"[3] 他客观看待了各国的历史和当时的国际局势，承认西方有和中国同样悠久的历史，认为各国的关系应该是在国际法之下的文明交往。郭嵩焘看到

---

① 魏源：《海国图志》卷四十七《大西洋·瑞士国》，岳麓书社 2004 年版，第 1313–1316 页。
② 魏源：《海国图志》卷五十《大西洋·英吉利国总记》，岳麓书社 2001 年版，第 1358 页。
③ 郭嵩焘：《郭嵩焘日记》，岳麓书社 2001 年版，第 128 页。

西方的优长，但与他一起出使的刘锡鸿却认为中国优于西方。刘锡鸿回国后，便参郭嵩焘说："游炮台时披洋人衣，即令冻死，亦不当披。见巴西国主，擅自起立，堂堂天朝，何至为小国主致敬？柏金宫殿听音乐，屡取阅音乐单，仿效洋人所为。"① 刘锡鸿以高高在上的大国视角来看待西方制度，强调中国是主国，应该展现主国风姿，不应接受、效法洋人的风俗。由此可见，在外来文化影响下，中国的士大夫开始分化，并形成两种对待文化的态度。

薛福成是中国第二批出使西方的外交人员，对西方的看法比郭嵩焘更加全面、深入。他对西方的制度形态作了系统分析："欧洲立国以商务为本，富国强兵全借于商。"② 他认为传统中国以政务为本，社会资源全部控制在政府，西方国家则重视商务，激发社会活力，通过商品流通来改善百姓生活，实现社会自行运转，不完全依赖于政府。薛福成还点明了中西教育的差别："（西方）男固无人不学，女亦无人不学。"③ 西方的男女皆接受系统的教育，这就使得国家解放了大量的生产力，能够更为全面地推动社会进步。薛福成认为中西政治比较而言，有五大特点："西国制治之要，约有五大端：一曰通民气。……二曰保民生。……三曰牖民衷。……四曰养民耻。……五曰阜民财。"④ 从政治原则、社会结构、管理模式、教育观念和经济运行上来观察中西之间的不同，认为中国必须变革制度。他在《筹洋刍议》中提出了变器卫道的主张："今诚取西人器数之学，以卫吾尧、舜、禹、汤、文、武、周、孔之道。"⑤ 戊戌变法的主张可谓与薛福成的变器主张一脉相承，薛氏说："世小变，则治世法因之小变；世大变，则治世法因之大变。"⑥ 薛氏强调国内的政治制度要随着国际形势的变化而变革。这些观念的不断强化，

---

① 广东地方志编纂委员会编：《广东省志·人物志》，广东人民出版社2002年版，第164页。

② 薛福成撰：《出使英法义比四国日记》卷三《初九日记》，岳麓书社1985年版，第210页。

③ 薛福成撰：《出使英法义比四国日记》卷六《初三日记》，岳麓书社1985年版，第291页。

④ 耿相新编：《中国历代名人书信大系·晚清卷》，人民日报出版社2000年版，第138—139页。

⑤ 郑观应著，夏东元编：《郑观应集》，中华书局2013年版，第212页。

⑥ 郑观应著，夏东元编：《郑观应集》，中华书局2013年版，第211页。

让中国的士大夫意识到，光靠洋务运动不足以实现国家富强，必须启动制度变革。

郑观应在《盛世危言》中，对中国的变革提出了系统的解决方案，涉及政治体制、经济形势、社会事务等方面的变革："……乃知其治乱之源，富强之本，不尽在船坚炮利，而在议院上下同心，教养得法。兴学校，广书院，重技艺，别考课，使人尽其才。讲农学，利水道，化瘠土为良田，使地尽其利。造铁路，设电线，薄税敛，保商务，使物畅其流。凡司其事者，必素精其事：为文官者必出自仕学院；为武官者必出自武学堂。有升迁而无更调，各擅所长，名副其实。与我国取士之法不同。"①郑观应认为政治体制上要设立议院，将国家权力交给国民；在教育制度上要设立分科教育，鼓励科技发展；在经济发展上引入先进技术，促进商品流通；在选官体系上要选取专门人才而非学习四书五经出身的职业官僚。他认为要实现这些变革，必须向西方学习："盖有议院揽庶政之纲领，而后君相、臣民之气通，上下堂廉之隔去，举国之心志如一，百端皆有条不紊，为其君者恭己南面而已。"②这些系统构想，为维新运动提供了很好的参照。

中国的近代化进程，着力于解决两个问题，一是权力分配，二是改善民生。洋务运动以维护清政府统治为要求，其着力点在于科学；维新运动主张把权力交给国民，其着力点在于民主。针对民主的问题，严复提出"鼓民力，开民智，新民德"③，代表了从维新运动、辛亥革命到新文化运动发展过程中对社会秩序的基本要求。鼓民力，就是人民要有健康的体魄，要禁绝鸦片和禁止缠足恶习；开民智，主要是以西学代替科举，推行教育，启发民智；新民德，主要是废除专制统治，实行君主立宪，倡导尊民权。

严复清楚地认识到中西文化的差异，在于文化传统的不同："中国最重三纲，而西人首明平等；中国亲亲，而西人尚贤；中国以孝治天

① 郑观应著，夏东元编：《郑观应集》，中华书局2013年版，第12页。
② 郑观应著，夏东元编：《郑观应集》，中华书局2013年版，第89页。
③ 石峻主编：《中国近代思想史参考资料简编》第三辑《原强》，生活·读书·新知三联书店1957年版，第454页。

下，而西人以公治天下；中国尊主，而西人隆民；中国贵一道而同风，而西人喜党居而州处；中国多忌讳，而西人众讥评。其于财用也，中国重节流，而西人重开源；中国追淳朴，而西人求欢虞。其接物也，中国美谦屈，而西人务发舒；中国尚节文，而西人乐简易。其于为学也，中国夸多识，而西人尊新知。其于祸灾也，中国委天数，而西人恃人力。"①他用比较的眼光来看待中西的不同，能以理性的眼光来观察这些差别。

康有为尤其重视中西制度的差异，他认为西方的强大不是靠技术，而是靠制度。康有为办《万国公报》，依照万国公法来评判时世，总结中国历代政治得失。康有为既希望中国实现近代化，又始终以中华传统为依据，来推动社会变革。康有为认为尧舜禹的部落推举制，与西方君主立宪遥相呼应，希望立足自身传统，借鉴西方经验，来实现国家富强。康有为的政治构思是立法权归于众，意识到要朝民主的方向发展，却寄希望于清王室自觉学尧舜禹，主动禅让，以实现富民、养民、教士、练兵的目的。康有为晚年著《大同书》，主张建立无私产、无阶级、无家族、无邦国、无帝王、人人相亲、人人平等的社会，以实现国家民主。

梁启超既熟悉中国传统，又了解西方事务，他协助康有为编写《新学伪经考》，认为迟滞和阻碍中国变法的经典都是前人伪造的；《孔子改制考》结合《论语》《礼记》《孔子家语》等文献考证孔子的改制实践，为其变法主张张目。梁启超认为康有为能融合古今中外之学论述政事："每论一学，论一事，必上下古今，以究其沿革得失，又引欧美以比较证明之。"②希望能够融通古今中外的制度，为中华民族寻找到图强之路。他在《变法通议》中，以开民智、兴民权为原则。开民智就是兴办教育，兴民权是把权力赋国民。他讨论了诸多变法事项，涉及学校、科举、学会、师范、女学、幼学、译书等事务，还涉及变法的原则，如变法必自平满汉之界始、变法后安置守旧大臣之法等，提出了系统

---

① 王蒙、王绍光主编：《中国精神读本》，浙江文艺出版社 2019 年版，第 26 页。

② 梁启超著：《饮冰室文集》，中华书局 2015 年版，第 62 页。

的改革方案。

梁启超认为阻碍中国发展的关键，正是国民没有民权意识，必须通过新民来改良社会。梁启超认为传统的国民缺乏国家思想、缺乏社会公德、缺乏进取冒险精神、缺乏权利和义务的观念、缺乏自由思想、缺乏自治能力、缺乏尚武精神，必须对国民进行改造，才能实现拯救中华的目标。由唤醒国民和改造国民而形成的思想启蒙运动，一直延续到新文化运动。

三、文化理性的形成

近代中国的文化思潮，既有保守，也有激进，但总体趋向理性平和。特别是维新运动之后，中国的知识分子越来越意识到传统中有诸多问题需要调整，需要变革，对待传统文化和西方思潮逐渐理性化。最终意识到想要融入世界文明史的进程，就要以文明视野来观察传统文化，推动中国传统文化的继承与创新，逐渐形成了以中华文化为本位、以世界文明为视角的文化理性精神。

洋务运动中提出"中学为体，西学为用"，正是坚持中学传统不能中断，强调中国传统是中华文化的魂魄，试图把西方的知识系统纳入中国传统中，用来完善中学。这种体用观的核心，是借助西学的技术、形式要素弥补中国传统文化的不足，直接承认了西学的价值。1861 年冯桂芬在《校邠庐抗议》中主张借用西方技术，维持中国传统的伦常名教，来解决中西之间的冲突。李鸿章主张："由沪局委员查考中学、西学，分别教导。将来出洋后肄习西学，仍兼讲中学，课以孝经、小学、五经及国朝律例等书，随资高下，循序渐进，……宣讲圣谕广训，示以尊君亲上之义，庶不至有于异学。"[1]他尤其重视中国传统，期望用传统培养清政府的支持者。

张之洞等人主张："中学为内学，西学为外学，中学治身心，西学

---

[1]　顾廷龙、戴逸主编:《李鸿章全集·奏议·同治十一年（1872 年）》，安徽教育出版社 2008 年版，第 14 页。

应世事。"① 并以此为准则来兴办新式学堂。张之洞在《劝学篇》中还说："其学堂之法约有五要，一曰新旧兼学，四书五经、中国史事、政书、地图，为旧学，西政、西艺、西史为新学。旧学为体，新学为用，不使偏废。"② 以中学为旧，以西学为新，主张二者不可偏废。其中，中学为体，在于正人心术。如光绪二十七年（1901）下令将各省城书院改设为学堂之事，就确定新教育的目标："务使心术纯正，文行交修，博通时务，讲求实学。"③ 以西学为用，便是要借助新技术来应对时世。他在《致北京吏部大堂张（百熙）》中说："考察学堂、商订学制及编译教科书必须参酌中、东、西，期于可行而无弊，关系极巨，条理极繁。"④ 由此可见，在洋务运动的实践中，中学和西学已经融合。虽然洋务派维持旧制，但在学术、文化上已经开始中西兼采。光绪帝也曾下诏说："中外大小诸臣，自王公至于士庶，各宜发愤为雄。以圣贤义理之学植其根本，兼博采西学之切时势者，实力讲求，以成通达济变之才。"⑤ 要求继承传统的道德伦理，辅之以科学技术，以救济时势。按照这一原则而确定的《京师大学堂章程》，就明确了中体西用的原则："夫中学体也，西学用也，二者相需，缺一不可；体用不备，安能成才？"强调以西学为技术手段，中学为道德传统来培养学生。

中体西用的原则容易理解，但在教育实践中却容易偏废。出于有用、无用的现实考虑，学生更愿意学习西学而不愿固守中学。1904 年，严复在《英文汉诂》便说："西学既日兴，则中学固日废，吾观今日之世变，中学之废，殆无可逃。"⑥ 认为中学难以应对时世，应该予以废除。在这样的思潮中，1906 年清朝废除科举。

从科举废除到新文化运动的形成，近代中国知识分子对中国传统

---

① 张之洞撰，冯天瑜、姜海龙译注：《劝学篇》，中华书局 2016 年版，第 317 页。

② 张之洞撰，冯天瑜、姜海龙译注：《劝学篇》，中华书局 2016 年版，第 195 页。

③ 朱寿朋著，张静庐等点校：《光绪朝东华录》，中华书局 1960 年版，第 4719 页。

④ 虞和平主编：《近代史所藏清代名人稿本抄本》第二辑（第 51 册）第三百五十卷《致北京吏部大堂张（百熙）电》，大象出版社 2014 年版，第 370 页。

⑤ 赵尔巽等撰：《清史稿》卷二十四《德宗本纪》，中华书局 1977 年版，第 922 页。

⑥ 严复撰，王栻主编：《严复集》，中华书局 1986 年版，第 134 页。

的反思越来越深刻。废科举之前，维新派赞成中华传统，康有为曾利用"孔子改制"的学说来倡导变革。废科举之后，则在观念上彻底打破了洋务运动和维新运动固守中学为体的立场。由此开始了对中华文化的彻底反思。1907 年，鲁迅在《文化偏至论》中说："中国既以自尊大昭闻天下，善诋谋者，或谓之顽固；且将抱守残阙，以底于灭亡。近世人士，稍稍耳新学之语，则亦引以为愧，翻然思变，言非同西方之理弗道，事非合西方之术弗行，掊击旧物，惟恐不力，曰将以革前缪而图富强也。"[①] 这种批判旧学的"革前缪"思潮，使得新文化运动的目标，便是打破传统，促成以科学和民主为导向的文化变革。

新文化运动作为思想启蒙运动，推动了知识分子参与到文化改良和文化革新的运动中。胡适强调科学对于扫除旧宗教、旧信仰至关重要，有助于建立具有理智化、人化、社会化道德三大特色的新宗教。[②] 其中所形成的提倡民主、反对专制，提倡科学、反对迷信，提倡新道德、反对旧道德，提倡新文学、反对旧文学等主张，彻底涤荡了时人对旧传统的留恋，将中国推到了新的文化发展之路上。1919 年至1921 年间，梁启超出访欧洲进行考察，对西方的制度、社会和文化有了充分理解，更加正视中华传统。他从政治上转向学术，希望回到传统中，通过文化来改变社会。他在北京成立共学社，宗旨在于培养新人才、宣传新文化、开拓新政治。梁启超所推崇的新文化，不同于陈独秀、胡适等人所推崇的。陈独秀提倡批评传统的新文化，他主张重新审视中华传统，强调立足中华传统而形成新的中华文化。1923年，梁启超在《为创办文化学院求助于国中同志》中说："启超确信我国文学美术在人类文化中有绝大价值，与泰西作品接触后发生异彩，今日则蜕变猛进之机运渐将成熟。"[③] 认为中华传统在与西方的观念、制度和思想碰撞之后，必然产生新的文化，这就要立足传统进行文化改良。

---

① 鲁迅著：《鲁迅全集》第一卷《文化偏至论》，人民文学出版社 2005 年版，第 45 页。
② 胡适：《我们对于学生的希望》，《新教育》1920 年 5 月第 2 卷第 5 期。
③ 丁文江，赵丰田编：《梁启超年谱长编》，上海人民出版社 2008 年版，第 632–633 页。

梁启超拟定了中华文化的改良策略："第一步，要人人存一个尊重爱护本国文化的诚意；第二步，要用西洋人研究学问的方法去研究他，得他的真相；第三步，把自己的文化综合起来，还要拿别人的补助他，叫他起一种化合作用，成了一个新文化系统；第四步，把这新系统往外扩充，叫人类全体都得着他好处。"① 他把中华文化和世界文化融合起来，以文明的视角和文明的进程来审视中华文化，认为中华文化的有益成分能够契合世界文明进程，而且能够参与到世界文明的发展中。

因此，梁启超重新审视中国的学术传统，强调学术传统应合乎科学精神，他在《清代学术概论》中，讨论清代的科学精神、文化思潮，对其中的科学精神进行了总结。在《先秦政治思想史》中，他把先秦政治思想中契合现代思想的均安主义、人生哲学、人文主义提炼出来，进行了系统分析。在《中国近三百年学术史》中，更加强调传统学术所具有的人文理性和科学精神，对清代学术的研究路径进行了分析。在《戴东原哲学》中，他以利行为出发点，以现实人生为根核，讨论了戴震的人生哲学和反智识主义。梁启超在《颜李学派与现代教育思潮》中系统地阐释了情感哲学，从现代学术的视角审视了传统学术中的教育理念和科学方法。

梁启超在学术研究中所体现的文化理性，是尽可能地把中华文化保护起来，研究清楚，发展起来，传播出去。从 1920 年到 1940 年，中国学界在对传统学术进行研究时，逐渐能够用西方的科学精神来观察自身传统，把传统中契合于当时社会发展需求、组织需求和思想观念需求的经验进行重新分析、重新结合，形成了一系列专门研究，将传统学术资源转变成能够服务现代社会的全新解读，建立了现代学术体系。

在这一过程中，章太炎从政治回归学术，用更客观的眼光来审视传统文化，努力寻求传统文化的自主性。他认为完成社会革命的任务之后，就要重新审视传统文化，如此才能彻底改变社会。他说："第一，是用宗教发起信心，增进国民的道德；第二，是用国粹激动种姓，增进

---

① 梁启超著：《欧游心影录节录》，中华书局 2015 年版，第 37 页。

爱国的热肠。"①章太炎反对疑古学派，认为如果国民忘记根本，忘记历史传统，国家就永远不可能复兴。章太炎与康有为、梁启超最大的不同，在于康、梁是用民主的眼光来改革传统，章太炎则用爱国的立场来保护传统。章太炎认为："故中国之学，其失不在支离，而在汗漫。"②认为传统学术的弊端在于言不及义，关注的重点在于世道人心，而与普通百姓的生活无关，知识和实用分离，导致传统学术不能应对时世，因此在强调传统的同时，却批评康有为组建孔教会的复古主张："孔教之称，始妄人康有为，实今文经师之流毒。"③章太炎认为要对传统学术和传统文化进行实事求是的研究，研究的目的不是复古，而是要出新，让中华文化焕发出新的活力。章太炎在《国故论衡》中提出整理中国传统的主张，成为"整理国故"的先导。④

胡适在新文化运动以后所倡导的"整理国故"，便是采用新的眼光来审视传统文化，以文化自觉为要求，以科学实证为方法，以现实之用为导向，试图对中华传统文化进行系统的发掘整理，让传统文化不致中断，能够适应社会发展。他从整理国故开始，重新诂定了孔教、贞操道德、纲常礼教、女子价值、旧文学等概念，逐渐回归到了中华文化本位的立场，希望整理中华文化中契合现代社会发展进程的智慧、经验、观念、方法、策略，使之成为中国社会发展的基石。他从早年全盘接受西方文化的立场，回归到有选择性地采纳西方文化的立场上来，呈现出理性的文化态度。

1935 年 1 月，王新命、何炳松等十位教授把梁启超、胡适等人逐渐形成的文化理性观点融合起来，发表了《中国本位的文化宣言》，认为要想把中国文化发展好，必须保持的原则是："不守旧；不盲从；根据中国本位，采取批评态度，应用科学方法来检讨过去，把握现在，创

---

① 汤志钧编：《章太炎年谱长编》卷三，中华书局 2013 年版，第 123 页。

② 汤志钧编：《章太炎年谱长编》卷三，中华书局 2013 年版，第 126 页。

③ 汤志钧编：《章太炎年谱长编》卷四，中华书局 2013 年版，第 264 页。

④ 1920 年，顾颉刚在致胡适的信中指出整理国故，"始由章太炎先生等大倡其学"。杜春和、韩荣芳、耿来金编：《胡适论学往来书信选》，河北人民出版社 1998 年版，第 1003 页。

造未来。"① 主张对中华文化进行重新检讨，让传统文化能够为中国未来的发展提供滋养。这一观点，代表了鸦片战争之后，经过不断的文化反思所形成的理性认知，即对中国文化不守旧，对西方文化不盲从，融合中西文化之长，形成新的中华文化。

在此过程中，钱穆始终秉持着理性中和的文化观念。他在《国史大纲》中说："故欲其国民对国家有深厚之爱情，必先使其国民对国家已往历史有深厚的认识。欲其国民对国家当前有真实之改进，必先使其国民对国家已往历史有真实之了解。"② 钱穆认为社会要想改进，必须让国民得以了解历史，他对中外的价值观进行比较，发现其得失，致力于发掘传统文化中蕴含的精神、学说与理路。

由此来看，中华文化的理性精神，是在近代发展进程中逐渐形成的研究、改造和发展中华传统文化的基本思路。其既区别于文化激进主义对西方文化的盲目接受，对中华传统的自我否定；也区别于文化保守主义对自身传统的过分夸大。而采取中正平和的文化立场，主张对传统文化进行全面系统的分析，推动中华文化进入世界文明进程中，为中国面向现代、面向世界、面向未来提供历史经验和思想资源。

---

① 胡适：《试评所谓"中国本位的文化建设"》，《大公报·星期论文》1935年3月31日。
② 钱穆著：《国史大纲》，商务印书馆2010年版，第3页。

余　论

中华优秀传统文化，是中华民族通过独特的历史命运所形成的独特的文化传统。其中蕴含着中华民族最根本的精神基因与最独特的精神标识，成为中华民族自强不息、团结奋进的精神支撑。其中所蕴含的价值共识，是中华民族在长期历史进程中逐渐形成并在所有社会领域得以充分体认的基本认同，也是中华民族内生性的凝聚力，更是中华民族形成群体认同、社会认同的基础。

一、价值认同的形成逻辑

价值认同，是立足于个体认同而形成的群体认同。个体认同是作为有着基本生存需求和生活要求的个体，为实现基本生存生活愿望而形成的现实期待。在这些期待得到满足的过程中所形成的个人情感、伦理、道德、行为等方面的要求，成为个人愿意遵守并努力坚守的准则，形成了于无数个体而言最为基本的认同。个体认同既包括个体自发形成的情感体验，又包括来自外部约束而不断强化的、逐渐自觉的伦理、道德与行为要求。个体自发形成的情感、道德、伦理和行为，有些是出于动物本能，如对长辈的依恋和部分生存生活经验的获得等；更多则是出于人类社会发展所形成的伦理观念、道德认知和行为规则。

观察个体认同的形成可以看到，个体认同能够较为清晰地描述生活在特定环境中的人，或者有着独特生活阅历的人为何会形成与众不同的自我意识。其所认同的某些伦理观念、道德意识、行为方式会使其成为特定的"他"，具备着个体独特性，使得每一个人都能成为与众不同的"自我"，这是群体认同的基础。有了无数独特的个体，我们才能够以"人以群分"的原则，对社会成员之间的普遍共识进行更为深入的研究。

兼顾所有个体要求和个体特征的群体，才能形成普遍意义的社会。

以群体共识为视角观察社会认同，才能抽取出有限或无限个体之间存在的相似或相同性，方才能从不同的范围来描述群体共识的形成及其特征。譬如两个个体之间出于伦理认同或道德认同，便可以形成最为基础的社会关系，如夫妻、父子、兄弟、朋友、主宾或者君臣关系等。二者之间所存在的行为底线，决定彼此关系能否存续；二者之间的共同理想或共同期待，决定了彼此关系能走多远，也决定了其社会意义何在。诸多个体之间相互认同或共同认同某些道德伦理要求、相互坚守或共同坚守某些行为准则，便形成了更大范围的群体认同。

群体认同最初存在于特定群体之内，如家庭、家族等以血缘关系凝固起来的稳定组织结构，进而拓展到有着相似或相同共识的家庭、家族之间，以婚姻、亲戚、联盟等约定稳定下来，就形成了更大范围的社会认同。随着家庭的扩大和家族的壮大，不同家庭、家族之间所形成的网状关系，共同强化了彼此之间的伦理关系和道德共识，落实到交互的行为、规范和准则之中，形成了人类早期自发的群体认同。

家庭、家族及其社会关系被组织起来，担负起生产、救助、服务、贸易、军事等职能时，彼此之间的责任和义务便被强化，所形成的诸多约定便具有了某些强制性，可以落实为共同准则。群体之间所认同的道德伦理、行为方式被作为基本约束，成为所有个体必须遵守的法则，这就使得道德认同成为社会认同，作为行为规范，维持共同秩序。如皋陶曾对禹言及九德："宽而栗，柔而立，愿而恭，乱而敬，扰而毅，直而温，简而廉，刚而塞，强而义。"①将之作为早期中国所推崇的道德共识。夏启在伐有扈氏之前言："左不攻于左，汝不恭命。右不攻于右，汝不恭命。御非其马之正，汝不恭命。用命，赏于祖。弗用命，戮于社，予则孥戮汝。"②也是利用群体认同所赋予的权力来约束征伐行动中的所有成员。

早期中国的道德伦理，是在漫长的生产生活过程中逐渐凝聚起来

---

① 孔安国传，孔颖达等正义：《尚书正义》卷四《皋陶谟》，北京大学出版社 1999 年版，第 104 页。

② 孔安国传，孔颖达等正义：《尚书正义》卷七《甘誓》，北京大学出版社 1999 年版，第 173 页。

的基本社会共识。从早期经典的记述来看，尧、舜、禹、商汤、文王正是坚守并巩固了这些共识，才得到诸多部族的拥戴和支持，方能开辟一个时代。如尧的"克明俊德，以亲九族"①、舜的"濬哲文明，温恭允塞"②、大禹的"政乃乂，黎民敏德"③、商汤的"懋昭大德，建中于民"④、周文王的"克明德慎罚，不敢侮鳏寡，庸庸，祇祇，威威，显民"⑤等，正是通过不断强化道德认同，整合家族、部族势力，赢得百姓的支持，从而促进彼此的协作，形成更大范围的道德认同，以此作为国家治理的基石。

早期中国的道德共识，以仁、义、礼、智、信为基础，体现着人之为人、人之能群、人之能分、人之能断、人之能行的内在要求。其作为衡量一个人道德品行、责任义务、内在自觉、是非观念和行为规范的依据，在早期的经典中不断被强化，衍生出了诸多的道德观念，应用于特定的生活领域。如见诸家庭关系的"孝"、见诸家国关系的"忠"、见诸行政操守的"廉"等，皆是以仁、义、礼、智、信为学理依据而形成的道德认同。

早期中国的伦理共识，着眼于约束特定社会关系之间的责任和义务。孟子表述为"父子有亲，君臣有义，夫妇有别，长幼有叙，朋友有信"⑥，以之约定基本社会关系中的行为准则。其中的父子指代长辈与晚辈之间的关系，以亲情原则相处；君臣则指代上级与下级的关系，以

---

① 孔安国传，孔颖达等正义：《尚书正义》卷二《尧典》，北京大学出版社 1999 年版，第 27 页。

② 孔安国传，孔颖达等正义：《尚书正义》卷三《舜典》，北京大学出版社 1999 年版，第 51 页。

③ 孔安国传，孔颖达等正义：《尚书正义》卷四《大禹谟》，北京大学出版社 1999 年版，第 86 页。

④ 孔安国传，孔颖达等正义：《尚书正义》卷八《仲虺之诰》，北京大学出版社 1999 年版，第 198 页。

⑤ 孔安国传，孔颖达等正义：《尚书正义》卷十四《康诰》，北京大学出版社 1999 年版，第 359 页。

⑥ 赵岐注，孙奭疏：《孟子注疏》卷五《滕文公章句上》，北京大学出版社 1999 年版，第 146 页。

责任原则相处；夫妇指代夫妻关系，以尊重原则相处；长幼指代同辈之间的关系，以兄友弟恭的原则相处；朋友指代一般的社会关系，以诚信的原则相处，由此形成了中国最为基本的伦理认知，也约定了在这些关系中交往的内在要求。

制礼作乐，是将道德共识和伦理共识进行仪式化的设计，作为社会运行的外在规范。以礼别异，制定规则来约束人的行为；以乐合同，借助情感体验来形成道德认同。中华文化借助礼乐的规则、形式、程序和制度，在士大夫及其以上阶层中形成了深厚的情感共鸣。这就将早期中国所形成的道德伦理和行为准则仪式化、规范化、普及化，使得礼乐担负起了家庭教育、社会教育的功能，成为评判人事行为的尺度，成为古代中国推行价值认同的基本方式。

以道德认同和伦理认同为基石的价值认同，在早期经典中得到充分的阐释。其作为历史经验在汉代得到全面的继承，不仅通过"经术缘饰吏事"的方式成为汉朝国家治理的准则，作为判断政治决策和行政行为的参考，而且作为察举、科考以选拔官吏的学说依据，支配了官吏的道德认知和行为方式。汉代官吏在社会基层进行礼乐教化实践，以求促成更为稳定的社会秩序，这些做法常常得到朝廷的褒奖和史官的肯定，并由此成为历代官员在更大范围推行价值认同的主要手段。

唐代通过《五经正义》的编撰，弥合了汉魏以来在经典阐释中的分歧，使承载早期中国价值共识的经典文本，不仅作为历史经验和学说的文本，更成为凝聚价值共识的学说体系。而且通过修订晋、梁、陈、北齐、周、隋史，编订北史、南史，对"五胡十六国"、北朝历史进行了系统整理，凝聚了更为深厚的历史共识，为唐朝国家大一统做了历史性的铺垫。宋儒重新阐释了早期经典中的价值认同，进行了身体力行的道德体认和躬行践履，并通过学规教育弟子，通过家礼约束子弟，通过乡约影响社会，将价值认同落实到家庭、学校和社会之中，形成了自觉践行价值认同的社会风尚。其中所形成的礼乐教化、乡约劝谕等方式，在明清时期借助圣谕宣讲体系，成为古代中国最有影响、最为普及的道德宣讲、行为规范系统，促成了最为深刻的社会认同。

古代中国日渐清晰的道德认同、伦理认同、秩序认同，构成了中华文明核心的价值认同。在南北朝以至隋唐时期，以农耕传统为主流的中华文明要面对游牧文明的南下，在固守传统文化的基础上，对不同的文明形态兼容并蓄，通过民族认同来吸纳游牧文明的优秀成果，通过历史认同来凝固更广范围、更大区域的社会认同。其他民族政权对其炎黄血缘关系的强调、对华夏正统地位的强化、对华夏传统的延续，以及南朝政权对北朝风尚的理解、尊重和效法等，有意或无意之间弥合了民族差异，使得中华文明焕发出了新的活力，促成了隋唐时期"华夷一体"观念的形成，并在元朝、清朝的国家治理中得到强化，形成了更大范围的国家认同。

古代中国的天下观念和王朝意识，构建了以中央王朝为核心的天下秩序图式。中央王朝内部形成了超稳定的社会结构，外部也构建着相对稳固的朝贡体系，其以强烈的道德认同、伦理认同、秩序认同、社会认同，对周边政权起着价值导向和行为示范的作用。但是超稳定的社会结构，迟滞了社会的自我更新；相对稳定的朝贡体系，也阻碍了与国际秩序的同步，使得近代中国不得不同时面对社会结构的更新和国际秩序的调整。二者同步的剧烈变动，引发了近代中国激烈的思想变动和秩序调整。维持旧秩序的传统观念，被视为阻滞中国发展的内部力量；影响中国事务的外部列强，被视为干预中国独立自主的外部力量。要实现中华民族的独立自主，既需要以反封建为要求的更新传统，又需要以反帝国主义为要求的民族自立。在近现代特定的历史语境中不断被强化的国家观念，汇聚成了以爱国主义为要求的国家认同，深刻影响着当代中国的价值导向。

可以说，价值认同是群体认同的最大公约数，是一个群体、一个民族、一个国家最为深厚的社会共识。生活在其中的每一个个体，都受其浸润、得其泽被、为其约束，只有身体力行地遵守并维护着这些认同，群体才得以协作、得以认同，才能够最大程度地维护共同利益、共同原则和共同理想。由此来看，价值认同的形成，既是中华民族生生不息的文明成果，也是中华文明发展壮大的文化基因，更是中华文化去伪存真、去粗存精的思想结晶。

二、价值认同的学理阐释

对价值认同的学理阐释，要充分按照创造性继承和创新性发展的原则来进行，对中华文化中蕴含的道德观念、伦理认知、社会共识、价值原则进行阐释。尤其要着重阐发有益于当代社会发展的概念、观念和学说，对中华文明所形成的经验、智慧和理念进行解读，使之能契合中国未来的发展需要，能够与当代文化相适应、与现代社会相协调，成为具有文化底蕴、历史传承、时代特色的理论体系。这样的研究，才能够直面当前中国的实际问题，能够回应时代的理论需求和观念挑战，将之转化为有益于民族复兴、国家富强、人民幸福的精神财富，为当代社会的发展提供学理支撑。

研究价值认同，要着力阐述核心思想理念、中华传统美德、中华人文精神在中华文明发展壮大中的基础性作用；要着力阐发其作为群体共识，在中华民族精神生活中所发挥的持久而稳固的影响力；要观察中华优秀传统文化传承中对思想理念的日渐凝练，对传统美德的高度推崇，对人文精神的充分弘扬，从而清楚地阐释中华文化中价值认同的学理体系及其作用方式。

核心思想理念，是中华民族在文明进程中所形成的最为基本的社会共识，是中华优秀传统文化中最为清晰明确的价值认同。其中既有讲仁爱、重民本、守诚信、崇正义、尚和合、求大同的道德要求，也有革故鼎新、与时俱进的观念，又有脚踏实地、实事求是的行为习惯，还有惠民利民、安民富民的思想认知，更有道法自然、天人合一的思考方式等。对这些核心思想理念的内涵进行明确的界定，其外延才可能无限地延展，深入到社会生产生活的各个领域，成为最为广泛的价值认同。如仁爱的观念，便是在人类的生活中不断凝聚为观念认知，方才汇聚为社会共识。孔子以"爱人"释"仁"，[①]明确了"仁"的内涵是出于人与人之间的相互尊重、相互关爱的情感体验，并以"己所不

---

① 何晏等注，邢昺疏：《论语注疏》卷十二《颜渊》，北京大学出版社1999年版，第168页。

欲，勿施于人"①的解读，强调了"仁"作为道德认知，可以转化为个人心性修为。他以"微子去之，箕子为之奴，比干谏而死"的行为合称为"殷之三仁"②，则是以"仁"作为尺度来判断人物、事件，使其担负起价值判断的功能。《左传·文公二年》又载孔子评价臧文仲："其不仁者三，不知者三。下展禽，废六关，妾织蒲，三不仁也。作虚器，纵逆祀，祀爱居，三不知也。"③表明春秋史家已经将仁、智作为价值共识，来衡量历史事件和人物的德行。

在此基础上，后世学者继续阐释"仁"的内涵与外延，使之成为越来越广泛的社会共识。如孟子"仁者无敌"④的推论，将仁爱之心从情感体验推广到道德认同。荀子"仁者必敬人"⑤的说法，又将仁爱从道德认同转化为行为准则。董仲舒进一步言："仁者憯怛爱人，谨翕不争，好恶敦伦，无伤恶之心，无隐忌之志，无嫉妒之气，无感愁之欲，无险诐之事，无辟违之行。故其心舒，其志平，其气和，其欲节，其事易，其行道，故能平易和理而无争也。如此者，谓之仁。"⑥将仁爱从道德认同转化个人修为，使之内足以自适，外足以应事，成为士大夫阶层的共同理想。在这样的认知中，仁爱逐渐成为价值判断的依据，成为衡量社会行为的尺度。《礼记·礼运》言："仁者，义之本也，顺之体也，得之者尊。"⑦将"仁"作为价值判断的依据，用于衡量礼乐制度、国家治理、道德行为，使之成为最为根本的价值认同。

---

① 何晏等注，邢昺疏：《论语注疏》卷十五《卫灵公》，北京大学出版社 1999 年版，第 214 页。

② 何晏等注，邢昺疏：《论语注疏》卷十八《微子》，北京大学出版社 1999 年版，第 246 页。

③ 左丘明传，杜预注，孔颖达等正义：《春秋左传正义》卷十八《文公二年》，北京大学出版社 1999 年版，第 496—497 页。

④ 赵岐注，孙奭疏：《孟子注疏》卷一上《梁惠王章句上》，北京大学出版社 1999 年版，第 15 页。

⑤ 王先谦撰，沈啸寰、王星贤点校：《荀子集解》卷九《臣道篇》，中华书局 1988 年版，第 255 页。

⑥ 董仲舒著，苏舆撰，钟哲点校：《春秋繁露义证》卷八《必仁且智》，中华书局 1992 年版，第 258 页。

⑦ 郑玄注，孔颖达等正义：《礼记正义》卷二十二《礼运》，北京大学出版社 1999 年版，第 709 页。

　　这样来看，经过孔子、孟子、荀子、董仲舒等学者的充分阐释，早期中国所凝聚起来的道德认知，逐步转化为群体认同，被用于价值判断，成为衡量个人道德认知、行为方式的依据，被视为中华文化的核心思想理念。这些核心思想理念，是中华优秀传统文化的深层内涵，也是价值认同的内在学理，更是支撑中华传统美德和中华人文精神的思想基础。

　　中华传统美德是核心思想理念在社会道德行为方面的延展，其落实于人的德性涵养、行为自觉，是以德性体认和行为自觉的方式呈现出来的价值判断、文明习惯和社会秩序。其中体现着中华民族评判是非曲直的价值共识，也凝聚着中华文明的发展智慧，更寄寓着中华文化的内在要求，潜移默化地影响着中国人的行为方式。例如，"天下兴亡，匹夫有责"的担当意识，便是要求我们能够做到克己奉公，勇于负责，辛苦工作，尽个人所能，让社会变得更美好。精忠报国、振兴中华的爱国情怀，提倡我们能够担负起国家责任，为中华民族的伟大复兴尽职尽责。崇德向善、见贤思齐的社会风尚，鼓励我们涵养淳朴善良的德性，不断改良心性，推动社会风气的改善。孝悌忠信、礼义廉耻的荣辱观念，引导我们体认道德要求，能感恩、有秩序、会敬重、受诚信，以高度的道德自觉，约束日常行为，能够严于律己，辨明是非，养成健全的人格。

　　人文精神是中华优秀传统文化的人文追求和精神气质，体现于文化传统、艺术创造、科学追求之中，是其核心思想理念的表现形式，也是传统美德的呈现状态。其中，求同存异、和而不同的处世方法，体现着中华文化处理不同意见的理性精神，那就是在差异中寻求相似性或相同性，消弭分歧，尊重差异，方能尽可能地交流、沟通和共存。而文以载道、以文化人的教化思想，则强化了人作为社会关系的总和，只有遵守基本准则，才能够从必然王国走向自由王国；也明确了发展文学、艺术甚至科学技术是为了有助于人本身获得更好的生活、进行更为全面的发展，其中必然承载着对人的引导教化的使命，借助这些艺术的、科学的方式来提升人自身的能力。而形神兼备、情景交融的美学追求，既强调了内在的属性和外在的形式的统一，又强调了内在直觉和外在客观的统一，成为中华文化观照客观事物和自我感知的主要方式。此外，俭约自守、中和泰和的生活理念，既概括了中华民族对外在客观世界的谨敬态度，不求索取与占有，更愿意与自然、他人和谐相处；又描述了其对内在生活的要求，在于获得心性自足，而不求外在的承认，体现了中华民族自足自在的生活态度。这些人文精神，作为中国人民思想观念、风俗习惯、生活方式、情感样式的集中表达，滋养了独特丰富的文学艺术、科学技术、人文学术，成为中华文化独到的精神标识，也成为中华民族独特的人文气质。

核心思想理念是价值认同的学理基础，中华传统美德是价值认同的行为方式，中华人文精神是价值认同的呈现方式，是我们理解价值认同的思想路径。三者相辅相成，形成了价值认同最为核心的学理阐释，概括了中华民族的文化基因，是中华民族凝聚历史共识、形成时代共识的思想基石。

三、价值认同的实现方式

价值认同作为最为深厚的社会认同，是维系社会文明发展的学理基石，也是维护国家长治久安的思想保障。中华民族在五千年文明史中促成价值认同、实现价值认同、保持价值认同的历史经验和学理建构，有助于在当前乃至未来形成社会共识，提高民族凝聚力、提升文化自信心，为国家治理的现代化提供经验借鉴和现实参照。

从历史经验来看，价值认同的形成，既依赖于个体能够自觉体认道德伦理要求，涵养德性，改良行为；还凭借于社会舆论的恰当而准确的评骘，确立明确的价值导向；更依靠于礼乐刑政等综合力量的作用，三者共同形成价值认同的教化机制、引导机制和维护机制。《孝经》中言及社会风尚的形成，需要道德教化、行为养成和秩序约束三方面的合力："先之以敬让，而民不争。导之以礼乐，而民和睦。示之以好恶，而民知禁。"[①]首先要引导百姓养成道德认知，形成广泛的道德认同；然

---

① 李隆基注，邢昺疏：《孝经注疏》卷三《三才章》，北京大学出版社 1999 年版，第 20 页。

后借助礼乐将道德认知固定为行为方式，借助公德形成秩序认同；最后借助于外部约束力量，惩恶扬善，来实现社会认同。

在这其中，以教育、教化的方式对社会成员进行道德、伦理、行为、秩序的引导，是最为基础的价值认同实现方式。孔子曾以"文、行、忠、信"教育弟子，[①]便是让学生熟悉礼乐、涵养德行。其所形成的孔门四科，也是以"德行"为首。孔子因材施教，循循善诱，着力引导学生形成道德人格，养成最为基础的道德认同。曾子称自己"吾日三省吾身"[②]，概括了教师引导、学生自省来体悟道德、健全心志、向善成德的德性涵养模式。在此基础上，还通过经典传授形成道德认同，借助日常行为规范形成社会秩序。班固言早期中国的教育："八岁入小学，学六甲五方书计之事，始知室家长幼之节。十五入大学，学先圣礼乐，而知朝廷君臣之礼。"[③]对学生的教育，既注重基本生活知识的传授，更要强化"室家长幼之节"为特征的家庭伦理教育、"朝廷君臣之礼"为内容的道德行为要求。中华文化注重教育过程中的养志、趋善、成德，[④]便是注重以道德引导来形成健全人格，促成最为深刻的道德认同。

在家庭教育中，通过家训、家书来进行言教，通过家礼、家规进行身教，以促成良好的家风。中华文化认为，一个人在家里的待人接物、言谈举止、行为方式决定着他社会行为的底线，也决定着他判断是非曲直的基准。通过家庭教育来明确道德、伦理要求，形成秩序观念和社会认同，便成为古代中国进行价值认同的主要方式。明代霍韬所作《家训》，其中列孝亲、悌长、尊师、敬友为家教的准则，其解释说："孝亲仁之始也，弟长礼之恒也，尊师义之则也，敬友智之文也。仁义礼智，心之畜也，童子习之，所以正心也。"[⑤]正是将传统的道德伦理落实到日常行为中，并为之订立基本的准则，将道德认知和行为约束融合为一，形成了独特的德行养成模式。

---

① 何晏等注，邢昺疏：《论语注疏》卷七《述而》，北京大学出版社 1999 年版，第 93 页。
② 何晏等注，邢昺疏：《论语注疏》卷一《学而》，北京大学出版社 1999 年版，第 4 页。
③ 班固著，颜师古注：《汉书》卷二十四《食货志》，中华书局 1962 年版，第 1122 页。
④ 叶采集解，程水龙校注：《近思录集解》卷十一，中华书局 2017 年版，第 277 页。
⑤ 霍韬著：《霍渭厓家训·蒙规》，广西师范大学出版社 2015 年版，第 76 页。

　　家庭教育是对价值认同的感知阶段和确定阶段，是中华文化推行价值认同的初阶。所谓的感知，主要是指孩童通过情感体验来形成道德认同和伦理认知，在长辈的呵护下形成对外部秩序的基本理解。长辈的言谈举止、行为方式直接影响着孩子的道德观念和行为习惯。这就要求其意识到自身对孩子情感体验、心性成长的关键作用，用恰当的情感表达、得当的行为方式引导孩子形成正确的道德伦理认知。所谓的确定，主要是指孩子在成长过程中，会遇到诸多道德伦理、社会交往、秩序运行等方面的困惑，不可避免地会与外部世界发生冲突、形成歧见，长辈要更加理性而温和地对其思想困解、交往困境和秩序困惑进行解答，引导孩子正确地看待现实冲突、人际纠纷和社会矛盾，坚守道德底线，坚定价值认同。这既需要家长或长辈明晰价值认同的形成方式，更要形成稳定的坚强的价值观，才能将价值理念中的诸多原则、学说与家庭生活结合起来，对孩子进行耳濡目染的教导。

　　在学校教育中，道德认同更注重通过涵养、内省、引导、躬行的方式形成，并引导学生形成初步的价值认同。宋明时期的书院教育，在知识传授之外，更注重德行的涵养，如王阳明所订《教约》中言："凡习礼，须要澄心肃虑，审其仪节，度其容止；毋忽而惰，毋沮而怍，毋径而野；从容而不失之迂缓，修谨而不失之拘局。久则体貌习熟，德性坚定矣。"①将礼仪活动作为涵养道德的过程，引导学生体会礼仪中所蕴含的道德认知，实现德行合一，以此强化最为基本的价值共识。

　　在学校形成价值认同，首先要充分阐释一个时代最为核心的价值认同，使学生耳熟能详，能对其概念、定义进行准确的表述，并根据学生自身的认知特点对其进行解读，或讲述历史故事，或见诸日常行为，通过形象鲜明、通俗易懂的方式引导学生理解道德、伦理、社会、历史、民族、国家等共识，形成理性的价值认同。其次要将价值认同落实到日常的见闻之中，让学生意识到遵守了这些价值认同，不仅能够让自己心安理得，而且能够得到社会的广泛承认和褒奖，更能够促

---

　　① 王守仁著，王晓昕、赵平略点校：《王文成公全书》卷二《传习录》，中华书局 2015 年版，第 110 页。

进社会关系的和谐和秩序的改善，激发其自觉维持价值认同的动力。然后是使学生能够辨明是非，使其随着年龄的增长和知识的累积，能够利用专业知识去思考、研究价值认同的学理、方式和策略，自觉承担起维护价值共识的责任。最后，还可以借助日常行为、事务来观察、评判一个人的德行，对其进行褒奖与批评，使之能够见诸行动，进行自我省思、自我调整，引导并深化其判断是非的准确性。

在社会教化中，中华文化既强调通过礼乐教化来引导百姓形成道德认同，更注重借鉴生产生活的制度、习俗规定来促成社会认同，此外还需要借助利益关系来维持秩序认同。《礼记·王制》言及社会教化："司徒修六礼以节民性，明七教以兴民德，齐八政以防淫，一道德以同俗，养耆老以致孝，恤孤独以逮不足，上贤以崇德，简不肖以绌恶。"[①]设想通过专门的教化之官来引导百姓熟知冠、昏、丧、祭、乡饮酒、相见之礼，借助礼仪制度，熟悉父子、兄弟、夫妇、君臣、长幼、朋友、主宾的相处之道，形成最为基本的道德认同。然后将这些道德认同推广于饮食、服饰、事为、异别、度、量、数、制等生产、生活实践之中，让百姓在日常生活中理解制度、规定和约束，形成最大范围的社会认同。在此基础上，还要建立社会救助机制，使普通百姓不因为生活所迫而违背社会秩序、放弃良俗，保证社会基本道德伦理不因百姓为生存所迫而被紊乱或损坏。进而对崇尚道德、遵守秩序、维持共识者进行提拔、奖掖，对违背社会共识的行为进行惩处，使得人人崇尚价值认同，遵守价值认同，弘扬价值认同，形成最为稳定的社会秩序。

社会领域中要形成价值认同，关键在于教育机制、宣传机制、约束机制和惩戒机制要形成合力，共同维护正确的价值导向，维持社会正义。在利益多元化的现实中，价值取向不可避免地多元化。虽然主流价值观能得到充分提倡，但不劳而获、唯利是图、好逸恶劳、见利忘义、违法乱纪、骄奢淫逸等不良风气依然存在，而且与正向的价值

---

① 郑玄注，孔颖达等正义:《礼记正义》卷十三《王制》，北京大学出版社 1999 年版，第403 页。

认同此消彼长，甚至在某些领域不断滋生泛滥。这就需要教育、文化、经济、司法等领域能够长期稳定地形成合力，倡导核心价值观，维持社会最为基本的价值共识。将之作为制定法律法规的依据、主导文化艺术产品的旋律、衡量社会经济活动的准则、进行是非曲直判断的标准，综合文化传承、历史经验、现实要求、利益诉求等手段，守护核心价值观，维护核心价值认同。以此引导社会按照富强、民主、文明、和谐的要求，自觉维护国家认同；遵守自由、平等、公正、法治的要求，主动维护社会认同；遵照爱国、敬业、诚信、友善的要求，共同维护道德认同，这样就能继承文化传统，形成文化自信；凝聚时代共识，形成价值观自信，为国家治理、现代化建设、为中华民族的伟大复兴作出力所能及的贡献。

参考文献

《十三经注疏》，北京大学出版社 1999 年版。

（春秋）孙武撰，（三国）曹操等注，杨丙安校理：《十一家注孙子校理》，中华书局 1999 年版。

（秦）吕不韦编，许维遹集释，梁运华整理：《吕氏春秋集释》，中华书局 2009 年版。

（西汉）陆贾著，王利器撰：《新语校注》，中华书局 2012 年版。

（西汉）贾谊撰，阎振益、钟夏校注：《新书校注》，中华书局 2000 年版。

（西汉）司马迁撰，（南朝·宋）裴骃集解，（唐）司马贞索隐，（唐）张守节正义：《史记》，中华书局 2014 年版。

（西汉）刘安编，刘文典撰，冯逸、乔华点校：《淮南鸿烈集解》，中华书局 2013 年版。

（西汉）刘安编，何宁撰：《淮南子集释》，中华书局 1998 年版。

（西汉）董仲舒撰，朱方舟整理，朱维铮审阅：《春秋繁露》，上海书店出版社 2012 年版。

（西汉）董仲舒著，（清）苏舆撰，钟哲点校：《春秋繁露义证》，中华书局 1992 年版。

（西汉）韩婴撰，许维遹校释：《韩诗外传集释》，中华书局 1980 年版。

（西汉）刘向撰，向宗鲁校证：《说苑校证》，中华书局 1987 年版。

（西汉）桓宽撰集，王利器校注：《盐铁论校注》，中华书局 1992 年版。

（西汉）扬雄撰，汪荣宝注疏，陈仲夫点校：《法言义疏》，中华书局 1987 年版。

（东汉）王逸章句，洪兴祖补注，夏剑钦、吴广平校点：《楚辞章句补注》，岳麓书社 2013 年版。

（东汉）班固撰，（唐）颜师古注：《汉书》，中华书局 1962 年版。

（东汉）班固撰集，陈立疏证，吴则虞点校：《白虎通疏证》，中华书局 1994 年版。

（东汉）王充著，黄晖撰：《论衡校释》，中华书局 1990 年版。

（东汉）应劭撰，王利器校注：《风俗通义校注》，中华书局 1981 年版。

（东汉）王符撰，（清）汪继培笺，彭铎校正：《潜夫论笺校正》，中华书局 1985 年版。

（东汉）仲长统撰，孙启治校注：《昌言校注》，中华书局 2012 年版。

（三国魏）曹植著，赵幼文校注：《曹植集校注》，中华书局 2016 年版。

（西晋）陈寿撰，（南朝·宋）裴松之注，陈乃乾校点：《三国志》，中华书局 1982 年版。

（西晋）郭象注，（唐）成玄英疏，曹础基、黄兰发点校：《南华真经注疏》，中华书局 1998 年版。

（东晋）袁宏撰，张烈点校：《后汉纪》，中华书局 2002 年版。

（东晋）葛洪著，杨明照撰：《抱朴子外篇校笺》，中华书局 1991 年版。

（东晋）葛洪著，王明校释：《抱朴子内篇校释》，中华书局 1985 年版。

（东晋）干宝撰，李剑国辑校：《搜神记辑校》，中华书局 2019 年版。

（南朝·宋）范晔撰，（唐）李贤等注：《后汉书》，中华书局 1965 年版。

（南朝·宋）刘义庆著，（南朝·梁）刘孝标注，余嘉锡笺疏，周祖谟、余淑宜、周士琦整理：《世说新语笺疏》，中华书局 2007 年版。

（南朝·梁）沈约撰：《宋书》，中华书局 1974 年版。

（南朝·梁）萧子显撰：《南齐书》，中华书局 1972 年版。

（南朝·梁）释僧祐撰，苏晋仁、萧炼子点校：《出三藏记集》，中华书局 1995 年版。

（南朝·梁）释慧皎撰，汤用彤校注，汤一玄整理：《高僧传》，中华书局 1992 年版。

（南朝·梁）刘勰著，林其锬集校：《刘子集校合编》，华东师范大学出版社 2012 年版。

（南朝·梁）刘勰著，黄叔琳注，李详补注，杨明照校注拾遗：《增订文心雕龙校注》，中华书局 2012 年版。

（北朝·魏）杨炫之撰，周祖谟校释：《洛阳伽蓝记校释》，中华书局 2010 年版。

（北朝·齐）颜之推著，王利器撰：《颜氏家训集解》，中华书局 1993 年版。

（北朝·齐）魏收撰：《魏书》，中华书局 1974 年版。

（隋）王通著，张沛校注：《中说校注》，中华书局 2013 年版。

（唐）长孙无忌等撰，刘俊文点校：《唐律疏议》，中华书局 1983 年版。

（唐）吴兢撰，谢保成集校：《贞观政要集校》，中华书局 2009 年版。

（唐）李百药撰：《北齐书》，中华书局，1972 年版。

（唐）令狐德棻等撰：《周书》，中华书局 1971 年版。

（唐）魏征、（唐）令狐德棻撰：《隋书》，中华书局 1973 年版。

（唐）房玄龄等撰：《晋书》，中华书局 1974 年版。

（唐）陆德明撰，吴承仕疏证，张力伟点校：《经典释文序录疏证》，中华书局 2008 年版。

（唐）刘知几撰，（清）浦起龙释：《史通通释》，上海古籍出版社 1978 年版。

（唐）杜佑撰，王文锦、王永兴、刘俊文、徐庭云、谢方点校：《通典》，中华书局 1988 年版。

（唐）李林甫等撰，陈仲夫点校：《唐六典》，中华书局 1992 年版。

（唐）韩愈著，刘真伦、岳珍校注：《韩愈文集汇校笺注》，中华书局 2010 年版。

（唐）韩愈撰，（宋）魏仲举集注，郝润华、王东峰整理：《五百家注韩昌黎集》，中华书局 2019 年版。

（唐）柳宗元著，尹占华、韩文奇校注：《柳宗元集校注》，中华书局 2013 年版。

（唐）李延寿撰：《北史》，中华书局 1974 年版。

（唐）许嵩撰，张忱石点校：《建康实录》，中华书局 1986 年版。

（唐）道宣撰，郭绍林点校：《续高僧传》，中华书局 2014 年版。

（后晋）刘昫等撰：《旧唐书》，中华书局 1975 年版。

（北宋）程颢、（北宋）程颐著，王孝鱼点校：《二程集》，中华书局 2004 年版。

（北宋）王溥撰：《唐会要》，中华书局 1960 年版。

（北宋）李昉等撰：《太平御览》，中华书局 1960 年版。

（北宋）钱若水修，范学辉校注：《宋太宗皇帝实录校注》，中华书局 2012 年版。

（北宋）吕大临等撰，陈俊民辑校：《蓝田吕氏遗著辑校》，中华书局 1993 年版。

（北宋）欧阳修、（北宋）宋祁撰：《新唐书》，中华书局 1975 年版。

（北宋）欧阳修著，李逸安点校：《欧阳修全集》，中华书局 2001 年版。

（北宋）欧阳修撰，（北宋）徐无党注：《新五代史》，中华书局 1974 年版。

（北宋）司马光编著，（南宋）胡三省音注：《资治通鉴》，中华书局 1956 年版。

（北宋）王钦若等编纂，周勋初等校订：《册府元龟》，凤凰出版社 2006 年版。

（北宋）宋敏求编：《唐大诏令集》，中华书局 2008 年版。

（北宋）张君房编，李永晟点校：《云笈七签》，中华书局 2003 年版。

（北宋）赞宁撰，范祥雍点校：《宋高僧传》，中华书局 1987 年版。

（北宋）詹大和等撰，裴汝诚点校：《王安石年谱三种》，中华书局1994年版。

（南宋）陈亮著，邓广铭点校：《陈亮集》，中华书局1987年版。

（南宋）郑樵撰，王树民点校：《通志二十略》，中华书局1995年版。

（南宋）朱熹撰：《四书章句集注》，中华书局1983年版。

（南宋）吕祖谦编，齐治平点校：《宋文鉴》，中华书局1992年版。

（南宋）徐天麟撰：《西汉会要》，中华书局1955年版。

（南宋）李焘撰：《续资治通鉴长编》，中华书局2004年版。

（南宋）黎靖德编，王星贤点校：《朱子语类》，中华书局1986年版。

（南宋）王应麟著，（清）翁元圻辑注，孙通海点校：《困学纪闻注》，中华书局2016年版。

（南宋）叶采集解，程水龙校注：《近思录集解》，中华书局2017年版。

（南宋）吕本中撰，韩酉山辑校：《童蒙训》，中华书局2019年版。

（元）马端临撰：《文献通考》，中华书局2011年版。

（元）脱脱等撰：《宋史》，中华书局1985年版。

（元）胡炳文撰：《纯正蒙求》，清文渊阁四库全书本。

（明）宋濂等撰：《元史》，中华书局1976年版。

（明）方孝孺著，徐光大点校：《逊志斋集》，宁波出版社2000年版。

（明）王守仁著，王晓昕、赵平略点校：《王文成公全书》，中华书局2015年版。

（明）归有光著，彭国忠等校点：《震川先生集》，上海人民出版社2020年版。

（明）丘濬撰，金良年整理，朱维铮审阅：《大学衍义补》，上海书店出版社2012年版。

（明）陈仁锡辑：《八编类纂》，明天启刻本。

（明）邹守益著：《邹守益集》，凤凰出版社2007年版。

（明）王世贞撰，魏连科点校：《弇山堂别集》，中华书局1985

年版。

（明）李贽著：《焚书》，中华书局 2009 年版。

（明）李贽撰，牛鸿恩、许抄珍注：《李贽全集注》，社会科学文献出版社 2010 年版。

（明）冯梦龙编纂，刘瑞明注解：《山歌》，中华书局 2005 年版。

（明）汤显祖著，（清）陈同、（清）谈则、（清）钱宜合评，李保民点校：《牡丹亭》，上海古籍出版社 2016 年版。

（明）姚希孟撰：《响玉集》，明刻本。

（明）霍韬著：《霍渭厓家训》，广西师范大学出版社 2015 年版。

（明）黄宗羲撰，何朝晖点校：《明夷待访录》，凤凰出版社 2017 年版。

（明）黄宗羲原撰，（清）全祖望补修，陈金生、梁运华点校：《宋元学案》，中华书局 1986 年版。

（明）黄宗羲著，沈芝盈点校：《明儒学案》，中华书局 2008 年版。

（明）黄宗羲著，陈乃干编：《黄梨洲文集》，中华书局 2009 年版。

（明）顾炎武著，（清）黄汝成集释，栾保群、吕宗力校点：《日知录集释》，上海古籍出版社 2014 年版。

（明）顾炎武撰，华忱之点校：《顾亭林诗文集》，中华书局 1983 年版。

（明）顾炎武著，陈垣校注：《日知录校注》，安徽大学出版社 2007 年版。

（明）王夫之撰，舒士彦点校：《读通鉴论》，中华书局 1975 年版。

（明）王夫之著，杨坚总修订：《张子正蒙注》，岳麓书社 2011 年版。

（明）王夫之著，杨坚总修订：《船山全书》，岳麓书社 2011 年版。

（明）王夫之著，杨坚总修订：《四书训义》，岳麓书社 2011 年版。

（明）薛应旂撰，展龙、耿勇校注：《宪章录校注》，凤凰出版社 2014 年版。

（清）唐甄著，吴泽民编校：《潜书》，中华书局 1963 年版。

（清）阎若璩撰，钱文忠整理，朱维铮审阅：《尚书古文疏证》，上海书店出版社 2012 年版。

（清）赵在翰辑，钟肇鹏、萧文郁点校：《七纬》，中华书局 2012 年版。

（清）张廷玉等撰：《明史》，中华书局 1974 年版。

（清）颜元著，王星贤、张芥尘、郭征点校：《颜元集》，中华书局 1987 年版。

（清）王照圆撰，虞思徵点校：《列女传补注》，华东师范大学出版社 2012 年版。

（清）夏燮撰，沈仲九点校：《明通鉴》，中华书局 2009 年版。

（清）王先谦撰，沈啸寰点校：《庄子集解》，中华书局 1987 年版。

（清）王先谦撰，沈啸寰、王星贤点校：《荀子集解》，中华书局 1988 年版。

（清）王先慎撰，钟哲点校：《韩非子集解》，中华书局 1998 年版。

（清）王先谦撰：《东华续录（咸丰朝）100 卷》，清光绪刻本。

（清）段玉裁撰，钟敬华校点：《经韵楼集·附补编年谱》，上海古籍出版社 2008 年版。

（清）严可均辑，许少峰、苑育新审定：《全上古三代文·全秦文》，商务印书馆 1999 年版。

（清）严可均编：《全上古三代秦汉三国六朝文》，中华书局 1958 年版。

（清）荀悦撰，张烈点校：《前汉纪》，中华书局 2002 年版。

（清）马骕撰，王利器整理：《绎史》，中华书局 2002 年版。

（清）毕沅撰：《续资治通鉴》，中华书局 1957 年版。

（清）永瑢等撰：《四库全书总目》，中华书局 1965 年版。

（清）蒋良骐撰，林树惠、傅贵九点校：《东华录》，中华书局 1980 年版。

（清）伊桑阿等编著，杨一凡、宋北平主编，关志国、刘宸缨校点：《（康熙朝）大清会典》，凤凰出版社 2016 年版。

（清）孙星衍等辑，周天游点校：《汉官六种》，中华书局 1990 年版。

（清）阮元撰，邓经元点校：《揅经室集》，中华书局 1993 年版。

（清）章学诚著，叶瑛校注：《文史通义校注》，中华书局 1985 年版。

（清）皮锡瑞撰，吴仰湘编：《经学历史》，中华书局 2015 年版。

（清）皮锡瑞著，周予同注释：《经学历史》，中华书局 1959 年版。

（清）皮锡瑞撰，吴仰湘编：《经学通论》，中华书局 2015 年版。

（清）梁玉绳撰，贺次君点校：《史记志疑》，中华书局 1981 年版。

（清）赵翼著，王树民校证：《廿二史札记校证》，中华书局 2013 年版。

（清）汤球辑，王鲁一、王立华点校：《十六国春秋辑补》，齐鲁书社 2000 年版。

（清）董诰等编：《全唐文》，中华书局 1983 年版。

（清）彭定求等编：《全唐诗》，中华书局 1960 年版。

（清）孙奇逢撰，万红点校：《理学宗传》，凤凰出版社 2015 年版。

（清）李文炤撰，赵载光校点：《家礼拾遗》，岳麓书社 2012 年版。

（清）魏源撰：《海国图志》，岳麓书社 2004 年版。

（清）魏源撰：《书古微》，岳麓书社 2004 年版。

（清）魏源撰：《诗古微》，岳麓书社 2004 年版。

（清）龚自珍著，王佩诤校：《龚自珍全集》，上海古籍出版社 1999 年版。

（清）王之春撰，赵春晨等点校：《国朝柔远记》，岳麓书社 2010 年版。

（清）郑观应著，夏东元编：《易言二十篇本》，中华书局 2013 年版。

（清）郑观应著，夏东元编：《郑观应集》，中华书局 2013 年版。

（清）郭嵩焘撰，梁小进主编：《郭嵩焘日记》，岳麓书社 2012 年版。

（清）刘锡鸿撰：《英轺私记·总论英国政俗》，清光绪灵鹣阁丛书本。

（清）冯桂芬撰：《校邠庐抗议》，清光绪十年豫章刻本。

（清）康有为著，周振甫、方渊校点：《大同书》，中华书局 2012

年版。

（清）谭嗣同著，何执校点：《谭嗣同集》，岳麓书社 2012 年版。

（清）梁启超著：《自由书》，中华书局 2015 年版。

（清）梁启超著：《饮冰室合集》，中华书局 2015 年版。

（清）梁启超著：《清代学术概论》，中华书局 2015 年版。

（清）梁启超著：《中国近三百年学术史》，中华书局 2015 年版。

（清）梁启超著：《欧游心影录节录》，中华书局 2015 年版。

（清）赵尔巽等撰：《清史稿》，中华书局 1977 年版。

（清）钱大昕著，陈文和主编：《潜研堂文集》，凤凰出版社 2016 年版。

（清）王鸣盛著，陈文和主编：《十七史商榷》，中华书局 2010 年版。

（清）戴震撰，赵玉新点校：《戴震文集》，中华书局 1980 年版。

（清）徐世昌等编纂，沈芝盈、梁运华点校：《清儒学案》，中华书局 2008 年版。

（清）李慈铭撰，由云龙辑：《越缦堂读书记》，中华书局 2006 年版。

（清）薛福成撰：《出使英法义比四国日记》，清光绪十八年本。

（清）薛福成撰：《出使日记续刻》，清光绪二十四年刻本。

（清）张之洞撰：《劝学篇》，清光绪二十四年中江书院刻本。

（清）朱寿朋著，张静庐等点校：《光绪朝东华录》，中华书局 1960 年版。

（清）严复撰，王栻主编：《严复集》，中华书局 1986 年版。

（清）章太炎著：《章太炎全集》，上海人民出版社 1985 年版。

《清高宗实录》，中华书局 1986 年版。

中国第一历史档案馆整理：《康熙起居注》，中华书局 1984 年版。

中仁编：《康熙御批》，中国华侨出版社 2005 年版。

鲁迅著：《鲁迅全集》，人民文学出版社 2005 年版。

胡适著，欧阳哲生编：《胡适文集》，北京大学出版社 2013 年版。

陈独秀著，任建树、李银德编：《陈独秀著作选编》，上海人民出版社 2014 年版。

李大钊著:《李大钊文集》,人民出版社 1984 年版。

吴虞著:《吴虞文录》,黄山书社 2008 年版。

陈来著:《古代宗教与伦理——儒家思想的根源》,生活·读书·新知三联书店 1996 年版。

徐元诰撰,王树民、沈长云点校:《国语集解》,中华书局 2002 年版。

黄怀信著:《逸周书校补注译》,三秦出版社 2006 年版。

傅杰编校:《王国维论学集》,云南人民出版社 2008 年版。

王聘珍撰,王文锦点校:《大戴礼记解诂》,中华书局 1983 年版。

黎翔凤撰,梁运华整理:《管子校注》,中华书局 2004 年版。

张纯一校注,梁运华点校:《晏子春秋校注》,中华书局 2014 年版。

吴毓江撰,孙启治点校:《墨子校注》,中华书局 2006 年版。

何建章注释:《战国策注释》,中华书局 1990 年版。

王震撰:《司马法集释》,中华书局 2018 年版。

蒋礼鸿撰:《商君书锥指》,中华书局 1986 年版。

李零著:《郭店楚简校读记》,中国人民大学出版社 2007 年版。

黄怀信撰:《鹖冠子校注》,中华书局 2014 年版。

王明编:《太平经合校》,中华书局 2014 年版。

王叔岷撰:《史记斠证》,中华书局 2007 年版。

朱红林著:《张家山汉简〈二年律令〉集释》,社会科学文献出版社 2005 年版。

程树德著:《九朝律考》,中华书局 2006 年版。

李修生主编:《全元文》,凤凰出版社 1998 年版。

陈寅恪著:《隋唐制度渊源论稿·唐代政治史述论稿》,生活·读书·新知三联书店 2001 年版。

陈寅恪著:《柳如是别传》,生活·读书·新知三联书店 2001 年版。

钱穆著:《中华文化十二讲》,九州出版社 2012 年版。

钱穆著:《中国文化史导论》,九州出版社 2011 年版。

钱穆著:《国史大纲》,商务印书馆 2010 年版。

钱穆著:《中国近三百年学术史》,九州出版社 2011 年版。

田余庆著:《东晋门阀政治》,北京大学出版社 1996 年版。

苏秉琦著:《中国文明起源新探》,生活·读书·新知三联书店 2000 年版。

向达著:《唐代长安与西域文明》,河北教育出版社 2001 年版。

刘俊文撰:《唐律疏议笺解》,中华书局 1996 年版。

毛汉光撰:《中国中古社会史论》,上海书店出版社 2002 年版。

蒙文通著,蒙默编:《蒙文通全集》,巴蜀书社 2015 年版。

逯钦立辑校:《先秦汉魏晋南北朝诗》,中华书局 1983 年版。

项楚著:《敦煌变文选注》,中华书局 2006 年版。

杨伯峻撰:《列子集释》,中华书局 1979 年版。

曾枣庄、刘琳主编:《全宋文》,上海辞书出版社、安徽教育出版社 2006 年版。

汤勤福主编:《中国礼制变迁及其现代价值研究:东北卷》,上海三联书店 2016 年版。

唐琦编:《圣训演》,人民出版社 2014 年版。

胡丹辑考:《明代宦官史料长编》,凤凰出版社 2014 年版。

顾廷龙、戴逸主编:《李鸿章全集》,安徽教育出版社 2008 年版。

丁文江、赵丰田编:《梁启超年谱长编》,上海人民出版社 2009 年版。

王中江著:《近代中国思维方式演变的趋势》,中国人民大学出版社 2018 年版。

王铁崖编:《中外旧约章汇编》,生活·读书·新知三联书店 1957 年版。

张苹、张磊编:《中国近代思想家文库(孙中山卷)》,中国人民大学出版社 2015 年版。

朱杰勤、黄邦和主编:《中外关系史辞典》,湖北人民出版社 1992 年版。

余英时著:《论戴震与章学诚:清代中期学术思想史研究》,生活·读书·新知三联书店 2012 年版。

石峻主编:《中国近代思想史参考资料简编》,生活·读书·新知三联书店 1957 年版。

汤志钧编:《章太炎年谱长编》,中华书局 2013 年版。

杜春和、韩荣芳、耿来金编:《胡适论学往来书信选(上、下册)》,河北人民出版社 1998 年版。

[日]三崎良章著,刘可维译:《五胡十六国:中国史上的民族大迁徙》,商务印书馆 2019 年版。

[美]包弼德著,刘宁译:《斯文:唐宋思想的转型》,江苏人民出版社 2000 年版。

[美]列文森著,郑大华译:《儒教中国及其现代命运》,中国社会科学出版社 2000 年版。

[美]惠顿著,[美]丁韪良译:《万国公法》,中国政法大学出版 2002 年版。

后　记

　　中华文化何以凝聚成深厚而持久的价值认同，在过往的五千年中支配着中国社会的运行，本书对此进行了初步梳理，试图从情感认同、道德认同、秩序认同、历史认同、社会认同、国家认同等角度探索价值认同的形成过程。

　　2022 年是本书成稿的关键时期，我也从西北某城搬到了广州，更换了新的工作和生活环境，也见识很多的人和事。一切有为法，如梦幻泡影。感谢在此过程中关心和帮助我的师友，感谢为本书提出宝贵意见的专家和朋友。

　　本书是教育部哲学社会研究重大攻关项目研究内容，也得到"中华文化国际传播"研究丛书的资助。作为广东外语外贸大学引进人才科研启动项目（2023RC006）的结项成果，本书于 2024 年进行了再次修订，正式出版。

　　彭鹏、陈舒婧两位同学分别参与了校对和格式的调整，深表感谢。

曹胜高

2024 年 1 月于广州寓所

责任编辑：贺　畅
文字编辑：于　圆
封面设计：石笑梦

图书在版编目（CIP）数据

中华文化的价值认同研究 / 曹胜高著 .—北京：
　人民出版社 , 2024.6
ISBN 978－7－01－026492－9

Ⅰ.①中…　Ⅱ.①曹…　Ⅲ.①中华文化－研究　Ⅳ.① K203

中国国家版本馆 CIP 数据核字（2024）第 076595 号

中华文化的价值认同研究

ZHONGHUAWENHUA DE JIAZHI RENTONG YANJIU

曹胜高　著

人民出版社 出版发行
（100706　北京市东城区隆福寺街 99 号）

中煤（北京）印务有限公司印刷　新华书店经销

2024 年 6 月第 1 版　2024 年 6 月北京第 1 次印刷
开本：710 毫米 ×1000 毫米 1/16　印张：33.5
字数：500 千字

ISBN 978－7－01－026492－9　定价：170.00 元

邮购地址 100706　北京市东城区隆福寺街 99 号
人民东方图书销售中心　电话（010）65250042　65289539